집단사회복지실천

집단상담가를 위한 이론과 실천지침서

Social Work with Groups -3rd edition-

by Helen Northen and Roselle Kurland

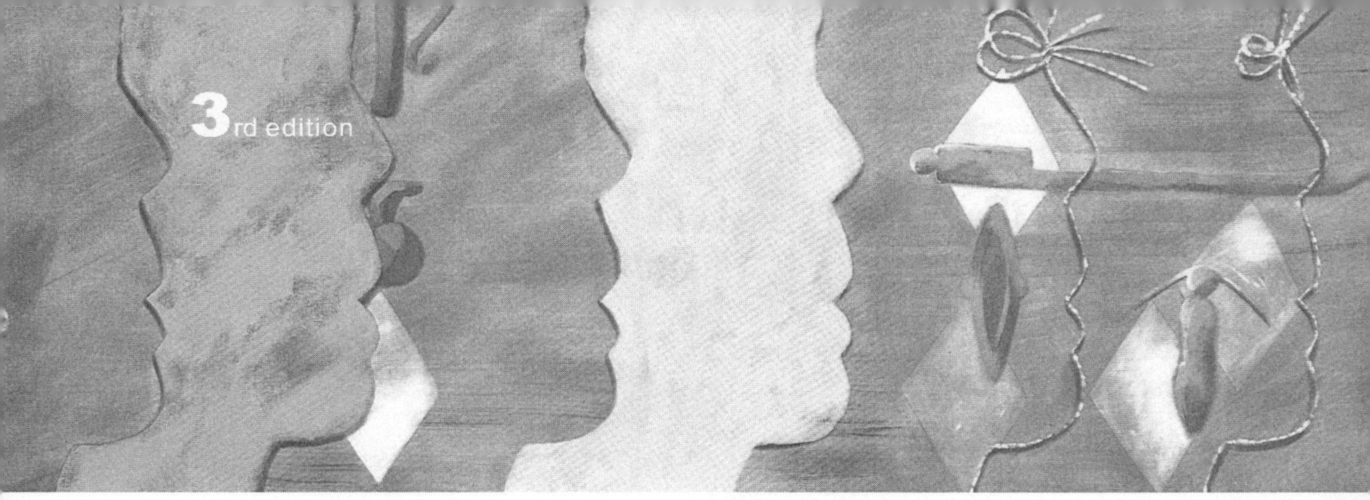

집단사회복지실천

Helen Northen · Roselle Kurland 공저
노충래 역

학지사

역자 서문

In memory of Dr. Roselle Kurland, an inspiring teacher & mentor

이 책이 번역되는 동안에 로젤 컬랜드 교수는 2005년 6월에 작고하였다. 집단사회복지에 대한 그의 애정과 헌신 그리고 숭고한 가르침을 높이 기리며 이 번역판을 출간한다.

나는 이 책과 깊은 관련이 있다. 이 책의 1판과 2판은 대학교와 대학원의 석사과정에서 집단사회사업의 주 교재였으며, 한국에 돌아와 집단사회사업을 가르치고 있는 나는 이 책의 3판을 주 교재로 활용하고 있다. 미국 뉴욕 시립대학교 헌터 사회복지대학원(Hunter College School of Social Work, The City University of New York)의 석사과정에서 집단방법론을 4학기나 수강하면서 자연스럽게 집단사회사업에 매료된 나는 집단사회복지 실천과 이론을 통합한 이 책에 또 한 번 매료되었다. 특히, 저자들이 서문에서 밝혔듯이 세 번째 개정판인 이 책은 다양한 실천현장과 대상층에서 발췌한 사례들을 대폭 수록함으로써 실천현장의 목소리가 생생하게 전해지도록 구성하였으며, 이를 이론과 실천원칙으로 통합하였기 때문에 그 가치가 한층 높다고 하겠다.

나는 국내에서 집단사회사업을 가르치면서 실천현장의 역동성을 전달하는 교재가 부족한 점을 깊이 깨닫게 되었다. 특히, 사회복지실천에서 통합방법론의 등장으로 인해 '집단사회사업' 과목이 개설되어 있는 학교가 소수에 불과하며, 집단에서 나타나는 다양한 역동성과 성원들의 상호작용 및 집단과정의 의미를 제대로 파악하지 못한 채 프로그램이 끝나는 경우를 많이 보게 된다. 이로 인해 효과적인 집단사회복지실천을 게을리하는 아쉬움을 갖게 한다. 성공적인 집단경험을 할 수 있도록 성원들과 집단을 돕기 위해서는, 사회복지사가 집단에 대한 풍부한 지식과 함께 집단을 운영하기에 적절한 심오한 실천기술 및 집단운영 경험을 통합 · 적용할 수 있어야 한다고 믿는다. 이러한 점에서 나는 사회복지교육이 현장의 필요성을 충분히 반영하고 있지 못함을 안타까워하면서 이

책을 번역하기로 결정하였다.

집단사회복지를 효과적으로 실천하고자 하는 사회복지사는 집단 각각의 발달단계에서 사회복지사가 해야 할 과업, 성원들과 집단의 현 위치, 성원들의 욕구와 문제, 집단의 목적과 내용 및 구조, 기관의 내외적 상황 및 외부 환경이 집단에 주는 영향 그리고 집단 과정 및 그 과정 속에서 발생하는 사회복지사-개별성원, 성원들과 집단 전체, 성원들 간의 다양한 역동성, 윤리적 문제점 등을 충분히 고려한 상태에서 집단을 운영해야 한다. 이 책은 이러한 각각의 측면을 깊이 있게 다루면서 구체적인 실천지침을 제공하고 있기 때문에, 실천현장의 사회복지사가 평소에 의문시하였던 많은 고민들에 대한 답을 제공할 수 있는 매우 유용한 책이라고 자신 있게 권할 수 있다.

이 책은 사회복지사뿐 아니라 집단상담이나 집단치료 혹은 집단 프로그램을 진행하는 임상가들 모두에게 많은 도움을 제공할 수 있다. 이 책에서 workers, practitioners, social workers, clinicians 등과 같은 표현은 일관성을 유지하기 위해 사회복지사로 번역하였다. 하지만 실제로 여러 인접학문(예: 심리학, 교육학 및 교육심리학, 아동복지학, 청소년학, 종교상담, 정신과 등)에서 집단을 활용하여 내담자들의 어려움 및 문제해결에 도움을 제공하고 있기 때문에, 인접학문의 임상가들도 이 책을 통해 많은 유용한 정보를 얻을 수 있으리라 확신한다.

이 책의 저자 가운데 한 분인 로젤 컬랜드(Roselle Kurland)는 미국 뉴욕 시립대학교 헌터 사회복지대학원에서 집단사회사업 방법론을 가르쳤다. 임상경험 없이는 실천과목을 가르칠 수 없다면서 나에게 현장에서 일할 것을 강력하게 충고하는 바람에 나는 10여 년을 미국의 임상현장에서 일하게 되었다. 그 충고가 얼마나 고마운 것인지는 시간이 지나면서 점점 더 느끼게 된다. 이 책을 번역하는 동안 여러 모로 가르침을 주셨던 그분의 목소리가 다시금 내 귓가에 생생하게 울려오는 것 같다.

마지막으로 이 책을 출판하기까지 여러모로 지원을 아끼지 않은 학지사의 김진환 사장님과 직원분들에게 깊은 감사를 드린다. 또한 꼼꼼하게 원고를 정리해 준 이화여자대학교 대학원 김선희 학생에게 고마움을 표한다. 그리고 하나님의 은총에 감사한다.

2006년

이화동산에서 노충래

저자 서문

집단대상의 사회복지실천은 긍정적이면서 낙관적인 방법으로 사람들과 일하는 것으로, 그들 가운데서 최상의 것을 이끌어 내어 그것을 확인시켜 준다. 사실 집단을 구성하는 행동 자체가 사람들의 강점에 대한 신념과 각 사람이 다른 사람의 삶에 뭔가 제공하고 기여할 수 있다는 사실에 대한 신념을 나타내는 것이다. 효과적인 집단사회복지란 성원들이 서로의 경험과 상황, 문제 및 고민들, 관점들을 생각해 보고 이해하며, 음미하고 존중하며, 이를 토대로 뭔가를 구축해 감에 따라 서로를 지지하고 또한 도전하기 위해 상호작용하는 것이다. 이러한 효과적인 집단사회복지는 오늘날과 같이 비인간화된 세계에 그 어느 때보다도 절실하게 필요하다. 하지만 효과적인 집단사회복지는 상당한 양의 윤리원칙과 지식 그리고 전문기술을 필요로 한다. 『집단사회복지실천(Social Work with Groups)』의 새 개정판은 다양한 대상층과 상황에 차별적으로 적용할 수 있는 포괄적인 틀을 제시함으로써 효과적인 집단사회복지실천의 복잡한 요구사항을 다루는 데 그 목적이 있다.

『집단사회복지실천』의 2판은 아직도 학생과 교수 및 사회복지사들에게 널리 활용되고 있다. 이전의 책은 이론적 기반과 실천에 대한 적용에서 여러 시험기간을 거쳤다. 하지만 지난 수십 년간 사회복지실천은 급증하였으며, 인간행동과 사회환경 그리고 사회정책에 대한 지식도 급속도로 성장하여 훌륭한 실천이 될 수 있도록 하고 있다. 이 개정판은 집단사회복지실천의 이론과 실천에 관련된 최신 정보를 제공하고 있다. 독자들은 무엇을 할 것인가에 대한 이해와 함께 특정 시점에서 어떻게 왜 할 것인가에 대한 이해도 습득할 수 있을 것이다.

이 책의 처음 몇 장에서는 여러 실천현장에서 다양한 유형과 다양한 멤버십의 집단에서 공통적으로 활용할 수 있는 핵심적인 가치, 목적, 지식 및 기술을 제시하고 있다. 그 다음의 몇 장은 이러한 지식기반을 실제 실천현장에 활용할 수 있는 방법을 검토하여 잠재적인 성원과의 첫 접촉에서부터 집단발달의 네 단계를 거칠 때까지 순서적으로 나타나는 집단의 주요 과제와 내용을 다루었다. 그리고 평가에 대한 장을 제시함으로써 이 책을 마무리하였다. 이 책은 이론과 실천 간의 통합적인 상관관계를 입증하였다. 특히, 이 책은 다양한 대상층과 실천현장 및 지역사회에서 추출된 사례들을 통해 개념과 실천원칙을 입증해 보인 것이 주요 공헌점이라 할 수 있다.

이 책에서의 실천은 생태체계적 관점(ecosystems orientation)을 근거로 하였다. 이 관점은 개별성원의 생물학적, 심리적, 사회적 기능, 집단의 발달 및 사회적 과정, 환경의 영향력 등을 모두 고려한 것이다. 실천이란 목표지향적이며 과정지향적인 것으로, 변화를 위한 일차적인 역동성으로 상호원조(mutual aid)를 활용한다. 사회복지사들은 집단이 특정 목적을 구성할 수 있도록 도우며, 집단성원들 간의 관계를 촉진시킬 수 있도록 돕는다. 이러한 관계 형성은 성원들이 상호원조를 제공하면서 개인 및 사회적 목표를 향해 일하는 것을 지지해 준다.

세 번째 개정판인 이 책은 또 다른 저자의 참여로 이루어졌는데, 저자들은 아주 독특하게 짝을 이루었다. 남가주대학교 사회복지대학원(School of Social Work of the University of Southern California)의 학생인 로젤 컬랜드(Roselle Kurland)는 헬렌 노던(Helen Northen)을 자신의 멘터로 여겼으며, 이 두 사람은 친구 그리고 동료로서 사회복지 실천과 교육을 향상시키는 데 함께 노력해 왔다. 때로 이전의 학생이 이전의 선생님에게 멘터 역할을 하기도 하였다. 헬렌 노던은 로젤 컬랜드가 이 책에 현격한 기여를 한 점을 독자들이 기억해 주기를 바란다. 그리고 로젤 컬랜드는 헬렌 노던의 연구 속에 감추어졌던 심오한 지식과 이해를 이 책을 집필한 후에 깨닫게 되어 더욱 그녀에게 감사해 한다는 점 또한 독자들이 기억해 주기를 바란다. 사실 상호존중을 통해 오늘의 동료관계의 기반이 이루어졌다. 두 저자는 집단에서의 의미 있는 경험을 통해 사람들의 삶을 향상시킬 수 있는 가장 좋은 방법을 모색하고 있는 저자들에게 지지를 보내 준 많은 학생 및 동료교수 그리고 친구들에게 감사를 표한다.

차 례

제15장 발달단계 IV: 이별과 종결 453

제16장 평 가 495

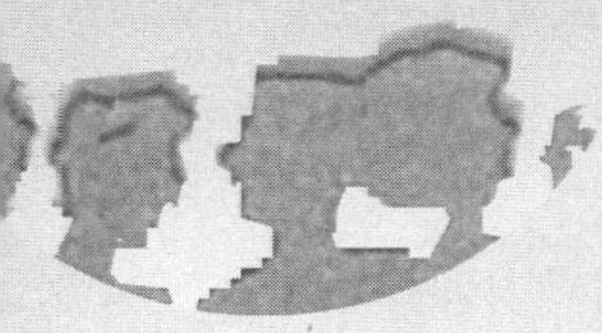

제1장 사회복지실천에서의 집단

사회복지의 일차적 관심은 개인의 심리사회적 기능과 환경의 향상에 있다. 사회복지 전문직은 인격을 떨어뜨리는 상황을 변화시키기 위한 풍부한 활동을 오랜 동안 해 온 전통을 갖고 있다. 또한, 기본적인 욕구를 충족시키기 위한 서비스와 자원을 제공하고, 개인의 사회적 역할 속에서 효과적인 대인관계 및 기능을 위한 능력을 향상시키고자 하였다. 개인의 기본적 욕구 충족과 스트레스 상황에 대한 대처 그리고 사회적 관계를 형성하는 데 발생하는 문제점들이 파악되면서, 전문적으로 원조의 역할을 수행하기 위한 사회복지 전문지식과 기술에 대한 욕구가 생기게 되었다.

1. 역사적 조명

집단사회사업[역자주]은 현재 사회복지 전문직의 실천에서 핵심적인 부분이다. 미국 사회

역자주) 학자에 따라 'Group work' 'Social group work' 'Social work with groups' 등으로 부르고, 국내에서는 집단사회사업이라고 불렀다. 하지만 국내에서는 전체적으로 사회사업보다는 사회복지로 부르는 추세다. 여기서는 역사적 측면을 고려하여 집단사회사업으로 지칭하고, 후반에는 집단사회복지실천으로 통일하고자 한다.

에는 다양한 종류의 집단이 편재해 있다. 유명한 프랑스인 알렉시스 토크빌(Alexis de Tocqueville)은 1832년 미국의 민주주의에 대해서 글을 쓰면서 다음과 같이 설명하였다.

> 지구상에서 가장 민주적인 나라는 사람들이 공통의 욕구를 달성하기 위해 공동으로 이를 추구하는 예술을 최고로 완벽하게 수행하고, 이 새 과학을 최대한 다양한 목적에 적용하는 것이다. 민주화된 나라에서는 사람들이 자발적으로 상호 원조하는 방법을 배우지 않으면 무력해진다. 사람들이 서로에게 상호호혜적인 영향력을 행사함으로써 서로의 감정과 의견을 경청하고, 마음을 넓힐 수 있으며 마음이 개발되는 것이다. 미국의 몇몇 사람들이 이 세상에서 추구하고자 하는 의견이나 감정에 집중하게 되면서 상호원조를 찾기 시작하였다. 그리고 그들은 서로를 발견하자마자 집단을 형성하였다. 그 순간부터 그들은 더 이상 소외된 개인이 아닌 것이다.[1]

토크빌은 이 글에서 집단성원의 멤버십의 핵심을 짚어내고 있다. 소속감에 대한 욕구를 충족하면서 권한부여(empowerment)를 위해 상호원조를 활용하는 것은 사회복지실천에서 집단을 활용해야 하는 존재의 이유(raison d'etre)다. 많은 집단들이 전문적인 지도력 없이 자율적인 집단 혹은 자조집단의 형태로 운영되고 있다. 집단사회사업의 역사는 집단 가운데 어떤 집단은 집단성원 간의 상호원조만으로는 그 목적을 성취할 수 없기 때문에 전문적인 도움이 필요하다는 인식에서 출발한다.

1) 초기 발달

현재 사회복지에서 집단의 활용은 견고한 기반 위에 세워져 있다. 1920년대 초반 집단사회사업이 사회복지교육에 도입될 당시 많은 사회복지기관들이 집단을 제공하고 있었다.[2] 1851년에 YMCA(Young Men's Christian Association)가, 1866년에 YWCA(Young Women's Christian Association)가 영국에서 미국으로 도입되었다. 그리고 1880년에 YMHA(Young Men's Hebrew Association)가, 1902년에 YWHA(Young Women's Hebrew Association)가 조직되었다. 20세기의 처음 20년 동안에는 청소년들의 삶을 풍부하게 하면서 '성격을 형성' 하기 위한 청소년기관들이 창립되었다. 여기에는 보이스카우트(Boys Scouts), 걸스카우트(Girl Scouts), 보이스 클럽(Boys Clubs of America), 캠프파이어 걸스(Camp Fire Girls), 브네이브리스(B'nai B'rith: 유대인문화교류촉진협회) 그리고 미국유대인사회복지위원회(National Jewish Welfare Board)가 포함된다.

인보관(social settlements)은 집단사회사업과 관련된 기관이라고 잘 알려져 있다. 최초의 인보관인 토인비 홀(Toynbee Hall)은 사무엘 바네트(Samuel Barnett)가 1884년 영국 런던의 동쪽에 세웠다. 사회복음에 영향을 받은 옥스퍼드 대학의 학생들이 인근의 거대한 주택에 주로 거주하였다. 이들은 빈민을 이해하고 돕기 위해서는 도움 제공자들이 빈민들의 이웃으로 살면서 그들이 살아가는 환경에 대해 배워야 한다고 생각하였다. 초기 인보관의 거주자들은 자원봉사자였으며, 후에는 이웃의 욕구를 충족시키기 위해 서비스와 자원을 제공해 주려는 사람들이 합류하였다.

미국 최초의 인보관은 1886년 뉴욕 주에 세워진 이웃조합(Neighborhood Guild)으로, 현재는 대학인보관(University Settlement)으로 불리고 있다. 그리고 1889년에 시카고에 홀 하우스(Hull House), 뉴욕에 대학인보관(College Settlement)이 세워졌다. 제인 아담스(Jane Addams)에 의해 설립된 홀 하우스는 인보관 가운데 가장 유명하다. 사회개혁을 성취하는 것과 더불어 인보관의 거주자들은 이웃 주민들의 관심사를 충족시켜 주기 위해 이 모임을 조직하였고, 여가 및 문화 활동, 시민권 수업 그리고 기타 교육집단을 제공하였다. 이웃 주민들은 대부분 유럽에서 갓 이민 온 사람들이었으며, 후에는 직장을 구하기 위해 미국 북부로 이주해 온 소수민족의 빈민들이었다. 제인 아담스의 유명한 저서인 『홀 하우스에서의 20년(Twenty Years at Hull House)』의 서문에서 헨리 스틸 코마저(Henry Steele Commager)는 다음과 같이 기록하였다.

> 홀 하우스의 개소는 미국 근대사에 있어 여러 가지 커다란 사회운동의 하나로서, 인보관 운동의 시작일 뿐만 아니라 사회복지의 시작이기도 하였다. 당시 미국에는 조직화된 사회복지가 없었으며, 메리 리치몬드(Mary Richmond)의 유용한 프로그램들은 아직 먼 미래의 일이었다. 또한 사회학에 대한 공식적인 연구조차 없었다. 홀 하우스의 설립 이후 몇 년이 지나서 시카고 대학이 미국의 사회학 연구의 중심지가 되었고, 많은 교수들이 홀 하우스와 관련을 맺은 것은 우연이 아니었다.[3)]

비록 초기에는 집단사회사업에 대한 지식이 충분하지 않았지만, 집단사회사업이 일찍 시작되었다는 점에는 여러 가지 증거가 있다. 예를 들어, 1915년에 질파 스미스(Zilpha Smith)는 "장기적으로 볼 때 사회복지에서 가족과 집단사회사업이 필요하지 않을 수 없을 것이다."[4]라고 주장하였다. 나아가 그녀는 사회복지를 전공하는 학생들이 1년 동안은 개별사회사업 기관에서 실습을 하고 1년은 인보관에서 실습할 것을 제안하였다. 5년 후인 1920년에 개별사회사업의 창시자로 여겨지고 있는 메리 리치몬드(Mary Richmond)는 집단에 대한 그녀의 지식과 가치에 대해 다음과 같은 의견을 표력하였다.

> 근대 개별사회사업에서 내가 매우 기뻐할 만한 경향이 생겨나기 시작했다. 나는 이것이 사회치료의 장래를 기약할 것이라고 믿는다. 나는 이 새로운 경향을 소집단심리학의 관점에서 클라이언트를 바라보는 것이라고 지칭하고자 한다. ……개별사회사업에 친숙해 있는 우리가 개인의 상황을 분석한 회의록과 인보관에서 개발한 이웃 기준의 여섯 가지 감각과 배경의 중간영역 어딘가에는 우리가 탐색해 보지 못한 새로운 분야가 있다.[5]

여기서 그녀는 소집단을 의미하였다. 1922년에 리치몬드는 집단사회사업에 대한 충분한 인식이 생겨나 개별사회사업가들이 사회복지 전체에 대한 감각과 전체 가운데 각 부분에 대해 이해할 필요가 있음을 피력하였다. 그녀는 "세 가지 다른 형태의 사회복지란 집단사회사업, 사회개혁 그리고 사회조사다."라고 주장하였다.[6]

그 이듬해에 집단사회사업이 최초로 '집단서비스 훈련과정(Group Service Training Course)' 이라는 특별과목으로 웨스턴 리저브 대학교(Western Reserve University)에 개설되었다. 3년 후에는 프로그램명이 또 다른 특별과정인 개별사회사업(social case work)에 맞추어 집단사회사업(social group work)으로 바뀌었다. 프로그램의 담당자였던 윌버 뉴스테터(Wilber Newstetter)는 사회복지에서 집단사회사업의 활용을 교육과 여가 프로그램의 활용과 구분지으면서, 사회복지실천에 적용할 과학적인 지식기반이 필요함을 인식하게 되었다. 하지만 집단사회사업의 과학적 지식기반을 마련하는 데는 오랜 시일이 소요되었다.

2) 지식기반의 발달

집단사회사업을 위한 과학적인 지식기반을 개발하려는 노력은 개별사회사업보다 나

중에 일어났다. 집단사회사업의 지식기반은 사회학과 심리학의 개념들이 혼합되어 점진적으로 생성되기 시작하였으며, 집단토의, 성인교육, 문제해결에 대한 지식과 연결되어 있었다. 소집단에 대한 연구를 위해 회의와 세미나, 위원회 등이 구성되었다. 예를 들어, 전미사회사업가협회 시카고 지부(Chicago Chapter of American Association of Social Workers)에서는 집단사회사업에 대한 위원회를 구성하였으며, YMCA와 YWCA의 지역회의(regional conferences)와 인콰이어리(The Inquiry)에서도 위원회가 구성되었다. 1923년에 조직된 인콰이어리는 알프레드 셰필드(Alfred Sheffield)의 저서인 『창의적인 논의(Creative Discussion)』를 활용하여 집단사회사업을 하나의 방법론으로 공식화하려는 논의를 시작하였으며, 사회철학자와 성인 교육가들의 참여를 기꺼이 받아들였다.[7] 당시 YWCA에서 일하고 있던 그레이스 코일(Grace Coyle)도 그 참여자 가운데 한 사람이었다. 코일은 후에 "되돌아보건대, 이에 관여된 사람들에게는 흥분의 기간이면서 사회발견의 기간이었고, 집단에 대한 철학과 목표, 가치, 방법을 명확히 하려는 우리의 노력에 깊은 통찰력을 제공한 것이었다."라고 회고하였다.[8] 인콰이어리의 참여자였던 메리 파커 폴레트(Mary Parker Follett)는 소집단이 민주주의에 필수적인 것이라고 믿었다. 그녀는 "집단과정은 집단생활의 비밀을 포함하고 있으며, 민주주의의 핵심이자 모든 개인이 배워야 할 주요 학습과정이다. 또한 그것은 미래의 정치적, 사회적, 국제적 생활의 주요 희망이다."라고 기술했다.[9]

존 듀이(John Dewey)는 집단사회사업 이론에 주요한 공헌을 하였다.[10] 그의 교육철학과 문제해결에 대한 연구는 집단과 일하는 방법을 이해하는 기초 지식을 제공하였다. 존 듀이의 교육철학은 각 아동을 개별화할 필요성과 아동을 전체적인 인간으로 볼 것, 사회적 경험을 교육과정의 일부로 활용할 것, 비권위적인 훈육방법을 활용할 것 그리고 협력적인 노력을 통한 학습에 초점을 둘 것을 강조하였다. 그의 개인 및 집단의 문제해결 과정에 대한 개념은 시대의 시험을 거쳐야 했다.

뉴스테터는 집단사회사업에 대한 과학적인 지식기반의 개발에 대한 관심을 가졌으며, 1926년에 마크 펠드스틴(Mark Feldstein)과 시오도르 뉴콤(Theodore Newcomb)과 함께 캠프 와오키이(Camp Wawokiye)에서 연구조사 계획을 수행하기 시작하였다.[11] 이 연구는 남자 아동들의 대인관계에 관한 것으로, 아동상담소에서 또래관계를 향상시킬 목적으로 캠프에 의뢰된 아동들을 대상으로 연구가 이루어졌다. 연구자들은 연구의 결과를 바탕으로 집단 상호작용에서 발생하는 수용-거부(acceptance-rejection)의 개념을 개발하였다. 연구자들은 아동의 욕구가 집단모임을 통해 충족되고 또래관계가 향상될 수 있음을 발견하였다. 그들은 또한 집단에 대한 실험연구가 자연 상황에서도 행해질 수 있음을 입증하였다.

뉴스테터가 연구를 진행하고 있을 당시, 초기의 교육자들은 집단사회사업의 기록물들을 준비하고 분석하는 방법을 통해 집단에 대한 지식을 개발하였다. 최초의 공헌자는 클라라 카이저(Clara Kaiser)다. 그녀는 시카고의 YWCA에서 직원으로 있으면서, 1927년에 웨스턴 리저브 대학교의 교수로 임용되어 집단사회사업을 가르쳤고 학생들이 실습할 기관을 개발하였다. 클라라 카이저의 주요 연구 가운데 하나는 학생들이 작성한 집단과정 기록을 분석하여 집단사회사업의 가치, 개념, 원칙을 발견한 것이다. 그 연구의 결과는 1930년에 『네 개 클럽의 집단기록(The Group Records of Four Clubs)』으로 출간되었다. 같은 해에 그레이스 코일은 『조직된 집단에서의 사회과정(Social Process in Organized Groups)』을 출간했는데, 이것은 그녀의 컬럼비아 대학교 사회학 박사학위 논문이었다. 그레이스 코일의 저서는 집단사회사업 실천에 대한 책은 아니지만 집단의 형성과 구조, 구성, 의사결정 과정뿐만 아니라 집단과 주변 환경의 상호연관성을 이해할 수 있는 개념적 틀을 제공하였다.

1934년에 카이저가 연구를 이유로 웨스턴 리저브 대학교를 떠나자 코일이 그 자리에 임명되었다. 코일의 첫 번째 연구는 카이저가 했던 실천기록에 대한 후속연구로서, 그 결과는 1937년에 『집단행동에 대한 연구(Studies of Group Behavior)』로 출간되었다.

초기의 집단사회사업가들은 대부분의 지식을 사회과학에서 도입하였으며, 이들은 집단에 참여하는 사람들의 문화를 이해하고 존중할 필요가 있음을 강조하였다. 아담스(Addams)와 사회복지사들은 주변 이웃의 소수민족 계통 사람들의 가치와 전통을 보존하려고 노력하였다. 이와 관련된 목표는 인종, 민족, 경제적 배경이 다른 개인들 간의 관계를 향상시키는 것이었다. 이것은 대공황 후의 문헌에서도 빈번히 나타났다. 예를 들어, 코일은 인종편견과 선입관, 타민족에 대한 편협된 생각이 팽배해 있음을 인식하여, "우리는 사람들이 서로를 알게 되고 타인을 존중함으로써 그러한 장애물을 넘어설 수 있다."라고 생각하였다.[12] 고전이라 여겨지는 『집단사회사업실천(Social Group Work Practice)』을 저술한 거트루드 윌슨(Gertrude Wilson)과 글래디스 라일랜드(Gladys

Ryland)는 문화, 사회계층, 성차에 대한 지식에 관심을 두면서, 집단성원이 서로를 이해하고 효과적으로 관계를 형성할 수 있도록 돕는 데 있어 그러한 지식을 어떻게 활용할 것인지에 초점을 두었다. 문화적 다양성, 사회계층, 성차에 대한 지식의 함양과 활용은 오늘날까지도 사회복지의 긴급한 욕구 가운데 하나다.

초기 집단사회사업에서는 개별사회사업과 마찬가지로 인간의 행동과 발달에 관한 지식을 적용하였다. 즉, 성격발달과 사람들의 관계의 본질에 주요 관심을 두었다. 코일은 정신분석 이론의 활용을 언급하였지만, 프로이트의 이론과 자아심리학의 지식을 적절히 통합하여 집단사회사업에 적용을 최초로 시도한 사람은 윌슨이었다. 마가렛 하트포드(Margaret Hartford)는 1936년에 윌슨이 웨스턴 리저브 대학교의 교수로 채용되었을 때 그가 익힌 정신분석 이론에 관한 지식은 집단사회사업의 지식을 구축하는 데 주요한 공헌을 하였다고 주장했다.[13] 그녀가 정신분석 이론의 내용을 사회과학과 실천이론의 지식과 통합한 능력은 그녀가 라일랜드와 함께 집필한 『집단사회사업실천』에서 찾아볼 수 있다. 1940년대에는 기젤라 코놉카(Gisela Konopka), 프리츠 레들(Fritz Redl), 사무엘 슬래브슨(Samuel Slavson) 그리고 사울 쉐이들링거(Saul Scheidlinger)가 정신분석 이론을 집단에 적용·확장하였다.

1950년대 후반에는 고든 헌(Gordon Hearn)이 체계이론을 사회복지에 소개하였는데, 그는 버클리에 있는 캘리포니아 대학교의 집단사회사업 교수였다. 그는 체계이론을 활용하여 『사회복지에서의 이론구축(Theory Building in Social Work)』이라는 책을 집필하였다. 그는 계속해서 체계이론을 다양한 상황의 실천현장에 적용함으로써 이 책을 수정·보완하였다.[14] 현재는 생태학적-체계적 개념 및 개인-집단-환경의 상호작용과 성, 인종, 민족성, 성향, 건강이 집단의 목적과 발달에 영향을 주는 방법에 대하여 관심이 집중되고 있다.

3) 실천 분야

1950년대 중반 무렵까지 집단사회사업의 대부분은 지역사회기관의 아동과 청소년을 대상으로 한 것이었다. 코일(Coyle)은 이러한 집단사회사업에 대하여 1948년에 『미국 청소년 대상의 집단사회사업(Group Work with American Youth)』이란 책을 출간하였다.

이상하게 생각할 수도 있겠지만 이것은 집단사회사업에 대한 최초의 단행본이었다. 곧 이어 할레이 트랙커(Harleigh Trecker)는 『집단사회사업: 원칙과 실천(Social Group Work: Principles and Practice)』이란 책을 출간하였는데, 이 책은 지역사회 모든 기관의 모든 연령집단을 대상으로 한 서비스를 포함하고 있다. 윌슨(Wilson)과 라일랜드(Ryland)가 저술한 『집단사회사업실천(Social Group Work Practice)』은 모든 실천 분야에서 집단을 활용할 수 있는 전환기를 마련하였다. 이 책은 다른 책들보다 더 넓은 범위를 포함하고 있었다. 기젤라 코놉카(Gisela Konopka)의 『아동대상의 치료집단(Therapeutic Ciroup Wort with Childrend)』은 1950년대 말에 출간된 집단사회사업에 관한 네 번째 책이었다. 집단사회사업은 이미 집단서비스를 넘어서 다양한 분야에서 행해지고 있었다.

2차 세계대전 동안에 군대에서 집단사회사업의 유용성이 입증되었듯이 치료를 목적으로 한 집단사회사업이 급속도로 퍼져 나갔다. 네바 보이드(Neva Boyd)는 1930년대 중반에 시카고 주립병원에서 정신질환자들을 대상으로 사회성 프로그램을 실시하였다. 그는 치료를 목적으로 집단에서 다양한 사회경험을 하도록 하였다.[15] 지금까지 알려진 바로는 1939년에 피츠버그 대학에 있었던 윌슨이 처음으로 사회복지대학원에서 정신건강 분야의 실습을 할 수 있도록 주도하였는데, 처음에는 아동상담소에서, 그 다음에는 정신병원에서 실시하였다. 곧바로 다른 학교에서도 이와 같은 방법을 실습에 도입하였다. 집단을 치료목적으로 활용하는 것은 독일과 오스트리아의 난민자들이 미국에 도착하면서 급속도로 진행되었다. 유럽 문화에서는 집단이 교육과 치료에 중요한 역할을 하였다. 코놉카는 “집단은 독일의 나치 체제 혹은 오스트리아에서 고통스런 경험을 한 사람들이 사회적 관계를 향상시키고자 하는 동기를 강화시켰다.” 라고 언급하였다.[16] 집단은 곧 사회적 관계 향상의 목표를 성취하는 수단으로 여겨졌다. 월터 프리들랜더(Walter Friedlander)는 그의 책에서 개별사회사업, 집단사회사업, 지역사회조직사업 간의 공통점을 파악하였고, 코놉카는 집단치료, 청소년, 집단사회사업실천에 관한 수많은 책과 논문을 썼다. 헨리 마이어(Henry Maier)는 인간발달과 치료시설에서의 집단사회사업에 관한 많은 이론들을 연구하였다. 그리고 프리츠 리들(Fritz Redl)은 지역사회와 시설에 거주하고 있는 정서문제를 가진 아동을 대상으로 한 치료집단 개발에 공헌하였다.[17]

미국 정신보건국(National Institute of Mental Health; NIMH)은 정신건강기관에서 집단

을 활용할 수 있도록 적극 지원하였으며, 1950년대에는 정신건강 분야의 집단 활용에 관련된 두 개의 전국학회를 재정적으로 지원하였다.[18] 이 학회의 참석자들의 관심과 활동은 대개 개별사회사업과 집단사회사업으로 양분되었으나, 그때까지만 해도 많은 개별사회사업가들이 개별사회사업과 함께 집단사회사업을 시행하고 있었다.

집단사회사업이 의료기관에서 활용된 것은 1905년부터였지만, 이것이 의료기관에서 자리매김하는 데는 정신기관보다 더 오래 걸렸다. 1959년에 이르러서 전미사회사업가협회(National Association of Social Workers; NASW)는 의료기관에서의 집단 활용에 관심을 갖고 병원과 클리닉에서 집단을 연구하기 위한 위원회를 구성하였다. 루이스 프레이(Louise Frey)는 이 주제에 관해 23개의 논문을 발표하였다.[19] 1983년에 노던(Northen)은 루이스 프레이 이후로 의료기관에서의 집단 활용에 관한 논문이 249개로 급증하였다고 발표하였다.[20] 이에는 치료집단이 대부분을 차지하였으며, 그 다음으로는 지지집단, 심리사회 교육집단, 위기해결집단, 사회화집단, 훈련 및 중재집단의 순으로 다양한 유형의 집단이 언급된 것에 대해서 주목할 필요가 있다. 많은 저술가들이 생물심리사회적(biopsychosocial) 이론을 각자의 성향에 따라 활용하였다.

오늘날, 집단은 다양한 사회복지실천 분야에서 여러 가지 목적으로 활용되고 있다. 여기에는 가족-아동복지기관, 산업복지, 노인복지, 의료, 정신건강, 교육기관 등이 포함된다.

2. 집단사회사업의 정의

1920년대 후반에 전미사회사업가협회(NASW)의 전신인 미국사회사업가협회(American Association of Social Workers; AASW)는 사회복지실천의 공통기반을 파악하는 데 관심을 가졌다. 미국사회사업가협회(AASW)에서는 마가레타 윌리엄슨(Margaretta Williamson)을 지명하여 집단사회사업의 일반적인 요소를 파악하도록 하였다. 그녀는 "사회복지의 공통요소들에는 비슷한 철학, 훈련과 기법의 혼합, 인력의 교환, 경험의 교환이 포함된다."라고 결론지었다. 그녀는 자발적이고 민주적인 참여의 중요성과 집단 지도자가 집단성원들, 동료들, 지역사회 사람들, 이사회 및 위원회의 사람들을 활용하고 문제해결 과정을 활용하는 것의 중요성을 강조하였다. 집단사회사업의 목적은 "개인의 능력을 최대한 발휘할 수 있도록 하고, 개인과 환경 간에 보다 만족스러운 관계를 독려하는 것이다."라고 하였다.[21] 개인-환경의 상호작용 개념은 시간이 지난 후에 확인되어야 할 것이다.

집단사회사업을 정의하고 기술하는 작업은 급속도로 진행되었다. 뉴스테터는 1935년에 전미사회사업학회(National Conference of Social Work; NCSW)에서 발표한 논문에서 다음과 같이 설명하였다.

> 집단사회사업은 교육과정으로 정의될 수 있는데, ① 자발적인 집단참여를 위해 개인의 개발과 사회적 적응을 강조하고, ② 집단참여를 활용하여 다른 사회적 목표를 향상시키는 수단으로 활용할 것을 강조하였다. 따라서 집단사회사업은 개인의 성장과 사회적 결과 둘 다에 관심을 갖는다. ……이러한 근간에 흐르는 철학적 배경은 개별화된 성장과 사회적 목표가 서로 얽혀 있으면서 상호의존적이라는 것으로, 개인과 그의 사회적 환경은 동등하게 중요하다.[22]

윌리엄슨처럼 뉴스테터도 개인-환경의 상호작용의 중요성을 강조하였다.

몇 개의 기관들이 집단사회사업의 발달을 촉진시켰다. 1935년에 전미사회사업학회에 집단사회사업 분과가 포함되어 처음으로 여러 논문들이 발표되었는데, 이에는 뉴스테터의 정의도 포함되어 있었다. 그리고 1년 후에 전국집단사회사업연구회(National Association for the Study of Group Work; NASGW)가 설립되었다. 전국이란 말은 1938년에 캐나디안(Canadian)에 준해 아메리칸(American)으로 변경되었다. 미국집단사회사업연구회(AASGW)의 목적은 집단사회사업의 철학, 지식, 실천을 명확하고 정교하게 하는 것이었다. 여기에 가입된 사람들은 여가지도자, 교육자 그리고 사회복지사들이었다. 이 단체에서는 『집단사회사업(Group Work)』이라는 학술지와 연례 활동보고서를 출간하였다. 카이저(Kaiser)가 주도한 위원회의 연구를 바탕으로 집단사회사업의 목표는 '자발적인 집단참여를 통한 개인의 개발과 적응'이다.[23] 1946년에 연구집단의 구성원들이 미국집단사회사업가협회(American Association of Group Workers)의 전문집단을 만들게 되었고, 이것이 1955년에 전미사회사업가협회(NASW)에 통합되었다.

전미사회사업가협회의 초기 연구는 사회복지실천의 정의를 개념화하는 것으로서 개인, 집단, 지역사회를 대상으로 실천의 공통점을 파악하는 것이었다. 이 위원회가 준비한 첫 번째 문장은 다음과 같다. "사회사업방법이란 개인이나 집단과의 관계에서 책임있고 의식적이며 훈련된 자기활용이다. 이 관계를 통해 사회사업가는 개인과 환경 간의 상호작용을 촉진하면서 상호간에 호혜적인 영향에 지속적으로 관심을 갖는 것이다."[24) 이전의 정의와 마찬가지로 이것도 개인-환경 개념을 강조하고 있다. 집단사회사업의 소위원회의 구성원들은 이 정의를 개발하는 데 적극적으로 참여하였다.

전미사회사업가협회는 소위원회 외에 추가로 집단사회사업과 관련된 회원영역을 만들었다. 하트포드가 주도한 '전국집단사회사업영역(national group work section)' 에서는 집단사회사업의 세부적인 정의를 개발하였다.[25) 이 영역에서는 10명의 사회복지 교육자들에게 각각 개념적 정의와 공통적 지침을 준비하도록 요구하였다. 많은 공통개념 가운데서도 정의는 서로 다른 목표를 기술하고 있었다. 예를 들어, 집단사회사업 내에 교육, 사회행동, 사회성장, 시민참여 그리고 치료가 포함되어야 하는지 여부에 대해 의견의 불일치가 있었다.

전미사회사업가협회가 집단사회사업에 관한 연구를 수행하는 동안, 미국사회복지교육협의회(Council on Social Work Education; CSWE)에서는 교육과정에 관한 주요 연구를 수행하여 1959년에 13권의 책을 출간하였다. 마조리 머피(Marjorie Murphy)는 집단사회사업의 프로젝트 담당자였다. 폴 사이먼(Paul Simon)이 주도한 자문위원회와 공동 연구한 결과로 집단사회사업은 "사회사업의 한 방법으로서 의도적인 집단경험을 통해 개인의 사회적 기능을 향상시키는 것이 목적이다."라고 정의되었다.[26) 그리고 저서에서 집단사회사업의 정의와 관련된 능력을 개발하는 데 필수적인 목표와 내용을 상세하게 기술하였다. 그 결과 대다수 사회복지 교육자들이 그녀의 책을 수용하였으며, 이것은 이 책이 다른 교과과정과 함께 사회복지대학원의 교육 프로그램으로 인증받을 수 있는 근거가 되었다.

1) 이론의 명확화

사회과학의 연구조사에서 얻어진 결과들은 집단과정의 역동성과 집단사회사업의 실천에 활용할 수 있는 지식을 향상시켰다. 코일의 연구를 바탕으로, 하트포드는 1971년에 『사회사업에서의 집단(Groups in Social Work)』이라는 책을 출간하였다. 이는 집단사회사업 초기에 제시된 복잡한 지식을 체계화하여 집단사회사업의 실천에 활용할 수 있도록 하였다. 그런 후에 찰스 가빈(Charles Garvin)과 같은 교육자들이 심리학적 및 사회학적 지식을 집단사회사업에 활용한 근거를 찾아내기 시작하였다.[27)]

1970년대 중반까지 집단사회사업에 관한 책들이 증가하였다. 따라서 집단사회사업에 대한 다양한 가치와 목적, 이론들을 명확히 하려는 노력이 시도되었다. 일찍이 캐서린 파펠(Catherine Papell)과 부엘라 로스만(Beulah Rothman)은 집단사회사업의 세 가지 이론적 모델을 제시하였는데, 사회목표 모델(social goals), 상호작용 모델(reciprocal model), 치료모델(remedial model)이 그것이다.[28)] 로버트 로버츠(Robert Roberts)와 헬렌 노던(Helen Northen)은 윌슨(Wilson)을 초빙하여 집단사회사업에 대한 역사를 회고하도록 요청하였고, 10명의 교육자들에게는 일정한 안내지침에 따라 집단사회사업과 관련된 이론적 연구를 준비하도록 요구하였다. 그 결과로 출간된 책의 결론부분에서 이 두 편집자들은 집단사회사업의 이론과 관련하여 공통점 및 차이점을 분석하였다.[29)] 결론의 핵심은 10개의 연구들이 집단사회사업의 실천에 있어 10개의 독특하고 독자적인 접근방법을 제시하고 있지 않다는 점이다. 모든 저자들이 사회복지 전문직의 기본 가치를 논의하였으며, 사회복지사와 집단성원들의 상호작용 과정을 3단계 혹은 그 이상의 단계를 통하여 기술하였다. 또한 저자들은 소집단 이론을 활용하였으며, 심리사회적 기능의 개념을 활용하면서도 심리보다는 사회적인 면에 보다 많은 강조점을 두었다. 나아가 이들은 집단사회사업의 목적이 사회기능의 향상 혹은 증진에 있다고 기술하면서 사회복지사가 집단과정의 촉진자 역할을 담당하는 것으로 보았다. 이들의 연구는 집단사회사업이 사회복지실천 방법에 근거하여 마련된 특별과정에서 벗어난 것임을 분명히 보여 주는 것이었다. 임마누엘 트롭(Emanuel Tropp)만이 집단사회사업이 독특한 특별과정이 되어야 한다는 강한 입장을 취하였다. 이후로 많은 저자들이 새로운 집단사회사업 모델을 개발하거나 수정해 나갔다.

2) 새 조직의 등장

전미사회사업가협회는 1960대 중반 이후부터 집단사회사업을 위해 어떤 특별한 프로그램도 고안하여 제시하지 않았으며, 집단사회사업에 대한 학술지도 발간하지 않았다. 그러나 1970년대 후반에 집단사회사업의 실천을 향상시키는 것과 관련하여 두 가지 사건이 있었다. 첫 번째 사건은 『집단사회사업(Social Work with Groups)』이라는 학술지를 창간한 것이었다. 이는 캐서린 파펠과 부엘라 로스만이 편집을 맡았고, 현재는 로젤 컬랜드(Roselle Kurland)와 앤드류 말레코프(Andrew Malekoff)가 편집을 맡고 있다. 두 번째 사건은 1979년 오하이오 주 클리블랜드에서 그레이스 코일(Grace Coyle)을 기념하기 위해 집단사회사업의 실천에 관한 심포지엄을 조직하기 위한 위원회가 구성된 것이다. 이 위원회를 바탕으로 1985년에 새로운 조직인 '집단사회사업증진협회(The Association of the Advancement of Social Work with Groups; AASWG)'가 만들어졌다. 심포지엄의 결과로 출간된 저술서는 집단사회사업에 관한 연구에 중요한 기여를 해 오고 있다.

3. 주요 과제

1) 개별사회사업-집단사회사업의 관계

집단사회사업이 사회복지실천의 한 방법으로 인식되기 시작하면서부터 집단사회사업과 개별사회사업의 관계를 이해하려는 노력이 있어 왔다. 1930년대 말에 윌슨은 미국가족복지협회(Family Welfare Association of America)의 후원으로 이 문제에 관한 설문조사를 시행하였다. 그녀에 따르면 집단사회사업은 청소년 서비스를 제공하는 인보관에서부터 개별사회사업 서비스를 제공하는 기관에 이르기까지 다양하게 분포되어 있었다. 그녀는 또한 두 방법론 사이의 공통된 핵심 가치와 지식, 기법을 파악하였다. 하지만 집단사회사업과 개별사회사업을 적절하고 상호협력적으로 활용하는 데 장애가 될 수 있는 상이점과 불신도 발견하였다. 두 방법의 주요한 차이점은 개별사회사업은 일대일 관계에 있으며, 집단사회사업은 사회복지사가 개별성원 및 집단 전체와의 관계에 있다는 점이었다. 이러한 차이점에도 불구하고 결론은 '사고의 양극점이 오늘날 서로를 향해 움직이고 있다.' 는 것이었다.[30] 이 주제에 관한 관심은 수년 동안 계속되었다.

1950년대 초에는 개별사회사업을 전공한 많은 사회복지사들이 치료목적하에 집단을 대상으로 일을 하고 있다는 증거가 확인되기 시작했다. 전미사회사업가협회의 정신건강사회복지 분과에서 시행한 연구에서는 정신건강 분야의 사회복지사들이 집단을 활용하여 서비스를 제공하고 있다고 하였다.[31] 나아가 가이도 피나몬티(Guido Pinamonti)는 다양한 유형의 기관에서 일하는 개별사회사업가들이 집단을 대상으로 일을 하고 있다는 문헌을 찾아내었다.[32] 그에 따르면 많은 사회복지사들이 오리엔테이션, 교육, 치료의 목적으로 집단을 활용하고 있었다.

2) 통합방법론

이제까지 제시된 역사는 개별사회사업과 집단사회사업의 공통기반에 있어 분명한 경향이 있음을 보여 주고 있다. 집단사회사업에 대한 정의를 내린 뉴스테터는 그의 논문에서 사회복지의 확대기반을 서술하면서 공통개념과 실천기술에서 많은 유사점이 있음을 강조하였다. 그 후 점진적으로 사회복지 전문직에 있는 몇몇 지도자들이 개별사회사업, 집단사회사업, 지역사회조직사업이 실제로 별개의 방법론인가에 대해 의문을 제기하기 시작하였다. 여기에는 버사 레이놀즈(Bertha Reynolds), 메리온 헤스웨이(Marion Hathway), 알리언 존슨(Arlien Johnson)이 포함되었다.[33] 존슨(Johnson)은 특히 개별사회사업, 집단사회사업, 지역사회조직사업의 발전에 대해 추적하였다. 그녀는 이들 방법들이 특정 기관과 실천 분야와는 독립된 것이라는 점을 발견하였으며, 공통된 내용을 갖고 있으면서 다양한 상황과 기관에 적용될 수 있다고 믿었다. 그녀는 "장래에는 모든 사회복지사들이 개인과 집단의 관계에 관한 기초 기술을 갖추게 될 것이고, 현재의 특성화(specialization)는 사회사업방법의 선호로 인해 없어질 것이다."라고 예언하였다.[34] 그녀의 논문은 1955년에 출간되었는데, 공교롭게도 그 해에 사회복지를 하나의 전문직으로 인증하기 위해 전미사회사업가협회(NASW)가 창립되었다.

존슨의 예언은 1960년에 이르러 부분적으로 사실로 입증되었다. 이 시기는 개별사회사업과 집단사회사업을 하나의 사회사업방법으로 보려는 경향이 강하게 대두되었다.

따라서 사회복지사들은 클라이언트의 욕구에 따라 개인, 가족, 집단 방법을 활용하여 서비스를 제공할 수 있는 능력을 갖추어야 한다고 생각되었다. 이러한 프로그램을 갖추고 미국사회복지교육협의회(CSWE)에 의해 처음으로 인증을 받은 학교는 1964년 남가주대학교였다.[35] 변화의 목소리가 급속도로 퍼져나가자 미국사회복지교육협의회는 이제 사회복지대학원들이 일반사회복지사 기초과정(generalist foundation)을 갖출 것으로 기대하였다. 하지만 그것이 집단이나 가족 혹은 실천 분야나 사회문제에 대한 과정이나 집중 분야가 교과과정에 포함될 수 없다는 것을 의미하지는 않았다.

사회복지실천 방법의 통합의 근거는 사회복지실천이 여러 가지 접근방법으로 구성된 실체로서 때로는 개인이나 가족 혹은 그 하위체계를 대상으로 하거나, 때로는 소집단이나 지역사회의 조직을 대상으로 일해야 하기 때문이다. 따라서 서비스 대상의 선택은 클라이언트 체계의 욕구에 근거한 것이어야 한다는 인식이 생기게 된 것이다. 사회복지사는 상황에 따라 여러 가지 방법을 혼용할 수 있다. 그리고 주어진 상황에 맞게 선별한 개입방법을 갖고 있어야 한다. 집단사회사업의 가치를 강하게 믿고 있는 교육자와 사회복지실천가들은 통합방법론의 옹호자들이다.

1980년까지 약 10권의 책에서 사회복지실천의 일반(generic) 혹은 일반사회복지사(generalist)에 관해 기술하고 있다. 이 책들은 집단사회사업을 독립된 한 영역으로 다루거나 전체에 통합된 방법으로 간주하면서 사회복지실천의 한 방법으로 다루었다. 이 가운데 몇 권의 책들은 초기에 집단사회사업에 관심을 가졌던 저자들에 의해서 독자적으로 혹은 공동으로 저술된 점을 주목할 필요가 있다.[36] 하지만 많은 저자들은 집단사회사업의 일반 및 특별 영역이 적절하게 교수되기 위해서는 실천과목들의 질과 양이 향상될 필요가 있다고 믿었다. 그리고 집단사회사업을 여러 개의 교과과목으로 가르쳤거나 가르치고 있는 일부 교육자들은 통합과정에서는 집단에 대한 적절한 학습이 이루어지지 않고 있다고 확신하였다. 그들은 집단사회사업의 특별한 영역을 가르치는 질적인 면이나 양적인 면이 통합과정에서는 불가능하다고 여겼다. 그들은 루스 스말리(Ruth Smalley)의 “두 방법론의 차이점이 충분히 파악되어 하나의 방법론에서 수업과 실습을 2년 과정을 통해 제공하는 것이 초기단계의 실천기술을 갖출 수 있도록 할 것이다.”라는 말에 동의하고 있다.[37] 이러한 관점은 소수에 불과하였지만 분명한 것은 이에 대한 답을 얻기 위해서 조사연구가 필요하다는 것이다.

3) 집단사회사업실천의 목적

지난 수년 동안 지속되었던 세 번째 과제는 집단사회사업에 포함되어 있는 목적의 범위에 관한 것이다. 사회행동이 부적절하다는 염려와 함께 집단치료와는 대조적으로 사회적 기능의 향상과 문제예방에 강조를 둔 것에 대해 논란이 일어났다. 테드 골드버그(Ted Goldberg)는 'treatment' 혹은 'therapy' 라는 단어가 사용된 방대한 분량의 학술지를 검토하였다. 그 결과 많은 저자들이 치료집단을 사회복지실천의 한 영역으로 받아들이고 있는 반면, 극소수의 사람들은 그러한 관점에 반대하고 있는 것으로 조사되었다.[38] 예를 들어, 한스 폴크(Hans Falck)는 "사회복지는 치료가 아니다." 라는 입장을 취하였다.[39] 이러한 관점은 코놉카(Konopka)가 "집단사회사업가가 자신의 전문적인 훈련과 기술을 활용하여 개인 혹은 사회기능적 문제를 가진 개개인들이 모인 집단과 일을 할 때 집단치료의 실천에 들어가는 것이다." 라고 말한 것과는 매우 상이한 것이다.[40]

최근의 한 진술문은 이 단어의 활용을 확장시키고 있다. 메리 우드(Mary Woods)와 플로렌스 홀리스(Florence Hollis)는 치료(therapy)란 "(개인, 가족 혹은 집단이) 환경, 대인관계 및 개인 내적 문제 혹은 이들의 복합적인 문제가 개인에게 고통(distress)을 일으켰을 때 이에 대처하기 위해 사용되는 심리적, 사회적 수단의 작업" 을 의미한다고 하였다.[41] 'treatment' 혹은 'therapy' 라는 단어를 차별적으로 선호하고 정의하려는 사람들 은 용어 사용에서 상이한 태도를 가지고 있기도 하다.

1965년에 헬렌 펄만(Helen Perlman)은 『사회사업방법: 지난 10년간의 회고(Social Work Method: A Review of the Past Decade)』라는 책에서 다음과 같이 기술하였다. 이 개념은 오늘날에도 널리 받아들여지고 있다.

> 집단사회사업이 포함하고 있는 실천의 범위를 생각해 보면, 집단지도자와 구성원들이 집단사회사업의 모델 및 원칙을 발달시키기 위해 행한 압력과 집단사회사업의 정의 및 정체성에 대한 고도의 감정이 있을 수 있음을 쉽게 이해할 수 있다. 집단사회사업에 관한 문헌을 보면, 집단사회사업이 교육에서 치료의 연장선상에 있어야 하는지 사회화의 연장선상에 있어야 하는지에 대한 내적 갈등을 볼 수 있게 된다.[42]

오늘날에도 이러한 갈등은 계속되고 있다. 아마도 집단사회사업의 연속선은 교육에서 출발하여 사회화로 그리고 치료로 이어져야 할 것이다.

4. 이론적 접근에서 실천으로

집단의 목적과 실천지식이 다양하게 개발됨에 따라 이 책에서는 개인의 심리사회적 기능의 향상과 주변 환경의 향상이라는 기본적인 목적을 바탕으로, 집단을 대상으로 유능하게 일하기 위해 필수적인 집단의 가치, 지식, 이론, 기술을 다루고자 한다. 이것은 생태체계적 접근(ecosystems orientation)에 근거하고 있다.

1) 가치

가치는 사회복지사들이 사정, 계획, 치료에서 활용할 지식을 선택하는 데 중요한 결정요인이다. 가치는 무엇이 쓸모 있거나 쓸모 없는 것, 바람직하거나 그렇지 않은 것, 옳거나 그른 것, 아름답거나 추한 것에 대한 생각을 의미한다. 가치는 신념이나 이념, 감상적이거나 미학적인 선호도, 도덕적 혹은 윤리적 원칙을 포함하고 있다. 윤리강령으로 옮겨졌을 때 가치는 특정 전문직의 실천방향을 정하게 된다. 가치들은 개인과 사회에 대한 근본적인 신념과 태도에서 나오게 된다.

사회복지의 궁극적 가치는 개인이 자신의 삶을 개인적으로 만족시키면서 사회적으로 바람직한 방법으로 살기 위해 잠재력을 실현할 수 있는 기회를 가지는 것이다. 애쉴리 몬테규(Ashley Montagu)는 “개인이 경험하는 가장 심오한 패배는 자신이 될 수 있는 것과 자신이 현재 실제로 된 것의 차이에서 온다.”고 하였다.[43] 대부분의 사회복지사들은 이 말에 동의할 것이다. 잠재력 실현의 가치 저변에는 그 의미를 보다 세분하는 구체적인 것들이 있다. 즉, 사회복지의 기본적 가치는 개인과 집합체의 복지가 상호 이익이 되도록 동시에 고려되어야 함을 전제로 하고 있다. 사무엘 실버만(Samuel Silberman)은 “성공적인 사회복지 서비스란 아동과 가족, 환자와 병원, 고용주와 고용인, 집단성원과 집단 전체 모두에게 이득이 되어야 하는 것이다. 어느 한쪽을 위해 다른 한쪽을 희생해서는 안 되며, 양쪽 모두에게 이득이 되어야 한다.”라고 지적하였다.[44]

각 개인에게는 내재적인 가치와 존엄성이 있다는 것이 사회복지의 기본적인 신념이다. 신념 있는 사회복지사는 모든 사람들이 다른 사람의 호감이나 차이점과 상관없이 동등하게 존중받고 대우받아야 한다는 구체적인 가치를 갖고 있다. 개별화의 원칙과 수용 및 자기방향성(self-direction)은 이러한 가치에서 유추된 것이다. 사람은 자신의 잠재력을 충족시키기 위해 성장할 수 있는 기회를 가져야 하며, 이를 통해 사회가 인간의 욕구를 잘 충족시킬 수 있도록 공헌할 필요가 있다. 사람은 또한 인종, 나이, 사회계층, 종교, 국적, 건강, 성향 및 성차로 인해 차별받지 않고 시민적 자유와 동등한 기회를 가질 권리를 갖고 있다. 나아가 사람은 자신의 기본적 욕구충족을 위해 필요한 자원에 접근할 수 있어야 한다.

사람들이 서로에 대해 책임을 져야 한다는 신념은 사회복지의 기본 가치 가운데 하나다. 이것은 민주주의 정신이 행동으로 나타난 것으로, 이 가치는 모든 사람들에게 표현의 자유가 있으며, 사생활을 유지할 권리, 자신에게 영향을 미칠 수 있는 의사결정 과정에 참여할 수 있는 권리, 자신의 삶을 영위할 권리와 함께 타인과 함께 건설적으로 살아갈 책임이 동반되는 것을 의미한다. 사람들은 자신의 욕구충족과 생존을 위해 상호 의존하게 된다. 세련되지 못한 개인주의보다는 상호 책임감이 앞서야 한다. 개인과 집단은 능력에 따라 크든 작든 사회적 책임을 감수해야 한다.

사람들은 상호의존적이다. 코놉카는 "모든 생명은 다른 생명과 연결되어 있다(중략). 집단사회사업의 핵심은 인간의 생생한 상호관계에 있다. 또한 그 초점은 개인을 자유롭게 하면서 이들 개인이 다른 사람들을 지지할 수 있도록 돕는 것이다."라는 감동적인 말을 하였다.[45]

사회복지사는 사회를 구성하고 있는 집단과 문화의 다양성을 존중해야 한다. 미국 사회뿐 아니라 다른 여러 국가들은 여러 민족의 네트워크로 구성되어 있어, 공통의 가치와 특성을 공유하면서 특정 집단의 성원에게 독특하게 해당하는 가치를 가지고 있다.[46] 각 개인과 가족 그리고 집단은 개별적으로 취급되어, 각각의 사회구성 요소들이 자신의 문화를 유지하면서 전체 사회에 기여할 기회를 가질 수 있어야 한다. 케네스 프레이(Kenneth Pray)에 따르면, 민주주의 철학은 개인적인 차이가 있는 인간 전체를 인정하고 존중하는 사회에 기반하고 있다. 이것은 개인차를 억압하거나 정복하는 것이 아니라 통합한 결과로서 사회단위가 구성되고 발전한다는 것이다. 따라서 민주주의는 사회의 모든 제도나 기관이 개인에게 주는 영향력에 의해 시험받고, 개인의 독특한 잠재력을 적극적이고 생산적인 참여를 통하여 공통의 선을 위해 활용할 수 있는 능력에 의해 시험받는다.[47] 개인뿐 아니라 집단의 차이는 수용되어야 하며 모두의 복지를 위해 활용되어야 한다.

심리사회적 관점에서 사회복지의 이념은 개인을 총체적인 사람으로 보며, 개인은 자신이 살고 있는 체계와 그 하위체계들과 상호작용하고 있는 것으로 간주된다. 이것은 인본주의적이고 과학적이며 민주적인 견해다. 인본주의에 입각한다는 이유는 클라이언트와 그가 속해 있는 사회체계의 복지와 권리를 위해 공헌하기 때문이다. 과학적인 이유는 개인의 선입견보다는 객관성과 사실적 증거를 선호하기 때문이다. 즉, 사회복지사의 판단과 행동은 활용 가능한 과학적 지식을 근거로 이성적 유추과정을 통해 도출된 것임을 강조하는 것이다. 나아가 민주주의라는 이유는 정치적인 구조가 아닌 사람들 간의 관계를 다루는 철학으로 간주되어 개인, 집단, 가족 및 사회의 복지를 추구하기 위해 상호호혜적인 권리와 의무를 근거로 하고 있기 때문이다.

2) 전문 윤리

사회복지의 가치는 사회복지사와 개인, 가족, 집단 및 지역사회의 관계와 관련된 윤리적인 원칙으로 조작화된다. 전미사회사업가협회에서 만든 윤리강령은 사회복지 업무의 전 과정에서 고려해야 할 윤리원칙을 상기시켜 주고 있다. 주요 원칙에는 사회복지사와 클라이언트 간의 관계에 관한 것, 능력을 갖춘 사회복지실천, 통합성, 우선성, 클라이언트의 복지를 위한 헌신과 권리와 특권의 보호 등이 있다. 이러한 권리는 자기결정권, 비밀보장 그리고 사회정의를 함축하고 있다. 윤리강령은 위와 같은 원칙들을 집단에 어떻게 적용해야 하는가에 대해 막연하게 다루고 있기 때문에, 본 저자들은 이 책의 전 과정에서 이 윤리적 문제들을 다루고자 한다.[48]

3) 목적

사회복지의 목적은 개인과 환경 간의 관계 향상에 있다. 이것은 개인, 가족, 집단의 심리사회적 기능과 주변 환경조건의 긍정적인 변화를 성취하여, 보다 만족스럽고 생산적인 삶을 위한 기회를 제공하는 동시에 그 삶의 장애물을 줄이는 것이다.

이러한 일반적 목적 내에서 집단사회사업은 집단성원들이 집단을 활용하여 심리사회적 기능에 현존하는 문제에 대처하고 해결할 수 있도록 돕고, 예상되는 문제를 예방하거나 앞으로 악화될 위험이 있는 상황 속에서도 현재의 상태를 유지할 수 있도록 돕는다. 나아가 집단사회사업은 집단과 조직의 기능이 보다 효과적인 형태로 나아갈 수 있도록 하면서 환경적인 장애물을 제거한다. 어떤 집단이든 간에 집단의 결과물은 집단을 구성하고 있는 성원의 욕구, 바람, 능력 및 상황에 따라 그리고 집단 자체의 목적과 본질에 따라 달라진다.

사람들의 심리사회적 기능을 향상시킬 수 있도록 돕는 방법에는 개인, 집단, 가족의 방법이 활용될 수 있다. 이는 개인-환경의 상황에 대한 사정에 따라 다르다. 사회복지사는 이외에도 다양한 역할을 수행하게 되는데 종종 집단 외의 업무가 필수적이다. 이러한 역할에는 옹호자, 사례관리자, 서비스와 자원의 중개자, 교육자, 협력자 등이 포함된다. 이 책에서는 개인-환경의 관점 내에서 문제를 예방하거나 해결할 수 있도록 돕는 수단과 상황으로서 집단의 활용에 초점을 두고자 한다.

4) 생태체계적 접근

이 책에 기술한 집단사회사업의 실천은 생태체계적 접근법에 기반을 두고 있으며, 가족성원들, 집단성원 및 준거집단의 성원, 조직의 다양하고 복잡한 상호작용을 고려하였다. 생태체계적 접근은 사회복지와 깊은 관련이 있는데, 이는 사회복지의 상황이 변화하는 환경에 대한 대처를 포함하고 있거나 주변 환경을 다루는 능력의 변화와 관련이 있기 때문이다. 헨리 마스(Henry Maas)는 이러한 상황들이 "개인과 환경 간의 상호작용에 변화를 요구하고 있다."고 주장하였다.[49] 앞으로 발생할 수 있는 변화는 부분적으로는 환경의 선택과 반응에 영향을 받으면서 동시에 개인의 능력과 잠재력의 발달에 영향을 받게 된다. 이 장을 시작할 때 개인과 환경 간의 상호관계에 관한 지식이 집단사회사업의 역사적 맥락에서 주요하게 논의되어 왔음을 다루었다.

생태학은 식물과 동물, 생물과 물리적 환경 간의 관계를 연구하는 것이다. 로버트 쿡(Robert Cook)은 "유기체 간의 상호관계와 유기체와 공기, 물, 음식과 같은 기본적인 자연자원 간의 관계에 관한 연구를 가리켜 생태학이라 부르며, 이는 그리스어로 집에 해당하는 오이코스(oikos)에서 따온 것이다."라고 하였다.[50] 생태학자들은 생태체계란 용어를 식물과 동물의 여러 종이 그들의 거주지에 있는 물리적 형태와 함께 군집을 이룬 것을 가리킬 때 사용한다.[51] 생태학의 핵심은 어떠한 유기체도 독자적으로 생활할 수 없다는 것이다. 즉, 유기체들은 상호의존성을 갖고 있고 유기체와 물리적인 환경은 주어진 거주지에서 상호 의존하며 살아가고 있다는 것이다. 환경은 유기체의 생존과 성장에 필수적인 조건과 영양을 공급하거나 반대로 그에 방해가 되는 장애물을 제공한다. 헨리와 레베카 노던(Henry & Rebecca Northen)은 "살아 있는 유기체가 새로운 환경과 조건에 적응할 수 있는 능력은 자연의 놀라움의 하나다. 이러한 경이로움은 많은 형태의 유기체가 진화하였을 뿐만 아니라 지구가 제공하는 모든 유용한 적소에서 교묘하게 자리 잡고 있다는 것이다."라고 언급하였다.[52] 유기체는 변화하며 물리적, 사회적 환경에 의해서도 변화된다. 유기체와 주어진 환경 간의 교묘한 적합성(fit)은 생존 및 만족스러운 발달에 필수적인 것이다.

생태체계적 접근방법은 개인과 가족의 욕구와 문제 및 강점과 집단의 특성, 환경의 자원과 장애물을 이해할 수 있는 근거를 제공하는 사회복지실천의 한 형태다. 이 접근법은 개인, 가족, 집단은 생애주기에 따라 발달하고 변화한다는 지식에 기반을 둔 것이다. 이 접근법은 또한 지도력은 일차적으로는 촉진적인 것으로 '사회과정을 창조적으로 활용'하는 것, 지지적인 사회관계 구성원의 심리사회적 기능 향상을 목적으로 문제해결을 위해 상호 원조하는 것 그리고 환경의 장애물을 감소시키는 것이라고 주장한다.[53]

심리사회적이란 용어는 정확한 용어가 아니다. 프란시스 터너(Francis Turner)의 조사에 따르면, 이 용어는 1930년부터 쓰이기 시작하였으며 개인의 감정, 태도, 행동과 타인의 관계를 의미하는 것으로 활용되어 왔다.[54] 코일은 이 용어가 인간에게 영향을 주는 사회적 조건과 상황을 의미한다고 주장하였다.[55] 이러한 관점은 사회복지가 오랜 동안 관심을 가져온 사회적 존재로서의 인간에 대한 관점과 일치하는 것이다. 여기서 인간은 가족 및 다양한 집단, 사회지지망 그리고 그가 살고 있는 자연적 · 사회적 환경조직과 사회적 연계성을 갖고 있다.

사회적 기능을 향상시키는 데 있어 한 가지 목표는 클라이언트의 권한을 강화시키는 것으로, 특히 무기력하게 느끼는 클라이언트가 자신이나 주변 환경에 대한 통제력을 성취하도록 하는 것이다. 사회복지실천에서 권한부여(혹은 임파워먼트)의 역사를 추적한 바바라 사이몬(Barbara Simon)은 "권한부여는 사회복지실천의 오랜 목적이었음에도 불구하고, 바바라 솔로몬(Barbara Solomon)이 『흑인 권한부여: 억압된 지역사회에서의 사회복지(Black Empowerment: Social Work in Oppressed Communities)』라는 책을 출간하면서부터 권한부여라고 부르게 되었다."[56]라고 주장하였다. 솔로몬은 "권한부여는 사회적으로 낙인이 찍혀 있는 집단에 속한 개인이 자신의 삶을 통해 대인관계의 영향력을 행사하고 가치 있는 사회적 역할을 수행할 수 있는 기술을 개발하고 향상시키는 과정이다."라고 주장하였다.[57] 주디스 리(Judith Lee)는 자신이 출간한 최근의 저서에서 권한부여라는 용어를 사용하였다.[58] 루비 퍼넬(Ruby Pernell)은 집단사회사업에 대해 구체적으로 기술하면서 "권한부여는 권한을 가진 것과 권한을 가지지 못한 것의 관점에서 사회과정과 대인관계적 행동을 분석하는 능력을 필요로 한다. ……권한부여는 집단성원들이 자신과 타인에게 영향을 미칠 수 있도록 도울 뿐만 아니라, 자신들의 영향력을 효과적으로 활용할 수 있는 기술을 개발하도록 하는 것이다."라고 설명하였다.[59]

기능의 향상은 예방과 치료의 기능 모두를 포함한다. 성장 중심의 소집단은 한 개인의 욕구가 타인과의 상호작용을 통해 충족될 수 있을 때 적합한 방법으로서, 타인으로부터 도움을 필요치 않은 방법과는 구별된다.

이러한 접근방법은 오로지 행동주의 이론이나 인지이론에 입각한 모델과는 구별되는 것으로, 고도로 구조화되고 습관의 변화를 위해 매우 구체적인 과제제시와 변화를 성취할 것을 강조하고 있으며 지도자는 매우 지시적이다.

5) 사회복지실천을 위한 지원

사회복지사는 전문직으로 정부, 사회복지 전문직, 클라이언트, 사회복지 기관이나 조직(개업 사회복지사는 제외)으로부터 사회적 승인을 받는다. 정부는 다양한 방법으로 사회복지실천을 승인한다. 즉, 정부는 법을 제정하거나 특화된 서비스를 제공하기 위해 적절한 재정을 마련하거나, 자발적인 기관의 운영을 위해 법적 근거를 만들거나, 비영리 조직을 위해 면세제도와 같은 특권을 주거나, 사회복지사에게 면허증이나 등록증을 주거나 하는 것을 결정하게 된다. 조직을 통해서 사회복지 전문직은 사회복지실천을 위한 기준이나 조건들을 정하여 사회적 승인을 갖게 된다. 사회복지조직은 사회복지사의 능력을 인정하거나 전문교육을 인증하고, 윤리강령을 제정하며, 조직 구성원에 대한 불평을 해소할 대화 창구를 제공하고, 이론과 조사연구의 개발을 독려한다. 사회복지기관은 특별한 형태의 사회복지실천을 승인한다. 카이저는 '기관의 목적, 기능, 구조는 심오한 방법으로' 사회복지실천의 본질과 질적인 면에 영향을 준다고 하였다.[60]

사회복지기관이 서비스에 주는 영향력은 아마도 사회복지사가 클라이언트의 욕구를 충족시키는 능력에 따라 지대하게 향상될 수 있거나, 역으로 질적인 서비스를 적절하게 제공하는 데 방해가 될 수 있다. 사회복지기관은 클라이언트의 서비스 수혜자격과 클라이언트의 욕구와 문제에 따른 특성(예: 나이, 성, 인종, 민족성, 성향, 사회경제적 지위, 건강 등)을 결정하는 기준을 갖고 있다. 사회복지기관들은 적절한 시설, 자원, 교통수단, 인사정책, 업무량 그리고 직원들 간 및 외적 자원망과의 의사소통 유형을 제공할 수도 있고 그렇지 못할 수도 있다. 개별적으로 개업을 하고 있는 사회복지사는 자신들이 인식한 특정 클라이언트의 욕구와 자신의 전문적인 관심사 및 능력에 따라 클라이언트에게 서비스를 제공할 구체적인 조건들을 마련해 놓고 있다. 이러한 조건은 재원을 제공해주는 인증기관 및 책임기관의 기준 범위 내에서 행해지게 된다. 궁극적으로 사회적 승인은 서비스를 이용하는 사람들로부터 나오게 되는데, 사회복지사는 서비스 참여자들이 필요로 하는 사회적 지위를 허용치 않는 한 자신들의 역할을 수행할 수 없다. 사회적 승인에 관한 지식은 사회복지사들이 개인, 가족, 집단, 조직과 일하는 데 있어 모두에게 공통되는 것이다.

6) 사회복지실천의 공통원칙

사회복지실천은 직접적인 서비스를 제공함에 있어 사회복지사들이 체계적인 방법으로 계획하여 실행하는 다양한 활동으로 구성되어 있다. 그 계획은 서비스를 수혜할 특정인이나 집단의 목적을 성취할 수 있도록 고안된 것이다. 사회복지실천의 공통적인 특징은 매우 많으면서도 상호연관성을 갖고 있다. 여러 저자들이 이를 각기 다른 방법으로 표현하여 어떤 사람들은 너무 추상적으로 일반화하였고, 또 어떤 사람들은 매우 구체적인 용어로 언급하였다. 개인, 가족, 소집단에 적용되는 사회복지실천의 핵심적인 특징을 기술해 보면 다음과 같다.

① 사회복지사들은 사회복지실천이 의도적인 것이라고 간주한다. 서비스 제공이 이루어지는 구체적인 목적은 사회복지 전문직의 목적 내에서 서비스를 수혜하는 사람의 욕구에 의해 결정된다. 사회복지사와 클라이언트는 공동참여 과정을 통해 이러한 목적을 규정하며, 클라이언트의 욕구가 변함에 따라 개입의 목적도 변하게 된다.

② 사회복지사들은 개인, 가족 그리고 집단과 협력적인 전문관계를 발달 · 유지시킨다. 수용, 진실성, 공감, 권위 및 자기인식이 이러한 사회복지 전문관계의 구성요소다.

③ 사회복지사들은 사회조사, 서비스 계획 구성, 사회치료 및 결과평가의 상호 연관된 과정에 관여한다.

④ 사회복지사들은 클라이언트의 강점을 파악하고 지지해 주고 자긍심을 향상시키며, 희망을 심어 주고 성취 가능한 기대감을 갖도록 격려한다.

⑤ 사회복지사들은 클라이언트를 개별화하는데, 이는 사회복지사가 개인의 욕구와 능력을 환경의 독특한 질과 함께 고려하면서 이해하는 것이다.

⑥ 사회복지사들은 면담이나 집단모임에서 언어적 · 비언어적 내용과 과정에 동시에 관심을 기울인다.

⑦ 사회복지사들은 클라이언트나 집단성원의 욕구를 충족시키기 위해, 그들의 공통점이나 차이점에 민감하게 반응하면서 적절한 절차와 기술을 선택하고 유연하게 활용한다.

⑧ 사회복지사들은 언어적 · 비언어적 대화방식을 통해 클라이언트나 집단성원들이 감정, 태도, 의견을 표현할 수 있도록 돕고 그 내용을 설명할 지식개발에 기여한다.

⑨ 사회복지사들은 서비스의 다양한 측면에서 클라이언트나 집단성원의 참여를 촉진한다. 개인의 자기결정권을 존중하면서도 때로 이것을 행사하는 데 한계가 있음을 이해할 필요가 있다.

⑩ 사회복지사들은 클라이언트가 생활여건을 향상시키기 위해 주변의 사회적 환경에 있는 자원을 활용할 수 있도록 권한을 부여하는 의사결정 과정에 개별적으로 혹은 집단으로 협력하여 참여한다.

⑪ 사회복지사들은 기관과 지역사회의 자원을 활용하며, 새로운 혹은 향상된 서비스를 개발하기 위해 자신들의 지식을 활용한다. 또한 클라이언트를 개별적으로나 집단으로 돕고 있는 타인들과 협력하며, 정책과 절차가 원하는 방향으로 변화될 수 있도록 영향력을 행사하는 일에 참여한다.

⑫ 사회복지사들은 서비스를 필요로 하는 사람과의 첫 접촉이 어떻든 간에 개인, 가족, 집단, 지역사회 조직사업의 방법을 유연하게 사용할 필요가 있으며, 적절한 서비스의 가용성과 욕구에 근거하여 개인-집단-지역사회로 넓혀나가거나 지역사회-소집단-개인으로 좁혀 갈 수 있어야 한다.

7) 서비스 단위로서 집단의 선택

소집단은 사람들이 만들어 낸 특별한 유형의 사회체계로서 사람들 간에 그리고 다른 사회체계들과 상호작용을 하게 된다. 얼 유뱅크(Earl Eubank)는 소집단을 다음과 같이 정의하였다. "집단은 둘 혹은 그 이상의 사람들이 정신적인 상호작용의 관계를 맺는 것으로, 상호간의 이러한 관계는 다른 사람들과의 관계와는 구별되는 것이며 이러한 관계들을 하나의 실재(entity)로 간주한다."[61)]

소집단은 일반적으로 2～20명의 사람들로 구성되며 집단의 성원들이 주어진 시간대에 상호간의 직접적인 개인적 관계에 관여할 수 있는 것이라고 여겨진다. 조지 호만스(George Homans)는 "집단은 우리 모두가 주변을 돌아볼 수 있을 정도로 충분히 작은 것이어야 한다."라고 강조하였다.[62)] 이러한 생각은 집단성원 모두가 다른 성원들과 직접적으로 대면할 수 있어야 함을 의미한다. 마크 데이비스(Mark Davis)는 집단이 각 부분의 총합보다 크다고 하였는데 이는 "한 체계가 상호의존적인 구성요소로 이루어졌을 뿐 아니라, 각각의 구성요소들이 서로 관계를 맺고, 그 관계들을 통해 질적인 면이 나타나기 때문"이라고 하였다.[63)]

지난 10여 년 동안 전자매체의 발전으로 인하여 대면적인 집단의 개념은 점차 확대되고 있다. 전화집단과 컴퓨터집단에서는 점진적으로 집단성원들이 동시에 같은 장소에 직접 참여하지 않아도 되는 현상이 생겨나고 있다.[64] 이러한 집단들은 지리적으로 멀리 떨어져 있거나 집에만 틀어박혀 있는 사람들이 비슷한 과제를 가지고 타인들과 상호작용하는 것을 가능케 하고 있다.

사회복지실천의 일반 혹은 통합 방법론에서는 집단이 개인, 가족 혹은 지역사회 방법을 보충하거나 보완할 수 있다. 그리고 집단은 이러한 방법에 의해 지지될 수도 있다. 주어진 시간에 특정 클라이언트의 욕구에 따라서는 개인과 집단 형태가 서로 결합되어 활용되거나 순차적인 방법으로 활용될 수 있다. 집단에서는 상호원조가 작용하는데, 이것이 집단사회사업을 사회복지실천에서 다른 방법과 구별짓는 일차적인 요인이다. 상호원조는 자조집단이나 타인을 돕는 것 이상이다. 이것은 곧 사람들이 서로 돕는 것이다. 사람들은 타인과의 관계 및 상호작용을 통해 성장하고 변화한다. 사람은 사람을 필요로 한다는 사실이 집단사회사업의 존재 이유인 것이다. 윌리암 슈츠(William Schutz)는 『대인관계의 지하세계(Interpersonal Underworld)』라는 책의 서문에서 이러한 욕구를 다음과 같이 극적으로 표현했다.

> 로리가 세 살쯤 되었을 때, 어느 날 밤 로리는 옷을 벗기 위해 나에게 도움을 요청하였다. 그때 나는 아래층에 있었고 그녀는 위층에 있었기에 나는 "너 스스로 옷을 벗을 줄 알지 않니?"라고 말했다. 이에 그녀는 "네, 그래요. 그렇지만 때로 사람들은 자기가 스스로 할 줄 알면서도 다른 사람을 필요로 해요."라고 말했다.
>
> 나는 신문을 서서히 내려놓으면서 기쁨과 분노 그리고 자부심과 같은 강한 감정을 느꼈다. 기쁨을 느낀 것은 대인관계 행동에 관한 나의 복잡한 생각을 깨끗하게 정리해 주는 말을 들었기 때문이고, 분노가 일어난 것은 내가 몇 달 동안이나 고민하던 것을 로리가 아무런 수고도 없이 쉽게 얘기해 버렸기 때문이며, 자부심은 무엇보다도 그녀가 내 딸이라는 사실이었기 때문이다.[65]

로리가 말한 것처럼 사람들은 사람을 필요로 한다. 하지만 사람들은 지지적이고 도움이 되는 사람을 필요로 하지 파괴적인 사람을 필요로 하지는 않는다. 지지적인 관계에 기반을 둔 상호원조 과정은 성공적인 집단경험을 할 수 있는 핵심요소로 이는 자존감과 효과적인 심리사회적 기능에 기여하게 된다.

8) 변화를 위한 역동적인 힘

상호원조 과정이 성공적으로 작용하게 되면 역동적인 힘이 방출되어 치유적인 혹은 치료적인 요소나 변화의 기제로 활용된다. 이러한 역동적인 힘으로 인해 특정 상황에서는 집단방법을 선호하게 된다. 한 사회복지사가 한 클라이언트 체계를 대하는 것과는 달리, 집단에서는 특정 목적을 위해 다양한 관계 및 상호작용을 이해하고 활용하게 된다. 집단을 적절하게 활용하기 위한 현명한 결정을 내릴 수 있도록 사회복지사는 집단 내에 작용하는 독특한 과정에 관한 지식을 필요로 하며, 집단서비스를 통해 가장 잘 성취될 수 있는 목표에 대한 지식도 필요로 하게 된다.

심리사회학자, 정신과의사 및 사회복지사들이 소집단에서의 역동적인 힘을 명확히 하는 데 기여하였다. 1955년에 레이몬드 코시니(Raymond Corsini)와 비나 로젠버그(Bina Rosenberg)가 최초로 이에 관한 연구조사를 수행하였다. 이들은 300개의 논문을 분석하여 변화기제에 관한 166가지 상이한 문장을 파악하였다.[66] 그리고 문장들을 9가지 영역으로 구별하였는데, 이에는 환기, 수용, 방관자 치료(spectator therapy), 지능화, 보편화, 현실검증, 이타성, 전이 그리고 상호작용이 포함된다.

1970년도에 어빙 얄롬(Irvin Yalom)은 성인을 위한 장기 심리치료 집단에서 작용하는 치료적인 요인들을 파악하여, 이 요인들을 집단성원들이 집단경험을 통해 도움을 받은 방법과 비교하여 실험하였다.[67] 이들 요인에는 희망의 증진, 보편성, 정보의 공유, 이타성, 일차적 가족집단의 교정적인 재경험, 사회화기술의 개발, 모방적인 행동들(모델링, 대리학습(vicarious learning), 응집력, 정화, 대인관계 학습)이 포함되어 있다. 얄롬은 대인관계 학습이 집단에서 특히 중요한 힘이라고 하였다. 이것은 '부적응적인 대인관계의 파악, 명확화 그리고 수정을 포함하는 것이다.'[68] 1975년에 그는 이들 목록에 실존적인 요인을 추가하였다.[69]

사회복지에 최초로 공헌을 한 사람은 말콤 막스(Malcom Marks)로서 그는 거주시설에 있는 정서적인 문제를 가진 소년들을 돕는 수단으로 집단을 선호하는 이유를 설명하였다.[70] 일차적으로 성인 정신치료 분야에서 집단 활용에 관한 회의를 하면서도 또 다른 주요 보고서가 만들어지게 되었다.[71] 이들 주요 보고서와 후속 저술에서 몇 가지 비슷한 역동적인 힘들이 파악되었다. 집단사회사업에 적용될 수 있으면서 빈번히 파악될 수 있

는 역동적인 힘에 관해서는 다음과 같이 요약할 수 있다.[72)]

① 상호지지: 사회복지사의 지지와 더불어 동료의 지지는 불안감을 감소시키고 자기 표현을 촉진시키며 새로운 생각과 행동을 시도해 볼 수 있는 의지를 갖게 한다.

② 응집력-집단 소속감: 수용과 집단에 대한 헌신을 통해 집단성원들은 집단에 매력을 느끼게 된다. 집단성원들은 자신들이 의미 있는 집단에 소속되었다는 것을 느낄 때, 그들은 다른 성원들과 집단의 규범에 영향을 받게 된다. 집단성원들이 상호 지지를 제공할 때 집단은 인간의 기본적인 욕구인 소속감을 충족시키게 된다. 때로 이러한 소속감은 사회적 굶주림이라고 표현된다.

③ 관계의 질: 사회복지사와의 관계 및 집단성원들과의 관계가 지지와 도전을 제공하게 되면, 하워드 골드스틴(Howard Goldstein)이 말한 것처럼 '그 안에는 통제된 친밀감으로 인해 상대적인 안전감이 있다.'[73)] 이러한 긍정적인 관계를 통해 치료적인 감정을 경험하게 된다.

④ 보편성: 집단성원들이 서로 간에 비슷한 감정과 어려움이 있다는 것을 인식하게 됨에 따라 성원들은 자신이 독특하고 외로운 존재라는 느낌이 감소한다. 다른 사람들 역시 어려움을 경험하고 있지만, 그들을 좋아할 수 있고 그들이 가치 있는 사람이라는 사실을 인식하면 자긍심과 상호존중이 증가하게 된다. 성원들은 자기만 힘든 감정과 경험을 갖고 있지는 않다는 사실을 발견하게 된다. 이러한 발견으로 인해 힘든 감정과 경험이 덜 위협적이며 행동을 통제할 수 있게 된다.

⑤ 희망감: 집단을 동일시하고 집단에서 긍정적인 결과를 얻을 것이라는 기대를 갖게 되면서, 집단성원들은 타인의 긍정적인 목표에 의해 영향을 받게 되고 이를 성취하려고 한다. 집단성원들은 또한 다른 사람들이 자신과 비슷한 문제들을 어떻게 잘 참아 왔으며 대처해 왔는지를 발견하게 된다.

⑥ 이타심: 집단성원들은 자신들이 다른 사람들을 도울 수 있으면서 동시에 도움을 받을 수 있다는 점으로 인해 자긍심과 자아정체감을 향상시키게 된다. 사람들은 자신이 다른 사람들에게 베푼 것을 고마워하면서 자신의 도움을 활용하는 사람들과 관계를 더 잘 맺는다. 많은 성원들은 종종 무시당했기 때문에 자긍심이 매우 낮다.

⑦ 지식과 기술의 습득: 집단은 필요한 지식을 얻고, 새로운 생각과 노력 및 행동을

실험해 보며, 사회기술을 습득할 수 있는 안전한 장소다. 성원들은 자신을 표현할 기회를 가지고 사회기술을 시험하고 숙달할 수 있는 기회를 가짐으로써, 집단성원의 자긍심에 긍정적인 영향을 미치며 타인과 함께 한다는 기쁨을 누리게 된다.

⑧ 정화: 집단성원들은 수용되면서부터 감정의 표현과 생각 및 경험을 노출하게 되어, 불안감은 감소하고 원하는 목표를 성취할 수 있는 에너지를 방출하게 된다.

⑨ 현실검증: 집단은 다양한 관점을 공유할 수 있는 역동적인 환경을 제공해 준다. 집단성원들은 다른 성원들을 공명판(sounding board)으로 활용하여 자신들의 의견과 감정, 사실을 비교해 볼 수 있다. 동료로부터의 피드백은 사회복지사가 제공하는 피드백보다 더 솔직하고 명백한 것일 수 있다. 집단은 또한 심리사회적 문제와 관계에서 발생하는 문제를 다양한 방법으로 다루는 기술을 배울 수 있는 안전한 장소다.

⑩ 집단통제: 집단성원들은 집단의 기대에 일치하도록 행동함으로써, 권위에 대한 저항감을 줄이고 부적절한 행동을 억누르며, 초조함을 참고, 필요한 공정한 규제들을 수용하려고 한다. 집단의 일시적인 통제는 적절한 자기통제력의 목표를 성취할 수 있는 수단이 된다.

이상이 상호원조의 역동적인 힘이다. 연구조사에 따르면 이러한 역동적인 힘들이 집단성원의 경험에 긍정적인 영향을 미치는 것으로 나타나고 있다. 집단에 따라서, 또 같은 집단 내에서도 특정 성원에게는 일부 역동적인 힘이 다른 역동적인 힘에 비해 더 중요할 수 있다. 이들 역동적인 힘 가운데 어떤 것이 집단성원들에게 도움을 제공할 수 있는가의 문제는 대인관계의 욕구와 환경자원, 집단의 목적과 구조 및 구성에 따라 다르다. 더불어 이러한 역동적인 힘이 갖는 잠재적인 이득에 대해서도 고려해 보아야 하는데, 여기서 역동적인 힘은 집단 내에서 자동적으로 생성되는 것이 아니라 집단사회복지사에 의해 조성될 필요가 있다.

9) 집단 선택의 기준

집단에서 활용할 수 있는 역동적인 힘에 대해 이해하면, 특정 성원이나 특정 부류의 사람들을 대상으로 집단경험을 선택할 기준을 개발하는 것이 가능해진다.

(1) 관계의 향상

집단서비스의 제공목적이 사회관계의 향상에 있다면, 이는 사회복지사가 집단을 선호하는 일반적인 실천방법이다. 1920년부터 1964년까지 집단에 대한 정의를 연구한 하트포드는 "집단사회사업의 중요한 목적 가운데 하나는 사람들이 사회관계에서 발생하는 문제를 해결할 수 있도록 돕고, '정상적인 사람들은 사회적으로 성숙할 수 있도록' 돕는 것"이라고 결론지었다.[74] 소냐와 폴 아벨스(Sonia & Paul Abels)는 이러한 목적을 다른 방법으로 설명하였는데, 이들은 "집단과의 업무는 상호호혜적인 관계를 강화시키는 방향으로 이루어져야 한다."라고 하였다.[75] 또한 호워드 골드스틴과 같은 사람은 "집단은 종종 관계의 부적응적 양상을 교정하는 데 목표를 두고 있다."고 주장하였다.[76]

앞서 언급한 것처럼 집단역동은 사회관계에서 발생하는 어려움이나 부족한 면에 대처하는 데 이상적인 사회적 상황을 제공해 준다. 역동적인 힘이 작용하는 소집단에서는 성원들이 의존-독립, 형제갈등, 권위를 가진 사람과의 갈등, 폭력, 따돌림, 소외감 및 외로움과 같은 문제를 가진 사람들을 돕는 데 매우 이상적인 환경을 제공해 준다. 때로 문제가 가족체계의 문제기 때문에 가족 전체가 서비스의 제공대상이 된다 할지라도, 가족성원 가운데 일부만이 집단경험을 통해 이익을 얻을 수 있을 것이다. 이는 일부 사람들은 가족상담에서 발생하는 불안감을 참지 못하거나, 이전에 표현하지 못했던 감정이나 생각을 노출하는 것에 대한 보복을 두려워할 수 있기 때문이다. 가족의 경계선이 새로운 투입을 받아들이기에 너무 폐쇄적이면, 다양한 가족집단을 형성하여 감정표현 및 역할분담, 새로운 대화 및 의사결정 방법을 배울 수 있는 자극을 제공해 줄 수 있다.

(2) 사회적 능력

사회복지실천에서 집단을 활용하는 두 번째 목적은 사회적 능력의 향상에 있다. 프란시스 케이플(Francis Caple)에 따르면, 집단은 사회기능의 문제를 예방할 목적으로 활용될 수 있는 가장 흔한 방법의 하나다.[77] 집단의 목표는 집단성원들이 그들의 사회적 역할을 보다 적절하게 수행할 수 있도록 돕는 것이며, 생애주기를 따라 전환해 갈 때 발생하는 역할기대의 변화에 적절하게 대처할 수 있도록 돕는 것이다.[78] 집단서비스에 대한 욕구는 예상되는 사건이나 상황에 대처할 적절한 지식과 경험 및 기술이 부족하기 때문에 발생한다. 이는 종종 새로운 심리사회적 발단단계나 전환단계에서 새로운 혹은 변화된 역할을 수행할 때 발생하기도 한다. 예를 들어, 예비 위탁가정 부모들은 아동이 새로운 발달단계나 교육과정에 진입할 때 어떻게 적절한 결정을 해야 하며 무엇을 고려해야 하는지에 대한 정확한 지식정보가 없을 수 있다. 또 어떤 클라이언트는 새로운 직장을 구하거나 자기주장을 하거나 지역사회의 가용자원을 활용하는 데 있어 적절한 기술이 부족할 수 있다. 많은 환자들과 친인척들은 신체장애가 발생하면서 이에 수반되는 새로운 혹은 변화된 역할을 배울 필요가 있으며, 변화된 역할기대에 재사회화될 필요도 있다.

사회화이론에 대한 방대한 연구를 토대로 엘리자베스 맥브룸(Elizabeth McBroom)은 "집단은 사회적 능력을 향상시킬 수 있도록 개입하는 데 가장 효과적이면서 자연적인 방법이다. 이는 사회적 능력이 타인과의 관계를 통해서만 개발되는 것이기 때문이다." 라고 주장하였다.[79] 이와 비슷하게 캐럴 저메인(Carel Germain)과 알렉스 기터만(Alex Gitterman)은 "공통적인 생애과업이 있을 때 집단은 대인관계 및 상호원조를 위한 다양한 기회를 제공하며, 과제 관련 대처기술을 습득할 수 있는 기회를 제공하기도 한다." 라고 주장하였다.[80] 솔로몬은 "집단사회사업 방법은 사회적인 낙인을 갖고 있는 소수집단의 성원들에게 권한을 부여하는 기회를 제공한다. 능력은 곧 힘이다. 권한부여는 사람들이 대인관계에 영향력을 미치며 주어진 사회역할을 수행하는 데 필요한 기술을 향상시킬 수 있도록 원조하는 과정이다." 라고 하였다.[81]

(3) 스트레스에 대한 대처

집단이 선호되는 세 번째 목적은 생애 전환기, 문화적 차이, 생명을 위협하는 질병, 이혼, 강간, 신체적 폭력 등과 같은 상황으로 인해 발생하는 스트레스에 효과적으로 대처할 수 있는 능력을 개발하기 위한 것이다. 동료로부터의 지지나 자극은 이러한 문제들을 경험한 성원들이 감정을 표현하고 관리할 수 있도록 도울 뿐만 아니라, 긴장감을 해소하고 손상된 자긍심을 향상시키며 스트레스 상황과 문제의 현실에 대한 새로운 대처방법을 발견할 수 있도록 돕는다. 어떤 연구에 따르면 정신외상의 경험이 있는 사람들은 종종 외로움, 고독, 우울을 함께 경험한다. 이러한 사람들은 지지적인 사회망을 갖고 있는 사람들보다 그러한 사건의 결과에 대해 현실적으로 대처하는 데 있어 많은 어려움을 겪을 가능성이 높다.[82] 이들은 특히 신중하고 조심스럽게 계획된 치료집단에 매우 적합하다.

(4) 간접적인 서비스

집단은 종종 클라이언트에게 직접적인 서비스를 제공하기보다 직원교육, 협력, 기획 혹은 사회행동을 일차적인 목적으로 하는 서비스를 제공하는 방법이기도 하다.

다음 장에서는 집단발달에 핵심적인 지식과 기술을 다루고자 한다. 역동적인 힘이 작용하는 집단 내에서 성원들은 사회적 관계 및 능력을 향상시키며, 생애주기의 전환과 역할변화에 대처하고 주변 환경을 향상시킬 목적을 가지고 있다. 효과적인 집단을 개발하기 위해 사회복지사는 사회복지에 공통되는 가치, 지식, 기술을 활용할 뿐 아니라 그것을 특정 성원들의 욕구와 다양한 집단의 상황에 맞게 적용할 수 있어야 한다.

제2장 집단사회복지실천을 위한 지식기반

사회복지실천에서 소집단은 집단성원들이 자신들의 태도와 대인관계 그리고 주변 환경에 보다 효과적으로 대처할 수 있는 능력을 변화시키는 사회적 상황이자 수단이다. 메리 루이스 소머스(Mary Louise Somers)는 사회복지사가 "소집단에서 발생하는 사회적 힘의 영향력을 인식하고 이를 클라이언트의 변화를 위해 활용한다."고 지적하였다.[1] 집단이 성장을 지향하는 강력한 환경이 될 수 있는 이유는 집단이 개인 및 집단의 목적성취를 위해 집단성원을 지지하고 자극하는 힘을 갖고 있기 때문이다. 하지만 항상 긍정적인 결과가 보장되는 것은 아니다. 오히려 집단이 성원들에게 아무런 영향력을 미치지 못할 수도 있으며, 나아가 성원이 사회를 파괴하는 역기능적인 영향력을 미칠 수도 있다. 따라서 집단의 발달이 우연히 일어나도록 해서는 안 된다. 집단을 효과적으로 활용하기 위해 사회복지사는 개인, 소집단, 환경에 대한 지식을 갖고 있어야 하며, 집단성원들에게 영향을 미치는 방법을 알고 있어야 한다.

1. 심리사회적 기능의 이해

이 장에서는 심리사회적 기능을 향상시키려는 목적이나 목표를 성취하기 위해 소집단을 효과적으로 활용하는 데 필요한 행동과학의 주요 개념을 선정하였다. 인간은 개방체계로서 전생애에 걸쳐 환경과 역동적이면서 지속적으로 변하는 상호작용에 관여한다. 심리사회적 기능은 감정, 인지, 행동의 복잡한 총체로서 인간 성격의 의식적 · 무의식적 힘에 의해 작용하며, 인간을 둘러싸고 있는 환경과의 관계 유형과 깊은 관련이 있다. 한 개인의 대처기술 및 사회성 기술과 그가 속해 있는 체계의 기능 혹은 두 가지 모두를 향상시키는 것이 바람직할 것이다. 아마도 변화하기를 희망하는 것은 개인의 태도, 감정, 생각, 행동에 있거나 집단의 구조나 과정 또는 환경에 있을 수 있지만, 가장 일반적으로는 개인-집단-환경의 상호작용과 관련이 있을 것이다. 심리사회적 기능은 인간의 행동을 이해하는 데 중요한 개념이다.

1) 주요 개념

개인의 심리사회적 기능을 설명하기 위해 몇 가지 주요한 내용을 선택하여 다음에 기술하였다.

(1) 자아기능

자아심리학자들은 자아의 기능을 강조한다. 자아기능은 외부 환경을 이해하고 이에 대처하며 적응하고 변화시키는 역동적인 힘이다.[2] 여기서 스트레스, 대처, 적응은 핵심적인 개념이다. 스트레스가 개인의 안정된 상태를 흐트러뜨리면, 자아는 보호적인 방어기제나 문제해결을 위한 노력을 활용하여 이에 반응한다. 의식적이든 무의식적이든 간에 과거의 중요한 경험은 개인의 스트레스에 대한 대처능력에 영향을 줄 뿐만 아니라 타인과 효과적으로 관계를 형성하는 능력에도 영향을 준다. 적응은 건강, 자신에 대한 이해, 대인관계의 상호작용이나 환경의 변화를 통해 이루어진다. 문제해결 과정에는 인지, 감정, 행동 모두가 관여하게 된다. 하워드 골드스틴(Howard Goldstein)은 "감정은 그 자체가 모호하지만 인지 없이는 이해하기 힘들다. 인지는 감정의 에너지에 의존하지 않고는 아무런 의미가 없다. 행동은 인지적 동기나 감정적 힘이 없는 상태에서는 무작위로 발생한다."고 주장하였다.[3] 인간은 적응유연성이 있다. 인간은 '자기방향성의 경향'이 있어서 '부러지지 않고 휘어지는 능력과 한 번 휘어지면 다시 원상태로 되돌아오는 능력 모두를 가지고 있다.'[4] 적응유연성은 관계의 역동성으로 상호성과 공감의 두

가지 과정, 즉 상호원조에 의해 양육된다.

(2) 인간발달

에릭 에릭슨(Erik Erikson)에 따르면 심리사회적 발달은 순차적으로 일어나는데, 대체로 이전의 발달과업과 타인과의 관계를 성공적으로 완성하는 발달단계의 순서를 따르게 된다.[5] 에릭슨은 대인관계가 삶의 목적과 의미를 두는 데 필수적인 것이라고 주장한다. 그의 발달모델은 생애주기를 여덟 단계로 구분하여 각각의 단계에서 완성해야 하는 과업을 기술하고 있으며, 특히 가족과 사회망과의 관계를 강조하고 있다. 그는 행동과 발달의 결정요인으로 생물학적, 심리적, 사회문화적 요인을 고려함과 동시에 개인 및 집단 정체감의 상관성을 염두에 두었다. 발달단계의 순서는 보편적이라고 생각되지만, 각 단계에서 완성해야 할 과업을 해결하는 방법은 문화에 따라 사회 구성원에 따라 다르다. 각 단계에는 '유기체가 생애의 과업에 대처하고 이를 해결하려고 할 때 유기체를 돕거나 지원하거나 방해하는 관계망' 이 있다.[6] 인간은 적응과정에 수반되는 스트레스와 발달의 변화에 반응한다.

(3) 생리학적 요인

심리사회적 기능은 자아의 강점과 발달과정에 의해 영향을 받을 뿐만 아니라 다른 요인에 의해서도 영향을 받는다. 이에는 인간의 생존과 건강에 필수적인 생리학적 요인이 포함된다. 생리학적 조건의 변화는 인지, 감정, 행동의 변화를 초래할 수 있다. 연구조사에 의하면 감정, 생각, 행동 그리고 생리적인 과정이 서로 밀접한 연관성이 있다고 한다.[7] 생리학적 요인에는 유전적 요인, 생리적 성숙, 정신건강에서의 생물학적 요인, 약물의 사용, 질병, 장애가 포함된다.

(4) 문화의 영향

바바라 솔로몬(Barbara Solomon)은 미국이 "상호의존적인 집단의 복합체인 민족체계로서 각 집단의 독특한 역사적, 문화적 유대감이 하나의 정치체계로 묶여져 있다." 고 주장하였다.[8] 각 민족은 가치, 규범, 전통에서 차이가 있으며 인종, 종교, 사회계층에서도 차이가 있다. 남성과 여성에 대한 성(gender)과 지위의 차이에 대한 편견은 개인의 행동, 집단의 상호작용 그리고 환경의 기회에 영향을 준다.[9] 개인적, 제도적 인종차별로 인해 많은 소수민족 사람들은 자신이 원하는 목표를 성취하는 데 있어 무기력감을 느끼고 있다. 로레인 구티에레즈(Lorraine Gutiérrez)와 에디스 루이스(Edith Lewis)에 따르면 권력은 한 사람의 삶에 영향을 줄 수 있고, 대중의 생활을 통제할 수 있는 능력과 의사결정의 수단에 접근할 수 있는 능력을 제공한다.[10)]

(5) 환경의 영향

한 개인이 속한 가족과 준거집단은 그 사람의 태도, 관심사, 행동을 변화시키는 환경이자 수단이다. 사회적, 물리적 환경은 개인, 가족, 집단과 상호작용하여 효과적인 사회생활을 향상시키거나 억제한다. 건강, 복지자원, 지지체계, 직업, 교육, 여가생활 등과 같은 분야에서의 가용성과 접근성은 심리사회적 기능에 영향을 준다. 또한 열악한 주택, 녹지의 부족, 마약, 술, 총기의 이용가능성과 같은 유해환경도 심리사회적 기능에 영향을 준다. 환경은 개인 및 사회의 목표성취를 방해할 수도 있지만 지지를 제공할 수도 있다.

2. 사회체계로서의 집단

가족을 포함한 사회체계로서의 집단에 대한 지식은 일차적으로는 사회심리학과 사회학에 기반을 두고 있으면서 정신분석 이론을 보충적으로 활용할 수 있다.[11)] 이러한 지식은 집단의 구성과 발달과정, 집단성원 간의 관계 및 집단과 환경 간의 상호작용을 이해하는 데 특별히 가치가 있는 것들이다.

1) 주요 소집단 이론

현재 잘 알려진 소집단에 대한 연구접근방법은 1930년대부터 발달해 온 것이다. 이에는 장이론, 소시오메트리, 상호작용분석이 있다.

(1) 장이론

소집단에 대한 이론적 접근방법으로 가장 잘 알려진 것은 커트 레빈(Kurt Lewin)과 그의 동료들이 연구한 장이론일 것이다. 장이론의 기본 전제는 인간의 행동은 생활공간(life space) 혹은 장(field)의 기능으로서, 생활공간은 주어진 시간에 상호의존적인 요인들의 총합체로 여겨지는 인간과 환경으로 구성되어 있다. 이 이론의 초점은 주어진 상황 속에서 상호 연결된 요인들의 총합인 형태(gestalt)에 있다. 행동은 한 개인의 성격과 환경 간의 상호작용의 기능이다. 성격은 심리적 · 신체적 체계를 포함한다. 환경은 주변의 사회집단, 가족, 개인의 민족성과 인종, 종교 그리고 타 준거집단의 전통과 규범으로 구성된 문화체계를 포함한다. 레빈은 'B F(P, E)' 라는 공식을 만들었다. 이는 행동이 개인-환경의 지속적인 상호작용의 기능임을 나타낸 것이다. 그는 "행동을 이해하거나 예측하기 위해서는 개인과 환경의 상호의존적인 요인들을 총체적으로 고려해야 한다." 고 강조하였다.[12] 하나의 체계로서 집단은 성원들 간의 '역동적 상호작용' 이라 불리는 지속적인 적응의 과정에 있다. 사실 레빈의 개념은 오늘날 사회복지의 직접적 서비스에 널리 팽배해 있는 체계 간의 조화, 생태학적, 생물심리사회학적(biopsychosocial) 관점과 일치하는 것이다.

(2) 소시오메트리

각각의 개인이 집단에 함께 모이게 되면 복잡한 대인관계망이 점차 발달하게 된다. 각 성원은 다른 성원에게 정서적인 반응을 보이게 되는데, 어떤 성원에게는 매력을 느끼는가 하면 어떤 성원들은 거부하기도 한다. 이러한 감정들은 성원들 간에 교환될 수도 있지만 그렇지 않을 수도 있다. 제이콥 모레노(Jacob Moreno)와 헬렌 제닝스(Helen Jennings)는 집단 내 대인 간의 관계에 대한 매력을 기술하고 측정하는 방법으로 소시오메트리(sociometry)를 개발하였다.[13] 소시오메트리는 장이론을 기반으로 하면서 소집단 내에서의 정서적 관계망을 특히 강조하고 있다. 이러한 정서적 관계는 주어진 환경 속에서 성원들이 누구와 함께 어울리고 싶은가를 선택하는 것으로써 파악할 수 있다. 이 이론은 집단의 성원들을 하나로 묶어 주는 긍정적인 선택의 상호성을 다루면서, 동시에 한 성원이 다른 성원에 의해 수용되고 거부되는 것을 고려한 개인차를 다루고 있다. 이 이론의 핵심은 개인의 성격과 사회집단의 효과적인 기능을 완전히 구현하는 것은 개별 성원들이 특정 활동에서 타인을 공동참여자로 수용하는 자발적인 행동에 달려 있다는 것이다. 집단 내에서 성원들 간의 질적인 관계를 파악하기 위한 도구로서 모레노와 제닝스가 개발한 소시오그램은 집단성원들의 수용-거부 과정을 평가하는 방법으로 사용된다. 집단 내에서 성원들의 관계 양상을 그림으로 나타내는 소시오그램에 대해서는 다음 장에서 더 상세하게 설명하겠다.

(3) 집단 상호작용

로버트 베일즈(Robert Bales)와 그의 동료들은 집단의 상호작용 과정을 분석(interactional process analysis)하였다.[14] 여기서 집단은 집단성원들이 특정 문제를 해결할 목적으로 상호작용을 하는 하나의 체계로 간주된다. 이 과정에서 초점은 성원들 간의 대화 양상과 순서에 있다. 집단성원들은 집단의 과업을 성취하기 위해 특정 문제를 해결해야 하는데 이때 정보와 제안, 의견을 주고받는다. 집단성원들은 또한 긴장감을 해소하고 통합된 집단을 유지하기 위해 사회정서적 문제를 다룬다.

집단은 결코 정적인 균형상태를 유지하고 있지 않다. 집단은 정서적인 면과 과업적인 면을 오고 간다. 문제해결 과정은 순차적인 발달단계를 따르게 되는데, 각 단계는 전 단계의 영향을 받으면서 후속 단계에 영향을 주는 상당히 규칙적인 방법을 가지고 있다.

상호작용분석법은 조지 호만스(George Homans)가 집단에 대한 관찰로부터 얻어진 일련의 결과들을 개념으로 발전시킨 것이다.[15] 그가 기술한 개념에는 집단의 구성, 관계 유형, 언어적 · 비언어적 의사소통, 규범과 역할의 발달 그리고 응집력이 있다. 호만스 이론의 핵심은 집단은 적응해 가는 사회체계며 환경에서 생존하고 발달한다는 것이다. 집단 전체는 구성원뿐만 아니라 각 구성원들의 상호관계 및 주변 환경과의 관계에 의해서 결정된다.

이상의 장이론, 소시오메트리, 상호작용분석 이론의 개념들은 상당히 중첩된다. 집단의 역동성 분석을 위한 개념적인 틀은 개념들로부터 나온 것이다. 이러한 개념적 틀은 사회체계로서의 집단에 대한 이해를 향상시킨다. 집단은 각 구성요소들과 전체 간에 상호의존성이 있으면서 주변 환경과 지속적으로 상호작용을 한다.

3. 집단의 이해를 위한 개념적 틀

1) 집단의 사정

집단성원에 대한 이해는 심리사회적 기능과 생애주기에 따른 발달에 대한 지식을 필요로 하는 동시에, 집단의 구조와 과정이 성원의 행동에 주는 영향에 대한 지식도 필요로 한다. 집단성원과 주변 환경에 대한 지식이 없다면 집단을 정확하게 이해할 수 없을 것이다. 소집단의 구조와 과정은 집단성원과 그들의 환경 그리고 집단의 환경에 영향을 주고 또 영향을 받는다. 집단성원들은 집단의 구성요소지만, 한편으로는 집단과정에서 상호연관성을 갖고 집단의 운영과 발달 및 성원의 행동에 영향을 준다.

2) 사회적 상호작용 – 의사소통

사회적 상호작용이란 사람들 간의 접촉이 참여자들의 태도와 행동의 변화를 초래하는 역동적인 힘의 상호작용을 의미하는 용어다. 사회복지사와 사회과학자들이 활용하는 15개의 집단과정의 개념화 연구에서 톰 더글라스(Tom Douglas)는 상호작용이 집단의 기본적인 과정이라고 결론지었다.[16] 사람들은 언어적 · 비언어적 상징물을 통해 서로에게 반응을 보인다. 특정 행동에 부여된 의미는 타인들이 이에 대해 반응할 때만 인정받는 것이다.

의사소통은 사회적 상호작용의 가장 핵심적인 부분이다.[17] 이것은 정보, 태도, 감정, 기타의 메시지가 전달되고 받아들여지며 해석되고 반응하게 되는 복잡한 사회과정이다. 사람들은 의사소통을 함에 있어 언어적으로 명확하게 그리고 의도를 가지고 메시지를 전달하기도 하지만, 비언어적으로 전달되어 타인에게 영향을 미치기도 한다. 생각은 주로 언어적인 수단을 통해 교환되지만 정서적인 내용은 비언어적인 수단, 즉 얼굴표정, 자세, 몸짓, 침묵, 행동으로 표현된다.

각 성원의 권리를 인정하면서 그 성원의 의견을 듣게 되는 개방된 의사소통 체계는 성원들이 각자의 문제와 집단의 문제에 직면하여 그것을 해결하려는 가능성을 높이게 된다. 이러한 의사소통 체계에서 사회복지사는 집단성원들이 집단의 목적을 성취할 수 있도록 촉진하는 방식으로 행동하게 된다. 집단성원들의 솔직하고 신중하며 의미 있는 상호작용은 그들의 긍정적인 변화를 촉진하게 된다. 특히, 집단성원들이 자신이 속한 집단에 깊게 관여하면서 집단의 목적을 실현하려는 집단의 노력에 일정부분 책임감을 가질 때 이러한 변화가 일어날 가능성은 더욱 크다. 따라서 각 성원은 자신의 정보와 태도를 다른 성원과 어느 정도 공유해야 한다. 또한 자신이 공유하는 내용에 대해서 비밀이 새어나간다든지 혹은 보복을 당할 것이라는 두려움으로 인해 집단성원이 정보를 공유하지 못할 이유가 없다.

바람직한 의사소통 유형은 집단 중심의 의사소통으로, 모든 의사소통 행위가 사회복지사나 특정 성원으로 집중되는 지도자 중심의 의사소통과 대조적인 모습을 갖는다. 집단성원들은 공식적인 구조를 활용하기보다 서로간에 그리고 사회복지사와 대화하려고 한다. 집단과정에 진심으로 관여할 때 새로운 생각과 경험, 관점이나 정서적 반응이 각 성원들의 성격에 통합되게 된다. 집단이 다양한 상황을 다루다 보면 특정 의사소통 유형이 변형되기는 하지만, 사회복지사는 가급적 통합된 상호작용이 일어날 수 있도록 해야 할 필요가 있다. 이러한 의사소통 유형에서는 집단성원들 간에 상호호혜적인 상호작용이 있게 되어 소위 상호원조라는 상황 속에서 서로에게 영향을 주고받을 수 있게 된다. 팔러새나 발고팔(Pallassana Balgopal)과 토마스 바실(Thomas Vassil)은 상호원조에 대해, "한 체계의 구성원들이 상호 의존하면서 동조하는 관계망"이라고 정의하였다.[18] 따라서 특정 부분을 이해하기 위해서는 그 부분이 다른 부분과 상호 관계하고 있는 맥락을 이해할 필요가 있다.

상호작용 과정 내에서 집단의 목적이 정의되고, 관계 유형이 발달하며, 집단성원들이 다양한 지위를 획득하고, 개인적인 역할이 나타나게 되며, 가치와 규범이 명료화되고, 갈등이 발생하며, 집단응집력이 발달하게 된다.

3) 목적

모든 집단은 목적을 갖고 있다. 즉, 궁극적인 목표와 최종목표 혹은 의도를 가지고 있다. 사회적 기대에 의해 형성된 가족의 목적은 아동의 보호와 사회화, 문화적 가치와 규범의 준수와 같은 기능을 감당하는 것이다. 이러한 일반적인 목표 외에 각 가족은 자신만의 독특한 목표를 갖고 있으며, 목적을 성취하기 위한 구체적인 목표를 갖고 있다. 다른 유형의 집단에서도 마찬가지다. 집단의 목표는 집단성원의 선택, 의사소통의 발달, 집단규범, 집단의 활동 그리고 집단성원 및 집단의 평가기준에 영향을 준다. 이러한 과정들이 때로는 집단의 목표를 성취하려는 동기에 영향을 주게 된다. 또한 집단의 목표 자체가 명료화되고 강화되고 수정되거나 버려지게 되기도 한다.[19]

버나드 베렐슨(Bernard Berelson), 게리 스타이너(Gary Steiner), 마빈 쇼(Marvin Shaw)는 연구를 통해 개별성원의 목적과 집단의 목적이 일치하면 집단성원의 만족도와 집단의 효과성을 증진시킨다고 주장하였다.[20] 집단성원이 자신의 개인적인 목표가 집단의 전체적인 목적에 의해 성취될 것이라고 인식하게 되면 목표를 성취하려는 동기가 생겨나게 된다. 따라서 사회복지사는 개별성원들의 다양한 목표를 파악하여 이를 명료화할 수 있도록 돕고, 성원들의 목표 가운데 공통점을 파악할 수 있도록 도울 필요가 있다. 집단이 목표를 설정하게 되면 이를 성취하려고 전진하게 되고, 집단의 성원들도 각자 자신의 동기에 의해 앞으로 나아가게 된다. 집단의 목적을 명확히 하는 방법에 대해서는 제7장에서 논의하겠다.

4) 대인관계

궁극적으로 집단의 목적과 성원들 간의 친화성은 집단의 본질을 결정하게 되고, 집단이 잘 발달할 수 있을 것인지 그렇지 못할 것인지를 결정하게 된다. 집단의 발달 여부와 관련해서 종종 집단성원 간의 정서적인 유대감을 구성하고 있는 매력이나 증오와 같은 정서적인 힘에 대해 관심을 기울일 필요가 있다.[21] 집단 내에서의 의사소통 행위는 의견과 사실뿐만 아니라 긍정적이거나 부정적인 감정의 표현도 전달하게 된다. 집단성원들은 언어적 · 비언어적 방법으로 서로에게 의사소통을 한다. 헬렌 필립스(Helen Phillips)는 모든 인간관계에는 "자신, 타인 그리고 표현된 구체적인 내용에 대해 반응이 있게 마련이다."라고 하였다.[22] 타인에 대한 한 개인의 다양한 반응은 타인과의 관계에서 자신의 욕구를 만족시키면서 자신에 대한 위협을 회피하는 수단이 된다.

집단은 성원들이 서로 도움을 주고받으며, 다른 성원에게 관심을 가질 것을 요구한다. 그렇지만 많은 집단에서 성원들은 다른 성원을 하나의 독특한 성격을 가진 사람으로 인식하고 그 사람에 대해 관심을 갖는 능력이 결여되어 있다. 타인에 대한 사랑으로 특징지어지는 성숙한 대상관계는 비성숙한 자기중심적인 관계와 대조된다. 자기중심적인 관계에서는 '내가 원하는 것은 내가 원할 때 언제든지 얻을 수 있다.'[23]는 방식으로 욕구가 표현된다. 나아가 자기중심적인 관계에서는 타인과의 주고받는 관계보다 자기 자신에게만 관심이 집중된다. 타인에 대한 행동은 일차적으로 개인 자신의 욕구와 충동에 의해 동기화된다. 따라서 자기만족을 위해 타인을 이용하는 것이다. 어떠한 집단에서든지 다른 성원들과 현실적인 방법으로 관계를 형성할 수 있는 집단성원의 능력에는 차이가 있다. 또한 타인과의 상호작용과 관심, 집단의 긍정적인 가치와 규범을 동일시하는 개별성원의 능력에도 차이가 있다. 개개인이 모여 집단을 이루기 위해서는 혹은 현존하는 집단이 생존하기 위해서는 긍정적이면서 집단을 단합시킬 수 있는 힘이 부정적이면서 집단을 분열시키는 힘보다 강하게 지배하고 있어야 한다.

5) 지위와 역할

지위란 주어진 집단 내의 위계질서에서 한 사람이 다른 사람에 비해 상대적으로 차지하고 있는 위치를 의미한다.[24] 집단 내에서의 평가과정을 통해 집단성원들은 서로에게 등급을 매기게 된다. 이때 성원들은 그 평가과정을 인식할 수도 있지만 그렇지 못할 수도 있다. 성원들을 등급 매기는 기준은 집단성원의 가치와 포부에 따라 다르다. 사람들은 자신이 속한 각각의 집단에서 상이한 지위를 갖게 되는데, 때로는 같은 집단 내에서도 시간에 따라 상이한 지위를 가질 수 있다. 한편, 집단성원들이 지역사회 내에서 갖게 되는 일반화된 지위는 교육, 소득, 능력과 같은 수단을 통해 주로 얻게 된다. 또한 어떤 지위는 성취된 것이라기보다 주어진 것인데, 이러한 지위에는 인종, 민족성, 돈, 나이, 성, 신체적 조건, 조상, 생활습관 등이 있다. 기관에 따라 성원들에게 이미 붙여진 지위에는 지도자, 전문가 같은 것과 함께 범죄자, 학교 중퇴자, 입양아, 환자 등으로 지칭될 때도 있다. 따라서 집단성원이 다른 성원을 등급 매기는 기준은 그들의 어렸을 때의 생활경험, 현재의 회원자격과 준거집단 그리고 문화적 가치로부터 나온 것으로 집단성원들은 이를 집단에 가져오게 된다. 하지만 지위는 집단성원들 간에 상호작용을 함에 따라, 사회정서적인 역할과 과업역할이 발생하게 됨에 따라 변하게 된다.

역할이란 개념은 소집단에 관한 문헌에서 가장 빈번하게 사용되는 개념이지만 아직도 이 용어에 대해 합의된 것은 없다. 역할에 대한 정의 가운데 대부분은 유리 브론펜브레너(Urie Bronfenbrenner)가 제시한 것과 비슷하다. 브론펜브레너는 "역할이란 사람이 사회에서 특정 위치를 차지하고 있는 것을 의미하며, 자신 및 타인이 그 사람에게 기대하는 일련의 활동과의 관계"라고 정의하였다.[25] 허만 스타인(Herman Stein)과 리차드 클로워드(Richard Cloward)가 지적한 것처럼 "이 상황에서 적절하게 행동하는 것이란 어떤 것일까?" 혹은 "나에게 기대되는 것은 무엇인가?"와 같은 질문이 생길 때마다 항상 역할의 정의에 대한 문제가 발생하게 된다.[26] 사람은 다양한 사회적 역할에 주어진 각각의 기대에 따라 행동하는 경향이 있다. 각각의 위치 혹은 지위는 일련의 역할들을 구성하는 조직화된 역할관계를 갖고 있다. 로버트 머튼(Robert Merton)은 이러한 일련의 역할들은 자신이 차지하고 있는 "특별한 사회적 지위에 대한 역할관계를 보완하는 것이다."라고 말하였다.[27] 이러한 일련의 역할은 집단 내에서 성원들 간 관계의 중요성을 강조한다. 집단 내에서 집단성원의 위치는 자신에게 주어진 혹은 자신들이 성취한 역할에 의해 영향을 주고받는다. 지위와 역할은 복잡하게 얽혀 있으면서 상호연관성을 갖고 있다. 사회복지사는 집단성원들의 역할에 대한 지식뿐만 아니라 역할에 영향을 미칠 수 있는 기술을 갖추고 있어야 한다. 이에 대해서는 제10장에서 자세히 논의하겠다.

6) 가치와 규범

일련의 규범으로 표현된 가치는 독자적인 문화를 구성하는데, 이 독자적인 문화는 안정된 사회체계의 자산이다. 일단 집단 내에서 일련의 규범이 수용되면, 이 규범은 집단성원들이 추구하는 목표, 집단성원들의 관계 형성 및 주변의 타인들 그리고 집단의 본질과 내용의 운영 및 문제해결의 수단에 영향을 준다.[28]

규범이란 집단에 어떠한 결과를 가져오든 간에 성원들에게 기대되는 행동기준을 일반화시킨 것이다. 이것은 가치판단을 포함한다. 일련의 규범은 집단 내에서 수용될 수 있는 행동범위를 규정하고 집단의 기능에 있어 어느 정도 규칙성과 예측성을 갖게 하는데, 이는 집단성원들이 집단의 기대에 따라야 한다는 의무감을 갖기 때문이다. 집단의 기대는 부분적으로 집단성원들이 개발해 나가는 것이다. 규범은 집단 내에서 주요한 통제수단으로 활용된다. 규범이 설정되면 이에 순응해야 하는 압력이 생긴다. 존 티보트(John Thibaut)와 해롤드 켈리(Harold Kelley)는 "규범은 개인적인 영향력을 행사하는 것을 대신할 뿐만 아니라, 개인적인 영향력의 과정보다 더욱 경제적이고 효율적인 결과를 만들어 낸다."라고 주장하였다.[29] 규범은 대체로 집단성원들 간의 합의에 의해 만들어지기 때문에, 규범을 강화하려는 개인적인 권력에 대한 욕구가 감소하고 책임감이 집단성원들 간에 공유된다. 집단성원들이 규범을 수용하고 준수하게 되면 내적으로 보상을 하게 되고 외부적인 통제의 필요성은 감소하게 된다. 따라서 규범은 특별한 대가를 치를 필요 없이 행동을 통제하는 수단을 제공하는 동시에, 대인관계의 힘을 활용하여 규칙에 순응하도록 할 때 발생할 수 있는 불확실성을 없애는 수단이 되기도 한다.

집단의 규범이 효력을 발생하게 되면, 규범은 집단에서 중요시하는 것이 무엇이고 무엇이 중요치 않은지, 무엇을 좋아하고 싫어하는지, 바라는 것이 무엇인지 그리고 반대하는 것은 무엇이며, 무관심한 것이 무엇인지를 제시한다. 집단이 어떠해야 하는지를 바탕으로 설정된 일련의 규범은 집단성원들에게 서로 이득이 되는 것을 성취하기 위해 집단을 활용하도록 강하거나 미약한 동기를 제공하게 된다. 따라서 사회복지사의 중요한 과업 가운데 하나는 집단의 규범을 만들고 이를 잘 관리할 수 있도록 촉진하는 것이다.

7) 긴장과 갈등

사회학자인 찰스 쿨리(Charles Cooley)는 "생각하면 할수록 갈등과 협력은 분리될 수 없는 것을 알게 되는데, 이는 두 가지가 항상 어느 정도 서로 연관되어 있는 일종의 과정의 단계이기 때문이다."라고 주장하였다.[30] 긴장(tension) 혹은 긴장에 대한 위협은 인간발달의 핵심 요소다. 월터 버클리(Walter Buckley)는 "긴장은 내재적인 것으로 적응해가는 복잡한 체계의 핵심 요소다. 이것은 체계를 발달시키고 구조를 정교화하면서 유지시키는 힘이다."라고 하였다.[31]

갈등이라는 단어는 놀라거나 적대적인 반응을 불러일으키는 경향이 있지만 갈등 자체는 발달과 변화에 있어 중요한 요소다. 갈등은 자신과 집단성원 혹은 사회에 부정적인 영향을 미칠 수 있다. 하지만 한편으로는 집단관계에 있어 긍정적인 힘이기도 하다. 집단과정에서 갈등은 자연스럽고 필요한 구성요소로 집단성원들이 서로 대화하는 과정에서 발생한다.

갈등은 간단하게는 둘 혹은 그 이상의 사람들 간에 발생하는 의견의 불일치를 나타내는 행동이다. 갈등은 폭력적인 갈등이나 전쟁과 같은 이미지보다 훨씬 폭넓은 범위의 행동을 포함한다. 갈등은 최소한 한 사람이 다른 한 사람 혹은 그 이상의 사람들에 의해 방해나 자극을 받았을 때 발생한다. 갈등 상황을 특징짓는 세 가지 구성요소는 다음과 같다. ① 갈등에 관여하는 둘 혹은 그 이상의 사람이 있어야 하고, ② 이들이 서로 양해할 수 없는 차이점으로 인해 긴장감이 발생하며, ③ 그 차이점을 중심으로 관여된 사람들 간에 상호작용이 발생한다. 갈등은 이에 수반되는 공포나 적대감 같은 감정과는 대조되는 행동을 의미한다. 개인 내적인 차원에서 갈등은 개인 내에 발생하는 상반되는, 일치하지 않는 혹은 적대적인 감정과 충동을 의미한다. 집단차원에서의 갈등은 성원들의 내적 갈등에서 발생하게 되며, 과업의 객관적 상태에 대한 잘못된 정보나 집단성원들 간의 목표, 가치, 규범에 대한 차이로 인해 발생하게 된다. 때로 갈등은 집단의 가치와 규범의 분기점에서 발생하거나 집단이 속해 있는 지역사회의 특정 부분에서 발생한다. 집단의 목표, 가치, 규범의 차이는 생활경험 및 사회경제적 자원의 차이로 인해 발생한다.

여기서 다루고 있는 갈등에 대한 관점은 심리사회적인 것으로 사회복지실천에서 생태체계적 관점과 일치하는 것이다. 따라서 이 관점에서는 갈등에 관여된 사람과 문제의 본질, 갈등에 대한 다른 사람들의 반응과 갈등이 일어난 환경 그리고 갈등으로 인해 영향을 받은 모든 사람들에게 나타난 결과를 이해할 필요가 있다. 많은 사회과학자들은 갈등이 필수불가결한 것이며 잠재적으로 순기능적이고 건설적인 활용이 가능한 반면, 역기능적이고 파괴적인 면도 있다는 점에 동의하고 있다.[32)]

네비트 샌포드(Nevitt Sanford)는 "자신의 내적 갈등을 관리할 수 있는 사람들은 심각한 내적 갈등을 한 번도 다루어 보지 못한 사람들보다 더욱 성숙한 사람들이다."라고 주장하였다.[33)] 그러한 사람들의 대처기제 및 적응행동은 보다 광범위하면서 유연한 것이고 공감능력은 상당히 향상된 상태다. 갈등은 정체를 예방하고, 관심과 호기심을 자극하며, 문제에 대한 인식과 재고 그리고 문제의 사정을 가능케 한다. 하지만 갈등이 오래 지속되거나 지나치게 심각하거나 성격구조 측면에서 지나치게 단순하면, 역으로 심리사회적 기능에 있어 심각한 내적 갈등과 와해를 초래할 수도 있다.

8) 집단응집력

집단응집력을 염두에 두어야 하는 이유는 이것이 집단에 매우 중요한 영향을 미친다는 연구결과 때문이다. 집단응집력은 개별성원이 집단에 대해 갖는 소속감과 매력을 표현한 집단의 특성이다. 이 개념은 집단성원이 다른 성원에 대해 갖는 매력과 집단 전체에 대해 갖는 매력을 의미한다.[34)]

한 연구에 의하면 집단의 응집력이 강하면 강할수록 집단성원에게 주는 영향력은 더욱 크다. 집단이 성원들에게 매우 매력적이라는 것은 성원들의 태도나 의견 혹은 행동에 변화를 일으킬 수 있는 능력이 있음을 의미한다. 또한 집단응집력이 높으면 집단에 대한 만족도가 높고 사기가 충천하고 내적 갈등이 적으며, 집단성원이 중도에 탈락하여도 집단이 생존할 능력이 강한 것을 의미한다. 응집력이 높은 집단에서는 그렇지 않은 집단에 비해 집단의 목표를 성취하는 것이 더욱 효과적이다. 또한 집단성원의 성과도 더 낫다.[35)]

아브라함 레비(Avraham Levy)는 집단에 응집력이 생기면 그 집단은 다음과 같은 특성을 보인다고 하였다. ① 집단참여가 자발적인 집단에서 출석이 규칙적이고 시간을 엄수함. ② 집단성원들이 소속감을 가지며 누가 집단의 성원인지 그리고 성원인 사람과 성원이 아닌 사람은 누구인지 구별하는 방법을 알게 됨. ③ '우리' 라는 감정표현이 증가하는데, 이는 집단성원들과 집단 전체에 대한 동일시가 상징화되어 나타난 것임. ④ 집단성원들 간의 관계가 수용적이고 상호의존적이며 친밀함. ⑤ 집단성원들이 집단의 내용에 대한 참여에 많은 공을 들임. ⑥ 집단의 성원이 된 것과 집단이 운영되는 방식에 대한 만족감을 말로 표현함. ⑦ 집단의 분위기는 자발적이고 비공식적이며, 자기노출이 적절하게 이루어짐. ⑧ 집단의 규범을 지키도록 하는 압력이 있음. ⑨ 자신들의 집단을 다른 집단 및 다른 사회지지망과 구별짓는 일종의 의식행위가 발생함.[36)]

집단응집력이 강하면 집단성원에게 긍정적인 결과뿐만 아니라 부정적인 결과도 초래할 수 있다. 집단에 과도하게 매력을 느끼는 성원은 변화에 영향을 미치는 부정적인 면을 파악하는 데 어려움을 경험할 수 있으며, 다른 성원에 의해 지나치게 영향을 받는다. 기본적인 만족을 위해 집단에 지나치게 의존함으로써 집단성원은 지역사회에서 활동하는 것에 제한을 받기도 한다. 나아가 집단에 대한 강한 동일시는 집단응집력의 한 측면으로서 개별화(individuation) 및 자아정체감의 상실을 동시에 가져올 수도 있다. 또한 응집력이 있는 집단은 외부 환경으로부터 새로운 정보를 유입시키는 것을 반대함으로써 집단을 보호하려고 한다. 따라서 새로운 생각이나 감정 및 행동에 대해 경계선이 상대적으로 폐쇄되어 있다. 그리고 새로운 생각은 집단에 대한 현재의 만족감을 위협하는 것으로 간주되기도 한다. 이런 경우를 가리켜 낸시 에반스(Nancy Evans)와 폴 서비스(Paul A. Servis)는 집단응집력이 집단의 목표를 성취하기 위한 수단이 아닌 결과물이 된다고 지적하였다.[37] 결국 집단성원들의 자아정체감이 상실되지 않으면서 모든 성원들에게 유익한 집단응집력이 발달하여 집단이 종결되어도 성원들이 효과적으로 기능할 수 있어야 한다. 따라서 발달하고자 하는 집단 유형을 우연에 맡길 수는 없다. 효과적인 심리사회적 기능을 성취하기 위해 성장을 증진하는 관계 및 규범이 되어야 한다.

사회복지사는 집단을 이끄는 데 있어 다음과 같은 노력을 해야 한다. ① 집단성원들 간에 공유된 목적이 있어야 한다. ② 집단성원의 역할은 협력적인 것으로 규정되어야 한다. ③ 집단성원들 간의 관계는 상호의존성 및 긍정적인 유대감을 우선적으로 고려한 것이어야 한다. ④ 집단의 의사소통은 표현의 자유 및 개방성 그리고 상호원조에 기반을 둔 것이어야 한다. ⑤ 집단의 규범과 가치는 적응적인 행동을 위해 건전한 성장을 지원해야 한다. ⑥ 갈등을 인정하고 적절한 의사결정 과정을 통해 이에 대처해야 한다. 응집력이 있는 집단은 변화를 위한 역동적인 힘이 쉽게 적용될 수 있으며, 결과적으로 그러한 집단에서 성원들이 긍정적인 결과를 얻을 수 있다.

조지 호만스(George Homans)는 "집단에 대해 연구하는 이유는 하나밖에 없다. 그것은 주제에 대한 막연한 매력과 일상생활의 혼돈된 행동 속에서 공식적인 관계를 파악하는 기쁨이 있기 때문이다."라고 주장하였다.[38] 전문 사회복지사는 혼돈으로부터 이해를 얻기 위해 그리고 집단이 성취하고자 하는 목표를 성취할 수 있도록 돕기 위해 집단에 대해 정확히 사정할 필요가 있다.

4. 집단발달

사람들이 집단에 모여서 긍정적인 성과를 성취하는 도구로 집단을 활용하기까지는 시간이 걸린다. 집단이 발달함에 따라 집단성원의 행동과 집단의 구조 및 기능에 눈에 띄는 변화가 일어나게 된다. 비록 집단에서의 변화가 지속적인 역동적 과정이기는 해도 집단은 그 생애주기에 따른 특성을 가지면서 여러 발달단계를 거쳐 발달한다. 집단발달의 단계를 파악하는 것은 개인과 집단의 기능을 평가하는 단서를 제공하면서 집단의 내용과 적절한 개입방법을 선택하는 단서를 제공한다. 이를 통해 사회복지사는 집단이 어느 발달단계에 있는지 파악하게 되고, 집단이 목적을 성취하기 위해 어떻게 진행되어야 할지를 돕는 데 필요한 계획을 수립할 수 있다.

1) 집단발달에 관한 연구

사회복지사뿐만 아니라 사회과학자들도 집단발달의 과정에 많은 관심을 보여 왔다. 최초의 연구는 1965년에 브루스 터크만(Bruce Tuckman)이 시도하였는데, 그는 교육훈련집단, 치료집단, 과업중심집단, 실험집단에서의 집단발달 단계를 기술한 50개의 광범위한 연구를 검토하여 모델을 개발하였다.[39] 로버트 베일즈(Robert Bales)는 사회정서적, 도구적, 과업적 영역의 개념을 활용하여 각 영역에서 일어날 수 있는 네 가지 단계를 만들었다.[40] 그는 이를 구성(forming), 폭풍우(storming), 규범화(norming) 그리고 수행(performing)이라고 불렀다.

사회복지실천에 있어 집단발달에 대한 단계는 1949년으로 거슬러 올라간다. 당시에 거투르드 윌슨(Gertrude Wilson)과 글래디스 라일랜드(Gladys Ryland)는 "사회복지사는 집단이 목적성취를 위해 나아갈 수 있도록 사회과정에 영향을 줄 뿐만 아니라 집단성원의 진정한 관심사와 욕구에 관련된 행동의 질에도 관심을 갖는다."라고 하였다. 이로써 집단발달에 대한 관심이 시작되었다.[41] 하지만 그들은 집단의 발달단계를 제시하지는 않았다. 제임스 갈랜드(James Garland), 허버트 존스(Hubert Jones), 랄프 콜로드니(Ralph Kolodny)는 그들의 유명한 연구논문에서 사회복지에서는 처음으로 집단발달 단계를 구별하여 기술하였다.[42] 그들이 연구한 집단은 지역사회기관의 아동과 청소년으로 구성되었다. 그들 모델의 중심 주제는 친밀성이다. 각 단계에서 초점은 집단성원들이 접하게 되는 사회심리적 과제들이다. 제임스 갈랜드, 허버트 존스, 랄프 콜로드니가 제시한 집단발달 단계의 목록은 다음과 같다.

① 가입 전 단계(preaffiliation): 이 단계에서 집단성원의 행동 특성은 접근-회피로 나타나며, 집단이 안전한 장소인지를 판단하고 자신에게 도움을 줄 것인지를 결정하게 된다.

② 권력과 통제(power and control): 집단 지도자의 권력과 통제의 문제를 해결함으로써 집단성원들이 친밀성을 향상시킬 수 있는 자율성과 준비가 제공된다.

③ 친밀성(intimacy): 집단에 관여하는 정도가 깊어짐에 따라 집단성원들이 서로 더욱 친밀해지게 된다.

④ 차별화(differentiation): 집단성원들 간에 상호의존성과 상호성이 증가하게 된다. 다양한 개인적인 욕구를 상호 수용하게 됨으로써 집단 내의 관계와 경험을 보다 현실적으로 차별화하고 평가할 수 있는 자율성과 능력이 증가하게 된다.

⑤ 이별(separation): 이별할 시간을 알게 되면서부터 다양한 정서적 반응이 나타나게 된다. 종결을 회피하거나 방해하기 위한 혹은 종결을 직면하고 성취하기 위한 다양한 방어기제 및 대처기제가 활용된다.

1969년에 헬렌 노던이 저술한 『집단사회사업』은 집단발달 단계에 따른 이론과 실제를 개념화한 최초의 책이었다. 그 후로 많은 저자들이 이 주제에 관심을 갖기 시작하였다. 많은 저자들이 집단의 발달단계를 간략하게 초기, 중기, 종결의 세 단계로 구분하였다. 이 세 단계 모델에 대한 기준에서 많은 학자들은 중기보다는 초기와 종결 단계에서 다루어져야 할 과업들이 많다는 데 동의한다. 한편, 일부 저자들은 두 단계 혹은 세 단계의 발달단계 구분이 지나치게 단순화된 것이라 주장한다. 아서 코헨(Arthur Cohen)과 더글라스 스미스(Douglas Smith)는 "문헌에서 나타난 것처럼 집단의 복잡한 상호작용 과정을 두 단계 혹은 세 단계로 지나치게 단순화한 것은 아마도 적절한 방법이 결여되어 집단현상을 다룰 능력이 부족하기 때문일 것이다. 지나치게 단순화하는 것은 오히려 해를 끼친다."라고 주장하였다.[43] 그들의 이러한 주장은 집단생활 과정에 나타난 중요한 사건 가운데 집단성원들의 행동 특성 144가지를 분석한 결과에 근거한 것이다.

1980년에 로이 라코시어(Roy Lacoursiere)는 다양한 유형의 집단을 다루면서 집단발달을 연구한 100여 개의 연구를 검토하였다.[44] 그는 집단의 발달단계를 다음과 같이 5단계로 구분하였다. ① 적응(orientation)단계: 집단성원들이 집단에 속한 것이 어떠할 것인가에 대해 염려하고 집단경험에 대한 적응훈련을 받는다. ② 불만족의 단계: 집단이 성원들의 기대나 환상에 미치지 못하는 현실을 깨닫게 되는 시기다. ③ 갈등의 해결단계, ④ 생산의 단계: 집단성원의 상호성, 열의, 목표성취를 위한 학습과 작업을 하는 단계, ⑤ 종결단계: 집단의 마지막에 대한 상실감이 있는 단계다.

집단의 생애주기를 발달단계로 구분하는 것은 어떻게 보면 독단적인 것일 수도 있는데, 집단에서는 상호작용이 지속적으로 변화하기 때문이다. 사람이 정지화면을 찍기 위해 카메라를 멈추는 것과 같이 집단은 바로 이전과는 또 다른 순간에 있는 것이다. 즉, 집단은 이미 변한 것이다.

린다 쉴러(Linda Schiller)는 최근 여성집단에 적용가능한 발달단계 모델을 개발하였다. 그녀는 이 모델을 관계모델(relational model)이라고 하였다.[45] 그녀는 이 모델에서 "집단에서 성원들이 서로 도전하고 직면하기 이전에 그들은 집단에 동참할 수 있는 안전감을 먼저 형성할 수 있어야 한다."고 주장하였다. 그녀는 ① 가입 전, ② 관계근거의 설정, ③ 상호성 및 대인관계 공감, ④ 도전과 변화, ⑤ 이별과 종결의 단계로 구분지었다. 그녀는 "치료적인 관계와 공감적인 조율이 남성과 여성에게 모두 중요하다. 하지만 관계에 대한 관심의 시기는 여성에게 보다 중요할 수 있다."고 강조하였다.[46] 실비아 자무디오(Sylvia Zamudio)는 11세에서 15세까지의 남녀 청소년을 대상으로 상실감에 대한 시간제한적 폐쇄집단을 운영하였는데 쉴러의 모델과 비슷한 모델이 있음을 발견하였다.[47]

2) 집단발달 모델

집단발달에 관한 유용한 모델을 개발하기 위해서는 두 가지 측면을 고려해야 한다. 첫째는 사회정서적인 면과 과업과 관련된 주된 행동양상이다. 둘째는 집단구조와 집단과정에 관한 일반적인 특징이다. 집단발달에서 각 단계에는 나름대로의 발달과업이 있으며, 새로운 단계로 나아가기 전에 최소한 부분적으로나마 해결되어야 할 과업들이 있다. 이는 특정 발달단계에서 발생하는 일들이 다음 단계의 과정과 내용에 영향을 주기 때문이다. 다양한 정보원으로부터 얻은 결과를 통합하는 과정에서 현실의 왜곡이 어느 정도는 항상 있게 마련이지만, 여러 연구를 종합해 보면 몇 가지 경향들을 볼 수 있다.

집단의 유형에 따라 문제가 복잡하고 다양하기 때문에 대체로 집단의 계획단계 외에 네 단계 모델이 장 · 단기 집단에 적합하리라 본다.

(1) 1단계: 포함-적응(Inclusion-Orientation)

단계의 제목이 말하듯이 이 단계는 집단성원들과 관련된 사회정서적 · 과업문제와 관련이 있다. 집단의 초기단계에서 주된 사회정서적 과업은 포함(inclusion)으로, 갈랜드, 존스, 콜로드니가 말한 접근-회피(approach-avoidance)와 비슷하고, 로이 맥켄지(K. Roy MacKenzie)와 존 리브슬리(W. John Livesley)가 말하는 계약(engagement)과 비슷하다.[48] 이 단계에서의 주된 과업은 적응이다. 집단성원들은 사회복지사와 다른 성원들에게서 정보를 주고받으며, 공통점을 모색하고 집단이 자신에게 주는 의미를 찾으려 노력한다. 집단성원들이 새로운 상황에 적응하게 되면 그들은 가계약 혹은 실질적인 동의를 하게 된다.

(2) 2단계 불확실성-탐색(Uncertainty-Exploration)

이 단계는 제목이 암시하듯이 성원들이 집단의 운영에 관해, 특히 누가 권력을 갖고 있으며 집단에서 자신들이 수용되었는지에 관해 불확실해한다. 집단성원들은 이러한 문제를 탐색하게 된다. 이 단계에서 주된 사회정서적 주제는 갈등과 무관심으로, 이것은 특히 사회복지사의 권위와 성원들 간의 권력의 분배에 관련된 것들이다. 이 단계에서 나타나는 행동 유형은 상호수용과 집단정체감, 권력을 위한 경쟁, 집단 내의 만족스러운 역할 개발 등에 대한 불확실성과 불안의 표현이다. 주된 과업으로는 자신들이 원하는 이득과 관련된 상황을 탐색하는 것, 현실적인 상호기대감을 획득하는 것, 상호신뢰와 수용을 바탕으로 대인관계를 형성하는 것이 있다. 이 단계에서 집단은 상호원조체계가 된다.

(3) 3단계 상호성-목표성취(Mutuality-Goal Achievement)

이 단계에서의 사회정서적 주제는 상호의존성이며, 주된 과업은 목표성취를 위한 작업이다. 이 단계에서 나타나는 주된 사회정서적 행동은 개인참여의 극대화, 친밀성 형성 혹은 회피, 집단정체감에 따른 자아정체감의 향상을 들 수 있다. 대인관계의 특징으로는 상호수용, 공감, 자기노출, 차이점에 대한 존중 등이 있다. 또한 갈등이 나타나고 이를 순기능적인 방법으로 해결한다. 집단은 집단의 통합과 분리(differentiation)를 허용하는 적절한 응집력을 갖게 된다. 집단성원들은 집단의 과업에 적극적으로 협력하고 참여한다. 이 단계에서의 주요한 과업은 사회적 성장과 문제해결의 수단으로서 집단의 관리와 향상이다. 이 시기에 상호원조는 최고조에 다다르게 된다.

(4) 4단계 이별-종결(Separation-Termination)

이 단계에서의 주된 사회정서적 주제는 이별이며 주된 과업은 종결이다. 집단성원들은 사회복지사, 집단 그리고 다른 성원들과의 이별에 대해 양가감정을 갖는다. 집단성원들은 집단을 떠나 다른 사람들과의 관계나 활동으로 전환해 갈 준비를 한다. 또한 집단에서 미처 해결하지 못한 과업을 종결하려고 하고, 집단경험을 회고하고 평가하며, 자신들이 집단에서 얻은 이익을 안정시키고 지역사회의 새로운 환경에 적용하려고 한다.

3) 자주 등장하는 논쟁점

여러 저자들이 집단의 생애주기에 걸쳐 다양하게 나타나는 대인관계와 관련된 문제로서 친밀성, 통제, 권력에 대해 언급하고 있다.[49] 여기에 제시한 집단발달의 모델에서도 대인관계와 관련된 문제들이 자주 등장하고 있다. 이들 문제는 집단이 새로운 단계로 전진하면서 집단성원들의 역동적인 상호작용 속에서 더욱 명확하게 나타난다. 집단발달 단계의 개념은 특정 주제가 특정 시기에 더 강하게 나타남을 강조한다. 집단발달의 특징들은 또한 주어진 시점의 한 발달단계에서만 나타나는 것이 아니다. 이러한 문제들은 집단과정이 집단의 목적과 구조에 따라 매우 복잡하다는 것을 암시한다.[50] 폴 유프로스(Paul Ephuros)와 토마스 바실(Thomas Vassil)은 앞서 기술한 집단의 발달단계 모델이 과업집단이나 업무집단에 어떻게 적용되었는지를 보여 주었다.[51] 재클린 몬드로스(Jacqueline Mondros)와 토비 버만-로시(Toby Berman-Rossi)는 집단발달의 단계가 지역사회 조직사업과 어떻게 관련이 있는지를 기술하였다.[52]

집단은 각자 독특한 특징을 가진 성원들로 구성되어 있다. 사람들은 각자의 욕구에 따라 상이한 방법과 상이한 속도로 발달한다. 집단은 집단의 구조와 과정에 관련된 다양한 영역에서 균등하기보다는 불규칙적으로 발달한다. 이것은 개인과 집단에 따라 약간의 차이가 있기는 하지만 집단발달의 핵심이라 생각되는 부분이 있음을 부인하지 않는 것이다. 집단사회사업에 있어 발달단계에 대한 지식은 중요하다. 이를 통해 사회복지사는 집단 내에서 일어나는 집단성원들의 행동을 이해하고 앞으로 일어날 일에 대해서도 예측을 하게 된다. 그러한 지식은 또한 사회복지사가 집단에 개입하는 방법에도 영향을 준다. 사회복지사의 집단발달 단계에 대한 이해와 각 단계에서의 집단성원들의 욕구에 대한 이해는 사회복지사의 개입에도 영향을 준다.

5. 환경 속의 집단

개인-집단-가족의 개념은 가족과 집단 그리고 더 넓은 환경 속에서 개인이 갖는 상호의존성을 강조하는 개념이다. 환경의 본질은 개인과 집단의 복지에 커다란 영향을 준다.

환경은 단순하게는 물체나 조건으로 보기도 하지만 개인이나 집단 및 지역사회의 생활에 영향을 주는 상황으로 정의된다. 이 용어는 신체적, 사회적, 문화적 환경 모두를 의미한다. 수잔 켐프(Susan Kemp), 제임스 위테커(James Whittaker), 엘리자베스 트레이시(Elizabeth Tracy)는 환경을 다음과 같이 다측면을 갖고 있는 것으로 정의하였다.

① 인식된 환경으로 개인과 집단체계에서 의미와 신념으로 구성된 환경
② 자연적 · 인위적인 물리적 환경
③ 사회적/상호작용적 환경: 가족, 집단, 이웃 및 집합체를 포함하며, 다양한 수준의 친밀성으로 이루어지는 대인관계
④ 제도적 · 조직적 환경
⑤ 문화적 · 사회정치적 환경.[53)]

브론펜브레너는 개인이 인지한 환경의 중요성을 강조하고 있다.[54)] 그는 잘 배열된 상황으로서의 환경을 설명하였다. 이에는 개인 혹은 미시체계, 가족과 집단과의 대인관계와 같은 중간 체계, 사회 구조나 제도와 같은 외부체계, 마지막으로 정치 · 법적 영향과 문화적 유형을 나타내는 거시체계가 포함된다. 이러한 각각의 상황들은 건강, 질병, 사

회적 안녕에 잠재적인 영향력을 행사할 수 있다. 집단과 일을 할 때 사회복지사는 집단성원들이 집단을 위해 활용하는 주변환경의 영향에 대해 이해하고 있어야 한다.

복잡한 적응체계와 인간생태학이 개념화되기 훨씬 이전부터 집단사회사업의 발달을 연구한 선각자들은 집단과 환경 간의 상호작용에 관심을 기울여 왔다. 『조직된 집단에서의 사회과정(Social Progress in Organized Groups)』이라는 책에서 그레이스 코일은 다양한 유형의 집단과 거대조직에 관한 문헌을 분석하였다. 이 책의 첫 장 제목은 "사회체계에서 조직된 집단"이다. 집단은 상호호혜적인 관계의 형태를 가진 것으로 간주된다. 집단의 내부적인 영향은 집단 외부의 사회체계의 영향과 상호의존적으로 상호작용을 하게 된다. 지역사회의 환경 특성, 예를 들어 특정 민족에 대한 편견, 사회적 계층 차이, 가족해체, 다원주의적 사회 등은 개인과 그가 속한 집단에 영향을 준다. 중요한 점은 조직화된 생활의 다양성과 복잡성 측면에서 집단을 바라보아야 한다는 것이다. 코일은 "지역사회 생활의 본질과 질은 거기에 속해 있는 모든 사람들의 생활에 스며든다. 개인, 집단 그리고 전체 환경의 상호호혜적인 행동은 각각의 조직을 만들고 그 조직의 기능과 과정을 결정한다."고 주장한다.[55)]

1) 이웃과 지역사회

집단성원들은 그들의 세계관, 기회에 대한 접근성, 안전감과 복지에 영향을 주는 지역사회에 거주하고 있다. 성원들이 사는 지역사회는 역사와 문화적 전통으로 특징지어진다. 지역사회는 민족 및 종교집단의 다양성, 사회문제의 존재 여부와 그 정도 그리고 물리적 · 사회적 자원의 가용성과 접근성에 따라 다르다. 각 지역사회는 지리, 기후, 동식물, 공원, 산, 해변, 사막과 같은 지역주민들의 삶의 질에 영향을 주는 독특한 물리적 환경을 가지고 있다. 기후와 지리, 풍경은 사람들에게 많은 것을 의미한다. 지리학자인 존 시머(John Shimer)는 "이렇게 조각된 지구에서 각 부분은 각자의 독특한 특성과 자체만의 특별한 지리적 유형을 갖고 있으면서 관찰자가 기대하지 못한 다양한 반응을 불러일으킨다."고 하였다.[56)]

비슷한 민족성이나 인종 혹은 종교를 가진 사람들은 특정 지역에 모여 사는 경향이 있다. 이렇게 그들은 전통과 습관을 함께 공유하는 사람들의 곁에 살면서 상호지지와 소속감을 갖는다. 따라서 인간과 환경 간의 적합성이 증가하는 것이다.

비슷한 사회적 계층에 있는 사람들 또한 특정 지역에 사는 경향이 있다. 부자들은 아름다움과 편의시설 측면에서 이상적인 장소에서 사는 반면, 빈곤층은 해체되었으면서 가장 억압된 지역사회에 살고 있다. 소득이 높아짐에 따라 빈민지역을 탈피하는 사람들은 그 지역에 남아 있는 사람들과 자신들의 위치를 차지해 버린 모두에게 많은 문제를 일으킨다.

2) 문화적 다양성

미국을 비롯하여 많은 나라에서는 문화적 다양성이 이제 삶의 일부가 되었다. 이에 사회복지사들은 문화적 민감성과 능력을 가지고 그 나라의 인구를 구성하고 있는 다양한 집단의 강점을 기반으로 그들의 욕구를 충족시켜 줄 필요가 있다.

문화적 다양성을 이해하기 위해 솔로몬은 앞서 설명한 것처럼 민족체계의 개념을 소개하였다. 즉, 인종에는 많은 민족집단이 존재한다는 것이다. 일본인, 한국인, 베트남인, 중국인 등은 아시아인이지만 그들의 역사, 거주지, 가치관, 주요 관심사 및 습관은 매우 다양하다. 백인도 하나의 동질집단으로 분류할 수 없다. 모든 백인을 '앵글로' 족으로 분류하는 것은 영어문화권이 다양한 민족성과 사람들로 구성되어 있으며, 이들이 갖는 중요성을 배제하는 것이다. 흑인계 미국인들도 다양한 나라에서 왔으며 서부 인디언들과는 매우 다른 민족성을 갖고 있다. 미국의 인디언들은 수백 개의 부족으로 이루어졌으며, 인디언이나 미국의 인디언이라기보다는 자신의 부족 이름으로 불리기를 원한다.

오늘날 각 민족에 대한 지식이 급속도로 증가하고 있는 추세다. 어떤 부류의 사람에게든지 효과적으로 서비스를 제공하기 위해서는 사회복지사가 그 민족에 대한 최신 지식을 갖추고 있어야 한다. 다양한 민족집단과 일하기 위해 많은 사회복지 관련 책들이 출간되어 있는데, 예를 들어 흑인, 라틴계의 소수민족들, 중국인 등을 대상으로 한 사회복지실천 책들이 소개되어 있다. 이 책들은 다양한 소수민족에 대한 참고문헌을 수록하고 있으므로 독자들은 이를 참고하기 바란다.[57)]

민족성이란 공통의 문화에 근거하여 그 민족의 사람됨(peoplehood)과 소속감을 의미한다.[58] 이러한 공통요인에는 언어나 방언, 물리적 환경, 종교, 친척관계, 민족성 그리고 지속성(continuity)이 포함된다. 모든 사람들이 최소한 하나의 민족집단에 소속되어 있으며, 점점 많은 미국 사람들이 조상이 혼합되어 있는 관계로 둘 혹은 그 이상의 민족집단에 소속되어 있다. 민족성은 중요한 자아정체감 및 집단정체감의 일부분을 구성하고 있으면서 그 소속 성원들에게 중요한 준거집단으로 작용한다. 때로 이러한 민족성은 혼돈스럽고 불확실한 새 환경에 적응해야 하는 새로운 이민자들에게는 연결점을 맺어 주는 중요한 생명선이 될 수 있다.

미국과 캐나다의 인구를 구성하고 있는 민족집단들은 역사나 욕구, 자원의 측면에서 매우 다양하다. 하위집단에 속해 있는 모든 사람들은 많은 욕구와 심각한 심리사회적 문제를 가지고 있을 뿐만 아니라, 그들 가운데 많은 사람들은 백인과 같은 주류집단에 비해 상당히 열악한 환경에 처할 가능성이 높다. 그들은 유럽계 미국인과는 매우 다른 인종, 피부색, 언어, 신체적 외모 등을 갖고 있는 사람들로 인종차별과 편견에 시달리기도 한다. 편견이란 특정 개인이나 집단에 대한 불합리한 태도로서 대체로 선입관에 근거하고 있으며, 타인을 모두 좋거나 다르다는 방식으로 바라보게 되어 타인을 보는 능력을 방해하는 잘못된 인식에 근거하고 있다. 차별은 특정 집단에 속한 사람에 대해 취해지는 행동을 의미한다. 편견이 태도를 의미한다면, 차별은 행동을 의미한다.[59] 차별은 특히 억압된 사람들의 일상생활 속에 일부분을 차지하고 있다. 개인적, 제도적 인종차별을 통해 억압된 사람들은 자신들이 원하는 목표를 성취하는 데 있어 무기력함을 느낀다. 또한 자신들의 가치가 평가절하된 특정 민족집단은 '아메리칸 드림' 을 성취하기 어렵다. 이들 가운데 많은 사람들은 빈곤하거나 밀집된 지역에 살고 있거나 황폐한 주택에서 살며, 적절한 의료체계와 교육 및 복지체계 없이 살아가고 있다. 그들은 또한 동등한 교육기회와 고용기회를 갖지 못해 왔다.

사회계층은 인종, 민족성, 성과 함께 상호작용을 통해 만족스러운 삶을 위한 개인의 기회에 영향을 준다. 미국의 사회계층에 관한 연구에 따르면, 적게는 3개에서 많게는 60개까지 다양한 사회계층이 분포하고 있다.[60] 사회계층의 지위를 부여하는 기준도 다양하지만, 분명한 것은 일부 계층 사람들은 다른 사람들에 비해 소득과 교육 수준이 높고 명성 있는 직업을 가지며 자원에 대한 접근성이 높고 많은 권력을 갖고 있다. 지위는 경직된 경계선보다는 높은 지위에서 낮은 지위로 이어지는 연속선상에 있다. 사회계층은 개인의 생활습관과 만족스러운 삶을 가질 기회에 심오한 영향을 끼친다.

사회계층에 대한 이해가 필요한 것은 사실이지만 빈곤층에 대해 잘못된 편견을 가질 위험도 있다. 많은 사람들이 적응유연성을 갖고 있다. 빈곤층 또한 상위계층으로 올라갈 수 있는 능력이 있으며, 여러 장애가 있음에도 불구하고 자신들이 원하는 목표를 추구할 강한 능력을 갖고 있다. 따라서 사회복지사는 사람들이 자신들이 원하는 바를 이룰 수 있는 권력을 성취하도록 도울 책임이 있다.

편견과 차별과 관련하여 일레인 핀더휴즈(Elaine Pinderhughes)는 중요한 것은 억압의 수준이나 누가 소수집단이고 주류집단인지에 상관없이 권력 그 자체라고 하였다.[61) 편견은 권력을 가진 사람 측면에서는 현상유지를 위한 합리화이자 자신들의 지배를 정당화하는 것이다. 사람들은 권력이 잔인하거나 불공정하게 사용되었을 때 억압당한다. 차별은 차별당하는 사람들의 권한을 빼앗는 것일 뿐만 아니라 그들의 사회정의를 거부하는 것이다. 무기력함은 인간과 상대적으로 적대적인 환경과 복잡하고 역동적인 관계에서 나오는 것이다.

켐프, 위티커, 트레이시는 "억압과 불평등의 중심이 되는 환경은 한편으로는 중요한 지지원이나 기회가 될 수 있다는 것을 이해할 필요가 있다."라고 하였다.[62) 환경의 강점은 개인, 가족, 집단의 삶의 질을 향상시키는 데 이용될 수 있다.

3) 제도적 환경

제도적 환경은 의료, 교육, 여가, 복지기관의 연계망과 같이 사람들이 지역사회에서 대하는 것들을 포함한다. 집단을 대상으로 서비스를 제공하는 기관은 기관이 정한 서비스의 유형과 클라이언트의 수혜 조건을 통해 집단서비스 제공에 영향을 미친다. 제도적 환경은 적절하든 그렇지 못하든 자원들을 제공하는데, 이에는 공간, 가구, 시설물, 프로그램 운영비용, 교통수단, 업무량 등이 포함된다. 제도적 환경은 또한 정책, 규칙, 규정과 같은 것을 설정함으로써 집단의 구조와 구성 및 기간에 영향을 미칠 뿐만 아니라, 서비스 계획과 치료를 촉진하거나 방해할 수 있는 사람들 간의 의사소통 유형에 영향을 미친다.

폴 글래서(Paul Glasser)와 찰스 가빈(Charles Garvin)은 집단 활용의 중심이 되는 기준은 '사회복지사가 기관에서 갖고 있는 권력'이라고 하였다.[63] 사회복지사가 기관 내에서 차지하고 있는 지위에 근거해 사용하는 적법한 권력과 비공식적인 전문적 영향력은 그들의 업무의 질을 촉진하는 중요한 요인들이다.

4) 사회관계망과 사회지지

집단성원들은 그들이 거주하는 지역사회에서 하나 혹은 그 이상의 사회관계망에 소속되어 있다. 집단성원들이 속한 집단 자체도 그들의 사회관계망 가운데 하나다. 많은 집단성원들이 심리사회적 혹은 환경적 스트레스로 인해 어려움을 겪고 있을 때 집단 내외의 사회지지는 그들의 복지에 필수적인 것이다.

지지는 도움을 주고받는 상호작용의 과정이다. 그레고리 피어스(Gregory Pierce), 바바라 사라손(Barbara Sarason), 어빙 사라손(Irvin Sarason)은 "사회지지란 지지를 제공하는 자 혹은 이를 수혜하는 자가 인식한 사회적 상호작용으로 일상생활에서, 특히 스트레스 상황에 대한 대처방법을 촉진시키는 것이다."라고 하였다.[64] 이것은 사람들 간의 상호작용의 결과며, 사람들 간의 관계와 사람들이 만들고 반응하는 상황 속에서 상호작용의 영향력을 미침으로써 발생한다.[65] 집단사회복지에서는 지지가 상호원조의 과정을 통해 제공된다.

일상생활에서 사회지지(social support)는 일반적으로 사회관계망(social network)에 있는 구성원들과의 관계를 통해서 받게 된다. 사회지지망은 특정 방식으로 상호 연결된 사람들(예: 가족관계, 친구, 친지, 직장동료나 학교친구, 조직 등)로 구성된 사회체계로 정의된다.[66] 이들 가운데 '친척과 친구는 사회지지체계로 활용되는 가장 흔한 사회체계다.'[67] 이러한 비공식적인 지지체계는 공식적인 지지체계에 의해 보충될 필요가 있다. 집단의 응집력이 강해지면 집단은 집단성원들에게 중요한 사회지지가 될 뿐만 아니라 집단성원들이 지역사회에서 적절한 관계망을 형성할 수 있도록 돕는다. 복지는 사람들이 이렇게 적절한 사회지지를 갖고 있을 때 가능하다. 대규모 혹은 소규모 사회관계망을 갖고자 하는 욕구는 사람에 따라 다르다. 그러나 중요한 것은 사회지지망의 규모가 아니라 관계의 질로, 진정한 지지적인 사회관계는 근접해 있으면서 빈번하게 상호작용을 하며, 상호신뢰와 비슷한 규범이 있고 상호호혜적이다.[68]

사회관계망의 부정적인 면을 연구한 논문들[69]에 의하면 이러한 사회관계망은 그 성원들 사이에 긴장과 갈등을 조장한다. 사회관계망은 때로 마약 중심적인 활동이나 비행집단과 같이 일탈행동을 강화하기도 한다. 또한 또래압력을 활용하여 성원들이 자신들의 규범을 준수하도록 강요한다. 특정 성원들은 다른 성원에 의해 따돌림을 당하거나 다른 사람들이 자신에 대해 갖는 기대수준으로 인해 혼돈을 겪기도 한다. 사회관계망에 있는 특정 사람들의 특성은 개인의 욕구나 관심사와는 일치하지 않을 수도 있다.

집단사회복지에서 사회복지사는 각 성원이 갖고 있는 다양한 사회관계망을 평가하고, 성원들이 그러한 관계망을 강화하거나 확장하거나 변화시킬 수 있는 방법을 모색할 필요가 있다. 개인, 집단, 환경에 대한 지식은 분명 상호 연관되어 있으며 사회복지사는 이들 지식을 사정, 계획, 치료, 평가에 적절히 활용할 수 있어야 한다.

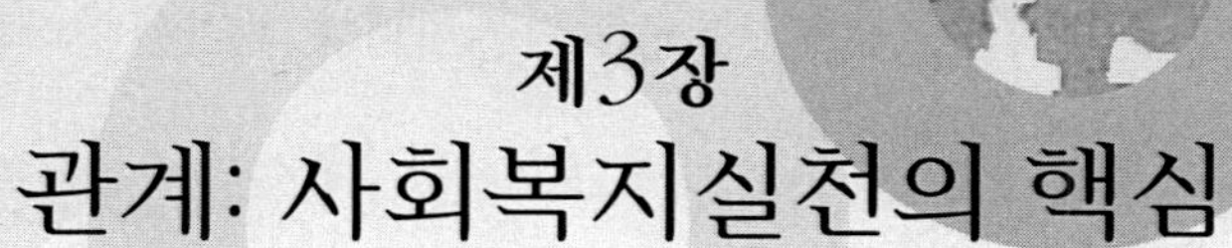

제3장 관계: 사회복지실천의 핵심

1917년에 메리 리치몬드(Mary Richmond)는 의사인 제임스 푸트남(James Putnam)의 말을 인용하여 "인간의 의식적인 삶에 있어 가장 아름다운 특징 가운데 하나는 삶이 다른 사람들과 어우러져 있다는 것이다. 한 개인의 정신적인 역사(mental history)가 주로 씌어지는 것은 그의 사회관계에서며, 그의 행복과 효과성을 위협하는 장애의 원인도 사회관계에 있으며, 그의 회복을 강구할 수단도 사회관계에 있다."라고 하였다.[1)]

인간의 삶은 타인과 강한 관계를 형성하려는 욕구가 충족될 때 향상되는 것으로, 이러한 관계는 수용적이고 진실하고 공감적인 것이다. 펄만(Perlman)은 "공통 관심사를 중심으로 둘 혹은 그 이상의 사람들을 하나로 묶는 정서적인 유대감은 문제해결과 목표성취를 위한 촉진적인 힘으로 충전되어 있다. (중략) 이해심 많고 공감적인 관계는 개인의 안전감과 타인과의 동맹관계에 기여한다."고 하였다.[2)] 피셔(Fisher)는 이를 "타인과의 유대감은 사회의 핵심요소다."라고 표현하였다.[3)] 사람은 사람을 필요로 한다. 사람은 태어나면서부터 사회적인 유기체다.

앞 장에서 살펴본 것처럼, 에릭슨(Erikson)은 인간의 발달이 유아기의 신뢰에서 노년기의 통합에 이르기까지 타인과의 관계에 대한 능력의 변화에 근거하고 있다고 하였다. 존 볼비(John Bowlby)의 애착이론은 유아의 타인에 대한 애착의 경향이 기질적으로 유전된 능력이라는 점을 분명히 하고 있다.[4)] 캐롤 길리건(Carol Gilligan)은 최근의 연구들은 '영아의 타인에 대한 사회적, 도덕적 본질'을 보여 주고 있다고 하였다.[5] 하지만 이러한 연구결과들이 환경의 중요성을 부인하는 것은 아니다. 환경은 이러한 인간의 능력의 발달을 보다 향상시키거나 방해한다.

기젤라 코놉카(Gisela Konopka)는 일차적인 보호자인 어머니와의 일차적인 유대관계로부터 초기 또래관계까지의 발달을 연구하였다. 그녀는 가족과 또래관계의 상호연관성을 강조하였다. 예를 들어, 아동의 자아존중감은 "두 종류의 관계를 통해 발달하는데, 하나는 가족구성원과의 관계며, 다른 하나는 가족집단 외부의 또래관계다."라고 주장하였다.[6] 인간발달의 각 단계에서 인간은 2인, 3인 혹은 하위체계, 집단, 모임 등에서 타인과의 지지적인 관계를 통해 만족을 얻는다. 환경의 기회와 장애물은 관계의 질에 영향을 주게 되며, 그 사람이 속한 집단이나 모임의 가치와 규범도 이러한 관계의 질에 영향을 준다. 따라서 집단사회복지는 타인과 만족스러우면서 긍정적인 사회관계를 발달시킬 수 있는 능력을 향상시키는 주요 원천이 될 뿐만 아니라 자신 혹은 타인에게 해로운 관계를 교정할 수 있는 원천이 될 수 있다.

타인과의 관계가 해로운 것일 때는 개인의 감정, 생각, 행동과 환경 간의 상호작용에 문제가 있기 때문이다. 예를 들어, 14개월 된 아기를 며칠 동안 홀로 두는 아동학대나 아기가 지나치게 운다고 아기를 강하게 흔들어 죽게 하는 것과 같은 신체학대의 경우를 볼 수 있다. 아동이 총으로 다른 아동을 죽이거나 심지어 어른을 죽이는 것은 더 이상 새로운 이야기가 아니다. 학대와 방임 그리고 폭력은 자주 일어나고 있다. 연구에 따르면 이들 가해자의 대부분은 타인과의 관계에서 오랜 동안 문제가 있었던 것으로 조사되고 있다. 사회복지사, 특히 집단을 대상으로 일을 하는 사회복지사는 사회기능에 문제가 있는 사람들을 대상으로 치료를 제공해 주는 것뿐만 아니라, 그러한 관계의 문제가 발생하는 것을 예방하는 것에도 관심을 가져야 한다.

1. 또래관계

아동이 성숙해짐에 따라 또래관계는 점차 중요해진다. 아동기에 있어 놀이는 타인과 관계를 맺는 일차적인 수단이지만 이후에는 대화를 통해 주로 관계를 이루게 된다. "또래관계는 성인이 모임에 가입하는 것만큼 혹은 그 이상으로 아동에게 중요한 사회발달이 된다."라는 연구가 있다.[7] 또래관계를 통해 아동은 성인이 제공할 수 있는 것보다 더 폭넓은 사회적 경험을 할 수 있으며 기본적인 사회기술을 학습하게 된다. 이러한 기술에는 친구를 사귀는 법, 자신이 타인을 좋아한다는 것을 알리는 법, 집단에 가입하는 법, 비밀을 지키는 법, 성인과 효과적으로 협상하는 법, 싸우지 않고 자신을 지키는 법, 갈등을 관리하는 법 등과 같은 일상생활의 기술이 포함되어 있다. 놀이에서 아동이 또래와 공유하는 경험과 타인에게 제공하는 지지는 종종 우애(friendship)로 발전한다.[8] 친구는 개인의 정서적 안정 및 사회적 기능의 적절성에 중요하다. 하지만 우애의 발달과 관리는 사회적 능력을 필요로 한다.[9] 우애와 같은 친밀한 관계는 함께 시작되어 발달하는 것이다. 따라서 친구관계에 있는 사람들은 상호간에 도움이 될지를 판단하게 되고, 타인의 욕구를 평가하며, 상호 합의한 기대를 충족시키려 하고, 적절한 대화방법을 활용하며, 상호 신뢰하게 될 수 있는지를 판단하게 된다. 상호지지와 상호원조를 제공하는 데 관련된 기술은 고도의 우애를 위해 매우 중요한 것이다.

집단에서 다양한 유형의 관계가 발생하는 것은 능력과 목표 그리고 욕구가 상이하기 때문이다. 예를 들어, 여아들과 여성들은 친밀하면서 비밀스러운 관계를 선호한다는 연구결과가 있다.[10] 길리건은 "여아와 여성의 이야기의 주요 핵심은 진실한 관계 및 연결망에 대한 지속적인 염려와 탐색이다."라고 하였다.[11] 한편, 남성과 여성 모두 선호도에 있어 차이가 있지만 남성에게는 공유된 활동에 우선순위가 있다.

문화적인 요인도 중요하다. 다양한 인종, 민족, 사회계층의 배경을 가진 사람들에 대한 태도는 집단 내의 지지적인 관계 발달에 쉽게 영향을 미칠 수 있다. 언어, 신체적 특징, 종교, 가족구조의 차이 등은 집단성원들 간의 친밀성의 발달이나 자기노출을 제한할 수도 있다. 하지만 이러한 차이점들을 이해하고 존중하게 되면, 서로에게 도움이 되는 친밀한 관계가 발달할 수 있다. 따라서 또래관계는 다양한 사람에 대한 중요한 학습을 제공한다. 특히, 요즘과 같이 복잡한 다원주의 사회에서는 더욱 그러하다.

인간은 자신의 안녕을 위해 타인과 친밀한 관계를 형성할 필요가 있다. 하지만 많은 사람들은 외롭고 소외되며, 때로 따돌림을 당하기도 한다. 때로 그들의 관계는 그들이 바라는 친밀성이나 애정, 수용, 권력에 대한 욕구를 충족시키지 못한다. 아동기의 열악한 또래관계는 청소년기와 성인기의 사회적 관계에서의 어려움과 연관이 있는 것으로 조사되었다.[12] 아동기의 우애는 균형 잡힌 관점의 발달을 촉진시키고 대인관계에서의 민감성, 동료애 그리고 사회적 능력을 촉진시킨다고 한다. 하지만 아동은 열악한 또래관계와 같은 문제를 경험하기도 한다. 이러한 아동은 학업이 뒤떨어지고 학습장애를 경험하며, 다른 아동에 비해 학교를 중퇴할 가능성이 높다. 이들은 또한 비행을 저지르게 될 가능성도 높다. 성인기에 이르러 이들은 군대에서 불명예 제대를 할 가능성이 높으며 신체적 · 정신적인 문제를 가질 수 있는 확률도 높다. 이러한 문제는 개인적, 대인적, 환경적 요인들 간의 상호작용에 의해 만들어지는 것이다. 즉, 단순히 개인에 의해서 독자적으로 만들어지는 것이 아니다. 관계는 항상 특정 상황에서 서로에게 영향을 미치는 둘 혹은 그 이상의 사람들이 관여하게 된다. 미하엘 모-바락(Michal Mor-Barak)은 여러 연구에서 '사회적 관계는 많은 사람들의 건강과 다양한 삶의 상황에 유익하다.' 는 결과가 일관성 있게 나타나고 있다고 주장한다.[13]

1) 지지적인 관계

윌리엄 슈츠(William Schutz)는 대인관계의 세 가지 기본적인 욕구를 기술하였는데, 이는 포함, 통제, 애정이다.[14] 사람들은 다른 사람들로 하여금 자신에게 상호작용을 하게 만드는 욕망을 갖고 있거나 다른 사람들을 그냥 내버려 두는 경향이 있다. 따라서 사람들은 다른 사람에 대해 소속감 혹은 배제하는 행동을 표현하게 된다. 이와 비슷하게 사람들은 타인을 통제하거나 타인에 의해 통제당하는 데 대한 선호도가 다양하다. 권력에 대한 균형은 안정적일 수도 있지만 상황에 따라 변할 수도 있다. 다시 말하면, 사람들은 사랑하고 사랑받기를 원하는데 다른 사람에 대해 행동하거나 다른 사람이 자신을 대하는 방법에 있어 어느 정도 애정을 갖고 대하기를 원한다. 자신이 다른 사람을 대하는 방법과 타인이 자신을 대하는 방법은 상호호혜적일 수도 있지만 그렇지 않을 수도 있다. 유리 브론펜브레너(Urie Bronfenbrenner)는 대인관계의 욕구에 대해 이와 비슷한 관점을 갖고 있지만 상호호혜성을 보다 강조하고 있다.[15] 그는 기본적인 욕구로서 상호호혜성, 권력의 균형 그리고 애정적인 유대감을 지적하고 있다.

로버트 웨이스(Robert Weiss)의 연구에 따르면 지지적인 관계는 여섯 가지 영역으로 구성되어 있다.[16] 이를 보다 자세히 살펴보면 다음과 같다.

① 개인이 안정감과 소속감을 갖게 되는 관계에서의 애착
② 공통의 관심사가 공유되고 동료애가 제공되며 서비스 교류의 기회가 제공되는 관계를 통해 사회관계망으로의 통합
③ 존재의 이유를 알게 되어 타인을 양육할 기회
④ 사회적 역할에서 자신의 능력을 입증할 관계를 통해 자신의 가치 재확신
⑤ 일차적으로 친척과의 관계를 통해 지속적인 도움을 제공하게 됨으로써 갖게 되는 신뢰할 만한 동맹관계
⑥ 정서적 · 도구적 지지를 받음으로써 스트레스 상황에서의 도움

2. 관계의 특징

1) 양가감정

사람들이 타인과 관계하는 방법은 집단과정의 핵심이다. 사람들이 서로에게 갖는 태도에는 어느 정도 양가감정이 있게 마련이다. 인간관계는 사랑, 애정, 공감, 충성심, 동일시 등과 같은 다양한 긍정적인 감정으로 특징지어지며 이는 사람들을 하나로 묶어 준다. 하지만 인간관계는 적대감, 증오, 따돌림, 공포, 편견, 무관심 등과 같은 부정적인 감정으로도 특징지어지며 이는 사람들을 흩어지게 만든다. 사람들이 모이게 되면 서로를 수용하기도 하고 따돌리기도 하며 무관심해지기도 한다. 사람들은 친밀하면서 개인적인 관계를 형성하기를 원하면서도 무관심하게 행동하기도 한다. 어떤 사람들은 다른 사람들이 일정한 친밀감이나 거리감을 갖고 자신들을 대해 주기를 바란다. 타인에 대한 긍정적인 태도는 종종 타인에 의해 발생하는 것이기는 하지만 항상 그런 것만은 아니다. 또한 사람들 간의 친밀감이나 거리감에 대한 욕구에는 차이가 있을 수도 있지만 그렇지 않을 수도 있다. 사람들이 집단에서 수용되었다는 것을 느끼는 정도는 그들 자신 및 타인의 욕구와 특성 그리고 집단의 사회적 분위기 간의 복잡한 상호작용에 따라 다르다. 사람들은 여러 가지 면에서 다른 사람들과 비슷하다. 하지만 각 개인은 인간으로서 독특한 면을 가지고 있다. 집단의 각 성원은 다른 성원들과 많은 면에서 공통점을 가

지고 있는 반면 여러 가지 면에서 차이점을 갖기도 한다. 연령, 성, 종교, 인종, 민족성, 교육, 경제적 지위 등과 같은 특징의 유사점과 차이점은 집단에서 한 성원이 차지할 위치를 결정하는 데 영향을 준다. 이외에 중요한 요소로는 집단성원들의 목표와 기대, 욕구와 문제의 본질, 능력, 성취도, 관심사, 환경의 기회와 박탈 등에서 발생하는 유사점과 차이점이 있으며, 그들이 속한 집단과 그들이 바라는 집단에서의 유사점과 차이점이 있다.

집단성원들 간의 애정적인 혹은 적대적인 감정은 때에 따라 매우 미묘하다. 타인을 좋아하거나 싫어하는 이유를 아는 것은 어렵다. 긍정적이거나 부정적인 감정은 대인관계에 대한 인식의 왜곡에 근거한 것일 수도 있다. 사람은 때로 대화의 의도를 부적절하게 받아들임으로써 타인에 대해 잘못된 인식을 가질 수 있다. 예를 들어, 어떤 아동은 다른 아동에 대한 호의적인 관심을 밀치는 행동으로 표현할 수 있는데, 이러한 행위가 적대적인 것으로 해석될 수 있다. 다양한 하위문화를 가진 사람들에게서 언어의 미묘한 차이에 대해 무지함으로써 실제로 그런 사람들을 상하게 할 의도가 없었더라도 어떤 사람은 상처를 받게 된다. 즉, 사람들은 타인에 대해 편견을 갖게 되는 경향이 있어, 다른 사람이 어떨 것이며 어떻게 행동할 것인가에 대한 사전인지를 가지고 그 사람을 대하게 된다. 이로 인해 인종, 종교, 성, 사회계층, 외모, 연령과 같은 특징에 따른 개인차를 인식하지 못하고 개별화하지 못하게 된다. 타인에 대한 왜곡된 인식 가운데 일부는 현실인식에 심각한 문제를 갖게 되는 정신질환과 관련이 있다.

2) 전이

사람은 전이적 반응으로 인해 다른 사람에 대해 잘못된 인식을 가질 수 있다.[17] 관계에는 초기 타인과의 관계, 특히 부모와의 관계로부터 전이해 온 감정, 태도, 반응양상이 있다. 따라서 사람은 과거의 관점에서 현재의 관계를 잘못 이해할 수 있다. 사람은 현재 상황의 사람들에 대해 과거의 태도를 갖고 대하는 경향이 있다. 전이적 반응은 관계에 순기능적이거나 역기능적일 수 있다. 가족생활과 기타 초기의 의미 있는 집단과의 생활과정에서 발달한 정서적 태도와 행동 유형은 후속 집단관계에 다양한 방법으로 전이된다. 집단에서 전이적 반응은 사회복지사를 향해 재현된다. 사회복지사는 집단성원들에게는 부모나 다른 권위적인 인물을 대표할 수 있기 때문이다. 전이적 반응은 또한 집단의 다른 성원에게 표현될 수도 있다. 이때 그 성원은 현재의 관계를 왜곡하여 인식하게 되어 다른 성원을 마치 자신에게 정서적 의미를 부여하고 있는 자신의 형제로 간주하게 된다. 따라서 전이와 관계의 현실적 특징을 관찰하고 이러한 것들이 어떻게 비교되며 중복되고 상호작용하는가를 파악하는 것이 사정의 과정을 올바르게 하는 것이다. 다음의 예에서 보는 것처럼, 긍정적인 전이는 어린 아동집단에서도 일어날 수 있다. 여기서 사회복지사는 다음날 수술을 할 예정으로 입원해 있는 집단의 한 아동을 방문하였다.

> 내가 병실에 들어갔을 때 캐서린은 나를 보자마자 눈물을 흘렸다. 나는 미소를 머금었지만 걱정스러운 태도로 그녀에게 다가갔다. 그리고는 그녀의 어깨 위에 가볍게 손을 얹었다. 그녀는 눈물어린 눈으로 나를 바라보면서, "내일 수술을 할 거예요."라고 말했다. 나는 그녀가 수술에 대해 걱정을 하고 있는 것을 알고 있다고 말했다. 그녀는 부정하는 뜻으로 고개를 흔들더니 곧 천천히 변하기 시작하면서 나에게 "네, 그래요."라고 말했다. 나는 그녀가 그것에 대해 말하기를 원하는지 물었다. 그녀는 "내 등에 스티커가 붙어 있는데 매우 아파요."라고 말했다. 나는 나도 알고 있다고 답했고 그녀가 내일 일에 대해서 두려워하는지를 물었다. 그녀는 고개를 끄덕였다. 잠시 침묵이 흘렀고, 그녀는 의도적으로 내 귀걸이를 쳐다보았다. 그녀는 "귀걸이를 봐도 돼요?"라고 물었다. 나는 하나를 떼어 그녀에게 주었다. 그녀는 그것을 사랑스럽게 만지면서, "우리 엄마는 귀걸이가 많아요."라고 말했다. 그녀가 자신의 엄마에 대해 말한 것은 이번이 처음이었다. 나는 수술을 할 때 엄마가 곁에 있지 않아서 힘들 것 같다고 그녀에게 말했다. 그러자 그녀는 내 블라우스에 있는 예쁜 단추를 만져 봐도 되겠냐고 물었다. 그리고는 그것들을 하나하나 만져 보았다. 나는 그녀가 찾아낼 수 있는 약간의 안정감이라면 뭐든지 찾아내려 한다는 것을 알고 있었다. 나는 그녀의 엄마 역할을 하고 있는 것이었다. 그녀가 내 단추를 만지면서 다시 흐느껴 울기 시작하더니, "나는 더 이상 놀이집단에 갈 수가 없어요."라고 말했다. 나는 그렇지 않다고 말했다. 그녀가 내일 혹은 앞으로 며칠 동안은 거기에 갈 수 없지만 얼마 지나면 갈 수 있을 것이라고 말했다. 그녀는 침대에 누워 있어야 하기 때문에 집단에 갈 수 없다고 말했다. 나는 그것을 알고 있지만 우리가 그녀의 침대를 옮겨 가거나 그녀의 침대 주변에서 집단모임을 가질 수 있기 때문에 그것은 문제가 되지 않는다고 말했다. 이 말을 듣자 그녀는 매우 기뻐했고 눈에 띄게 편안해졌다.

집단성원의 전이가 항상 사회복지사에게 표현되는 것은 아니다. 종종 전이는 집단성원들 간에도 나타날 수 있는데, 다음의 예는 그것을 보여 주고 있다.

> 한 여성집단에서 사회복지사인 내가 P부인이 이야기할 기회를 가질 때까지 기다리자고 요청하자 J부인은 P부인을 불쾌하다는 듯이 노려보았다. P부인이 J부인에게 자신에게 화난 이유를 물었다. 그러자 J부인은 놀란 표정으로 "뭐, 화낼 권리도 있잖아요. 당신이 나의 이야기를 중간에 끊어 버렸잖아요."라고 말했다. 그러자 B부인이 "여기 있는 우리 모두 이야기할 권리가 있어요."라고 말했다. P부인은 J부인이 그렇게 강하게 반응한 이유를 알 수 없다고 하였다. J부인은 응답을 하지 않았다. 잠시 침묵이 흘렀고 나도 가만히 있었다. J부인이 침묵을 깨면서 자신은 강하게 반응하지 않았다고 말했다. P부인은 응답하지 않았다. 나는 P부인에게 말할 기회를 주자고 한 것은 바로 나였다라고 말했다. B부인은 J부인에게 복지사가 성원들의 관심을 P부인에게 돌린 것에 대해서 질투하는지를 물었다. W부인도 그 말에 동의한다고 하면서 '아동이 엄마의 모든 관심을 받고 싶어 하는 것처럼' 한 사람의 관심을 다른 사람에게 돌리면 질투하는 것은 자연스러운 것이라고 말하였다. 그러자 J부인과 W부인을 포함한 집단의 모든 성원들이 웃었고, 그들은 집단이 때로는 서로 질투하는 가족의 어린애들같이 행동한다고 말하였다. J부인은 아동이 질투하는 것은 자연스러운 것이지만 어른은 아니라고 하였다. 집단성원들은 이에 대해서 계속해서 이야기하였고, J부인에게는 다른 성인들도 J부인처럼 반응한다는 점을 일깨워 주었다.

위의 예는 집단성원들의 관계에 대한 이해가 향상되는 집단과정을 명확하게 보여 주고 있다.

3) 동일시

집단성원들은 서로간에, 또 사회복지사와 상호작용을 하면서 동일시가 형성될 수 있다. 동일시는 나와 다른 사람이 같게 느껴지는 일종의 모방이다. 이것은 한 사람이 다른 사람의 가상적인 혹은 실제적인 태도, 행동 유형 또는 가치를 수용하는 과정이자 그 사람의 이상적인 면을 자신의 자아에 통합시키는 과정이다. 따라서 이것은 그 사람의 자아정체감의 일부가 된다. 이것은 대부분 무의식적인 과정이기에 자신이 다른 사람과 같이 되려고 자신의 일부를 변화시키고 있다는 것을 좀처럼 의식하지 못한다. 긍정적인 동일시는 다른 사람에 대한 동경으로 시작되지만, 두려움으로 인한 부정적인 동일시도 가능하다. 후자의 경우 동일시는 방어기제다. 안나 프로이트(Anna Freud)는 공격자와의 동일시를 통해 불안이 없어지는 방법을 제시하였다.[18] 이러한 현상은 집단에서도 종종 볼 수 있는데, 한 성원이 특정 행동을 시작하면 다른 성원이 이와 비슷한 행동을 하도록 자극하는 것을 볼 수 있다. 집단의 응집력이 발달함에 따라 긍정적인 동일시는 집단의 실체로서 위치하게 된다. 따라서 집단의 가치와 규범은 이에 참여하는 성원들의 성격에 통합되는 것이다.

4) 집단의 수용

앞서 언급한 것처럼, 한 성원이 집단에 수용되었다는 느낌과 다른 성원을 수용하는 것은 강력한 치료요인이 된다. 수용이란 집단에 의해 긍정적으로 인정받고 있다는 질적인 면을 나타내는 것으로, 특별한 스트레스 없이 다른 사람과의 지속적인 상호작용이 가능하다는 것을 의미한다. 집단성원이 수용되었다는 느낌을 가지면 자아존중감은 증가하게 된다. 또한 집단성원들은 새로운 생각이나 감정에 보다 개방적이게 되고 편안함을 느껴 자신의 감정, 기대, 염려 등을 타인에게 표현할 수 있게 된다. 때로 집단성원들은 자신들의 성장과 변화에 필요한 지식을 활용하여 그들의 행동 가운데 일부는 수용될 수 없다는 것을 깨닫게 된다. 집단성원들이 수용되었다는 느낌을 갖게 되면 집단과의 동일시가 증가하는 경향이 있으며, 이는 다시 집단의 개별성원의 태도와 행동에 미칠 영향력이 증가하는 것을 의미한다.

5) 상호원조

집단이 변화와 발달에 강한 영향력을 미칠 수 있는 주요한 원인 가운데 하나는 집단사회복지가 사람들의 강한 상호의존성에 기초하기 때문이다. 이것이 곧 상호원조다. 더 분명하게 말하면, 이것은 독특한 역할을 하는 전문 사회복지사가 있는 집단에서의 상호원조다. 집단에서는 사회복지사에 대한 의존성을 감소시키면서 성원들이 서로 영향이나 도움을 주고받을 수 있는 상황을 제공하기 때문에 부적절한 느낌이나 상이한 느낌을 줄일 수 있다. 건전한 관계에서는 각각의 참여자가 서로 도움이나 영향을 주고받는 역할을 수행하게 된다. 앨리스 오버톤(Alice Overton)과 캐서린 팅커(Katherine Tinker)는 "사람이 도움의 수혜자가 되면 자아존중감이 줄어들고 화가 발생하게 된다. 사람들은 자신들이 기여할 수 있는 부분을 활용하고 감사할 줄 아는 사람들과 더 잘 어울리게 된다."라고 하였다.[19] 이타성은 치료요인의 하나다. 하지만 이것은 잠재적인 문제를 갖고 있기도 하다. 왜냐하면 사람들이 도움을 주고받는 집단과정에 참여할 능력이 부족하다고 느끼기 때문이다. 집단의 잠재적인 가치는 한 성원이 집단에 수용되었다는 점을 발견하고 다른 성원들과 상호 의존할 수 있는지의 여부에 달려 있다. 이 과정은 집단에 대한 소속감을 야기하며 집단에서 변화를 가져올 수 있는 또 다른 주요한 역동적인 힘이다.

6) 하위집단의 형성

집단성원들이 서로 공통점을 발견하게 되면 다양한 하위집단과 동맹관계를 형성하게 되어, 자신들의 공통 관심사와 서로에 대한 매력이나 반감 혹은 통제나 포함에 대한 욕구를 표현하게 된다. 이러한 하위집단은 개인의 선택과 관심, 성원들의 대인관계에 대한 감정을 반영한 것이지만 항상 의식적인 수준에 있는 것은 아니다. 상호호혜적인 대인관계의 욕구를 갖고 있는 성원들은 비슷한 성원을 찾는다. 외톨이, 짝, 삼각관계 등과 같은 유형의 하위집단이 형성되며, 이는 집단의 대인관계 구조로 설명되기도 한다.[20]

가장 작은 하위집단은 짝 혹은 두 사람 간의 관계로 모든 관계 가운데 가장 친밀하고 개인적이다. 두 사람 간의 관계는 ① 두 성원 간의 주고받는 관계가 균등한 상호간의 관계, ② 한 사람이 다른 사람을 항상 찾아다니는 구애관계, ③ 한 사람은 통제를 하고 다른 사람은 그 사람의 결정에 따르는 주도자-의존자 관계, ④ 한 사람은 다른 사람을 공격하고 다른 사람은 공격을 받음으로써 안도감을 얻는 가학자-피학자 관계, ⑤ 한 사람이 다른 사람의 욕구와 질을 보완하게 되는 보완관계 등이 있다. 두 사람 간의 관계에서 두 사람의 조화는 다른 어떤 관계보다도 큰 이점을 가져다 주는 반면, 두 사람 간의 불화는 어떤 관계보다도 큰 불이익을 가져온다.

삼각관계 혹은 세 명으로 이루어진 집단은 우리가 이해해야 할 또 다른 하위집단이다. 한 사람이 나머지 두 사람의 관계에 영향을 주는 애정의 삼각관계는 소설을 통해 너무나 잘 알려져 있다. 세 명으로 이루어진 집단에서는 한 사람의 애정이나 관심을 끌기 위해 다른 두 사람 간에 종종 경쟁이 있게 된다. 삼각관계는 일반적으로 두 사람이 갈등관계에 있으면서 한 사람의 중재자가 있도록 구성되어 있다. 제3자는 두 사람의 관계를 돈독히 하거나 두 사람의 관계에 불화를 일으킨다. 때로 삼각관계는 두 사람의 짝 관계와 한 사람의 외톨이 혹은 한 사람을 추가하여 두 쌍의 짝을 이루는 경우로 발전한다. 보통 이보다 더 큰 하위집단도 외톨이, 짝, 삼각관계 등의 다양한 조합으로 이루어져 있다. 집단의 크기가 커질수록 하위집단이 보다 현저해지는 경향이 있다.

하위집단의 구성에 있어, "사람은 끼리끼리 모이게 마련이다."라는 일반적인 속담은 "정반대의 경우가 매력이 있다."라는 표현과 대조된다. 하지만 학교, 직장, 거주지의 인접성이나 연령, 성, 인종, 능력, 공통 관심사나 가치관, 욕구의 상호보완성과 같은 개인의 유사한 특징은 집단성원 간의 친밀감에 영향을 준다는 보고가 있다. 오래 지속되는 하위집단은 증상이 비슷하거나 강한 동일시에서 유래되는 경우가 종종 있다. 하위집단의 출현을 평가함에 있어 기본적인 질문은 이 하위집단이 전체 집단과 관계하는 방식에 관련된 것이다. 즉, 하위체계 간에 협력이나 갈등이 있는지, 하위집단이 주어진 시점에서 전체 집단의 특정 과업을 수행하는 데 순기능적인지의 여부를 판단하는 것이다. 하위집단은 종종 전체 집단의 효과성과 응집력을 훼손하지만 개인이나 집단의 발달에 기여할 수도 있다.

소시오그램(sociograms)은 집단에서 나타나는 하위집단과 성원들의 동맹관계를 기술하는 도표다. 이것은 집단성원들 간의 사회정서적 유대관계를 보여 준다.[21] 원래 소시오그램은 집단성원들이 자신이 좋아하거나 싫어하는 성원 혹은 특정 활동에 참여하는 데 있어 같이하고 싶거나 같이하고 싶지 않은 성원을 선택할 때 그들의 반응을 비밀리에 수집하여 작성하는 것이다. 하지만 최근에는 주어진 시점에서 집단성원들의 상호작용을 집단지도자가 직접 관찰하는 것으로 구성되고 있다. 성원들 간의 친화력이나 반감을 그림으로 나타내면, 각 개인과 하위집단의 지위가 나타나게 되고 지도자가 성원 간의 관계에서의 강점과 문제점을 사정하는 데 도움을 준다. 다양한 시점에서 작성된 집단의 소시오그램을 비교해 봄으로써 집단성원들 간의 안정성과 변화를 명확히 알 수 있다. 소시오그램의 예는 [그림 3-1]과 같다.[22]

그림에서 볼 수 있듯이, 소시오그램에서는 집단성원의 성별, 성원 간의 친화력과 반

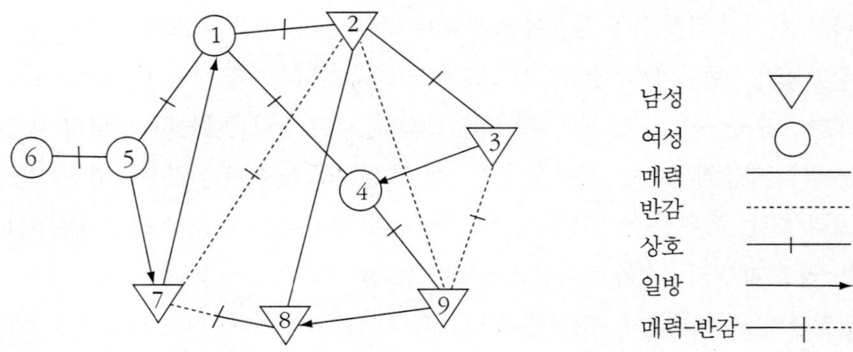

[그림 3-1] 일반적인 소시오그램

감의 복잡한 유형과 그것이 쌍방향인지 일방향인지의 여부, 집단성원 가운데 핵심 지도자의 부재, 한 성원과 긍정적인 상호관계를 갖지만 외톨이 직전에 있는 사람, 두 사람 및 삼각 관계, 남성과 여성 성원 간의 관계 등을 볼 수 있다.

소시오그램은 관계의 다양한 측면을 파악하는 데 활용될 수 있다. 예를 들어, 성별 대신에 인종, 종교, 교육, 경험 등과 같은 기호들이 사용될 수 있다. 혹은 기호나 색깔을 추가적으로 활용하여 주어진 시점에서의 집단에 대해 신속하게 사정해서 그림으로 나타낼 수 있다.

3. 전문적인 원조관계

사회복지사가 집단, 하위집단 그리고 개별성원과 맺는 관계의 본질과 질은 집단의 목표성취와 발달에 중대한 영향을 미친다. 사회복지사는 집단과 집단의 각 성원과 독특한 관계를 똑같이 중요하게 발전시키게 된다. 이러한 관계 형성을 위해 사회복지사는 집단 외부에서 집단성원과 개별적인 면담을 할 수도 있고, 집단 내에서는 개별성원에게 차별적으로 관심을 둘 수도 있다. 헬렌 필립스(Helen Phillips)는 다음과 같이 기술하였다.

사회복지사와 각 성원의 관계가 중요하지만 사회복지사가 집단과의 관계를 향상시켜 성원들이 이를 활용하도록 돕는다면, 그는 성원들과의 많은 복잡한 개별적인 요인에 사로잡혀 이를 수정해야 할 필요성이 생기게 된다. 또 이로 인해 성원들 간의 복잡한 관계의 과정이 있게 되고 사회복지사는 집단 전체와의 관계를 갖게 된다.[23)]

집단 내에서 사회복지사가 특정 성원을 대상으로 무엇을 하든 간에 이는 집단 전체에 영향을 준다. 그레이스 코일(Grace Coyle)은 다음과 같이 기술하였다.

(사회복지사의) 일차적인 기술은 집단 전체와 관계를 형성하는 능력에 있다. 이것은 사실 집단성원들을 편안하게 하여 성원들 간에 사회적 상호작용을 즐길 수 있도록 돕는 능력을 포함하며, 개별성원의 행동과 집단 전체의 행동을 인식하는 능력 그리고 집단성원들 간 관계의 일부가 되는 동시에 이에 영향을 주는 능력 모두를 포함한다.[24)]

사회복지사가 집단체계와 연결점을 갖게 되면 그는 개인, 관계망, 환경을 동시에 보게 된다. 이러한 복잡성은 사회복지사에게는 특별한 부담을 주게 된다. 사회복지사는 집단성원들이 사회복지사에게 느끼는 감정과 집단성원들 간에 느끼는 감정에 민감한 관계를 발전시키고 유지시켜야 하는데, 이러한 감정은 집단의 분위기에 영향을 준다. 이러한 기대로 인해 각각의 성원에 대해 각기 다른 시점에서 각각 다른 방법으로 적절하게 반응해야 할 필요가 있다.

1) 신뢰관계

허브 쿠친스(Herb Kutchins)에 의하면, 사회복지사의 관계는 신뢰의 관계로 다른 사람의 이익을 위해서만 활용되어야 한다.[25)] 윤리적으로 사회복지사는 어떤 사람도 차별하지 않고 최고 수준의 통합성에 따라 행동해야 한다. 사회복지사는 집단의 최상의 이익을 위해 행동하고 자신의 욕구나 관심사를 향상시키기 위해 집단성원들을 이용해서는 안 된다. 또한 권력을 사용하여 클라이언트를 착취하거나 그들에게 해를 끼쳐서는 안 된다. 사회복지사와 각 성원의 관계는 사회복지실천의 중요한 요소 가운데 하나다.

사회복지사같이 대인봉사직업에 근무하는 사람들의 윤리원칙 가운데 정직의 원칙을 상기시키는 것이 이상할지도 모른다. 하지만 때로 자신도 모르게 이 원칙을 깨뜨리는 경우가 있다. 사회복지사는 때로 자신이 보장할 수 없는 범위 이상의 비밀을 보장함으로써 집단성원들을 속인다고 한다. 또한 집단성원들에게 필요한 정보를 제때 제공해 주지 않을 뿐 아니라, 자신이 저지른 실수를 감추려 하거나 특정 성원에 대한 감정에 대해 거짓말을 하기도 한다. 사회복지사는 자신의 감정과 실수를 파악하여 성원-집단-사회복지사의 관계를 해치기보다는 향상시킬 수 있는 적절한 방법으로 이를 표현해야 한다.

2) 전문적인 원조관계의 특징

지지적인 원조관계는 사회복지사가 집단성원에 대해 갖는 염려를 반영한 가치, 태도, 대인관계 기술 등을 포함한다. 칼 로저스(Carl Rogers)의 유명한 '치료의 세 요인' 은 지지적인 관계의 중요성에 대한 이해를 향상시킬 수 있는데, 이것은 성공적인 상담의 필요충분조건을 포함하고 있다.[26] 이는 공감적인 이해, 무조건적이고 긍정적인 존중 그리고 일치성이다. 이것은 후에 정확한 공감, 비소유적인 온화함 그리고 진솔성(genuineness) 혹은 진실성(authenticity)으로 재명명되었다. 많은 연구에 따르면, 이러한 특성들과 성공적인 치료결과에는 정적인 상관관계가 있다고 한다. 바룩 레빈(Baruch Levine)은 사회복지사의 역할이 초기단계에서는 이러한 특성들의 양육자지만, 집단이 발달함에 따라 이러한 특성들의 촉진자로 점차 옮겨 간다고 주장하였다.[27]

(1) 수용

비소유적인 온화함이란 사회복지사의 클라이언트에 대한 수용 혹은 사랑을 의미한다. 이것은 사회복지사가 클라이언트를 돌봄에 있어 그를 자신만의 감정과 생각을 가질 권리가 있는 독특한 사람으로 간주하는 것을 의미한다. 이러한 특성은 사회복지사들이 흔히 말하는 수용과 비슷하다. 메리 우즈(Mary Woods)와 플로렌스 홀리스(Florence Hollis)는 수용을 "클라이언트가 사회적으로 수용 가능한 방식으로 행동하든 그렇지 않든 간에 그리고 사회복지사가 개인적으로 좋아하는 방식으로 클라이언트가 행동하든 그렇지 않든 간에 클라이언트에게 온화한 선의의 태도를 유지하는 것" 이라고 정의하였다.[28]

수용적 태도의 증거로는 집단성원에 대해 진정한 관심을 보이는 것, 클라이언트를 인정한다는 점을 보이는 것, 클라이언트가 말하는 것을 민감하게 경청하는 것, 클라이언트의 행동에 관심을 보이는 것, 도움을 주려는 의지를 전달하는 것 그리고 클라이언트를 진정으로 돌보는 것을 들 수 있다. 수용은 또한 예의를 갖춘 작은 행동, 클라이언트의 문화적 전통에 맞게 인사하는 것, 클라이언트가 선택한 방식대로 그들의 이름이나 직함을 부르는 것을 포함하고 있다. 클라이언트의 수용은 가치의 차이와 편견에 대한 자기인식을 필요로 하며, 폭력이나 아동학대 혹은 배우자 학대, 아동이나 노인에 대한 방임 등과 같은 것에 관여된 클라이언트를 진정으로 돌보는 것을 포함하고 있다. 하지만 수용이 행동의 승인만을 의미하지는 않는다. 클라이언트의 행동이 자신이나 타인을 해할 때, 이들에게 전달되는 메시지는 "나는 당신을 한 인간으로 수용하고 돌보지만 이러한 행동을 받아들일 수는 없습니다."라고 분명히 말해야 한다.

(2) 공감

알려지지 않은 한 영국 작가는 공감은 "타인의 눈으로 보고, 타인의 귀로 듣고, 타인의 가슴으로 느끼는 것"을 의미한다고 하였다.[29] 로저스는 공감을 "치료자가 경험과 감정을 정확하고 민감하게 인식하고 그 의미를 이해하는 능력"이라고 정의하였다.[30] 데이비드 버거(David Berger)는 공감이라는 단어는 1903년에 처음으로 문학서에 나타나기 시작하였는데, '함께 느끼는' 혹은 '그 속에서 느끼는(to feel within)'이라는 독일어 'einfulhlung(공감)'에 해당하는 영어 단어라고 주장하였다.[31] 사람이 공감적이면 타인의 욕구와 감정에 민감하다. 사회복지에서는 메리 우즈와 플로렌스 홀리스가 비슷한 정의를 내렸다. 그들은 공감을 "타인의 내적 감정이나 주관적인 상태에 들어가 그 의미를 파악하는 능력"이라고 하였다.[32] 토마스 키프(Thomas Keefe)는 사회복지실천에서 공감의 활용에 대해 기술하였다.[33] 그리고 사울 샤이드링거(Saul Scheidlinger)는 이러한 개념을 집단에 연결시켰다.[34] 사회복지사가 집단성원과 똑같은 상황에 처할 때만 그의 친밀한 감정과 관심을 파악하고 평가할 수 있는 것이다. 사회복지사가 집단성원과 함께 느끼고 그러한 이해를 집단성원들에게 전달할 때 집단성원들은 비로소 자신의 감정과 관심사를 탐색할 수 있다. 사회복지사가 자신들을 심판하기보다 이해하려고 노력하고 있다는 사실을 집단성원들이 알게 되면 그들은 의사소통의 방어적인 왜곡에 집착하지 않아도 된다. 제임스 레인스(James Raines)는 "공감은 결코 진술될 수 있는 것이 아니다.

그것은 입증되어야만 한다."라고 주장하였다.[35)]

집단을 대상으로 일을 할 때 공감은 다음과 같은 일련의 행동을 포함하는 과정이다.

① 집단참여에 있어 각 성원의 강점과 문제를 정확하게 이해하는 것
② 앞서 기술한 이해를 바탕으로 집단성원이 집단에 가져올 감정과 염려를 민감하게 예측하는 것. 이는 윌리엄 슈와츠(William Schwartz)가 말하는 '조율(tuning in)'을 의미한다.
③ 집단성원이 긍정적, 부정적 감정을 표현할 수 있도록 촉진하고 수용하는 것
④ 특정 집단성원 혹은 집단이 주는 메시지를 '그 사람의 신발을 신고 걸어보는 것'과 같은 느낌을 가지고 상상하며 회고하는 것
⑤ 집단성원에 대한 자신의 감정과 진행 상황에 대한 자신의 반응을 이해하는 것. 집단성원의 감정과 자신의 감정을 분리할 수 있어야 한다. 이는 자신의 가치와 감정을 타인에게 전가시킬 가능성을 줄이는 것이며 타인에 대한 오판을 줄이는 것이다.
⑥ 집단성원이 보내는 메시지를 민감한 관찰과 청취를 바탕으로 정확하게 수취하는 것
⑦ 집단성원에게 정확하게 피드백을 제공하는 것. 이는 메시지의 수취자가 이해할 수 있도록 언어적으로 정확하게 전달하는 능력을 포함한다. 또한 준언어적(paraverbal) 메시지와 비언어적 행동의 활용을 포함하는 것으로, 이는 이해하려는 욕망을 전달하는 것이다.
⑧ 집단성원이 타인과 공감할 수 있도록 학습과정에 참여하는 것. 이때 집단성원들에게 타인의 감정과 자신의 감정 사이에서 비슷하거나 상이한 것에 초점을 맞춰 이에 질문하고 언급하도록 유도한다.

집단에서는 사회복지사만이 공감을 보이는 것이 아니다. 더욱 중요한 것은 집단성원들이 서로 공감할 수 있도록 하는 것이다. 린다 쉴러(Linda Schiller)와 보니 지머(Bonnie Zimmer)는 성학대 피해 여성들 대상의 집단에 관한 논문에서 다음과 같은 예를 제시하였다.

한 '생존자'는 다음과 같이 말했다.

> 집단의 다른 성원들이 아동기에 경험하였던 학대에 관한 이야기를 들었을 때 나는 슬픔과 분노가 교차하였다. 샐리가 자신의 이야기에 관해 말해야 하는 주(週)에 그녀는 집단에게 보여 줄 자신의 어린 시절 사진을 가져왔다. 그것들을 보았을 때 나는 샐리의 순진함과 무기력감에 한 대 얻어맞은 기분이었다. 그런 다음 갑자기 뭔가 나를 때리는 것 같은 느낌이 들었다. ……나 또한 어린아이였고, 샐리가 학대당한 것이 그녀의 잘못이 아니라면, 나 역시 그것이 내 잘못이 아니었다. 나는 녹색 점퍼와 피터팬 깃의 하얀 블라우스를 입은 내 모습을 회상하였고, '세상에, 나는 단지 다섯 살밖에 안 되었잖아.' 라는 생각을 하였다.

'타인에 대한 열정과 공감을 전달하면서 그리고 자신과 다른 성원들 간의 유사점을 발견하게 되면서부터 생존자들은 비로소 자기용서(self-forgiveness)의 단계로 이동할 수 있었다.'[36] 저자들은 이러한 현상을 '자기공감(self-empathy)' 이라는 개념으로 불렀다.

(3) 진실성

진실성 혹은 진솔성은 원조관계의 세 번째 구성요소다. 진실성(authenticity) 혹은 진솔성(genuineness)이라는 단어는 비슷한 말로 거짓이나 모방되지 않은 알려진 사실이나 경험에 대한 동의를 의미하며, 신뢰할 수 있고 신실하고 믿을 만한 것으로 정의된다. 효과적인 사회복지사는 거짓을 보이지 않는다. 진실하다는 말은 사회복지사가 특정 목적을 가지고 심사숙고한 것이 아닌 이상 자신의 감정이나 문제를 집단성원에게 노출시키는 것을 의미하지는 않는다. 그보다 사회복지사가 자신이나 상황에 대해 집단성원을 속이지 않는 것을 의미한다. 진실함은 상당한 자기인식을 필요로 하여 사회복지사의 언어적 메시지가 자신의 감정과 일치하며, 자신의 부정적이거나 방어적인 반응을 통제할 수 있어 타인에게 해가 되지 않음을 의미한다. 효과적이라 함은 거짓이나 방어적인 것이 없는 것을 말한다. 정직하면서 방어적인 것으로부터 자유롭다면 집단성원이 모방할 수 있는 모델을 제공한다.

진실한 사회복지사는 자신의 실수를 인정하고 계약조건을 충실히 이행하며, 지식을 감추기보다는 제공해 주고 집단성원들의 욕구와 그들의 질문의 의미를 평가한 후 질문에 적절히 답한다. 진실을 말해 주는 것은 윤리원칙의 하나며 진실성의 핵심요소다. 하지만 진실을 말하는 관계의 질은 무엇보다 중요하다. 노만 커즌스(Norman Cousins)는 의학에 대해 기술하면서 "의사는 진실을 말할 의무가 있다. 하지만 의사는 동시에 환자가 정서적 파탄에 빠지지 않는 상태로 말할 의무도 있다. 이러한 정서적 파탄은 효과적인 치료를 반감시킨다."라고 하였다.[37] 이 말은 사회복지에서도 사실이다.

사회복지사가 염려하는 것 가운데 하나는 집단성원들이 사회복지사의 연령, 민족성, 결혼 여부, 종교 혹은 생활경험과 관련해서 사적인 질문을 할 때 어떻게 반응할 것인가다. 예를 들어, 기혼부부로 구성된 집단의 한 성원이 사회복지사에게 "결혼은 하셨는지 궁금해요."라고 질문을 한다. 이에 대한 사회복지사의 반응은 이 질문이 질문자와 다른 성원들에게 주는 의미를 사회복지사가 어떻게 이해하는가에 달려 있다. 진실한 반응의 하나는 "아니요, 전 결혼을 하지 않았습니다."라고 답하고 집단성원들의 언어적 · 비언어적 반응을 기다리는 것이다. 혹은 사회복지사가 "하지만 그것이 제가 당신들을 돕는 능력에 영향을 미칠 것을 염려하시는 것 같군요."라고 부언할 수 있다. 사회복지사의 다음 메시지는 이 말에 대해 집단성원들이 어떻게 반응하는가에 달려 있다. 또한 집단성원들은 사회복지사가 대답하길 원치 않는 질문을 할 수도 있다. 이때 성원들은 사회복지사가 대답을 하지 않는 것이 집단의 최상의 이익을 위해 도움이 된다고 생각하기 때문이다. 이 경우 가능한 대답은 "여기서 정말 그 질문에 대해서는 답하고 싶지 않습니다. 때로 사람은 비밀로 하고 싶은 것이 있습니다."라는 의미를 전달하거나, "제가 그 질문에 답하기보다는 그 질문에 대한 답을 아는 것이 당신에게 어떤 의미를 주는지 알고 싶습니다."라고 답할 수 있다. 그러한 질문에 대해서는 어떠한 가식적인 반응도 있어서는 안 된다.

집단성원들에게 보인 진실성의 중요성은 평가에서 집단성원들이 쓴 다음과 같은 진술문에 나타난다. 이러한 진술문에는 "당신은 약속을 지키셨습니다." "우리는 당신이 우리에게 거짓말을 하지 않을 것을 알고 있었어요. 우리는 당신을 신뢰할 수 있었습니다." "되돌아보면 당신은 정말 저의 수준에 맞추신 것 같습니다."라는 표현을 한다. 진실성의 발달을 촉진하는 기술로는 사회복지 윤리에 근거한 것으로서, 공감을 동반한 진실을 이야기하는 것, 자신의 감정과 선입견을 검토함으로써 그것이 해롭게 표현되는 것을 예방하는 것, 사회복지사와 집단성원 간의 사회적 거리감을 줄이기 위한 환경을 만드는 것 등이 있다.

4. 관계에 관한 연구

상담학, 심리학, 정신의학 분야의 많은 연구에 따르면 관계의 질은 긍정적인 결과를 도출하기 위한 필요조건이다. 수용, 공감, 진솔성 등과 같은 관계의 특성을 반영한 집단에서 관계변수를 사용한 17개의 연구를 검토한 결과, 로버트 디스(Robert Dies)는 "치료자-클라이언트 관계의 질은 집단과정과 치료결과에 중요하다는 것이 입증되었다."라고 결론지었다.[38)]

사회복지에서도 이러한 특성들이 치료의 지속과 긍정적인 결과를 가져올 수 있는 일차적인 요인이라는 연구결과가 있다.[39)] 아서 슈와츠(Arthur Schwartz)는 행동주의 접근법과 정신역동 접근법을 활용하여 클라이언트를 두 개의 실험집단으로 분류하여 비교연구한 결과, 서로 다른 이론적 모델을 사용하여도 관계의 특성은 치료결과에 중요한 영향을 준다고 하였다.[40)] 이 연구에서 가장 중요한 결론은 두 집단에서 성공을 거두었던 클라이언트들이 "치료자와 가졌던 대인관계적 상호작용이 치료에 있어 가장 중요한 부분이었다."라고 평가한 것이었다.

최근의 임상사회복지실천과 관련된 연구조사를 검토한 결과, 메리 놈 러셀(Mary Nomme Russell)은 "대부분의 연구에서 내린 결론은 사회복지사의 긍정적인 속성과 클라이언트의 치료적 결과에는 정적인 상관관계가 있다는 것이다."라고 주장하였다.[41)] 그녀에 따르면, 관계의 특성은 사회복지사의 독립변수로 간주되거나 클라이언트-사회복지사 관계의 결과물로 간주될 수 있으며, 이것은 클라이언트와 사회복지사가 함께 기여한 것으로 종종 '치료적 동맹(therapeutic alliances)'이라고도 불리는데, 긍정적인 동맹이 긍정적인 결과를 가져오는 것이다. 체계적 관점에서 보면 클라이언트의 속성과 사회복지사는 상호의존적이다. 하지만 사회복지사의 일차적인 책임은 이러한 과정에 영향력을 미치는 것이다.

평가와 관련된 연구들도 이러한 특성이 긍정적인 결과를 가져오는 데 중요하다는 점을 지적하고 있다. 많은 연구를 검토한 닉 코디(Nick Coady)는 치료적 접근방법과 상관없이 치료적 동맹은 치료결과의 가장 좋은 예측요인이라고 결론지었다. 그는 사회복지사와 클라이언트의 협력은 성공적인 결과를 가져오며, 원조과정은 '공감적-협력적 전선(empathic-collaborative lines)'으로 재개념화되어야 한다고 제시하였다.[42] 토마스 영(Thomas Young)과 존 폴린(John Poulin)은 이 주제와 관련하여 1990년대에 출간된 세 개의 연구결과를 검토하였다. 이들 연구들 가운데 어떤 연구는 원조가 단순히 임상적 사례관리만 제공한 것이었고, 어떤 연구는 치료를 제공한 것이었지만, 세 연구 모두 똑같은 결과를 제시하고 있다고 하였다.[43] 많은 연구들이 수용, 공감, 진솔성이 치료의 결과를 결정짓는 데 중요한 특성들임에도 불구하고 많은 사회복지사들은 높은 수준의 이러한 특성을 갖고 있지 못하다고 주장하였다.[44] 사회복지사들이 이러한 특성들을 갖추고 있지 못하다면 그들은 비효과적일 수 있으며, 심지어 클라이언트에게 해를 줄 수도 있다. 그러나 다행히도 이러한 특성들은 학습될 수 있다는 증거가 있다. 지지적인 관계가 유전되는 것은 아니며 이러한 특성들이 결핍되었다고 해서 성격이 불변하는 것도 아니다. 하지만 일부 사람들은 다른 사람에 비해 이러한 특성을 보다 더 많이 가지고 있는 것이 사실이다. 효과적인 관계의 이러한 요소들은 훈련과 교육을 통해 학습될 수 있는 것이다. 이는 좋은 소식 가운데 하나다.

5. 사회복지실천에서 관계의 활용

집단은 '관계의 실험실'이다. 공통의 목적이 있을 때, 집단성원들은 이야기를 하고 활동에 참여하며, 다양한 긍정적·부정적인 감정을 가지고 서로 관계를 형성한다. 사회복지사는 집단의 내용과 성원들이 사회복지사와 다른 성원들과 관계를 맺는 방식 모두에 초점을 두게 된다. 헬렌 펄만(Helen Perlman)은, "사람들이 비슷한 문제로 인해 함께 집단에 와서 이를 해결하거나 중재하려고 노력할 때, 집단관계 속에서 지지되고 양육되지 않으면 그들은 과업과 목적을 성취하는 데 어려움을 겪는다."라고 하였다.[45] 이 말은 지지 혹은 치료 집단뿐만 아니라 과업집단에도 적용된다.

집단에서 지지적인 관계는 치료결과의 원천이 된다. 이는 집단성원들이 다른 성원들과 지지적인 관계를 유지하면서 상처를 받지 않기 때문이며, 성원들의 관계는 안전한 환경을 제공하기 때문이다. 한 사람의 친밀한 감정과 염려는 사회복지사와 각 성원 그리고 성원들 간의 상호신뢰 관계가 형성되었을 때만 파악될 수 있고 평가될 수 있는 것이다. 사회복지사가 진실하고 공감적이며 수용적일 때, 집단성원들은 자신들의 감정, 염려, 생각들을 자유롭게 표현할 수 있는 것이다. 사회복지사가 집단성원들을 심판하는 것이 아니라 이해하려고 노력한다는 점을 집단성원들이 인식하게 되면 그들은 역기능적인 방어기제에 집착할 필요가 없게 된다. 하지만 집단 사회복지사의 역할기능은 다른 성원이나 집단과정에 해를 끼치는 성원을 주의 깊게 관찰할 뿐만 아니라, 그 성원에 대해서 진실한 돌봄의 자세와 염려를 보일 수 있어야 한다.

일부 성원에게는 관계 자체가 감정의 교정적인 경험이 된다. 즉, 성원들이 이전에 경험하였던 비난, 학대, 따돌림, 권력남용 등과 같은 것을 반복하지 않는 것이다. 이들은 종종 자신들을 학대하였던 다른 사람들과 같이 사회복지사도 자신들에게 그렇게 반응할 것이라고 기대한다. 사회복지사의 일관성 있는 태도를 통하여 이들 성원들은 자신들의 복지에 악영향을 미쳤던 행동과 감정들을 변화시킬 수 있는 것이다.

일부 사회복지사들은 집단에서 효과적인 관계를 주도하고 유지하는 데 어려움을 겪는다. 이는 사회복지사들이 집단에서 표현되는 감정과 문제의 수가 많을 뿐만 아니라 그 정도가 강하여 혼돈을 경험하기 때문이다. 이러한 관계의 복잡성은 사회복지사에게는 도전이 된다. 수용적이고 공감적이며 진실성을 가지고 대화를 한다는 것이 쉬운 일은 아니며, 이러한 특성을 갖추어야 할 욕구가 오히려 사회복지사의 능력을 방해할 수 있다. 따라서 사회복지사는 자신의 반응에 대한 자기인식을 필요로 한다. 이는 그러한 특성을 갖추는 것이 가능하다고 믿는 잘못된 인식을 피하기 위한 것이다. 이전의 관계 경험에서 나오는 감정이나 반응을 한 성원 혹은 여러 성원에게 전이시키는 것을 '역전이(countertransference)' 라고 한다. 따라서 관계의 구성요소인 역전이를 인식할 필요가 있으며, 역전이가 개인의 진도나 집단의 발달에 악영향을 미치면 이를 이해하고 통제할 필요가 있다.

지지적인 관계의 발달에 필요한 것은 문화적 민감성을 가지고 개입을 하는 것이다. 찰스 가빈(Charles Garvin)이 지적한 것처럼, 이러한 개입은 집단성원의 강점에 대한 신념과 가치 그리고 윤리에 따라 이루어지는 것이다.[46] 이와 비슷한 맥락으로 앨리샤 리버만(Alicia Lieberman)은 문화적 민감성은 일반적인 특성이 아닌데 이는 각 문화 내에서도 다양한 문화와 상이한 가치체계가 존재하기 때문이라고 하였다. 그녀는 다음과 같이 말했다.

> 중요한 것은 대인관계의 민감성과 타인의 특이한 행동에 대한 조화다. 이것은 두 가지 구성요소를 가지고 있는데, 그 특이한 행동의 구체적인 내용에 대해 아는 것과 우리가 알지 못하는 것을 알고자 하는 개방적인 태도를 포함한다. 이것은 특정 집단의 가치, 신념, 전통과 그 집단 내에서 개별적인 차이를 파악하고 존중하는 것과 함께 자신의 문화에 대해 인식하는 것을 의미한다.[47)]

한 특정 문화에 속한 사람들 간에 많은 공통점이 있다 해도 개인차에 관심을 둘 필요가 있다. 결국 개별화는 집단사회복지실천에서도 기본 원칙의 하나인 것이다. 사회복지사가 한 성원을 수용하고 그 성원과 공감하는 것은 성원의 문화가 그에게 주는 의미를 이해하여 성원에 대한 편견을 갖지 않도록 하는 것이다. 따라서 유연성은 핵심요소의 하나다. 일레인 핀더휴즈(Elaine Pinderhughes)는 "사람은 한 특정 문화집단에 대한 일반적인 지식을 가지고 특정 클라이언트에게 그 지식을 특정한 방법으로 적용할 수도 있지만 그렇지 않을 수도 있다."고 하였다.[48)]

타인의 가치를 이해하기를 바라는 사람들은 자신에게 중요한 준거집단의 가치를 이해하고 수용하는 것이 필요하다. 코놉카는 사회복지사는 "자신의 성격과 생활경험을 형성하고 있는 막을 통해 타인을 보고 있다는 사실을 깨달을 필요가 있다. (중략) 사회복지사가 자신의 특정한 막을 형성하고 있는 구성요소를 인식할 필요가 있는 이유도 바로 여기에 있는 것이다."라고 주장하였다.[49)] 다행히도 사회복지사는 타인과의 관계와 관련된 자신의 행동을 면밀히 분석하고 슈퍼비전과 자문을 통해 그러한 막을 교정할 수 있을 것이다. 이러한 노력을 통해 사회복지사가 자신의 선입견을 완전히 제거할 수는 없을지 몰라도 최소한 이를 고려해 볼 기회를 가질 수 있으며, 이를 통해 자신이 상대하는 사람들에 대해 보다 잘 이해할 수 있을 것이다.

사회복지사가 클라이언트를 수용하고 공감하며 진실하게 대하게 되면 집단성원의 복지에 악영향을 미칠 목적으로 전문 관계를 활용할 염려가 없게 된다. 이러한 특성을 갖고 타인을 대하는 것은 오랜 기간의 관계를 필요로 하지 않는다. 사회복지사의 속성은 오랜 관계뿐 아니라 짧은 관계 속에서도 전달될 수 있다. 사회복지사가 이러한 특성들을 진정으로 가지고 있다고 생각되면 그것을 집단성원들에게 충분히 전달할 필요가 있다.

1) 권력

전문적인 관계는 수용, 공감, 진실성을 전달한다. 이것은 또한 사회복지사가 권위가 있음을 의미하는 것으로, 이 권위는 집단을 시작하고 발달시키는 데 영향력을 줄 수 있는 지도력이 있음을 의미한다. 폴 피고스(Paul Pigors)는 이러한 권위가 개인적인 만족이나 목적을 성취하기 위한 것에서부터 타인에게 권위주의적인 권력을 사용하는 것에 이르기까지 다양하다고 하였다.[50] 이러한 권위는 지식과 전문 기술에서 나오는 것이며, 기관이 사회복지사에게 주는 권력에서도 나온다. 사회복지사가 개별성원과 집단과정에 영향을 주는 정도는 집단성원들이 집단생활의 요구사항에 대처할 수 있는 능력, 집단에 참여할 수 있는 능력 그리고 스스로 결정할 수 있는 능력에 따라 다르다. 성원들이 특정 상황을 다룰 능력이 없으면 사회복지사는 자신의 권위를 적극적으로 활용한다. 한편, 성원들이 책임 있게 집단에 참여할 수 있으면 사회복지사는 집단의 자율성을 지원한다. 흔한 일은 아니지만 사회복지사가 강제적인 권위를 사용할 수도 있다. 예를 들어, 성원들이 서로 해치거나 기물을 파괴하거나 아동학대와 같은 행위에 관여하여서 법적으로 신고되어야만 하는 경우다. 이러한 강제적인 권위는 사회복지사의 전문 역할이면서 법적으로 승인된 것이다.

사회복지사들은 먼저 관계를 형성한 다음에 일을 시작하는 것은 아니다. 전문 관계는 사회복지사가 집단발달의 각 단계에서 사회정서적 과업과 문제해결 과업을 해결할 수 있도록 성원들을 돕는 과정에서 발달하는 것이다.

6. 집단을 넘어선 관계

사회복지사는 집단성원들과 그들 간의 관계에 관심을 가질 뿐만 아니라 그들이 중요한 타인들과 갖는 관계에도 관심을 갖는다. 중요한 타인이란 클라이언트의 심리사회적 기능과 클라이언트가 활용할 수 있는 주변환경의 기회에 강한 영향력을 미칠 수 있는 사람이나 집단을 의미한다. 사회복지사는 클라이언트의 중요한 타인과의 관계와 더불어 그러한 사람들과도 관계를 형성한다. 중요한 타인들과의 관계의 본질과 특성은 집단서비스의 효과성을 촉진할 수도 있지만 반대로 방해할 수도 있다. 중요한 타인과 지지적인 관계를 발달시키는 목적은 집단성원과 주변환경에 대한 정보를 교환함으로써 상호이해를 향상시키고, 집단성원이나 집단에 대한 타인들의 태도와 행동에 영향을 주며, 집단성원들의 이익을 위해 그들과 함께 일할 계획을 수립하고, 필요한 서비스와 자원에 접근할 수 있도록 하기 위함이다.

집단의 성원들은 가족에 속해 있는데 각 가족은 자신들만의 특별한 물리적 · 사회적 환경을 가지고 있다. 사회복지사가 집단성원의 가족과 접촉할 때는 지지적인 관계가 중요하지만 종종 더 많은 어려움을 경험하기도 한다. 예를 들어, 아동을 대상으로 일을 할 때 사회복지사들은 아동의 어려움에 대해 부모들의 느낌이나 상황을 이해하기보다는 부모들을 비난하는 경향이 있다. 집단성원의 가족을 수용하고 공감하는 사회복지사는 가족의 장점을 파악하고 그것에 초점을 두며, 가족의 목표, 문화, 역할에 대한 이해를 근거로 가족의 각 성원에게 차별적으로 관여하게 된다. 또한 사회복지사들은 집단성원들의 가족과의 관계 및 가족의 주변환경과의 관계를 강화시키는 데 초점을 둔다.

1) 협력

사회복지사들은 좀처럼 독자적으로 업무에 임하지 않는다. 그들은 동료 및 타 전문가들과 협력한다. 집단의 많은 성원들은 다양한 욕구를 갖고 있으며 다양한 서비스를 필요로 한다. 집단의 경험은 특정 성원이나 가족의 여러 가지 서비스 계획 중에 하나이므로, 이러한 서비스 제공에 관여되어 있는 다른 사람들과 전문적인 관계를 형성하고 유지할 필요가 있다.

예를 들어, 의료사회복지에서는 사회복지사가 의사, 간호사, 물리치료사, 작업치료사와 함께 협력한다. 정신건강 사회복지에서는 정신과 의사와 심리학자와 협력한다. 학교에서는 교장, 교사, 상담교사와 협력한다. 아동 및 가족서비스 기관에서는 위탁 및 입양 부모와 변호사 혹은 거주치료시설 실무자들과 협력한다. 그리고 산업복지에서는 고용주와 직업전문가 그리고 동료와 협력한다.

다른 전문가들과 잘 협력하기 위해서 사회복지사는 그들과 수용적이고 진실한 관계를 형성할 필요가 있으며, 사회복지뿐만 아니라 다른 분야 동료들의 전문성도 존중할 필요가 있다. 또한 사회복지사는 방어적인 태도 없이 사회복지 전문직의 목적과 사회복지 안에서의 집단사회복지의 위치에 대해서 명확하게 의사를 전달할 수 있어야 한다.[51)]

예를 들어, 한 사회복지사가 아동병원에서 부모집단을 조직하는 데 강력히 반대하는 권위 있는 의사를 팀 모임에서 만났다. 그 회의에서 사회복지사는 의사의 관점을 이해하려는 자신의 욕구를 분명히 했다. 의사의 말을 청취하면서 그녀는 의사가 아동의 치료를 위해서는 긍정적인 부모-자녀 관계가 필요하다고 생각하는 것을 알게 되었다. 사회복지사는 의사의 입장에 완전히 동의한다고 했다. 의사는 계속해서 집단구성을 반대하는 이유를 설명했다. 사회복지사는 그 의사가 부모집단이 그와 부모 간의 관계를 감소시킬 것이라는 것을 두려워하고 있음을 알았다. 이러한 염려를 이해하고 있다는 점을 표현하면서 사회복지사는 집단의 목적이 그가 중요하게 생각하는 부모-자녀 관계 그리고 부모와 병원 의료진 간의 관계의 중요성과 일치하고 있다는 점을 설명하였다. 사회복지사는 집단이 의도하는 내용을 설명하였고 상황에 적절하게 그의 질문에 답하였다. 결국 의사는 만족해하였고 팀 모임에서 집단을 승인한다고 하였다. 그리고 그 의사는 집단이 성공할 수 있도록 도움을 제공하였다.

효과적인 협력관계를 형성하기 위해서 베스 다나(Bess Dana)는 다음과 같은 몇 가지 원칙을 제시하였다.

① 동료가 있는 그 자리에서 시작할 필요가 있음을 수용할 것
② 가치, 지식, 문제해결 방법 및 능력에 차이가 있음을 존중할 것
③ 자신의 지식, 가치, 기술이 다른 사람의 지식, 가치, 기술과 갈등관계에 있다 하여도 그것을 공유할 의지가 있을 것
④ 갈등을 회피하기보다는 해결하려는 의지가 있을 것
⑤ 타 전문가의 문제인식이나 해결방법 및 문제해석을 새롭게 이해하였을 때, 문제에 대한 정의나 문제를 다루고자 하는 수단을 수정 또는 변경할 의지가 있을 것
⑥ 협력관계에서 요구되는 다양한 요구조건을 충족시키기 위한 수단으로 집단과정

을 활용할 능력이 있을 것[52)]

사회복지사는 기관이나 지역사회의 자원을 한 성원 혹은 여러 성원들의 서비스 계획의 중요한 요소로 통합시킬 책임을 가지고 있다. 따라서 서비스 계획은 특별한 욕구를 갖고 있는 사람에게 복수의 서비스를 제공하는 지역사회 기반 접근법(community-based approach)이 된다. 그리고 이러한 노력에 참여하는 사람들 간의 관계 특성이 서비스 계획의 성패를 좌우한다.

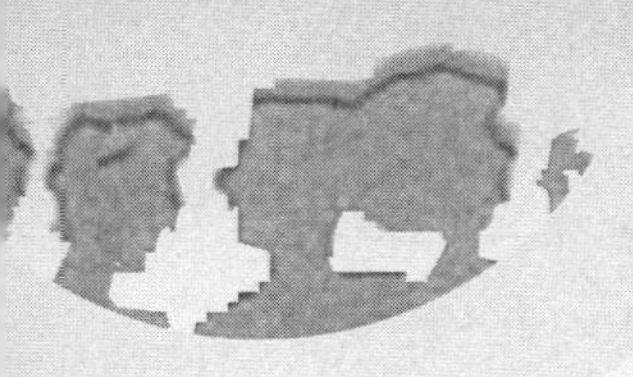

제4장
집단에서의 개입

집단성원과의 상호작용 속에서 사회복지사의 역할은 사회복지 전문직, 고용주, 자격증 수여기관 그리고 서비스를 제공받는 사람들이 기대하는 특성과 일련의 행동양상으로 구성된다. 사회복지사라는 직책은 교육과 경험을 통해 성취된 역할이다. 집단의 목적, 내용, 구조 그리고 집단성원의 욕구와 기대는 사회복지사의 실제 행동에 영향을 준다. 사회복지실천에서 집단을 활용할 때의 이점은 집단의 모든 성원들이 참여하는 대인관계망 속에서 영향력이 발생하여, 참여자들에게 사회기능의 향상을 위한 자극을 제공한다는 점이다. 따라서 집단에서 사회복지사는 중요한 영향력을 미치는 요인 가운데 하나며, 집단의 각 성원도 중대한 영향력을 미친다.

성원들의 상호원조를 통해 집단에서는 집단을 긍정적으로 활용할 수 있는 역동적인 힘이 발생하고 촉진된다. 제1장에서 다루었듯이 이러한 요인들로 인해 사람들은 대인관계의 향상이나 자긍심을 높이기 위해, 생활전환기나 외상적 사건에 대처하기 위해 그리고 만족스러운 역할수행에 필요한 기술을 개발하기 위해 집단서비스의 방법을 선택하는 것이다. 집단의 역동적인 힘은 자동적으로 생성되는 것이 아니다. 사회복지사의 주요 과업 가운데 하나는 집단의 목표와 관련하여 이러한 힘들을 개발하고 활용할 수 있도록 촉진하는 것이다. 사회복지사는 집단 상호작용의 질에 영향을 준다. 사회복지사는 집단의 의사소통 유형, 규범, 역할, 하위집단 그리고 문제해결 과정에 영향을 줄 수

밖에 없다. 사회복지사가 개별성원의 욕구에 초점을 맞추는 것도 중요하지만, 개별성원에게 초점을 맞추는 것이 하나의 체계인 집단에서 진행되고 있는 것과 분리되어 다루어질 수 없는 것이 현실이다. 집단 내의 진행 상황은 집단성원들 간의 상호작용과 외부적인 힘이 개인 및 집단에게 주는 영향력에 따라 다르다. 집단을 대상으로 서비스를 제공함에 있어, 사회복지사의 초점이 집단 내에서 이루어지는 일에만 한정될 수는 없다. 사회복지사는 종종 치료계획의 일부로서 집단성원의 가족과 회의를 할 수도 있다. 또한 집단을 지원하는 기관 및 지역사회의 다양한 기관들과 지속적으로 관여하게 된다. 따라서 사회복지사는 상담가, 치료자, 자원 제공자, 교육자, 간사 혹은 중개자, 협력자, 자문가 등의 다양한 하위 역할을 수행하기도 한다.

사회복지사의 일차적인 과업은 집단과정을 촉진하는 것으로, 집단이 집단성원의 행동에 진정으로 영향력을 미칠 수 있도록 하는 것이다. 정신과 의사의 한 위원회는 다음과 같이 기록하였다.

> 우리가 생각할 때 핵심적인 질문은 치료자로서 우리가 지속적으로 변화하고 바뀌는 이 과정을 완전히 인식하고 있는가 그리고 이러한 인식을 개념화시킬 수 있는가의 문제다. (중략) (집단)과정은 치료의 모든 현상학적 관점의 역동적인 상호작용이라고 볼 수 있으며, 시간이 흐름에 따라 나타나는 감정, 생각, 행동들의 명료하고 은밀한 상호작용을 모두 포함하고 있다. (중략) 우리는 과거에 일어났던 일, 현재 일어나고 있는 일 그리고 미래에 일어날 수 있는 일들을 고려해야 할 필요가 있다.[1)]

집단의 목표성취를 위해 집단과정을 촉진하는 것은 집단성원들이 그 과정에 적극적이고 협력적으로 참여할 수 있도록 동기를 부여하고 돕는 것을 포함한다. 사회복지사는 집단성원들의 참여에 관심을 기울이게 되는데, 이는 집단을 활용할 때 그것의 일차적인 원조수단이 성원들의 지지와 서로에 대한 도전이기 때문이다. 사회복지사는 집단성원들의 과업에 기여함으로써 이들을 보완한다. 집단성원들이 집단에 적극적으로 참여함으로써, 즉 성원들이 서로 도움을 주고받게 됨으로써 이들의 행동과 태도는 변화한다. 집단성원들은 서로의 유사점 및 차이점을 인식하면서 도움을 주고받는 것이다. 따라서 사회복지사는 집단성원들이 개별성을 잃지 않은 채 서로 의미 있는 상호작용을 할 수 있도록 돕는 데 초점을 둔다. 집단성원들은 감정, 생각, 경험 등을 서로 공유할 필요가 있으며, 모든 성원들이 다른 성원들의 감정과 생각을 인식하여 자신의 감정과 생각 및 행동을 평가하는 지식으로 활용할 필요가 있다. 집단에 참여한 각 성원의 만족감은 응집력이 있는 집단으로 발달하는 데 핵심적인 요소며, 이는 다시 집단성원들에게 긍정적으로 영향을 준다. 따라서 사회복지사는 집단이 서로 간의 욕구를 충족시켜 주는 상호원조 체계가 될 수 있도록 힘써야 한다. 조셉 앤더슨(Joseph Anderson)은 "집단과정의 핵심은……상호원조다."라고 지적하였다.[2] 사회복지사는 역동적인 힘을 극대화하도록 하여 집단이 원조의 일차적인 도구가 될 수 있도록 해야 한다. 집단에 초점을 둔다는 것이 개인의 중요성을 부정한다는 것은 아니다. 초점이 대인관계의 상호작용에 있다고 해서 개인과 집단을 고려하지 않는 것은 아니다. 개인과 집단 모두 동등하게 중요한 것이다. 또한 다른 한쪽에 대한 충분한 이해 없이는 둘 다를 충분히 이해할 수는 없다.

1. 개입기술들

앞 장에서 논의하였듯이 집단대상의 사회복지실천에서 전문적인 관계가 핵심요소이기는 하지만, 효과적으로 문제를 해결한다는 것은 사회복지사가 집단의 상호작용을 발전시키고 개입하는 데 있어 또 다른 기여를 해야 할 필요가 있음을 의미한다. 사회복지사들이 집단을 돕기 위해 활용하는 그들의 성격, 가치, 지식, 기술들의 총체를 서술하는 데는 미묘한 문제가 있다. 개인-집단-환경 상황과 관련된 축적된 지식을 기반으로 사회복지사들이 선택할 수 있는 특정 개입방법을 기술할 때 여러 저자들은 각기 다른 용어를 사용하고 있다. 이러한 여러 가지 개입방법들을 종종 절차, 기법 혹은 기술이라고 부른다. 다양한 용어가 활용됨에도 불구하고 특정 목표를 성취하기 위해 활용되는 개입의 유형에 대해서는 대체로 동의하고 있다. 이러한 주요 기술들에는 ① 구조화, ② 지지, ③ 탐색, ④ 정보-교육, ⑤ 조언-안내, ⑥ 직면, ⑦ 명료화, ⑧ 피드백, ⑨ 해석 등이 포함된다.

메리앤 팻아웃(Marian Fatout)은 앤 마리 퍼니스(Anne Marie Furness), 프랭크 피어스(Frank Peirce), 린 비드카-셔만(Lynn Videka-Sherman)과 같은 집단 사회복지사들의 연

구와 실천에 대한 주요 책들을 대상으로 내용분석을 실시하여 개입행동의 유형을 분류하였다.[3] 여기에 제시한 개입기술들의 유형분류는 팔러새나 발고팔(Pallassana Balgopal)과 토마스 바실(Thomas Vassil), 토마스 칼톤(Thomas Carlton), 폴 유프로스(Paul Ephross), 알렉스 기터만(Alex Gitterman)의 유형과 매우 유사하다.[4] 그리고 하비 버처(Harvey Bertcher), 루스 미들만(Ruth Middleman)과 게일 골드버그 우드(Gale Goldberg Wood), 로렌스 슐만(Lawrence Shulman)이 제시한 개입기법들도 경우에 따라 여기서 제시한 유형에 통합시켰다.[5] 이러한 기술들은 다양한 유형의 집단에서 활용되지만, 사용빈도는 조금씩 달라서 어떤 기술은 다른 기술에 비해 더 많이 강조될 수도 있다. 기드온 호로위츠(Gideon Horowitz)는 사회성 집단과 치료집단의 비교연구에서 똑같은 기술들이 두 집단 모두에 활용되고 있다는 것을 발견하였다. 즉, 그것들은 공통된 것이다.[6]

사회복지사의 행동 혹은 기술의 활용은 그의 의도를 반영한 수단으로 여겨지고 있다. 따라서 각각의 행동은 사회복지사의 의도에 따른 것이다. 윌리엄 고든(William Gordon)은 이러한 의도를 가리켜서 '일상 사회복지실천이 추구하는 구체적인 목표'라고 불렀다.[7] 사회복지사의 이러한 의도는 그의 가치와 목표 그리고 개인-집단-환경에 대한 이해를 반영한 것이다.

1) 구조화

집단성원들은 집단에 참여함으로써 자신들의 목표를 성취할 수 있도록 영향을 받는다. 이러한 집단의 구조는 집단성원들의 욕구를 충족시키면서 그들의 상호작용에 대한 방향을 제시해 준다. 구조화의 목표는 일할 수 있는 최적의 환경을 조성하는 데 있다. 구조화는 정책과 행정적 절차를 유연하게 활용하는 기술, 모임의 준비, 장소와 시간의 활용, 규제의 설정, 의사소통의 유형 선정, 토의 및 활동의 초점화 등을 포함한다.

(1) 정책 및 절차

기관의 정책 및 업무의 유연한 활용은 사회복지사와 집단성원들이 일할 수 있는 틀을 제공해 준다. 기관은 하나의 사회체계로서 제도/조직적 환경을 구성하는 상호 연결된 체계망 가운데 하나다. 수잔 켐프(Susan Kemp), 제임스 위티커(James Whittaker), 엘리

자베스 트레이시(Elizabeth Tracy), 찰스 가빈(Charles Garvin)은 이를 개념화하였다.[8] 환경은 기관의 프로그램, 정책 그리고 자원에 심오한 영향력을 미친다. 사회복지사와 집단성원들이 효과적으로 함께 일하기 위해서는 서비스의 목적, 시간의 활용, 모임의 기간 및 빈도, 상담료, 비밀보장의 원칙, 집단의 주요 초점 대상과 내용 등에 관련된 정책 및 절차에 대해서 명확히 이해해야 한다. 이러한 협의를 통해서만 사회복지사와 집단성원들이 자유롭게 일할 수 있는 경계선이 만들어진다. 이러한 정책 및 절차는 집단성원들의 욕구와 능력에 따라 유연하게 활용되어야만 변화될 수 있다. 서비스의 구조에 관해 명료화하는 것은 혼돈이나 모호함을 줄여 주며, 이로써 상호 협의한 목표를 성취하기 위한 에너지를 발산할 수 있는 지지체계가 제공될 수 있다. 이러한 기관의 요구사항 내에서 특정 집단에 대한 계획은 집단운영에 관한 틀을 제공해 준다.

(2) 모임의 준비

매회 집단모임에 앞서 사회복지사는 집단성원들을 위한 모임의 가치를 향상시키는 노력을 해야 한다. 사회복지사는 관련 기록물이나 다른 자료들을 검토하여 자신의 개입 방향을 분명히 해야 한다. 또한 지난 시간에 결석한 성원에 대해서도 점검해야 한다. 사회복지사들은 새로운 집단성원을 입회시킬 것인지 혹은 방문자의 참석을 허용할 것인지를 결정해야 한다. 나아가 집단이 활용할 기구나 사물들을 확보해야 하며, 물리적 환경을 배치하여 활동할 수 있는 공간을 만들어 놓아야 한다. 여기서 공간은 이를 활용하는 성원들에게 심리적인 의미를 부여하기 때문이다. 이것은 때로 특정 행동에 대한 경계선 및 의지할 힘을 제공해 주기도 한다.[9]

(3) 규제설정

규제, 즉 행동의 속박은 구조화의 주요한 형태다. 이 규제는 행동의 외부 경계선 혹은 행동의 반경을 제공해 준다. 팻아웃은 이러한 규제설정이 어떻게 권한부여의 과정이 되는지를 설명하고 있다. 현실적인 경계선 안에서 집단성원들은 자신들이 활용할 수 있는 권력과 통제를 발견할 수 있다.[10] 집단성원들은 자신들한테 주어진 현실적인 요구사항을 충족시키는 방법을 배우며, 한편으로는 자신 및 타인을 해치는 행동으로부터 보호하는 방법을 배운다. 이러한 규제설정은 안도감을 제공해 주며, 통제력을 잃어버리거나 지나치게 행동할 것 같은 두려움을 감소시켜 준다. 초기의 규칙은 집단의 규범으로 대치되어 규제설정의 근거를 제공한다. 이러한 규제는 사회복지사가 처벌이나 부정적인 비판의 형태로 권력을 사용하는 것보다 훨씬 쉽게 집단성원들에게 받아들여질 수 있다. 어떤 사람들은 정책이나 규칙을 지나치게 잘 지키는 것을 극복하여, 관계에 있어 자발성을 계발하고 자신의 능력을 보다 창조적인 적응의 방법으로 활용할 수 있도록 배울 필요가 있다. 즉 집단성원들은 새로운 행동양식을 시도해 볼 필요가 있는 것이다. 사회복지사는 개별성원 및 집단 전체에 대한 차별적인 사정을 근거로 이들의 행동을 적절히 허용하면서 규제할 수 있도록 균형을 갖추어야 한다. 구조적인 통제는 그 자체가 목표가 아니라 자기통제와 자기방향성의 목표를 위한 수단으로 활용될 수 있다.

(4) 의사소통의 유형 선정

사회복지사는 집단에서 발생하는 의사소통의 구조에 영향을 주기 위해 노력한다. 미들맨(Middleman)과 골드버그 우드는 집단 내에서 활용되는 몇 가지 의사소통의 유형을 기술하였다.[11] 원탁회의 방식(round robin)은 각 성원이 순서대로 특정 정보를 제공하는 방법으로 자신을 소개하거나 다양한 정보, 생각, 감정을 신속하게 전달하는 유용한 방법이다. 개인중심의 유형(individual-centered pattern)은 한 성원이 사회복지사와 계속해서 논의하며, 다른 성원들은 이를 지켜보면서 청취하는 것이다. 지도자중심의 유형(leader-centered pattern)은 모든 메시지가 지도자를 통해서 제공된다. 그리고 안건중심의 유형(agenda controlled pattern)은 과업집단 혹은 교육집단에서 가장 빈번하게 활용되는 방법이다. 이사회와 같은 공식적인 모임에서는 순서에 따라 어떤 참여자가 무엇을 누구에게, 언제, 어떻게 말할지를 결정한다.

지지집단과 치료집단에서 가장 많이 활용되는 의사소통의 유형은 집단중심(group-centered)의 의사소통으로 흔히 자유롭게 흘러가는 대로 진행되는 방법이다. 각 성원의 권리를 인정하는 이 개방된 체계는 성원들이 집단의 목표뿐만 아니라 개인의 목표도 성취할 수 있도록 서로를 도울 수 있는 가능성을 높인다. 집단성원들의 욕구와 연관이 있으면서 진실되고 명료하며 진솔한 상호작용은 집단성원들의 긍정적인 변화를 촉진한다. 사회복지사는 집단성원들과의 관계의 특성을 통해 이러한 의사소통 체계를 촉진하게 된다. 또한 각 성원들이 집단활동에 참여하고 관여할 수 있도록 격려함으로써 긍정적인 변화를 촉진하는 의사소통 체계를 구축할 수 있는데, 이때 사회복지사는 각 성원의 능력과 욕구에 특히 민감할 필요가 있다.

(5) 초점화

구조화 기술 가운데 중요한 기술로서 초점화는 언어적 의사소통의 흐름을 지도하거나 특정 시점에서 집단의 목적에 적합한 내용을 위해 활동의 순서를 지도하는 것이다. 이 기술의 목적은 관심의 초점을 유지하는 것으로, 집단이 이전의 상황으로 되돌아갈 수 있도록 하거나 새로운 주제로 옮겨갈 수 있도록 한다. 사회복지사는 집단의 속도를 점검함으로써 집단성원들이 혼돈되거나 관심을 잃지 않도록 한다. 예를 들어, 사회복지사는 각 성원이 집단에 참여할 기회를 가질 수 있도록 하여 한 성원이나 한 하위집단이 지속적으로 독점하지 않도록 해야 한다. 또한 상호 합의한 규범을 범하지 않도록 하고, 성원들에게 해가 될 수 있는 상황을 파악하여 적절히 다룰 수 있어야 한다. 집단성원은 사회복지사가 적절한 안내를 해 줄 것으로 기대하여 활용 가능한 시간이 최대한 생산적이기를 바란다. 집단성원들이 시간을 생산적으로 활용하지 못하면, 사회복지사는 집단 활용에 필요한 중요한 과제에 집중하도록 질문하거나 이에 대해 언급한다. 사회복지사는 집단에서 진행되고 있는 내용이 계속되어야 하는 중요성을 강조할 수 있고, 특정 성원이 집단에 기여한 바가 다른 성원들에 의해 인정받지 못할 때 그것을 지적할 수 있으며, 집단이 주제에서 벗어났음을 지적할 수 있고, 집단에게 현재 논의되고 있는 주제를 계속할 것을 요구할 수도 있다. 사회복지사의 질문이나 언급이 무엇이든 간에 집단성원들은 반응을 모색하게 되며 자신이 염려하는 부분을 보다 구체적으로 설명할 수도 있다.

2) 지지

지지는 인간의 상호작용 가운데 기본적인 형태이자 아마도 심리사회적 기술 가운데 가장 핵심적인 기술이다. 심리학자인 스티브 덕(Steve Duck)은 지지를 "직접적이든 간접적이든 그 사람이 가치 있는 사람이며 타인이 그를 돌보고 있다는 점을 전달하는 행동들"이라고 정의하였다.[12] 그레고리 피어스(Gregory Pierce), 바바라 사라손(Barbara Sarason), 어빙 사라손(Irvin Sarason)은 지지에 대해 "일상생활, 특히 스트레스 상황에 대한 대처를 촉진하기 위해 수혜자가 인식한 것이나 제공자가 의도한 것"이라고 지적하였다.[13]

일상생활에서 사회적 지지는 일반적으로 그 사람의 사회관계망을 통해서 받는다. 사회관계망은 타인과 어떤 방식으로든 상호관계를 맺고 있는 사람들로 구성된 사회체계로 가족, 친구, 친지, 직장이나 학교의 동료 · 그리고 조직을 통해서 관계를 한다. 사회관계망에서는 인간의 욕구를 충족시키기 위한 정서적 · 물질적 자원의 교환이 있다.[14] 집단의 많은 성원들은 적절한 사회관계망이 결핍되어 있어서 집단이 그 성원들의 중요한 사회관계망이 될 수 있으며, 더 많은 사회관계망을 형성할 수 있도록 돕기도 한다.

(1) 지지의 유형

지지의 대표적인 두 가지 유형으로는 정서적 지지와 도구적 지지를 들 수 있다. 정서적 지지는 주요한 지지의 유형으로서 다시 네 가지 유형으로 세분화할 수 있다.[15] 첫 번째 유형은 스트레스 상황 속에서 주어지는 위로와 안도감으로서 타인들이 그 사람을 돌보았다는 느낌을 갖게 한다. 두 번째 유형은 소속감, 만족스러운 소속의 욕구를 초래하는 통합감이다. 세 번째 유형은 자존감 지지로서 강점을 강조하고 격려해 주며, 현실적인 확신을 제공해 주는 형태로 제공되는 자신감 및 자기가치를 지지해 주는 의사소통이다. 그리고 네 번째 유형은 이타심으로서 타인을 돌보고 타인이 그 사람을 필요로 한다는 점을 알게 하여 자아존중감 및 동기를 증가시키는 기회를 제공해 주는 것이다. 이러한 유형의 정서적 지지는 서로 높은 상관관계가 있다는 연구결과가 있다.

두 번째 유형의 지지는 도구적 지지다. 도구적 지지 가운데 한 가지 유형은 스트레스와 문제를 이해하고 이에 대처하는 데 필요한 핵심 지식을 제공하는 것이다. 또 다른 도구적 지지의 유형으로는 물질적 원조로서 물품, 서비스 그리고 기타 서비스를 제공해 주는 것이다.

실제로 수많은 연구에서 밝혀졌듯이, 타인으로부터의 지지는 개인의 생활에서 겪는 스트레스에 대처할 능력을 향상시킬 뿐만 아니라 그의 심리사회적 안녕도 향상시킨다.[16] 지지적인 관계 속에서 집단성원들은 안도감을 갖고 확신을 갖고, 수용되었다는 느낌을 가지며, 덜 불안해지고 덜 외롭게 느낄 수 있다. 지지되는 것 자체가 개인의 강점과 긍정적인 방어기제가 될 수 있으며, 이를 통해 그는 자신의 기능을 유지하거나 더 나은 것을 획득할 수 있을 것이다. 지지의 목적은 새로운 혹은 어려운 상황에 대처하려는 자아를 지원해 주는 것이다. 체계이론의 관점에서는 안정된 상태가 합리적인 균형의 상태로 유지되어서 스트레스가 그 성원의 대처능력을 벗어난 것이 아니어야 한다는 것이다.

사회복지사와 집단의 관계는 그 자체가 집단성원들의 상호 이익을 위해 집단을 활용하려는 노력을 지지해 주는 수단이 된다. 사회복지사는 자신이 집단성원들을 돌보고 있다는 점을 표현함으로써 그리고 집단성원들도 서로를 돌볼 수 있다는 기대감을 표현함으로써 성원들이 서로를 지지할 수 있는 분위기를 설정해야 한다. 대부분의 집단성원들은 자신들의 공통된 목적, 기대, 관심사, 욕구를 인식하게 되면서부터, 서로에 대한 긍정적 · 부정적 감정을 해소함으로써 서로를 지지하게 된다. 또한 그들은 사회복지사를 신뢰하고 확신하게 되면서 서로를 지지하고 사회복지사를 동일시하며, 사회복지사의 지지적인 행동 가운데 일부를 자신의 성격에 통합시킨다. 전문적인 관계와 함께 지지와 관련된 일차적인 기술은 주의집중, 현실적인 확신과 격려, 현실적인 기대 설정 그리고 주변 환경자원을 적절히 사용하는 것이다.

(2) 주의집중

주의집중은 집단의 한 성원, 하위집단 혹은 집단 전체를 지지하는 데 필수적인 기술이다. 이 기술은 말하고 있는 것이나 행하고 있는 것에 대해 모든 것을 집중하는 능력을 의미한다. 이 기술의 목적은 말과 행하고 있는 것에 대한 느낌과 존중의 메시지를 동시에 전달하는 데 있다. 이 기술은 기본적으로 말이 없는 것이기는 하지만, 사회복지사는 언어적 · 비언어적 의사소통을 적극적으로 관찰하고 주의 깊게 경청하며, 의사소통의 흐름을 따라간다. 사회복지사는 겉으로 드러난 내용뿐만 아니라 그 뒤에 감추어진 감정까지도 파악한다. 또한 자신이 들은 정보에 대해 관심이 있고 이해하고 있다는 단서를 보내게 된다. 이러한 방법에는 고개를 끄덕인다든지, 말하는 사람을 향해 몸을 기울인다든지, 때로 부연설명을 한다든지 혹은 보다 자세하게 설명해 달라고 요청하는 방법 등이 있다. 사회복지사는 비록 한 성원에게 주의를 기울인다 하여도 그 사람에 대한 다른 모든 사람들의 반응을 파악함으로써 집단이 진행되는 상황에 참여한다.[17]

(3) 격려

격려는 지지의 또 다른 강력한 수단이다. 성원들이 집단에 적극적으로 참여하기 위해서는 상당한 격려를 필요로 한다. 사회복지사는 집단성원들이 집단에 참여할 수 있도록 격려하는데, 이에는 집단에 참여하도록 초대하거나 한 성원이 다른 성원 혹은 집단 전체에게 기여한 바를 파악할 수 있도록 돕는 방법이 있다. 사회복지사는 또한 집단성원이 염려하는 일 가운데 일부분은 향상될 수 있다는 자신감과 이를 성취하기 위해서는 성원 스스로 책임지고 참여해야 한다는 점을 보여 줄 필요가 있다. 그리고 사회복지사는 집단에 참여하는 것이 이익이 된다는 신념을 공유할 필요가 있다. 집단에 참여하여 집단이 제공하는 기회를 최대한 활용할 수 있도록 동기를 부여하고 유지하게끔 하기 위해서는 어느 정도 현실적인 기대를 심어 주는 것이 좋다. 희망은 개인 및 집단의 발달에 있어 긍정적인 변화를 촉진하는 역동적인 힘들 가운데 하나다. 사회복지사가 집단성원에게 집단에 남아서 다양한 토의와 사회적 경험에 참여하도록 격려할 때, 성원들은 긍정적인 동기를 가질 수 있게 되어 집단에서 성공할 수 있을 것이다.

(4) 현실적인 확신

현실적인 확신을 제공하는 것은 지지의 중요한 기술이다. 확신은 불안감이나 불확실한 느낌을 줄여 주는 경향이 있다. 문제를 가지고 있는 집단성원들은 친척이나 권위의 위치에 있는 사람으로부터 집단에 의뢰되어 새 집단에 오게 되는데, 이때 이들은 종종 낙인이나 비정상이라는 느낌 혹은 죄책감을 갖게 된다. 어느 정도의 스트레스는 사람이 특정 목표를 성취하는 데 있어 동기를 부여하지만 그것이 극도에 달하면 사람에게 해를 끼치거나 무능력하게 만든다. 사회복지사가 집단성원에게 확신을 심어 주는 방법에는 성원들이 감정을 표현할 수 있도록 격려하고 감정을 수용하며, 그러한 감정이 다른 사람에게도 있음을 강조하여 일반화시키는 방법 등이 있다. 또한 사회복지사는 특정 감정의 표현을 격려하거나 제한하기도 하는데, 이는 표현된 감정을 주어진 시간에 충분히 다루기 위한 것이다. 이렇게 함으로써 집단성원들로 하여금 집단이 안전한 곳이라는 확신을 심어 주게 된다. 현실적인 확신이 제공될 수 없다면 그러한 어려움을 인정하고 상황을 향상시킬 수 있는 방법을 제시하는 것이 도움이 된다. 하지만 거짓된 확신은 도움이 되지 못한다. 거짓된 확신은 종종 상황을 향상시키려는 사회복지사의 욕구에서 비롯된 것이거나, 문제성 있는 상황을 부인하려는 사회복지사의 욕구에서 나온 것이다. 격려와 함께 현실적인 확신을 제공하는 것은 상황이 나아질 수 있다는 기대감을 심어 주는 것으로, 이를 통해 자신이나 자신의 상황을 변화시키려는 동기를 갖게 할 수 있다.

(5) 현실적인 기대 설정

현실적인 기대를 설정하는 것도 집단성원들에게 지지를 제공해 준다. 집단성원들이 자신에게 기대되는 것을 명료하게 이해할 때 목표성취를 위해 자신들의 에너지를 활용하게 되며, 특정 상황에서의 자신들의 능력과 권리 및 책임에 대해 불안해하거나 불확실해하는 것에 얽매이지 않게 된다. 현실적인 기대 가운데 하나는 집단성원들이 사람들의 기본적인 욕구를 기반으로 타인에게 도움을 주면서 도움을 제공받을 수 있어 서로 지지해 줄 수 있다는 것이다. 중요한 점은 집단성원들이 사회복지사를 실망시키거나 과업이 실패할지도 모른다는 두려움이 없도록 하면서 현실적인 기대를 설정하는 방법이다. 사회복지사는 집단성원들의 수행 정도에 상관없이 그들을 지속적으로 수용할 것이라는 점을 입증할 필요가 있다. 혼돈을 경험하고 있는 클라이언트를 대상으로 실시한 연구에서 준 홉스(June Hopps), 일레인 핀더휴즈(Elaine Pinderhughes), 리차드 샨카(Richard Shankar)는 높은 기대감을 설정하는 것은 긍정적인 결과를 가져오는 주요 요인이라고 하였다.[18)]

(6) 유머의 신중한 활용

알렉스 기터만(Alex Gitterman)은 "웃음은 삶의 필수요소다."라고 하였다.

> 사람들이 낯선 상황에서 처음으로 낯선 전문인을 만나게 될 때 유머는 사람들을 편하게 해 준다. 함께 나누는 웃음은 사회적 가교가 될 뿐만 아니라 초기의 집단참여 및 라포 형성을 촉진한다. 또한 웃음은 사람들에게 공통경험을 제공해 주는데, 이것은 사람들이 서로 빵을 함께 나누는 것과 같은 것이다. 그리고 이것은 공유된 순간이라는 공통점을 제공해 준다.[19)]

하지만 유머를 너무 자주 사용하게 되면, 유머를 사용하는 사람과 다른 관점을 갖고 있는 사람에게는 그 사람을 비웃거나 편견을 보이는 것이 된다. 기터만은 계속해서, "효과적인 유머란 자연스럽고 부드럽게 적절한 시기에 나오는 것으로 다른 사람에 대해 웃으려는 것이 아니라 스스로 웃으려는 능력을 요하는 것이다."라고 하였다.

(7) 주변 환경의 지지 확보

사회복지사와 다른 집단성원으로부터의 지지는 부모, 배우자, 친척과 집단성원 및 집단을 활용하는 데 직접적으로 영향을 줄 수 있는 사회체계로부터의 지지를 통해 확대될 필요가 있다. 집단은 다른 사회체계와 연결된 하나의 사회체계이기 때문에 집단은 이러한 다른 체계로부터 영향을 받고 또 영향을 준다. 집단성원의 가족 및 기타 주요한 사람들과의 면담은 집단성원으로 하여금 집단에 남아 있게 할 수 있는 동기를 부여하고 집단에서 필요로 하는 자원을 제공해 줄 수 있다. 만약 아동이 집단의 성원이라면 부모의 최소한의 참여는 특정 목적을 위해 아동이 집단에 참여하는 것을 허락해 주는 것이 된다. 가족은 아동 행동의 일부를 변화시킬 수 있는 방법에 대해 고려해 볼 수 있도록 도움을 제공받을 수 있다. 결혼한 부부들은 때로 자신의 배우자가 집단치료를 받는 것을 지지해 줄 수도 있지만 반대로 방해할 수도 있다. 공동 혹은 가족 면담은 종종 지지적인 행동을 증가시키는 결과를 초래한다. 하지만 가족면담의 초점은 가족성원들의 관계 및 가족과 다른 제도의 관계를 강화시키는 데 있어야 한다. 거주치료시설에서는 동료 사회복지사들뿐만 아니라 타 전문가들의 행동 역시 집단성원들이 집단서비스를 활용하는 데 지지를 제공할 수도 있지만 역으로 방해할 수도 있다.

(8) 복잡한 과정

지지를 주고받는 것이 단순한 것처럼 들리지만 사실 이것은 매우 복잡한 과정이다. 지지를 제공하려는 모든 노력이 항상 성공하는 것은 아니다. 집단성원들 가운데 일부 성원은 누군가가 자신을 돌보고 있다는 점과 자신을 도우려 한다는 점 혹은 자신이 지지를 받을 자격이 있다는 점을 믿으려 하지 않는다. 실제로 이들은 사회복지사의 행동이 자신을 창피하게 만들거나, 냉정하다고 느끼거나 귀찮은 것이라 느낄 수 있다.

많은 경우 한 사람이 받는 지지는 시간이 지남에 따라 점차 사라지게 된다. 한 성원의 불편한 행동은 다른 성원이 지지를 제공하는 것을 어렵게 만들 수 있다. 예를 들어, 청소년의 비행행동은 그의 부모를 당황하게 만들고 창피함을 안겨 줄 수 있다. 그러면 부모는 다른 사람들로부터 지지받기를 원치 않게 되며, 일부 친구들은 그 청소년과 부모의 주변에 있기를 회피하게 되고 종종 아동의 문제에 대해 부모를 비난하게 된다. 그 청소년의 부모는 초기에는 지지를 거의 받지 못할 수 있고, 청소년의 문제가 점차 심각해

짐에 따라 부모는 점차 고립될 수 있다. 그렇게 악순환이 반복되는 것이다. 집단은 이러한 부모들이 고립되는 것을 막고 적절한 지지와 도움을 찾을 수 있도록 돕는 핵심적인 접근방법이다.

집단의 주요 목적이 사회집단이든, 심리교육집단이든, 위기개입집단이든, 치료집단이든 간에 지지는 집단의 원조과정에서 핵심적인 요소다. 하지만 유프로스, 바실과 로날드 토즐랜드(Ronald Toseland), 로버트 리바스(Robert Rivas)가 지적한 것처럼 지지는 과업집단에도 적용될 수 있다.[20] 어떤 집단은 '지지집단' 으로 명명되는데, 이 집단이 공동의 문제를 해결하기 위해 집단성원들이 서로 도움을 제공해 주는 것을 목표로 하고 있기 때문이다.

3) 탐색

탐색은 집단사회복지에서 활용되는 주요한 기술 가운데 하나다. 탐색은 ① 집단 각 성원과 집단에 관련된 정보, 감정, 생각을 파악하고 집단의 목적, 목표, 운영방법에 관한 각 성원들의 이해 정도를 파악하는 데 활용되며, ② 집단성원들 간의 관계를 파악하는 데 활용된다. 대부분의 탐색과정에서 사회복지사는 여러 상황 속에서 성원들에 대한 이해를 향상시킬 목적으로 정보를 수집할 뿐만 아니라 집단 토의나 활동이 개인, 타인 혹은 상황에 대한 이해를 향상시키는 생산적인 수단이 될 수 있도록 노력하게 된다.

(1) 감정의 탐색

사회복지 실천이론에서는 감정의 탐색에 많은 관심을 가져왔다. 지지는 진실된 감정과 염려를 표현할 수 있는 필수조건이다. 집단성원들이 지지되었다고 느끼게 되면, 성원들은 일반적인 상황에서는 억누를 수밖에 없는 감정이나 생각을 표현할 수 있는 용기를 얻게 되며, 자신들의 취약점의 일부를 노출시키고 새로운 것을 시도해 보려는 위험도 감수하게 된다. 사랑, 만족, 자부심, 행복 등과 같은 감정들이 표현될 때 집단성원들은 다른 성원을 이해하고 지지적인 반응을 보이게 되며 이러한 감정들은 강화될 수 있다. 분노, 슬픔, 무기력감, 적대감, 공포 등과 같은 감정들이 표현되면 불안이 감소되는 결과를 가져온다. 집단성원들이 이러한 감정들이 자신에게 독특한 의미를 줄 뿐만 아니라 그것에 보편성이 있음을 인식하게 되면 그들의 불안은 감소되는 경향이 있다. 따라서 감정이 표현되면 감정의 정도가 완화되며, 표현된 감정들이 타인에 의해 수용되고 집단성원을 보호하게 된다. 하지만 더욱 중요한 것은 감정이 표현될 때 이를 검토하고 명료화하는 것이다. 예를 들어, 아동은 자신의 감정을 파악하고 기술함으로써 해로운 행동을 언어적인 상징물로 대치하는 방법을 배울 수 있을 것이다. 감정을 언어로 연결시킬 수 있는 능력은 그러한 감정에 대처할 수 있는 자아의 능력을 지지한다. 탐색은 감정의 환기뿐만 아니라 그 이상을 포함하는 것이다. 어빙 얄롬은 집단에서의 치료 요인에 관해 기술하면서, "감정을 공개적으로 표현하는 것이 집단 치료과정에서 매우 중요하다는 점은 두말 할 나위가 없다. 이것이 없다면 집단은 하나의 비실용적인 연습에 불과한 것이다. 따라서 이것은 집단과정의 하나여야 하며 다른 요인에 의해 보완되어야 한다."고 하였다. 그는 '내면적인 감정의 세계를 공유하고 타인들이 이를 수용하는 것'이 매우 중요하다고 하였다.[21] 감정을 단순히 표현하는 것뿐만 아니라 이를 다른 성원들과 탐색해 보는 것이 중요하다.

(2) 의도적인 질문

의도적인 질문이란 탐색의 여러 유형 가운데 또 다른 기술이다. 이 기술을 통해 사회복지사들은 집단성원들이 정보를 파악하고 확장하며 명료화할 수 있도록 방향을 제시한다. 사회복지사들은 집단성원들에게 질문하고 언급함으로써 핵심적인 정보를 파악할 수 있도록 안내한다. 때로 이 기술을 심오한 탐색(probing)이라고 부른다.

(3) 질문하기

사회복지사들이 하는 질문은 대체로 폐쇄질문에서 개방질문에 이르는 연속선상에 있게 된다. 폐쇄질문은 집단성원 혹은 상황에 관한 구체적인 정보를 필요로 할 때 사용된다. 이러한 폐쇄질문은 "집단에 참석하기로 결정하셨나요?" "그 시간에 대해서 모두가 만족하시나요?" 혹은 "메이건이 몇 학년이지요?"와 같은 간단한 질문들이다. 하지만 이는 구체적인 대답을 필요로 한다. 개방질문은 사건이나 경험, 문제 그리고 상황에 대해 기술하거나 구체적인 정보를 요할 때 활용된다. 이 질문은 집단성원들에게는 자기결정권을 최대한 보장하게 되어 나름대로의 의사소통 유형과 다루어질 내용을 선택할 수 있는 권한을 갖게 한다. 그리고 이 질문을 통해 집단성원들은 자신의 주관적인 준거 틀을 노출시킬 수 있으며, 자신들이 가장 염려하는 상황적 요인들을 선택할 수 있다. 개방

질문의 유형은 "집단에서 얻고자 하는 것이 무엇인지 각자 말해 줄 수 있습니까?" "우리가 어떻게 해서 훈육에 관한 주제에서 벗어나게 되었지요?" 혹은 "그러한 어려움에 기여하게 된 것이 무엇일까요?" 등이다. 개방질문은 집단성원들이 자신의 문제나 치료의 본질에 대해 갖고 있는 인식을 시험해 보는 데 활용될 수 있다. 예를 들어, 병원의 어린 아동을 대상으로 한 집단에서 사회복지사는 5세 된 남아에게 어떻게 해서 팔에 정맥주사를 맞고 있는지를 물어 보았다. 그 남아는 주사를 맞으면 자신이 부풀어오르게 되어 정상처럼 보이게 될 것이며, 주사 없이는 바람 빠진 고무풍선과 같을 것이라고 하였다. 한 아이는 엄마가 집에 신생아를 데리고 왔기 때문에 자기랑 교체해서 자기가 병원에 있게 되었다고 말했다. 또 다른 아이는 "내가 오줌을 너무 많이 싸서 병원에 입원하게 되었어요."라고 하였다. 이러한 인식들이 정확한 것이든 왜곡된 것이든 간에 사회복지사에게는 모두 중요한 정보다.[22] 사회복지사들이 조심해야 할 것은 질문을 한 후에 또 다른 질문을 계속함으로써 마치 심문하는 것과 같은 방법으로 탐색하지 말아야 한다는 것이다.

(4) 언급하기

언급하기(commenting)는 집단성원들이 특정 주제에 관한 정보를 제공하도록 격려하는 데 있어 질문하기보다 더 효과적인 기술이다. 이는 집단성원들에게 무엇을 어떻게 말할지를 결정할 수 있는 자유를 제공해 준다. 사회복지사가 활용하는 구체적인 기술로는 ① "당신 혼자서 밤에 여기에 오는 것이 두렵다고 했지요?"와 같이 언급하는 회고하기, ② "남편에게 그것에 대해서 어떻게 확신시켰나요?"와 같이 구체적인 설명을 요구하기, ③ "비디오를 시청할 때 당신은 열심히 경청하고 있는 것을 알았습니다."와 같이 관찰을 공유하기, ④ "당신이 말하고자 하는 것이~"와 같이 성원의 메시지를 명료화하기 위해 재진술하기, ⑤ "오늘 우리는 이혼과 그것이 당신의 아이들에게 주는 영향에 대해서 말했습니다." "아마도 내가 말한 것에 추가적으로 얘기해 볼 수도 있습니다."와 같이 주제를 요약하기 등이 있다.

(5) 의도적인 침묵과 주의 깊은 경청

의도적인 침묵과 주의 깊은 경청은 자신과 상황을 노출하고 탐색하는 데 있어 매우 강력한 보조수단이다. 의도적인 침묵은 현재 말하고 있는 것에 대해 사회복지사가 경청하고 주시하고 있다는 것을 암시한다. 이러한 자세는 말하는 사람에게 계속해서 말할 수 있도록 유도하는 경향이 있다. 한편, 의도적인 침묵은 사회복지사가 클라이언트로 하여금 그의 생각을 동원하여 표현하도록 기대하고 있음을 나타낸다. 사회복지사가 짧은 동안의 침묵을 말로 대체하려고 한다면 집단성원들이 관련 정보를 공유하려는 노력을 방해하게 된다.

(6) 탐색의 가치

탐색은 집단사회복지실천에서 가장 흔히 사용되는 기술 가운데 하나이며 문제해결에 있어 중요한 핵심부분이다. 사회복지사가 문제의 본질과 의미에 대해 그리고 대안적인 해결책에 대해 충분히 탐색하지 못하면 그 결과는 바라던 바에 훨씬 못 미치게 된다. 대안적인 설명과 해결책을 충분히 고려하지 못하면, 사회복지사와 집단은 잘못된 사정을 초래하게 되고 결과적으로 열악한 해결책이나 결정을 하게 된다. 바바라 솔로몬(Barbara Solomon)은 대안에 대한 충분한 고려가 없는 것이 억압된 집단의 권한부여에 어떻게 방해되는지를 입증하였다. 그녀의 이러한 경고는 집단사회복지실천에도 적용된다.[23] 일부 사회복지사들은 문제를 신속하게 해결하려는 욕구로 인해 탐색을 빨리 마치려는 경향이 있다. 이러한 사회복지사들은 특정 성원 혹은 집단의 첫 번째 제안을 받아들이고 행동에 초점을 두지만, 최적의 행동을 성취하려는 수단에 대해서는 초점을 두지 못한다. 즉, "당신은 혹은 우리는 무엇을 해야 할까요?" 에 초점을 두지, "우리가 어떻게 하면 훌륭한 결정을 할 수 있을까요?" "지금 정말로 무슨 일이 일어나고 있다고 생각하나요?" 혹은 "그러한 어려움에 기여하고 있는 요인들은 무엇인가요?" 와 같은 집단의 모든 성원들이 인식할 수 있는 수단에 대해서는 초점을 두지 못한다. 또한 일부 사회복지사들은 탐색을 통해서 증가할 수 있는 양가감정이나 차이점들 혹은 불확실성에 대해 불편함을 느끼기도 한다. 따라서 사회복지사가 특정 주제를 명료화하거나 특정 과업을 통해 집단성원들을 바쁘게 만듦으로써 탐색을 회피하거나 짧게 끝내려 할 수도 있다. 탐색의 과정은 정보를 파악하고 구체화하는 것을 넘어서 다른 유익한 목적을 위해 정보를 활용할 수 있도록 하는 근거를 제공해 준다.

4) 정보-교육

교육의 목적은 특정 상황에 대처하는 데 필요한 새로운 지식과 기술을 제공해 주는 것이다. 사람들은 자신의 이익을 위해 무엇이 바람직하고 효과적인지 알게 되면 변화하게 된다. 지식의 결핍은 비효과적인 기능을 가져온다. 사회환경에서 얻은 정보를 융합하는 것은 집단의 문제해결 기술 과정의 핵심이다. 집단성원들에게 유익한 도구와 자원을 제공해 주는 교육과정은 긍정적인 변화를 가져올 수 있도록 하는 데 영향을 준다. 윌리엄 슈와츠에 의하면 사회복지사의 주요한 과업 가운데 하나는 생각, 사실, 가치 등과 같은 정보를 제공해 주는 것이다. 이러한 정보들은 집단성원들이 활용할 수 없었던 것이면서도, 그들이 해결하고자 하는 문제와 관련된 사회적인 현상에 대처하는 데 유익한 것이 될 수 있다.[24)]

(1) 정보 제공

지식은 자아성숙에 이르는 길이다. 지식은 안정감을 제공해 주며 힘의 원천이 된다. 정보를 제공하지 않는 것보다 정보를 공유하는 것이 사회복지사에게 의존하는 것을 막을 수 있는 가장 좋은 방법이다. 집단성원의 상황과 명료하게 관련이 있으면서도 그러한 정보에 성원들이 접근할 수 없을 때 사회복지사는 새로운 지식을 제공하거나 새로운 기술을 가르쳐 줄 수 있다. 공유하고자 하는 정보는 정확할 필요가 있다. 사회복지사는 사실을 알 필요가 있고 그 사실이 특정 성원이나 집단의 욕구에 어떻게 구체적으로 관련이 있는지를 알 필요가 있다. 집단성원들이 자신과 자신에게 중요한 사람들을 위한 최선의 결정을 하기 위해서는 새로운 정보나 지식을 강화할 필요가 있다. 사람들은 종종 지역사회 자원과 그 활용방법에 대한 구체적인 정보를 필요로 한다. 그들은 인간의 성장과 발달에 관한 일반적인 원칙이나 질병 혹은 신체장애가 그 사람 혹은 그 가족에게 주는 의미를 이해할 필요가 있다. 나아가 낙태, 결혼, 입양, 이혼, 구직이나 집을 구하는 데 있어서의 차별, 소비자보호 등과 같이 자신들에게 영향을 줄 수 있는 법에 대한 정보를 필요로 한다. 그리고 그들은 부모, 배우자, 친구, 학생, 고용주, 환자 등과 같은 사회역할을 효과적으로 수행하기 위한 기대감을 알아야 할 필요가 있다. 정보는 집단의 목적과 개인의 목표에 분명하게 연관된 방식으로 제공되어야 한다. 사회복지사들이 고정적인 안건이나 지침을 그대로 따라야 한다는 의미는 아니다. 사회복지사들은 주어진 시간에 집단성원들의 심리사회적 · 인지적 욕구에 관심을 기울일 필요가 있다. 사회복지사들은 정보를 언어적으로 간략하게 제공해 줌으로써 성원들이 이를 이해할 수 있도록 하고, 질문이 있거나 반박하고자 하는 성원들에게 이를 검토할 수 있도록 개방해 놓는 임시적인 방법을 활용할 수 있다. 나아가 사회복지사들은 주어진 사실이나 의견을 바탕으로 어느 정도로 정보를 제공해 줄지 명확히 할 필요가 있다. 사회복지사들이 제공하는 정보에 대해 의심하거나 회의적이거나 동의하지 않는 비언어적인 단서를 포착하게 되면 집단성원들에게 이에 대한 느낌과 대안적인 생각을 표현할 수 있도록 하고 환류를 요청한다. "좀 난해한가 보군요." "아마도 동의하시지 않는 것 같군요." "그것 때문에 화가 나셨나 봐요." "이에 대해 어떻게 생각하시나요?" 등과 같은 질문과 언급은 현재 진행되고 있는 주제를 파악할 수 있도록 자극하게 된다. 때로 사회복지사는 정보를 제공해 주는 것을 넘어서 탐색기술과 명료화 기술을 활용하여 집단성원들이 특정 정보에 대해 갖는 정서적인 반응을 파악하고 대처할 수 있도록 돕는다. 로잘리 케인(Rosalie Kane)은 교육과 치료가 매우 밀접한 관계가 있다고 하였다.[25] 감정과 관계가 교육적인 메시지를 방해할 수도 있으며, 학습이 집단성원들의 인지적인 면과 정서적인 면에 연결될 수 있도록 하는 도움이 필요할 수도 있다.

(2) 모델링

모델링은 단순히 모방하거나 비교할 수 있는 예를 제시해 주는 것이다. 이것은 사회복지사나 한 성원이 적절한 방법으로 메시지를 전달하는 방법이나 뭔가를 하는 방법을 보여 주는 것이다. 모델링은 행동중심 경험을 보여 줄 수도 있고, 집단성원과 관련해서 특정 염려 상황을 역할극을 통해 보여 줄 수도 있다. 그러면 성원들은 시연에서 보여 준 행동을 보고 자신에게 맞게 이를 습득해 간다. 이것은 집단성원들이 특정 성원을 동일시하는 과정에서 자신들이 하는 특정 행동을 자신들의 성격에 통합시키고자 할 때 발생하는 것이다.

(3) 요약

요약하기는 논의된 내용의 핵심을 묶어 간략하게 재진술하는 것을 말한다. 이 기술은 종종 모임을 시작할 때 사용되어 집단성원들이 지난 모임에서 일어났던 일을 상기하는 데 사용되거나, 새로운 성원이나 지난 모임에 결석했던 사람에게 집단에 대해 오리엔테이션을 제공해 줄 때 사용된다. 그리고 이 기술은 새로운 논의를 시작하기 전에 이전까지의 주제의 핵심요소를 검토하는 데 사용되거나, 모임을 종료할 때 집단성원들의 진척 상황을 상기시켜 줄 때 사용된다. 이 기술을 사용할 때는 사회복지사보다는 집단성원들이 내용을 요약하고 다른 성원들이 이에 대해 반응할 수 있도록 하는 것이 좋다. 이 기술은 이전에 학습한 것을 강화시켜 준다. 또한 앞으로 일어날 일에 대해 암시해 주는 연결고리와 같은 효과가 있다.

5) 조언-안내

조언은 일련의 특정 행동을 제안하거나 추천함으로써 직접적인 영향을 미치는 방법이다. 집단성원이 사회복지사나 성원들의 제안이나 추천 사항을 실행하였을 때 이 기술은 집단성원들의 목표성취를 촉진하고 중요한 정서적 · 인지적 자극을 제공하는 원천이 될 수 있다.[26] 사회복지사는 전문지식을 기반으로 조언하는 이유를 성원과 함께 공유하고 설명한다. 조언하기는 정보를 제공하는 방법 가운데 하나다. 사회복지사는 조심스럽게 조언을 함으로써 집단성원 스스로 결정하려는 노력을 방해하지 않아야 한다. 따라서 사회복지사는 집단성원에게 명령하기보다는 그들이 참고해 볼 수 있는 임시적인 생각을 제공해 주는 것이다. 사회복지사는 조언을 제공하기를 꺼려하는데, 그 이유는 조언을 제안함으로써 클라이언트의 사회복지사에 대한 의존도를 강화시킬 것이라는 염려 때문이다. 하지만 사회복지사는 자신들이 실제로 인정하는 것보다 더 자주 이 기술을 사용하고 있다. 집단성원들은 자신들이 원치 않거나 자신들의 욕구에 맞지 않는 조언을 사회복지사가 제공해 주는 것에 대해 기분이 상할 수도 있다.

집단성원들은 종종 사회복지사의 조언을 원하고 필요로 한다. 집단성원들은 사회복지사가 자신들에게 조언을 제공해 주지 않으면 자신들을 돕는 데 관심이 없다고 인식할 수도 있다. 모튼 리버만(Morton Lieberman), 어빙 얄롬(Irvin Yalom), 매튜 마일즈(Mathew Miles)에 따르면 집단에 관한 연구에서 집단성원들은 임상가 혹은 다른 성원들이 제공한 직접적인 조언이나 제안을 높이 평가하였는데, 이러한 조언이나 제안은 생활문제나 중요한 관계상에서 발생하는 문제에 대해 다루는 방법과 관련이 있었다. 특히,

치료과정에서 많은 이익을 본 사람들이 적게 이익을 본 사람들에 비해 통계적으로 유의미하게 이 항목을 가장 중요한 것으로 평가하였다.[27] 또 다른 연구에서 에릭 세인즈베리(Eric Sainsbury)는 클라이언트들은 특정 행동을 하도록 하는 명령과 같은 조언을 거부한 반면, 참고사항으로 제시한 조언에 대해서는 수용한다고 보고하였다.[28]

이러한 결과는 조언이 어떻게 제공되어 그 효용성에서 차이를 가져올 수 있을지를 보여 주는 것이다. 한편, 잉거 데이비스(Inger Davis)는 부모상담 프로그램에서 여덟 명의 사회복지사들이 활용한 조언에 관해 연구하였는데, 중산층 부모보다는 저소득층의 부모들이 더 많은 조언을 받았으며, 모든 사회복지사들이 어느 정도의 조언을 제공하였을 뿐만 아니라, 부모들의 조언에 대한 반응도 긍정적이기보다는 부정적인 것이 더 많았다고 결론지었다. 하지만 부모들은 조언을 제공한 사회복지사를 좋아했으며, 사회복지사로부터 조언을 덜 받기를 원하는 사람은 아무도 없었다. 데이비스는 이러한 모순이 있는 이유는 아마도 조언이 특정 행동을 하도록 하기보다는 치료적인 기능을 제공하였기 때문이었을 것이라고 주장한다. 즉, 조언은 사람이 문제를 다루는 데 있어 대안적인 방법들을 생각할 수 있도록 자극하는 것이다.[29]

다음과 같은 방법으로 조언을 제시하였을 때 집단성원들은 대체로 이를 수용하며 유용하게 활용한다. ① 집단성원들이 진정으로 필요로 하는 조언을 제공하였을 때, ② 조언이 현재 생활여건과 연결되는 방법으로 제시되었을 때, ③ 조언이 자신의 자아와 일치할 때, ④ 집단성원의 복지에 진정 이익이 되는 방법으로 제시되었을 때, ⑤ 조언에 대한 자신의 반응이 의사결정 과정에서 나타날 때 등이 있다.

(1) 제안과 추천

집단사회복지실천에서 사회복지사는 종종 질문을 하거나 언급함으로써 임시적인 제안을 한다. 다음은 이러한 제안의 예를 보여 주고 있다. "어떤 성원들은 ~을 사용함으로써 도움이 되었다고 합니다." "당신이 방금 말한 것이 다른 사람들에게도 적용이 되는지 알아보기 위해 우리 잠깐 동안 이에 대해 상기해 볼까요?" "당신의 남편을 위해 도움을 받아 보실 생각을 하셨나요?" 등이다. 이에 대한 집단성원의 반응이 다음에 일어날 일을 결정한다. 한편, 이러한 메시지는 특정 주제에 대해 좀 더 알아볼 것을 제시하기도 한다. 예를 들어, 조언을 해 줌에 있어 종종 "당신이 HIV 바이러스 양성자라는 것을 동거인에게 알려 줘야 합니다." "당신의 보호관찰관과의 약속을 지키는 것을 잊지 마세요." 등과 같은 절대적인 제안방법이 있을 수 있다. 어떠한 조언이 제공되든 간에 충분한 근거이유와 지식을 바탕으로 제공되어야 할 것이다.

(2) 환류 구하기

조언을 하였을 때 이에 대한 집단성원들의 환류를 구하는 것은 사회복지사와 집단에게 모두 도움이 된다. 이는 조언 및 문제해결 대안의 적절성을 논의할 수 있기 때문이다. 일반적으로 조언은 특정 시간에 집단 내에서 진행되고 있는 논의 내용과 관련이 있다. 조언은 집단성원이 문제에 대한 해결책을 찾아 보려 시도했지만 사회복지사의 도움 없이는 더 이상 문제해결의 진도가 나아가지 못할 때 제공된다.

6) 직면

직면의 목적은 행동을 방해하거나 전환시키기 위한 것이다. 이 기술은 감정, 행동 혹은 현실 상황을 가지고 성원이나 집단을 대면하는 진술문의 한 형태다. 직면이라는 용어의 사전적 의미는 '용감하게 대면하다, 무엇을 가지고 그 사람을 대면하다.' 이다. 이 기술은 집단성원의 행동 간에 혹은 집단성원의 진술 내용과 다른 곳에서 얻은 정보 간에 차이가 있을 때 집단성원을 직면하여 특정 행동을 제한하는 기술의 한 형태다. 집단성원의 행동이 비이성적이거나 자신 혹은 타인에게 해를 끼치는 행동이기 때문에 필요하다. 따라서 집단성원의 행동 자체에 의미를 두기보다는 그 행동을 중지시키거나 토의 혹은 활동의 방향을 재설정하려는 의도를 가지고 있다.

(1) 장애물 도전하기

직면하기는 일반적으로 클라이언트의 부인, 합리화, 투사, 전치와 같은 방어기제에 도전하거나 수용될 수 없는 행동에 도전할 때 활용된다. 직면하기는 집단성원의 정서적 균형을 깨뜨려 일시적으로 불편하거나 불안하게 만들며, 결과적으로 그 사람의 태도를 완화시키고 불편함을 줄이기 위해 변화할 수 있도록 준비시키는 것이다. 직면은 현재 진행되고 있는 것을 수용할 수 없음을 보여 주는 것이다. 이 기술은 사실을 왜곡하거나 무지한 것에 대해 반대되는 정보를 직접적으로 그리고 공개적으로 제공해 주는 것이다.

또한 이것은 목표성취에 방해가 되는 걸림돌에 도전할 수 있는 힘을 제공해 주면서 자신을 점검하도록 자극한다. 일부 클라이언트는 이것을 비평, 언어적 공격 혹은 거부감으로 해석하기도 한다. 이러한 반응이 나타나는 것을 피하기 위해서는 공감을 수반하면서 이 기술을 사용할 필요가 있다.

앨리스 오버톤(Alice Overton)과 캐서린 팅커(Katherine Tinker)는 직면기술이 직설적인 표현이기는 하지만 혹독할 필요는 없다고 주장한다. 확고한 도전은 '어깨에 팔을 두르는 것과 같은 것' 이라고 하였다.[30] 직면에는 다양한 방법이 있다. 예를 들어, "거짓말하지 말아요." 와 같이 추궁하는 방법, "나에게 말하는 것이 쉽지 않다는 것을 알고 있지만, 나는 이미 당신이 경찰에 의해 조사를 받고 있다는 것을 알고 있어요." 와 같이 부인하는 진술에 대해 직면하는 방법, "우리가 당신의 성학대 경험에 대해 말할 때마다 당신은 주제를 바꾸시는군요. 그것은 도움이 되지 않습니다." 라고 부드럽게 말하는 방법 등이 있다.

직면은 처벌이나 한 사람을 파괴시키는 것과는 다른 것이다. 이 기술은 종종 긍정적인 변화를 유도하기 위한 전조와 같은 것이다. 예를 들어, 아들의 도둑질을 숨기려는 아버지 짐에게, "저는 아직도 당신에게 화가 나 있습니다. 당신은 아들을 돕고 싶다고 여러 차례 반복적으로 말하면서도, 정작 그의 도둑질을 숨김으로써 아들이 나아지기는커녕 오히려 그의 비행에 기여하고 있습니다." 라고 말하는 것이다. 또 다른 예를 들어 보면, 한 성원이 "짐, 당신은 그것이 사실인 걸 알고 있잖아요. 직면하세요." 라고 말하자, 짐이 애원하면서 "하지만 내가 어떻게 해야 그 문제가 나아질까요?" 라고 말했다. 이러한 대화를 통해 집단성원들은 집단에서 부모 역할을 어떻게 하면 향상시킬 수 있는지를 논의하게 되었다. 직면은 그 사람의 특정 부분에 초점을 두는 것이지 그 사람의 전체적인 성격에 초점을 두는 것은 아니다.

(2) 직면의 가치

직면기술은 집단성원들이 자신의 행동을 통제하는 능력을 개발하고 원하는 목표를 성취할 수 있도록 도울 때 활용되는 필수적인 기술이다. 솔로몬은 억압된 집단의 사람들을 돕는 데 있어 이 기술의 중요성을 강조하였다. 그녀는 비인종차별주의적 사회복지사를 판단하는 주요한 기준 가운데 한 가지는, "사회복지사의 공감과 진솔함 같은 진정한 감정이 클라이언트에게 표현되었지만 클라이언트가 이를 왜곡하거나 잘못 해석할 때 클라이언트를 직면하는 능력" 이라고 하였다. 직면기술은 '인종이나 민족 혹은 피부색과 상관없이 클라이언트에 대해 따뜻하고 공감적이며 진실로 염려하는 능력' 과 결합되는 것이다.[31] 직면기술이 고도의 공감기술을 수반할 때, 직면기술은 사회복지실천에 있어 매우 효과적인 요소라는 실증연구가 이러한 사실을 뒷받침하고 있다. 하지만 사회복지사가 거의 공감하지 못한 상태에서 이를 사용하면 효과적이지 못한 것이다.

(3) 성원 대 성원의 직면

직면은 그 사람의 언어 혹은 비언어적 행동에 관한 것이거나 집단성원들 간의 상호작용 유형에 관한 것일 수 있다. 직면은 각 개인 및 집단에 대한 충분한 사정을 기반으로 한 것이어야 한다. 사회복지사만이 직면을 사용하는 것은 아니다. 집단성원들도 서로 직면을 한다. 종종 이러한 직면이 무뚝뚝한 것일 수도 있는데, 사회복지사는 직면적인 말들이 각 개인과 집단에 주는 영향을 평가하여 이에 따른 적절한 조치를 취해야 한다. 사회복지사는 이러한 직면이 개별성원의 진도와 집단의 발달에 주는 영향을 집단 스스로 평가해 보도록 요청할 수도 있다. 또 특정 행동 유형을 파악하기 위해 사회복지사는 집단성원들이 기술한 것에서 빠진 것이나 상충되는 것에 대해 언급할 수도 있다. 어떤 일이 벌어지고 있는가에 대한 이해를 도모하기 위해 언급하는 것이 어떤 일이 왜 일어나고 있는지를 질문하는 것보다 더욱 효과적이다. 이것은 연쇄적인 사건에 초점을 두는 것이며, 집단성원들의 행동 유형의 본질을 명확하게 하는 것이다.

7) 명료화

간단하게 말해 명료화는 이해할 수 있도록 만드는 것이다. 이 기술은 진술한 것을 명확하고 모호함이 없도록 할 때 사용된다. 또한 이것은 혼돈을 없애 기분을 맑게 한다. 사회복지실천에서 이 기술은 경험, 감정, 행동 유형 혹은 환경 상황에 대한 인지적 이해를 향상시키고자 할 때 사용된다. 이 기술은 모호한 대화를 분명하게 초점을 맞추도록 하는 데 사용된다.

사회복지사들은 종종 집단성원이 사회적 상황에 대한 다양한 관점을 파악하고 인식할 수 있도록 돕는다. 또한 이를 바탕으로 사회적 상황에 대한 이해를 확대하거나 구체화할 수 있도록 하고, 나아가 문제와 그 상황을 명료화할 수 있도록 돕는다. 집단성원은 세 가지 측면에서 명료화할 필요가 있다. 첫째는 외부환경, 기관 그리고 집단을 포함한 사회적 상황이고, 둘째는 의사소통의 유형과 내용이며, 셋째는 다양한 사회적 상황 속에서 집단성원들의 태도와 행동이다.

집단성원들은 자신들의 태도와 행동에 영향을 주는 지역사회의 환경에 대해 충분히 이해하지 못할 수 있다. 자원의 결핍, 조직폭력 문화의 존재, 인종차별주의적 혹은 성차별주의적 태도, 기준 이하의 열악한 주택환경, 공공 교통수단의 결여 등이 집단성원들의 일상생활에 부정적인 영향을 줄 수 있는 지역사회 환경의 예라고 할 수 있다. 어떤 성원은 지역사회의 다양한 기관이나 집단에 대해 매우 왜곡되거나 편협적인 생각을 가지고 있을 수 있다. 나아가 차를 운전하는 것, 보호관찰을 받아야 하는 것, 공공건물을 활용하는 것, 아동에게 탁아서비스를 제공하는 것 등과 같은 특정 생활부분의 법적 요구사항에 대해 왜곡되거나 편협적인 생각을 가질 수 있다. 그들이 자신의 문제와 자신들이 통제할 수 없는 상황을 구별할 수 있을 때 집단성원들은 이러한 문제에 대처하려고 노력한다. 그리고 왜곡되거나 편협적인 생각이 교정되었을 때, 그들은 자신들의 욕구를 충족시키기 위해 가용자원을 활용하는 방법을 배울 수 있다.

집단성원들은 종종 자신들에게 서비스를 제공해 주는 기관이 서비스 제공에 있어 영향력을 행사할 것이라고 오해할 수 있기 때문에 이를 교정하기 위한 도움이 필요할 수도 있다. 또한 집단 자체에 대한 자신들의 인식을 명료하게 하기 위해 도움이 필요할 수도 있다. 집단성원들은 이러한 문제에 대해 단순히 정보를 필요로 할 수도 있으며, 기관이나 집단에 대한 잘못된 인식을 가지고 있어 이를 교정하기 위한 전초단계로 기관이나 집단에 대한 인식을 명료하게 할 수도 있다. 집단성원들이 각 성원에 대한 태도나 반응을 집단에서 토의하는 것처럼, 이들은 사회복지사에 대한 태도와 반응도 집단에서 토의하려고 할 것이다. 이러한 문제를 명료하게 하는 것은 사회복지사와 집단 및 집단성원들 간의 돈독한 관계 형성을 방해하는 장애물을 제거하는 데 도움이 된다. 이는 곧 집단성원들이 자신들의 관심사를 자신들의 문제에 집중할 수 있게 되는 것이다. 집단과 기관의 본질을 명료하게 하는 것은 집단발달의 초기단계에 나타나는 두드러진 현상이다. 이에 대해서는 제12장에서 자세히 설명하겠다.

의사소통에서 발생하는 왜곡된 이해를 명료하게 하는 것이 필요하다. 집단에서의 의사소통망은 일대일 관계보다 매우 복잡하다. 집단에서는 각 성원의 메시지를 모든 성원들이 이해해야 할 뿐만 아니라 이에 적절하게 반응할 수도 있어야 한다. 집단의 상호작용 과정에서는 대화의 의도나 내용에 대한 왜곡된 인식을 교정하는 것이 늦춰질 수도 있다. 일부 메시지는 여러 경쟁적인 메시지가 전달되는 가운데 놓칠 수 있으므로 이에 대한 반응도 없을 수 있다. 공통된 핵심적인 경험이 없는 것이 대화를 어렵게 만들 수도 있으므로 메시지의 의도나 의미를 명료하게 하는 데 많은 시간이 소요될 수도 있다.

사회복지사는 집단성원들이 전달한 메시지를 다른 성원들이 어떻게 인식하였는지 그 의도를 확인할 수 있도록 도울 필요가 있다. 이때 성원들에게 무엇을 이해하였는지를 직접 묻거나 전달된 메시지를 다시 진술해 보도록 요청하는 방법이 있다. 한 성원이 자신의 감정이나 생각을 표현하면 이 메시지를 부연하거나 명료하게 하거나 수정할 반응이 나타나기를 기대하게 된다. 한 성원이 자신의 행동으로 인해 초래된 결과를 인식하게 되면 그의 다음 행동은 이에 영향을 받게 된다. 집단의 일부 성원들은 타인의 말이 분명하지 않을 때 이를 경청하도록 요구받을 수도 있으며, 필요한 경우에는 이 말을 수정하여 진술하도록 요청할 수도 있다. 때로 이중적인 메시지가 담겨져 있어 말들이 서로 상충되기도 한다. 말은 특정 태도나 요구사항을 전달하지만 목소리 톤은 다른 것이다. 이중적인 메시지에서는 올바른 반응이 없을 수 있는데, 이는 그 대상이 혼돈에 빠져서 불안해하거나 반응하려 하지 않거나 조용히 있으려 하기 때문이다.

8) 환류의 유형

개인-집단-환경의 구성을 명료화하기 위해 여러 기술이 활용된다. 때로 이러한 기술은 환류의 형태로 전해지기도 한다.[32)]

(1) 감정에 대한 반영

사회복지사는 종종 클라이언트가 표현한 감정을 지지하는 것을 넘어 그 감정에 대해서 반영을 한다. 감정을 말과 행동으로 연결시키는 능력은 그 감정에 대처할 수 있는 자아의 능력을 지지해 주는 것이다. 때로 감정이 거부되기도 하며, 그러한 감정표현이 현실 상황과는 동떨어져 있을 수도 있다. 예를 들어, 아동은 감정을 파악하고 기술함으로써 자신의 해로운 행동을 언어적 상징물로 대치하는 방법을 배울 수 있다. 사회복지사는 감정을 이해하고 구체적으로 표현할 수 있도록 도움으로써 감정에 대한 반영을 촉진시킬 수 있다. 사회복지사가 감정에 대해 정확하게 반영하기 위해서는 공감을 통해 성원의 감정적 경험과 연결할 수 있어야 하며 이에 적합한 표현을 할 수 있어야 한다. 예를 들어, 수술을 앞둔 여성이 "죽을지도 몰라요. 두려워요."라고 말할 때, 사회복지사는 "수술을 한다는 것은 두려운 일이지요."라고 반응할 수 있다. 한 사회복지사는 어머니에게 "제니퍼로 인해 마음고생이 심하지요, 그렇죠? 그리고 그 얘 때문에 화도 나고요." 라고 말할 수 있다.

다양한 이론적 성향을 가진 치료자들에 대한 클라이언트의 경험을 연구한 보고에 따르면, 사회복지사-클라이언트의 관계와 더불어 가장 도움이 되었던 방법 가운데 하나는 클라이언트가 막연하게 망설이며 다루었던 감정을 인식하고 명료하게 한 것이라는 지적이 있다.[33)]

(2) 부연하기

부연하기(paraphrasing)는 한 사람이 다른 사람을 관찰하고 그대로 따라하는 행동(mirroring behavior)의 한 형태다. 사회복지사 혹은 성원들은 한 성원이 말한 것을 바꾸어 말함으로써 문제나 상황을 보다 명료하게 보게 되거나 새로운 방법으로 보게 된다. 때로 성원들은 자신이 무슨 말을 하는지 확실하지 않을 수도 있는데, 이는 많은 생각과 감정들이 많은 단어들과 복잡하게 얽혀 있기 때문이다. 사회복지사나 집단성원들이 들은 바를 표현할 때, 메시지를 보낸 사람은 그 말이 정말 자신이 전달하고자 했던 말인지를 결정할 수 있게 된다. 다른 성원이 말한 것을 분명하게 듣지 못한 성원은 그 말을 명료하게 해 줄 것을 요청할 수도 있다. 이를 통해 집단성원들은 그 주제에 대해 보다 심도 있게 반응할 수 있다. 이러한 행동은 또한 다른 성원들의 참여를 촉진할 수 있다. 클라이언트의 행동에 대해 사회복지사가 반영하는 것은 그 성원이 말한 것에 대해 좀 더 반응하도록 권하는 것과 같다. 예를 들어, "바꾸어 말하면, 당신이 얘기하고자 하는 것은 그 병 때문에 의사를 보는 것이 두렵다는 것인가요?" "당신이 얘기하고자 하는 것을 달리 표현하면~?" "당신이 말하고자 하는 요점을 말해 보면, 당신은 아들의 행동에 대해 더 이상 참을 수 없다는 점을 분명히 하고 싶었다는 것인가요?" 등과 같은 것이 있다.

(3) 재명명하기

문제를 재명명하기(reframing) 혹은 재조명하기(recasting)는 성원들이 그 문제나 상황을 사실에 맞게 다른 관점에서 볼 수 있도록 도울 때 사용되는 인지기술이다. 이를 통해 대안적인 행동범위가 향상될 수 있다.[34] 토즐랜드와 리바스는 한 성원이 집단의 희생양이 된 집단의 예를 제시하였다. 사회복지사의 설명을 통해 그 희생양이었던 성원의 문제는 집단성원들 모두 공동으로 책임져야 할 상호작용의 문제로 재명명되었다. 문제의 재명명을 통해 집단성원들은 그 희생양인 성원과의 관계에서 어떻게 상호작용하고 있으며 어떻게 다르게 행동할 것인지를 토의하게 되었다.

(4) 연결하기

명료화의 또 다른 기술 가운데 하나는 한 성원 혹은 그 이상의 성원들에게 모호한 두 사건을 연결시켜 주는 진술을 하는 것이다. 이를 통해 집단성원들이 자신들의 행동이나 감정, 자신들의 행동과 타인들의 행동 간의 논리적인 연결성을 이해할 수 있도록 돕는 것이다. 사회복지사는 성원들 간의 공통점을 파악하여 이에 대해 언급해 줄 수 있다. 이러한 언급은 서로 갈등을 겪고 있는 해당 당사자들의 공통된 욕구나 문제 혹은 관심사에 대해 주의를 환기시켜 주는 것일 수 있다. 연결하기(making connections)는 또한 성원의 과거 경험에 대한 기억을 현재의 상황에 연결시켜 주는 것일 수도 있다. 과거의 상황을 되돌아보는 것은 그 경험으로부터 배울 수 있는 도구를 제공해 주는 것이다. 경험과 행동의 양상을 검토하는 것은 집단성원이 보다 효과적인 기능을 위해 그 상황에 대한 평가를 근거로 다른 방법을 택할 수 있도록 돕기도 한다. 조앤 허튼(Joan Hutten)은 "집단성원이 현재의 경험으로 떠올리게 된 과거의 외상에 대한 감정을 표현하고 말할 수 있도록 하는 것은 사회복지사들이 미래를 대비해 '예방적으로' 개입할 기회다."라고 하였다. 그녀에 의하면 경험의 연속성이 있음을 발견하는 것은 그 사람의 미래의 발달을 위한 잠재 가능성을 재개하는 것이다. 과거의 경험을 '단절시키거나 심각한 정신적 에너지를 사용하면서 숨겨 두는 것보다는' 이를 성격에 통합시킬 때 대처능력이 생기는 것이다.[35]

(5) 집단과정을 부각시키기

집단에서 진행되는 과정을 명료화하기 위해 많은 구체적인 기술이 활용되는데, 얄롬은 이를 과정 부각시키기(process illumination)라고 불렀다.[36] 사회복지사는 집단성원들에게 자신의 감정, 사고 그리고 행동 유형에 대한 이해를 위해 각 성원과의 관계에서 어떤 일이 발생하고 있는지를 숙고하도록 요청한다. 또한 사회복지사는 집단성원들에게 그 행동이 자신 및 타인에게 어떤 결과를 초래했는지를 숙고하고 자신들의 행동과 태도에서 혹은 과거와 현재의 경험에서 차이가 있는지를 파악하도록 요구한다. 집단성원들이 집단과정을 스스로 검토할 수 있도록 돕기 위해, 사회복지사는 그 과정을 평가하고 집단성원들 간에 어떤 일이 진행되고 있는가를 관찰하도록 요구해야 한다. 즉, 사회복지사는 집단성원들이 어떤 일이 어떤 순서로 일어나고 있는지, 현재 일어나고 있는 일에 대해 어떻게 생각하고 느끼는지, 현재 진행되는 과정에 대해 어떤 대안적인 설명을 할 수 있는지를 파악하도록 요구하는 것이다. 집단의 과정을 이해하도록 요청하는 사회복지사의 요구에 대해 초기에는 저항이 있을 수도 있다. 즉, 자신의 행동을 타인과의 관계 속에서 점검하는 일은 불안을 조성하는데, 이는 집단성원들이 자신들의 행동에 대해 초기에 있었던 비난을 다시 상기해야 하기 때문이다. 그리고 그 논의가 일반적으로 사회적 상황에서는 금기시되어 온 것이다. 집단성원들은 타인에게 표현한 감정에 대해 보복이 있을 것을 두려워하거나 현존하는 권력구조를 파괴할 것이라는 두려움을 갖게 될 수도 있다. 하지만 자신의 생각과 감정이 집단에서 수용되었다는 느낌을 갖게 되면, 집단성원들은 그러한 토의에 참여하게 되고 그것이 도움이 된다는 것을 발견하게 된다. 그 토의 자체가 집단성원들 간에 특정 시간에 진행되고 있는 과정에 대한 반영적 사고인 것이다. 중요한 점은 집단에서 얻은 관계에 대한 이해를 외부 환경에서 타인과의 관계로 일반화할 필요가 있음을 기억할 필요가 있다는 것이다.

(6) 명료화의 원칙

명료화 기술을 활용하는 데 있어 몇 가지 원칙을 살펴보면 다음과 같다.

① 명료화 기술은 충분한 사정을 기반으로 활용되어야 하며, 일시적인 방법으로 활용되어 사회복지사가 이를 활용하였을 때 집단성원의 관점과 비교해 볼 수 있으면서 집단의 환류를 요구할 수 있어야 한다. 사회복지사는 또한 자신이 관찰한 점을 일반화할 때 그 근거를 공유할 필요가 있다.

② 언급할 때는 가급적 간략하고 짧게 할수록 좋다. 한 번에 한 가지 사실이나 생각을 제시하고 자신을 분명하고 간단하게 그리고 직접적으로 표현하도록 한다.
③ 사회복지사는 자신이 명료화하고자 하는 메시지에 대해 개입의 목표가 되는 특정 성원과 다른 성원들이 보이는 반응을 충분히 탐색할 필요가 있다. 나아가 보다 적응적인 행동을 가져오기 위해서는 집단성원들이 이해하였더라도 여러 번에 걸쳐 시간을 가지고 반복할 필요가 있다.
④ 사회복지사는 한 성원의 욕구와 다른 성원들의 욕구 간에 한 가닥의 연결점을 발견하면, 명료화하려는 말을 집단 전체보다는 한 개인성원에게 향하도록 하는 경향이 있다. 집단 전체에게 다양하게 언급하는 것이 집단의 관계 및 응집력을 보다 향상시키게 된다.

9) 해석

사회복지사는 필요하다고 판단되면 클라이언트의 이해를 확산시키기 위해 행동 속에 감추어진 의미나 과거에 대한 해석을 활용할 수 있다. 해석이란 경험의 의미나 행동의 동기 혹은 특별한 어려움의 원인을 파악할 때 납득할 만한 설명을 진술하는 것이다. 이 기술은 감정, 생각, 경험과 같이 즉각적으로 알려져 있지 않거나 언어로 표현되지 않은 것을 의식할 수 있도록 도우면서 이에 대한 새로운 이해를 통합할 수 있도록 집단성원을 돕는 데 그 목적이 있다. 해석은 집단성원이 삶의 이치를 깨닫는 데 있어 이에 부여하는 의미를 파악하는 방법으로 활용된다.

다음과 같은 예는 해석의 본질을 입증해 주고 있다. 아동상담소에서 한 어머니는 4세 된 아들인 "토미가 죽었으면 좋겠어. 나는 토미가 싫어."라는 말을 하며 화를 냈다. 잠시 침묵이 흐르고 집단성원들이 이에 대해 어떻게 반응하는지를 살펴본 후에 사회복지사는 "사람이 화가 나거나 짜증이 나면 격한 생각을 할 수도 있지요. 하지만 그저 그렇게 되길 바라는 것과 그 생각을 실행에 옮기는 것에는 차이가 있습니다. 사람은 같은 사람에 대해 시간에 따라 사랑할 때도 있지만 미워할 때도 있지요."라고 말했다. 잠시 침묵이 흐른 후에 그 사회복지사는 "제가 한 말이 이치에 맞나요?"라고 물었다. 그러자 한 어머니는 "그런 것 같네요."라고 말하면서 자신의 아들에 대해 이야기하기 시작했다.

그러자 토미의 어머니도 "저도 이제 이해가 됩니다."라고 말하였다.

또 다른 예를 들어 보면, 사회복지사가 14세 된 여자 청소년에게 "베티야, 집단성원들이 자신들의 어머니에 대해 얘기할 때 너는 조용히 있으면서 슬픈 것 같았다. 그 이유가 너의 어머니가 더 이상 살아계시지 않다는 사실을 받아들이기 힘들어서 그랬던 거니?"라고 말하였다. 때로 어린 아동도 해석을 이해할 수 있다. 사회복지사가 5세 된 여아에게 "내가 생각해 보니까 네가 학교에서 돌아왔을 때 엄마가 집에 있지 않을 것이라 생각하기 때문에 학교가기를 두려워하는 것 같은데."라고 말하였다.

해석을 활용할 때 사회복지사는 집단성원이 그 해석을 활용할 수 있는 자아능력과 장애물에 대해 사정해야 한다. 사회복지사는 집단성원들이 집단의 공통된 욕구와 관련된 관계 및 상호수용, 공감 그리고 각 성원에게 줄 수 있는 잠재적인 영향력과 관련해 그들이 집단에 참여할 준비가 되었는지를 고려해야 한다. 집단성원이 자신의 행동을 현재의 상황과 관련지어 충분히 이해하기 전에 그에 대한 숨겨진 의미를 사회복지사가 해석할 때, 그 성원은 이를 수용하지 못할 수도 있으며 그 해석이 오히려 해를 끼칠 수도 있다. 따라서 사회복지사가 성원의 이해를 돕기 위해 준비작업을 하는 것은 자연스러운 과정이다. 이때 사회복지사는 집단의 참여를 촉진하면서 집단성원들이 할 수 있는 것을 확인하거나 보충해 가면서 집단을 진행해야 할 것이다. 집단성원들이 사회복지사의 설명을 고려해 보게 되면 그 자체로 성원들은 자신들 나름대로의 의미를 파악하는 데 도움이 된다.

다음의 예는 정신병원의 정신질환자들의 집단에서 발췌한 것이다. 집단의 한 성원인 J부인이 담요 밑에 숨어 있었다. 사회복지사가 이에 대해 언급하면서, 집단성원들이 현실과 동떨어져 있고 싶을 때 물리적으로 숨을 수 있는 물건을 사용하는 것에 대해 얘기하고 싶은지를 물었다. 한 성원이 J부인이 담요 밑에 숨어 있는 것은 자신이 공상하고 있다는 사실을 인정하지 않아도 되기 때문이라고 하였다. 그러자 J부인이 담요 밑에서 나와 그녀는 다른 사람들이 자신의 문제를 보지 않았으면 좋겠다고 하였다. 사회복지사는 "저는 아마도 당신 스스로도 그 문제를 보기 원치 않는지 궁금합니다."라고 말하였다. J부인이 말로써 반응하지는 않았지만, 다른 성원들은 그럴 수 있을 것 같다는 반응을 보였다. 다른 두 성원이 자신들의 경험을 말하였다. 다음 모임에서 J부인은 자신의 깊은 상한 감정을 얘기하였고 더 이상 담요 밑에 숨지 않았다.

행동에 대한 의미나 감정 속에 숨겨진 의미를 파악하는 것은 집단성원이 현재 나타나고 있는 문제에 대한 다양한 관점들 사이의 연결점을 찾을 수 있도록 돕거나 과거와 현재 간의 연결점을 찾을 수 있도록 돕는다. 이때 쉽게 언어로 표현되거나 인정되지 않는 감정이나 경험이 타인의 도움으로 인해 회상될 수 있으며, 언어로 표현되거나 인정될 수 있을 때 사회복지사는 그것을 의식화하는 데 초점을 두게 된다. 때로 과거를 다루어야 할 때도 있다.

예를 들어, 많은 연구결과를 통해 팻아웃은 심하게 학대를 당한 아동은 다방면으로 상처를 입게 되어 종종 여러 생활환경에서 관계를 발달시키고 유지하는 데 어려움을 겪는다고 지적하였다. 이때 이러한 아동은 실제로 어떤 일이 발생하였고, 그에 대한 감정이 무엇이며, 현재의 행동에 주는 영향이 무엇인지를 이해할 필요가 있다고 지적하였다.[37] 다른 예를 들어 보면, 스노호미시 인디언족의 한 성인은 학교에서의 첫날을 생생하게 기억하였다. 그녀는 옷을 말끔히 차려입고 열심히 배우려 하였다. 선생님이 교실을 돌아다니며 아동들의 손을 만지면서 연필 쥐는 법을 보여 주었지만 그녀의 손만은 만지지 않았다. 그녀는 반에서 유일하게 미국계 인디언이었다. 깊은 상처와 차별감이 수년 동안 지속되었다. 집단에서 그녀는 이러한 경험을 회상하고 자신의 성격에 통합시켜야 했다.

기젤라 코놉카는 "이것은 과거가 핑계가 될 수 있다는 것을 의미하지는 않는다. 심지어 프로이트도 그렇게 생각하지 않았다. 과거에 얽혀 사는 것은 좋지 않다. 과거를 살펴보는 것은 현재의 문제를 다루고 미래를 준비하는 데 도움이 될 수 있을 것이다."라고 하였다.[38] 집단의 많은 성원들은 (독일의 유대인) 대학살(Holocaust)이나 강간, 성학대, 부모의 이혼, 가족 내에서의 살인이나 자살 등과 같은 초기의 정신적 외상경험에 대한 기억으로 인해 고생을 하고 있다. 그렇지만 종종 과거의 '유령'을 현재로 가져와 다뤄야 할 때가 있다.

사회복지사는 집단에게 감정, 행동 혹은 사건과 행동의 결과 간의 연결점을 고려해 보도록 요구할 수도 있다. 집단성원이나 사회복지사가 해석을 하는 것은 특정 상황과 연관된 것이다. 그레이스 코일이 "집단성원들이 의식적 혹은 전의식적 주제를 다루는 데 있어 사회복지사가 도움을 제공하기는 해도 그들의 무의식적인 방어기제를 해석하는 일은 삼가야 한다."고 말한 것에 대해 대체로 다른 사람들도 동의하고 있다.[39] 의미의 연결점과 해석을 탐색하는 것은 정서장애를 가지고 있는 사람들보다는 자아가 상당히 통합되어 있는 사람들에게 보다 효과적이다.[40] 해석은 성원의 특정 관점에 부합되는 것이어야 하며, 집단성원의 준비도와 일치하여 적절한 시기에 활용되어야 한다. 이것은 모든 집단에 적용될 수 있는 가장 일반적인 원칙이다.

다음은 해석에 대한 또 다른 예를 제시한 것이다. 이 예는 주디스 리(Judith Lee)와 다니엘 파크(Danielle Park)가 위탁가정에 있으면서 우울증세가 있는 청소년집단에 대한 사례기록에서 발췌한 것이다.[41] 체리즈는 집단의 성원 가운데 한 사람으로 가장 심하게 우울증을 앓고 있다.

> 자신들의 친모를 있는 그대로 수용하는 것에 대해 얘기한 다음, 체리즈는 자신의 위탁모가 늙었으며 자신을 별로 돌보지 않는다고 말했다. 그녀는 얘기할 만한 가족이 없다고 하였다. 그녀의 친모는 죽었고, 위탁가정의 식구들은 자신의 친부가 어디 있는지 알지도 못하며, 오빠는 만나본 적도 없고, 무엇보다도 그녀는 위탁가정에 속해 있다는 느낌이 없다고 하였다. 이 말에 다른 성원들은 당황하고 슬퍼했다. 집단성원들은 나를 쳐다보았다. 나는 체리즈는 모든 것이 잘못되었다고 느끼는 것 같다고 말하였다. 나는 그녀를 위해 우리가 한 가지씩 돕자고 하였다. 집단성원들은 그녀가 말한 것에 대해 다른 질문들을 하였다. 체리즈가 자신의 이야기를 말한 후에 나는 그녀가 오늘 유난히 화난 이유는 다른 성원들의 친모는 살아 있기 때문이며 그녀만 외톨이가 된 것 같은 느낌이 들었기 때문이라고 하였다. (그녀의 우울증을 유발하는 원인에 대해 즉각적으로 해석하고 핵심을 짚어 얘기하는 것이었다.) 체리즈는 동의하는 듯이 고개를 끄덕였다. 다른 여자 청소년들은 매우 지지적이었다. 그러자 레티샤는 "그래, 엄마가 있든지 없든지, 살아있든지 죽었든지, 어쨌든 우리 모두는 위탁가정이라는 한 배에 탄 거야. 우리 가운데 아버지가 있는 사람은 아무도 없잖아."라고 덧붙였다. 체리즈를 포함하여 모두가 웃었다. 위탁가정에 대한 또 다른 수준의 작업이 계속되었고 체리즈는 끝까지 참여하였다.

(1) 해석의 원칙

명료화 기술의 활용에 관한 원칙이 행동의 의미를 해석하는 데도 활용될 수 있지만 몇 가지 추가적인 원칙을 기술하면 다음과 같다.

① 의미를 해석할 때 사회복지사는 일반적으로 소견이나 제안 혹은 의견과 같은 것을

언급하게 된다. 사회복지사의 언급이 집단성원들이 처한 상황에 적용 가능한 것인지 파악해 보고 이에 대해 반응하도록 격려해야 한다.

② 사회복지사는 집단성원을 전체적인 사람(total person)으로 다루는 일반화를 피해야 한다. 오히려 사회복지사는 집단성원을 특정 감정이나 생각, 행동 유형이나 상황으로 세분화할 필요가 있다.

③ 해석은 종종 성격의 의식적 혹은 전의식적 수준과 관련된 것이어야 한다. 그리고 일반적으로 초점을 현재에 두어야 한다. 과거에 대한 회상을 촉진하고 과거의 사건에 대해 해석하는 방법은 집단성원과 다른 성원들이 과거의 문제에 대처하는 데 도움이 될 때 그리고 그 과거의 문제가 현재에 영향을 줄 때 해석할 필요가 있다.

④ 행동에 감추어진 의미를 설명하기 위해 해석을 제공하는 것은 자아의 방어기제를 위협할 수도 있다. 미약한 자아를 가진 아동과 성인은 자신들의 어려움을 이해하고 대처하기 위해서 사회복지사와 집단으로부터 상당한 지지와 공감을 필요로 한다.

⑤ 해석을 제공할 때 사회복지사의 목표는 가급적 집단성원들이 스스로 알아서 할 수 있도록 돕는 것이어야 한다. 따라서 집단성원들이 감정이나 행동 그리고 상황을 설명할 수 있도록 하는 질문이 사회복지사가 해석을 해 주는 것보다 훨씬 효과적이다. 이는 집단성원들이 자신들의 삶을 통제할 권한을 가졌다는 느낌을 갖게해 주는 것이기 때문이다. 하지만 집단성원들이 행동의 의미를 이해하지 못하고 사회복지사가 집단성원들의 진도를 위해 해석이 필요하다고 판단되면, 해석은 매우 유용한 것일 수 있으며 때로 꼭 필요한 것일 수도 있다.

⑥ 집단에서 해석을 활용하는 데 있어 한 가지 특징은 해석이 유용하기 위해서는 그것이 특별히 한 사람에게만 향한 것이 아니어야 한다는 점이다. 문제 상황이 발생하게 되는 동안 다양한 성원들이 자신들의 경험과 감정을 표현하고 이에 관련된 언급을 하게 된다. 관련 내용의 숨겨진 주제가 특정 성원들의 관심사와 관련이 있는 한 그들은 자신 및 자신들의 경험을 이해하려고 한다. 종종 감정이나 설명이 일반화되면 이것은 일부 성원들의 특정 관심사와 연결된다. 이러한 역동성을 가리켜 코놉카는 '통찰력의 익명성(anonymity of insight)' 이라고 하였다.[42)]

이상의 해석에 대한 원칙은 로버트 브라운(Robert Brown)의 실증적인 연구를 기반으로 하고 있다.[43] 나아가 단기집단에서 해석을 활용한 연구를 검토한 로버트 디스(Robert Dies)는 "이제까지 축적된 자료를 볼 때 치료적 변화를 위한 도구로서 해석의 가치는 충분히 입증되었다."라고 주장하였다.[44] 한편, 리버만, 얄롬, 마일스는 관계의 질이 효과적인 결과를 가져오는 필수요소지만, 이는 인지적 이해의 향상과 결합될 때 효과적인 결과를 가져오는 것이라고 하였다.[45] 명료화와 해석이 제공해 주는 것이 바로 이것이다.

이러한 기술들은 집단성원들 간에 그리고 집단과 사회복지사 간에 서로의 이익을 위해 상호지지와 상호원조를 주고받는 것을 필요로 한다. 이 기술들을 선택하는 것은 항상 특정 상황에 한정된 것이다. 하나의 기술이 긍정적인 결과를 가져오는 것은 아니다. 주어진 특정 시간에 집단성원들의 특정 욕구를 충족시켜 주기 위해서는 오히려 여러 기술을 복합적으로 활용할 필요가 있다.

요약하면, 집단을 대상으로 실천하는 사회복지사는 다음과 같은 개입을 활용하게 된다.

① 집단의 구조를 개발하고 활용하여 집단성원들의 욕구를 충족시키면서 그들의 상호작용에 방향성을 제시할 수 있는 최적의 환경을 조성한다.
② 사회복지사와 집단성원들 사이, 집단성원들 사이 그리고 집단성원들과 타인들 사이를 지지적인 관계로 발달시키는데, 이러한 관계에는 수용, 공감, 진솔성 등과 같은 특성이 있다.
③ 집단성원들이 정서적으로 안정되고 돌봄을 받는다는 느낌을 갖도록 지지하며, 소속감과 같은 기본적인 욕구를 충족시켜 주고 자아존중감을 향상시켜 주도록 한다. 또한 타인에게 도움을 제공해 줄 수 있는 기회를 주고, 필요한 지식과 물질 및 사회적 자원을 제공하여 도구적인 지지를 활용할 수 있도록 돕는다.
④ 사실과 생각, 감정과 관심사 등을 파악하는 목적을 탐색하여 성원들이 문제에 대해 이해할 수 있도록 하고, 목표성취를 위해서는 성원-집단-환경에 대해 이해할 수 있도록 돕는다.
⑤ 집단성원들에게 사실이나 생각, 가치, 사회성 기술 등을 제공하고 교육하여, 자신감을 얻고 의사결정을 하며 문제에 대처하는 데 이를 활용할 수 있도록 돕는다.
⑥ 집단성원들이 자신의 문제나 집단의 기능에 대해 해결책을 찾지 못할 때 일련의

행동을 할 수 있도록 조심스럽게 조언하고 안내한다.

⑦ 수용과 공감의 관계를 기반으로 집단성원이나 집단이 감정이나 행동 혹은 상황에 직면할 수 있도록 하여 자신이나 집단에 해로운 행동을 중지하거나 전환할 수 있도록 돕는다.

⑧ 감정이나 경험, 행동 유형이나 환경적 장애물을 명료화하여 적응적인 대처와 의사결정을 할 수 있는 인지적 이해를 향상시킬 수 있도록 한다.

⑨ 쉽게 인정하거나 언어로 표현할 수 없는 생각과 감정 그리고 경험을 의식할 수 있도록 도움으로써 경험의 의미나 숨겨져 있는 동기에 대해 해석한다.

⑩ 이러한 일련의 행동들을 집단의 내용이 토의중심적이든 행동중심적이든 간에 선택적으로 적용한다.

사회복지사는 특정한 것을 말하거나 행하는 데 있어 여러 가지 방법이 있음을 기억할 필요가 있다. 즉, 상황에 따라 다른 것이다. 따라서 실제로 가장 중요한 기술은 '반영적 사고를 수반한 행동(reflection in action)'으로, 이것이 사회복지사의 마음속에 지속적으로 자리 잡고 있어야 한다. 집단성원들이 토의나 활동에 참여하게 될 때, 사회복지사는 관찰하고 경청하며 자신의 감정과 편견을 인식하게 된다. 그리고 집단성원들 간에 교환되는 상호작용의 질과 의미에 대해 자신이 인식하는 바를 평가하고 반영하며, 현재 진행되고 있는 것을 지지하거나 집단활동에 새로운 것을 추가하게 된다. 이러한 사고과정이 행동과 결합되므로 집단을 대상으로 일하는 것은 특별히 도전적이면서 흥미로운 실천방법인 것이다.

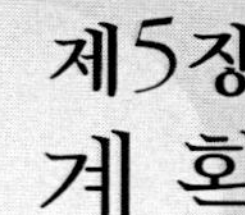

제5장 계 획

집단성원들에게 집단이 갖는 의미와 가치는 많은 복잡한 요인들에 의해 결정된다. 집단성원들에게 효과적으로 서비스를 제공해 주기 위해 사회복지사는 집단을 시작하고 지속적으로 발달시키기 위해 착실히 준비해야 할 필요가 있다. 하지만 사회복지사들은 종종 계획과정을 게을리하거나 피상적으로 하는 경우가 있다.[1] 이는 아마도 사회복지사들이 계획의 중요성을 올바르게 인식하지 못하기 때문일 수 있다. 아니면 사회복지사들이 업무에 압박을 느껴 급하게 집단을 진행하기 때문일 수 있다. 하지만 철저하고 사려 깊게 집단을 계획하는 것은 집단사회복지실천을 성공으로 이끄는 데 많은 기여를 할 수 있다. 또한 계획은 집단사회복지실천의 주요한 부분 가운데 하나다.

계획은 집단의 첫 모임 전에 사회복지사의 생각, 준비, 의사결정, 행동으로 이루어진다. 사회복지사는 집단을 구성하려는 생각이 있었던 시간에서부터 집단의 첫 모임을 실제로 가질 수 있도록 준비하는 시간 사이에 많은 복잡한 일들을 결정해야 한다. 맥스 시포린(Max Siporin)이 말한 것처럼, 계획과정은 사려 깊고 합리적인 것으로 특정 목표를 확실하게 성취할 수 있도록 하기 위해 고안되는 것이다.[2] 사회복지사는 종종 타인들과의 협력을 통해 구성하고자 하는 집단의 특성에 관해 여러 가지 선택을 해야 한다. 사회복지사의 이러한 의사결정은 사회적 상황과 집단과정, 기관의 정책 및 규정, 클라이언트 및 그와 상호작용을 하는 사회체계망에 대한 지식을 근거로 한 것이다.

지난 수십 년 동안 집단에 관한 문헌에서 계획을 다루는 포괄적인 모델이 제시된 적이 없었다. 사실 이전의 문헌들이 계획의 중요성에 대해서 언급을 하였지만 실제적으로는 이에 대해 거의 관심을 두지 않았다. 사회복지 전문직의 가장 기본적인 문헌 가운데 일부에서는 계획을 사회복지의 주요한 활동으로 포함시켰지만, 이들 문헌들도 실제 계획과정에 관해서는 사회복지사들에게 어떤 방향성이나 지침을 제공해 주지 않았다.[3] 오히려 다양한 저자들은 집단구성에 중요하다 생각되는 개별적인 요소들을 강조하였다.[4] 하지만 오늘날에는 이것이 더 이상 맞는 얘기가 아니다. 즉, 지난 10년 동안 집단사회복지실천에 관한 많은 문헌에서 계획과정에 대해 상당한 관심을 기울여 왔다.[5]

집단에 관해 신중하게 사전계획(pregroup planning)을 하는 것은 여러 가지로 도움이 된다. 이는 집단성원들의 욕구를 충족시킬 수 있는 집단을 구성하면서, 집단의 성원들이 집단의 목표성취에 자신의 시간과 정력을 쏟을 수 있는 집단을 구성할 수 있도록 돕기 때문이다. 결과적으로 이러한 집단은 보다 규칙적인 출석률을 보이면서 탈락률이 적고 집단의 응집력이 강하다.[6] 사려 깊게 사전계획을 하는 것은 또한 집단에 관여하는 사회복지사에게도 도움이 된다. 이를 통해 사회복지사는 집단성원의 목표와 기대에 대한 지식과 집단의 상호작용에 대한 이해를 향상시키고,[7] 집단에서 자신을 적절하게 활용할 수 있는 능력을 향상시킬 수 있게 된다.[8]

계획은 사회복지사에게 다음과 같은 두 가지 추가적인 이점을 줄 수 있는데 이것이 즉각적으로 나타나는 것은 아닐 수도 있다.[9] 첫째, 계획은 사회복지사의 자신감을 향상시킨다. 집단을 구성하는 사회복지사는 집단에 대해 충분히 생각을 하기 때문에 자신뿐만 아니라 집단에 대해서도 보다 확신을 가질 수 있다. 결과적으로 사회복지사는 클라이언트의 말을 보다 잘 경청할 수 있으며, 집단성원에게 보다 잘 반응할 수 있고 덜 경직되면서 보다 유연해질 수 있다. 둘째, 계획은 사회복지사로 하여금 집단의 개별성원과 그의 주위 환경 및 상황, 배경, 지역사회, 문화, 태도, 관점 및 관심사 등에 대해 보다 더 잘 이해할 수 있도록 돕는다. 사회복지사가 계획에 깊게 관여함으로써 집단성원과 그의 주위 환경에 대해 보다 잘 이해할 수 있게 된다. 사회복지사의 이러한 이해는 성공적인 집단사회복지실천에 있어 필수적인 것이다.

1. 계획 모델[10)]

서비스를 제공하는 기관 및 사회적 상황 속에서 집단구성에 대한 계획은 다음과 같은 여섯 가지 영역을 고려해야 한다.

① 욕구: 집단에 참여할 집단성원들의 문제나 어려움, 관심사는 무엇인가?
② 목적: 집단 전체가 추구하는 목적과 목표는 무엇인가? 개별성원의 목표는 무엇인가? 집단 전체의 목적 및 목표와 개별성원의 목표 간에는 어떤 연관성이 있는가?
③ 구성: 집단에 참여할 성원 수는 몇 명인가? 집단성원들의 공통점과 차이점 가운데 중요한 부분은 무엇인가? 집단을 이끌 사회복지사는 누구인가?
④ 구조: 집단의 운영을 촉진하기 위해 필요한 것은 무엇인가? 특히, 집단 모임의 시간 및 장소와 관련해서 고려해야 할 것은 무엇인가?
⑤ 내용: 집단의 목적을 성취하기 위해 활용될 도구는 무엇인가? 집단 내에서 실제로 어떤 일들이 벌어질 것인가?
⑥ 사전접촉(pregroup contact): 집단참여에 필요한 인원은 몇 명 확보할 것인가? 집단의 참여를 위해 집단성원을 어떻게 준비시킬 것인가?

이 여섯 가지 영역 각각에 대한 고려는 이를 둘러싸고 있는 사회와 기관의 상황과 함께 고려되어야 한다. 문화나 지역사회 그리고 기관의 환경에 존재하고 있는 신념과 조건 등은 집단에 영향을 줄 수 있으며, 사회복지사는 사전계획 과정에서 이에 대해 고려할 필요가 있다.

계획의 구성요소들 간의 관계는 [그림 5-1]에 나타나 있다.

가장 먼저 고려되어야 할 것은 욕구다. 집단의 목적에 대한 결정은 직접적으로는 욕구에서 나온다. 다른 네 가지 요소, 즉 구성, 구조, 내용, 사전접촉은 욕구와 목적으로부터 나오는 것이며 이들 구성요소를 동시에 고려해야 한다. 기관과 사회적 상황은 계획의 구성요소 모두를 둘러싸고 있으면서 이들에게 영향을 준다.

때로 사회복지사는 집단성원의 자격(membership)이 이미 결정되어 집단성원의 구성에 선택의 여지가 없는 집단을 갖게 될 수 있다. 예를 들어, 학교에서의 집단은 특정 학급의 모든 남학생을 대상으로 계획될 수도 있으며, 거주치료시설에서는 특정 층에 거주하는 모든 사람들을 대상으로 할 수도 있다. 이러한 집단의 계획은 [그림 5-2]에서 나타

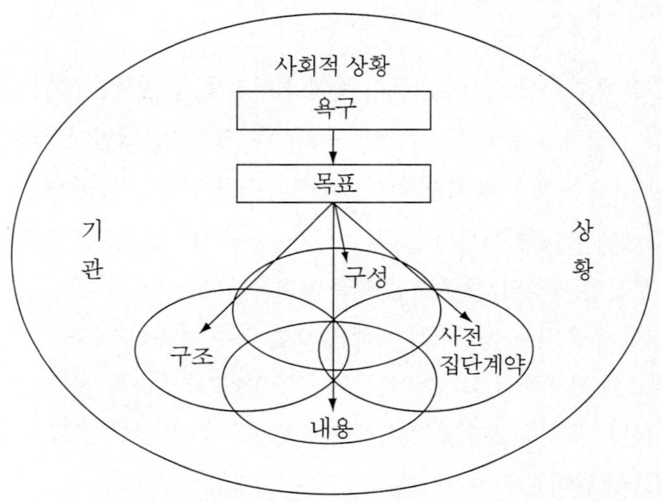

[그림 5-1] 집단 사전계획 모델(집단구성이 사전에 결정되지 않았을 경우)

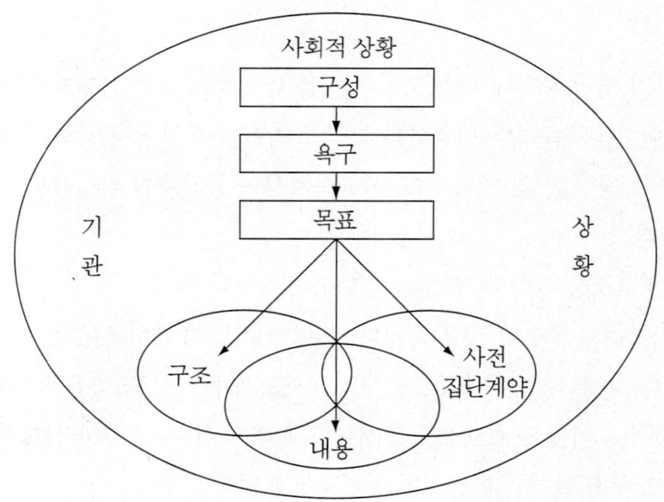

[그림 5-2] 집단 사전계획 모델(집단구성이 이미 결정되었을 경우)

난 바와 같이 구성요소들 간의 관계가 아무것도 없는 것에서 시작한 집단과 비슷하다.

두 번째 모델의 차이점은 계획과정이 구성에서 시작한다는 것이다. 사회복지사는 집단성원이 되고자 하는 사람들의 욕구를 파악할 필요가 있다. 그런 다음 구성이 결정되지 않은 상태에서 집단의 목적이 욕구로부터 나오고 구조, 내용, 사전접촉이 그 뒤를 따르게 된다. 그리고 다시 한 번 말하지만 기관과 사회적 상황이 집단계획의 구성요소 모두에 영향을 준다.

2. 사회적 상황

집단은 진공상태에서 존재하는 것이 아니다. 집단은 그것이 속해 있는 지역사회와 집단성원들이 소속해 있으면서 집단성원들에게 준거틀을 제공하는 여러 부류의 지역사회에 의해 영향을 받는다. 지역사회에는 여러 가지 종류가 있는데, 우선 지리적인 지역사회 혹은 이웃사회와 서비스 지역 등으로 병원이나 학교가 해당된다. 또 다른 중요한 지역사회로는 사회적인 지역사회로 인종, 민족, 종교, 연령과 같은 특성을 근거로 자연스럽게 형성된 지역사회다. 이에 속한 성원들은 가치관과 규범, 세계관 등을 공유할 수도 있다. 가까운 확대가족은 또 다른 중요한 지역사회다. 한스 팔크(Hans Falck)는 클라이언트가 이러한 지역사회에 속해 있는 것을 존중하는 것이 매우 중요함을 강조하였다.[11]

어떤 지역사회에서는 많은 기관과 조직들이 건강, 교육, 복지의 욕구를 강조하는 반면, 다른 지역사회에서는 그러한 기관이나 조직들이 거의 없기도 하다. 또한 어떤 지역사회에서는 다양한 종류의 서비스와 자원이 존재하는 반면, 다른 지역사회에서는 지역주민의 욕구와 관심을 충족시켜 줄 서비스와 자원이 전무한 형편이다. 집단을 계획하는 사회복지사는 이러한 서비스의 가용성과 접근성을 충분히 고려해야 할 필요가 있다. 사회복지사가 지역사회에 존재하는 서비스와 자원을 인식하는 것은 현존하는 자원들의 틈새를 파악할 수 있는 단서를 제공하는 것이며, 계획하고 있는 집단과 연계하여 활용할 수 있는 자원을 파악할 수 있다.

사회복지사는 계획과정에서 집단에 참여할 잠재적인 성원들이 사회복지 서비스, 특히 집단서비스에 대해 갖는 태도를 고려하는 것이 중요하다. 이러한 태도는 문화적 규범과 신념에 의해 강하게 영향을 받는다. 예를 들어, 어떤 문화에서는 가까운 가족 외의 사람에게 도움을 청하는 것은 개인적인 실패와 부족함을 나타내는 것으로 여겨진다. 사회복지사와 같은 '낯선 사람'에게 개인적인 이야기를 하는 것이 어려울 뿐만 아니라, 집단의 성원들과 같은 '낯선 사람들'과 얘기하는 것은 더욱 부담스러운 것이다.[12)]

성원들의 이러한 태도를 아는 것은 계획과정, 특히 집단의 사전접촉과 내용을 고려하는 데 있어 사회복지사에게 도움이 된다. 사회복지사는 집단의 잠재적인 성원들에게 제공하고자 하는 집단과 집단서비스에 대해 어떻게 말하고 제시할 것인가를 고려해 볼 필요가 있다. 사회복지사는 사전접촉으로 집단의 잠재적인 성원들을 초청하여 이들이 집단참여에 대해 가지고 있을 수 있는 의혹을 표현할 수 있도록 돕고 이를 진정으로 경청할 필요가 있다. 사회복지사는 또한 집단성원들이 집단에 참여함으로써 얻을 수 있는 이점을 준비하고 이를 구체적으로 표현할 수 있어야 한다. 마찬가지로 집단의 내용을 미리 고려하면서 사회복지사는 집단성원들의 대인관계 수준을 고려하고, 이러한 대인관계 수준이 그들의 문화적 특성과 일치하는지를 생각해 보아야 한다.

구성하고자 하는 집단의 사회적 상황을 고려함에 있어 사회복지사는 다음과 같은 질문들을 고려할 필요가 있다.

① 잠재적인 집단성원들이 속해 있는 주요 지역사회에는 어떤 것이 있는가? 지리적 지역사회, 서비스 지역사회, 사회적 지역사회, 가족 지역사회 등
② 지역사회에 현존하고 있는 서비스와 자원은 무엇이며 이들의 틈새는 무엇인가?
③ 현존하고 있는 서비스와 계획하고 있는 집단 간의 관계는 어떠할 것인가?
④ 잠재적인 집단성원에게 사회적으로, 가족적으로 중요한 사람은 누구인가?
⑤ 잠재적인 집단성원들이 사회복지 서비스, 특히 집단 서비스에 대해 갖고 있는 태도는 무엇인가?
⑥ 이러한 태도가 계획과정, 특히 집단 사전접촉과 내용에 주는 시사점은 무엇인가?

3. 기관의 상황

집단은 대체로 사회복지 서비스기관 내에 구성되거나 사회복지 전문직이 다학제 조직(multidisciplinary organization)의 일부인 기관 내에 구성된다. 이러한 조직에는 학교, 병원, 진료소, 교도소, 거주시설, 경영 및 산업체 등이 있다. 이러한 기관들은 상호 연관된 사회체계 내에서 이사회, 위원회, 행정직, 사무직, 전문직, 준전문직 등과 같은 복잡한 인맥을 구성하고 있다. 조직 내에서 일부 사람들은 제공되는 서비스의 범위와 조건들을 규정할 권위를 갖고 있다. 어떤 서비스는 조직의 승인을 받아야 하지만 어떤 서비스는 그렇지 않을 수도 있다. 기관의 정책은 예방, 발달 혹은 치료 기능, 서비스 비용을 포함한 수혜자격, 서비스가 제공될 클라이언트 부류, 클라이언트와 사회복지사가 활용할 수 있는 자원, 사회복지사가 활용할 지식기반 등과 관련되어 있다. 기관의 구조, 정책, 절차는 서비스의 접근성, 지속성, 형평성, 질과 같은 문제에 영향을 준다. 역으로 법, 정부규정, 외부 재정지원 단체 등은 기관의 기능과 정책 가운데 많은 부분을 규정하고 있다.

기관의 상황이 집단의 계획에 주는 영향은 광범위한데, 이는 기관 내에 존재하는 여러 여건들이 집단구성의 노력에 영향을 주기 때문이다. 따라서 사회복지사는 집단구성과 관련된 기관의 기능, 실천방법, 정책 등을 인지하고 있어야 한다. 보고요령, 책무성, 평가, 비밀보장, 고지된 동의, 접수, 수혜자격, 서비스 비용, 직원의 업무량 등과 관련된 정책은 특별한 영향력을 가지고 있다. 따라서 사회복지사는 집단의 구성에 걸림돌이 될 수 있는 기관의 이러한 정책들과 맞서 싸우는 노력이 필요할 수 있다.

기관 내에 존재하는 집단에 대한 태도, 특히 기관에서 권위를 가지고 영향력을 행사할 수 있는 사람의 태도는 집단구성에 중요한 결과를 가져올 수 있다. 집단서비스가 기관의 프로그램 가운데 잘 정착된 프로그램이 아니라면 이러한 사람들의 존재는 조직의 위계를 흔드는 경향이 있다. 이는 집단서비스가 클라이언트에 대한 새로운 자세를 필요로 할 뿐만 아니라, 가족적이고 편안한 일대일의 업무형태에서 변화해야 하기 때문이다. 집단의 활용은 기관 직원과 클라이언트 간의 권력과 통제를 재분배할 수도 있다.[13] 따라서 일부 직원들은 클라이언트들을 집단으로 모으는 것을 위협적인 것으로 간주하기도 한다.

때로 집단에 대한 부정적인 태도는 집단에 대한 기관의 과거 경험에서 나온 것일 수도 있다. 예를 들어, 집단성원을 충원하려는 이전의 노력이 충분하지 못해 집단의 출석률이 낮았던 경우, 클라이언트들이 '집단을 좋아하지 않거나' '오려고 하지 않을 것' 이라는 일반적인 생각이 생겨날 수 있다. 이러한 결론이 결코 확실한 것은 아니다. 마찬가지로 기관에서는 집단의 한 성원이 보인 소란스럽고 과장된 행동을 근거로, 집단성원의 파괴적인 행동이 또다시 발생할 수 있는 불가피성을 모든 집단에 적용할 수도 있다. 따라서 사회복지사는 기관이 이전에 집단서비스를 제공한 경험을 파악하되, 특히 기관이 집단에 대해 가졌던 부정적인 태도를 파악하고 집단을 구성하는 것이 좋다. 기관의 이전 경험을 앎으로써 사회복지사는 과거 경험이 기여한 부정적인 태도를 다룰 수 있을 것이다.

집단에 대한 부정적인 태도는 또한 집단에 대한 일상적이면서도 지속적으로 떠도는 가상적인 이야기에 의해 영향을 받기도 한다. 거의 모든 클라이언트는 개별 서비스를 선호할 것이며 집단은 서비스 제공의 2차적인 선택방법이라는 이야기 같은 것이 그 한 예다. 이러한 편견을 반박한 충분한 증거가 있음에도 불구하고 이러한 이야기는 계속해서 돌아다니고 있다.

집단은 서비스를 제공하는 데 있어 가장 경제적인 수단으로서 일차적으로 비용을 절감하는 데 활용될 수 있다는 이야기도 그러한 가상적인 이야기의 또 다른 예다. 일부 집단, 예를 들어 교육집단이나 정보 혹은 기술을 한 사람에게 하나씩 가르치는 것보다 여러 사람에게 가르치는 집단은 경제적일 수 있지만 대부분의 집단은 시간적인 면에서 절약이 되지 못한다. 집단을 실행하기 이전 혹은 실행 중에도 사회복지사는 집단을 계획하고, 필요에 따라 집단이 시작되기 전에 개별적으로 성원들을 만나고, 종종 집단에서 발생하는 경험을 보완하기 위해 성원들을 개별적으로 만나며, 집단 자체 및 개별성원과 관련된 문서기록을 관리하고, 각 회기를 평가하고 다음 회기를 계획하는 등 많은 시간을 요하게 된다.

집단의 사전계획을 실행하는 사회복지사는 기관이 잘못된 이유를 들어 집단을 구성하려 할 때 이에 굴복하지 말아야 한다. 사회복지사는 (개별 서비스에 비해) 집단이 저렴해서 집단서비스를 제공하거나 서비스의 2차 방법으로 제공하려는 것이 아니라, 주어진 여건 속에서 서비스를 제공하는 하나의 방법으로서 집단을 구성해야 한다. 집단은 성원들 간에 공동의 욕구가 있으면서 자신들에게 중요한 목표를 성취하기 위해 상호원조하려고 할 때 구성되어야 한다.

기관의 행정가나 다른 직원들이 집단에 대해 잘못된 인식을 가지고 있으면, 집단에 대한 승인이 충분치 못하거나 집단에 클라이언트를 의뢰하는 것이 결핍되는 결과를 초래할 수 있다. 이러한 인식을 불식시키기 위해 사회복지사는 기관이 집단에 대해 가지고 있는 두려움이나 환상을 인식할 필요가 있으며, 집단의 목표와 집단과정을 규정하는 역동적인 힘에 대한 교육을 제공할 필요가 있다. 집단을 계획하는 사회복지사는 기관의 행정가와 직원들이 누구를 위해 무엇이 제공되고, 변화를 가져오는 것이 무엇이며, 결과를 어떻게 평가할 것인가를 이해할 수 있도록 도와야 한다.[14)]

새 집단을 계획함에 있어, 사회복지사는 집단이 그것이 속해 있는 거대한 사회체계의 일부라는 점을 상기할 필요가 있다. 집단의 성공은 주요 직원들의 협력에 달려 있다. 따라서 그러한 협력을 얻어내기 위해서는 그 주요 직원들이 집단의 목적, 목적을 성취하기 위해 활용되는 수단, 집단이 집단성원과 기관의 사명에 기여할 방법 등을 이해할 필요가 있다. 집단의 발달과 과정에 영향을 미칠 수 있는 사람과 집단에 의해 영향을 받을 수 있는 사람의 협력 및 승인은 매우 결정적인 것이다.

집단을 구성할 수 있는 가능성을 판단하기 위해 사회복지사는 기관분석을 실행하여 기관 내에서 얻을 수 있는 지지를 파악하고, 나아가 집단을 구성하기 위해 필요한 기관의 승인과 지지를 얻고자 할 때 다루어져야 할 기관 내의 요인들을 파악할 필요가 있다.[15)] 하지만 집단이 잘 정착하지 못하거나 긍정적으로 인정받지 못할 때, 기관 내에서의 과업은 부정적인 태도, 가상적인 이야기, 잘못된 인식 등을 다루어야 하고 승인과 협력을 얻을 수 있어야 한다.

계획이 진행됨에 따라 사회복지사는 서비스를 수혜할 집단에 대해 잘 알고 있으면서 집단 때문에 업무에 영향을 받을 수 있는 다른 직원을 참여시켜 그 직원과 협의할 필요가 있다. 기관에 따라서는 의사, 간호사, 시설장, 교사, 심리학자, 다른 사회복지사와 같은 사람들과 협력할 필요도 있다. 이들 직원은 집단을 지지하는 데 중요한 역할을 할 수 있다. 하지만 이들이 위협을 느끼거나 무시당했다는 느낌을 가진다면 집단을 고의로 방해할 수도 있다. 나아가 이들은 클라이언트의 욕구, 기관의 문제 등과 같이 집단구성에 필요한 중요한 정보나 이해, 경험, 생각들을 갖고 있을 수 있다.

구성하고자 하는 집단에 대해 다른 직원들이 의심을 하거나 거부감을 느낄 때 설득의 노력이 필요할 수 있다. 사회복지사가 그러한 노력을 할 때는 이들 직원의 의심이나 거부감의 근거나 진실성에 상관없이 그들의 염려와 느낌을 고려하고 다룰 필요가 있다. 타 직원들은 구성된 집단이 자신의 이익에 반한다고 생각할 때 거부감을 보일 수 있다. 예를 들어, 타 직원들은 구성되고 있는 집단이 자신의 클라이언트를 빼앗아갈 것이라고 생각하거나, 집단으로 모여서 자신들에 대해 비난하고 불평할 것이라는 두려움을 가질 수 있다. 또한 집단에 어떠한 방식으로든 참여하게 되면 집단으로 인해 기존의 업무 외에 추가로 새로운 업무와 짐이 발생할 것이라고 생각할 수도 있다. 집단이 일단 시작되면 그러한 두려움이나 생각이 마치 마술처럼 없어질 것이라고 바라는 마음을 가지고 이러한 생각과 느낌을 무시하기보다는 직접 다룰 필요가 있다.

기관의 상황과 관련하여 사회복지사는 다음과 같은 질문을 고려할 필요가 있다.

① 기관의 사명과 목적은 무엇인가? 구성하고 있는 집단은 어떠한 방식으로 기관의 사명과 목적을 보완할 것인가?
② 구성하려는 집단을 승인하고 지지할 수 있는 기관 내의 주요 직원은 누구인가? 그 직원의 승인과 지지를 얻을 수 있는 가장 좋은 방법은 무엇인가?
③ 기관 내에 존재하고 있는 집단서비스에 대한 태도는 무엇인가? 그러한 태도가 집단을 성공적으로 구성하는 데 방해가 되거나 지지해 주고 있는가? 부정적인 태도가 존재한다면 그것을 어떻게 극복할 것인가?
④ 기관이 이전의 집단과는 어떤 경험을 하였는가? 경험이 긍정적인 것이라면 그것을 통해 얻을 수 있는 것은 무엇이며, 부정적인 것이라면 극복할 방법은 무엇인가?
⑤ 기관은 집단을 위해 어떤 자원(예: 직원의 시간, 재정, 공간, 재료 등)을 제공할 것인가?
⑥ 기관과 기관이 봉사하는 지역사회와의 관계는 어떠한가? 지역사회 내에서 기관의 위치와 평판이 구성하고자 하는 집단에 어떤 영향을 줄 것인가?
⑦ 기관의 정책과 요구사항들 가운데 어떤 것이 집단을 실행하려는 계획에 직접적으로 영향을 줄 것인가? 이러한 사항들이 집단성원들의 복지에 부합되지 않는다면

예외규정이 만들어질 수 있는가?

⑧ 기관 내외의 직원 협력과 협조, 조정을 위해 어떠한 협의가 필요한가?

4. 욕구

지역사회, 기관 그리고 전문적인 상황에 대한 지식은 집단경험을 통해 도움을 얻고자 하는 사람들의 욕구, 문제, 관심사를 파악하는 데 필수적인 요건이다. 또한 광범위한 심리사회적 관점에서 나온 인간발달에 대한 지식, 최적의 발달을 방해하는 개인 및 환경적 장애물 그리고 발달을 최적화하는 데 도움을 주는 요인들에 대한 지식 또한 필수적인 요건이다. 사람들은 각 발달단계의 과업을 완수할 욕구, 생애과정에서 직면하는 삶의 전환과 위기에 효과적으로 대처하고 싶은 욕구 그리고 자신의 건강, 교육, 재정적인 안정, 여가, 사회적 관계에 대한 기본적인 욕구를 충족시킬 기회를 갖고자 하는 욕구 등을 가지고 있다.

집단과정은 사람들이 사회적 관계 및 역할기능 부분에서 집단성원들의 욕구를 충족시킬 수 있도록 돕는 강력한 힘이다. 집단을 활용함으로써 여러 유형의 문제를 변화시킬 수 있는데 이를 자세히 살펴보면 다음과 같다.[16]

지식, 기술, 경험의 부족 정보를 획득할 기회나 사회성 기술을 개발할 기회가 부족하거나 새로운 경험을 시도해 볼 수 있는 기회가 부족한 것은 효과적인 기능을 수행하는 데 저해가 된다. 많은 경우에 사회화 과정은 사회생활의 중요한 일부분 혹은 여러 부분에서 불충분하거나 무시될 수 있다. 중요한 역할을 적절하게 수행할 수 있는 것은 사회성과 같은 자원에 달려 있다. 사회성 기술은 특정 행동에 한정된 것이 아니라 의사소통, 관계 및 문제해결과 관련된 다양한 기술을 능숙하게 다루고자 하는 욕구인 것이다. 어떤 사람이 새로운 역할을 맡게 되면 사람들은 그 사람이 그 역할을 성공적으로 수행하는 데 필요한 태도와 기술을 완비하기를 기대하지만, 그 사람은 그러한 과업을 위해 충분히 준비되어 있지 못할 수도 있다.

삶의 전환기에 대한 대처 전환기란 '안정된 상태에서 불안정하면서 변화가 반복되는 또 다른 상태로 옮겨가는' 기간이라고 한다.[17] 이 전환기는 생활주기의 한 연대적 단계에서 다음 단계로 이동하는 것을 포함한다. 또한 이 전환기는 은퇴, 실직, 이혼, 사별 등이나 신체적 · 심리적 변화로 인해 중요한 역할을 포기하는 것과 같이 삶에서 중요한 생활사건이나 역할의 변화를 포함한다. 그러한 생활사건이 갑작스러운 것이든 점진적인 것이든 간에 그 전환기를 따라 어느 정도의 스트레스가 동반된다.

지식, 기술, 물질적 자원에 대한 욕구와 더불어 사람들은 이 전환기에 대한 정서적인 반응을 이해함으로써 과거의 안정과 능력에 대한 위협에 대처하면서, 문제해결 과정을 활용하여 미래에 대한 결정을 내리기를 원한다. 이러한 욕구를 가진 사람들이 정서적으로 문제가 있는 것은 아니다. 이들의 어려움은 사회생활에서 발생하는 정상적인 문제들이다. 예를 들어, 학교에 입학하게 되면 아동은 부모 혹은 일차적인 보호자로부터 점차 오랜 시간 동안 떨어져 있게 되고, 교사와 다른 학생들과 관계 맺는 법을 배우게 되며, 새로운 사회적 · 학문적 기대를 충족하고자 한다. 아동들이 직면하게 될 새로운 과업은 부모에게도 스트레스를 유발한다. 한편, 생활주기의 또 다른 단계에서는 노인이 자신의 중요한 역할 및 사회관계 그리고 경제적인 자원의 손실이나 변화에 직면하거나 이에 대해 불안해할 수 있다. 전환기를 거치게 되는 사람은 위기 상황에 있을 수도 있지만 그렇지 않을 수도 있다. 이러한 위기는 스트레스가 급성일 때 발생하여 일반적인 문제해결 방법이 실패할 정도로 안정된 상태를 뒤흔든다.

미해결된 위기 집단은 종종 개인이나 가족의 삶의 위기를 감소시키는 데 활용된다. 사람들은 다음과 같은 상황에서 위기를 경험하게 된다.

> 특정 상황에 연루된 사람(들)이 그 상황을 정서적으로 위험한 것으로 해석하면서, 그 사람이 대처자원을 손쉽게 이용할 수 없을 정도로 요구사항이 많아 참을 수 없는 상태에 이를 때 스트레스가 발생한다. 이때 극심한 불안상태가 발생하여 쉽게 해소되지 못하는데, 이는 효과적인 문제해결 수단이 결여되어 있기 때문이며 습관적으로 활용하는 대처수단이 충분하지 않기 때문이다.[18]

위기를 야기하는 생활사건으로는 의학적 병의 진단, 사고, 화재나 지진과 같은 자연재해, 실업, 강간, 기타 신체적 · 심리적 폭력 등이 있다. 특히, 이러한 상황들이 새로운 발달단계로 성숙되어 가는 시기와 맞물릴 때 더욱 많은 스트레스를 야기시킨다.

관계의 단절 중요한 사람이나 집단과 이별하는 것은 많은 사람들에게 어려움의 원천이 된다. 부모의 죽음이나 이혼, 수감, 위탁가정으로의 배치 등으로 인해 아동이 부모로부터 격리되는 것은 아동과 부모 모두에게 심각한 문제다. 일반적으로 노인이 은퇴하여 새로운 주거지로 이사할 때, 특히 이러한 주거의 변화가 자발적인 것이 아닐 때, 친척과 친구 등과 같은 중요한 사람들과의 의미 있는 관계가 단절된다. 타인과의 관계 단절로 인한 외로움, 단절감, 상실감 등이 생기게 된다. 물론 생활주기의 어떤 단계에 있든 간에 사랑하는 사람의 죽음은 가장 심각한 형태의 관계 단절이다. 미망인은 외로움이나 소외감, 죄책감, 상실감, 우울감과 같은 강한 감정에 대처해야 한다. 또한 그들은 지위와 역할의 변화, 경제적 · 사회적 상황의 변화에도 대처해야 한다. 미망인들은 사랑하는 사람을 상실한 것에 대한 정서적 반응과 함께 타인과의 관계에서 어려움을 겪고 새로운 관계나 기존 관계를 발전시키는 데 어려움을 겪기도 한다.

대인관계 및 집단갈등 갈등은 중요한 생활관계 속에서 흔히 발생하며 주로 배우자와의 관계나 동거인, 부모와 한 명 혹은 그 이상의 자녀 그리고 친척들과의 관계에서 발생한다. 때로 친한 친구 간이나 교사와 학생 간의 관계, 감독자와 실무자 간의 관계 혹은 동료와의 관계 속에서도 갈등이 있을 수 있다. 갈등은 때로 말다툼이나 신체학대, 배우자학대나 아동학대 등과 같이 명확하게 나타날 수도 있다. 반대로 갈등은 집단의 한 성원을 희생양으로 만들거나 외톨이가 되도록 하는 것처럼 대화의 단절이나 적대감을 타인에게 전치하는 방법으로 은연중에 나타날 수도 있다. 갈등은 때로 친밀성이나 적당한 거리감 혹은 사랑과 애정, 의존과 독립심, 권위와 통제 등과 같은 기본적인 욕구를 보완하지 못하는 데서 비롯된 것일 수도 있다. 또한 가치와 목표, 기대감, 전통과 관습 등의 의식적 혹은 무의식적 차원에서 비롯된 것일 수도 있다.

많은 사회에서 문화적 갈등이 팽배해 있다. 대인 간의 갈등이나 집단 간의 갈등은 문화적 차이나 편견 그리고 차별에 근거한 것일 수 있다. 대인관계의 불만족과 갈등은 한편으로는 가치, 규범, 전통의 차이에서 비롯된 것이기도 하다. 어느 민족집단의 가치를 다른 집단이 이해하지 못하게 되어, 그 집단의 사람들이 적절한 선택을 하고 효과적으로 환경에 적응하는 데 문제를 일으키기도 한다. 특정 문화의 가치관이 적응해야 할 문화의 가치관과 상이한 경우, 그 특정 문화에서 사회화된 사람에게는 다른 상황에 대한 적응이 매우 복잡한 문제가 된다. 많은 사람들은 둘 혹은 그 이상의 문화 가운데 일부를 통합하는 방법을 배워야만 하는데, 이는 자신의 문화가 주류 사회의 문화에 의해 평가절하되는 것이기 때문에 매우 힘든 것이다.[19)]

한 문화의 성원들은 주택, 교육, 취업, 의료 등의 분야에서 자신들의 권리가 법이나 사회의 불평등과 차별로 인해 침해당한 것을 알았을 때 주류 사회에 대해 매우 적대적일 수 있다. 불신, 의심, 분노와 적개심과 같은 감정이 인종, 민족, 종교가 다른 집단성원과의 관계를 특징짓기 때문이다. 따라서 그 결과는 부정적인 편견이나 대인관계 및 집단 간의 긴장 혹은 폭력으로 나타난다. 사람들은 자신들의 태도로 인해 때로 선택에 제한을 두기도 하며, 다른 사람이 자신에게 갖는 태도로 인해 피해자가 되기도 한다. 사람은 자신의 다양한 준거집단의 가치와 규범 사이에서 발생하는 차이점으로 인해 내적 갈등을 겪게 되고 고통을 경험하기도 한다. 따라서 문화 간의 다양한 차이는 개인 내적, 대인관계적, 집단적 갈등을 초래할 수 있다.

사회관계에서의 불만족 사람들은 종종 대인관계에서 심각한 불만을 느낀다. 외로움은 심각한 사회문제의 하나로, 자살의 주원인 가운데 하나이며, 신체적인 병과 기타 심리사회적인 문제를 유발한다. 한 설문조사에 따르면 미국사람의 4분의 1이 만성적인 외로움으로 고통을 겪고 있다고 한다.[20)] 그러한 사람들은 애정적인 지지체계가 결여된 것이다. 사람들은 종종 타인과의 관계에서 부족함을 느끼기도 하고 과다함을 느끼기도 한다. 때로 사람들은 친밀한 관계를 형성하기를 두려워하거나 그러한 관계를 필요로 할 때 친밀해지지 못할 수 있다. 그들은 또한 자신의 성적 적응력에 대해 염려할 수도 있으며, 극도의 수줍음이나 위축감으로 고통을 경험할 수 있다. 또 자기주장을 적절한 방법으로 표현할 수 없다고 느끼거나, 때로 지나치게 거슬리거나 공격적이거나 혹은 타인의 비판에 대해 지나치게 취약할 수 있다. 낮은 자아존중감 혹은 왜곡된 자아정체감은 원하는 사람과 관계를 맺고 유지하는 데 방해가 될 수 있다. 긍정적이면서 현실적인 자아존중감과 자아정체감의 상당부분은 그 사람의 가족 및 지역사회의 관계망에서의 관계의 질에 근거한 것이다.

질병 집단성원들은 의학적 혹은 정신과적 질병이나 장애와 같은 진단을 받게 되어 문제를 경험할 수도 있다. 사회복지사는 각 클라이언트의 상황과 연관된 심리사회적 기능상의 문제를 이해할 필요가 있다. 신체적, 사회적, 심리적 안녕은 서로 밀접하게 관련되어 있다. 사회적, 정서적, 환경적, 경제적 스트레스는 종종 정신적, 신체적 질병과 장애를 동반하여 다시 대인관계와 역할수행을 위협한다.

자원의 결핍 경제적, 사회적 자원의 결핍은 의료 및 사회복지 기관의 많은 클라이언트가 직면하는 심각한 문제다. 많은 사람들은 적절한 수입과 주택, 직장, 어린이집, 법률상담, 의료적 자원 등과 같은 자원이 결핍되어 다양한 사회적 문제에 직면하게 된다. 많은 지역에서는 적절한 건강, 교육, 여가 기회가 결핍되어 있거나 문화 및 교통수단이 결여되어 있다. 이와 같은 많은 상황에서는 클라이언트가 적절하게 반응할 수 있는 외부적 요인에 의해 주로 문제가 발생하는 것이다. 벤 오커트(Ben Orcutt)는 "빈곤층 사람들은 사회적, 심리적, 대인관계적 문제를 갖고 있는 것이 아니라 빈곤하다는 것 자체가 개인의 취약성을 현격하게 증가시킨다."라고 지적하였다.[21]

1) 욕구사정

사람들의 욕구는 다양한 수단을 통해 파악될 수 있다. 사람들은 자신들의 욕구가 적절히 충족되지 못한다고 인식하기 때문에 사회복지 서비스를 신청하는 경우가 있다. 한편, 기관의 직원이 집단경험을 필요로 하는 특정 사람들의 욕구를 최초로 파악할 수도 있으며, 이때 기관의 직원은 집단이 도움을 제공할 수 있는 적절한 방법이라는 점을 인식할 수도 있다.

하지만 많은 경우 사람들은 자신들이 인식하지 못하는 욕구를 갖고 있거나, 자신들의 욕구를 충족시킬 수 있는 서비스가 존재하고 있다는 사실조차 모를 수 있다. 이러한 경우 사회복지사가 잠재적인 집단성원에게 먼저 찾아가는(outreach) 것이 필요하다. 지역사회 주민의 특성과 자원을 알고 있는 것은 그러한 욕구를 파악하는 데 도움이 되고, 나아가 사회복지사가 그러한 성원들에게 효과적으로 찾아갈 수 있는 능력을 향상시킬 수 있다. 이러한 특성과 자원을 알기 위해 사회복지사는 필요요건을 숙달하는 작업을 할 필요가 있다. 사회복지사는 시간을 내어 대상지역 주민의 잠재적인 욕구와 특성을 숙지할 필요가 있는데, 이때 대상지역은 지리적 지역, 서비스 대상지역, 사회적 지역, 가족지역 등이 될 수 있다.

비록 클라이언트가 사회복지사에게 자신의 욕구에 대해 상당부분 알려 주기는 하지만, 사회복지사는 집단이 일단 시작되면 클라이언트가 그렇게 알려 줄 것이라고 막연하게 생각하는 것만으로는 충분치 않다. 오히려 계획과정에서 사회복지사는 대상 클라이언트 집단이 가질 수 있는 잠재적인 욕구를 최대한 알려고 노력하는 것이 중요하다. 이러한 노력에는 여러 가지 방법이 있을 수 있다. 즉, 잠재적인 클라이언트뿐만 아니라 그들의 교사, 간호사, 부모 등과 같은 관련자들과 대화를 하는 방법, 대상집단의 클라이언트와 일해 본 경험이 있는 다른 사회복지사와 대화를 하는 방법 등이 있다. 욕구를 사정함에 있어 사회복지사는 대상 클라이언트 집단에 관한 전문 서적을 숙지하고 있는 것이 중요하다.

클라이언트가 서비스를 신청하였거나 서비스에 의뢰되었을 경우 욕구사정은 보다 공식적인 형태인 접수면접에서 이루어지게 된다. 종종 집단의 구성과정에서 욕구사정은 성원을 찾아가서 비공식적으로 대화를 나눔으로써 이루어질 수 있다. 공식적인 방법이든 비공식적인 방법이든 간에 사회복지사는 잠재적인 성원인 클라이언트가 필요로 하고 원하는 것이 무엇인지 파악하기 위해 다양한 질문을 고려해야 한다. 직접적으로 묻는 질문(예: 당신의 욕구가 무엇이라 생각하세요?)은 매우 제한된 반응을 가져올 뿐이다. 사실 이러한 어려운 질문에 대한 대답은 특별히 도움이 되지 않는 경향이 있다.

욕구를 사정함에 있어 중요한 것은 피면담자에 대한 현실적인 감각을 익히는 것이다. 그들이 하루를 어떻게 지내고 있는가? 주말에는 주로 무엇을 하는가? 그들의 염려는 무엇인가? 그들의 희망, 꿈 혹은 소원은 무엇인가? 그들의 가족은 어떠한가? 친구들과 함께 있을 때 그들은 무엇에 대해 이야기하는가? 이러한 질문들에 대한 잠재적인 성원의 대답을 통해 사회복지사는 클라이언트에 대해 많은 것을 알 수 있는데, 그들의 대답 자체가 상당부분은 그들의 욕구를 나타내는 지표가 될 수 있다.

잠재적인 집단성원들을 관찰할 수 있는 기회 혹은 가능하다면 그들과 잠시 어울릴 수 있는 기회를 갖는 것은 사회복지사가 집단계획 과정에서 클라이언트의 욕구를 사정하고 이해하는 데 도움을 준다. 그러한 관찰을 할 수 있는 기회는 많이 있다. 대상집단에 따라 다르겠지만, 사회복지사는 십대들과 대기실에서 어울릴 수 있으며, 부모들이 아이들을 어린이집이나 학교에 데려다 줄 때 부모들과 잠시 이야기를 할 수 있다. 또한, 진찰대기실에서 환자들과 잠시 앉아 이야기를 나누거나 노인들이 점심을 먹을 때 그들과 대화를 할 수도 있다. 비공식 집단의 사람들과 어울릴 때 사회복지사는 자신을 소개하는 것 이외에 많은 것을 얘기할 필요 없이 관찰할 수 있다. 오히려 관찰의 의도는 그들이 무엇에 대해 이야기하는가를 경청하는 데 그 목적이 있다. 그러한 관찰을 통해 사회복지사는 대상집단의 성원들이 갖고 있는 관심사의 일부를 파악할 수 있다. 이 방법은 또한 잠재적인 집단성원들이 사회복지사를 알게 될 수 있는 기회를 제공해 주며, 이는 다시 집단성원들을 모집하는 과정을 쉽게 해 준다. 예를 들어, 사회복지사가 대기실에서 개별성원에게 자신을 소개한 다음 클라이언트의 욕구를 '탐문' 하기보다 간단하게 대화를 하는 것이 좋다. 이러한 대화가 궁극적으로는 사회복지사가 계획하고 있는 집단에 도움이 될 것이라는 것을 이해할 수 있다.

욕구사정은 단순히 사회복지사의 사무실에서만 수행될 수 있는 것이 아니라, 지역사회로 나아가 잠재적인 집단성원뿐만 아니라 여러 사람들과 대화하는 것을 포함한다. 교사나 부모, 기관의 다른 직원이나 타 기관의 직원 등과 같은 관련자들은 클라이언트의 욕구에 대해 알고 있을 뿐만 아니라 욕구에 대한 사정에도 많은 기여를 할 수 있다. 사회복지사가 그들과 함께 클라이언트의 욕구에 대해 대화를 나눌 때, 특정 주제가 나타나게 되고 일부 염려사항들이 반복적으로 표현되는 것을 사회복지사는 파악할 수 있다. 이러한 특정 주제는 사회복지사가 계획하고 있는 집단에서 다루어야 할 욕구에 대한 단서를 제공한다. 사회복지사가 일단 계획하고 있는 집단에서 다루어야 할 욕구에 대한 기본적인 생각을 정리하게 되면, 다시 대상집단의 사람들과 관련자 및 기관의 직원들과 대화를 시도하여 욕구에 대한 그들의 생각과 솔직한 환류를 파악하는 것이 도움이 된다.

사람에 따라 욕구를 인식하는 것이 비슷할 수도 있지만 다를 수도 있다. 예를 들어, 기관의 욕구에 대한 인식은 집단을 계획하고 있는 사회복지사가 인식한 욕구와 일치할 수도 있지만 그렇지 않을 수도 있다. 마찬가지로 사회복지사 혹은 기관이 인식한 욕구는 잠재적인 성원이 인식하고 있는 욕구와 같을 수도 있지만 그렇지 않을 수도 있다. 따라서 계획과정에서 사회복지사가 해야 할 중요한 과업은 욕구를 명확히 하고, 계획하고 있는 집단에서 우선적으로 다루어야 할 상이한 욕구에 대해 합의를 도출해 내는 것이다. 다양한 사람들이 갖고 있는 욕구에 대한 상이한 인식이 서로 보완적이지 못하면 구성하고자 하는 집단이 생존하는 데 어려움을 겪을 수 있다.

욕구의 구성요소와 관련하여 사회복지사는 사전계획 과정에서 다음과 같은 질문들을 고려할 필요가 있다.

① 계획하고 있는 집단의 잠재적인 성원들이 인식한 욕구는 무엇인가? 또한 지원기관과 다른 사회복지사, 관련자들, 집단을 계획하고 있는 사회복지사가 인식하고 있는 욕구는 무엇인가?
② 욕구에 대한 이러한 인식들 가운데 중요한 유사점과 상이점은 무엇인가? 욕구에 대한 인식이 어떻게 서로 보완적인가? 이러한 인식이 어떻게 상이한가? 욕구에 대한 인식이 상이한 것 가운데 명료화되거나 합의되어야 할 것은 무엇인가?
③ 잠재적인 집단성원의 사회적 상황 구성요소 가운데 이들의 욕구(예: 가치관, 태도, 경제적인 여건, 지역사회 자원 등)에 영향을 미칠 수 있는 것은 무엇인가?
④ 잠재적인 집단성원들의 발달적인 욕구는 무엇인가?
⑤ 계획하고 있는 집단에서 다루어야 할 욕구는 무엇인가?

5. 목 적

욕구와 목적의 구성요소는 매우 밀접하게 연관되어 있다. 집단의 목적은 구성되는 집단에서 다룰 욕구를 파악함으로써 만들어진다. 욕구가 구체화되면 집단의 목적은 파악된 욕구를 충족시킨다.

집단의 목적은 구성하고자 하는 집단이 추구할 목표(ends)를 의미한다. 사회복지사에게 집단의 구체적인 목적은 사회복지 전문직의 일반적인 목적과 관련이 있는데, 이 사회복지 전문직의 목적은 일반적으로 효과적인 심리사회적 기능을 유지 또는 향상시키거나 성취하도록 하는 것이라고 기술되어 있다. 사회복지실천에서 효과적인 기능이 모든 집단의 목표가 될 수 있기는 하지만, 집단성원들에게 집단경험이 의미 있는 것이 되기 위해서는 이러한 광범위한 목적을 성취할 수 있도록 집단성원들을 도울 수 있는 것이 무엇인지를 파악하고 규정할 필요가 있다. 나아가 집단의 구체적인 목적은 이를 지원하는 단체의 기능과 일치해야 한다.

집단의 목적은 집단이 집합적으로 추구해야 할 목표와 개별성원들이 집단참여를 통해 얻고자 하는 희망, 기대, 목표 모두를 포괄해야 한다. 잠재적인 집단성원들의 공통의 욕구가 파악되고 그것이 집단구성의 근거로 활용될 때, 개별성원의 목표는 집단의 목적과 연관될 가능성이 크다. 예를 들면, 집단의 목적이 6학년 학생들이 중학교에서 만족스러운 적응을 할 수 있도록 돕는 것일 수 있다. 목표(goals)는 집단의 특정 성원들의 욕구와 명확하게 연관되어 있어야 한다. 따라서 이러한 목표에는 초등학교와는 다른 새로운 학교에서의 행동규범에 대해 이해하는 것, 교사 한 명이 한 반을 담당하는 초등학교와 달리 여러 교사들과 만족할 만한 관계를 형성하는 것, 친한 친구들과 이별하게 됨으로써 생기는 외로움에 대처하는 것, 타인을 찾아가 친구로 사귀는 것, 적절한 과외활동을 선택하고 학습하는 것 등이 포함될 수 있다. 이러한 목표 중 하나 혹은 그 이상을 성취하는 것은 새로운 교육체계에 만족스럽게 적응하고자 하는 일반적인 목적을 성취할 수 있도록 한다.

사전 집단 계획 과정에서 사회복지사는 집단의 목적을 임시로 구성한다. 이러한 임시적인 생각은 다양한 출처로부터 나오는 것이다. 이는 성원들의 사회적 기능을 향상시키려는 사회복지사의 목적, 기관의 특정 기능과 목적, 욕구와 문제, 환경여건에 대한 사정, 잠재적인 성원들이 집단에 참여함으로써 얻고자 하는 것에 대한 인식 등이 될 수 있다.[22] 하지만 이 시점에서 사회복지사가 갖고 있는 집단의 목적은 임시적인 것이다. 사회복지사는 잠재적인 성원들이 이 새로운 목적에 대해 보일 수 있는 반응을 살펴볼 필요가 있다. 집단의 목적이 임시적인 것이기는 해도 이를 잠재적인 성원들에게 알려 주는 것은 그들이 집단의 목적에 대한 자신들의 생각을 표현할 수 있도록 자극하고, 사회복지사의 목적이 자신들의 목표와 일치하는지 상충하는지에 대한 생각을 표현할 수 있도록 유도한다. 계획과정 동안 사회복지사는 목적에 관해 개방성과 유연성을 갖고 있는 것이 중요하다.

사회복지에서는 몇 가지 유형의 집단이 다른 집단에 비해 자주 등장한다. 각 유형의 집단은 일반적인 목표대상을 설정하면서 각기 보다 구체적인 목적을 규정하고 있다. 하지만 사회복지사는 계획단계에서 자신이 구상하는 집단의 유형을 파악하고 있는 것이 도움이 된다.

1) 사회화 집단

집단성원의 공통된 욕구 가운데 능력을 개발하기 위해서 많은 집단이 만들어지고 있다. 때로 공식적인 교육집단이나 학습의 인지부분을 강조하는 집단과 구별하기 위해 이러한 집단을 심리사회 교육집단(psychosocial educational groups)으로 지칭하기도 한다. 이 집단은 집단과정을 활용하여 집단성원에게 정보를 제공하거나 구체적인 기술을 가르치는 것을 넘어서, 정보에 대한 정서적 반응을 보다 잘 이해하고 대처할 수 있도록 도우며 그 학습내용을 생활환경에 적용할 수 있도록 돕는 것이다. 나아가 때로는 집단성원이 자신들의 성장을 방해하는 환경적 여건을 변화시키기 위해 행동을 취하는 것까지 포함하고 있다.

2) 치료 및 상담 집단

사회복지실천에서 현재까지 가장 널리 활용되는 집단은 치료적인 목적을 가진 집단이다. 치료집단의 일반적인 목적은 성원들이 만족스러운 사회관계를 개발하고 유지할 능력이나 대인 및 집단 갈등을 해결할 능력 혹은 주요한 사회적 역할수행에 대한 자신 및 타인의 기대를 충족시켜 줄 능력을 방해하는 심리사회적 기능의 일부를 변화시키거나 향상시킬 수 있도록 돕는 것이다. 치료집단은 또한 자아존중감과 자아정체감을 위협하는 문제나 과제, 생활전환기에 성공적으로 적응하거나 위기를 해결하는 데 필요한 문제나 과제에 대처하고 해결하기 위해 활용된다.

3) 지지집단

지지집단과 자조집단(self-help groups)은 특히 의료 및 가족 서비스 분야에 급속도로 퍼져 가고 있다. 이들 집단의 일차적인 목적은 ① 약물남용과 약물중독, 과식과 같은 원치 않는 행동에 대한 통제력을 갖도록 하거나, ② 별거 혹은 중대한 질병과 같은 어려운 생활환경과 관련된 스트레스를 감소시키는 데 있어 동료의 지지와 상호원조를 제공하거나, ③ 타인의 이해부족이나 사람의 행동이나 질병, 인종이나 상황에 대한 편견의 결과로 인해 개인에게 낙인이 찍혔을 때 그 사람의 자아존중감을 향상시키고 차별과 맞서 싸우도록 하기 위한 것 등이 있다. 많은 지지집단이 사회복지사의 서비스를 활용하지만, 일부 지지집단은 기존의 지도자가 집단을 진행하고 필요에 따라 사회복지사에게 자문을 구하는 경우도 있다.[23)]

4) 과업집단

특정 과업을 성취하는 것을 주목적으로 구성된 과업중심 집단(task-oriented groups)에는 여러 가지 유형이 있는데, 이에는 이사회, 위원회, 팀, 대의원회의, 직원, 사회행동 집단 등이 있다. 이들 집단의 주목적은 사회계획이나 서비스의 조정, 정책수립, 집단 문제해결, 사회행동 등이다. 이들 집단은 성원들의 개인적인 성장을 주목적으로 하는 집단과는 다르다. 하지만 이러한 구분이 반드시 명확한 것은 아니다. 마샤 코헨(Marcia Cohen)과 오드리 멀렌더(Audrey Mullender)[24)]는 "성장중심의 집단은 성원들의 심리사회적 기능에 방해가 되는 환경의 일부를 변화시키는 활동을 포함하여 많은 과업을 성취할 수 있다."고 주장한다.[25)] 성장중심 집단은 그 목적을 과업중심 집단의 목적으로 변경할 수도 있다. 나아가 과업중심 집단의 사람들은 종종 상호 의미 있는 관계를 발달시키면서 행사활동을 함께 하고, 이러한 과업을 성공적으로 마침으로써 자아존중감과 사회적 능력을 얻을 수 있게 된다.

집단의 전생애 과정에 걸쳐 발전하게 되는 집단의 목적은 제7장에 기술되어 있다. 사전계획 과정에서 사회복지사는 목적과 관련하여 다음과 같은 질문을 고려할 필요가 있다.

① 집단의 목적과 잠재적인 집단성원들이 인식한 목표는 무엇인가? 또한 외부 지원

기관과 다른 사회복지사 그리고 관련자들이 갖는 목표는 무엇인가?

② 집단의 목적과 집단성원들의 목표에 대한 인식에서 중요한 유사점과 차이점은 무엇인가? 또한 이들 인식이 어떤 방식으로 서로 보충적인가? 그리고 어떤 방식으로 상충하고 있는가? 목적과 목표에 대한 인식의 차이점 가운데 명확하게 하거나 조정해야 할 부분은 무엇인가?

③ 사회복지사가 임시로 구상한 집단의 목적은 무엇인가? 사회복지사는 임시 목적을 잠재적인 성원에게 어떻게 간결하면서도 명료하게 설명할 것인가? 집단성원들의 반응과 생각을 어떻게 유도해 낼 것인가?

④ 집단의 임시 목적은 현재 구성되고 있는 집단의 욕구를 충족시키는 것과 어떤 관련이 있는가?

6. 구 성

집단에서 상호작용하는 사람들의 무리(constellation)는 참여자들의 집단경험 만족도 및 성취하기 원하는 결과의 만족도를 결정짓는 중요한 요인이다. 학급이나 자연적인 집단과 같은 특정 집단에서는 집단의 구성(composition)이 이미 결정되어 있다. 사회복지사는 이런 집단의 계획과정에서는 집단의 회원자격을 결정하기보다 집단성원이 된 사람들의 욕구를 파악하는 데 초점을 둔다. 반면, 집단의 구성이 결정되어 있지 않은 집단의 계획과정에서는 사회복지사의 초점이 누구를 집단성원으로 구성할 것인가를 결정하는 데 있다. 하지만 집단구성의 가장 근본적인 문제는 집단이 집단의 목적을 통해 충족시켜 주고자 하는 집단성원들의 공통된 욕구가 무엇인가다.

집단의 성원을 결정하는 방법에는 여러 가지가 있다. 치료와 상담을 목적으로 하는 집단에서는 집단의 목적과 관련된 구체적인 기준에 따라 선별적으로 접수하고 배치하는 특징이 있다. 지지집단과 같은 집단에서는 집단에 오고자 하는 사람들은 누구든지 받아들이는 자기선정 과정(self-selection process)을 택한다. 이러한 집단의 성원들은 집단의 목적 자체에 매력을 느끼게 되어 자신들의 개인적인 욕구가 그 집단에서 충족될 수 있을 것이라고 인식한다. 지지집단에서도 사회복지사는 집단성원들이 집단에 참여함으로써 이익을 얻을 수 있을 것인지 고려해 보도록 돕고, 집단참여에 적절하지 못한 사람을 선정하는 일에 관여할 책임이 있다.[26] 어떤 집단에서는 특정 지위나 경험을 공유함으로써 그 사람을 집단의 성원으로 받아들이는 경우도 있다. 예를 들면, 거주시설에서의 집단이나 특정 의료적 치료를 앞두고 있는 환자들이 있다. 어떤 집단은 사람들이 집단에 참여할 것인지의 여부를 결정지을 수 있는 선택의 여지가 있을 수도 있지만, 어떤 집단은 그러한 선택의 여지가 없을 수도 있다.

사회복지사가 특정인을 집단의 성원으로 추천하기로 결정하여 구성한 집단이 집단의 구성에 있어 가장 커다란 관심사가 된다. 프리츠 레들(Fritz Redl)은 "심지어 최상의 조건과 최고도의 기술을 가진 전문가의 지도력을 갖추었다고 생각될 때에도, 집단구성 자체가 집단에서 일어나는 일들의 대부분을 차지할 경우가 있다."라고 지적하였다.[27] 개인이 자신에게 적합하지 않은 집단에 배치되면 그 사람은 집단을 방해하거나 집단에 의해 해를 입거나 집단을 중퇴할 수도 있다. 집단의 구성이 잘못되면 그 집단은 생명력과 응집력 있는 사회체계가 될 가능성이 희박하다. 집단성원의 구성방식에 따라 상이한 결과가 나올 수 있다. 어떤 집단도 동질적인 혹은 이질적인 집단이라고 명명될 수 없다. 오히려 특성 가운데 일부 영역에서 동질성 혹은 공통점이 있으며, 또 다른 영역에서 이질성 혹은 차이점이 있을 뿐이다. 더 중요한 것은 집단의 성원과 다른 성원 간에 적합성이 있어야 하는 것이다.

하지만 사전계획에 있어 진퇴양난에 빠지게 되는 문제는 '완벽한' 집단을 구성하는 것이 가능한가다. 일부 저자들은 집단구성의 계획에 신중히 주의를 기울임으로써 집단성원의 특성을 보다 양호하게 배합할 수 있다고 주장한다.[28] 또 다른 저자들은 사전접촉과정에서 개별성원에 대한 사정을 근거로 집단에서의 행동을 예측하는 것은 불가능하며 그런 시도가 있어서도 안 된다고 주장한다.[29] 우리의 관점은 개인적으로나 집합적으로 인간은 복잡하기 때문에 인간의 행동을 완벽하게 예측하거나 완벽한 집단을 구성하는 것이 불가능하다는 것이다. 하지만 사회복지사는 사전에 잠재적인 성원에 대해 얻을 수 있는 지식을 기반으로 계획하고 있는 집단의 성원을 혼합할 방법을 고려해 보는 것이 도움이 될 수 있다.

집단구성을 고려함에 있어 가장 중요한 것은 집단의 목적이다. 집단성원들 간의 욕구의 공통점은 그들이 공유하는 집단의 목적을 만들게 되고, 이는 결국 집단구성을 결정하는 가장 중요한 요소가 된다.

집단구성에 대해 많은 의견이 있기는 하지만 집단에 적합한 사람이 누구인가에 관한 체계적인 연구는 전무한 형편이다. 아마도 가장 일반적으로 받아들여진 원칙이 있다면 레들이 지적한 '최적 거리의 법칙(the law of optimum distance)' 일 것이다. 집단은 집단의 안정성을 보장할 만큼 동질적이면서 집단의 생명력을 보장할 만큼 이질적이어야 한다.[30] 이 원칙은 집단의 주요 역동성이 집단성원 간의 상호지지와 상호원조라는 전제에 근거한 것이다.

1) 집단성원의 선정기준

집단구성을 계획할 때는 집단성원의 기술적 특성(descriptive characteristics)과 행동적 특성 모두를 고려할 필요가 있다. 이 용어들이 의미하듯이 기술적 특성이란 사람들을 기술하는 것으로, 예를 들어 연령, 성, 인종, 국가, 학년, 직업, 기타 집단성원들이 차지하고 있는 '위치' 를 뜻한다. 이에 비해 행동적 특성이란 개인이 행동하는 방식이나 행동하도록 기대되는 것을 의미하는데, 예를 들어 규칙을 따르거나 충동적이거나 수줍어하거나 공격적인 행동 등을 의미한다. 집단성원의 다양한 목표와 기술적 특성 가운데 일부가 동질적이면 성원들 간에 친밀함과 대인관계의 매력이 있게 되어, 결국 상호 수용과 지지로 이어지게 된다는 점에 많은 사람들이 동의하고 있다. 동시에 대처 유형과 사회성 기술 등과 같은 행동적 특성이 이질적이면 집단의 생명력을 확보할 수 있는 자극을 제공한다. 따라서 이러한 차이점으로 인해 사람들은 다양한 선택조건과 대안을 인식할 수 있게 된다.[31]

기술적 특성에서 유사점이 있으면 집단의 기능을 향상시킬 수 있다. 사람들은 자신과 매우 상이한 성원들이 있는 집단에 참여하기를 꺼려한다. 비슷한 심리사회적 발달단계에 있는 집단성원들은 자신들이 완수해야 할 일상적인 인생과업과 자신들이 추구하려는 관심사가 매우 공통적이라는 점을 알게 된다. 집단성원들이 연령의 차이를 극복하면서까지 성원들 간에 강한 공동 운명의식이나 유사한 상황에 처한 것이 아니라면, 집단은 대체로 비슷한 연령대에 있는 사람들이 모였을 때 가장 생산적이다. 연령은 특히 장기집단보다는 단기집단일 경우 상대적으로 더욱 중요하다. 또한 연령은 성인기보다는 아동기에 더욱 중요하다.

성차와 관련된 가치 및 행동규범은 지속적으로 급변하기는 해도 정체감 발달 및 성공적인 역할수행에 중요하다. 성정체감이란 남성 혹은 여성이 되는 것에 대한 주관적인 인식을 의미한다. 이것은 성격의 주요 구성요소며, 성과 관련된 기대감 및 역할은 성정체감의 중요한 부분 가운데 하나다. 집단의 남자와 여자 성원은 권한 및 친밀성을 형성할 수 있는 기회를 다루는 데 있어 서로 상이한 경향이 있다. 린다 쉴러(Linda Schiller),[32] 바바라 데일리(Barbara Daley), 제럴딘 코페날(Geraldine Kopenaal)[33]은 여성집단, 남성집단, 혼성집단을 비교하였을 때 친밀성, 공감, 자기노출은 보다 강조하면서 권한, 통제, 갈등은 덜 강조하는 집단 간의 차이가 있었다고 하였다. 찰스 가빈(Charles Garvin)과 베스 리드(Beth Reed)는 혼성집단의 여성은 종종 덜 권위적인 지위에 있다고 주장하였다.[34]

사전 집단계획 과정 동안 사회복지사는 집단구성을 고려함에 있어 사회계층, 인종, 민족성, 종교 등과 같은 요인들과 연관된 문화적 가치와 실천을 중요하게 다루어야 한다. 최근 우리 사회에서는 이러한 요인들의 차이점으로 인해 직장이나 놀이, 교육, 거주지 등에서 서로가 서로를 분리시키는 경향이 있다. 집단의 목적에 따라 이러한 요인들의 동질성 혹은 이질성은 분명한 것일 수도 있다. 또 어떤 경우에는 이들 요인들이 집단의 목적과 전혀 연관성이 없을 때도 있다. 하지만 문화적 가치와 실천이 성원들의 태도, 행동 유형 그리고 관심사에 영향을 주기 때문에 이들 요인들을 무시할 수는 없다. 또한 이들 요인들이 집단의 목적에 즉각적으로 연관되어 있는 것 같지 않아도 사회복지사는 문화적 요인들을 인식할 필요가 있고, 집단구성에 대한 결정을 내릴 때도 이들 요인들에 주의를 기울여야 한다.

이와 관련한 실천원칙 가운데 하나는 집단에서 중요한 특성 한 가지를 가진 한 명의 성원만 집단에 포함시키는 것을 피해야 한다는 것이다. 이 원칙은 연령이나 성, 학년 등과 같은 기술적인 특성에도 적용되지만 인종과 민족성과 같은 문화적 특성요인일 때는 특히 중요하다. 한 가지 특성을 가진 유일한 사람이라는 것은 그 사람이 다른 성원들과는 다르며 그 집단에 소속될 수 없다는 느낌을 갖게 한다. 특정 인종이나 민족성을 가진 유일한 사람이 되는 것은 또한 자신의 문화를 대표하는 '전체'가 된다는 느낌을 갖게 하여 그 사람을 매우 어려운 처지에 놓이게 하는 것이다.

비슷한 의학적 진단명을 갖고 있는 사람들이 종종 같은 집단에 배치되는 경우가 있다. 공통된 진단명을 갖고 있다는 것은 집단성원들 사이에 공감대를 형성할 수 있도록 해 준다. 사실 하나의 공통조건이 너무도 중요해서 일상적으로 활용할 수 있는 집단구성의 다른 기준을 뛰어넘을 수도 있다. 예를 들어, 약물로는 남편이 통제될 수 없을 정도로 심각한 간질을 갖고 있는 부부집단이 있었다. 이 집단에는 다섯 쌍의 부부가 있었는데, 이들의 연령은 24세부터 69세까지 분포하였으며, 다양한 사회경제적 배경을 가진 사람들이었다. 푸에르토리코 출신의 부부를 제외하고는 모두 '앵글로(Anglo) 계통'의 사람들이었다. 일반적으로 볼 때 이러한 집단구성은 좋은 실천방법이 아니다. 하지만 통제할 수 없는 간질을 앓고 있다는 것 자체가 매우 중요하기 때문에 이 집단의 응집력은 매우 강하였다. 이 집단의 성원들 간에 존재한 연령의 차이는 간질이라는 공통점이 존재하지 않는 다른 집단에 비해 훨씬 덜 중요했던 것이다.

사전 집단계획 과정에서 사회복지사는 집단의 구성을 고려할 때 성원들의 능력 및 문제와 함께 문제에 대처하는 방식도 고려할 필요가 있다. 집단성원들이 자신을 어떻게 표현하고, 스트레스와 갈등에 어떻게 대처하며, 위협과 해로부터 어떻게 자신을 보호하는가의 문제는 집단 상호작용의 본질과 내용에 영향을 준다. 문제 대처방식의 다양성은 집단성원 간에 생각과 감정의 교류를 촉진시키며, 집단의 목적 및 초점과 관련하여 강한 유대감을 형성할 수 있는 잠재력을 제공해 준다. 하지만 다른 성원들의 행동수준과 너무나 동떨어진 성원은 집단에서 고전할 수도 있다. 어빙 얄롬은 여러 연구의 결과를 종합해 볼 때 자신과 타인이 모두 이상하다고 느끼게 된 사람은 집단의 성원이 된 것에 대해 만족감을 거의 얻지 못하며, 집단에 의해 가치가 없다고 간주되고, 집단경험으로부터 해를 입을 가능성이 높으며, 집단에서 중도 탈락할 가능성이 있다고 하였다.[35)]

2) 사회복지사의 선정

전문 역할을 수행하며 집단의 한 성원인 사회복지사의 특성은 집단구성과 관련된 계획 가운데 매우 중요한 한 면을 차지하고 있다. 기관에서 특정 집단을 대상으로 일을 할 직원을 배치할 경우, 선택의 여지가 없을 때가 있는가 하면 기관 직원들 가운데 특정 사회복지사를 선택하는 경우도 있다. 어떻든 간에 사회복지사의 특성과 집단성원들의 특성을 고려해야 하는데, 특히 인종, 민족성, 사회적 계층, 성, 연령 등과 같은 특성을 고려해야 한다. 하지만 이것이 사회복지사와 집단성원들 간의 기술적 특성도 똑같아야 한다는 것을 의미하지는 않는다. 사회복지사와 집단성원들의 공통점과 차이점으로 인해 장점과 단점이 모두 있을 수 있다. 알프레드 카두신(Alfred Kadushin)은 사회복지사와 클라이언트 간에 유사점이 너무 많으면 지나친 동일시와 함께 객관성이 결여될 위험이 있으며, 차이점이 너무 많으면 상호간의 이해와 공감을 형성하는 데 어려움이 있을 수 있다고 하였다.[36] 따라서 분명한 점은 사회복지사는 자신의 특성과 상이한 클라이언트를 대하는 데 있어 편안하면서도 신중하게 접근하는 것이 중요하다. 많은 연구결과에 따르면, 사회복지사의 기술적 특성이 클라이언트의 기술적 특성과 일치하든 차이가 있든 간에 이보다 더욱 중요하게 고려해야 하는 것은 사회복지사의 능력이다. 바바라 솔로몬은 이러한 점을 지지하면서 비차별주의적인 사회복지사에게 요구되는 기술과 지식을 제시하였다.[37] 즉, 비차별주의적인 사회복지사는 ① 행동에 대한 대안적 설명을 이해할 수 있고, ② 특정 상황에서 가장 그럴 듯한 대안을 선택하는 데 도움이 될 만한 언어적·비언어적 단서에 집중할 수 있으며, ③ 인종, 피부색, 민족적 배경과 상관없이 사람들에 대해 온화함과 진정한 관심 그리고 공감을 느낄 수 있고, ④ 온화함이나 관심 혹은 공감을 표현하였을 때 클라이언트가 이를 왜곡하거나 잘못 해석하면 그를 직면할 수 있어야 한다고 하였다. 또한 클라이언트와 여러 모로 다른 경우에도 사회복지사는 위와 같은 특성들을 갖고 있는 것이 중요하다.

집단구성을 계획하는 과정에서 집단과 일할 사회복지사를 몇 명으로 할 것인가도 중요한 문제다.[38] 공동지도(co-leadership)와 단독지도(solo-leadership)의 효율성에 관해 다양한 의견이 있다. 공동지도자를 활용하는 첫 번째 기준은 사회복지사의 사정과 객관성을 향상시킬 때다. 즉, 한 사회복지사가 놓친 것을 다른 사회복지사가 관찰할 수 있다. 또한 한 사회복지사가 갖는 집단에 대한 이해를 동료직원이 갖고 있는 것과 견주게 되어 보다 현실적이 된다. 두 번째 기준은 동료 사회복지사의 활용이 집단성원들의 경험을 보다 풍부하게 할 수 있다는 것이다. 집단성원들은 사회복지사들이 서로 상호작용하면서 차이점을 다루는 방법을 이해하게 되므로 새로운 의사소통과 문제해결 방법을 배울 수 있다. 이는 사회복지사가 집단성원들에게 역할 모델이 되는 것이다. 공동지도자가 이성의 사회복지사라면 집단성원들에게 성역할뿐만 아니라 이성과의 적절한 관계의 모델을 보여 줄 수 있다.[39] 세 번째 기준은 공동지도자가 집단의 관리 및 안전유지에 있어 보조역할을 할 수 있다는 것이다. 특히, 집단이 대규모거나 알츠하이머 질환을 앓고 있는 환자집단에서와 같이 많은 관심을 요하는 집단성원들로 구성된 집단일 때 더욱 그렇다.

한 집단에 한 명의 사회복지사를 활용할 것인가의 기준은 추가로 투입될 사회복지사가 집단과정에 미치는 영향력과 관련이 있다. 두 번째 사회복지사가 추가됨으로써 각 성원이 대처해야 하는 관계 및 의사소통은 더욱 복잡해지게 된다. 각 성원은 최소한 한 명의 사회복지사와 관계를 형성·유지해야 하는데, 이는 사회복지사-개인 및 사회복지사-집단 간의 관계 정도를 약화시킬 수 있기 때문이다. 집단성원들은 사회복지사들이 개별성원 및 집단에 대해 갖고 있는 기대의 차이점을 헤아려야 한다.

다른 동료와 함께 일한다는 것이 쉽지는 않으며, 다른 동료와의 협력에서 발생하는 어려움은 집단의 진행에 해를 끼칠 수도 있다. 흔히 발생하는 어려움으로는 집단성원의 애정 및 관심에 대한 경쟁, 특정 성원이나 집단의 구조와 내용에 영향을 미치려는 권력싸움, 상대 사회복지사와 집단성원들에게 자신을 '입증해' 보이려는 압박감 등이 있다. 사회복지사들이 사회복지실천에 있어 똑같은 이론적 관점을 공유하지 않는다면 집단에 개입하는 방법에 서로 동의하지 않을 수 있다. 이러한 사회복지사들 간의 의견의 불일치는 집단성원들에게 혼란과 불편함을 야기시킬 수 있다. 나아가 집단성원들은 사회복지사들에 대해 원치 않는 비교를 하게 되고, 심지어 두 사회복지사를 서로 경쟁시킬 수도 있다.

공동지도자와의 집단지도가 효과적이기 위해 사회복지사는 공동지도자와 함께 많은 시간을 보낼 필요가 있는데, 이때 각각의 모임 후에 서로의 의견을 듣고 다음 모임을 계획하며 역할과 관계에서의 불편함을 해결할 수 있다. 따라서 공동지도자 간의 개방되고 솔직한 대화가 중요하며 이를 위해서는 서로 시간과 노력이 필요하다. 한 집단에 몇 명의 사회복지사를 투입할 것인가를 결정하는 일은 시간이나 비용과 같은 실질적인 면이 주요 결정요인이 된다. 공동지도자가 집단모임 외에 별도의 시간을 함께 보내게 되므로, 두 사회복지사를 활용하는 것은 한 사회복지사를 활용하는 것보다 최소한 두 배 이상 비용과 시간이 드는 것이다.

흔히 한 명 이상의 사회복지사를 활용하는 경우는 실습생을 훈련시키기 위한 수단으로 활용될 때다. 하지만 실습의 목적을 위해 공동지도자를 활용하는 것에 대해 매우 다양한 의견이 존재한다. 한 가지 확실한 것은 실습생이 집단을 이끄는 것에 대한 불안을 줄이기 위해서는 동료 사회복지사의 지지와 안정감이 필요하다. 이러한 생각은 능력과 경험이 부족한 사회복지사가 다른 동료를 관찰하고 동료 사회복지사로부터 환류를 받음으로써 배울 수 있다는 점에 있다. 실습목적의 공동지도는 가치가 있는 것이지만, 많은 실습 상황에서 역할정의가 분명하지 않으며 실습생의 위치가 한 단계 낮은 위치에 있게 되어 자신이 부족하다는 느낌을 갖게 된다는 문제점이 있다. 특히, 자신이 집단을 잘못 이끌어서 동료 사회복지사로부터 그에 대한 지적을 받을 때 더욱 그러한 느낌을 갖게 된다. 이러한 공동지도의 유형이 나타나게 되면 두 사회복지사 간의 차이점을 서로간에 그리고 집단성원들에게 인정할 필요가 있다.

실습생을 경험이 풍부한 사회복지사와 짝짓는 것은 불안을 감소시키기보다는 이를 더욱 조장하고 증가시킬 수 있다. 베리스 맥레넌(Beryce MacLennan)은 이러한 문제를 다음과 같이 기술하였다. "공동지도자를 활용하는 것이 학습할 수 있는 안전한 피난처를 제공할 수는 있을지 몰라도 종종 치료자 간의 복잡한 관계로 인해 집단을 이끄는 것이 더욱 어렵게 된다는 것은 어떻게 보면 모순이라 할 수 있다."[40] 종종 집단을 이끄는 것에 대해 단독으로 책임을 지지 않아도 된다는 점에서 일차적으로 안도하게 되지만, 실습생은 자신의 두려움이 감소되면서 자신감과 새로운 생각이 생기게 되어 곧 혼자서 집단을 이끌기를 원한다.[41] 이 시점에서 실습생은 동료 사회복지사와의 관계가 구속적이라는 것을 경험하게 된다. 이러한 관계는 연장자인 사회복지사가 실습생의 실습 수행 평가를 공식적으로나 비공식적으로 행하게 될 때 더욱 복잡해지게 된다.

3) 집단의 규모

새 집단을 계획함에 있어 집단의 최적 규모는 집단에서 필요로 하는 상호작용의 본질과 관련이 있다. 마가렛 하트포드(Margaret Hartford)는 집단의 규모에 관한 사회과학 문헌을 검토하여 다음과 같은 결론을 내렸다.

> 집단성원들에게 변화를 가져오기 위한 집단과정에서 성원들의 개별적인 참여와 만족

> 및 관여가 집단의 목표라면, 집단은 다른 사람에게 경청할 수 있고 집단에 기여할 수 있을 정도로 작아야 하고, 집단이 개인의 신념과 행동에 영향력을 줄 때 이를 느낄 수 있을 정도로 작아야 한다. 그러나 집단이 지나치게 작아서 개별성원이 지나치게 노출되어야 한다거나 새로운 자극을 거의 제공하지 못해서도 안 된다.[42)]

이러한 결과는 아직도 집단의 규모를 정확하게 결정해야 하는 데 있어 사회복지사에게 판단의 여지를 남겨 놓은 것이다. 얄롬은 5~10명이 가능하지만 7~8명의 집단성원을 선호하는 경향이 있다고 주장하였다.[43)] 하지만 이는 반폐쇄적인(semi-closed) 성인집단을 의미하는 것이며, 여러 가족집단과 같은 기타의 집단은 보다 클 필요가 있다고 했다.

집단이 작으면 작을수록 각 성원이 집단에 깊이 관여해야 하는 요구가 더 많으며, 관계에서의 친밀성에 대한 욕구와 그 잠재성도 더 많다. 참여자의 행동과 감정 그리고 이력의 익명성이 덜할수록 참여율은 더 높으면서 집단이 개별성원에 주는 영향력은 더 크다. 또한 집단이 작으면 자신의 태도와 생각을 타인에게 시험해 볼 수 있는 시간이 더 많게 된다. 집단이 작을수록 집단의 개별성원에 대한 압력은 더 커지게 된다. 집단이 작을수록 집단성원이 사회복지사에게 보다 쉽게 접근할 수 있으며, 역으로 사회복지사도 집단성원들에게 쉽게 접근할 수 있다. 집단이 작을수록 집단의 목표를 수정하거나 집단성원의 변화하는 욕구를 충족시키는 데 있어 보다 유연할 수 있다. 하지만 집단이 너무 작으면 적절한 자극을 제공할 수 없는 결과를 초래하여 성원들의 긍정적인 변화를 촉진할 수 있는 역동적인 힘이 상쇄될 수 있다.

집단의 규모가 커짐에 따라 각 성원이 유지해야 할 관계의 수도 커지게 된다. 각 성원은 상호작용해야 할 다른 성원들이 더 많게 되는 것뿐만 아니라, 2인 혹은 3인 관계가 발달함에 따라 그에 대한 반응도 더 많아지게 된다. 또한 집단에서 말을 해야 한다거나 과업을 수행해야 할 압력도 적어지며, 조용히 숙고하면서 집단에 적극적으로 참여하지 않고 집단으로부터 물러설 기회가 더욱 많아진다. 대략 8~10명보다 많으면 지도력에 있어 공식적인 절차가 생겨나게 되고 대규모 집단 내에서 하위집단이 생기게 된다. 집단의 규모가 커짐에 따라 의사소통은 주로 집단성원보다는 사회복지사에게, 구체적인 성원보다는 집단에게 향하게 된다. 집단이 클수록 집단성원의 익명성도 증가하며, 의사결정을 할 때 진정한 만장일치를 얻는 데 어려움이 있게 된다. 규모가 큰 집단은 한 사람의 지도자가 독점하는 것을 보다 잘 견뎌낼 수 있으며, 보다 적극적인 성원들이 토의를 주도할 가능성이 있다.[44]

또한 집단성원들의 이전 경험과 성격에 따라 자신들이 관여할 수 있는 관계가 서로 상이할 수 있다. 로버트 베일즈(Robert Bales)와 그의 동료는, "연령과 함께 성격이 점차 성숙함에 따라 대규모 집단에 효과적으로 참여할 수 있다."고 주장하였다.[45] 연령은 집단의 규모에 어느 정도 영향을 미친다. 하지만 사회성 발달이 늦은 사람이 있는 반면 빠른 사람도 있다. 예를 들어, 어린 아동은 대규모 집단에서 지나치게 쉽게 자극을 받거나 혼란을 경험한다. 이들은 협동의 노력을 배우면서 소수의 사람들과의 관계를 해결할 필요가 있다. 하지만 일부 성원들에게는 소집단에 적극적으로 참여하고 친밀한 관계를 형성하도록 하는 것이 지나친 요구가 될 수도 있다. 어떤 성원들은 특정 시점에서 대규모 집단에서와 같이 익명성이 많이 허용되는 것을 필요로 할 수도 있다. 따라서 집단이 작을수록 집단성원에게 보다 가치가 있다고 말할 수는 없다.

계획과정에서 사회복지사는 집단이 시작하고 나면 중퇴자나 결석자가 일부 생길 가능성을 염두에 두어야 한다. 따라서 가능하다면 궁극적으로 목표하는 성원 수보다 약간 많게 초기 집단을 구성하는 것이 좋다. 이렇게 함으로써 기대한 성원 수에서 일부 성원들이 탈락되는 것을 흡수할 수 있다. 집단에서 중퇴자나 결석자가 발생하여 집단의 규모가 집단을 시작하기에 너무 작으면, 남아 있는 집단성원에게는 그 집단이 신망이 없고 바람직하지 않은 것으로 생각하게 된다.

집단구성을 통해 집단의 목표를 성취하고자 할 때, 집단구성에 영향력을 주기 위해서 사회복지사는 계획과정에서 다음과 같은 질문들을 고려해 볼 필요가 있다.

① 계획하고 있는 집단에서 이익을 가장 많이 볼 성원은 누구인가? 또한 다른 성원들에게 집단경험이 해가 되지 않도록 할 성원은 누구인가?
② 잠재적인 성원들의 중요한 기술적 특성은 무엇인가? 연령, 학년, 직업, 성, 인종, 민족성, 종교, 사회경제적 위치, 지적 능력, 건강, 이전의 집단경험 등과 같은 요인과 관련하여 동질성이나 이질성의 정도는 어떠한가?
③ 잠재적인 성원들의 중요한 행동 특성은 무엇인가? 상호작용 유형이나 관계 및 대

화의 유형, 동기, 심리사회적 기능 등과 같은 요인에 있어 동질성 혹은 이질성의 정도는 어떠한가?

④ 성원들의 기술적 · 행동적 특성들과 관련하여 중요한 유사점과 차이점은 무엇인가?

⑤ 최적의 집단규모는 어떠해야 하는가? 후에 새로운 성원을 추가할 것이라면 그 선정과정은 어떠할 것인가?

⑥ 몇 명의 전문가가 이 집단과 일할 것인가? 집단에게 서비스를 제공할 사회복지사의 중요한 특성과 능력은 무엇인가? 한 명 이상의 사회복지사가 집단을 대상으로 서비스를 제공한다면, 그들이 진정으로 협력하도록 돕기 위해서는 어떤 조치가 마련되어야 하는가?

7. 구 조

여기서 말하는 구조(structure)란 집단진행을 원활하게 하기 위한 준비를 의미한다. 이는 특히 시간 및 장소와 관련이 있다. 시간과 장소에 대한 결정은 처음에는 상대적으로 중요하지 않게 보일 수 있으나 구상하고 있는 집단에 중대한 영향을 미칠 수 있다.

1) 기간

집단계획 가운데 하나는 집단의 기간을 예측해 보는 것이다. 어떤 집단은 몇 개월 동안이나 그 이상 지속될 수도 있으며, 어떤 집단은 1회성 모임의 집단일 수도 있다. 여타의 집단은 이 양극 사이의 일정 부분에 위치하게 된다. 계획하는 집단의 기간은 집단의 목적과 집단이 충족하고자 하는 욕구와 현실적으로 관련이 있어야 한다. 집단의 기간은 집단의 행동에 대한 시사점을 던져 준다. 단기간 동안 존재할 집단에 자신들이 속해 있다는 사실을 알게 되면, 집단성원들은 보다 빠르게 움직이고 대인관계 형성에 노력하기보다는 집단의 내용에 집중한다. 반면, 집단성원들이 오랜 기간 함께 할 집단에서는 성원들이 다른 성원 및 사회복지사와의 관계와 집단의 전통 및 규범에 보다 많은 시간을 보내는 경향이 있다.

사회복지실천에서 상대적으로 몇 개월 혹은 그 이상으로 오랜 기간 동안 지속되는 집단이 성행하고 있지만, 최근 지원기관의 자금지원 유형 및 요구사항을 볼 때 단기집단이 급격히 증가해 가는 것을 알 수 있다. 집단의 목적이 사회관계 및 사회적 능력의 효과적인 기능을 개발하거나 회복시키는 것이라면 이상적으로는 장기집단이 요구된다. 즉, 대부분의 성원들이 타인 및 사회복지사와 의미 있는 관계를 개발하기 위해서는 시간이 필요하다. 또한 이러한 관계를 자신 및 타인의 이익을 위해 활용하고 문제를 해결하기 위해서 그리고 집단이 종결되기 전에 집단에서 얻은 긍정적인 이득을 안정시키기 위해서 시간이 필요하다.

그럼에도 불구하고 일상적으로 1회에서 12회로 구성된 단기집단도 본질적으로 보다 제한된 다양한 욕구와 목적을 성취하는 데 매우 효과적이다. 단기집단은 성원들이 새로운 역할이나 상황에 대해 준비할 수 있도록 도울 때 활용될 수 있다. 예를 들어, 양로원의 새로운 입소자가 되는 것, 새 학교에 입학하는 것 등이 있다. 또한 단기집단은 교육을 제공하는 데 활용될 수 있는데, 이러한 집단의 초점은 집단성원들의 생각과 감정을 표현하면서 동시에 태도와 행동의 일부 수정을 유도할 수 있는 분위기 속에서 매우 제한된 내용을 제시하는 것이다. 이러한 집단의 예를 들어 보면, 위탁가정의 부모가 되는 것, 청소년 자녀의 욕구를 이해하는 것, 특별한 의료적 처치를 받는 것 등이 있다. 나아가 단기집단은 개인이나 가족의 위기에 대처할 수 있도록 돕는 데 활용될 수 있다. 예를 들어, 학교에서 아동의 정학, 가정 내 부모나 형제의 심각한 질병 등이 있다. 또한 사회복지사는 단기집단을 진단목적으로 활용할 수 있다. 특히, 아동대상의 직접 관찰 기법을 통해 아동이 사회적 상황에서 보이는 문제를 확인할 수 있다.

사회복지실천에서의 또 다른 경향은 1회성 집단의 활용이다. 이러한 집단은 정보 제공, 불안 감소, 비슷한 스트레스 상황을 경험하는 타인들과의 교류를 통해 외로움을 감소시키는 것 등에 활용된다. 1회성 집단은 병원의 환자 및 그 가족과 같이 매우 짧은 기간 대상을 접할 수 있을 때 특히 유용하다. 이러한 집단에서 지도자는 상당히 지시적인 입장을 취하고 집단과정을 촉진시키는 중심적인 역할을 하면서 동시에 개인의 욕구에 민감하게 반응하고 유연할 수 있어야 한다. 비록 짧은 시간이라 할지라도 1회성 집단은 그 참여자들로 하여금 서로 돕고 공유할 수 있는 과정에 참여할 기회를 제공한다.[46)]

1회성 집단을 포함한 단기집단에서는 집단의 발달단계가 존재하지 않는 것이 아니라 축약된 것이다. 단기집단의 응집력 정도는 집단의 목적과 내용에 대해 집단성원이 갖는 매력의 정도 그리고 성원들의 집단에 참여하고자 하는 동기에 따라 다르다. 단기집단은 생각과 경험을 공유할 성원들의 의지를 요구하면서, 동시에 낯선 사람들과 함께 개방된 의사소통을 가지고 빠른 속도로 집단의 발달과정에 참여할 것을 요구한다. 어떤 사람에게는 타인과 친해지는 데 시간이 걸리기 때문에 이것이 어려운 일일 수도 있다.

단기집단은 많은 이점이 있다. 장기집단에 참여하여 헌신하기를 원치 않는 사람들이 단기집단에 참여할 수도 있다. 단기집단에서는 성원들이 집단과정에 끝까지 참여하려는 의지가 더욱 많기 때문에 계획되지 않은 종결(unplanned termination)이 거의 없다. 또한 단기집단에서도 긍정적인 변화가 일어나는 것이 실제로 가능하며 이것이 실제로 일어날 것이라는 희망도 증가한다.

어떤 사람들은 1회기에서 단기집단의 최대한도라 여겨지는 12회기를 넘어 지속적인 서비스를 필요로 할 수도 있다. 문제는 단기 혹은 장기 집단서비스 가운데 어느 것이 더 효과적인가가 아니라 두 가지 서비스 모두 효과적이기 때문에 어떤 상황과 어떤 목적 하에 두 집단 가운데 어떤 집단을 선호할 것인가의 문제다. 따라서 사회복지사는 집단의 계획과정에서 집단의 기간을 고려해야 할 필요가 있다.

2) 모임 빈도

집단이 어느 정도 자주 모일 것인가는 집단의 사전계획에서 고려되어야 할 또 다른 영역이다. 어떤 집단은 가장 흔한 형태라 생각되는 일주일에 한 번 정도 모임을 가질 수도 있고, 어떤 집단은 더욱 자주 모임을 가질 수도 있다. 예를 들어, 개방된 집단(open ended groups)에서는 집단성원의 회전율(turnover)이 매우 빠르기 때문에 자주 모이는 것은 집단참여의 지속성을 유지하는 수단이 된다. 병원에서의 집단, 특히 소아병동에서의 아동집단은 매일 만날 필요도 있을 수 있다. 가족 및 친구로부터 떨어져 있는 것, 의료적 치료에 대한 불안, 환자로서의 역할에 대한 적응 등은 아동의 욕구를 더욱 강하게 하므로 잦은 모임을 필요로 할 수도 있다. 얄롬은 정신병원에서 환자들과 잦은 모임을 갖는 비슷한 사례를 제시하였는데, 이들 환자들은 병원에 약 1~2주 정도만 입원해 있어서 환자의 회전율이 높다.[47] 약물남용 치료 프로그램의 입원환자들도 마찬가지다. 위기개입 집단 또한 일주일에 한 번 만나는 것보다 더 자주 만나는 경향이 있다. 이는 안정된 상태에서 급격한 동요가 발생하므로 인해, 사회복지사는 각 성원의 급박한 상황에 관심을 기울여야 하기 때문이다.

어떤 집단은 일주일에 한 번보다 덜 모일 수도 있다. 성원들이 많은 요구를 동시에 감당하여 혼돈이 있을 때 집단은 2주에 한 번 혹은 한 달에 한 번 만날 수 있다. 예를 들어, 심각한 질병을 앓고 있는 아동의 부모들이 일하면서 아동을 돌보아야 할 경우 집단에 자주 참석하는 것이 어렵다. 신체적으로 질병이 있는 성원들은 집단모임이 자주 있지 않을 때 집단에 보다 규칙적으로 참여할 수 있을 것이다.

3) 모임 소요시간

집단 사전계획 과정에서 고려되어야 할 요인 가운데 하나는 집단모임의 소요시간(length)이다. 어떤 집단에서는 집단모임의 기간에 선택의 여지가 없을 수 있는데 이는 집단이 위치한 환경에 의해 결정되기 때문이다. 예를 들어, 학교에서는 집단모임은 보통 수업시간에 따라야 한다. 또 다른 예로 낮치료 프로그램에서는 집단이 다양한 활동 시간표에 맞추어져야 한다.

집단모임의 소요시간을 선택할 수 있다면 사회복지사는 집단의 목적 및 내용과 함께 집단성원들이 집단에 참여하여 일정시간 상호작용을 유지할 수 있는 능력을 고려해야 한다. 집단모임의 가장 흔한 소요시간은 한 시간 반 정도로 도입, 활동기(work segment), 종결의 시간을 가질 수 있다. 모임이 짧은 집단에서는 때로 30분 정도 모임을 가질 수 있는데, 이는 대체로 아주 어린 아동이나 심각한 장애를 가진 성인들이 견뎌낼 수 있는 시간이다. 활동이나 과업을 수행하는 집단에서는 더 오랜 시간 동안 모임을 가질 수 있다.

4) 모임시간

사전계획 과정에서 사회복지사는 집단의 모임시간이 집단의 구성 및 출석에 줄 영향을 고려해야 한다. 어떤 사람들은 낮시간 동안에 참여할 수 없거나 그럴 의지가 없어 저녁시간에 집단에 참여할 수 있는 반면 그 반대의 경우도 가능하다. 사회복지사는 집단의 모임시간을 계획할 때 예상되는 집단성원들이 갖고 있는 일상적인 과업과 책임을 고려해야 한다. 또한 아동을 돌볼 수 있는 프로그램, 간식, 도우미서비스 등과 같은 부가적인 서비스가 필요하다면 이를 언제 제공할 수 있는지 조정하는 것도 고려해야 한다. 사회복지사의 근무시간은 성원들의 상황에 맞도록 조정될 필요도 있는데 이는 서비스가 성원들의 욕구를 효과적으로 충족시켜 주기 위함이다. 따라서 서비스의 접근성이 집단사회복지실천의 일차적인 원칙인 것이다.

5) 모임 장소

대부분의 집단에서는 모임의 장소에 대한 결정이 너무나 자명하여, 대개는 서비스를 제공하는 기관에서 만나게 된다. 하지만 경우에 따라서는 모임 장소가 자동적으로 결정되는 것이 아니며 사회복지사의 결정 및 선택이 요구되기도 한다. 모임 장소를 선택해야 할 경우 집단성원의 편의성은 매우 중요한 고려사항이다. 상당수의 모임 장소들은 집단성원들에게 불편함을 초래할 수도 있기 때문에 사회복지사는 이에 대해 민감하게 반응해야 한다. 예를 들어, 과거 환자였던 사람들은 집단모임을 위해 병원에 오기를 원치 않을 수도 있다. 어떤 성원들은 자신의 종파가 아닌 교회에서 모임을 갖는 것을 불편해할 수도 있다. 일부 성원들은 특정 장소에 들어가는 것에 대해 당혹해하거나 낙인이 찍히는 것으로 여길 수 있다. 그리고 어떤 사람들은 다른 성원의 집에서 모임을 갖는 것에 대해 불편해할 수도 있다. 사회복지사는 모임 장소의 위치와 접근의 편의성을 고려할 필요가 있다.

6) 모임 공간

집단이 모이는 물리적 환경은 집단의 성공에 영향을 미친다.[48] 집단이 모이는 방의 적절성과 분위기는 집단성원들의 관계 형성 및 집단응집력에 중요한 영향을 미친다. 아동을 대상으로 할 때, 방 자체가 문제행동을 유발할 수도 있지만 역으로 필요한 규제를 제공하기도 한다. 공간이 산만한 곳에서 모임을 갖는 것은 집단 지도자를 쓸데없는 훈육자가 되게 만들 수 있다.

공간의 배치는 사람들을 분리시키는 경향이 있다. 예를 들어, 의자를 일렬로 놓는다거나 벽을 따라 배열하는 경우가 그러하다. 사람들이 마주 볼 수 있도록 의자를 배열하는 것이 사람들을 가깝게 만드는 경향이 있다. 예를 들어, 성인집단이 만나는 한 기관에서는 방의 조명이 밝고 빛나며, 의자가 탁자를 중심으로 자유스럽게 배치되어 있으면서, 성원들이 스스로 따라 마실 수 있는 커피 포트를 제공하였다. 다른 집단에서는 긴 탁자와 딱딱한 의자가 있는 방이면서 간식이 제공되지 않았다. 또 어떤 방은 지저분하거나 집단이 사용해서는 안 되는 물품과 기기가 있거나 부서진 가구가 있었다. 이러한 방은 환영의 메시지를 보이지 않거나 집단성원들을 존중하지 않는 것이다.

집단토의 참여와 친밀한 관계 촉진하기에 이상적인 방은 조용하면서 필요한 활동을 할 수 있을 만큼 충분히 크며, 집단성원들이 서로 쉽게 보면서 상대방의 말을 들을 수 있을 정도의 거리 내에 의자를 자연스럽게 둥글게 배치해 놓는 것이다. 둥글게 배치하는 것은 친밀함을 나타내는 상징이다. 가운데 공간은 어느 정도 거리를 두는 것이며, 의자 사이의 공간은 친밀성과 거리감의 정도를 나타낸다. 그리고 탁 트인 원형 배치에서는 숨는 것이 불가능하다. 탁자는 성원들을 분리시키지만 집단성원들을 지지하면서 자기의식(self-consciousness)을 줄일 수도 있다. 집단모임은 일정한 한 장소를 선택하는 것이 바람직하다. 이는 집단성원들에게 집단에 대한 동일시와 지속성의 느낌을 주기 때문이다.

사회복지사는 물리적 환경이 집단성원들에게 주는 영향을 고려할 필요가 있으며, 적절한 환경을 계획하기 위해 자신들이 할 수 있는 일을 해야 하고 유용 가능한 것을 최대한 활용해야 한다. 열악한 물리적 시설 내에서도 사회복지사는 일관성이 있고 지지적이며 신뢰할 만한 물리적 분위기를 연출하고 유지하는 것이 가능하다.

집단의 구조를 계획함에 있어, 사회복지사는 시간과 공간과 관련하여 다음과 같은 요인들을 고려해야 한다.

① 기간, 모임의 횟수, 모임 소요시간, 모임시간 등과 같이 집단을 위해 임시적으로 준비해야 할 것과 그 근거는 무엇인가?
② 모임 장소와 공간, 모임 장소의 배치 등과 같이 집단을 위한 물리적 배치는 어떠하며 그 기준은 무엇인가?

8. 내 용

집단은 뭔가를 한다. 집단성원들은 특정 주제에 대해 이야기하고 비언어적인 행동을 통해 메시지를 전달하며 활동에 참여한다. 집단의 내용은 사전에 미리 계획되었거나 집단성원들의 자발적인 상호작용으로 인해 만들어지거나 의사결정 과정을 통해 집단성원들이 결정하는 것에 따라 다양하다. 내용이란 집단이 목적을 성취하기 위해 활용할 수단을 의미한다. 집단의 내용은 집단에서 무엇을 어떻게 왜 하는지를 모두 포함하고 있다. 사전계획 과정에서 사회복지사는 집단의 내용과 관련하여 무엇을 어떻게 왜 할 것인지를 고려할 필요가 있으며, 집단에게 제시할 수 있는 시안을 개발할 필요가 있다.

어떤 집단은 내용이 정부의 규정이나 기관의 정책에 의해 대부분 정해질 수 있다. 예를 들어, 위탁가정의 부모들이 자격증을 얻기 위해 참여하는 부모교육 집단이나 음주운전을 한 사람들이 수강해야 하는 음주운전자 교육 등이 있다. 이러한 집단의 내용은 대체로 교육적인 것으로, 집단의 성원이나 지도자 모두 특별히 언급할 것이 없는 고정된 교육과정에 의해 적용범위가 정해진다.

하지만 대부분의 집단에서는 집단성원과 사회복지사가 함께 내용을 결정한다. 계획과정에서 사회복지사는 집단에서 할 수 있는 내용에 대해 고려해 볼 필요가 있는데, 특히 그것은 집단의 목적 및 성원들의 목표와 관련된 내용이어야 한다. 집단의 내용을 통해 집단의 목적과 성원의 목표가 성취되는 것이다. 사회복지사는 또한 집단성원의 연령과 발달단계를 고려할 필요가 있다. 예를 들어, 7세 아동들의 집단에서 한 시간 동안 토의만 하도록 하는 것은 비현실적인 것이며, 그러한 요구는 최근에 배우자를 잃은 성인들의 사별집단(bereavement group)에 보다 적합한 것이다. 집단의 내용은 또한 집단의 상황과 주변 여건을 반영할 필요가 있다. 예를 들어, 막 학교수업을 끝낸 5학년 학생들에게 즉각적으로 차분히 앉아 집단을 시작하자고 하는 것은 비현실적이다. 하지만 그러한 요구가 노인센터에서 오전 중간쯤에 모이는 회상집단(reminiscence group)에게는 매우 적절할 것이다.

집단의 내용을 고려함에 있어, 사회복지사는 집단이 활용할 수 있는 자원과 물품을 고려할 필요가 있다. 분명한 것은 집단의 내용을 계획할 때 그러한 것들의 이용 가능성을 마음에 두고 계획해야 한다는 점이다. 예를 들어, 기관에서는 암벽 오르기나 캠핑 등과 같이 청소년들에게 유행하는 활동을 위해 장소를 임대하거나 전문가에게 비용을 지불할 자금이 있는가를 살펴볼 필요가 있다. 실행 가능하고 접근 가능하며 취득할 수 있는 자원에 대해 알고 있는 것은 집단의 사전계획에 있어 중요한 부분이다.

새 집단의 첫 번째 모임을 계획할 때 중요하게 생각할 것 가운데 하나는 집단의 내용과 관련된 것이다. 집단의 첫 번째 모임에서는 집단의 분위기와 앞으로 있을 상호작용의 본질을 설정하게 된다. 감정적인 분위기와 상호작용의 질적인 면은 집단성원들이 첫 번째 모임 후 다음 모임에 참석할 것인지를 결정하는 경향이 있으므로, 첫 번째 모임의 내용의 본질과 순서에 대해서도 세심한 관심을 기울여야 한다. 중요한 것은 사회복지사가 첫 번째 모임을 계획할 때 집단성원들이 첫 모임과 같이 집단의 초기에 보일 수 있는 욕구와 관심사를 충분히 인식하고 보충해야 한다는 점이다. 이러한 욕구는 제12장에서 집단의 적응과 포함 단계를 다룰 때 구체적으로 논의하겠다.

사전계획 과정에서 집단의 내용을 고려할 때 사회복지사는 다음과 같은 질문에 답해야 한다.

① 집단모임의 일반적인 내용은 무엇인가? 반영적인 토의인가, 활동인가, 아니면 교육적인 내용인가? 집단의 목적과 개별성원의 목표를 성취하기 위해 그 내용을 활용하는 근거는 무엇인가?
② 누가, 어떻게 집단의 내용을 계획할 것인가? 특정한 내용을 요구하고 있는 정책이나 규정이 있는가? 필요하다면 집단의 욕구를 충족시키기 위해 그 정책과 규정을 조정하거나 변경시킬 수 있는가?
③ 집단이 활용 가능한 자원과 물품은 무엇인가?
④ 집단 첫 모임의 내용과 순서는 어떠한가?

9. 계획의 실제 사례

계획의 마지막 구성요소인 사전접촉은 제6장에서 논의하고자 한다. 제5장을 마치기 전에 여기서는 집단에 대한 두 개의 계획 사례를 제시하고자 한다. 하나는 정신병원에서의 집단으로 사전집단계획 모델의 각 요소에 대한 계획을 요약한 것이다. 다른 하나는 인보관의 청소년 프로그램 집단으로 집단계획의 과정과 이들 구성요소의 상호작용에 관해 살펴본 것이다.[49] 이 두 가지를 여기에 포함시킨 것은 집단계획 과정과 내용을 입증해 보임으로써, 이 장에서 제시한 구성요소에 대해 보다 명료화하고 계획과정의 모델이 실제 실천현장에 활용되는 것을 보여 주기 위해서다.

1) 정신병원에서의 집단

(1) 기관 및 사회적 상황

대규모 정신병원에서 한 사회복지 실습생이 정신분열증을 앓고 있으면서 퇴행적이고 위축된 환자들의 병동에 배치되었다. 이 병원에서는 대부분의 환자들이 짧은 기간 입원을 해 있는데, 이는 법원명령 없이는 수일 이상 강제로 입원해 있을 수 없도록 한 규정 때문이었다. 하지만 이 병원의 몇몇 병동에는 장기적으로 입원해 있으면서 심각한 역기능적인 문제를 갖고 있는 환자들이 자발적으로 혹은 어쩔 수 없이 입원해 있다. 이 병원은 환자들을 위해 아주 훌륭한 치료프로그램을 가지고 있다. 이 병원의 정책 가운데 하나는 사회복지사들이 환자들의 집단을 대상으로 일을 하면서 개별적으로도 도움을 제공하도록 장려하고 있다. 이 병동에는 훌륭히 제 역할을 다하는 팀이 있다. 이 팀은 정신과의사, 간호사, 기술자 그리고 사회복지사로 구성되어 있다. 사회복지 실습생도 이 팀 모임에 참석하는데, 이 모임에서는 각 환자의 상태를 의논하고 치료에서의 변화에 관해 결정한다. 한편, 사회복지 실습생은 조언을 줄 만한 다른 직원들에게도 접근한다. 병동에서 타 전문직 직원들과 지속적으로 협력하는 것은 모든 직원들이 환자가 집단에 참석하는 것을 지지하고 환자들이 집단에서 배운 것을 일상생활에 적용하도록 돕는 데 매우 필수적인 것이다.

(2) 욕구

병동 팀 모임에서 한 간호사는 집단에 있지 않은 몇 명의 환자들이 직원들 및 다른 환자들과 보다 현실적으로 사회관계를 형성하기 위해 도움이 필요하다고 하였다. 환자들의 행동 특징으로는 병동 및 병원 활동에 무감각하고 무관심한 것과 침착하지 못한 행동이었다. 환자들은 거의 상호작용도 하지 않은 채 복도에 있는 긴 의자에 앉아 있었다. 대화에 참여시키려는 노력에도 그들은 좀처럼 반응을 보이지 않았다. 그 가운데 몇 명은 새로 병동에 입원한 환자들이었으며 치료면담에도 잘 응하지 않았다. 그들은 또한 다른 환자들과 관계를 형성하고 그것을 활용할 수도 없는 것처럼 여겨졌다. 그들 가운데 일부는 주변에 다른 사람들이 있는 것조차 인식하지 못하였으며, 그들이 이해할 수 있는 방법으로 직원들이 질문하고 언급할 때도 반응이 없었다. 팀 가운데 몇 사람이 간호사의 사정 및 제안에 동의하여 그들을 위한 새로운 집단이 시작되었다.

(3) 목적

집단의 목적은 환자들이 자신들의 능력수준에 따라 주변의 타인들을 의식하고 그들과 지지적인 관계를 형성할 수 있도록 돕는 것 그리고 자아존중감과 능력에 대한 감각을 개발할 수 있도록 돕는 것으로 정하였다. 이 목적을 토대로 환자의 구체적인 목표는 개인에 따라 다르지만 대체적으로는 ① 환자들이 타인과의 관계에서 보다 편안해할 수 있도록 돕고, ② 타인의 이야기를 경청하고 타인들이 자신의 이야기를 경청하는 것이 도움이 된다는 것을 배우도록 하며, ③ 병동에서 타인들과 어울리는 데 있어 문제점을 파악하고 그 문제점을 감소시킬 수 있도록 돕고, ④ 자신들이 타인들에게 수용될 수 있다는 점을 깨닫도록 하며, ⑤ 적당한 병원 프로그램에 보다 많이 참여할 수 있도록 돕는 것이다. 이 모든 목표는 사회적 관계 및 역할 능력을 향상시키기 위해 집단을 활용할 수 있도록 돕는 것과 직접적으로 관련이 있다.

(4) 구성

환자 몇 명으로 집단을 시작하기로 결정하였는데, 집단의 규모는 집단성원들이 서로 상호작용할 수 있을 정도로 작으면서도 친밀한 관계로 인해 지나치게 두려워하지 않을 정도로 큰 규모라 할 수 있다. 병동에 있는 새 환자들 각자의 심리사회적 기능에 대한 사정을 근거로, 병동활동에 가장 참여할 수 없는 것으로 여겨지는 일곱 명의 남자 환자를 포함시키기로 결정했다. 하지만 이들 일곱 명 가운데 두 사람은 다른 사람들에 비해 타인과의 관계에서 보다 잘 반응하고 이야기할 수 있을 정도로 기능이 좋은 상태였다. 연령은 28세에서 40세까지 분포해 있었다. 이들 가운데 3명은 흑인이며, 5명은 백인이었다. 사회복지사는 백인 남자였다. 환자들의 공통욕구를 우선 고려해 볼 때, 타인들의 욕구와 지나치게 차이가 나는 것은 없었으며 이들이 인내할 수 있을 만큼 자극을 제공할 수 있는 이질성이 충분히 있었다.

(5) 구조

이 집단은 폐쇄집단으로 하고 새로운 성원은 결원이 생길 때만 추가하기로 결정하여, 집단성원들이 일정 기간 동안 서로 신뢰할 수 있고 지지할 수 있는 관계를 형성할 수 있도록 하였다. 이 집단은 비공식적 과정중심의 토의 및 활동 집단(informal process-oriented discussion-activity group)이다. 사회적 관계가 극심할 정도로 어렵고 자긍심이 낮은 환자들은 상당한 구조가 필요하며 경험에서의 지속성이 필요하다. 그들은 또한 어린아이들처럼 매우 짧은 주의집중력을 갖고 있다. 이러한 이유로 경험의 지속성을 제공하고자 집단은 일주일에 세 번씩 만나기로 하였으며, 집단성원들이 보다 오랜 시간을 참아낼 수 있다고 판단될 때까지는 30분만 만나기로 하였다. 집단모임의 기간은 임시로 3개월로 정하였는데, 이는 이 기간 동안 환자들이 보다 향상된 치료를 받을 수 있을 것이라 여겼기 때문이었다. 집단은 점심시간 전에 만나기로 하였는데, 이때가 병동의 다른 일정에 방해하지 않는 시간이었다. 모임은 소규모의 쾌적한 여가활동실에서 갖기로 하였고, 집단은 이 모임 장소를 독점으로 활용할 수 있으며, 예정된 시간에는 어떠한 방해도 받지 않도록 조치하였다. 후에는 환자들이 병동에서 나와 보다 많은 자유와 새로운 경험을 시도할 수 있는 능력을 실험해 볼 수 있도록 하였다. 이런 경우가 발생하면 사례보조자가 사회복지사를 도와 이들 성원들이 새로운 경험을 활용해 볼 수 있도록 도울 예정이었다.

(6) 내용

이들 환자들은 집중해서 토의에 참여할 수 없고 이들에게 말하도록 요청하는 것은 매우 위협적인 것이기 때문에, 사회복지사는 집단의 내용이 간단하면서도 비위협적인 활동과 짧은 토의로 구성되도록 계획하였다. 또한 성원들에게 커피와 차를 제공하여 불안감을 감소시키고 손을 가지고 뭔가를 할 수 있도록 하였으며, 이를 통해 집단에 올 수 있는 동기를 향상시키고자 하였다. 사회복지사는 초기의 모임이 충분히 구조화되도록 하여, 환자들에게 무엇이 기대되는지를 알 수 있도록 하면서 안정감과 지지감을 가질 수 있도록 했다. 사회복지사는 집단의 목적과 기대를 환자들에게 상기시키고 집단성원들이 집단에 오는 것이 도움이 될 것이라는 점을 강조하는 것으로 집단의 첫 모임을 시작하기로 결정했다. 그런 다음 타인들과 관계를 형성하고 말하는 데 필요한 몇 가지 활동을 잠깐 동안 하기로 하였다. 이에는 스트레칭 하기, 이름 게임하기, 지도자 따라하기, 풍선 던지기 등과 같이 이들에게 적절하다고 생각되는 활동을 포함시켰다. 그런 다음 보다 구조화된 방법으로 말하는 시간을 갖도록 하였다. 집단에 오는 것에 대한 느낌, 집단에서 시도해 보고 싶은 것 혹은 그들이 가장 좋아하는 음식을 한 가지씩 차례대로 말하도록 하는 등 많은 것들이 가능하였다. 하지만 이는 환자들에게 최소한 뭔가를 하도록 요구하는 것이어야 한다. 마지막 짧은 종결시간에는 모임에 대해 간략하게 요약하고 다음 모임에 대해 기억해야 할 것을 말해 주도록 하였다.

2) 인보관에서의 청소년 프로그램 집단

기관 상황	이 인보관은 인보관연합회에서 약간의 기금을 지원받았는데, 이 기금은 인보관의 청소년 프로그램 가운데 여자 청소년들 대상의 사업을 장려하기 위한 것이었다. 인보관연합회에서는 여자 청소년들이 대체로 인보관 청소년 프로그램의 서비스 혜택을 충분히 받고 있지 못하다고 믿고 있었다. 기관이 이 기금을 여자 청소년들
구성	을 위해 활용하는 것 이외에는 어떠한 요구사항도 없었다. 인보관에서는 이 프로젝트를 위해 지원받은 기금을 파트타임 사회복지사를 고용하는 데 활용하였다. 프로젝트 담당자로는 아동과 청소년을 대상으로 상당기간 경험이 있는 사람을 선정하였다.
기관 상황	인보관 프로그램의 소장은 신임 직원과 기관의 캠프 담당자, 청소년 프로그램 담당자, 재능발견 프로그램 담당자 모두(청소년 프로그램 담당자 전원)를 회의에 소
사회 상황	집하여 프로젝트에 대해 논의하였다. 지역사회에 거주하고 있는 6학년 여학생들을 서비스 대상집단으로 선정하였다. 이들 여학생들은 특히 인보관 활동 프로그램
구성	의 서비스 혜택을 충분히 받지 못한 것으로 파악되었다. 이는 초등학생 대상의 프로그램에서는 너무 나이가 많은 것이 문제였으며, 인보관의 십대 프로그램에서는
욕구	너무 어린 것이 문제가 되었다. 인보관 및 기관의 입소자들을 위한 여름 캠프의 경험을 비추어 볼 때 6학년 여학생들은 특히 어려운 전환기에 진입하는 것으로 여겨졌다. 이는 이들 여학생들이 정서적, 신체적, 사회적으로 발달하면서 동시에 초등학교에서 중학교로, 잠재기에서 청소년기로 전환해 가는 시기라 여겼기 때문이다.

욕구 또한 문헌을 살펴보았을 때 여자 아동의 자아상과 자신감은 바로 이 시기와 이 발
사회 상황 달단계에서 최악의 상태로 바뀐다고 한다. 나아가 지역사회의 초등학교나 종교학
교가 매우 엄격한 구조를 갖고 있는 것에 비해 지역사회에 있는 중학교는 매우 느
슨한 구조를 갖고 있었다.

이 대상집단을 염두에 두고 사회복지사는 인근 공립학교 및 종교학교의 여러 선생
님 그리고 교육행정가들과 대화를 나누었다. 6학년 및 7학년 선생님들과 행정가들
욕구 은 이 연령층의 여학생들이 방과 후 학교 프로그램에서 가장 서비스 혜택을 받지
못하는 집단이라는 점을 확인해 주었다. 공립학교 선생님들은 최근에 교육청 예산
이 대폭 감축되었기 때문에 방과 후 학교 프로그램이 부족함을 지적하였다. 한편,
사회 상황 인근의 가톨릭 학교 교장선생님은 성인이 지도감독하는 방과 후 학교 프로그램이
결여되어 있음을 지적하면서, 아동을 과잉보호하는 많은 부모들이 지역사회가 위
욕구 험하다고 생각하기 때문에 방과 후에 아동들이 놀지 못하도록 하고 있다고 하였
다. 교장선생님 생각에 이들 부모들은 그들의 자녀들이 인보관에 있는 방과 후 프
로그램에 참여하는 것은 허락할 것이라고 하였다.

욕구 인근에 있는 두 개의 중학교 가운데 한 학교의 7학년 진로담당 교사는 인근 지역의
여학생들이 초등학교에서 중학교로 전환해 가는 시기가 특히 힘들다고 지적하였
다. 그녀에 따르면 일단 7학년이 되면 장기결석, 약물, 임신, 음주 등이 주요한 문
제가 된다고 하였다. 그녀는 덧붙여 많은 7학년 신입생들이 다음의 두가지 가운데
한 가지 방법으로 7학년의 구조결핍을 경험하고 있다고 말하였다. "여학생들이 매
우 질려서 조용히 사라져 버리거나 지금이 탈출할 시기여서 자유로이 미친 척 행
동하기 시작한다."

욕구 이 시점에 이르러 사회복지사는 여러 명의 7학년 신입생들과 인근 지역의 학부모
들과 비공식적으로 대화를 나누었다. 그들 또한 중학교의 진로담당 교사들이 한
말을 확인해 주었으며, 여학생 스스로 중학교에 진입하면서 겪는 어려움을 토로하
거나 자녀들이 직면해야 하는 곤경에 대해 말하였다.

사회복지사는 이 시기의 발달단계, 중학교 진로담당 교사들의 말, 인근 중학교에
욕구 존재하고 있는 기관이 없는 점 등을 고려해 볼 때 집단이 특히 의사결정에 집중한
목적 다면 이들 학생들에게 많은 도움이 될 것이라 생각하였다. 사회복지사는 '조용히
사라져 버리거나' 혹은 '문제에 빠진' 7학년 학생들이 스스로 의사결정 하는 데
내용 어려움을 겪고, 중학생이 되면서 더욱 많아진 자유를 누리는 데 어려움을 겪을 것

이라 추측하였다. 사회복지사는 또한 '조용히 사라져 버리는' 7학년 여중생들은 6
구성 학년 때 대부분 수줍어하거나 위축되어 있을 가능성이 높을 것이라 추측했다. 그
리고 '문제행동을 보이는' 여학생들은 아마도 6학년 때 시끄러우면서도 독점적이
었을 것이라 간주하였다. 그녀는 두 부류의 여학생들 모두 친구를 사귀거나 친구
관계를 유지하는 데 어려움을 겪을 것이라 생각하였다.

구성 따라서 집단은 이들 두 부류의 여학생, 즉 수줍어하고 위축된 여학생들과 시끄럽
고 독점적인 여학생들로 구성하고자 하였다. 이들 두 부류의 여학생들 모두 의사
결정을 하는 데 어려움이 있기 때문이었다. 즉, 수줍어하는 여학생들은 '잘못된
목적 길로 간 대중을' 뒤따라가는 경향이 있을 것이며, 독점적인 여학생들은 '타인에게
지시하는' '무뚝뚝한 지도자'가 되는 경향이 있을 것이었다. 그러므로 집단의 임
시 목적은 집단성원들이 신중하게 그리고 독자적으로 의사결정을 할 수 있도록 돕
는 것으로 설정하였다.

그런 다음 사회복지사는 처음 이야기를 나누었던 인근의 6학년 선생님을 만났다.
욕구 사회복지사는 선생님들에게 자신이 생각하고 있는 여학생들에 대해 설명하였고
구성 반에서 그러한 여학생을 파악해 줄 수 있는지 물었다. 사회복지사와 이야기를 나
욕구 누었던 모든 선생님들이 쉽게 그러한 두 부류의 여학생들을 파악할 수 있었고, 그
여학생들이 학교에서 특별한 문제를 일으키고 있다고 즉각 인정하였다. 사회복지
사는 6학년 선생님들에게 이러한 집단에 적합한 학생들을 파악해 줄 것을 요청하
였다. 사회복지사는 우선 집단의 크기를 10명으로 정하였는데, 이는 몇 명의 학생
들은 중퇴할 수도 있고 몇 명은 결석할 수도 있기 때문이었다. 또한 사회복지사는
이 집단이 대다수의 '추종자'와 소수의 '독점자'로 구성되면 가장 잘 기능할 것이
구성 라 생각하였다(너무 많은 지도자와 너무 적은 추종자는 집단관리를 어렵게 만들
것이라 생각하였기 때문이다.).

사전접촉 그 후 사회복지사는 선생님들이 의뢰한 학생들 가운데 집단성원이 될 수 있을 것
이라 생각되는 여학생들을 한 사람씩 개별 면담하였다. 이 면담은 해당 학교에서
이루어졌다. 사회복지사는 이들 학생들에게 자신이 구상하고 있는 집단과 자신이
서비스를 제공해 주고자 하는 집단성원들의 특성에 대해 설명하였다. 그녀가 집단
을 위해 생각하고 있었던 여학생의 기준은 크게 세 가지인데, ① 여학생이 집단에
참여하기를 원할 것, ② 여학생이 자신을 '추종자' 혹은 '무뚝뚝한 지도자'로 생
각할 것-즉, 사회복지사가 기술한 유형의 여학생과 자신이 흡사하며 자신을 그렇
게 생각할 것, ③ 여학생이 '추종자' 혹은 '무뚝뚝한 지도자'인 것에 대해 불행하

게 생각할 것-즉, 여학생이 자신의 그러한 행동을 변화시키기를 원할 것 등이다.

사전접촉 대부분의 여학생들은 사회복지사가 기술하는 것과 쉽게 일치하였다. '추종자' 에 속한 여학생들은 사회복지사가 집단에 대해 기술하자 대부분 안도하는 모습이었다. 한 '무뚝뚝한 지도자' 는 즉시 "두목 행세하는 거죠! 그게 바로 나예요." 라고
사전접촉 말하였다. 여학생들이 앞서 기술한 세 가지 기준에 해당하면 사회복지사는 그들의 부모들과 접촉하였다. 사회복지사는 집단에 참여할 수 있는 여학생들의 가정을 방문하여 부모들을 만나 집단에 대해 설명하고, 그들의 염려사항을 파악하고, 여학
사회 상황 생들이 집단에 참여할 수 있도록 허락해 줄 것을 요청하였다. 가정방문을 통해 사회복지사는 각 여학생의 집과 가정 상황을 파악할 수 있었다. 부모들은 사회복지사가 자신들의 딸을 집단에 포함시켜 주는 것에 대해 고마워하는 것 같았다. 여학생들과 만난 후 사회복지사는 주 1회 모임으로는 충분치 않을 것이라는 생각이 들
구조 었고 주 2회 모임이 최적이라고 생각하였다. 또한 사회복지사는 모임시간은 학교를 마친 후 곧 시작하는 것이 좋을 것이라 생각하였다. 이는 부모들이 어두워졌을 때 여학생들이 집단에 참여하는 것을 허락하지 않을 것이라 생각되었기 때문이다. 사회복지사는 부모들 가운데 몇몇 사람들은 여학생들이 걸어서 인보관에 가는 것을 허락하지 않을 것이라고 말한 점에 대해 놀라웠다. 이것은 곧 여학생들을 학교
구조 에서 차로 데리고 와 집단모임 후에 집에까지 데려다 주기를 바란다는 것을 의미하였다.

여학생들과의 면접기간 동안 사회복지사는 많은 여학생들이 생각과 감정을 말로 표현하는 데 힘들어한다고 생각하였다. 따라서 그녀는 집단, 특히 첫 모임에서 이
내용 들 여학생들이 오랫동안 토의하는 것은 어려울 것이라 판단하였다. 또한 그녀는 오랫동안 토의를 하면 몇몇 성원들이 독점을 할 것이고 나머지는 참여하지 않을
내용 것이라 생각하였다. 사회복지사는 집단의 내용이 활동과 토의 모두를 포함하는 것으로 구성되어야 할 필요가 있다고 결정하였다. 사회복지사는 프로그램에 관한 생각을 구성하였고, 집단의 모임이 시작될 때까지 기다렸다가 집단성원들의 관심사를 기초로 어떤 활동을 할 것인지 정확하게 판단하기로 하였다. 하지만 집단의 내
목적 용은 집단의 목적과 직접적으로 연관된 것으로, 여학생들이 그에 대해 결정할 시간을 주고 집단활동과 의사결정에서 그들이 수행할 역할에 대해 생각할 시간을 주기로 하였다.

10. 계획, 자기결정권, 수적인 경주

계획의 중요성을 인식함에도 불구하고 계획은 실제 실천현장에서 종종 무시되거나 간결하게 실시되고 있다. 계획이 이렇게 지속해서 방임되고 있는 이유에 대해서는 아마도 두 가지 요인으로 설명될 수 있을 것이다. 첫째, 사회복지사들은 계획을 클라이언트의 자기결정권을 부인하는 것으로 여길 수 있다. 사회복지사들은 다른 사람에게 무엇을 하라고 말하기를 원치 않거나 클라이언트를 조정하기를 원치 않기 때문에, 일부 사회복지사들은 계획을 곧 클라이언트의 자기결정권을 부인하거나 조정하는 것과 동일한 것으로 간주하여 그것을 회피하려고 할 수 있다. 계획이 결여되어 있는 것에 대한 이러한 설명에 대해서는 진보주의적 교육자이자 사회과학자로서 집단사회복지에 지대한 영향을 준 존 듀이(John Dewey)의 제안을 고려해 볼 필요가 있다. 존 듀이는 교사가 충분히 사려 깊게 계획하지 않는 것은 교실을 통제할 수 없는 원인이 된다고 하였다. 따라서 그는 계획이 행해지지 않는 것은 학생 개인의 자유에 반하는 것이라고 주장하였다.

하지만 듀이는 그러한 생각을 접었다. 그는 일부 계획이 지나치게 엄격하여 개인의 자유를 위한 여지가 거의 없게 하기 때문에 모든 계획을 저버려야 한다는 것은 이치에 맞지 않는다고 하였다. 듀이는 오히려 다음과 같이 말했다.

> 교육자는 매우 지능적이고 어려운 계획을 만들어야 할 의무가 있다. 교육자는 자신이 다루어야 할 사람들의 특별한 욕구와 능력을 조사하고, 동시에 그 욕구를 충족시켜 주고 능력을 개발시킬 수 있는 경험을 제공하기 위한 주제 내용을 공급할 여건을 조성해야 한다.

듀이는 "계획은 경험의 개별성을 자유롭게 행할 수 있을 정도로 유연해야 하는 동시에, 권한의 지속적인 개발을 위해 방향성을 제시할 수 있을 정도로 견실해야 한다."고 강조하였다.[50)]

사전계획은 클라이언트의 자기결정권을 감소시키기보다 오히려 증가시킨다. 사전계획은 구성하고자 하는 집단을 보다 명료하게 하는 것이다. 이러한 명료성은 구성되고 있는 집단에 대해 보다 명확하고 충분히 고지된 상태에서 클라이언트가 집단참여 여부를 결정할 수 있는 능력을 향상시키는 것이다. 계획은 클라이언트의 조정과 사회복지사의 독점을 최소화할 수 있으며 클라이언트의 자기결정권을 극대화할 수 있다.

계획은 다른 사람에게 무엇인가를 강제로 부여하는 것을 의미하지는 않는다. 계획이 실행되고 서비스가 시작되면서 사회복지사가 집단에 대해 가졌던 임시계획은 변할 수 있다. 특히, 사회복지사가 클라이언트와 그들의 상황을 보다 잘 이해할 때 계획은 변할 수 있는 것이다. 따라서 사회복지사는 변화에 대해 유연하고 개방적일 필요가 있다. 하지만 보다 많은 것을 이해하게 되면 처음의 생각을 완전히 변화시킬 수 있기 때문에 사회복지사가 계획과정의 중요성과 가치를 부인해서는 안 된다.

계획에 대한 관심이 부족했던 이유 가운데 두 번째는 사회복지 전문직이 클라이언트와의 직접적인 서비스와 행동에 강조를 두었기 때문이다. 사회복지사들은 계획이 직접적인 서비스를 제공하는 데 있어 불필요하게 시간을 빼앗아 버리는 수동적인 활동이라고 간주하기도 한다. 어쩌면 클라이언트 수를 채움으로써 보험수가를 더 많이 받아내려는 현 추세가 꼭 필요한 계획을 수행하지 않은 채 행동으로 직접 뛰어드는 경향을 더욱 악화시킬 수 있다. 따라서 숫자가 지상 최고인 것으로 간주되고 있다. 하지만 신중한 사전 집단계획은 서비스를 수혜하는 사람들의 수를 증가시킬 수 있을 뿐만 아니라 서비스의 질을 향상시키는 결과도 가져온다.

계획이 진행되는 동안에는 집단의 초기모임이 연기될 수 있다. 하지만 잘 계획된 집단의 특성이라고 할 수 있는 집단성원의 규칙적인 출석률은 성급하게 출발하여 곧 해체되는 집단에서 서비스를 수혜하는 사람들의 수보다 더 많을 것이다. 거북이와 토끼의 우화에서처럼 빠른 것이 반드시 최상은 아니다. 오늘날 지원기관에서 제시하는 수적인 압력과 경주할 때 신중한 준비를 강조하는 접근법이 분명 이길 것이다.

제6장 사전접촉: 집단성원의 선택과 준비

계획과정 가운데 기본이 되는 사전접촉은 계획되고 있는 집단에 적합한 성원을 확보하는 것과 그들이 집단에 참여할 수 있도록 준비시키는 것을 포함한다. 이를 위해 다양한 기관에서 다양한 절차를 활용하고 있다. 하지만 근본적으로 사전 집단접촉(pregroup contact)은 집단서비스의 본질과 유용성을 잠재적인 성원들이 알 수 있도록 돕고, 서비스의 수혜자격을 결정하며, 개별성원의 목표가 집단을 통해 성취하고자 하는 다른 성원들의 목표와 유사한지를 파악하고, 집단에 소속될 수 있도록 준비시키는 것이다.

집단에 참여할 성원들을 확보하는 방법으로는 대체로 다음과 같은 두 가지 방법이 활용된다. 첫째, 기관의 직원이 지역사회의 사람들을 찾아가서 이용 가능한 집단서비스에 대해 알리는 방법이다. 둘째, 사람들이 기관에 찾아와서 집단 서비스를 요청하는 방법이다. 집단참여를 위해 성원을 선택하는 방법 또한 다양하다. 일부 집단에서는 집단에 참여하려는 욕구 자체만으로 집단성원이 될 수 있다. 하지만 어떤 집단에서는 접수절차가 요구되어 성원이 될 자격승인을 받아야 한다.

1. 집단성원의 충원과 찾아가기

참석을 원하는 대상집단의 모든 사람들을 수용하기 위해 많은 집단이 구성된다. 예를 들어, 건강관리협회에서는 최근 당뇨병 진단을 받은 성인들을 위해 집단을 시작할 수 있으며, 노인센터에서는 독거노인이면서 센터의 회원인 사람들에게 안전의식 향상을 위한 집단을 구성할 수 있으며, 대학에 있는 고용인지원 프로그램(employee assistance program)에서는 '샌드위치 세대', 즉 부모와 자녀를 동시에 돌보아야 하는 세대의 직원들에게 집단을 제공할 수 있다. 이러한 집단을 '누구나 환영하는 집단(Come One Come All; COCA)' 이라고 부르는데, 이러한 집단은 해당 집단의 성원 누구에게나 개방되어 있다. 이 집단의 성원들은 사회생활 일부 가운데 인간의 공통된 욕구를 타인과 공유하는 것으로, 집단성원들은 대체로 정상적인 기능을 하고 있는 사람들이다. 이러한 집단은 일반적으로 예방적인 특성을 가지고 있어서 성원들이 효과적인 사회적 기능을 유지할 수 있도록 하는 데 그 목적이 있다. 누구나 환영하는 집단(COCA)과 같은 집단의 성원을 확보하려는 사회복지사는 대상집단이 되는 사람들의 참여와 출석을 유도하고, 그들의 관심을 끌고자 어디서 어떻게 집단을 홍보할 것인가를 고려해야만 한다.

어떤 집단은 보다 구체적인 특정인들을 대상으로 하는데, 사회복지사는 그들의 독특한 공통 욕구와 상황을 사전에 알고 있을 수 있다. 예를 들어, 노인센터의 소장은 센터의 성원 7명이 지난 두 달 동안에 암으로 성인자녀를 잃은 것을 알고 있을 수 있다. 또한 후천성 면역결핍증(AIDS)을 앓고 있는 여성에게 서비스를 제공해 주는 한 기관의 사회복지사는 많은 여성들이 후천성 면역결핍증을 앓고 있는 것을 자녀들에게 알려 주고 싶지만, 그렇게 하는 것이 두렵고 실제로 그렇게 해야 하는지 확신이 없어서 아직 이야기하지 못했다는 것을 알고 있을 수 있다. 그리고 한 학교 사회복지사는 노숙자 쉼터에서 1년 이상 생활을 하다가 최근 인근 지역의 주택에 이사 온 3~4학년 신입생이 적어도 12명은 된다는 것을 알고 있을 수 있다. 이러한 예들에서 볼 수 있듯이, 사회복지사는 사회적 상황에 따라 유사한 욕구가 존재할 것이라는 점을 알게 된다. 이렇게 사회복지사가 구성하고자 하는 집단을 '초대에 의한 집단(By Invitation Only; BIO)' 이라고 부른다. 초대에 의한 집단(BIO)은 공통된 인간의 욕구를 공유하기 원하는 사람들을 대상으로 하고 있다는 점에서 누구나 환영하는 집단(COCA)과 유사하다. 그러나 초대에 의한 집단은 사회복지사가 특별히 초대하고 싶은 특정인을 대상으로 하고 있다는 점에서 차이가 있다. 초대에 의한 집단을 구성하고자 하는 사회복지사는 대상자들에게 무엇을 어떻게 말할 것인지 정확하게 말하도록 하여, 자신들이 초대하고자 하는 대상자들의 반응이 긍정적일 수 있도록 해야 한다.

사회복지사는 초대에 의한 집단의 성원이 될 후보자들을 직접 알고 있을 수 있다. 즉, 기관의 직접적인 업무로 인해 사회복지사들은 특별한 욕구를 갖고 있는 성원들을 알게 된다. 때로 사회복지사는 특별한 욕구를 갖고 있는 소수의 성원들만을 알고 있어 집단을 구성하기에 그 수가 충분치 않을 수 있다. 그리고 이들 성원들의 욕구가 소수에게만 해당하는 것이라 해도 그들의 욕구가 급박한 것일 수 있다. 이러한 경우 사회복지사는 기관 내외의 다른 직원과 접촉하여 유사한 욕구를 가진 사람들을 알고 있는지 파악할 필요가 있다. 그리고 그런 사람들이 있다면 그들을 찾아갈 아웃리치 계획이 수립되어야 한다. 이때 접근방법의 내용과 대상자들을 결정해야 한다.

한편, 일부 집단에 대해서는 누구나 환영하는 집단과 초대에 의한 집단의 성원 확보 접근방법이 혼용될 수 있다. 예를 들어, 고용인지원 프로그램에서 일하는 사회복지사는 일반적으로 '샌드위치 세대' 를 위한 집단을 공표하는 동시에 부모와 자녀를 돌보는 데 있어 어려움을 겪고 있는 몇 명의 사람들을 집단에 개별적으로 초대할 수 있다. 혹은 에이즈 단체에서 일하는 사회복지사는 자녀에게 후천성 면역결핍증 감염사실을 말하는 데 어려움을 겪고 있는 어머니들을 개별적으로 초대하거나, 기관의 대기실에 집단에 대한 안내문을 붙임으로써 공개적으로 홍보할 수 있다.

집단이 누구나 환영하는 집단이 되든 초대에 의한 집단이 되든 간에, 사회복지사가 집단의 성원을 모집하기 위해 그들을 찾아가고자 할 때 중요한 점은 집단성원들이 새롭고 낯선 집단에 참석하는 것, 특히 집단성원이 되고자 스스로 요청하지 않은 상태에서 집단에 참석하는 것이 얼마나 두렵고 어려운 일인가를 염두에 두어야 한다는 것이다. 따라서 집단의 잠재적인 성원들을 찾아가 모집하는 일은 신중하면서 지각력이 있어야 한다. 때로 집단에 참석하도록 사람들의 동의를 얻어내려는 목적이 너무 강하면, 사회복지사는 마치 팔려는 상품(즉, 집단)을 소비자가 꼭 사도록 강요하는 것과 같은 일을 그들에게 행하게 되는 것이다. 따라서 클라이언트가 원하든 원하지 않든 간에 사회복지사가 물건을 꼭 팔아야 하는 방법으로 집단성원을 모집하게 되면, 끈질긴 판매법이 잠재적인 '구매자' 에게 압박감을 주게 된다. 따라서 잠재적인 집단성원은 '판매자' 를 제거하기 위해 집단의 필요성을 강하게 부인하거나 집단에 올 의도가 실제로 없으면서 집단에 오거나 참여할 것에 동의한다.

이와 반대의 경우도 종종 발생한다. 사회복지사가 개별성원의 상황을 알고 그 성원이 집단경험을 통해 이익을 얻을 것이라는 생각에 현재 구성하고 있는 집단에 오도록 접근하면서 그들을 찾아갈 수 있다. 사회복지사는 그 성원에게 집단에 대해 말해 주고 집단에 참여하도록 요청할 수 있다. 하지만 그 성원의 초기 반응이 집단에 대해 전혀 관심이 없는 것이라면, 사회복지사는 개인의 자기결정권을 침해하지 말아야 한다고 느낄 수 있다. 따라서 그 성원에게 강요할 수 없으므로 사회복지사는 신속하게 그러한 초대를 철회하고, 그 성원의 부정적인 반응을 있는 그대로 받아들이면서 그의 욕구와 집단에서 얻을 수 있는 잠재적인 이익에 대해서 전혀 탐색해 보지 않을 수 있다. 사회복지사의 이러한 행동은 자기결정의 원칙을 오용한 것이며, 비효과적인 찾아가기 방법을 보여 주는 한 예다.[1]

초대에 의해 집단에 참여하도록 잠재적인 성원에게 접근할 때 사회복지사는 그 성원의 상황, 특히 지금 구성되고 있는 집단의 욕구범주에 그 성원이 적합한지를 알고 접근해야 한다. 하지만 중요한 점은 사회복지사가 미리 가정하지 말아야 하며 마치 집단을 판매하는 목소리를 내어서도 안 된다는 것이다. 오히려 찾아가려는 대상이 되는 잠재적인 성원과 대화하면서 그 사람의 상황과 집단참여에 대한 생각 및 감정을 파악하고 탐색해 보도록 해야 한다. 사회복지사는 그 사람이 집단에 적합하지 않으며 집단에 속하는 것이 그 시점에서 적절치 않을 가능성도 열어 놓아야 한다. 한편, 사회복지사는 그 사람이 집단의 성원으로 적합할 것이라 생각하지만 그가 집단에 참여하는 것을 주저할 때는, 집단이 그에게 가치가 있을 것이라는 점을 확신시킬 만한 이유를 명확하게 설명하고 이를 논의할 준비가 되어 있어야 한다. 하지만 그러한 명확한 설명이 잠재적인 성원에게 강요되어서는 안 된다. 궁극적으로 초대에 의한 집단에 참여하려는 선택권은 초대를 받은 해당 당사자에게 있는 것이다.

누구나 환영하는 집단의 성원모집은 대개 공식적이다. 사회복지사는 다양한 방법을 활용하는데, 한 가지 혹은 여러 가지를 혼합하는 방식을 택한다. 안내문을 붙이는 방법,

기관이나 사람들이 많이 지나다니는 곳에서 전단을 배포하는 방법, 잠재적인 성원들이 읽을 만한 소식지와 일간지에 공고를 내는 방법, 잠재적인 성원들이 참석할 수 있는 모임, 예를 들어 사친회(PTA)와 같은 모임에서 집단에 대해 말할 기회를 만드는 방법, 대부분의 클라이언트들이 읽지 않을 것이라는 것을 알면서도 그들 주소록을 활용하여 편지나 안내문을 보내는 방법 등이 있다. 이렇게 안내문이 붙어 있거나 우편으로 배달되었을 때 사람들은 일반적으로 낯선 사람에 대한 두려움을 갖고 있으므로 사회복지사는 높은 응답률을 기대하지 말아야 한다. 이러한 공고방법은 일반적으로 집단의 목적과 내용, 대상집단에 대한 정보를 간략하게 기술하며, 관심 있는 사람이 연락할 수 있는 사회복지사의 이름과 전화번호를 기재한다.

일반적으로 누구나 환영하는 집단에서는 사전 적격심사가 행해지지 않는다. 대신 사회복지사는 잠재적인 성원과 전화로 접촉하여 그 사람이 집단에 진정으로 관심이 있는지 파악하고, 그가 집단에 대해 가질 수 있는 질문에 답하며, 그가 집단모임에 오는 데 보다 편안해할 수 있도록 돕는다. 누구나 환영하는 집단 접근법의 단점은 사회복지사가 잠재적인 성원에 대한 사전 지식이 거의 없는 상태에서 접촉이 이루어진다는 것이다. 이와 유사하게 집단성원들은 집단에 대해 거의 알지 못한 상태에서 시작한다는 점이다. 누구나 환영하는 집단 접근법의 장점은 일부 사람들에게 거리감을 줄 수 있는 공식적인 접수절차 없이 집단에 참여할 수 있다는 점이다.[2)]

2. 사 정

어떤 사람이 기관에 도움을 청하러 왔을 때, 그 사람의 욕구가 무엇이며 집단서비스가 필요할지 여부를 파악하기 위해 일반적으로 공식적인 절차를 실행하게 된다. 예를 들어, 상담 및 치료 집단에서 집단에 그 사람을 배치할지의 여부는 일반적으로 탐색과 사정의 과정에 기반을 두고 있다. 하지만 사정을 하는 사회복지사가 반드시 집단을 지도하는 것은 아니다. 사정과 집단을 지도하는 사회복지사가 다른 경우, 사정과정에서 그 사람에 대해 얻은 정보가 집단을 지도할 사회복지사에게 전달되도록 하는 것이 중요하다. 나아가 집단을 맡은 사회복지사는 집단성원이 되는 것과 관련된 염려를 잠재적인 성원과 직접 탐색해 보고, 그 사람의 집단참여를 준비시키기 위하여 대화를 나누는 것도 좋은 방법이다.

맥스 시포린(Max Siporin)은 사정이란 "문제, 사람, 상황 그리고 이들의 상관성을 차별적으로 개별화하여 정확하게 파악하고 평가하는 것으로 차별화된 원조개입의 든든한 기반이 된다."고 하였다.[3] 효과적인 사회복지실천을 위한 사정 혹은 진단의 중요성은 사회복지 전문직의 초기부터 강조되어 왔다.[4] 사회복지에서 활용되는 사정은 문제나 질병의 파악을 넘어서 생물학적, 심리적, 사회문화적, 환경적 요인들 간의 상호관련성을 평가하고 긍정적인 동기와 능력을 파악하는 것을 포함한다. 파악한 사실과 그 의미를 정확하게 평가하기 위해서 사회복지사는 욕구와 문제의 분류체계, 정보원 그리고 개인, 집단, 환경의 기능의 적절성을 판단할 기준 등을 적절하게 활용할 수 있어야 한다.

사정은 지속적인 과정이지 단순히 사회복지실천의 첫 단계인 것만은 아니다. 집단성원과 집단체계에 관한 적절한 사실을 파악하는 것을 기점으로 사회복지사는 성원의 특성, 문제, 잠재력 등에 대한 의견을 수립하게 된다. 이것은 자연스럽게 그 성원의 기능을 향상시킬 수 있는 방법과 보다 거대한 사회체계를 변화시킬 수 있는 방법에 관한 계획을 수립하는 것으로 연결된다. 후에 사회복지사는 집단성원 및 집단과정에 대한 개입의 효과를 평가하는데, 이것 자체가 사실파악과 의견구성을 포함하게 되어 이해, 계획, 개입, 평가의 순환과정을 역동적으로 반복하게 된다.

집단성원이 되고자 하는 사람이 특정 집단에 적합한지 여부를 일차적으로 판단하기 위해 그 사람에 관한 모든 사실을 수집하는 것은 불필요할 뿐만 아니라 가능하지도 않다. 사회복지사는 그 사람을 특정 집단에 배치할지 여부를 결정하는 데 필요한 관련 정보를 우선 수집하게 된다. 그런 다음 그 개인과 집단 전체에게 서비스를 제공하는 데 도움이 될 만한 추가적인 정보를 파악하면 되는 것이다.

사정과정에서 잠재적인 성원의 목표는 매우 중요하다. 개인이 도움을 요청하는 긍정적인 동기나 열망은 그 사람의 문제만큼이나 중요한 것이다. 이를 메리 리치몬드(Mary Richmond)는 "어제와 오늘에 대한 우리의 검토는 클라이언트의 내일과 특별한 관련이 있다."라고 표현하였다.[5] 사회복지사가 클라이언트나 그의 상황의 변화에 대한 관심사를 출발점으로 사정을 시작하면, 사회복지사의 다음 행동은 자연히 목표지향적이게 된다. 잠재적인 성원들은 자신이 원하는 것에 대해 분명할 수도 있지만, 현재 상황에 대한 불만에 대해 다소 모호할 수도 있다. 또한 잠재적인 성원들 가운데는 자신을 정확하게 표현할 수도 있지만, 일부는 자신을 표현하는 데 많은 도움이 필요할 수도 있다. 사람들은 활용 가능한 기회가 있을 때 그것에 대해 긍정적인 동기를 갖고 있는 이면에 변화에 대한 저항감도 분명하게 나타날 수 있다. 낯선 사람에 대한 두려움과 자신에 대한 기대를 충족시킬 능력에 대한 불안으로 인해, 일부 성원들은 집단에서 제시한 목적과 관련된 자신의 목표를 파악하는 능력이 저해받을 수도 있다.

잠재적인 성원의 능력이나 긍정적인 태도, 성취를 이룬 부분, 환경의 지지 등을 관찰하고 실험하는 것은 문제와 결핍부분을 파악하는 것만큼이나 중요하다. 왜냐하면 집단에서 활용되고 집단의 기반으로 삼아야 할 것이 곧 이러한 장점이기 때문이다. 특정 하위문화 및 상황과 관련된 정상적인 발달과 성숙, 정상행동에 대한 지식뿐만 아니라 비정상적인 일탈에 관한 지식을 기반으로 사회복지사는 집단성원과 사회적 상황에 대해 정확하게 사정할 수 있다.

문제의 유형을 파악하는 것은 문제를 이해하기 위한 중요한 부분 가운데 하나다. 문제의 심각성 또한 파악되어야 한다. 어떤 문제는 생애주기의 특정 단계에서 요구되는 문제를 예방하고 그 단계의 과업을 해결하기 위해 약간의 도움이 필요한 정도의 작은 문제일 수 있다. 일반적으로 전환기의 집단이나 사회문화적 집단이 도움을 받기에 가장 적절한 유형이다. 사회복지사가 관여하게 되는 대부분의 사례는 생활의 전환이나 역할 변화 그리고 대인관계와 관련된 것이다. 한편, 많은 문제들은 매우 심각해서 클라이언트에게 심각한 스트레스를 유발하며, 그들과 상호작용을 하는 사람들에게도 부정적인 영향을 미치게 된다. 어떤 문제들은 신체질병 혹은 정신장애로 진단되기도 한다. 사회복지의 치료가 장애(disorders)에 초점이 맞춰져 있는 것은 아니라는 점을 사회복지사는 기억할 필요가 있다. 즉, 사회복지의 치료는 개인-환경의 총체와 사람이 스트레스의 원인과 병리학적 과정에 반응하는 데 영향을 줄 수 있는 복합적인 요인들의 관계망을 고려해야 하는 것이다.[6] 사회복지사들은 이러한 변화가 커다란 문제가 되지 않는 경우와 문제가 매우 광범위하면서 전반적이고 재앙적인 경우를 구별할 수 있어야 한다. 문제나 어려움의 심각성과 만성 여부는 제공되는 서비스의 유형에 영향을 줄 뿐만 아니라 집단의 유형에도 영향을 준다.

1) 사정의 내용에 대한 기준

사정에서 사회복지사의 날카로운 통찰력은 집단을 활용하여 각 성원의 목표 및 집단의 목적을 성취할 수 있도록 돕고자 할 때 매우 필수적인 것이다. 집단의 특정 목적과 구성 및 구조에 따라 각 집단에 대한 사실파악과 평가의 과업은 조금씩 다를 수 있다. 그럼에도 불구하고 사회복지사는 특정 지침을 통해 개인 성원을 집단 및 외부 상황과 연계하여 볼 수 있는 준거틀을 갖게 된다. 사정의 틀 밑바탕에 깔려 있는 기본 가정 가운데 하나는 인간의 행동은 개인과 환경 간의 상호작용의 산물이라는 점이다. 모든 사람은 타인과 상호의존적인 관계를 갖고 있으면서 여러 가지로 맞물려 있는 사회체계의 한 구성요소다. 인간의 행동은 이러한 상호작용 관계망의 구조와 기능 그리고 거기서 그 사람이 갖고 있는 역할과 지위의 측면에서 이해될 수 있다. 따라서 사회복지사의 사정은 개인 및 그와 연결되어 있는 사람들, 그들이 속해 있는 사회체계 모두와 관련이 있다. 사회복지사는 개인 및 집단 수준에서 내 · 외적 힘에 의한 스트레스의 특성을 파악하고 집단성원이 스트레스를 견디고 변화에 대처하며, 새로운 혹은 변화된 기능을 찾을 수 있는 능력과 변화에 관심을 갖게 된다.

어떠한 집단경험이든 간에 집단경험은 가정과 지역사회의 지속적인 생활경험과 관련이 있다. 윌리엄 슈와츠(William Schwartz)는 이러한 생각을 잘 포착하여 "집단은 10회기 동안 만나는 것이 아니라 10주 동안 만나는 것이다."라고 하였다.[7] 따라서 사회복지사와 성원 간의 관계가 아무리 가까워도 집단성원들의 일상생활의 경험과 관련해서는 주변적인 것일 수밖에 없다. 이러한 관계가 변화되고 지지되거나 강화되어야 하는 것이다.[8] 발달관점에서의 사정은 감정, 인지, 가치관 그리고 행동 유형의 상호연관성을 고려하게 된다. 사정에서는 자아기능의 각각의 주요 영역에서 성원들의 능력과 한계점을 파악하게 된다. 특히, 자아존중감, 자아정체감, 판단력, 현실 인지도, 대화의 적절성, 표현의 자유와 경직된 통제 간의 균형, 방어기제 및 대처유형의 적절성 그리고 무엇보다도 사회관계의 다양성과 질 등에 초점을 두게 된다. 집단에 참여할 때는 대부분의 집단성원들이 사회관계의 능력과 어려움을 모두 갖고 있다. 이때 집단은 또래관계를 해결하고 향상시키려는 활동 장소가 된다.

외적 상황은 개인 내적 과정과 대인관계적 과정과 함께 개인 기능의 적절성에 영향을 준다. 지역사회의 주요한 사회체계는 기회와 자원을 제공하거나 욕구충족의 걸림돌이 되기도 한다. 적절한 사정이란 이러한 체계들이 개인, 가족 성원 그리고 집단에 주는 영향을 고려하는 것이다. 문제는 이 체계들이 어느 정도로 모든 사람들에게 비차별적인 접근성을 제공하는가와 어느 정도로 스트레스를 유발하고 효과적인 기능을 방해하는가다.

사정에서 매우 중요한 것 가운데 하나는 인종 및 민족성이 개인의 기능에 주는 영향이다. 개인 기능의 효과성은 인종 및 민족성이 그 사람의 세계관, 신념체계 및 기회의 정도에 주는 중대한 영향력을 인식하고 인정하는 문화적으로 민감한 방식으로 측정되어야 한다. 어떤 사람에게는 최근의 이주 혹은 이민 및 문화 적응도를 고려할 필요가 있다.[9] 이와 유사하게 사정과정에서는 세계관, 신념체계 및 기회의 정도의 중요성을 그 사람의 성, 성향(sexual orientation), 이들이 개인의 사회적 기능에 주는 영향력 등을 모두 고려해야 한다.[10]

몇몇 저자들은 사정을 하는 데 필요한 구체적인 내용 지침을 제시했다.[11] 거트루드 윌슨(Gertrude Wilson)과 글래디스 라일랜드(Gladys Ryland), 로날드 토즐랜드(Ronald Toseland)와 로버트 리바스(Robert Rivas)는 개개인에 대한 사정과 집단 전체에 대한 사정 그리고 집단의 환경에 대한 사정의 상호관계에 대해 관심을 가졌다.[12] 사회복지사는 사정으로 확보할 방대한 양의 자료로 인해 혼돈스러워할 수 있기 때문에, 관련 정보를 탐색하고 필요로 하는 정보를 확보할 적절한 수단을 선택할 수 있는 명확한 지침을 갖고 있을 필요가 있다. 다음과 같은 질문은 사정에 필요한 지침을 제공해 준다.

① 인구학적 특성, 생애주기의 발달단계, 민족성 및 자아정체감, 사회계층 및 가족구조 등의 측면에서 클라이언트는 누구인가?

② 클라이언트, 사회복지사, 클라이언트의 사회지지망 가운데 중요한 사람이 생각하는 문제나 관심영역은 무엇인가? 그 문제들이 집단에서 다루기에 적합한 것인가? 그 문제들이 자아능력의 손상이나 발달단계에서의 고착에 비해 어느 정도로 역할의 변화나 발달과업 혹은 위기와 관련된 것인가? 그 문제들이 어느 정도로 환경적 자원이나 사회적 지지 혹은 개인과 환경의 하위체계 간의 적합성의 결핍과 관련된 것인가?

③ 욕구나 문제가 언제 어떻게 누구에게 분명하게 나타나는가? 이 욕구나 문제의 촉발요인은 무엇인가?
④ 클라이언트가 자신, 또래, 가족 및 권위적 위치에 있는 사람들에 대해 갖고 있는 태도는 어떠한가?
⑤ 클라이언트가 가족, 또래, 집단에서 맺고 있는 관계의 특성 및 질은 무엇인가?
⑥ 클라이언트 자신 및 사회지지망이 갖고 있는 능력과 자원 가운데 클라이언트를 위해 보다 지지되거나 개발되어야 할 것은 무엇인가?
⑦ 클라이언트가 집단성원의 한 사람이 되려는 동기는 어느 정도인가? 긍정적인 동기를 나타내는 지표는 무엇이며, 저항감을 분명하게 나타내는 특성들은 무엇인가?
⑧ 클라이언트가 인식한 실현 가능한 목표 가운데 어떤 것이 집단의 목적과 일치하는가?
⑨ 상호 합의한 목표들은 클라이언트의 특성과 사회적 상황에 적절한 것인가?
⑩ 특정 클라이언트의 욕구를 충족시키기에 가장 적합한 개입 유형은 무엇인가?

얻고자 하는 정보의 양과 특성은 서비스의 다양한 측면, 특히 서비스의 목적과 구조, 사회복지사의 임상적 취향에 따라 다를 수 있다. 일차적인 사정이 그 사람이나 집단의 기능 모든 면을 포괄할 수는 없을 것이다. 사생활의 권리에 대한 가치와 함께 얻고자 하는 정보는 상호 합의한 목표를 성취하는 데 필요한 것으로 제한되어야 한다. 서비스가 일차적인 예방이나 정상적인 발달을 향상시키기 위한 것이라면, 얻고자 하는 정보는 클라이언트의 기술적인 특징, 발달단계, 일반적인 경험이나 지위, 건전한 발달에 위험을 주는 잠재요인 등으로 제한될 수밖에 없다. 서비스를 제공하는 과정에서 사회복지사는 특별히 관련이 있다고 생각되는 정보를 추가로 파악할 필요가 있다. 서비스가 치료적인 것이든 재활적인 것이든 간에, 효과적인 치료는 사회복지사가 문제 상황의 본질과 원인이 되는 요인 그리고 문제 상황이 된 과정을 이해하고, 상황 속에서 클라이언트의 현재 기능의 적합성을 이해하는 것에 달려 있다.

관련 정보를 수집하고 나면 실제적인 사정은 개인-집단-환경의 구성에 대한 분석으로 이루어진다. 이 분석의 목적은 현재 진행되고 있는 가장 중요한 요인들을 파악하고 그 요인들의 상호관계를 규정하는 것이다. 사정은 사회복지사가 사실과 그 의미에 대해 갖고 있는 전문적인 소견이다. 메리 루이스 소머스(Mary Louise Somers)와 헬렌 펄만(Helen Perlman)은 이러한 과정을 사회복지사가 반영적 사고과정을 통해 수행하게 되는 문제해결의 한 과정이라고 하였다.[13] 해럴드 루이스(Harold Lewis)는 사정을 직관적 통찰력을 통합한 논리적 과정이라고 하였다.[14] 현실적인 평가는 사실에 입각한 행동의 근거를 제공한 것이어야 한다. 사회복지사가 이해해야 하는 것은 성원들의 욕구나 문제의 본질과 이에 영향을 미치는 요인들이다. 또한 성원들의 동기와 능력, 개인-집단의 구성에서 변화되거나 지지되거나 강화될 수 있는 것에 대한 판단 등이다. 사정은 문제나 상황을 파악하고 적절한 출처로부터 관련 정보를 수집할 때까지는 완성된 것이 아니다. 그리고 문제나 상황이 어떻게 해서 현재에 이르게 되었나를 설명할 필요가 있다. 사회복지사는 자료로부터 유추하고 이러한 판단을 근거로 서비스와 연결시킬 수 있어야 한다. 널리 활용되고 있는 행동과학 이론들을 통해 이러한 유추가 가능할 수 있다.

집단의 성원들에게 적절하게 도움을 제공하기를 원한다면, 사회복지사는 생애주기 과정에서 인간의 심리사회적 발달에 대한 지식을 통해 무엇을 관찰하고 확인해야 할지를 알 수 있다. 개인은 발달의 한 단계에서 다음 단계로 성공적으로 전환해 가기 위해 필히 숙달해야 할 심리사회적 과업을 통합해야 한다. 모든 문화는 개인이나 집단이 적절히 기능하고 있는지를 판단할 수 있는 규범이나 기대치를 가지고 있다. 사회복지사는 매우 효과적인 기능에서 매우 비효과적인 기능에 이르는 연장선상에서 각 개인의 위치를 평가함으로써 그 사람의 능력과 문제를 파악할 수 있다. 사정은 신체적, 인지적, 정서적, 사회적 기능의 기준과 비교하여 이루어지게 되는데, 이러한 기준은 주어진 생애주기의 단계와 그 문화 속에서 정상적인 범위라 생각되는 것이다. 이러한 규범은 연령, 성, 도시 혹은 시골 지역, 학년 혹은 직업, 인종이나 국적, 종교 및 경제적 지위 등이 심리사회적 기능에 미치는 영향력의 중요성에 따라 차별화될 필요가 있다.

행동의 적절성을 판단하는 것은 그 행동이 클라이언트의 발달단계에 적절한 것인지, 그 행동이 얼마나 오래 지속되었는지, 그 행동이 특정 상황이나 극한 위기 상황에 대한 반응인지, 그 행동이 그 사람의 하나 혹은 여러 개의 역할을 방해하고 있는지, 증상의 유형이나 심각성 및 빈도는 어떠한지, 행동의 변화가 정상적인 성숙과 발달 측면에서 기대되지 못한 것인지 등을 판단할 필요가 있다. 사회복지사는 인간의 모든 발달단계가 중첩된다는 점과 각 개인이 평균적인 기대치 내에서 성숙하고 발달하는 속도에 차이가 있으며, 정상적인 기능의 유형 가운데서도 다양한 변형이 있음을 고려할 필요가 있다. 개인이 자신에게 주어진 역할에 대해 갖는 감정과 그 역할을 해석하는 방식, 타인의 기대에 대한 반응 등은 개인과 환경 간의 적합성에 대한 단서를 제공해 준다. 어떤 사람은 한 상황에서는 잘 적응하지만 다른 상황에서는 적응하지 못할 수 있다. 따라서 사회복지사는 다양한 사회체계에서 역할기능의 효과성이 다양하게 나타날 수 있음을 염두에 두어야 한다. 그리고 한 체계에서의 비효과적인 기능이 다른 부분의 적응능력에 영향을 미치는지, 또 한 체계에서의 성공적인 기능이 다른 체계에서 보다 효과적인 기능으로 연결시키는 매개로 활용될 수 있을지를 판단해야 한다.

클라이언트는 다양한 문화적 배경을 가지고 있다. 사회복지사의 과업 가운데 하나는 인종 및 민족성이 개인의 심리사회적 기능에 미치는 영향력을 파악하는 것이다. 사회복지사를 포함하여 권력의 위치에 있는 사람들은 편협된 행동을 기대하고 이에 따라 계획하고 움직이기를 기대한다. 자신의 규범과 문화를 인식하는 것 그리고 타인의 문화 및 생활양식에 대해 정확한 지식을 갖고 있는 것은 편견을 예방하는 데 필수적이다. 정확한 사정은 문제에 대한 대안적인 설명을 고려할 수 있는 능력을 필요로 한다. 인과적인 진술문이 제시될 때 사회복지사는 다양한 대안들 가운데 선택을 하게 된다. 따라서 정확성을 기함으로써 대안 선택이 의식적인 것이어야 한다. 바바라 솔로몬(Barbara Solomon)은 한 소녀의 예를 제시하였다. 이 소녀는 학교에서 차별을 받는 것으로 사정되었지만, 한편으로는 이 소녀가 새로운 학교에서 외롭고 친구가 없어서 적응하는 데 어려움을 겪는 것으로 사정될 수도 있다.[15] 따라서 중요한 것은 어떤 대안이 보다 가능성이 있는가를 개인의 선호도, 집단성원의 상황, 환경적 요인 등을 주의 깊게 탐색한 다음 결정하는 것이다. 설명은 개별화되어야 한다. 예를 들어, 루이스는 사회의 비정의를 경험하는 모든 사람들이 똑같은 반응을 보이는 것은 아니라고 지적한다. 사정은 특정 개인이 어떻게 희생되었으며 그 사건에 대한 개인의 반응은 어떠했는가를 설명한다.[16] 여기서 성원의 어려움뿐만 아니라 강점도 파악될 필요가 있다. 특정 상황을 일으키는 요인에 대한 일반적인 반응뿐만 아니라 독특한 반응을 설정함으로써 편견을 없애는 것이 가능하다.

많은 긴박한 상황 속에서는 신속한 개입을 할 필요가 있기 때문에 사회복지사의 의사결정 능력이 어느 정도 제한을 받게 된다. 하지만 인간 행동에 대한 방대하면서도 세밀한 지식을 통해 신속한 사정을 할 수 있는 기술을 획득할 수 있다. 일차적인 가설을 언제 어떻게 수정할 것인가를 아는 것은 전문적인 판단을 하는 데 있어 필수적인 것이다. 시포린에 따르면 분석의 결과는 자료들을 통합하여 조직화한 것으로, 문제 상황에 기여하고 있는 다양한 상호 관련 요인들에 대해 결론을 도출하여 결과적으로 수행되어야 할 개입방법을 결정할 수 있도록 한다고 하였다.[17]

3. 사전면담

사전면담은 두 가지 목적으로 활용된다. 즉, 집단의 잠재적인 성원에 대해 사정하고 그 사람이 집단에 진입하여 참여할 수 있도록 준비시키는 것이다. 이 두 가지 목적은 한 면담에서 다루어질 수도 있지만 두 개의 별도 면담에서 다루어질 수도 있다. 하지만 별도로 진행된다 하여도 수집하고자 하는 정보와 집단에 대한 오리엔테이션을 동시에 제공하기 때문에 이들 목적들이 서로 중첩될 가능성이 있다. 이 목적들을 성취하기 위해서는 사회복지사가 긍정적인 분위기를 만들고, 잠재적인 성원이 편안할 수 있도록 하고 대화에 끌어들일 수 있도록 하며, 피면접자의 감정과 생각을 탐색하기 위해 필요한 면담기술을 갖추고 있어야 한다. 사정을 위한 면담에서 사회복지사의 일차적인 초점은 잠재적인 성원이 참여하게 될 집단과 집단성원으로서의 기대감에 대해 안내해 주는 것이다.

사정면담을 통해 사회복지사는 잠재적인 성원의 관계 양상 그리고 타인과의 관계에 대해 갖고 있는 인식을 파악할 수 있는 정보를 얻게 된다. 그러한 관계 양상 및 인식을 이해하는 것과 함께 그 사람의 목표와 자신 및 타인에 대한 기대를 파악함으로써, 사회복지사와 잠재적인 성원은 집단이 그에게 적합한지, 그가 집단에 적합한지를 함께 의논하여 결정하게 된다. 사회복지사는 개인과 집단과의 적합성에 대한 결정을 내리는 데 있어서 피면접자가 이전에 집단경험을 해 보았는지를 알아보아야 한다.

집단성원을 집단에 참여할 수 있도록 준비시키는 사전면담의 이점에 대해서는 이미 잘 알려져 있다. 집단성원들과 사전면담을 한 16개의 실험집단과 면담이 없었던 16개의 통제집단에 대한 비교연구에서, 다이안 메도우(Diane Meadow)는 사전면담이 집단성원들의 출석률을 높이고 집단의 목적과 기대감을 명확하게 하는 데 도움을 준다고 결론지었다.[18] 어빙 얄롬은 여러 흥미로운 조사연구들에서 얻은 결과를 종합해 볼 때, 집단치료에 대해 환자를 체계적으로 준비시키는 것은 치료에서 그 환자의 경과를 촉진시킬 뿐만 아니라 집단에 대한 준비를 한층 더 높여 효율성을 증가시킨다고 하였다.[19] 파이퍼(W. E. Piper)와 페널트(E. L. Penault)도 이와 비슷한 결과를 제시하였는데, 집단성원의 준비는 불안을 감소시키고 집단참여를 증가시키며 치료에 대한 적응력을 향상시킨다고 하였다. 또한, 역할, 행동 과정에 대해 정확한 기대감을 갖도록 하여, 궁극적으로는 높은 출석률과 치료에 대한 보다 많은 관심 및 만족도를 향상시킨다고 하였다.[20]

사전면담을 활용하는 이유는 여러 가지가 있다. 집단의 잠재적인 성원이 사전면담을 통해 준비되면, 이들은 집단에 참여할 때 사회복지사에 의해 보다 수용되었다는 느낌을 가질 수 있으며, 적어도 타인과 관계를 형성하는 데 있어 어느 정도 준비가 되어 있을 수 있다. 따라서 집단지도자는 집단의 개별성원과 관계하는 것뿐만 아니라 집단성원들 간의 대화를 향상시키는 것에 초점을 둘 수 있다.

사전면담에서 사회복지사-집단성원의 관계 형성이 시작되므로, 면담은 수용적이고 공감적이며 지지적일 필요가 있다. 이러한 관계는 집단참여의 동기를 향상시키고 집단에 진입하는 것을 쉽게 해 주며, 집단성원이 다른 사람들과 관계를 형성하는 데 가교 역할을 한다. 특히, 사전면담을 진행하는 사람이 집단을 이끌 사회복지사가 되면 더욱 바람직할 것이다.

피면담자의 집단에 대한 일차적 생각과 기대를 명확히 하고 나면, 그의 일차적인 불안과 불확실한 느낌은 감소하게 되고 긍정적인 동기가 향상되며 저항감이 감소하게 된다. 대부분의 사람들은 집단의 성원이 된다는 것에 대해 우려와 두려움을 가지면서 다양한 상상을 한다.[21] 집단성원들은 집단에 참여하자마자 다른 성원들과 친밀한 관계를 형성해야 한다는 비현실적인 요청을 두려워한다. 또한 집단성원들은 강제로 자신의 문제나 어려움을 노출해야 한다는 두려움을 갖기도 하며, 자신의 부끄러운 과오와 생각을 강제적으로 고백해야 할 것을 두려워하기도 한다. 나아가 그들은 정서적인 감염(emotional contagion)을 두려워할 수도 있다. 즉, 다른 사람의 문제가 자신에게 전염될 수 있거나 다른 사람과 어울리게 됨으로써 정서적으로 더 고통받을 것이라고 생각할 수도 있다. 특히, 집단이 신체나 정신질환을 가진 사람들로 구성될 때 혹은 집단이 사회복지의 원조방법(개별사회사업과 집단사회사업) 가운데 2급에 해당한다고 생각할 때 더욱 그런 생각을 하게 된다. 한편, 그들은 전문가 이외에 다른 사람이 자신을 도울 수 있을 것이라는 점에 대해 의심할 수 있으며, 자신의 개인적인 염려에 집단이 총 집중할 것이라고 생각할 수도 있다. 그들은 또한 집단의 다른 성원들이나 사회복지사가 자신을 거부하거나 따돌릴 것이라 생각하기도 하고, 자신의 사생활이 침해되어 '온세상이 내가 얼마나 약한지 알게 될 것이다.' 라고 생각하기도 하며, 집단 분위기에 편승하여 자신을 조롱하는 다른 성원들 앞에서 자신의 감정이나 행동에 대한 통제력을 잃게 될 것을 염려하기도 한다. 잠재적인 성원을 면담하는 사람은 이들의 생각을 탐색할 필요가 있으며, 두려움과 같은 감정들을 수용하고 그것이 자연스러운 것임을 확신시켜 줄 필요가 있다.

집단의 잠재적인 성원이 집단의 본질과 집단 내에서의 사회복지사의 역할을 이해하면 집단성원이 될 것인지 여부를 결정할 때 도움이 된다. 사회복지사는 집단에 대해 그리고 왜 그 사람이 집단성원의 훌륭한 후보자인지에 대해 명확하게 직접 설명해 주고 이에 대한 반응을 파악해 볼 필요가 있다. 어린 아동이나 심각한 정신질환을 앓고 있는 사람이라도 단순하면서 비위협적인 설명은 일반적으로 쉽게 이해할 수 있다. 사전면담 동안에 사회복지사는 집단경험이 주는 가치와 이익에 대한 자신의 신념을 명확하게 설명함으로써 집단성원들에게 희망을 심어 줄 필요가 있다. 연구결과에 따르면 초기 면담 과정에서 희망을 심어 주는 것은 치료를 지속하게 하는 요인의 하나다.[22)]

사전 준비면담은 클라이언트가 집단에서 다른 사람들이 자신에게 집단에 참여하게 된 본질에 대해 물어 볼 때 그 답을 말할 수 있도록 준비시키는 기회를 제공해 준다. 결국 클라이언트는 자기 자신의 문제를 강제로 노출해야 한다는 공포스러운 공상, 사생활 침해에 대한 두려움, 특정 행동을 따라해야 한다는 압박감이나 통제감의 상실 등과 같은 문제들을 공개적으로 검토하고 해소할 수 있을 것이다. 패트리샤 한나(Patricia Hannah)는 사전 집단면담에서 잠재적인 성원들에게 표현해야 할 여섯 가지 기대감을 제안하였다. 이는 ① 집단 및 집단과업에 대한 헌신, ② 민주적이고 집합적인 과정에 대한 신념, ③ 현재-여기의 경험과 집단성원들 간의 진실한 상호작용에 대한 가치, ④ 상호지지와 수용의 중요성, ⑤ 사회복지사의 역할에 대한 명료화, ⑥ 목표성취를 위해 위험을 감수할 가치다.[23)]

면담 사례

다음의 예는 최근 정신병원에서 퇴원한 한 환자와의 면담을 녹음한 것에서 발췌한 것이다. 환자의 정신과의사는 이 환자를 지역사회의 집단에 의뢰하였으며, 정신과의사는 집단 사회복지사와 대화를 나누면서 이 환자의 정신분열증과 현재의 심리사회적 기능에 대한 정보를 제공하였다. 이 환자는 사회관계가 단절된 것으로부터 헤쳐 나올 필요가 있었으며, 자아존중감을 향상시키고 타인과 관계를 형성하는 기술을 개발할 필요가 있었다.

M부인은 사회복지사와의 면담시간보다 약간 일찍 도착하였다. 사회복지사는 그녀와 인사를 나누었고 코트를 벗은 다음 편안한 의자에 앉도록 권하였다. 사회복지사는 그녀가 정신건강 집단에 대해 알고 싶어 하고, 그 집단의 성원이 될지 여부를 결정하려고 한다는 점을 이미 알고 있다고 하였다. M부인은 "아, 예, 그래요."라고 응답하였다. 사회복지사는 집단의 목적과 구성 및 내용에 대해 간단하게 정보를 제공하였으며, M부인이 이해했는지 확인하기 위해 이야기를 자주 멈추었다. 그녀의 반응은 항상 "아, 예." 였다. 그녀는 의도적으로 경청하고 있으면서 극도의 불안감을 암시하는 비언어적 자세를 취하고 있었다.

사회복지사: 때로 사람들은 면담하는 것을 불편해하기도 합니다.
M부인: (웃으면서) 제가 바로 그렇습니다.
사회복지사: 네, 대부분의 사람들이 처음에는 그렇습니다. 부인의 담당의사가 집단을 제안한 것에 대해 어떻게 생각하는지 말해 주시겠습니까?
M부인: 글쎄요. (잠깐 멈춤) 내가 여기 온 것은 의사가 약속시간을 정해 주었으니까. 그러니까 제가 여기 있는 거지요…….
사회복지사: 아, 그렇군요.
M부인: 제가 노력하고 있다는 것을 의사선생님이 알아 주었으면 좋겠네요.
사회복지사: 아마도 의사선생님은 집단이 당신을 도울 수 있을 것이며 다른 사람과 함께 하는 것이 당신의 건강을 향상시키는 데도 도움이 될 것이라 생각하셨을 겁니다.
M부인: 저에게도 그렇게 말했어요.
사회복지사: 하지만 당신은 이것을 시도해 볼지 확실하지 않은 것 같군요.
M부인: 글쎄, 사회복지사 선생님이 집단에 대해 말해 주었을 때 저는 약간 얼떨떨했어요……. (침묵)
사회복지사: 약간 얼떨떨하였다고요?

M부인: 네, 저는 그렇게 느꼈어요.

사회복지사: 그 느낌에 대해 좀 더 말해 주시겠어요?

M부인: 그러지요. 집단에서 나에게 어떤 일이 일어날 것인가요? 저는 좀 혼란스러워요. 너무나 이상하고 모든 것이 새로워요.

사회복지사: 처음에는 그러실 거예요. 하지만 제가 집단에서 당신이 보다 편하게 느낄 수 있도록 도울 것입니다.

M부인: 오늘 여기서처럼 말인가요?

사회복지사: 그래요. 당신은 지금 처음 이 방에 들어왔을 때만큼 불안해하지 않잖아요? 그렇지 않나요?

M부인: 네, 맞아요. 집단에서 무엇을 할 것인지 다시 한 번 말해 줄 수 있나요? 집단이 어떨 것인지?

사회복지사: 그러죠. (사회복지사는 집단의 목적, 집단이 도울 수 있는 방법, 집단에 참여할 사람, 모임의 내용 등에 대해 설명하였다.)

M부인: 그러니까 각자의 문제에 대해 이야기할 것인가요?

사회복지사: 그렇죠. 하지만 그것이 다는 아닙니다. 당신의 일상생활에 대해 이야기할 수도 있고, 당신이 지역사회에서 살아가는 데 필요한 방법과 사회기술을 배우는 것 등이 있지요.

M부인: 그게 필요한 것 같아요. 그렇다면 강의는 없는 것이지요?

사회복지사: 없습니다. 그런데 그것에 대해서는 어떻게 생각하세요?

M부인: 글쎄, 그런 것이 있다면 저는 그저 듣고만 있겠죠. 말할 필요가 없으니까요.

사회복지사: 준비가 될 때까지는 억지로 말하라고 하지 않을 겁니다.

M부인: (안도의 숨을 쉰다. M부인은 집단이 모이는 시간이 언제인지, 상담료가 있는지, 집단성원은 몇 명인지, 집단이 그 외에 다른 것들을 할 것인지를 물었다. 사회복지사는 질문에 답해 주었으며 그것이 뜻하는 바를 그녀에게 물었다.)

M부인: 글쎄요. 잘 모르겠어요. 그보다는…(알아들을 수 없음)……나처럼 아픈 사람들이 주변에 있다는 것, 아마도 병원에 다시 돌아와 있는 것과 비슷하겠네요. 참 무섭네요.

사회복지사: 무섭다는 느낌이 어떤 것인지 이해할 만하군요.

M부인:: 네, 정말 무서워요.

사회복지사: 모든 성원들이 정신병원에 입원한 경험이 있는 것은 사실입니다. 하지만 그렇다고 해서 그들이 능력과 훌륭한 자질이 없다는 것을 의미하지는 않지요. 그들 모두 지역사회에서 살기를 원하고, 그들이 집단에 있는 이유도 바로 그 때문이죠. 그리고 집단이 그렇게 할 수 있도록 도울 겁니다.

M부인:: 저도 그렇게 되길 원해요.

사회복지사: 당신과 다른 사람이 같은 점이 바로 그것입니다. 집단은 당신이 다른 사람과 어울

리는 것을 즐길 수 있도록 도울 것입니다. 집단이 바로 그것을 위해 있는 것이에요.

M부인: 당신의 삶이 내 삶과 같이 모두 망쳐 버리게 되면 어떤 것이나 어떤 사람과도 만족을 느낄 수 없을 거예요.

사회복지사: 만족을 느끼길 바라시나요?

M부인: 네, 그렇지요. 하지만 희망이 없습니다.

사회복지사: 희망이 없다. …… 그것도 무섭습니다.

M부인: 네. (침묵) 집단이 도울 수 있을까요?

사회복지사: 저는 집단이 그럴 수 있을 것이라 확신하고요. 부인의 의사도 그렇게 느끼셨을 거예요.

M부인: 의사선생님도 그렇게 말했어요.

사회복지사: 하지만 부인은 아직도 확신하지 못하는 것 같군요.

M부인: 글쎄, 새로운 사람들을 만난다는 것이 매우 무서워요.

사회복지사: 그렇지요. 하지만 그것에 대해 도움을 받을 수 있을 겁니다. 아마도 집단성원들이 서로에게 얼마나 많은 도움이 되는지 알면 놀라실 거예요.

M부인: 나는 항상 새로운 사람을 만나는 것이 부끄러워요.

사회복지사: 그러니까 집단이 있는 거예요.

M부인: 아마도 한 번 시도해 봐야 할 것 같네요. …… 내 인생에 있어 …… 밖에 나가 친구를 사귀는 것 …… 내가 해보지 못한 것을 …… 내가 할 수 없었던 것을.

사회복지사: 다른 사람을 사귀는 방법에 대해 알고 싶으신가요?

M부인: (한숨) 내가 그렇게 할 수 있을 것이라 생각하나요?

사회복지사: 네, 저는 집단에서 그렇게 할 수 있을 것이라 생각합니다.

M부인: 아마도 한 번 시도해 봐야겠네요.

사회복지사: 좋습니다. (사회복지사는 집단의 첫 모임에 한 번 참석한 다음에 중도 탈락하지 않아야 하는 중요성에 대해 그리고 적어도 두 달 동안은 집단에 참석해 볼 것에 대해 설명하였고 집단의 진행 및 다른 성원들에 대한 질문에 답하였다.)

M부인: 다음 주 화요일에 여기에 와야 한다면 그렇게 하지요. 당신과 의사선생님이 내가 이 프로그램에 참여하기 원하는 것 같군요.

사회복지사: 내가 바라기는 부인이 이 집단에 진정 오기를 원했다고 느끼시길 바랍니다.

M부인: 글쎄, 오기를 원하지만 온몸 전체가 쑤셔오는 것 같은 느낌이군요.

사회복지사: 그것이 즐거운 느낌은 아니지요. 하지만 저와 함께 있으시면서 몸이 쑤셔오는 것 같지는 않군요.

M부인: 당신과 얘기하는 것이 어렵지는 않네요(웃음).

사회복지사: 당신은 처음 여기에 왔을 때처럼 불안해하지는 않는군요. 그리고 집단에 일단 익숙해지면 거기서도 그렇게 불안하지는 않을 거예요.

M부인: 화요일에 집단에 오겠어요. (이후 교통수단에 대한 논의가 있었으며, 모임 장소를

방문하고, 접수담당 직원을 소개해 주고, M부인이 알고 싶어 하는 질문이 있으면 사회복지사에게 전화하도록 요청하였다.)

M부인: 감사합니다. 안녕히 계세요. 화요일에 뵙겠습니다.

이 사례에서 볼 수 있듯이 사회복지사는 M부인이 집단을 적절하게 활용할 수 있을 것이라는 정신과의사의 판단에 동의하였다. 하지만 때로 사회복지사는 특정 시기에 특정 집단이 혹은 어떤 집단도 클라이언트에게 적절하지 않다는 결정을 내릴 경우도 있다. 잠재적인 성원이 집단의 적합성에 대해 의구심을 갖게 되면, 사회복지사는 그러한 의구심과 이유를 그 사람과 직접 공유해야 할 필요가 있다. 예를 들어, M부인에게 집단이 적절치 못하다는 결론이 내려지면 "아마도 당신은 집단에 대해 준비가 되어 있지 않습니다." 혹은 "아마도 당신은 집단이 제공할 수 있는 것 이외의 것을 필요로 하는 것 같습니다."라고 말하고 이러한 결정에 이르게 된 이유를 설명할 수 있다. 그런 다음 사회복지사는 M부인이 이 말에 보이는 반응을 관찰하고 파악할 필요가 있다. M부인의 반응은 사회복지사의 말에 동의하거나 동의하지 않는 것일 가능성이 있다. 사회복지사가 개인을 집단의 성원으로 받아들이지 않겠다고 결정하면, 사회복지사는 그러한 결정을 그 개인과 함께 내렸든 그렇지 않든 간에 신중하게 공감을 가지고 그 결정에 대한 그의 감정을 탐색할 필요가 있다. 또한 중요한 것은 사회복지사가 대안을 제시할 준비가 되어 있어야 한다는 것이다. 즉, 보다 적절한 집단을 찾아보거나 개인 혹은 가족 상담을 권하거나 기관 내부 혹은 외부에 의뢰함으로써 다른 유형의 서비스를 찾아보도록 권할 수 있다.

4. 임시계약

사전면담의 결과는 일차적인 임시계약 혹은 동의서로 나타나며, 이 계약에는 집단의 일반적인 목적, 다루어야 할 문제나 욕구, 사회복지사와 성원의 상호역할, 상호기대 등을 포함하고 있다. 이러한 상호협의는 서비스의 방향과 구조 그리고 본질을 결정하는 데 있어 매우 근본이 되는 것이다. 하지만 상호협의는 유연할 필요가 있는데, 이는 목표가 항상 미리 완벽하게 구성될 수 있는 것이 아니기 때문이다. 존 듀이(John Dewey)는 다음과 같이 말했다.

> 처음 나타나는 목표는 단순히 임시적인 밑그림에 불과하다. 이것을 현실화하도록 노력하는 행동이 그 가치를 실험해 보게 한다. 목표가 활동을 성공적으로 이끌도록 충분하게 구성되어 있다면 더 이상 필요한 것은 없으며, 종종 단순한 힌트만으로도 충분할 것이다. 하지만 일반적으로 매우 복잡한 상황에서는 이를 행할 때 그동안 간과해 버렸던 상황들이 나타나게 된다. 이로 인해 원래의 목표를 수정하게 되어 더해지거나 감해질 필요가 있다. 따라서 목표는 유연해야 한다. 목표는 상황을 충족할 수 있도록 변화될 수 있어야 한다.[24]

유연성이 있으면 클라이언트의 욕구에 적절하게 그리고 변화하는 상황에 따라 방향을 재구성하는 노력이 가능해진다.

임시계약은 잠재적인 성원의 욕구와 상황을 탐색하는 경험을 공유할 때 만들어지는 것이다. 이것의 주요한 가치 가운데 하나는 이로 인해 사회복지사와 클라이언트가 관여하고 참여하게 되며 상호간의 헌신과 책임을 중요시한다는 점이다. 이 계약은 집단참여에 대한 일상적인 준거틀을 제공하여 각자가 무엇을 기대하고 있는지를 명확하게 알도록 한다. 또한 진도 상황을 주기적으로 검토하고 다음 단계로 나아갈 수 있는 근거를 마련해 준다.

계획과정의 사전 집단접촉 단계에서는 다음과 같은 질문과 관련된 결정이 내려져야 한다.

① 집단의 잠재적인 성원들은 집단성원이 되기 위해 어떻게 신청할 것인가? 혹은 특정 집단을 위해 집단성원을 어떻게 확보할 것인가?
② 집단성원이 될 사람들의 욕구를 파악하기 위해 어떠한 사정지침을 활용할 것인가?
③ 집단참여의 적합성을 판단하기 위해 활용할 기준은 무엇인가? 신청자가 집단에 적합하지 않다면 이를 신청자와 어떻게 공유하며 어떠한 대안을 제시할 것인가?
④ 잠재적인 성원과의 사전 집단면담의 주 내용과 주제는 무엇인가?
⑤ 잠재적인 성원에게 집단에 대해 설명해 주고 그들이 집단에 참여할지의 여부를 결

정하는 데 누가 도움을 줄 것인가?

⑥ 집단에 대한 진입과 참여를 위해 누가 어떤 방법으로 잠재적인 성원을 안내(혹은 오리엔테이션)하고 준비시킬 것인가?

⑦ 사회복지사와 성원 간의 일차적인 협약이나 계약의 내용과 형태는 어떤 것인가?

집단성원의 집단참여를 위해 성원들을 선정하고 준비시키기 위한 효과적인 계획은 관련된 이론적 지식을 적절히 활용하여 의사결정을 하는 것이다.

7

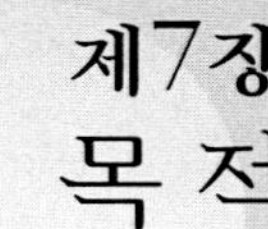

제7장 목 적

집단 목적의 명확성은 집단의 성공에 필수적이다. 집단의 목적은 집단성원들이 집단에 진심으로 참여하도록 동기를 부여한다. 또한 집단 내용의 방향을 결정짓는 역할을 한다. 이것은 집단성원과 사회복지사 모두에게 중요한 동맹자 역할을 하여 집단이 하고자 하는 것의 준거틀을 제공한다. 집단의 목적은 집단의 진행 상황을 평가하는 데 필요한 기준을 제공한다.

집단의 목적은 집단이 공동으로 추구하고자 하는 목표(ends)로 정의된다. 목적은 집단의 목표와 방향, 집단과 성원들이 함께 집단에 참여함으로써 얻어질 수 있는 예상결과를 기술한다. 집단의 공통목적 내에서 개별성원은 집단에 참여함으로써 성취하고자 하는 구체적인 기대와 희망 그리고 목표를 갖는다. 따라서 개인의 목표는 모든 것을 포괄하는 집단의 목적 안에 포함된다. 예를 들어, 시각장애를 갖고 있는 노인들을 위한 집단의 목적이 집단성원들이 일상생활에서 더 많은 만족감을 얻도록 돕는 것이라고 하자. 이러한 주어진 집단의 목적 안에서 한 성원의 개별 목표는 가족성원과 보다 많은 상호작용을 하는 것이며, 다른 성원의 개별 목표는 혼자서 아파트를 나서는 것에 대한 두려움을 극복하는 것이 될 수 있다. 도미니크 스타인버그(Dominique Steinberg)는 "개인의 목표는 집단성원들이 집단에 가져오는 욕구와 바라는 것을 반영한 것이며, 집단의 목적은 그 욕구와 바라는 것을 함께 묶는 공통기반이다."라고 주장하였다.[1]

명확한 목표가 중요하다는 점에 대해서는 많은 사람들이 동의하고 있다. 맥스 시포린(Max Siporin)은 집단의 목적이 명확해야 하는 이유에 대해 다음과 같이 훌륭하게 요약하였다.

> 명확하고 분명한 목표는 투자와 헌신을 유발한다. 개별성원이 목표를 수용하게 되면 목표를 수행할 행동에 대해 책임을 지게 된다. 목표는 개별성원에게 집단의 목적과 희망을 인식하게 한다. 목표는 목적과 선택사항 및 활동 간의 상호관계를 인식할 수 있도록 자극하며, 집단의 수행 정도와 진행 상황을 판단할 수 있는 기준을 제공한다. 목표가 성원들 간에 공유되면 그것은 다른 성원과의 의사소통의 수단이 되며, 동일시 및 관계 형성을 위한 수단을 제공한다. 나아가 목표가 상호 합의된 것이면 그것은 공동노력을 위한 근거가 되면서, 동시에 준거틀을 제공하고 공동체의식 및 깊은 교류를 가능하게 한다.[2]

집단사회복지실천에서의 목적의 활용에 관한 여러 연구를 살펴보면 목적의 명확성이 중요함을 확인해 주고 있다. 여섯 개의 가족서비스 기관을 대상으로 한 연구에서 줄리아나 슈미트(Julianna Schmidt)는 사회복지사가 목표를 구성하려고 의도적으로 노력하면서 이를 클라이언트에게 분명하게 전달하였을 때, 대부분의 클라이언트가 이들 목표를 정확하게 인식하고 동의하였다고 주장하였다. 사회복지사가 목표를 구체화하지 않으면 대부분의 클라이언트는 집단서비스가 자신들에게 어떤 이익을 줄 것인지 이해하지 못하며, 사회복지사의 목표와 클라이언트들의 목표 사이에 합의점이 결여되는 일이 발생한다. 슈미트는 "목적의 명확성이 결여되면, (중략) 클라이언트들은 사회복지사가 시도하고자 하는 것에 대한 인식에 혼돈이 있게 된다. (중략) 클라이언트들은 사회복지사가 원조과정을 계획하고 활용하는 방법에 대해 관심과 주의를 집중하기보다는 사회복지사의 의도를 해석하려는 것에 더 많은 관심과 주의를 집중하게 된다."고 주장하였다.[3] 슈미트의 결론에 따르면, 사회복지사가 자신의 관점을 공유하는 것은 집단성원들이 자신의 목표를 보다 명확하게 할 수 있도록 하는 반면 억제시키지는 않는다.[4] 제랄드 라셸라(Gerald Raschella)는 외래정신건강센터에서 서비스를 제공받은 클라이언트들은 서비스의 목표를 구체화하는 과정에서 사회복지사와 클라이언트 간에 목표의 일치성이 높으면 조기에 중도탈락할 가능성이 낮다고 하였다.[5] 또 다른 연구에서 찰스 가빈

(Charles Garvin)은 사회복지사가 집단성원들의 목표와 기대에 대해 조기에 알게 되면, 집단의 상호작용을 이해하는 데 도움을 줄 뿐만 아니라 집단성원들이 집단에 공헌할 정도를 예측하는 데 도움을 준다고 하였다. 그는 집단 목적의 명확성이 목표성취에 기여한다고 결론지었다.[6]

1. 욕구에서 도출되는 목적

의미 있는 집단은 클라이언트의 욕구를 기반으로 만들어진다. 집단의 목적은 집단성원들과 사회복지사가 인식한 욕구와 그것을 충족시키려는 서로의 바람에서 도출되어 발전한다. 집단성원들이 욕구를 인식하지 못하고 인정하지 못하면, 집단의 목적은 성원들에게 별 의미가 없게 되며 집단은 실패할 가능성이 높다. 집단의 목적은 성원들이 원하고 바라는 것과 통합적으로 연결되어야 한다. 집단성원들은 집단이 자신들의 현실적인 욕구와 관심사에 연계되어 있지 못하다고 생각하게 되면 집단에 오지 않으며 집단은 와해될 것이다.

2. 목적과 내용

집단의 목적이 집단의 내용과 혼돈되어서는 안 된다. 집단의 내용은 집단이 무엇을 할 것인가와 관련이 있다. 집단의 목적과 내용은 다른 것이다. 목적은 집단의 목표를 확인해 주지만 집단의 내용은 그 목표를 성취하기 위한 수단인 것이다. 집단의 수단 혹은 내용은 그 자체가 목표가 될 수 없다. 집단의 목적과 내용이 혼돈된 것은 다음과 같은 예에서 볼 수 있다. “집단의 목적은 한부모가 되어 겪는 어려움에 대해 이야기하기 위한 것이다.” “집단의 목적은 헌팅톤 질환(Huntington’ s disease)을 앓고 있는 사람의 주보호자가 느끼는 감정을 표현하고 탐색하기 위한 것이다.” “집단의 목적은 새로운 위탁가정 부모가 가정위탁제도의 규정과 혜택에 대해 배울 수 있도록 돕기 위한 것이다.” 등이 있다.

각각의 예를 볼 때 목적이라고 파악된 것들, 즉 '~에 대해 이야기하기 위한 것' '표현하고 탐색하기 위한 것' '배울 수 있도록 돕기 위한 것' 등은 실제로 집단의 내용에 해당되는 무엇을 할 것인가를 나타낸다. 집단의 목적을 파악하는 데 있어 기본적인 것은 집단이 노력하고자 하는 궁극적인 목표에 대해 명확하게 진술하는 것이다. 예를 들어, 집단성원인 한부모가 겪는 어려움에 대해 이야기하는 것이 어떻게 이들에게 도움이 될 것인가? 비슷한 방법으로 감정을 표현하고 탐색하는 것이 헌팅톤 질환을 앓고 있는 사람의 주보호자에게 어떻게 도움이 될 것인가? 가정위탁제도의 규정과 혜택에 대해 배우는 것이 새로 위탁가정 부모가 되는 사람들에게 중요한 이유는 무엇인가?

집단성원들은 자신들이 말하고 표현하고 탐색하고 배우는 이유와 말하는 것, 표현하는 것, 탐색하는 것, 배우는 것이 실제로 자신들에게 어떻게 도움이 될 것인가를 아는 것이 매우 중요하다. 이럴 때 집단성원들이 집단에 참여하려는 동기와 그 질적인 면은 현격히 증가한다. 집단성원들이 무엇을 할 것인가를 아는 것만으로는 충분치 않다. 집단성원들은 그것을 왜 해야 하는지를 알 필요가 있다. 특히, 집단의 과업이 고통스럽거나 어려운 것이라도 집단에서 하고자 하는 것과 자신들에게 요구되는 과업이 자신들이 성취하고자 하는 목표를 잘 성취할 수 있도록 의도적으로 고안된 것이라고 간주할 때 집단성원들이 과업에 참여하려는 의지는 더욱 증가하게 된다.

3. 광범위한 목적을 정의하기

집단의 목적이 매우 일반적으로 진술되면 그것은 집단성원들에게 아무런 의미를 갖지 못한다. 집단의 목적을 사회화, 교육, 치료, 지지나 상담, 자조집단 등으로 표현하는 것만으로는 충분치 않다. 이는 집단의 유형을 표현한 것이고, 집단이 어떤 것인가를 지칭하는 것이며, 초점이나 방향을 제시하기에는 너무나 광범위한 것이다.

사회화, 치료 혹은 지지와 같은 일반적인 목적 내에서 특정 집단을 위해 이러한 용어들의 의미를 구체적으로 규정하는 것이 필요하다. 사회복지사는 사회화, 치료 혹은 지지가 특정 집단에서 어떻게 보일 것인가 그리고 그것이 사회복지사가 함께 일할 성원들에게 진정으로 어떤 의미를 주는가를 스스로 문답해 볼 필요가 있다. 예를 들어, 사회화라는 말이 한 집단에서는 또래들의 말을 경청하고 또래와 보다 효과적으로 상호작용할 수 있도록 돕는 것을 의미할 수 있는 반면, 다른 집단에서는 집단성원들이 자신들의 분노를 보다 건설적인 방법으로 표현하고 자기주장을 할 수 있도록 돕는 것을 의미할 수 있다. '사회화'와 같은 폭넓은 의미를 가진 단어를 특정 집단과 그 성원들을 위해 규정하는 것은 집단의 내용에 대한 중요한 시사점을 제공해 준다. 또한 목적을 정의하는 것은 사회복지사와 집단성원이 집단의 목적이 성취된 때를 알 수 있도록 해 준다. 사실 집단과 그 성원들이 의미 있는 목적을 진술하는 것은 집단성원들이 목적성취에 박차를 가할 수 있도록 해 준다.

4. 감춰진 목적과 클라이언트의 자기결정권

사회복지사들은 때로 집단의 목적에 대한 자신의 견해를 명확하고 간략하면서도 분명하게 표현하는 것이 어려울 수 있다. 그리고 사회복지사들은 집단에 대한 자신의 생각을 성원들과 공유하는 것에 대해 두려워하기도 한다.[7] 사회복지사들이 집단의 목적을 성원들과 공유하기를 주저하는 이유를 보면 대체로 다음과 같다. 첫째, 사회복지사는 집단의 목적에 대한 자신의 생각을 진술하는 것이 잠재적인 성원들에게 겁을 주게 되어, 그들이 집단에 오는 것에 대해 낙심하게 될 것이라는 두려움을 가질 수 있다. 집단사회복지실천에서 다루어지는 주제들은 대부분 어렵고 고통스러운 것들이다. 이것이 사실이라면 사회복지사들은 집단의 잠재적인 성원들에게 집단 및 집단의 목적에 대한 사회복지사의 관점을 솔직하게 제시하는 것을 염려할 수도 있다. 어려운 주제를 직접적으로 진술하는 것은 쉽지 않은 일이다. 따라서 사회복지사는 최소한 단기적으로는 집단성원들이 집단에 관심을 갖고 올 수 있도록 목적을 진술하고, 그 목적을 집단에 오게 하는 하나의 유인책으로 활용하는 방법을 훨씬 편안해할 수 있다. 이러한 생각은 일단 집단이 출발하게 되고 집단성원들이 집단에 얽매이게 되면 집단의 목적을 보다 솔직하게 말하는 것이 가능할 것이라고 생각하기 때문이다.

사회복지사는 성원들이 집단에 편안하게 올 수 있도록 초대하려는 노력의 일환으로 집단의 목적을 약간 돌려서 설명한다. 예를 들어, 선천성 구개파열(혹은 언청이)을 가진 신생아의 어머니에게 집단에 참여하도록 요청한다고 하자. 사회복지사는 어머니를 집단에 참여하도록 초대하는 과정에서 집단이 선천성 구개파열을 가진 신생아 어머니들을 위한 집단이라는 사실과 그들의 특별한 욕구를 다룰 것이라는 점을 언급하지 않는다. 대신 사회복지사는 집단이 "커피와 도넛을 먹으면서 다른 신생아 어머니들과 편안하게 이야기할 수 있는 곳"이라고 말한다. 또 다른 예를 들어 보면, 학교나 지역사회의 아동집단에서 사회복지사는 대부분 그 집단의 목적이 아동의 문제행동을 개선시키거나 다른 또래와의 관계를 향상시키는 것이라고 말하지 않는다. 오히려 사회복지사는 레크리에이션 활동을 하나의 표면적인 내용으로 제시하고, 그 집단이 여행을 가거나 특별활동에 참여할 것이라는 점을 강조한다. 아동이 겪을 수 있는 어려움과 그들이 집단에 참여하도록 요청받게 되는 이유는 사라지고 전혀 언급되지 않는 것이다. 또 다른 예로는 사회복지사가 노인센터에서 회상집단을 구성하는 경우를 들 수 있다. 이때 사회복지사가 생애주기의 이 시기에 있는 집단성원들과 회상집단의 이유와 혜택에 대해 직접적으로 공유하는 것은 드문 일이다. 흔히 사회복지사는 집단의 목적에 대해 겉으로 분명하게 표현하는 것이 집단의 잠재적인 성원들에게는 커다란 안도가 된다는 것을 인식하지 못할 수 있다. 사실상 집단의 목적에 대해 솔직하게 말하는 것은 그 집단이 성원들의 욕구와 염려를 다룰 것이라는 희망을 불어넣어 주는 것이다.

집단의 진술된 목적과 감춰진 목적 간에 불일치가 존재하면 집단성원에 대한 신뢰 및 존중 그리고 솔직함을 어기는 것이다. 사회복지사가 집단의 목적을 진술하기 위해 그리고 집단성원들이 집단의 목적을 이해하도록 하기 위해, 한 목적을 진술하고 다른 목적을 그 목적에 '슬쩍 끼워 넣어' 성취하려는 방법은 공감, 수용, 진실성과는 일치하지 않는 것이다. 이러한 방법은 비윤리적이면서 형편없는 실천방법인 것이다. 이런 방법이 진행되면 집단성원들은 사회복지사가 마치 자신들을 잘못 대한 것으로 간주하게 되고 집단과 사회복지사에 대한 신뢰는 깨지게 된다. 때로 자신들이 이용되었다는 느낌에 대한 반응으로 집단성원들은 집단에서 중도탈락하기도 한다. 더욱 심각한 것은 집단성원들이 집단에 참여하기를 거부하거나 반대하면서도 사회복지사의 숨겨진 목적을 따라 집단에 계속 참여하는 것이다. 이때 클라이언트는 '저항하는' '준비가 되지 않은' 혹은 '관심이 없는' 사람으로 잘못 낙인 찍히게 되어 바람직하지 않은 실천방법을 더욱 복잡하게 만들게 된다. 사회복지사가 직접적이고 솔직하지 못하거나 또한 그럴 의지도 없는 것에 대해 클라이언트를 비난하는 것은 공정하지 못한 것이다. 따라서 다음과 같은 원칙이 성립된다. 즉, 사회복지사가 클라이언트에게 말할 수 없는 것이라면 사회복지사는 그것을 시도해 볼 권리도 없다.

사회복지사가 집단의 목적에 대한 자신의 생각을 클라이언트와 공유하기를 꺼려하는 두 번째 이유는 사회복지사가 자신의 생각을 집단에 강요하기를 원치 않기 때문이다. 사회복지사는 집단성원들이 집단을 소유한 것이라 생각하기 때문에, 집단의 목적을 규정하는 것도 클라이언트의 자기결정권에 속하는 것이라고 생각한다. 하지만 이는 자기결정권에 대한 신념을 잘못 활용하는 것이다.[8] 결과적으로 사회복지사는 집단의 목적에 대한 자신의 생각을 성원들과 공유하기보다는 "이 집단의 목적이 무엇이어야 한다고 생각하나요?"와 같은 개방형 질문을 집단성원들에게 묻게 된다. 이때 대부분의 집단성원들은 조용히 앉아 아무 말도 하지 않는 상태에서 어떻게 반응해야 할지 고민한다. 사회복지사의 도움이 결여된 이와 같은 상황은 종종 성원들 사이에 장시간의 침묵을 초래하게 되며, 특히 집단이 막 시작하는 시점에서는 이들에게 불편까지 주게 된다. 한편, 사회복지사의 도움이 결여되면 집단성원들 간에 혼돈과 초조함이 발생할 수 있게 되므로, 집단 초기단계에서 사회복지사는 집단성원들에게 어느 정도의 방향과 도움을 제공할 필요가 있다.

집단 초기단계에서 사회복지사의 역할은 특히 적극적이고 참여적일 필요가 있다. 사실 집단성원들이 집단의 존재 이유를 인식할 수 있도록 돕는 것은 사회복지사의 책임이다. 사회복지사가 집단을 계획하고 구성하는 데 필요한 여러 가지 것들을 고려해 왔으면 집단의 미래상(vision)과 목적에 대한 구체적인 생각을 갖고 있는 것이 가능하다. 집단구성에 대한 생각과 함께 집단에 대한 다양한 생각을 성원들과 공유하는 것은 그들을 집단에 포함시키는 한 방법이며, 집단성원들이 자신의 생각을 집단과 공유할 수 있도록 돕는 방법이 된다. 사회복지사의 생각을 집단성원들에게 강요하기보다는 집단에 대한 미래상을 공유함으로써 성원들의 생각과 의견을 자극하는 계기가 된다. 사회복지사는 자신의 생각을 공유할 때 단어의 선택과 목소리 톤 그리고 신체적인 자세를 통해 집단성원들이 집단에 완전히 참여하기를 원한다는 의견을 표현할 수 있고, 집단성원들의 생각과 관점을 필요로 하며 이를 환영하고 고마워한다는 점을 성원들이 알도록 한다. 이것이 강요와는 정반대인 것이다. 사회복지사가 집단의 목적에 대한 자신의 생각과 의견을 집단과 공유하지 않는 것은 집단과 집단성원들의 고귀한 전문성과 이들이 공헌할 수 있는 기회를 박탈하는 것이다.

5. 목적의 제시

집단의 목적을 설명하고 명확하게 하는 일은 한두 모임에서 끝낼 수 있는 과업이 아니다. 오히려 이것은 집단의 전 과정에 걸쳐 정의하고 재정의하는 발전적이면서 지속적인 과정이다. 집단을 시작할 때 파악된 집단의 목적은 고정불변의 것이 아니라 집단이 성숙해짐에 따라 심화되고 발전하며 변화한다. 집단이 모이고 성원들 간의 관계 및 사회복지사와의 관계가 발전하며, 욕구와 관심사를 탐색하고 관심 있는 분야에 대한 대화가 시작된다. 이어 집단성원들이 자신 및 자신의 상황에 대한 감정을 환기시키고 공통적인 관심영역을 발견하게 되며 자신들의 상황이 향상될 수 있다는 점을 인식함에 따라 집단의 목적과 성원들의 목표는 보다 명확해진다.

하지만 이러한 과정이 시작되기 위해서는 사회복지사가 초기부터 집단의 목적에 대한 자신의 생각을 성원들과 직접적으로 공유할 필요가 있다. 집단의 일차적 목적이 비록 사회복지사나 기관에 의해 파악된 것이어서 사회복지사가 이를 사전접촉 단계에서 개별적으로 집단성원에게 설명하고 논의하기는 하지만, 집단성원들이 모두 함께 사회복지사의 설명을 듣고 이에 반응할 기회를 가지며 이를 논의하여 자신의 것으로 만들 수 있도록 하는 것이 중요하다.

집단의 목적을 제시할 때 사회복지사는 집단이 구성되게 된 사건이나 생각 등을 집단성원들과 공유하는 것이 좋다. 집단의 역사를 이해함으로써 그 근본을 이해할 수 있고 초기단계에서 집단성원들이 느낄 수 있는 불안을 감소시킬 수 있다. 사회복지사가 목적을 제시할 때는 명확하고 솔직하게, 직접적이면서 전문 용어를 사용하지 않도록 신중해야 한다. 집단을 통해 집단성원들이 성취할 수 있기를 기대하는 점을 긍정적인 목적으로 제시하는 것은 이 목적을 집단성원들의 긍정적인 동기와 연결시키는 것이다. 집단성원들이 '다른 사람들과 더 잘 지낼 수 있을 것' '아이들을 더 잘 이해하고 양육할 수 있을 것' 혹은 '고등학교를 마칠 수 있는 가능성이 더 많을 것' 과 같은 희망을 갖도록 하는 것은 도움에 대한 필요성을 부인하지 않으면서 변화를 도모하려는 동기를 향상시키는 경향이 있다. 하지만 희망과 목적을 긍정적으로 표현하고 제시하는 것은 사회복지사가 문제를 비켜 가면서 감추는 것을 의미하지 않는다. 사회복지사는 이러한 욕구를 클라이언트에게 낙인찍거나 비난하지 않는 방법으로 이해할 필요가 있다.

지역센터의 집단모임에서 발췌한 다음의 내용은 사회복지사가 집단의 첫 모임에서 집단의 목적에 대해 논의하는 방법을 보여 주고 있다. 이 집단은 고등학교 검정고시(GED)에 실패한 사람들을 위한 집단으로 검정고시를 다시 보기를 원하고 있다. 이 집단은 22세부터 28세까지의 8명의 남자로 구성되어 있으며, 지역센터에서 후원하는 농구리그에 참여한 경험을 가지고 있었다. 이 집단은 센터의 전임직원인 사회복지사가 진행하였다.

집단성원들이 하나둘씩 도착하였다. 미구엘과 로버트가 함께 왔고, 루이스는 혼자 왔으며, 프랭크와 래리, 조셉, 다니엘의 순으로 도착하였다. 그들은 서로를 보면서 놀라워했으며 집단에 또 누가 있는지 알게 되자 놀라워했다. 분명한 것은 그들은 집단에 오기 전에 아무도 사전에 서로 이야기하지 않았다는 것이었다. 어떤 사람은 그 방에 있게 된 것에 대해 매우 당황해하기도 하였다. 나는 개별적으로 각자에게 인사했으며, 와줘서 고맙다고 하였다. 나는 출입문 근처에 있는 탁자에 탄산수와 프레즐(과자, pretzels)을 놓아두었다. 루이스가 원형에서 자신의 의자를 빼내었다. 나는 그가 다시 원형에 들어올 것을 요청하였고 그는 그렇게 하였다. 집단을 시작하려고 하자 랄프가 막 들어오면서 "늦어서 미안해요."라고 하였다. 나는 우리가 막 시작하려고 했다며 간식을 먹으라고 권했다. 랄프는 "내가 방금 오긴 했지만 옆 건물에 있는 동생을 데리러 가야 하기 때문에 좀 일찍 일어날 수도 있어요."라고 말했다. 나는 그렇게 하라는 뜻으로 고개를 끄덕였고 원형 가운데 빈 의자를 가리켰다. 랄프는 그 의자에 앉으면서 옆에 앉은 루이스와 악수를 하였다.

나는 "여러분을 만나게 되어 반갑습니다."라고 말하면서 시작하였다. "여러분이 알다시피 이 집단은 지난 2~3주 동안 계획단계에 있었습니다. 라울(농구리그의 책임자)과 내가 이야기를 나누는 동안, 그는 지난 1월에 농구리그의 여러 남자들이 검정고시를 치렀지만 실패하여 매우 상심해 있다고 했습니다." 미구엘이 가로채면서, "그 말이 맞아요."라고 하였다. 래리는 "나와 프랭크만 그런 줄 알았는데, 다른 사람도 그런 줄 몰랐네."라고 하였다. "그 시험은 ××같았어."라고 랄프가 강력한 어조로 말했다. 나는 계속해서 "나는 검정고시에 실패한 사람들끼리 모이면 좋겠다고 생각했고, 이 고시에 합격하기 위해 서로 도울 수 있다고 생각했어요."라고 말했다. 조셉은 "우리가 어떻게 서로를 도울 수 있겠어?"라고 나즈막히 중얼거렸다. "그래, 낙제한 것은 우리잖아!"라고 랄프가 되받아쳤다. 나는 "맞아요, 하지만 나는 아직도 여러분이 서로 도울 수 있을 것이라 생각해요."라고 말했다. 집단은 매우 회의적이었다. 혼자 중얼거리는 것, 회의적인 표정 그리고 불신이 명확해 보였다. 나는 그들의 회의감을 다룰 필요가 있다고 여겼다. 나는 "글쎄요, 검정고시는 여러 부분으로 구성되어 있고 여러분 중에 어떤 사람은 특정 분야에서 다른 사람들보다 더 잘하지요. 우리가 서로 누가 어떤 부분을 잘하는지 파악해서 짝을 지어 주면 될 거예요."라고 말했다. "그러니까 개인교습하는 것처럼" 하고 프랭크가 말했다. 나는 고개를 끄덕였다. 프랭크가 "음, 나는 역사는 잘하지만 작문은 싫어."라고 말하자, 조셉이 "나는 작문은 잘하는데, 수학은 잘 잊어버려."라고 말했다. 나는 "자, 봐요. 여러분도 아이디어가 있잖아요. 우리 각자가 자신의 장점과 단점을 파악하여 누가 누구를 도울 것인지 생각해 봐요."라고 말했다. 회의감이 어느 정도 감소된 것 같았다.

나는 "한 가지 더 있는데, 그것은 태도입니다. 검정고시는 중요한 시험입니다. 이 시험은 여러분의 미래에 있어 많은 것을 의미합니다. 이 시험이 그렇게 중요하기 때문에 시험을 볼 때 여러분이 신경이 곤두서고 두렵고 얼어붙고 집중하기 어렵기까지 한 것은 너무나 당연한 것입니다."라고 말했다. "지당한 말씀입니다."라고 루이스가 말했다. 그러자 랄프가 "난 아니야. 난 누구를 위해서도 신경이 곤두서지는 않아."라고 말하면서 가로챘다. "허풍 떨고 있네. 지난 번 농구경기에서 중요한 슛을 망쳐 버렸잖아."라고 미구엘이 반박했다. 랄프는 어깨를 으쓱거리더니 조용해졌다. 나는 계속해서 "나는 이 집단이 다음 번 시험을 치를 때 신경이 덜 곤두설 수 있도록 도울 수 있을 것이라 생각해요."라고 말했다. 그러자 다니엘이 "어떻게 그렇게 할 수 있을지 잘 모르겠네요. 하지만 그렇게 될 수 있다면 좋겠어요."라고 말했다. "그 점이 우리가 앞으로의 모임에서 좀 더 찾아봐야 할 부분입니다."라고 나는 말했다.

나는 집단에게 "오늘 모임이 있기 전에 저는 여러분과 개별적으로 만났습니다. 그리고 그 만남을 통해 여러분 각자가 검정고시를 합격해야 하는 중요한 이유를 알게 되었습니다. 그래서 이제부터 남은 시간 동안 그 이유의 일부분만이라도 얘기를 나누었으면 좋겠습니다. 이 방에 있는 모든 사람들이 그 시험이 여러분 각자에게 어떤 의미를 갖는지 함께 이야기하는 것이 중요하리라 봅니다. 여러분이 농구를 하면서 서로 알고 지내는 것을 알지만, 여러분 가운데 많은 공통부분이 있을 것이라 생각합니다. 많은 시간 동안 우리는 '세상에 아주 특별한 경험을 하거나 특별한 느낌을 가진 사람은 나밖에 없어.' 라고 생각해 왔지요. 그러나 나만 그런 느낌을 가진 것이 아니라 다른 사람들도 그런 느낌을 가졌다는 것을 알게 되면 커다란 안도감을 갖게 된다는 것을 곧 알게 됩니다. 여러분과의 개별 만남을 통해 나는 그러한 사실이 여기에도 적용된다고 생각합니다. 따라서 나는 여러분이 검정고시를 합격하는 것이 왜 중요한지 그 이유에 대해 각자 말해 주기를 바랍니다. 그리고 지난 달에 그 시험을 치렀을 때 어떤 느낌이 들었는지도 말해 주세요. 미구엘, 당신이 시작해 보겠어요? 미구엘이 말하기 시작했다.

이 집단은 훌륭한 출발을 한 것으로 여겨진다. 사회복지사가 명료화한 집단의 초기 목적은—즉 검정고시를 합격할 수 있도록 돕는 것, 시험을 치를 때 신경이 덜 곤두서게 할 수 있도록 돕는 것—집단성원들이 성취하고자 하는 것의 하나다. 사회복지사는 집단성원 모두가 검정고시에 실패했다는 점을 직접적으로 인정하였지만 그것이 그들을 과소평가하는 것은 아니었다. 사회복지사는 집단성원들이 서로 도울 수 있는 장점과 능력이 있다고 믿고 있음을 그들이 알도록 하였다. 나아가 사회복지사는 집단성원들이 시험을 치를 때 불안해하는 것은 일반적인 것이라고 말함으로써 그들이 불공평하게 자기비난을 하는 것을 줄이도록 하였다. 전반적으로 사회복지사의 어투는 희망적이고 자신감 있는 것이었다.

이 집단이 점차 더욱 발전하게 되면서 집단의 목적이 갖는 의미 역시 점차 발전하게 될 것이다. 집단 목적의 의미는 집단성원들이 성취하고자 하는 개별 목표와 집단의 전반적인 목적 내에서, 자신들의 목표가 향상될 수 있는 방법을 파악하고 명료화하면서 더욱 심화되고 확장될 것이다.

6. 비자발적인 집단에서의 목적

집단성원들이 집단에 의무적으로 참여해야 하는 경우에는 목적에 대한 합의가 집단의 생존을 위해 필수적이다. 이러한 집단에서는 성원들이 집단참여를 강제로 해야 하는 것에 대해 화를 느끼게 된다. 예를 들어, 아동의 보호권을 되돌려 받기 위해 집단에 의무적으로 참석해야 하는 부모집단이나 교도소에서 석방되는 조건으로 집단에 의무적으로 출석해야 하는 보호관찰 집단에서는 이것이 사실일 수 있다. 이러한 집단의 성원들은 신체적으로는 출석하고 있는지 몰라도 실제로 집단에 참여하려는 의지는 거의 없다. 그들은 진실로 집단에 참여하기보다 의무적인 출석조건을 수행하려는 것일 수 있다.

강제적인 참석이 요구되는 집단에서 집단성원들의 참여와 그들이 집단에 관여하는 특성은, 집단에서 그들이 뭔가 얻을 수 있고 실제로 집단에서 뭔가 얻으려 할 때 변화하기 시작하고 반전하게 된다. 여기서 중요한 핵심은 목적이다. 예를 들어, 부모들이 아동을 보다 잘 이해하고 아동과 보다 긍정적인 방법으로 상호작용하기를 원하며 그렇게 할 필요성이 있다고 여기게 될 때 집단은 이들 부모에게 중요한 존재가 된다. 또한 보호관찰자들이 부정적인 영향을 미치는 친구들의 (마약) 권유를 거부하기 원하면서도 "안돼."라고 말하는 방법을 모른다고 처음으로 자신과 다른 성원들 그리고 사회복지사에게 인정할 때 집단은 그들에게 중요한 존재가 된다.

비자발적인 집단에서는 사회복지사와 성원들이 갖고 있는 목적과 목표에 대한 관점이 처음에는 서로 동떨어진 것처럼 보일 수 있다. 사회복지사는 이러한 목적과 목표가 근접할 수 있도록 노력할 필요가 있으며, 집단 목적에 대해 상호합의가 이루어질 수 있도록 노력해야 한다. 이를 성취하기 위해 사회복지사는 집단성원들이 갖고 있는 목표에 대한 자신의 관점을 분명하고 명확하게 구체화할 수 있도록 준비할 필요가 있다. 사회복지사는 집단성원들이 선택의 여지없이 할 수 없이 집단에 참여하는 것을 알지만, 집단참여가 성원들에게 가치가 있는 이유를 설명할 필요가 있다. 또한 사회복지사는 집단성원들이 생각하는 자신들의 욕구와 목표를 주의 깊게 경청할 필요가 있다. 집단 목적에 대한 상호합의가 이루어지고 집단성원들과 사회복지사 모두가 성취하기를 원하는 공통점을 서로 공유하고 확인하게 되면 성원들의 참여는 변화하게 된다. 사실 성원들이 집단의 목적을 실감하여 이를 받아들이려는 동기가 생기게 되면 비자발적인 집단도 자발적인 집단이 된다.

7. 동맹자로서의 목적

집단의 목적은 집단의 전 과정에 걸쳐 관심을 필요로 하며 재점검할 필요가 있다. 사회복지사가 집단의 초기모임에서 목적을 설명하고 논의하였더라도, 성원들은 집단에 적응하는 데 몰두하기 때문에 그 목적의 설명과 논의의 일부만을 받아들일 수 있다. 따라서 집단의 목적에 대한 논의는 성원들이 집단의 목적이 갖는 의미를 받아들이기 시작하는 적응단계(orientation stage)에서 자주 언급할 필요가 있다.

집단이 진행됨에 따라 성원들은 집단과 다른 성원들에 대해 충분히 이해할 수 있을 뿐만 아니라, 집단참여가 성원들에게 제공해 줄 수 있는 잠재적인 가능성과 집단에서 성취할 수 있는 것에 대해서도 충분히 이해할 수 있을 것이다. 따라서 집단의 중간단계에서 발생할 수 있는 목적에 대한 논의는 보다 폭넓고 깊은 것으로서, 집단성원들과 사회복지사가 서로에 대해 향상된 이해를 반영할 수 있는 것이어야 한다. 그러한 논의는 또한 집단성원들에게 더 많은 의미를 줄 수 있는 것이어야 한다.

집단 목적의 명확성은 사회복지사뿐만 아니라 집단과 성원들에게도 중요한 동맹자가 된다. 이것은 집단과 성원들에게 의미 있는 과업과 노력을 권장한다. 이것은 또한 집단성원들과 사회복지사가 활용할 수 있는 결정적인 준거점이 된다. 집단이 핵심주제에서 벗어날 때 집단의 목적에 대한 준거를 토대로 집단을 원래의 과업으로 되돌아올 수 있도록 하며 집단의 존재 이유를 확인하도록 한다.

한 집단성원이 초조하여 "이러한 논의를 하는 게 뭐가 유익한가요?" 혹은 "우리가 뭘 하려는 것인지 이해할 수 없네요." 등과 같은 질문을 하면, 이것이 집단의 '현실적인' 과업에 대한 위협이나 방해로 간주되지 않도록 하는 것이 중요하다. 오히려 사회복지사는 그러한 질문이나 언급을 집단성원들이 집단의 목적에 대해 진지하게 토의할 수 있도록 권장해 보는 기회로 여길 필요가 있다. 집단의 목적에 대한 진지한 논의는 집단성원들이 자신들이 지속적으로 집단에 참여해야 하는 이유를 명확히 해 줄 뿐만 아니라 자신들의 욕구를 명확히 할 수 있도록 해 준다. 사실 집단의 성원이 되는 것을 확신시켜 주는 그러한 논의가 집단참여자들에게 중요한 의미를 부여할 것이다.

8. 목적의 발전: 사례

여기에서는 만성 정신질환을 앓고 있는 사람들을 위한 낮병원 치료 프로그램의 집단 사례를 통해 이 장에서 논의한 목적의 여러 부분, 특히 클라이언트의 욕구와 집단의 목적의 연결점 그리고 집단의 생애 전반에 걸쳐 목적이 발전하고 성장하여 집단성원뿐만 아니라 사회복지사에게도 의미를 부여한 예를 살펴보고자 한다.[9)]

집단은 사회화 집단으로 시작하였다. 사회복지대학원 석사 2년차인 사회복지사는 그녀의 슈퍼바이저로부터 클라이언트의 '동기결여와 많은 자유시간'에 초점을 두라는 지시를 받았다. 이 집단은 주에 한 번씩 만나는 개방집단으로 '심각하면서 지속적으로 정신질환을 앓고 있는' 6~12명의 클라이언트로 구성되어 있다. 집단구성이 매주 변화하기는 하였지만 집단은 대체로 출석이 규칙적인 8명의 핵심성원들로 구성되어 있었다. 집단을 시작하기 전에 사회복지사는 클라이언트가 아침을 먹거나 당구를 치거나 빙고 게임을 하는 동안 이들과 비공식적으로 만나 이야기를 나누었다. 프로그램 참여자와 대화를 하는 동안 클라이언트들은 자신들이 외롭고 심심하며 주말에 할 일이 없는 것으로 기술하였다. 클라이언트와의 접촉을 통해 사회복지사는 클라이언트의 욕구를 크게 네 지로 파악하였다.

1. 사회적인 교제가 향상되고 확인되어야 할 욕구
2. 사회적 상황에서 대인관계적 상호작용을 실천해 보아야 할 욕구
3. 새로운 활동을 탐색해 보는 데 있어 격려와 지지에 대한 욕구
4. 자유시간에 할 것과 자유시간 활동에 주도적으로 참여할 방법에 대한 실질적인 제안을 받고 싶은 욕구

클라이언트의 욕구에 대한 자신의 관찰을 바탕으로 사회복지사는 집단의 첫 모임 이전에 임시적으로 집단의 목적을 다음과 같이 구성하였다.

(이 집단의 목적은) 낮병원 프로그램 이외의 건전한 사회활동에 집단성원들이 참여할

수 있도록 동기를 부여하고 격려하기 위한 것이며, 성원들이 새로운 것을 과감하게 시도할 때 지지해 주고 성원들이 활용 가능한 활동을 구체적으로 제안하고 참여할 수 있도록 하기 위함이다.

하지만 첫 모임에서 사회복지사는 그녀의 일차적인 목적이 집단성원들이 갖고 있는 근본적이면서 광범위한 욕구를 다루지 못하고 있음을 알게 되었다. 첫 모임에서 집단성원들은 대인관계의 상호작용에 성공적으로 참여할 수 없었다. 어떤 집단성원들은 논의되고 있는 것과는 전혀 상관없는 말을 불쑥 꺼내기도 하였다. 어떤 성원들은 다른 성원들을 보고 웃은 반면 다른 성원들은 아무 말도 하지 않았다. 일부 성원들은 상황판단을 하지 못한 채 계속해서 한 성원에게 그녀가 남자친구와 성관계를 가질 것인지를 묻기도 하였다. 첫 모임에서 집단성원들의 참여는 혼란스러웠으며 무질서하였다. 집단성원들은 서로 이야기하지 않았으며 다른 사람의 말을 경청하지도 않았다. 첫 모임 후에 사회복지사는 다음과 같이 기록하였다.

내가 작성한 집단의 목적은 클라이언트의 발달과 사회적 욕구 및 목표를 다루기보다는 나의 욕구와 목표를 반영한 것이다. 나는 집단의 목적에 적합한 것이 무엇인지 모른 채 동떨어져 있었지만, 내가 작성한 집단의 목적은 이들의 현 위치보다는 훨씬 앞선 것이라는 것을 강하게 느꼈다. 성원들은 진정 다른 사람들과 상호작용하는 방법을 모르는 것 같았으며, 심심하고 외롭다고 말했지만 낮치료 프로그램 이외의 다른 사회적 상황을 과감히 시도해 볼 준비가 되어 있지도 않았다.

집단과의 경험을 통해 사회복지사는 성원들의 욕구와 집단의 목적이 무엇일까에 대해 계속 생각하였다. 결국 그녀는 집단의 목적에 대한 처음 생각을 다음과 같이 재구성하였다.

(집단의 목적은) 집단성원들이 친구를 사귀고 사회적 상황에서 편안한 느낌을 갖는 것이 어려운 이유에 대해 이야기할 수 있도록 돕기 위한 것이며, 새로운 사회적 상황에서 연습하고 경험할 수 있고 외로움과 주말에 보다 잘 대처하는 방법을 배우기 위함이다.

앞의 목적은 집단성원들의 욕구와 보다 밀접하게 연관된 것이기는 해도 집단의 목적과 내용을 혼돈하면서 보다 야심적인 것으로 여겨진다. 집단모임에서 성원들은 자신들의 상황을 보다 구체적으로 설명하거나 논의할 수 없었다. 록펠러 센터를 방문한 것은 집단성원들이 프로그램 이외의 외부 활동에 참여할 준비가 되어 있지 않거나 참여할 수 없음을 입증해 주었다. 방문 후에 사회복지사는 다시 다음과 같이 기록하였다.

이번 방문을 통해 나는 너무 빨리 이들을 재촉하고 있다고 생각했다. 클라이언트들은 양처럼 나를 따랐고 자신들의 주변에 대해서는 조금도 관심이 없었다. 그들은 두려운 것 같았고 프로그램에 되돌아오자 '집' 에 온 것처럼 안도하였다. 나의 목표가 너무 높거나 이른 것 같았다. 클라이언트들은 나에게 자신들의 욕구에 대해 말이 아닌 행동으로 많은 것을 이야기해 주고 있다.

사회복지사는 집단과 계속해서 함께 경험하면서 다음과 같은 보다 직접적이고 간결한 목적을 세 번째로 구성하게 되었다.

집단성원들이 사회적으로 상호작용할 수 있는 능력을 향상시키기 위함이다.

위와 같은 집단의 목적은 집단의 내용에 대해 분명한 시사점을 제공해 준다. 곧 집단 자체가 성원들이 배울 수 있으면서 만족스러운 사회적 상호작용을 경험할 수 있는 장소가 된다. 집단성원들은 이 목적을 승인함으로써 보다 열정적으로 집단에 참여하였는데, 이는 다음의 과정기록(process recording)에서 나타난다.

나는 집단의 목적에 대한 나의 생각을 칠판에 써놓고 천천히 그리고 크게 읽었다. 집단성원들은 귀를 기울였으며 마치 단어 하나하나를 받아들이려고 노력하는 듯이 보였다. 일레인은 백지에 목적을 쓰기 시작하였다. …… 우리는 집단의 목적에 대해 간략하게 얘기하였다. 집단의 목적에 대해 논의하려고 시도했던 지난 모임에서와는 달리 성원들은 이제 적극적으로 참여하였다. 이 목적이 이들에게는 보다 현실적인 것처럼 여겨졌다.

나는 집단에서 우리가 하고자 하는 일들에 대해 간략하게 시범을 보일 준비를 했다고 설명하면서 자원봉사자가 필요하다고 말했다. 앨리스가 기꺼이 자원해 주었다. 집단성원들은 무엇이 기대되는지 몰랐기 때문에 웃기 시작했다. 나는 앨리스와 내가 집단에서

할 역할극의 시나리오를 설명해 주었다. 나는 집단성원들에게 앨리스가 매우 우울하여 진료소에서 치료를 받고 있는 클라이언트라고 상상해 보도록 요청하였다. 나는 대기실 근처를 지나가는 또 다른 클라이언트의 역할을 할 것이고 그녀를 위로하려고 시도할 것이라고 하였다. 나는 앨리스와 나머지 집단성원들에게 앨리스는 다른 사람들과 얘기하고 싶어 하지 않는 성격이라는 점을 강조하였다. 그녀는 대기실에 그냥 앉아 있으면서 그녀의 치료자를 기다리고 있었다. 그녀는 우울하고 혼자 있기를 원했다.

간단한 연극은 다음과 같이 진행되었다. 나는 앨리스에게 다가가 뭐가 문제인지 나에게 말하라고 시도하였다. 나는 그녀에 대해 매우 염려스러워했지만 앨리스로부터 반응을 얻어내기 위해 매우 적극적이었다. 그녀가 고개를 숙인 채 가만히 있자 나는 그녀를 붙들고 포옹하였다. 나는 그녀의 느낌을 이해하고 있으며 나도 어렵다고 말하였다. 그리고 나는 크고 빠른 목소리로 내 남자친구에 대해 그리고 그가 얼마나 나에게 상처를 주며 내가 얼마나 기분이 상해 있는지에 대해 말하였다. 그러고 난 다음 나는 "휴식."이라고 말하면서 중단하였다.

집단성원들은 나의 행동과 앨리스의 반응에 대해 관찰하면서 곧바로 참여하였다. 대부분의 집단성원들은 나의 행동, 특히 앨리스와의 신체적인 접촉이 부적절하였다고 인식하였다. 실비아는 내가 앨리스의 문제에서 나의 문제로 관심을 바꾼 것에 대해 지적하였다. 여러 명의 집단성원들은 앨리스가 무엇이 문제인지 내가 결코 알아내지 못했으며, 앨리스와는 상관없는 내 문제에 대해 말하였다고 하였다. 이러한 논의 가운데 가장 흥미로웠던 점은 포옹에 관한 것이었다. 앨리스와 지나는 그것이 나로서는 훌륭한 몸짓이었다고 하였다. 하지만 여러 명의 집단성원들은 그 행동이 부적절하였다고 하였다. 나는 이 점에 대해서 다른 사람의 개인적인 영역(personal space)을 존중하는 것이 중요하다고 강조하였다. 나는 이 상황에서처럼 다른 사람을 잘 모르는 경우에 그 사람이 무엇을 원하는지 혹은 포옹을 받거나 이야기하기를 원하는데 그에 대해 어떤 느낌이 드는지에 대해 물어 보는 것을 두려워해서는 안 된다고 하였다. 나는 또한 사람들에게 어떻게 하는 것이 편안한지를 묻는 것은 어떠한 상황이든 간에 훌륭한 방법이라고 강조하였다.

나는 이러한 모든 것에 대한 앨리스의 반응에 감동을 받았다. 그녀는 나의 포옹을 좋아했으며 근심이 있는 사람을 보면 자신도 나와 똑같은 행동을 할 그런 유형의 사람이라고 하였다. 그녀는 잠시 생각하면서 "아마도 다른 사람들은 그런 행동에 대해 불편해할 수도 있어요."라고 말했다. 그녀는 그 점에 대해 이전에 한 번도 생각해 본 적이 없다고 하였다. 나는 앨리스가 애정과 온정이 많으며 그것을 제공해 줄 수 있는 사람이라는 점을 집단에게 지적해 주었다. 그리고 한편으로 그녀(그리고 다른 사람들도 마찬가지로)가 어떤 상황에서 누구에게 애정을 표현할 것인지에 대해 조심해야 한다고 한 말이 옳다고 지적하였다.

집단의 목적이 집단성원들에게 의미 있고 현실적이라는 점은 후속 집단모임에서 그들의 참여로 입증되었다. 집단성원들이 집단의 목적에 대한 자신들의 생각을 언어로 구체화하는 것이 어려운 이 집단에서는, 집단참여의 질이 곧 집단의 목적이 성원들의 목적을 충족시키는 데 있어 제대로 진행되고 있음을 측정하는 지표가 된다.

집단의 여덟 번째 모임에서 발췌한 다음의 진행과정 기록은 집단성원들의 참여와 관심사를 잘 입증해 주고 있다. 특히, 한 성원은 상당히 개인적인 염려를 부각시키는 위험까지 감수하고 있다.

나는 Ms. D(공동진행자)와 함께 준비한 역할극 연습을 소개하였다. 나는 집단에게 자원봉사자가 필요하다고 하였다. 집단에 참여한 여러 명이 손을 들었다. Ms. D는 일레인을 선택하였다. 역할극을 시작하기 전에 Ms. D는 시나리오 하나를 집단에게 소개하였다. 우리가 구상한 가상현실은 다음과 같았다. Ms. D는 끊임없이 말하는 사람의 '친구'이고, 일레인은 새침하고 예의 바르고 겁 많은 친구이며, 나는 일레인의 양심(혹은 만화책에서 볼 수 있듯이 그녀의 머리 위에서 그녀의 진실한 생각을 말하는 모습을 표현한 '풍선')이었다.

Ms. D의 배역은 끊임없이 이야기하는 것이었다. 그녀는 일레인에게 주말에 대해서 물었지만, 곧 자신이 주말에 한 쇼핑에 대해 말함으로써 매번 일레인의 말을 중간에 끊어 버렸다. 그녀는 일레인을 다시 중지시키면서 그녀에게 '명상'을 해 보도록 말했다. 나는 거의 2분 정도마다 "아, 왜 말 좀 그만하지 않지? 그냥 입 좀 닥쳤으면 좋겠네! 명상에 대해 더 이상 듣고 싶지 않아. 내가 너의 말을 더 이상 듣지 않는다는 걸 눈치채지 못하니?"라는 말을 중간중간에 끼워 넣었다. 집단은 이러한 역할극을 즐기는 것 같았다. 집단성원들은 웃으면서 주의 깊게 경청하였고 역할극이 끝나자 박수를 쳤다.

역할극이 끝나자 활발한 토론이 이어졌다. 집단성원들은 일레인과 Ms. D의 역동성에 대해 이야기하기 시작하였다. 그들은 Ms. D가 일레인의 욕구에 어쩌면 그렇게 우둔한지 그리고 그녀의 말을 어떻게 경청하지 않았는지에 대해 언급하였다. 모든 집단성원들이 동의하듯이 고개를 끄덕였다. Ms. D는 집단성원들에게 역할극을 통해 내가 말한 것과 비슷하게 언어적으로 표현되지 못한 생각들을 경험해 본 적이 있는지를 물었다.

집단에서 가장 흥미로웠던 부분은 마지막에 나왔다. 리디아는 집단에게 다음과 같이 말했다. "내가 말할 때 사람들은 눈알을 굴리면서 마치 내가 얘기하는 것에 대해서는 전혀 관심이 없는 것 같아요. 내가 집단에서 말을 많이 하지 않는 것도 다 그런 이유 때문이지요. 나는 때로 오고 싶지 않아요."

이 집단에서는 목적이 제시하는 집단 내용의 의미와 시사점이 보다 심화되는 것이 명확하게 나타난다. 나아가 사회복지사가 집단성원들의 욕구에 대해 보다 잘 이해하고, 그 욕구들이 집단의 목적에 주는 시사점을 잘 이해하고 있는 것이 사례에 잘 나타나 있다. 사회복지사는 클라이언트의 욕구를 충족시키기 위해 목적을 조정하고 재정의하려는 의지와 유연성을 통해서, 집단이 집단성원들의 문제와 직접적인 관련이 있고 성원들의 참여와 동기가 강해질 수 있도록 돕고 있다.

대부분의 집단에서 집단의 목적이 명확하지 않은 경우가 많다. 또한 집단참여자들에게 "집단의 목적이 무엇입니까?" 라고 물으면 대답할 수 없거나 대답이 매우 불분명하고 모호한 경우가 많다. 또는 참여자들이 자신들에게는 거의 현실적이지 못한 단어로 답하는 경우가 있다. 예를 들어, "이 집단의 목적은 친구를 사귀고 다른 사람들과 잘 어울리는 것" 이라고 아홉 살짜리 아이가 단순한 어조로 읊는 것과 같이 답한다. 나아가 사회복지사들에게 똑같은 질문을 하였을 때도 명료하고 간략하게 대답을 하지 못하는 경우가 많다. 집단사회복지실천에서 많은 집단활동이 조기에 중단되는 이유는 목적의 명확성이 결여되어 있기 때문이다. 집단의 목적이 집단성원들의 에너지를 동원할 수 있도록 하기 위해서는 목적이 명확하고 분명한 합의가 있어야 하는 것이 필수요건이다.

제8장 문제해결 과정

문제해결은 집단사회복지실천의 핵심과정이다. 이 과정은 집단과 개인이 겪는 문제와 어려움을 다루는 데 활용되며, 이러한 문제와 어려움은 집단 생애과정에서 언제든지 발생할 수 있다. 문제라는 단어가 부정적인 의미를 내포하는 경향이 있지만, 문제해결 과정은 부정적인 상황에서 활용되는 것을 의미하지 않는다. 오히려 문제와 동의어인 과제(issue)가 이 과정의 대상을 보다 잘 기술할 수 있을 것이다. 문제해결 과정은 집단 혹은 개별성원에게 발생하는 어떤 과제를 다루건 간에 활용될 수 있다. 사실 문제해결 과정은 집단의 모든 성원들이 공통으로 염려하는 과제를 함께 다룸으로써 집단이 더욱 강해질 수 있는 기회가 된다.

문제해결은 집단의 진행방식과 내용에 관련된 과제를 검토하고 해결하는 데 활용될 수 있다. 예를 들어, 집단모임에서 음식을 먹는 것이 허용될 것인지, 불규칙적으로 참석하거나 집단모임을 한 성원이 독점하는 것과 같은 집단성원의 문제행동과 역할을 어떻게 다룰 것인지에 활용된다. 문제해결 과정은 집단성원의 한 사람이 개인적인 어려움을 경험할 때 이에 집중하기 위해 활용되기도 한다. 예를 들어, 한 교사가 집단성원을 불공평하게 대할 때 혹은 직장구하는 것에 대한 두려움이 있을 때 이를 어떻게 할 것인가를 다루게 된다. 집단사회복지실천이 효과적이기 위해서 사회복지사는 문제해결 과정의 중요성을 인식하고 집단이 이 과정에 관여할 수 있는 방법을 이해해야 한다.

사회복지실천에서 활용되는 문제해결 과정은 진보주의적 교육자이자 사회과학자인 존 듀이의 연구에 근거하고 있다. 존 듀이는 특히 반영적 생각과 개인의 실제 경험에 근거한 의사결정에 관심이 많았다.[1] 문제해결은 반영적 생각의 과정을 강조한다. 이것은 감정을 합리적 사고과정에 통합하며 의식적, 무의식적 요소를 모두 고려한다. 감정은 인지과정에 영향을 준다.

문제해결 과정은 집단이 거쳐야 하는 일련의 단계를 제공하는데, 이것은 집단이 관심과제를 체계적으로 공략하여 어느 정도 의사결정을 한 다음 이를 다룰 행동을 취하는 데 지침을 제공해 준다. 듀이가 구체화한 문제해결 과정은 다음과 같은 7단계로 구성되어 있다.

① 현존하는 문제에 대한 인식(즉, 문제나 과제)
② 문제의 확인
③ 문제의 탐색
④ 문제에 대한 잠정적인 해결책의 고려
⑤ 최선의 문제해결 방법 선택
⑥ 문제해결책의 실행
⑦ 문제해결책의 실행결과에 대한 평가[2]

1. 문제해결 과정의 단계

1) 현존하는 문제에 대한 인식

문제해결 과정은 집단의 성원이든 사회복지사든 둘 다든 간에, 집단에 있는 한 사람 혹은 그 이상의 사람이 과제나 어려움이 존재하고 있다는 것을 감지하는 것에서 시작된다. 하지만 문제해결 과정의 이 단계에서는 문제에 대한 인식이 모호하거나 혼돈스러우며 잘 정의되지 않는다. 예를 들어, 사회복지사는 집단에서 일어난 일에 대해 불만족스러운 느낌을 갖고 모임을 마치게 될 수도 있다. 사회복지사는 집단성원들이 말하는 것과 행동하는 것이 일치하지 않더라도 침묵을 지키고 관찰할 수도 있다. 혹은 문제가 있다는 느낌을 집단성원이 가질 수도 있다. 예를 들어, 한 성원은 모임에서 일어난 일에 대해 불쾌한 느낌을 갖거나 집단에게 자신의 논점을 표현하는 데 어려움이 있다고 느낄 수 있다. 따라서 문제가 존재하고 있다는 것을 성원이나 사회복지사가 느낌으로써 문제가 정확하게 규정되지 않고 불편함만 모호하게 있는 상태가 바로 문제해결 과정 가운데 이 단계의 특징이다.

2) 문제의 확인

문제해결 과정의 이 단계에서는 집단이 문제를 규정한다. 집단이나 성원 혹은 사회복지사는 1단계에서 특징으로 나타났던 모호한 불편함을 집단에 가져오며 집단에서 일어나고 있는 일을 파악하게 된다. 예를 들어, 사회복지사는 집단성원들이 실제로는 불편하고 대화가 편안하게 이루어지지 않고 있지만 자신들은 편하게 느끼고 있다고 말할 때 집단을 직접 관찰할 수 있다. 그리고 사회복지사의 이러한 관찰을 논의함으로써 집단은 많은 성원들이 가정에서 '외부인' 의 도움 없이 해결할 수 있다고 믿는 문제에 대해 '낯선' 사람들이 모인 집단에 와서 논의하는 것을 창피하게 느낄 수 있다는 점을 감지하게 된다. 혹은 집단성원 가운데 한 사람이 집단에서 자신의 솔직한 의견을 표현하는 것이 어렵다고 말할 수 있다. 그녀의 이러한 불편함에 대해 논의하면서, 그녀와 비슷하게 느끼는 성원이 있으며 몇몇 소수의 성원들이 집단을 독점하면서 자신들의 의견에 동의하지 않는 관점에 대해서는 경멸하고 조롱하고 있다는 점이 폭로될 수 있다.

문제해결 과정 중 이 단계에서 중요한 것은 사회복지사나 성원들 혹은 둘 다 모두 집단의 문제가 정확하게 무엇인지는 몰라도 집단에 문제가 있다는 점을 집단과 직접 공유하려는 의지다. 그러한 관찰은 곧 집단토의의 출발점이 되어 탐색을 하게 되고, 집단성원은 집단에서 다루어야 할 문제가 무엇인지를 서로 분명하게 이해하게 된다.[3] 흥미롭게도 집단이 공통으로 인식하게 된 문제는 집단토의가 시작되었을 때 관찰한 것과는 전혀 다른 것일 수도 있다. 이는 대화가 진행됨에 따라 처음에 표현된 문제 밑에 깔려 있던 핵심적인 문제가 겉으로 분명하게 나타나기 때문이다.

3) 문제의 탐색

문제해결 과정 가운데 문제의 탐색단계에서 집단은 문제에 대한 논의를 착수할 필요가 있다. 문제를 유발하는 원인에 대한 성원들의 인식, 문제의 원인, 문제에 대한 성원들의 느낌은 모두 중요한 논의영역이 될 수 있다. 문제에 대해 탐색하는 동안 집단성원들 간에는 의견 불일치가 일어날 수 있다. 성원들은 문제의 본질에 대해 달리 인식할 수도 있는데, 이는 성원들의 다양한 생활경험과 개인 및 문화적 가치관, 규범 등의 차이로 인한 것이다. 집단은 이러한 차이점을 검토할 필요가 있다. 집단성원들이 갖고 있는 다양한 인식이 표현되고 이해되며 인정될 필요가 있다.

문제에 대한 실제적인 탐색이 때로 시간낭비가 될 수 있으며, 다양한 차이점을 표현하는 것이 성원들이나 사회복지사를 불편하게 만들 수도 있다. 따라서 문제해결 과정에서 이 단계를 급하게 처리하려는 경향이 있으며, 문제를 충분히 탐색하기도 전에 문제해결책을 고려하는 단계로 신속하게 혹은 지나치게 빨리 진입하려는 경향이 있다. 사회복지사가 문제해결책으로 급하게 이동하는 것은 종종 비효과적인 해결책을 초래하는 실수를 범하는데, 이는 문제에 대한 충분한 이해가 없는데서 해결책을 모색하기 때문이다. 효과적인 해결책은 문제해결 과정의 문제탐색 단계에서 집단성원들이 문제를 충분히 이해하는 데서 나오는 것이다.

4) 문제에 대한 잠정적인 해결책의 고려

문제에 대해 철저하고 사려 깊게 탐색하였다면 그 문제에 대한 잠정적인 해결책이 분명해진다. 집단이 해결하고자 하는 문제나 과제는 다양한 방법으로 다루어질 수 있다. 따라서 문제에 대한 해결책이나 방법이 대개 하나 이상일 경우가 많다. 문제해결 과정의 이 단계에서 집단은 잠정적인 해결책을 고려할 필요가 있다. 집단성원들이 그 해결책을 모색할 필요가 있으며, 사회복지사가 그것을 제시할 수도 있다. 문제의 해결책은 개인의 과거경험이나 사회문화적 특성 그리고 집단성원들의 사회적 · 물리적 환경에 기초하고 있어야 한다.

이 단계에서 집단은 문제해결책의 다양한 대안을 고려할 필요가 있다. 바꿔 말하면,

즉각적인 해결책 한 가지만을 너무 조급하게 붙잡고 있을 필요가 없다. 여기서 성원들이 생각해 낼 수 있는 모든 해결책을 모색해 보는 혹은 머리를 맞대고 해결책을 짜내는 기술이 도움이 될 수 있다. 머리를 맞대어 해결책을 모색하는 과정에서는 어떠한 사전 검열 없이 모든 해결책을 목록으로 작성할 수 있다. 따라서 사회복지사는 성원들이 생각하기에 어리석거나 현실적이지 못한 해결책이든 마음에 와닿는 해결책이든 목록에 추가하라고 요청할 수 있다.

그런 다음 집단은 작성한 목록에서 활용 가능한 해결책을 고찰할 필요가 있다. 집단성원의 가치, 행동규범, 태도, 감정, 자원 및 지역사회와 가족의 지지체계를 근거로 가장 그럴 듯하고 효과적일 수 있는 대안을 모색한다. 대안을 고려함에 있어 일부는 금방 실현 가능하지 않거나 더 이상 고려할 가치가 없다고 생각하는 대안일 수 있으며, 일부는 확실하게 결정하기 위해 잠재적으로 고려할 가치가 있다고 여겨지는 대안일 수 있다.

5) 최선의 문제해결 방법 선택

대안적인 해결책을 파악하고 논의하고 나면 집단은 최선의 해결책이 무엇인지를 결정해야 할 필요가 있다. 이러한 결정이 합리적인 사고만을 근거로 하는 것은 아니다. 무의식적인 요인들, 가치, 경험, 외부적 요인 등도 대안 선택에 강한 영향력을 미친다. 때로 집단성원들 스스로 특정 해결책이 적합하다고 인식하게 되어 해결책 선택이 쉽게 이루어질 수도 있다. 반면, 어떤 경우에는 해결책의 선택이 분명하지 않아 시간낭비만 할 수도 있다. 집단은 그들이 파악한 각각의 대안적인 해결책의 장단점을 비교할 필요가 있다. 어떤 해결책을 선택할 것인가에 대해 집단성원들 간에 갈등이 발생할 수도 있다. 집단은 과거에 갈등을 다룬 방법에 따라 합리적으로 모든 사람에게 수용 가능하다고 생각하는 해결책을 개발할 것이다. 만약 집단이 그렇게 하지 못할 경우에는 동의하지 않는 성원을 제거하거나, 일부를 타인의 권한에 복종시키거나, 협상이나 다수결의 방법으로 갈등을 해결할 수 있다.

문제해결 과정의 이 단계에서는 집단이 사전에 고려했던 대안적인 해결책이 가져올 예상 결과를 생각하고 평가할 필요가 있다. 집단이 예상 결과를 미리 파악할 수 있도록 역할극을 활용하는 것이 매우 유용할 수 있다. 역할극에서 보여 주는 시연은 집단이 선택하고자 하는 해결책을 결정하는 데 있어 매우 가치 있는 보조도구가 된다.

6) 문제해결책의 실행

문제해결책이 결정되면 이를 실행한다. 이러한 해결책을 실행하기 위해서는 일련의 행동들을 결정할 필요가 있다. 집단은 결정사항을 실행하는 데 있어 사회복지사와 성원들의 역할을 명확히 하고, 실제로 취할 단계와 그 과정에 관여할 사람을 파악해야 한다.

7) 문제해결책의 실행결과에 대한 평가

문제해결 과정의 마지막 단계는 평가다. 집단은 문제해결책을 실행한 후에 그 해결책이 원하는 결과를 가져왔는지 살펴볼 필요가 있다. 집단은 그 해결책이 원하는 결과를 성공적으로 이루었다는 느낌이 있을 수 있다. 반면, 그 해결책이 문제나 과제를 다루는 데 있어 원했던 결과를 가져오지 않은 것을 발견할 수도 있다. 그 해결책이 효과적이었다면 새로운 행동이 필요 없게 된다. 하지만 그 해결책이 효과적이지 못하였다면 집단은 그 문제를 다시 다룰 필요가 있다. 집단은 이전에 파악하였던 새로운 대안책을 선택할 수도 있다. 또는 문제해결 단계의 이전 단계, 즉 문제나 과제의 파악 및 탐색이 잘못되어 전체 과정을 새로 반복할 수도 있다.

문제해결책의 효과성을 평가하는 데 있어 집단은 성공의 기대치를 현실적으로 설정하는 것이 중요하다. 집단이 '즉각적으로' 혹은 '마술처럼' 긍정적인 결과가 발생하기를 기대하거나 즉각적으로 일관성 있게 되기를 기대한다면 실망이 뒤따를 것이다. 일반적으로 집단이 성공하기 위해서는 시간이 필요하고 집단성원들이 임무를 다해야 한다. 새로운 해결책이 실행됨에 따라 소강상태나 후퇴도 있는 것이 보통이다. 따라서 집단이 결과를 너무 급하게 기대하지 않는 것이 중요하며, 그 해결책을 쉽게 포기할 필요도 없다. 그리고 해결책이 비효과적이었다고 해서 낙심할 필요도 없다. 집단이 염려가 되는 문제를 계속해서 다루려는 의지만이 중요하다.

8) 사회복지사에 의한 문제해결 과정의 시작

사회복지사는 집단이 다루어야 할 필요가 있다고 여겨지는 욕구가 있을 때 이를 집단에게 알림으로써 문제해결 과정을 착수할 수 있다. 사회복지사가 자신이 감지한 문제를 집단이 관찰할 수 있도록 하려는 의지가 이 과정의 주요 관건이다. 사회복지사가 파악한 관찰은 종종 일시적인 것일 수도 있다. 때로 그러한 관찰로 인해 집단은 상당한 논의와 작업을 할 수도 있다. 따라서 사회복지사는 자신이 관찰을 충분히 하지 못했거나 자신의 관찰이 잘못된 것일 수도 있다는 두려움으로 인해 그러한 관찰을 저버리지 않는 것이 중요하다. 사회복지사가 집단과 직접적으로 공유하고자 하는 문제나 과제를 집단으로 꼭 가져와야 하는 이유가 있는 것은 아니지만 그렇다고 해서 사회복지사가 파악한 관찰이 절대적으로 진실된 것이라고 생각할 때만 그러한 관찰을 해야 한다는 것을 의미하지도 않는다.

집단은 사회복지사가 관찰한 것이 잘못된 것이거나 별로 중요치 않다는 이유로 받아들이지 않을 수도 있다. 이러한 일이 발생한다 하여도 사회복지사가 말한 것을 집단이 고려해 보는 것 자체가 가치 있는 것이다. 또한 집단이 사회복지사의 처음 관찰을 받아들이지 않았다 하여도 사회복지사는 자신이 관찰한 것이 아직도 유효하다고 생각될 때는 그 관찰을 계속하는 것이 가능하다. 사회복지사의 관찰이 정확한 것인지의 판단 여부는 궁극적으로 집단에게 달려 있다. 분명한 것은 사회복지사의 관찰을 집단에게 강요할 수 없다는 점이다.

다음에 제시되는 예는 성인발달장애인을 둔 부모들을 위한 집단에서 사회복지사가 문제해결 과정을 착수한 것이다. 이 장애인들은 어렸을 때부터 대규모 주정부 시설에서 보호를 받으면서 매우 부정적인 경험을 하였다. 이들 부모들은 이 문제에 대해 매우 상심한 상태다. 집단성원 모두가 현재 이들 성인장애인의 일차적 보호자다. 집단 초기에 사회복지사는 집단성원들이 자신이 발달장애 아동의 부모가 아니기 때문에 그들의 경험을 이해하지 못하고 이해할 수도 없다고 느끼고 있다는 점을 파악하였다. 두세 차례 집단모임이 있은 후에 사회복지사는 부모들이 자신에 대해 불신감을 갖고 있다는 점을 파악하게 되었고 이 문제를 집단에서 다루기로 결정하였다. 사회복지사인 클라리사는 5회 모임을 시작할 때 그녀의 관찰을 집단과 공유하였다.

사회복지사: 이번이 5회 모임인데요. 저는 제가 느낀 것을 여러분과 함께 나누고자 합니다. 모두가 알듯이 저는 장애아동의 부모가 아닙니다. 그리고 저는 때로 여러분이 제가 여러분에게 도움이 되지 않는다고 생각하는 것 같다고 느끼며, 제가 여러분이 경험한 모든 것을 다 이해할 수는 없다고 느낍니다.

앤: (중간에 차단하며) 클라리사, 그것은 전혀 사실이 아니에요. 우리 모두 당신을 좋아합니다.

글래디: 그 말이 맞아요. 우리 모두 당신이 좋다고 생각합니다.

사회복지사: 글쎄, 그 말을 들으니 기쁘기는 하지만, 저는 여러분이 저를 좋아하는 것에 대해 말하는 것이 아닙니다. 제가 (여러분을) 이해할 수 없을 것이라는 여러분의 느낌에 대해 나는 말하고 있습니다. 때로 내가 뭔가를 언급하면 여러분끼리 뭔가 의아한 표정으로 서로 바라보거든요. 어떤 때는 여러분이 의자에서 자리를 옮기는 것을 보면서 내가 여러분에게 무감각하거나 너무 지나치게 하는 것은 아닌가 생각됩니다.

데니스: 아니에요, 클라리사. 염려하지 말아요. 우리 모두 당신을 좋아하고 당신이 아주 잘하고 있다고 생각합니다.

이 시점에서 사회복지사는 더 이상 이 문제를 거론하지 않기로 결정하였다. 사회복지사는 자신의 언급으로 집단이 이 문제에 대해 생각해 볼 수 있는 문을 열어 놓았다고 판단하였으며, 이러한 문제를 조망할 자신의 의지와 수용성을 입증하였다고 생각하였다. 사회복지사는 한편으로 이러한 문제가 지속된다고 인식되면 언제든지 이를 다시 집단에 제안할 수 있을 것이라 생각하였다.

3주 후에도 이러한 문제가 계속되고 있다는 느낌이 들자 사회복지사는 이 문제를 다시 집단에서 언급하기로 결정하였다. 이번에는 자신이 집단의 이러한 문제에 대해 어떻게 그렇게 생각하게 되었는지 보다 구체적인 방법을 통해 문제를 제기하기로 하였다.

사회복지사: 몇 주 전에 저는 여러분에게 제가 도움이 되지 못하는 것 같다는 느낌을 말한 적이 있었습니다. 그 이유는 제가 장애아동의 부모가 아니라서라기보다는 제가 당신들의 경험을 이해하지 못할 수도 있다는 것이었습니다. 여러분은 제가 잘하고 있고 염려할 필요가 없다고 확신시켜 주었습니다. 하지만 오늘 저는 이 문제를 여러분과 다시 한 번 얘기하고자 합니다. 그 이유는 제가 여러분의 경험을 이해하는 데 있어 제 능력에 대해 여러분이 의구심을 갖고 있다는 느낌 때문입니다. 제 말이 어떤 의미인지 알려 드리기 위해 구체적인 예를 제시해 보고자 합니다.

지난 주에 레니가 한 말을 기억합니까? 레니는 자신의 딸에게 최상의 교육을 제공해 주기 위해 얼마나 많은 편견과 싸워야 했는지 그리고 딸의 다운증후군이 자신을 얼마나 강하게 만들었는지에 대해 이야기했습니다. 저는 그가 자신을 자랑스럽게 생각해야 한다고 말했습니다. 제가 그 말을 했을 때, (레니를 쳐다보면서) 레니는 눈동자를 뒤로 굴리면서 작은 목소리로 "네, 자랑스러워요." 라고 말했지요. 그때 저는 레니 당신이 저를 웃기려고 하면서 제가 그것을 거의 알지 못할 것이라는 느낌을 보였습니다.

레니: 클라리사, 아마 그것이 사실일 수도 있어요. 우리가 얼마나 싸움에 지쳐 있는지 당신은 모를 수도 있습니다. 난 이제 나이가 들어 모든 것을 내려놓고 싶습니다. 더 이상 싸울 기운도 없습니다.

레이: 나는 존을 쳐다보거나 그에 대해 바보스러운 말을 하는 사람이라면 누구하고든 싸웠어요. 그들이 무지하기 때문에 하는 말이라는 것을 알지만, 그래도 그 말이 상처가 되었지요. 나는 '정상적인' 아동을 가진 부모 그리고 전문가라 하는 사람들도 우리가 경험한 것을 절대 이해하지 못할 것이라고 생각해요.

데니스: 아마도 우리만이 우리가 느끼는 감정을 이해할 수 있을 겁니다. 때로 나는 (눈에 띄게 화가 나 있었다)…… 우리가 혼자라고 생각해요.

레니: 맞아요. 우리는 혼자예요. 다른 부모들이나 일부 전문가들은 우리에 대해 안됐다는 생각을 가질 수 있어요. 하지만 그들은 우리가 일상생활에서 매일 겪는 경험을 결코 이해할 수 없어요.

데니스: 아무도 우리 상황을 이해하지 못해요. 내 생각에 소위 전문가라 하는 사람들도 많은 것의 극히 일부만을 이해하지요. 우리 스스로 아이를 위해 뭐가 옳고 그른지 판단하게 되지요. 사회복지사나 심리학자 모두 완전히 오리무중입니다!

사회복지사: 그렇게 혼자라는 것이 매우 고통스럽겠군요.

데니스: 무척이나 고통스럽지요. 지난 주에 나는 심리보고서를 최신의 것으로 변경시키기 위해 로빈을 데리고 진료소에 갔어요. 여러분이 알듯이 로빈은 지금 매우 잘 기능하고 있고 말도 잘해요, 그렇죠? 그런데 이 바보 같은 심리학자가 나에게만 말을 하고는 로빈을 두려운 듯이 쳐다보는 거예요. 그는 나에게만 모든 질문을 해서 내 딸 로빈의 기분을 망쳐놨어요.

앤: 때로 하루의 마지막에 여러분은 너무나 당황하여서 모든 것을 포기하고 싶을 때도 있지요. 전문가에 대한 당혹감도 지속적인 문제인데, 특히 전문가 자신들이 모든 질문에 대한 답을 갖고 있다고 생각하는 거예요. 아이들을 대상으로 일을 하는 것과 일차적인 보호자가 되는 것은 전혀 다른 것이지요.

레니: 때로 부모로서 바보 같다는 생각이 드는데, 뭔가 한 가지를 잘못하면 곧바로 엄청난 죄책감을 느끼지요. 이것이 나를 화나게 만드는 거예요. 우리는 이길 수 없답니다. (주먹으로 탁자를 내리쳤다.)

데니스: 하지만 가끔가다 진정으로 돌보는 전문가를 만나기도 하지요. 그것이 우리를 있게 만듭니다.

이 사례가 보여 주듯이, 이 집단의 성원들에게는 전문가에 대한 불신과 부정적인 태도가 문제였다. 사회복지사가 처음에 이 문제를 집단에서 거론하였을 때 성원들은 문제가 있음을 부인하였지만, 이를 두 번째 거론하였을 때 성원들의 반응은 매우 강하였다. 분명한 것은 이것이 집단성원들이 느꼈던 과제라는 점과 그들에게 중요한 것이었다는 점이다. 사회복지사가 이 문제를 제안하고 집단성원들의 경험을 개방적이면서 비방어적인 방법으로 경청함으로써, 사회복지사는 집단성원들이 금기처럼 여겼던 주제를 예의 바르게 이야기할 수 있는 기회를 허락한 것이다. 그녀는 집단에서 이러한 중요한 과제를 이야기할 수 있다는 점을 알게 해 준 것이다.

그 후 여러 주 동안에 집단은 문제해결 과정에 착수하였다. 특히, 탐색단계에서 집단성원들은 전문직에 있는 사람들에게서 느꼈던 부정적인 경험을 사회복지사뿐만 아니라 다른 사람들에게 이야기할 수 있는 기회를 가짐으로써 그리고 다른 사람들이 자신들을 이해했다는 느낌을 갖게 되면서 더욱 신뢰할 수 있게 되었다. 이는 결국 이들에게 집단에서 보다 솔직하게 대화를 나눌 수 있는 의지를 갖게 한 것이다. 궁극적으로 집단이 채택한 해결책은 간단한 것이었다. 즉, 사회복지사가 이해하지 못하면 집단이 이를 직접 알 수 있도록 한다는 점이다.

9) 집단성원에 의한 문제해결 과정의 시작

집단에서 일어나는 일에 대해 불편해하거나 만족하지 않는 집단성원이 문제해결 과정을 시작할 수도 있다. 한 성원이 자신의 의견을 피력하면 집단의 다른 성원들은 그 사람의 말을 무시할 수도 있다. 특히, 그 성원의 의견이 모호하거나 충분히 형성되지 않은 채 그 의견이 처음 표현되었을 때 다른 성원들은 그 의견의 가치를 신속하게 떨어뜨리려 한다. 또한 일부 성원들은 자신이 비난받을 것이라는 느낌으로 인해 혹은 자신이 특별한 위치에 놓이게 될 것이라는 생각 때문에 자신이 파악한 과제의 논의를 회피하려고 시도할 것이다.

한 성원이 자신의 의견을 표현하면 사회복지사는 두 가지 방법으로 개입할 수 있다. 첫째, 사회복지사는 집단에게 그 사람의 의견에 대해 관심을 갖고 무시하지 않도록 요구할 필요가 있다. 둘째, 사회복지사는 그 성원을 격려하여 자신의 생각을 명확하게 표현할 수 있도록 돕는다. 따라서 사회복지사의 역할은 집단이 문제파악을 위한 첫 단계에 들어갈 수 있도록 함으로써, 집단이 문제해결 과정을 회피하기보다는 이에 진입할 수 있도록 돕는 것이다.

10) 탐색과 해결

문제해결 과정을 효과적으로 활용하기 위해 중요한 것은 문제나 과제를 철저하게 탐색하는 것이다. 대부분의 경우 집단의 문제탐색은 빈약하고 불충분한 경우가 많다. 사회복지사와 성원들 모두 빨리 해결책을 찾으려 하는데, 이는 문제를 적절하게 규정하거나 충분히 탐색해 보지도 않은 채 문제에 대한 해결책을 내놓은 것이다. 중요한 점은 집단성원들 모두가 인식한 최선의 행동을 성취하기 위한 수단("어떻게 하면 훌륭한 결정을 할 수 있을까?" "정말 어떤 일이 벌어지고 있는 것인가?" "이러한 어려움에 기여하고 있는 것은 무엇인가?")보다는 행동("우리가 무엇을 해야 할까?")에 있다.

일부 사회복지사들은 문제를 탐색함에 따라 양가감정이나 차이점 그리고 불확실한 느낌으로 인해 불편해할 수도 있다. 따라서 그 문제를 보다 확실하게 하기 위해, 불안을 줄이거나 갈등을 회피하기 위해, 한 문제에 집중하기 위해 또는 성취감을 얻기 위해 사회복지사는 집단에 의한 탐색을 회피하거나 짧게 하려고 할 수 있다. 과제를 탐색하는 것은 집단성원들이 그 과제에 관여해 있으면서, 즉 그 과제가 어떤 것이고 발생한 원인이 무엇이며 그 과제가 생성되는 데 기여한 것은 무엇인지를 파악하면서 성급하게 해결책을 찾으려는 경향을 지양하는 것이다. 미숙하게 해결책을 찾게 되면 항상 비효과적이게 마련이다. 이는 그러한 해결책이 과제를 이해하지 못한 상태에서 나온 것이며, 표면 밑에 깔려 있는 원인을 다루지 못한 것이기 때문이다. 효과적인 해결책은 집단성원들이 문제를 철저하게 탐색함으로써 얻어지는 이해를 바탕으로 발전되어 나온 것이어야 한다.

다음의 예는 노인센터에서 제공되는 현재 사건에 대한 토의집단의 경험을 예로 제시한 것으로 철저한 탐색과 효과적인 해결책의 연계성을 잘 보여 주고 있다. 이 집단에서 성원들은 서로에 대해 경청하지 않으며, 다른 사람의 이야기를 방해하고 끼리끼리 말한다. 결과적으로 모임 장소에서의 소음이 매우 컸다. 어떤 사람은 자신의 이야기를 들으라고 소리를 치는 반면, 어떤 사람은 포기한 상태에서 자신의 생각을 전혀 표현하지 않았다. 모임이 끝나 성원들이 모임 장소에서 나갈 때는 모두 당혹해하면서 짜증난 듯했다. 사회복지사는 이 문제를 집단으로 가져와 해결하기로 결정하였다.

> 나는 성원들 모두가 앉기를 기다렸다가 현재 사건에 대한 논의를 시작하기 전에 집단에게 다음과 같이 말했다. “여러분과 논의할 과제가 하나 있습니다. 저는 우리 집단의 모든 사람들이 한꺼번에 말한다는 사실을 알았습니다. 때로 여러분은 서로를 방해하고, 다른 사람의 말을 정말 듣고 있지 않다고 생각합니다.” 내가 마치기도 전에 조셉이 내 말을 가로채면서, “당신 말이 맞아요. 여기 있는 집단성원들은 매우 무례해요.”라고 말했다. 루이스가 그의 말에 동의했다. 소피아는 고개를 저으면서, “여기 있는 사람들은 매우 무례해요. 그리고 나는 우리가 이에 대해 무슨 조치를 취해야 한다고 생각해요.”라고 말했다. 나는 소피아에게 그녀가 갖고 있는 생각을 말해 보라고 하였다. 그녀는 “글쎄요. 다른 사람의 말을 방해하는 사람에게 이 방에서 나가 줄 것을 요청하는 것은 어떨까요?”라고 말했다. 그러자 샘이 “그것은 너무 가혹해요. 우리가 마치 학교에 다니는 어린이 같잖아요.”라고 말했다. 루이스는 “나는 다른 사람을 처벌할 필요는 없다고 생각해요.”라고 말했다. 그러면서 “우리도 잘할 수 있어요. 우리는 방해하지 않을 거예요.”라고 부언했다. “맞아요, 우리는 잘할 거예요.”라고 르노아가 받아 말했다. 나는 “그래요. 여러분 모두가 그 점을 기억했으면 좋겠네요.”라고 말했다. 집단성원들 모두 그렇게 하겠다고 나를 안심시켰다.
>
> 그런 다음 현재 사건에 대한 논의가 잘 진행되었다. 성원들은 보다 예의 바르고 서로를 방해하지 않는 것처럼 여겨졌다. 하지만 모임이 계속되자 집단성원들은 이전의 양상으로 되돌아가는 듯 보여, 끼리끼리 말하고 경청하지 않으며 서로를 방해하였다. 내가 서로 방해하지 않기로 한 약속을 상기시키려 노력하였지만 나 자신도 큰 목소리로 소리를 질러야 했다. 때로 성원들은 내 말을 듣기도 하였으며, 집단성원 가운데 한 사람은 “자, 여러분. 우리 잘하기로 했잖아요.”라고 소리를 질렀다. 그런 다음 몇 초 동안은 조용히 하였다가, 특정 과제에 대한 논의가 가열되자 집단은 곧바로 소란스러워지기 시작했고, 성원들은 서로를 방해하며 끼리끼리 말하기 시작하였다.

사회복지사는 그날의 모임을 마치면서 매우 당혹감을 느꼈다고 보고하였다. 슈퍼바이저의 도움을 통해 사회복지사는 집단에게 대화를 방해하는 행동에 기여하는 원인을 탐색해 보도록 요청하지 않은 채 집단이 무엇을 해야 할 것인지를 제시한 소피아의 말을 해결책으로 받아들이도록 했다는 사실을 깨닫게 되었다. 그녀는 다음 모임에서 이 문제를 집단에 제기함으로써 이를 해결하려고 하였다. 이번에는 이 문제에 대한 탐색에 한정하기로 하였다.

> 나는 집단모임을 시작하면서 이 문제를 다시 제기하였다. "지난 주에 제가 여러분이 동시에 한꺼번에 얘기함으로써 서로를 방해하고 다른 사람의 말을 경청하지 않는다는 저의 생각을 제시한 것을 기억하지요." 조셉이 눈알을 굴리면서 "그래요. 우리 모두 기억해요."라고 말하였고 모두가 고개를 끄덕였다. 집단은 분명하게 내가 무엇에 대해 말하고 있는지를 알고 있었다. "그런데 지난 주에 모두 다 '잘 할 것' 이며 방해하지 않겠다고 말했지요."라고 내가 말했다. "하지만 우리의 과제가 뜨겁게 논쟁될 때, 여러분은 또다시 끼리끼리 말하였지요."라고 말하고 나서 나는 잠시 멈추었다. 소피아는 "우리가 많이 그러지요."라고 답했다. 루는 "우리가 마치 우리 자신을 통제할 수 없는 것 같아요."라고 말하였다. "우리가 이에 대해서 어떻게 할 것인지 논의하기 전에, 나는 이 문제에 대해 생각해 보고, 루가 말한 것처럼 우리가 우리 자신을 통제하지 못하는 이유를 생각해 보며, 다른 사람의 말을 중간에 끊지 않으면서 경청하는 것이 힘든 이유를 살펴보는 것이 도움이 될 것 같아요. 여러분은 왜 이런 일이 발생한다고 생각하나요?" 내 목소리의 톤과 몸의 자세를 통해, 나는 그들에게 '소리지르지' 않고 '나쁜' 것에 대해 '비난' 하지 않는 자세를 보여 줌으로써 그들이 솔직하고 비방어적인 반응을 보일 수 있도록 하였다.

과제에 대해 탐색을 할 때 집단성원들은 상당히 반영적이었다. 이들 가운데 일부는 점차 나이가 들면서 자신들의 의견은 더 많이 피력하면서 자신과 관점이 다른 사람들의 의견에 대해서는 덜 개방적이게 된 것에 대해 이야기하였다. 일부 성원들은 혼자 살면서 타인과 말 한마디 없이 하루를 보내는 경우가 종종 있다고 말하였다. 그들은 자신들이 비록 타인의 이야기를 방해한다 할지라도 집단에서 다른 사람들이 자신의 이야기를 들어 주기를 원한다고 하였다. 또한 일부 성원들은 자기주장적이기 원치 않으며, 다른 모든 사람들이 크게 말할 때 자신들은 자신들의 생각을 표현하고 싶어도 그러한 생각을 타인들이 듣기를 원치 않기 때문에 표현하지 않는다고 하였다.

이 과제에 대해 상당히 길게 그리고 충분하게 탐색한 다음에 집단이 이 문제에 대해서 내린 해결책이란 이전에 수용하였던 것과 크게 다르지 않았다. 즉, 집단성원들은 서로의 이야기를 경청하고 방해하지 않기로 하였다. 하지만 지난번과는 달리 이 시점에서 집단성원들은 이를 잘 지킬 수 있게 되었다. 자신들의 행동에 대한 원인을 이해하고 나서야 집단성원들은 타인의 욕구에 보다 민감하게 반응하였고, 궁극적으로는 자신들이 보다 잘 반응하는 능력에 대해 민감해졌다. 집단성원들이 이전의 행동으로 되돌아가면, 사회복지사는 편안하게도 행동에 대해 주의를 줄 수 있었다.

문제해결 과정에서 집단이 과제를 탐색해 보도록 하지만 적절한 해결책을 사회복지사가 제시하지 않을 때, 문제에 대해 간략하게 탐색해 보고 조급하게 해결책을 모색하는 것에 대한 반대현상이 발생할 수 있다. 문제해결 과정의 활용에 있어 이러한 실수는 조급하게 해결책을 모색하는 것보다 덜 발생하지만 이 역시 문제해결 과정을 비효과적으로 활용하는 것이다.

문제탐색에는 집중하면서 문제해결책을 게을리하는 사회복지사는 아마도 집단성원들이 문제를 찾아 이해하면 그들 스스로 무엇을 해야 할지, 어떻게 문제를 해결해야 할지를 자동적으로 알 것이라고 믿기 때문이다. 하지만 이러한 가정은 잘못된 것이다. 사회복지사는 적절한 해결책을 고려한 후, 최상의 것이라 생각되는 해결책을 선택하고 실행하며 평가할 수 있도록 도울 필요가 있다. 이러한 단계는 중요한 것이다. 피상적으로 문제를 탐색하면 비효과적인 것처럼, 형식적으로 해결책을 고려하거나 해결책이 부재한 것 또한 비효과적이다.

집단의 전생애에 걸쳐 그리고 집단의 각 발달단계에서 사회복지사는 집단에서 발생하는 다양한 과제나 문제를 다루기 위하여 문제해결 과정을 반복해서 활용한다. 집단이 문제해결 과정을 활용하면서 얻는 이득으로 인해 문제해결 과정에 신중하면서도 적극적으로 참여하는 집단은 능력이 점차 향상된다. 사실 집단에서 문제해결 과정을 활용하는 것은 집단성원들이 집단 외의 일상생활에서 더 나은 이해와 반영을 갖고 이를 활용할 수 있는 능력을 향상시키는 것이다.

순서에 따라 일련의 직선적인 단계를 거치는 대부분의 과정처럼, 문제해결 과정의 실제적인 활용도 이들 단계의 전후를 오고가는 것을 포함하고 있다. 그러나 헬렌 펄만

(Helen Perlman)이 강조한 것처럼 이 과정은 직선적으로 전진하는 것이 아니라 일종의 나선형으로 전진한다.[4] 집단은 문제해결 과정의 여러 단계에서 동시에 작업을 수행할 수도 있다.[5] 예를 들어, 문제확인이 완전히 결론지어질 때까지 문제탐색을 기다려야 하는 것은 아니다. 실제로 문제탐색은 그 문제를 완전하게 파악할 수 있도록 한다.

2. 집단 내에서 개인 문제 다루기

개인이 자신의 개인적인 문제나 과제를 집단에 가져와서 집단의 도움을 얻기 위해 노력할 때 문제해결 과정은 집단의 과업에 중요한 것이 된다. 집단성원의 문제를 다루는 데 있어 이것이 기술적으로 잘 적용되면, 문제해결 과정은 집단성원 모두에게 자신들의 상황이나 관심사 그리고 경험을 점검해 볼 수 있는 기회를 제공하며 한 성원을 도우려는 노력으로 모든 성원들이 이득을 얻게 된다. 이런 일이 발생할 때 집단성원 간의 상호원조가 활성화되는 것이다.

상호원조는 집단사회복지실천에서 필수적인 것이자 핵심적인 것이다.[6] 도미니크 스타인버그(Dominique Steinberg)는 상호원조에 대해 훌륭한 정의를 내렸다. 그는 "상호원조는 간단하게 말해 사람들이 함께 일을 생각해 가면서 서로 돕는 것을 의미한다."라고 하였다.[7] 상호원조는 집단성원들이 자신들의 경험, 지식, 생각을 바탕으로 서로 도울 때 발생한다. 하지만 상호원조는 단순히 조언해 주는 것과는 매우 다르다. 이것은 '개인들을 대상으로 한 집합적 치료' 와는 다른 것이다. 마가렛 하트포드는 집합적 치료를 사회복지사가 집단성원 한 사람에게 반응한 후 다음 사람에게 순서대로 반응하는 것으로 정의하였으며, 이것은 집단의 잠재력을 충분히 활용하지 않기 때문에 집단을 대상으로 일을 하는 것이 아니라고 하였다.[8] 또한 이것은 루스 미들맨(Ruth Middleman)이 말하는 '집단 개별사회사업(group casework)' 과는 다른 것이다. 집단 개별사회사업은 사회복지사가 다른 성원들이 지켜보는 가운데 한 성원을 대상으로 해서 집중적으로 논의하는 것을 반복하는 것으로, '매우 중요한 자리에 앉은 양상' 과 같다.[9] 또한 사회복지사가 아닌 다른 성원들이 문제를 갖고 있는 한 성원을 중요한 자리에 앉게 한다 하여도 이 집단에서 일어나고 있는 일은 집단사회복지실천이라기보다는 집단 내에서 개별사회복지를 하고 있는 것이다.

한 성원이 제시한 개인적인 문제를 다루기 위해 문제해결 과정을 활용할 때 상호원조를 특징짓는 것은 그 문제를 모든 성원들의 경험과 상황에 적용하는 것이다. 따라서 성원들이 그 성원에게 묻는 질문이나 그에게 궁극적으로 제시하는 제안이나 조언은 집단 성원들이 그 문제를 자신들의 삶과 연관된 것처럼 여겨 이를 적극적으로 검토한 결과에서 나온 것이다. 이러한 생각은 도움 제공자와 수혜자 모두에게 이익이 되는 것이며 상호원조를 구성하는 상호성(reciprocity)의 핵심인 것이다.

집합적 치료와 중요한 자리에 앉아 있는 접근법이 소집단의 잠재성을 충분히 활용하지 못한다는 것을 쉽게 파악할 수 있을 것이다. 또한 집단성원들에게 한 사람씩 자신들의 문제를 차례대로 이야기할 수 있도록 시간을 할당하는 것은 집단사회복지실천이라기보다 집단 내에서 개별적인 작업을 하는 것이 분명하다. 하지만 이런 집단에서 때로는 성원들의 참여가 적극적인 것처럼 여겨져 실제로 집단사회복지실천이 일어나고 있지는 않지만 그렇게 보일 수가 있다.

한 성원이 문제를 제기하고 다른 성원들이 그 사람에게 조급하게 조언을 하면 집단사회복지실천이라기보다는 개별사회복지실천이 일어나고 있는 것이다. 또한 다른 성원들이 제공한 조언, 특히 제기된 문제를 적절하게 탐색해 보지도 않고 다른 성원들이 그 문제를 자신이나 자신의 상황에 적용시켜 보지 않은 채 제공된 조언은 피상적인 것이다. 성원들이 도움을 제공할 목적으로 그러한 조언을 제시하였다 해도 그 조언은 제공자나 수혜자 모두에게 이득이 되지 못한다. 깊은 생각 없이 제시된 제안은 피상적인 것이며 진정으로 제공자를 포함시키지 않는다. 나아가 조급하게 해결책을 찾는 것과 '즉각적인' 조언은 수혜자로 하여금 다른 성원들이 자신을 진정으로 이해하고 있지 못한다고 느끼게 만든다.

다음은 집단 내에서 개별적인 작업이 일어나는 예를 제시한 것으로, 낮치료 프로그램 가운데 취업전 직업훈련기술 집단(prevocational skills group)에서 발췌한 것이다.[10] 집단 성원 모두가 정신질환으로 입원한 경력이 있는 청년들이며 학교나 직장으로 되돌아가는 것을 고려 중에 있다.

사라는 집단에게 자신이 직장에 되돌아가는 것에 대해 매우 긴장하고 있다고 말했다.

그녀는 체중이 늘었고 옷이 맞지 않으며 경제 상황이 나쁘기 때문에 직장을 잡을 수 없을 것 같고, 자신의 이력서에 (시간적인) 차이가 있는 것에 대해 뭐라고 말해야 할지 모르겠다고 하였다. 그녀는 "내가 병원에 2년 동안 입원해 정신과 치료를 받았으며 그동안에 한 일이 아무것도 없는 것에 대해 뭐라고 말해야 할지 모르겠어요."라고 말했다. 한편, 그녀는 돈을 벌고 싶으며 집에 있으면 아무 가치가 없는 사람이라고 느껴지고, 특히 여동생이 직장을 가지라고 압력을 넣을 때는 더욱 그러하다고 했다.

집단성원들이 즉각적으로 여러 가지의 제안을 해 왔다. 도리스는 "아마도 직장에 돌아갈 준비가 안 된 것 같군요. 특히, 직장에 돌아가는 것에 대해 긴장되어 있으니 말이에요."라고 말했다. 로버트는 사라에게 식이요법(diet)을 하라고 조언하였다. 존은 동생의 말에 신경쓰지 말라고 하였다. 크리스는 "사라, 그냥 이를 갈면서 취업면접에 다녀보세요. 해 보면 쉬워진다는 것을 알 수 있어요."라고 말했다. 프랭크는 이력서를 거짓으로 작성하라고 하면서, "동생 사무실에서 일했다고 하세요."라고 했다.

사라는 이러한 제안들을 거절했다. 그녀는 "입사원서에 거짓말을 할 수는 없어요, 난 그 짓을 할 수 없어요."라고 말했다. "면접에도 가봤지만 직장을 구할 수 없었어요. 더 이상 어찌할 수 없어요. 몇 주 동안 아플 것 같아요." 그런 다음 그녀는 결국 초조한 목소리로 "이에 대해 더 이상 말하고 싶지 않아요. 다른 것에 대해 얘기해요."라고 말했다. 집단은 다른 과제에 대해 얘기를 시작하였다.

이 예에서 볼 수 있듯이, 사라가 제기한 과제들—즉, 직장에 대한 준비, 여동생의 압박, 불안 및 부적합한 느낌, 실패에 대한 두려움, 입원에 대한 설명방법 등—은 집단의 다른 성원들과도 관련이 있으면서 직접적으로 적용 가능한 것들이다. 즉, 이들 과제들은 많은 성원들이 이미 경험해 왔던 것들이다. 하지만 관심의 초점은 모두 사라에게만 집중되어 있다. 집단은 매우 활동적인 것처럼 여겨진다. 그리고 사실 6명의 집단성원들은 사라에게 분명히 조언을 제공하였다. 하지만 그들이 제시한 해결책은 깊은 생각에서 나온 것이 아니다. 그들의 조언은 사라가 제기한 문제로 인해 감동을 받지 않은 상태에서 나온 것이며, 사라의 생각과 감정에 대해 실질적으로 고려해 보지 않고 자신들의 관련 생각이나 감정, 경험 등을 점검해 보지 않은 상태에서 나온 것이다. 이 예에서 집단은 적극적으로 관여한 것처럼 보이지만, 실제로 일어나고 있는 일은 상호원조나 집단과정의 과업을 예로 보여 주고 있지 못하다. 오히려 이것은 집단 내에서 개별사회사업을 하고 있는 것이다.

집단사회복지실천이 되기 위해서는 이 집단의 성원들이 사라가 제기한 과제를 자신 및 자신들의 경험과 상황에 적용해야 할 필요가 있다. 이는 곧 그들이 그들의 경험을 검토하고 생각해 보는 것을 필요로 한다. 이러한 것을 다른 사람들에게 적용해 보기 위해서는 집단성원들이 자신에 대해 더 많은 이해와 숙련을 필요로 한다. 이 예에서 그들이 비슷한 의구심이나 질문 혹은 관심을 가져본 적이 있는가? 그들이 비슷한 압박감을 경험한 적이 있는가? 그들이 사라가 기술한 것과 비슷한 방법으로 느껴본 적이 있는가? 집단성원들이 그에 대해 서로 이야기해 보고 사라에게 이야기해 보면서 자신들과 관련된 경험, 생각, 느낌을 이야기할 필요가 있다. 궁극적으로 집단은 사라에게 조언을 제공해 주기를 원치 않았다. 하지만 그들이 자신들의 개인적인 상황에 근거해서 제시한 조언이라면, 그 조언은 집단성원들과 사라 모두에게 중요한 의미를 제공하고 영향을 미칠 수 있을 것이다.

1) 문제해결 과정을 개인 문제에 적용하기

한 성원이 문제를 집단에 가져오면 문제해결 과정을 활용할 수 있다. 한 성원이 제기한 개인적인 문제에 문제해결 과정을 적용하는 것은 집단의 과제나 문제에 대해 문제해결 과정을 활용하는 것과 매우 비슷하다. 하지만 이 경우 문제탐색이 두 단계로 나누어지기 때문에 문제해결 과정은 8단계로 구성된다. 문제탐색은 우선 개별성원이 제시한 과제를 탐색한다. 그런 다음 개별성원이 제시한 것과 관련이 있는 다른 성원의 경험을 탐색하는 것이다. 전반적으로 개별성원의 문제에 문제해결 과정을 적용할 때 그 진행방법은 다음과 같다.

① 한 성원이 문제나 과제 혹은 염려가 되는 상황을 제기한다.
② 개별성원과 집단이 그 문제를 파악한다.
③ 개인의 문제를 탐색한다. 탐색을 하는 동안 그 성원으로부터 상황에 대한 추가적인 정보를 수집할 수 있다. 집단성원들은 그 사람이 말하는 것을 진실한 마음으로 들을 필요가 있다. 집단성원들은 그 성원의 문제와 느낌에 대해 질문을 할 수 있다. 집단성원들이 질문하고 경청함에 따라 이들은 문제를 제기한 사람의 눈을 통

해 문제를 이해하게 된다. 곧 집단성원들이 그 성원과 공감하는 것이다.

④ 개인의 문제와 관련된 다른 성원들의 경험을 탐색한다. 집단성원들은 한 개인이 제기한 문제와 관련이 있으면서 자신들이 경험하거나 대면했던 상황과 갈등을 이야기한다.

⑤ 개인의 문제에 대해 적절한 해결책을 모색한다. 이 해결책은 집단에서 이야기되었던 다른 성원들의 경험을 근거로 한 것이다.

⑥ 다른 성원들과 사회복지사의 도움으로 그 성원은 자신이 시도해 보고자 하는 행동을 결정한다. 집단은 그 개인이 해결책을 실제로 실행할 수 있도록 돕는다.

⑦ 개별성원이 해결책을 실행한다.

⑧ 추후모임에서 집단은 해결책을 수행했을 때 나타난 결과를 평가하기 위해 지속적으로 연락한다.

문제해결 과정의 탐색단계, 즉 3단계와 4단계에서는 두 가지 측면이 특히 중요하다. 3단계에서 한 성원이 제시한 문제를 탐색하는 것에 초점이 맞추어져 있을 때, 개인의 문제를 논의하는 데 있어 너무 적은 시간을 소비하거나 지나치게 많은 시간을 소비하는 것에 대한 분명한 선이 그어져야 한다. 너무 적은 시간 동안 탐색을 하면 다른 성원들이 개인의 상황이나 감정을 충분히 이해하지 못하게 된다. 그 결과 집단성원들은 개별성원 및 그의 상황에 대한 공감과 열정이 없을 수 있다. 반면에 너무 많은 시간을 문제탐색에 소비하게 되면 그 성원은 집단성원들에 의해 동정적이지 못한 방법으로 자신이 '중요한 자리에 앉은' 느낌과 '끓어오르는' 느낌을 가질 수 있다. 다른 성원들에 의해 공격받는 것과 같은 느낌은 그 사람으로 하여금 앞으로 나아가게 하기보다는 자신의 생각이나 감정을 제대로 표현하지 못하게 하고 의사소통을 방해한다.

집단성원들이 진정으로 개별성원의 문제와 경험 및 감정을 이해하고 공감할 때, 탐색의 4단계에서 다른 성원들이 자신들의 관련 경험과 갈등을 이야기할 수 있다. 따라서 문제해결 과정의 3단계와 4단계에서 적절한 시기를 파악하는 핵심적인 방법은 공감의 질을 파악하는 것이다. 사회복지사는 집단성원들이 충분히 이해하고 공감한다는 느낌이 들 때까지 그 개인에게 초점을 맞출 수 있도록 도울 필요가 있다. 성원들은 그러한 이해와 공감을 언어적·비언어적 방법으로 그 개인에게 전달할 수 있다. 중요한 것은 집단성원들 사이에 공감이 형성될 때까지 집단이 계속해서 개별성원의 문제를 탐색하는 것이다.

집단성원들이 일단 개별성원을 이해하고 공감할 수 있게 되면 다른 성원들도 자신의 관련 경험을 자연스럽게 이야기할 수 있게 된다. 따라서 집단성원들은 문제해결 과정의 4단계를 시작하게 된다. 집단성원들은 자신들의 관련 경험이나 감정을 다음과 같은 문장으로 이야기하기 시작한다. "그 이야기를 들으니 내가 ~하던 때가 생각이 나네요." "나도 그런 비슷한 경험을 한 적이 있는데, 그 때가~" 혹은 "나도 ~할 때 비슷한 느낌이 든 적이 있었어요."라고 말한다. 집단성원들이 이해하고 공감하는 것을 지각하게 되면 사회복지사는 개별성원이 말한 경험과 유사한 집단성원들의 경험과 감정에 대해 이야기하도록 권장할 필요가 있다.

집단성원들은 자신의 삶 속에서 겪은 사건과 감정을 이야기함에 따라 이전의 경험과 해결방법에 대해 숙고해 보게 된다. 자신들에게 효과적이었던 해결책에 대해 이야기함으로써 집단성원들은 자신들이 알고 있는 것과 배운 것을 통합하게 된다. 궁극적으로 여기서 집단의 목표는 개별성원에게 도움이 될 수 있는 해결책을 모색하는 것인데 이것이 문제해결 과정의 5단계에 해당한다. 다른 성원들이 자신들의 실제 경험에서 나온 사려 깊은 조언과 해결책을 제공할 때, 집단에 있는 모든 성원들은 한 성원이 제기한 문제로부터 이득을 얻게 되는 것이다. 이로써 소집단에 독특하게 나타나는 상호원조의 잠재성이 현실화되는 것이다.

여기서 염두에 두어야 할 점은 다른 성원들이 한 성원에게 도움을 제공할 수 있기 위해서는 그 성원이 경험한 것과 똑같은 경험을 다른 성원들이 할 필요는 없다는 점이다. 예를 들어, 한 어머니가 십대 청소년 딸과 경험하는 문제를 집단에 가져온다고 하자. 다른 성원들은 비록 십대 자녀의 부모가 아닐지라도 그 어머니가 기술하는 것과 유사한 느낌을 가질 때 이를 기억하고 숙고해 볼 수 있다. 이러한 감정에는 초조함, 당혹감, 짜증 등이 있을 수 있다. 부모가 아닌 다른 성원들도 자신들이 십대였을 때 부모들과 겪었던 경험 혹은 부모와 같은 비슷한 지위, 즉 교사, 상담자, 슈퍼바이저 등과 같은 지위에 처했을 때 겪었던 경험을 고려해 볼 수 있다.

여기서 중요한 점은 집단성원들이 한 성원의 문제를 자신들에게 적용하는 것이다. 그 성원의 문제가 처음에는 자신들과 상관없어 보일지라도 인간의 감정과 경험이 갖는 공통점은 매우 강한 것이고 이를 도출해 낼 수 있는 것이다.

2) 집단 내에서 개인의 문제해결: 사례

집단 내에서 개인의 문제에 대한 문제해결 과정이 효과적일 것인가 비효과적일 것인가의 차이는 다음의 예에 잘 기술되어 있다. 이 사례는 정신질환을 앓고 있는 성인들을 위한 낮 프로그램의 집단에서 발췌한 것이다. 집단의 목적은 집단성원들이 일상생활에서 겪는 문제에 대처할 수 있는 능력을 향상시키는 것이다. 집단은 주 2회씩 6주 동안 모임을 가져왔는데, 여기서 짐이 자신의 문제를 제기하였다.

편집증적 정신분열증의 진단을 받은 짐은 29세로서 외롭고 쓸쓸한 사람이다. 그는 이전에 노숙자였던 사람들을 위한 아파트에서 혼자 기거하고 있다. 짐은 그 아파트와 낮 프로그램에서 어려움을 겪고 있었고 집단에서 친구를 사귀는 데 어려움을 겪고 있었다. 그는 종종 자위행위에 대해 이야기하거나 바지의 지퍼를 내린 채 집단에서 돌아다님으로써 집단성원들을 괴롭히거나, 쓸데없는 언급을 함으로써 집단의 대화를 중단시키거나, 잠든 척하거나, 집단모임에서 세 개의 의자에 눕는 등 집단에게 방해가 되었다. 12회 모임에서 짐은 사회복지사인 데비에게 질문을 하였다.

"데비, 당신이 어떻게 생각하는지 알고 싶어요. 만약에 말이죠. 당신이 다른 친구는 없고 한 친구만 있는데, 이 친구가 당신 집에 올 때마다 응접실에서 대마초를 피거나 코크(coke, 코카인의 속어)를 두세 대 피워댄다고 합시다. 내 말은 그가 당신의 이야기를 잘 들어 주는 사람이며 당신의 유일한 친구지만, 당신은 마약도 하지 않고 다른 것도 하지 않아요. 당신이라면 어떻게 할 건가요?"

데비가 대답하기도 전에 제리가 즉각적으로 화가 난 목소리로 끼여들면서 "그 사람에게 마약을 가지고 나가라고 해요."라고 말했다. 알렌이 뒤를 이어, "맞아요. 마약은 위험한 것이에요. 그리고 그 사람은 나쁜 사람 같네요."라고 말했다. 팸은 "나는 우리집에서 아무도 마약을 하지 못하도록 할 거예요."라고 말했다. 론은 "그 사람은 좋은 친구가 아닌 것이 분명해요."라고 덧붙였다. 윌은 "맞아요. 친구란 당신을 이용하거나 당신을 곤경에 빠뜨리지 않아요."라고 말했다.

짐은 다른 성원들의 반응에 실망한 듯 보였다. 그는 방어적인 태도로, "나는 그 친구가 내 집에서 마약을 하든지 말든지 상관 안해요."라고 소리쳤다. 팸은 귀찮은 듯이 "당신이 상관하지 않을 거면 왜 우리의 시간을 낭비하게 만들어요?" 라고 말했다. 알렌은 "맞아, 문제가 없는데 그것을 끄집어 내는 이유가 뭐예요?" 라고 말했다. 짐이 어깨를 으쓱했다. 집단은 다음 과제로 넘어갔지만 분위기는 화가 난 상태였다.

놀랍게도 이 예는 앞서 제시한 사라의 예와 매우 비슷하다. 이 예에서 짐이 제기한 문제는 집단성원 모두와 관련이 있는 문제다. 하지만 집단의 성원들은 짐의 상황을 탐색할 시간을 갖지도 않은 채 그리고 그 문제를 자신들의 관련 경험과 연관지어 숙고해 보지도 않은 채 즉각적인 조언을 제공하였다. 겉으로 보기에 집단은 활동적인 것처럼 보인다. 하지만 실제로 집단성원들은 집단에 관여하고 있지 않다. 그리고 그들의 조언은 적대적이고 호전적인 태도에서 나온 것이었다. 문제해결, 상호원조 그리고 집단의 관여가 발생하지 않은 것이다.

집단모임 후에 사회복지사는 집단에서 발생한 일에 대해 생각해 보았다. 사회복지사 데비는 집단에서 발생한 일이 불만족스러웠으며 짐과 다른 성원들도 불만족스러웠다는 것을 깨닫게 되었다. 그녀는 이 문제를 집단에게 다시 제기하기로 하였다. 짐은 다음 모임에 출석하지 않았기 때문에 데비는 그 문제를 제기하기 위해 일주일을 더 기다려야 했다.

사회복지사인 데비는 "여러분 지난번에 짐이 자신의 집에서 마약을 하는 친구에 대해 말한 것을 기억하나요?" 라고 집단에게 물었다. 일부 성원들이 고개를 끄덕였다. 다른 사람들은 귀찮은 목소리로 "그래요." 라고 답했다. 집단성원들은 그 일을 기억하고 있음에 틀림없었다. 데비는 "글쎄, 지난 모임에서 있었던 논의로 인해 모두가 당혹했던 것 같아요." 라고 말했다. 집단이 이에 동의하였다. 데비는 "나는 우리가 이 문제를 다시 논의해 보았으면 합니다. 우리가 보다 잘 할 수 있을 것이라 생각하고 모두에게 보다 만족스럽고 도움이 되는 대화를 할 수 있을 것이라 생각해요. 그래도 될까요?" 라고 물었다. 집단은 이에 동의하였다. "자, 짐. 그럼 그 문제를 다시 얘기할 수 있어요?"

짐은 그 상황에 대해 다시 이야기하면서, 자기 집에 올 때마다 대마초나 코크를 하는 친구에 대해서 말하였다. 그러면서 그는 자신이 어떻게 해야 할지 모르겠다고 말했다. 이번에는 사회복지사가 짐에게 질문을 하거나 언급을 하면서 짐이 보다 구체적으로 설명할 수 있도록 도왔다. 데비는 "그 친구가 얼마나 자주 오지요?" 라고 물었다. 짐은 "일주일에 한두 번 정도요." 라고 답했다. 데비는 "당신은 그 친구가 당신 집에서 마약을 하는 것이 싫은 거지요."라고 말했다. 짐은 "그래요, 싫어요."라고 말하면서 "특히 내가 마약을 하지 않고 깨끗하게 지내고자 할 때는요."라고 말했다. 데비는 "이 문제가 당신에게 매우 중요한 것 같군요."라고 말하자, 짐이 "그래요."라고 답했다. 그러면서 짐은 약간 떨리는 목소리로 "나는 친구가 하나도 없기 때문에 이 친구가 나한테는 매우 중요해요. 이 친구는 나의 평생친구예요. 우리는 고등학교도 같이 다녔어요. 이 친구는 대학을 졸업하여 좋은 직장도 있어요. 자기 아파트도 있지요. 이 친구 정말 대단해요."라고 말했다.

짐이 자신의 상황에 대해 얘기하면서 보인 감정과 정서는 다른 성원들을 보다 관여하도록 만들었다. 집단성원들은 짐에게 보다 공감적이게 되었고 짐에게 질문을 하여 자신들도 보다 이해하고자 하였다. 그들의 질문과 언급의 어조는 호전적인 사람의 것에서 지지적인 사람의 것으로 바뀌었다. 역으로 짐은 덜 방어적이게 되었고 보다 솔직해졌다. 그는 이제 집단의 이야기를 잘 듣게 되었다. 심지어 그의 신체적 자세도 바뀌어서 똑바로 앉아 집단을 향하였다. 이 모임의 내용과 어조는 이 문제가 처음 제기된 것과 비교해 볼 때 매우 다른 것이었다.

알렌은 짐에게 경찰에 대해 걱정하는지 물었다. 짐은 "그래요, 걱정돼요. 하지만 친구관계를 끝내고 싶지는 않아요. 그리고 마약을 하는 친구와 함께 체포되고 싶지도 않고요."라고 답했다. 팸은 "짐, 그가 당신 집에서 마약을 하다가 체포되는 것에 대해 얘기를 나눠 보기는 했어요?"라고 묻자, 짐은 "마약하는 것이 나를 괴롭게 만든다고 했어요. 그러자 얼마 동안은 끊었다가 다시 하기 시작했어요."라고 답했다. 제리가 "그가 당신 집에서 마약을 하는 이유가 뭐라고 생각해요?"라고 묻자, 짐은 "나도 모르겠어요. 그가 우리집에 주로 직장이 끝난 후 곧바로 오지요. 그는 자기 상관을 싫어하거든요. 아마도 마약을 함으로써 평안함을 느끼는 것인지도 몰라요."라고 답했다.

대화는 계속되었다. 집단성원들이 짐과 그의 상황을 이해하고 공감하게 되는 것이 분명해졌을 때 데비는 "저는 여러분 중에 짐이 지금 고민하고 있는 것과 같은 비슷한 상황에 처한 적이 있는지 궁금해요."라고 질문하였다. 론이 재빨리 "그래요. 나도 작년에 친구가 코카인을 해 보라고 압박을 한 적이 있어요. 나는 안 된다고 그 친구에게 말했고 마약하기를 원치 않았어요. 그래도 그는 계속 압박했지요. 결국 나는 그 친구에게 친구관계가 계속되길 원한다면 나와 내가 원하는 바를 존중해야 한다고 말했어요. 그런 다음 그가 물러섰지요." 다른 성원들도 비슷한 상황을 이야기하기 시작하였다. 즉, 자신들의 친구나 친척에게 뭔가를 하라고 압박을 가한 상황, 다른 사람들이 성원들에게 뭔가를 하라고 압박을 가한 상황, 그들이 좋게 생각하였지만 결국 연락이 끊긴 친구들, 자신들을 문제에 빠뜨린 사람들 등에 대해 이야기하였다. 짐을 포함하여 집단의 모든 성원들은 집단시간이 종료될 때까지 서로의 이야기를 진지하게 경청하였다.

집단은 그 문제에 대해 계속해서 논의하였다. 다음 모임에서 집단성원들은 짐을 도와 그가 염려하는 바를 친구와 이야기할 수 있도록 계획을 만들었다. 자신들의 경험을 바탕으로 일부 성원들은 짐에게 무엇을 말할지 그리고 그가 실제로 쓸 수 있는 단어들을 짐에게 제안하였다. 집단은 역할극을 하면서 짐에게 그 친구가 되도록 하였고, 집단성원들이 그와 역할극을 하면서 그 친구가 나타낼 수 있는 반응을 짐이 보여 주도록 하여 집단성원들이 그 상황을 알도록 하였다. 집단성원들의 관심으로 인해 짐은 실제로 그 친구에게 말할 수 있는 용기를 얻었다. 짐은 이제 집단이 그 친구와 이야기한 후에 어떤 일이 있었는지를 이야기할 수 있는 장소라고 여기게 되었다.

이 예에서 짐이 처음으로 자신의 문제를 제기한 비참했던 첫 번째 모임과 깊은 탐색이 있었던 다음 모임 사이의 뚜렷한 차이점은 문제해결 과정에서 제공자와 수혜자가 모두 이득을 얻을 수 있는 상호원조를 활용한 데서 나온다. 자신들의 경험을 이야기함으로써 집단성원들은 다양한 관점에서 바라볼 수 있으면서 이로부터 배울 수 있었던 것이다. 또한 짐은 집단성원들의 경험을 통해 배울 수 있고 이를 자신의 상황에 적용해 볼 수 있었다. 따라서 집단의 모든 성원들이 감동을 받았고, 문제해결, 상호원조 그리고 집단과정의 활용이 뚜렷하게 나타났다.

3. 강점과 상호원조

집단성원들이 서로를 도울 수 있다는 기대감은 집단사회복지실천에서 필수적인 것이다. 그러한 기대가 집단사회복지실천이 성원들의 강점을 확인시켜 줄 수 있으면서 이들을 대상으로 일을 하는 하나의 방법이 되는 것이다. 사실 집단을 구성하는 행동자체가 사람들이 다른 사람에게 도움을 제공할 수 있는 강점과 능력을 갖고 있음을 나타내는 신념을 포함하고 있는 것이다. 한 사람에게 집단에 참여하도록 초청하는 것은 사람들이 집단에게서 뭔가를 얻기만 하는 것이 아니라 집단에게 뭔가 기여할 수 있다는 자신감을 표현한 것이다.[11] 그러한 자신감의 표현은 초대받은 사람의 자아존중감을 향상시키게 된다. 많은 경우에 이것이 자신들을 보다 긍정적이면서 다른 방법으로 바라볼 수 있도록 만든다.

집단의 문제해결 과정에서 발생하는 상호원조의 질은 효과적인 집단사회복지의 핵심이라 할 수 있다. 마고 브레튼(Margot Breton)은 그러한 상호원조가 매우 강한 것이고 치유적이며 자유롭게 만드는 것이라 하였다.[12] 레너드 브라운(Leonard Brown)은 문제해결 과정에서 상호원조가 개인과 집단에게 갖는 중요성을 다음과 같이 기술하였다.

> 집단성원들이 자신의 생각과 감정을 다른 사람들과 공유할 수 있다는 것은 주는 자와 받는 자 모두를 강하게 만드는 수단이 된다. 상호원조 동안에 지속되는 협력적인 문제해결과정은 집단성원들을 양육하고 의사결정을 향상시키며 집단 내의 응집력을 보다 강하게 만든다.[13]

집단성원들이 서로에게서 도움을 얻고 다른 사람의 경험, 상황, 문제, 고민거리, 관점, 강점 및 약점 등을 고려하고 이해하고 통찰해 보며 이를 기반으로 삼을 수 있는 능력은 집단사회복지에 있어 매우 중요한 것이다. 사회복지사가 그러한 능력을 활성화하고 양육하며 향상시키는 것은 집단사회복지의 독특한 힘이다.

9

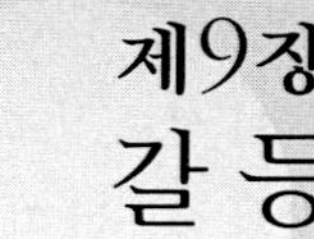

제9장 갈 등

갈등은 집단과정에서 자연스럽고 필요한 것이며 중요한 구성요소다. 이것은 집단성원들의 경험과 상황에 영향을 줄 수 있는 가치, 신념 및 감정을 점검해 볼 수 있는 자극을 제공한다. 집단이 발달하고 성원들이 집단에서 보다 확신을 느끼며 편안해질 때, 집단성원들은 자신들의 진정한 감정과 신념을 표현할 의지가 더욱 많아지며, 자신의 의견과 생각을 노출할 위험도 감수하게 된다. 이러한 것들은 집단에 적응하는 데 관심이 많았던 초기단계에서는 잘 표현하려고 하지 않았던 것이다. 따라서 집단 내에서 의견의 불일치가 일어나기 쉽고, 특히 중간단계에서 집단성원들 간에 의견과 생각, 가치, 신념, 느낌, 경험, 접근방법, 행동 등에서 여러 가지 차이점이 점차 증가할 가능성이 높다. 집단에서 차이점의 표현은 집단과 개별성원들을 풍요롭게 할 수 있으며 집단과 성원의 발달과 변화에 중요한 요소가 된다. 나아가 집단성원들이 집단 내에서 발생하는 갈등을 성공적으로 다룰 수 있도록 도움을 받게 되면, 집단 외부의 대인관계에서 갈등을 다룰 능력 또한 향상될 가능성이 높다. 갈등은 필수불가결한 것이면서 인간관계에서 지속적으로 나타나는 과정이기 때문에, 갈등을 관리하고 이를 통해 성장할 수 있는 능력은 집단 외부에서의 성원들의 삶을 풍요롭게 할 것이다.

제2장에서 제시된 것처럼 갈등이란 두 사람 혹은 그 이상의 사람들 간의 의견의 불일치로 인해 발생하는 것을 의미한다. 집단차원에서 갈등은 집단성원들 간의 관계에 대한

이해를 향상시켜 결과적으로 그들 간의 관계를 강화시킬 수 있다. 이는 성원들이 서로의 차이점을 표현할 기회를 가지면서 신경을 거슬리는 행동을 허용하지 않기 때문이다. 갈등은 집단에게 자극을 제공하고 성원들이 서로 상호작용을 할 수 있는 근거를 제공한다. 차이점을 표현하게 될 때 집단은 집단의 공통된 가치관과 관심사를 묘사해 낼 수 있다.[1]

서로 동의하지 않는 영역을 탐색하게 됨에 따라 서로 동의할 수 있는 영역을 분명히 할 수 있다. 이러한 영역을 분명히 하는 것은 한편으로 집단의 응집력을 직접적으로 강화시키는 계기가 된다. 사회적 갈등은 문제를 성공적으로 해결하려는 집단의 활동능력을 감소시키기보다는 증가시키는 결과를 가져올 수 있다. 갈등의 유용성에 초점을 두는 것은 갈등이 파괴적일 수 있으며 집단의 해체를 가져올 수 있다는 점을 부인하는 것을 의미하지는 않는다. 결국 집단성원들이 갈등을 인식하고 해결하고 관리하는 방식은 집단의 생존을 위해 매우 중요한 것이다.

1. 사회복지사의 갈등에 대한 두려움

집단사회복지실천을 하는 사회복지사들은 종종 집단 내에서 갈등과 차이점이 표현되는 것을 두려워한다. 사회복지사는 갈등이 통제를 벗어나 집단을 파괴할 것이라 염려한다. 또한 갈등이 발생하여 이를 적절하게 다루지 못할 경우 자신이 무력하게 보일 것을 두려워한다. 집단사회복지에 대해 충분한 교육과 훈련을 받은 사람들과 그렇지 않은 사람들에 대한 비교연구에서 도미니크 스타인버그(Dominique Steinberg)는 이 두 집단 간의 주요한 차이점은 사회복지사의 갈등에 대한 태도였다고 주장하였다. 즉, 집단에 대해 충분한 교육과 훈련을 받지 못한 집단은 교육과 훈련을 받은 집단에 비해 갈등을 가급적이면 신속하게 넘어야 할 장애물로 간주하여 집단이 빨리 앞으로 나갈 수 있도록 해야 한다고 생각하였다. 그들은 집단에서의 갈등과 차이점을 억누르려 하거나 이러한 갈등을 집단 외부에서 성원들과 개별적으로 다루려는 경향이 있었다. 하지만 집단에 대해 충분한 교육과 훈련을 받은 사람들은 집단의 갈등을 집단의 과업 중 중요한 부분으로 여기고 다루려는 경향이 있었다. 그들은 집단에서 갈등과 차이점이 발생할 때 집단

이 이를 파악하고 탐색하는 데 시간을 쏟도록 도왔다.[2]

집단을 대상으로 일을 하는 많은 사회복지사들은 갈등을 자연스럽고 중요한 것으로 간주하기보다는 부정적이고 위협적이며 집단을 방해하는 것으로 간주한다. 따라서 이를 신속하게 처리하여 집단이 본래의 과업으로 되돌아갈 수 있도록 해야 한다고 생각한다. 많은 사회복지사들은 갈등을 회피하거나 억제하거나 혹은 그 갈등을 해결하는 데 있어 혼자 책임을 지려고 하여 문제해결과정에 집단을 개입시키지 않으려고 한다. 이렇게 함으로써 사회복지사들은 집단이 갈등을 다루고 이를 통해 뭔가 얻을 수 있는 기회를 빼앗아버린다.

2. 갈등과 집단의 발달단계

어떠한 집단에서든지 갈등은 집단의 전 과정에서 발생하지만 집단의 생애 발달단계에 따라 그 본질과 정도에서 차이가 있다. 집단발달단계 동안에 개별성원의 욕구와 집단의 집합적인 욕구가 계속해서 변화함으로써 집단에서 발생하는 갈등의 본질이 형성된다. 집단의 초기단계에서는 주로 집단에 포함되는 문제와 권력의 문제를 중심으로 대인관계의 갈등이 발생한다. 포함-적응 단계(inclusion-orientation stage)에서는 현실적인 문제에 대한 갈등과 차이점이 분명하게 표현될 가능성이 낮다. 그 이유는 성원들이 집단에 수용되고 다른 성원들이 자신을 좋아하기를 희망하기 때문이다. 집단의 생애주기 가운데 초기단계에서는 성원들이 의도적으로 관점의 차이를 표현하지 않는 이상 성원들의 관점의 차이가 발생할 가능성은 거의 없다. 집단의 초기단계에서 사회복지사는 집단성원들이 서로 공유하여 집단구성의 근간이 되었던 공통점과 합의점을 파악해 볼 수 있도록 돕는 것을 목표로 한다. 따라서 성원들의 공통점과 합의점을 근거로 집단의 기초가 구성되고 인식된다. 하지만 이러한 공통점과 합의점을 충분히 평가하기 전에 상호간의 차이점이 지나치게 강조되다 보면 집단은 갈등으로 인해 해체될 수 있다. 즉, 공통점과 합의점을 기초로 집단이 서로를 돈독하게 하는 근거가 없어지므로 집단이 해체될 수 있다.

집단발달의 중간단계에서는 대인관계의 갈등이 주로 친밀성, 상호의존성, 분리와 같은 문제를 중심으로 일어날 가능성이 높다. 이 단계에서는 집단성원들이 서로에 대해 보다 편안하게 생각하고 다양한 관점의 차이로 인해 발생하는 현실적인 갈등을 통해 자신의 모습을 보이게 되면서 집단에서 더욱 솔직해질 수 있다. 그러므로 이 시기에 보다 분명하게 관점의 차이를 표현할 가능성이 높다. 이때 집단의 사회적 분위기가 서로 수용하고 지지하는 것이라면, 집단성원들은 집단에서 자신이 수용되었는지 여부와 자신을 표현했을 때 돌아오는 결과에 대해 불확실했던 초기단계보다는 자신과 자신의 생각들을 더욱 과감하게 노출시키는 위험을 감수한다. 또한 집단성원들은 차이점을 표현하는 것이 다른 성원들과의 관계를 끝내는 것을 의미하지는 않는다는 것도 알게 된다. 대인관계적인 차이점과 현실적인 차이점 그리고 동의하지 않는 점을 표현해도 집단이 해체되지 않는 것은, 집단이 성원들 간의 중요한 공통점을 바탕으로 돈독한 기초를 형성하고 있기 때문이다. 사실 중간단계의 후반기에서는 갈등과 차이점의 표현이 집단이 정체되고 집단발달이 지연되는 것을 예방하기 위해서 그리고 집단의 규범에 무조건 따르도록 요구하는 것을 예방하기 위해서 꼭 필요한 것이다.

3. 갈등의 해결

집단 내에서 집단이 기본적인 합의점을 견고하게 형성할 때까지는 집단 내의 주요한 갈등이 해결될 수 없다. 갈등은 다양한 방법으로 결말이 날 수 있다. 집단은 특정 주제나 활동을 바꿈으로써 그 문제를 아예 저버리거나, 집단 전체가 그 문제에 대한 해결책을 찾을 수 없거나 해결책이 필요 없다고 합의할 수도 있다. 아니면 집단이 갈등을 해결한다. 레슬리 박스터(Leslie Baxter)는 연구를 통해 갈등의 회피가 갈등을 대처하는 가장 보편적인 수단이라고 주장하였다.[3] 그래서 때로 해결되지 못한 문제가 축적되는 결과를 초래한다. 비록 갈등의 회피가 단기적으로는 긴장을 해소할 수 있을지 몰라도 장기적으로 볼 때 그 결과는 역기능적인 것이다.

갈등을 통제하거나 해결하는 방법은 대체로 의사결정 방법을 통해서다. 집단은 종종 제거의 과정을 통해 갈등을 통제하는데, 이는 상대편의 개인이나 하위집단이 철회하도록 강요하는 것이다. 이는 미묘한 방법으로 진행되기도 한다. 가장 강한 집단의 성원들은 상대방을 복종시키거나 지배함으로써 다른 성원들에게 자신들의 관점을 수용하도록 강요한다. 민주적인 절차에서 대다수의 원칙이 널리 사용됨에도 불구하고 이 원칙은 복종의 한 예라고 볼 수 있으며, 어떤 합의나 상호만족을 이끌어 내지 못하는 경우 사용된다. 종종 집단은 합의의 수단을 통해 서로간에 일정부분을 포기하면서 상대방의 힘과 거의 동등한 힘을 획득하여 집단을 계속 진행할 수 있게 하거나 공통된 관심영역을 확보하기도 한다. 따라서 각 편이 공통의 욕구를 충족시키기 위해 일정부분을 손실하게 된다. 개인이나 하위집단은 다른 집단과 동맹관계를 형성할 수도 있다. 따라서 각기 독립성을 유지하지만 공통의 목표를 성취하기 위해 연합하게 된다. 마지막으로 집단은 통합을 통해 경쟁적인 대안으로부터 전혀 다른 새로운 해결책을 찾아서 누구도 지거나 이기지도 않게 된다. 이 새로운 해결책은 각 성원을 만족시킬 뿐만 아니라 다른 어떤 경쟁적인 제안보다도 더욱 생산적이고 창의적인 것이다. 거트루드 윌슨(Gertrude Wilson)과 글래디스 라일랜드(Gladys Ryland)는 "이 과정은 집단생활에서 최고의 성취감을 나타내는 것이다. 이것은 개인적인 만족감과 함께 사회적인 유용성을 모두 갖고 있다. 이러한 행동은 민주주의 통치의 기본인 것이다."라고 하였다.[4]

집단이 어떠한 방법으로 갈등을 해결할 것인지는 여러 가지 상호 연관된 개인 및 집단의 특성에 따라 다르다. 이러한 특성에는 갈등의 본질, 정서적 성숙도와 가치관, 관심주제에 대한 지식과 대인관계의 기술 등과 같은 성원들의 속성, 갈등을 다루어 본 이전의 집단경험, 집단이 차이점을 다루고 문제를 해결한 방법과 연관된 규범 등이 있다.

모튼 도이치(Morton Deutch)는 갈등이 덜 심각할수록 협력적인 수단을 통해 해결하는 것이 보다 손쉽다고 하였다. 갈등이 두려움이나 무의식적인 과정으로 인해 조장되었을 때는 개인의 자아존중감을 위협한다. 또 갈등이 문제의 주요 원칙과 관련된 것일 때는 그 반대 경우일 때보다 더욱 해결하기 어렵게 된다. 갈등이 고조됨에 따라 이에 대한 헌신도 증가하게 되는데 그것은 자신의 입장을 지키려 하기 때문이다. 인식의 왜곡과 자기기만 같은 경쟁적인 갈등에 내재되어 있는 병리적 과정은 갈등을 더욱 확대시키고 지속시키는 경향이 있다. 도이치는 갈등에 대해 다음과 같이 기술하고 있다.

> 갈등이 증가하려는 경향은 세 가지 상호 연관된 과정의 결합에서 나오게 된다. ① 갈등을 이기려는 노력과 관련된 경쟁적인 과정, ② 잘못된 인식과 편견, ③ 인지적, 사회

적 일관성을 유지하려는 압박감에서 나오는 헌신의 과정이 그것이다. 이들 과정은 갈등을 심화시키는 행동과 이에 따른 반응을 유발하는 관계의 순환고리를 서로 강화시키게 된다.[5]

갈등의 개념은 불확실성, 위기, 변화, 순환적 과정에서의 역동적인 균형 등과 같은 여러 가지 다른 개념들과 관련이 있다. 제임스 헤릭(James Herrick)은 갈등을 보는 모델을 제시하였는데, 이는 특히 집단 상황과 관련된 것이다(그림 참조).[6] 사람들이 모이는 데는 어느 정도의 불확실성이 존재한다. 예를 들어, 목표와 이를 성취하기 위한 수단, 지위, 자원의 적절성, 역할 및 규범 등에 대한 불확실성이 있다. 이러한 불확실성은 자연스럽게 갈등으로 이어지며 체계는 스트레스에 놓이게 된다. 집단의 성원들은 일상적인 수단을 통해 갈등을 해결하려고 시도한다. 갈등이 심화되고 이를 통제하고 해결하려는 노력이 실패로 돌아가면 긴장이 증가하게 되어 갈등이 가속된다.

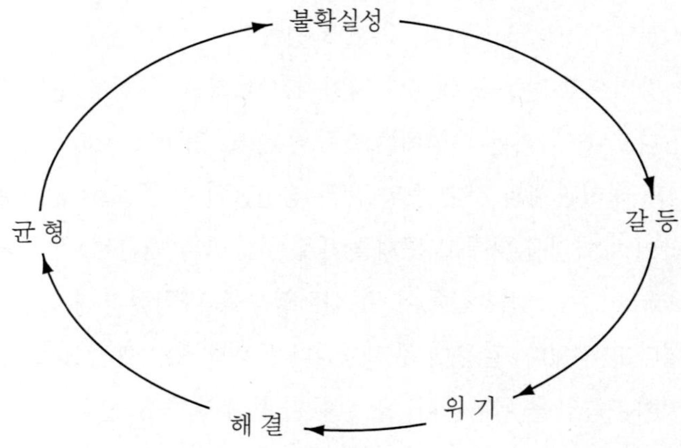

갈등이 최고의 정점에 이르면 위기가 발생하여 집단성원들이 일상적인 문제해결 방법으로는 갈등의 원인이 되는 문제를 해결할 수 없다는 것을 인식하게 된다. 따라서 감정은 고조되고 집단은 혼돈스럽게 된다. 결국 예기치 못한 영향을 받아 취약한 집단은 해체되거나 상당한 혼돈이 있게 된다. 필요한 변화를 위해서는 집단의 자원이 동원되는데, 이는 집단이 계속되려면 어느 정도의 변화가 있어야 한다고 인식하기 때문이다. 이

때 갈등은 보다 효과적인 문제해결의 수단을 통해 해결된다.

대부분의 집단은 갈등을 해결하고 이에 따른 변화를 수용하기 위해 어느 정도의 기간이 필요하다. 새롭게 얻어낸 합의는 안정된 상태를 만든다. 이 기간 동안에 집단성원들은 이러한 변화를 자신들과 집단체계에 통합하게 되는데, 긍정적인 성장과 변화가 있게 되면 조화와 화해가 개인 및 집단에 존재하게 된다. 집단의 조화 속에는 또 다른 갈등의 씨앗이 있을 수 있다. 이때의 안정은 대체로 변화가 다루어지는 과정 속에서 갈등적인 힘이 일시적으로 균형을 이룬 것이기 때문이다.

일상적인 사회복지실천에서 적절한 변화가 일어나기 전까지는 위기가 발생할 필요가 없다. 대부분의 갈등은 위기의 시점에 도달하기 전에 다루어져 해결된다. 지속적인 위기상태에 있는 집단은 일반적으로 해체되어 소멸(entropy)된다. 갈등을 성공적으로 해결하는 것은 집단 내의 합의를 강화시키고, 집단성원들이 자신들의 목표성취를 위해 전진할 수 있도록 돕는다. 메리 파커 폴레트(Mary Parker Follett)는 "우리는 종종 갈등의 본질을 관찰함으로써 우리의 진도 상황을 측정할 수 있다. (중략) 갈등은 우리의 일상생활의 핵심이기 때문에 갈등의 수가 몇 개인가보다는 갈등이 무엇이며 이를 어떻게 다루는가에 초점을 둔다."라고 주장하였다.[7] 차이점을 부인하거나 갈등을 억누르려는 노력은 장기적으로는 성공하지 못한다. 그러한 방법은 집단체계의 정체나 역기능 혹은 심각한 사기저하나 해체를 가져오게 된다. 다양성이 존재하는 가운데 조화를 이루는 것은 차이점을 인식하고 이를 집단을 강화하는 데 활용하며 협력적인 관계를 통해 갈등을 해결하는 것을 가능하게 한다.

사회복지사의 관심은 단순히 한 갈등 상황을 해결하는 것을 넘어서 이를 관리하는 능력까지도 포함한다. 갈등은 필수불가결한 것이고 인간관계에서 지속적인 과정이므로 사회복지사의 과업 가운데 하나는 집단성원들이 갈등을 다루는 과정에서 보다 효과적인 수단을 개발하도록 돕는 데 있다. 갈등해결의 형태에 통합되는 요인들은 갈등을 효과적으로 관리하는 데 기여하는 요인들이기도 하다. 상호수용, 개방적인 대화, 차이점에 대한 존중을 통해 집단성원들은 인간 상황의 특징이라 할 수 있는 갈등을 다루는 데 있어 보다 나은 능력을 갖출 수 있을 것이다.

4. 직 면

많은 사회복지사들이 집단에서의 갈등을 '슬그머니 감추려 하거나' 조속하게 중지시키려 하는 이유는 집단 내에서 갈등이 표면화될 때 집단성원을 직면해야 하는 것을 두려워하기 때문이다. 집단 내에서 갈등이 발생하여 이를 정면으로 다루기 위해서는 직면해야 하는 것이 당연하다. 많은 사회복지사들은 한 성원을 직면하는 것을 그 사람을 파괴시키는 것과 같은 뜻으로 보기도 한다. 하지만 직면에 대한 그러한 관점은 근거가 없는 것이다. 직면이 공격적이거나 파괴적일 필요는 없다. 그것의 의도는 공격하거나 파괴하기 위함이 아니다. 오히려 직면은 한 성원이나 집단 전체가 현재 발생하는 일, 특히 일치하지 않는 행동이나 자신 및 타인에 대한 파괴적인 행동을 중지하고 바라볼 수 있도록 하는 데 그 목표가 있다. 직면이 냉혹할 필요는 없다. 사회복지사는 집단이나 개인 성원을 직면할 때 직접적으로, 부드럽고, 공감을 갖고, 정중하게, 지지적으로 할 수 있다. 앨리스 오버톤(Alice Overton)과 캐서린 팅커(Katherine Tinker)는 이러한 직접적이면서 부드러운 도전을 가리켜 직면은 '어깨에 팔을 두르고' 일어날 수 있는 것이라고 하였다.[8]

직면은 사회복지사 한 사람만이 활용하는 것이 아니다. 특히, 갈등이 집단에서 발생할 때는 성원들이 서로 직면을 한다. 집단성원들이 서로에게 파괴적인 방법으로 직면하면 사회복지사는 이를 자제시키는 행동을 취할 수 있다. 직접적인 직면이 때로 어려운 것이기는 하지만, 직면의 근본적인 의도와 직면을 통해 생각해 볼 수 있도록 만드는 것 자체가 집단성원들로 하여금 갈등영역과 성원들 간의 차이점을 점검하고 탐색할 수 있도록 돕는다.

5. 갈등의 근원인 차이점 다루기

집단 내에서 집단성원들 간의 그리고 집단성원들과 사회복지사 간의 차이점은 때로 갈등이 발생하는 원천이 된다. 집단 내에서 갈등 상황을 유발하는 차이점의 종류는 일반적으로 다음의 4가지로 분류될 수 있다. ① 집단성원들 간의 의견 차이, ② 집단성원들 간의 기술적인 차이, ③ 집단성원들과 사회복지사 간의 의견 차이, ④ 집단성원들과 사회복지사 간의 기술적인 차이가 있다. 이러한 분류법은 차이점을 크게 2가지로 구분할 수 있다. ① 관점이나 의견의 차이나 현실적인 의견 불일치, ② 인종이나 문화 혹은 연령과 같은 기술적인 특성의 다양성에 기인한 차이가 있다. 이러한 현실적인 분류법과 기술적인 분류법은 집단성원들과 사회복지사 간에 일어날 수도 있다. 사회복지사는 자신과 성원들 간의 차이점을 중요하게 인식하고 인정하며 평가하고 다루어야 한다.

집단성원들과 사회복지사 간의 차이점을 존중하는 것은 갈등을 다루는 데 있어 매우 중요하다. 집단에서 상호존중이 중요하다는 점은 어떻게 보면 자명한 이치지만 실제로 이를 이루기란 쉽지 않다. 집단의 사회복지사뿐만 아니라 성원들도 자신의 관점이 옳은 것이라 믿기 때문에, 자신과 상이한 신념이나 의견 혹은 집단성원들의 관점을 솔직하게 개방적으로 고려해 보려 하지 않는다. 바바라 사이몬(Barbara Simon)은 개방성이 비인종차별주의자인 사회복지사에게 있어 매우 중요한 것이라고 주장하였다.[9] 갈등이 효과적으로 다루어지기 위해서는 집단의 성원들과 사회복지사 모두가 개방성을 갖고 있는 것이 중요하다.

일반적으로 사회복지사는 집단이 서로의 차이점을 존중하고 갈등을 다루려는 의지와 능력을 획득할 수 있도록 도울 필요가 있다. 이때 사회복지사는 집단에게 서로간의 차이점에 대해 긍정적인 태도를 보이는 동시에 다음과 같은 네 가지 중요한 신념을 알려줄 필요가 있다. 첫째, 집단성원들은 자신들 간의 차이점이 집단성원들 간의 사고와 감정의 다양성을 자극하고 확장시킴으로써 집단을 풍요롭게 하는 데 기여한다는 점을 확신할 필요가 있다. 둘째, 집단성원들은 성원들 간의 차이점을 슬그머니 감추려 하거나 무시하기보다 직시하는 것이 집단 전체 및 개별성원들 모두에게 도움이 된다는 사실을 수용할 필요가 있다. 셋째, 다른 성원의 의견에 동의하지 않는다고 해서 그것이 곧 그 사람을 싫어한다는 것을 의미하지는 않는다는 점을 인식할 필요가 있다. 즉, 성원들은 그 사람을 좋아하기는 하지만 그 사람의 관점이나 행동에는 동의하지 않을 수 있음을 이해할 필요가 있다. 마지막으로 집단성원들은 차이점을 표현한다고 해서 집단이 해체되는 것은 아니며, 집단은 갈등이 발생할 때 이를 성공적으로 다루고 해결할 수 있다는 확신을 가질 필요가 있다.

6. 성원들 간의 의견 차이

집단성원들 간의 의견 차이는 특히 집단의 중간단계에서 표현될 가능성이 높다. 집단생활주기의 중간단계에서는 집단성원들이 보다 편안해 하고 자신들이 집단에 속하는 것에 대해 걱정이 적어지기 때문에 초기단계보다 자신들의 관점을 솔직하게 표현할 수 있다. 심지어 자신의 관점이 집단의 다른 성원들의 관점과 다르다는 것을 알면서도 이를 표현할 수 있게 된다. 또한 집단의 중간단계에서 집단성원들은 다른 성원들의 의견에 동의하지 않으려는 의지가 많기 때문에 갈등이 발생할 가능성이 높다. 집단성원들이 서로 의견 차이를 표현하게 되면, 사회복지사는 그들이 서로 다양한 관점을 탐색해 볼 수 있도록 돕는 데 목표를 둔다.

사회복지사는 집단성원들의 관점의 표현이 집단에서 환영받고 존중된다는 점을 성원들이 느낄 수 있도록 돕기를 원한다. 집단의 일부 성원들은 최소한 그들의 일상생활 속에서 의견의 차이로 인하여 뜨거운 논쟁을 벌이거나 모욕과 멸시, 불손한 태도 등을 경험한 적이 있을 것이다. 또한 성원들은 의견의 차이를 표현하는 것이 환영받는 일이 아님을 경험하여, 조용히 있으면서 자신들의 솔직한 의견을 표현하지 말아야 한다고 느낀 적이 있을 것이다. 집단성원들 간의 갈등을 다룰 때 사회복지사는 집단 내에서 일어나는 의사소통이 향상될 수 있도록 노력할 필요가 있다. 사회복지사의 목표는 집단성원들이 상대방의 의견을 진정으로 경청할 수 있도록 돕는 것이다.

다음은 의견의 차이로 인해 발생한 갈등을 보여 준 사례로서 지역사회 정신건강센터의 어머니 집단에서 발췌한 것이다. 이 어머니들은 자녀들이 학교에서 문제행동을 보이기 때문에 학교직원들에 의해 센터에 의뢰되었다. 집단모임은 자발적이며 매주 모임을 가져왔고 어머니들의 출석은 상당히 규칙적이었다. 다음은 집단의 8회기에서 발췌한 것이다. 그날 모임까지 M부인은 상당히 많은 의견을 표현해 왔고 집단에서 독점자(monopolizer) 역할을 해 왔다. 그녀는 집단의 다른 성원들의 자녀가 잘못된 행동을 했을 때 어머니들이 어떻게 해야 하는지에 대해 말해 왔으며, 다른 성원들이 부모로서 보인 행동에 대해 비판적이고 심판적이었다. P부인은 집단에서 거의 말이 없었지만 다른 성원들의 말을 적극적으로 경청하는 듯했다.

P부인은 8회기의 시작부분에서 "어제 아들과 있었던 일에 대해서 얘기하고 싶어요." 라고 말하였다. P부인의 참석이 점차 적극적인 것이 매우 기뻐서 나는 그렇게 하라는 뜻으로 고개를 끄떡였다. 그녀는 "글쎄, 나는 내 지갑에서 돈이 모자란다고 생각하게 되었어요. 하지만 내가 정리를 잘 하는 사람도 아니고 지갑에 정확하게 얼마가 있는지 세어보지도 않으니 잘 모르지요. 어쨌든 돈이 좀 모자란다고 생각하게 되어 눈여겨 관찰해 보았지요. 아니나 다를까 내가 부엌에 있는 동안에 랄프가 내 지갑에서 돈을 훔치는 거예요. 내가 아들을 현행범으로 현장에서 잡은 거지요. 나도 놀랐지만 아들도 매우 놀랐지요. 그래서 나는 앉아서 아이의 행동에 대해 이야기하기 시작했어요……." 이 시점에서 M부인이 가로채면서 큰 목소리로 "아들을 앉혔다고요? 이야기를 했다고요? 바보스럽네요. 도대체 그렇게 해서 무슨 소용이 있어요? 왜 그렇게 나약해요? 그냥 갖게 내버려 둬요. 나라면 그렇게 할 거예요."라고 말했다. 그러자 P부인이 자리에서 일어났다. P부인은 매우 화가 난 표정이었고 떨리는 목소리로 M부인에게 "나는 당신이 어떻게 하든 상관하지 않아요. 당신하고는 끝장이에요. 당신은 모든 것을 다 안다고 생각해요."라고 말하였다. 그런 다음 P부인은 나를 바로 보면서 "저 사람 때문에 더 이상 못 참겠어요. 저 사람은 이 집단에 있지 말았어야 해요. 저 사람은 이 집단이 필요하다고 생각하지 않아요. 그리고 자기가 모든 것을 다 안다고 생각해요. 그렇다면 왜 여기에 있어야 하죠? 저 사람이 이 집단에 있기를 원한다면 나는 이 집단을 떠나겠어요."라고 말했다. 내가 말하기도 전에 R부인이 P부인에게 "아, 안 돼요. 집단을 떠나지 말아요. 우리는 당신이 필요해요."라고 말했다. G부인이 고개를 끄덕이면서, "앉으세요. (M부인을 몸으로 가리키면서) 저분이 당신을 쫓아내도록 해서는 안 돼요."라고 말했다. P부인이 앉으면서, "뭐, 그래요. (M부인을 몸으로 가리키면서) 하지만 저분에 대해서는 무슨 조치가 있어야 해요."라고 말했다. M부인은 놀란 표정이었으며 조용히 있었다. 집단성원 모두가 나를 바라봤다.

이 집단에서 나타난 문제는 얼핏 보기에는 그리 어려운 문제가 아닌 듯하다. P부인이 집단을 떠나겠다는 위협을 실제로 실행할 가능성은 낮다. 집단의 모임기간과 규칙적인 출석을 고려해 볼 때 P부인은 집단에 헌신해 왔다. 다른 성원들의 도움으로 P부인은 다시 자리에 앉았다. 집단의 모임기간과 출석률을 고려해 볼 때 집단성원들의 갈등이 집단을 해체시킬 가능성은 낮다. 분명한 것은 성원들의 규칙적인 참석은 집단성원들이 집단을 가치 있는 것으로 여기고 갈등으로 인해 집단이 해체되는 것을 원치 않는다는 점을 보여 주는 지표라는 것이다.

이 과정에 관한 발췌문의 마지막 부분에서 집단성원들은 사회복지사에게 뭔가를 기대하듯이 쳐다보았다. 하지만 이것이 사회복지사가 집단을 위해 그 문제를 해결해 주어야 한다는 것을 의미하지는 않는다. 오히려 사회복지사는 집단에게 이 문제를 탐색해 볼 것을 요청할 필요가 있다. 집단 생애주기의 이 시점에서 집단성원들이 자신들 간에 존재하는 갈등을 직시할 필요가 있다고 생각하는 것은 지극히 당연한 기대다. 또한 집단발달의 이 시점에 이르러서는 집단성원들이 서로간의 차이점을 존중하면서 직접적이고 개방적으로 논의할 수 있을 것이라 기대하는 것도 일리가 있다. 사회복지사는 집단이 서로간의 차이점에 대해 긍정적인 태도를 가지면서 갈등을 해결할 수 있는 능력이 있다고 믿는다는 점을 집단에게 전달할 필요가 있다.

이 사례에서 집단이 다루어야 할 갈등은 두 가지 영역이다. 하나는 M부인이 집단에 보이는 독점자 역할과 다른 성원들이 M부인이 독점하도록 허락하고 심지어 그렇게 하도록 기여하는 역할 사이의 상호작용 부분이다. 이러한 문제를 다루는 방법에 대한 논의는 제10장 "집단성원들의 역할"을 참조하기 바란다.

갈등이 다루어져야 할 두 번째 영역은 집단성원들 간에 아동의 잘못된 행동을 다루는 방법에 대한 의견 차이다. 부모의 아동 양육방법에 대한 현실적인 관점에서 사회복지사는 집단성원들이 서로 다양한 관점을 탐색해 보고 자신들이 선호하는 다양한 양육방법을 논의하는 과정을, 그들이 아동양육에 대한 생각과 이해 및 신념을 확대시킬 수 있는 기회로 활용할 수 있도록 돕는 것이다.

1) 성원들과 사회복지사 간의 의견 차이

집단에서 성원들이 특정 관점을 표현하고 이에 대해 서로 동의하지만 사회복지사가 그것에 동의하지 않을 때가 있을 수 있다. 사회복지사들은 종종 자신들과 집단성원들 간의 의견 차이를 다루는 방법에서 혼돈이 있을 수 있다. 사회복지사는 자신의 의견을 집단에 강요하기를 원치 않는다. 일부 사회복지사들은 클라이언트의 관점에 대해 도전하는 것이 사회복지실천의 근본이 되는 클라이언트의 자기결정권을 침해하는 것이라 생각한다.[10] 하지만 사회복지사들이 자신의 견해와 다른 클라이언트의 의견에 대해 아무 말도 하지 않으면, 결국 클라이언트의 의견을 수용한다는 점을 암시하는 것이 된다. 반대로 사회복지사들이 집단성원이 말한 것에 대해 의견을 달리하여 신속하게 도전하게 되면, 집단성원들은 침묵을 지키거나 표면상으로 사회복지사의 의견에 동의하는 반응을 보인다. 따라서 집단성원들의 실제 감정은 사회복지사가 이해하는 것이 아닐 수 있다. 심지어 집단성원들은 집단에서 의견을 솔직하게 표현할 수 없다는 느낌도 가질 수 있다.

집단성원이 자신의 신념을 솔직하게 표현할 수 없고 침묵을 지키는 등과 같은 행동은 다음의 예에서 잘 나타나 있다. 이 집단은 성인 노숙자들에게 독방을 제공해 주는 호텔(a single-room occupancy hotel; SRO)에서 진행된 사례를 발췌한 것이다. 이 건물이 개소한 지 약 8개월이 지났을 때 사회복지사는 각 층의 입주자들과 모임을 갖기로 결정하였는데, 모임의 목표는 이들 입주자들 간의 공동체의식을 향상시키는 것이었다. 각 층에는 입주자들의 개별 침실과 소수의 화장실 및 커다란 부엌이 있다. 이 발췌문은 2층에 있는 입주자들의 첫 모임에서 도출한 것이다.

집단모임의 목적을 소개하고 설명한 후 나는 입주자들에게 어떻게 지내는지를 물었다. 그들은 다같이 한 목소리로 "잘 지내요." "좋아요."라고 답했다. 내가 이 건물에 살면서 가장 좋은 점이 무엇이냐고 묻자 그들의 대답은 다양했다. 제임스 양은 마침내 자신만의 공간을 갖게 되어 안도가 된다고 하였다. 그녀의 소감에 모두 동의하는 듯했다. 오닐 양은 "그 말이 맞아요."라고 동의했다. 많은 입주자들은 여기에 입주하면서부터 건강이 많이 호전되었으며 스트레스를 적게 받고 피곤한 것도 줄어든 것 같다고 하였다.

내가 혹시 불평할 만한 것이 있는지 묻자 많은 사람들이 재빨리 "아뇨, 전혀."라고 응답했다. 그들은 건물이 얼마나 좋은지, 그들이 이 건물을 얼마나 좋아하는지에 대해 반복해서 말했다. 마침내 레비트 씨가 "내가 싫어하는 것이 하나 있는데요. 가끔 여기에 살지 않는 사람이 화장실에서 나오는 것 같아요."라고 말했다. 그러자 브랜드 양이 "그래요, 저도 그런 걸 봤어요."라고 말했다. 그러자 제임스 양이 "가끔 낯선 사람들이 부엌을 쓰면서 부엌을 더럽히고 시끄럽게 해요."라고 덧붙였다. 나는 "관리사무실에 말했나요?"라고 물었다. 많은 사람들이 "아, 아뇨."라고 재빨리 대답했다. 루이스 씨는 "우리는 불평하고 싶지 않아요."라고 말했다. 나는 "하지만 관리사무실에는 알려야 할 필요가 있어요."라고 말했다. 리델 양은 "아, 아니에요. 우리가 겪은 것에 비하면 이건 아무것도 아녜요."라고 말했다. 집단의 많은 사람들이 고개를 끄덕였다. 나는 "여러분은 모르는 사람을 보면 누구인지 묻지 않나요?" 라고 물었다. 리 씨는 "절대 그렇게 하지 않아요." 라고 대답했다. 나는 "아래층에 있는 경비원에게 알리는 것은 어떤가요?" 라고 물었다. "안 돼요." 라고 집단성원들이 감정을 실어 말했다. 브랜드 양이 "그들이 누군지 누가 알아요? 그들을 신고하거나 도전했다가 더 큰 문제에 빠질 수 있어요. 그러다가 그들이 당신에게 무슨 짓을 할지 어떻게 알아요?" 라고 말하였다. 나는 "여러분이 이 일에 대해 할 수 있는 것이 많지요. 집단 전체로서 할 수 있는 것이 있을 거예요. 여러분 모두가 관리사무실에 가서 말할 수 있어요." 라고 부언했다. 제임스 양은 "하지만 내 생각에 가장 좋은 방법은 조용히 참는 거예요." 라고 말하였다. 그러자 브랜드 양이 "우리 이제 다른 것을 얘기해도 될까요?" 라고 말했다.

이 모임 후에 사회복지사는 상당한 불만을 표시했다. 그녀는 "입주자들이 매우 소극적이에요. 그들은 너무 무기력해 보여요." 라고 말했다. 하지만 그녀가 집단이 그 층에 있는 낯선 사람에 대해 뭔가를 할 수 있으며 그렇게 해야 한다고 생각할수록, 입주자들은 있는 상황을 그대로 받아들이고 문제를 일으키지 말아야 한다는 생각에 점점 더 빠져드는 것 같았다. 특히, 그들이 현재 거주하고 있는 주택이 이전에 살았던 상황보다 훨씬 낫다는 생각에 더욱 그런 것 같았다. 이 예에서 사회복지사의 관점과 집단성원들의 관점은 서로 다르다. 의견의 차이는 적절히 다루어지지 못하여, 결과적으로 사회복지사와 성원들 모두 당혹감과 짜증만 남게 되었다.

사회복지사와 집단성원들 간의 의견 차이가 존재하는 이러한 상황에서 사회복지사는 자신의 의견을 즉각적으로 표현할 필요가 없으며, 집단성원들의 관점을 변화시키려 할 필요도 없다. 또한 사회복지사는 아무 말을 하지 않을 필요도 없다. 침묵을 지키는 것은 집단성원들의 의견에 동의하는 것을 표시하는 것일 수 있다. 한편, 사회복지사는 집단성원들이 생각하는 바와 그들의 생각에 기여한 요인들, 그들이 어떤 관점에서 말하고 있는지를 보다 자세하게 말할 수 있도록 격려할 필요가 있다. 간단히 말해서 사회복지사는 클라이언트의 관점을 이해하기 위해 시간을 쏟는 것이 중요함을 이해할 필요가 있다.

집단성원들이 사회복지사가 자신들의 이야기를 경청하고 있다고 느끼게 되고 사회복지사가 성원들의 생각과 그것이 도출된 상황을 이해하게 되면, 사회복지사는 필요하다고 여겨지는 그들의 관점에 도전하는 데 있어 보다 유리한 위치에 있게 된다. 그러한 도전은 집단성원들이 자신들이 표현하는 관점에 대해 잠시 중단하고 이를 생각해 볼 수 있도록 돕기 위해 사회복지사가 행하는 직면이다. 집단성원들은 사회복지사가 자신들의 관점을 이해하고 이를 위해 시간을 보낸 점을 알게 됨으로써 사회복지사가 자신들에게 보다 도전할 수 있도록 길을 열어 준다. 예를 들어, 앞의 사례에서 집단성원들은 그 층에 낯선 사람이 있다는 점을 수용하지만 그에 대해 불평이나 질문을 하지 않는 것이 최상이라고 생각하는 관점을 갖고 있는데, 사회복지사는 집단성원들이 이런 생각을 갖게 된 원인이 어디에 있는지를 이해하기 위해 시간을 할당할 필요가 있다.

사회복지사가 클라이언트의 관점을 많이 이해할수록 그 관점을 보다 수용할 수 있다. 사회복지사는 그러한 가능성에 대해 개방적이어야 할 필요가 있다. 예를 들어, 성인 노숙자를 위한 독방시설(SRO)의 예에서 사회복지사는 거주자들이 거주할 주택이 있는 것이 얼마나 다행스러운지 그리고 그러한 안도감으로 인해 자신들의 주거조건을 잃지 않기 위하여 주거시설에서 발생하는 일에 대해 불평하는 것을 얼마나 두려워하는지 등을 인정할 필요가 있다. 나아가 사회복지사는 그 층에서 대면하게 된 낯선 사람을 신고하게 될 경우 그 사람으로부터 받을 수 있는 보복의 두려움이 얼마나 현실적인 문제인지를 인정할 필요가 있다. 이러한 이해를 통해 사회복지사는 클라이언트의 관점에 도전하려는 자신의 태도를 변화시키거나 그대로 유지할 수 있다. 중요한 것은 성원들의 관점을 이해하려는 노력이다.

클라이언트의 생각과 신념을 탐색한 후에도 사회복지사는 집단성원들이 표현한 관점에 대해 계속해서 동의하지 않을 수 있다. 그런 경우 사회복지사는 자신이 동의하지 않는 부분을 직접적으로 표현할 수 있다. 하지만 사회복지사가 자신의 의견을 표현할 때는 집단의 논의를 중단시키지 않고 비심판적이어야 하며, 나아가 그 주제에 대해 보다 심도 있는 탐색이 이루어질 수 있도록 돕는 것이 중요하다. 실제로 사회복지사는 자신이 사용하는 단어나 목소리의 음조, 신체적 자세 등을 통해 성원들이 그러한 탐색을 해 보도록 유도할 수 있을 것이다. "내가 생각하기에는~" "여러분이 동의하지 않을지 모르지만 내 생각에는~" 혹은 "내가 여러분과는 다른 관점을 하나 제시해 보도록 하지요."와 같은 표현을 통해, 사회복지사는 자신의 관점이 집단성원들의 관점과는 다르지만 그 관점을 말할 수 있다. 사회복지사의 목표는 집단성원들에게 자신의 특정 관점을 강요하는 것이 아니다. 오히려 이 부분에 있어 실천의 묘미는 사회복지사가 집단성원들에게 자신의 관점을 강요하지 않으면서 성원들이 자신의 생각과 감정을 점검해 볼 수 있도록 격려하는 사회복지사의 능력에 있다. 한편, 사회복지사가 자신의 관점을 표현하는 것은 역으로 집단성원들이 자신의 관점을 탐색해 볼 수 있도록 돕는 것이 된다. 사회복지사가 집단성원들에게 자신들의 관점을 사려 깊고 신중하게 탐색해 볼 수 있도록 도전하는 것은 집단사회복지실천의 핵심이다. 이렇게 하는 것이 클라이언트의 자기결정권을 침해하는 것은 아니다.

사회복지사와 집단성원들 간의 의견 차이에 대한 또 다른 예를 다음에 제시하였는데 이 사례는 편모집단에서 발췌한 것이다.

> 집단성원들은 아동의 행동에 제한을 두거나 훈육하는 데 있어 발생하는 어려움에 대해 논의하고 있었다. 조셉 부인은 아들이 잘못하였을 때 아들에게 나무로 된 딱딱한 마루에 무릎을 꿇도록 하여 한 시간 동안 있게 한다고 말하였다. 특히, 아들이 아주 나쁜 짓을 하였을 때는 감자 가는 도구를 무릎 밑에 놓고 무릎을 꿇도록 한다고 했다. 그녀는 "내가 어렸을 때 어머니가 나에게 그렇게 했고 그것은 효과가 있었어요."라고 말하였다. 그리고는 "요즘엔 누가 위인지 아이에게 분명하게 보여 줘야 해요."라고 덧붙였다. 그러자 집단성원들이 그 말에 동의하듯이 고개를 끄덕였다. 그랜트 부인은 "그래요, 엄해야 해요."라고 말하였다. 루돌프 부인은 "맞아요, 당신이 통치하고 있다는 것을 보여 줘야 해요."라고 하였다.

이 예에서 사회복지사는 조셉 부인의 훈육방식에 동의하지 않았다. 그러면서 집단과의 논의과정에서 사회복지사는 그녀에 대해 더 많은 것을 알게 되었고, 그녀가 아동학대예방센터에 신고해야 할 만큼 학대적인 부모가 아니라는 사실도 알게 되었다.[11]

사회복지사는 조셉 부인의 훈육방식에 전적으로 동의하지 않았지만, 그녀에게 도전하기보다 그녀와 다른 성원들에게 그들이 어렸을 때 부모들로부터 어떻게 훈육을 받았는지에 대해 좀 더 말해 보도록 하였다.

> 그랜트 부인은 "뭐, 나의 어머니는 감자 가는 도구를 사용하지는 않았지만 거의 비슷한 방법을 사용했어요. 내 동생과 내가 정말 뭔가를 잘못하였을 때 어머니는 생쌀 위에 무릎을 꿇도록 하셨어요."라고 말하였다. 그러자 거의 동시에 루멧 부인과 브라운 부인이 "그래요, 나도 그랬어요."라고 말했다. 사회복지사가 "당신네 나라에서는 그렇게 하는 것이 흔한 일인가요?"라고 묻자, 그랜트 부인은 "네, 매우 흔해요. 서인도제도 사람

들이 사용하지요." 라고 말하였다. 사회복지사는 "당신이 생각하기에 그 방법은 효과가 있었나요?" 라고 물었다.

이후에 집단성원들과 사회복지사는 훈육방식에 대해 심도 있는 논의를 하였으며 모두가 자신들의 관점을 표현할 수 있었다. 사회복지사가 가진 집단성원들의 생각과 경험을 이해하고 배우려는 개방적인 태도와 자신의 의견을 표현하려는 의지로 인해, 집단성원들은 이미 존재하고 있었던 의견 차이를 그 주제에 대해 심도 있고 여러 가지 생각을 유발하는 탐색과정에 참여할 수 있도록 하는 기회로 삼은 것이다.

2) 성원들 간의 기술적 특성의 차이

집단성원들 간의 기술적인 특성의 차이는 성원들 간의 갈등의 원인이 될 수 있다. 기술적 특성에는 여러 가지가 있는데 인종, 연령, 성별, 성향, 사회경제적 지위, 학교에서의 학년 등이 해당된다. 이는 개인을 기술하는 데 주로 사용된다. 집단성원들 간에 갈등이 발생할 때, 특히 다양한 인종, 문화 및 민족 집단이 갖고 있는 가치관, 규범, 전통, 세계관 등의 차이가 자주 나타난다. 인종, 문화, 민족 등의 다양성은 집단사회복지실천에서 독특한 것이다. 많은 사람들이 거주지역이나 친구관계, 직장 때문에 상대적으로 단일 인종이나 문화 혹은 민족 집단으로 살고 있다. 집단성원들 간에 존재하는 다양성을 논의하고 탐색하는 것은 이들 성원들로 하여금 다양한 신념과 태도에 노출될 수 있는 독특하고 풍요로운 기회를 제공해 주는 것이다.

하지만 집단성원들은 인종이나 문화 속에 뿌리박혀 있는 차이점에 대해 두려움을 갖기 때문에 이를 공개적으로 얘기하는 것을 꺼려할 수 있다. 그러한 차이점에 대해 논의하는 것 자체가 금기시되어 왔다. 그 이유는 아마도 특정 인종에 대한 역사적인 억압과 노예의 유산, 사회적 편견 및 완고한 고집, 선입관 등이 남아 있기 때문이다. 이들 모두가 인종에 대한 논의를 어렵게 만들고 있다고 여겨진다. 앤드류 말레코프(Andrew Malekoff)는 집단에서 다양성을 다루는 원칙에 대해 분명하게 기술하고 있다. 그는 다양성을 갈등이나 위기 상황이 발생할 때 이에 대한 대응으로 논의할 것이 아니라 집단 논의의 기준으로 세울 것을 제안하였다. 나아가 그는 집단에서 인종문제, 특히 편견이나 경멸하는 말이 표현될 때마다 사회복지사가 이에 대해 직접적이면서 조심스럽게 직면할 것을 주장하였다. 말레코프는 문화적으로 상이한 집단성원들의 세계관과 가치관에 대해 서로 이해하고 존중할 수 있도록 하는 것이 중요함을 강조하였다.[12)]

알랜 브라운(Allan Brown)과 타라 미스트리(Tara Mistry)는 집단사회복지실천은 넓은 사회의 소우주라고 하였으며, 집단성원들의 준거틀은 사회적으로 이미 결정되었기 때문에 이 소우주 속에서도 상이할 수밖에 없다고 하였다. 그들은 다음과 같이 말했다.

> 흑인들의 준거틀 가운데 하나는 그들이 백인들이 통제하는 인종차별적인 사회에서 생활을 해 왔다고 믿는 것이며, 백인들의 준거틀 가운데 하나는 흑인 및 다른 소수민족 집단과 백인을 비교해 볼 때 백인이 더 나은 지위와 권력을 가졌다고 생각한다는 것이다.[13)]

브라운과 미스트리는 인종을 집단과정 및 집단성원들과 사회복지사의 감정에 강한 영향력을 행사할 수 있는 것으로 보았다.[14)]

인종과 문화 혹은 민족의 차이에 뿌리박혀 있는 갈등을 논의하는 것이 금지사항일 필요는 없다. 집단성원들 간의 의견 차이로 인해 갈등이 발생하였을 때처럼 집단성원들 간의 기술적 차이로 인해 갈등이 발생하였을 때도 이를 논의하는 것이 중요하다. 집단성원들이 다른 영역에 비해 이 문제에 대해 논의하는 것이 좀 더 어려울 수는 있지만 인종, 문화, 민족에 근거한 차이점을 다른 차이점과 별도로 분류하여 취급하거나 옆으로 제쳐놓지 말아야 한다. 이러한 차이점에 대해 논의할 때 고려해야 할 실천원칙은 이 장에서 논의하는 다른 실천원칙과 특별히 구분되는 것은 없다.

다음의 예는 사회복지사가 집단에서 문화적 차이점을 제기한 것이다. 집단은 열 명의 10학년(우리나라의 고등학교 2학년에 해당) 여학생들로 구성되어 있으며, 다섯 명은 흑인, 다섯 명은 라틴 계통의 학생으로 푸에르토리코와 도미니카 공화국 그리고 에쿠아도르에서 최근에 이민 왔다. 집단은 십대 임신예방 프로그램의 일부로서 여학생들이 성관계에 있어 또래집단의 압력에 굴복하기보다는 스스로 적극적인 선택을 할 수 있도록 돕는 것을 목표로 하고 있다. 이 집단은 시간제한적인 집단으로 8회기 동안 모일 예정이었다. 집단의 내용 중 대부분은 성에 관한 논의로서 일부는 교육적인 것과 성에 대한 태도를 포함하고 있었다. 집단이 어떻게 진행되는지를 사정하는 과정에서, 3회기에 사회복지사는 일부 여학생들은 적극적으로 말을 하는 반면, 일부 여학생들은 집단 내에서 일어나는 논의에 대해 상당히 관심 있어 하는 것 같기는 하지만 매우 조용히 있다는 것을 알게 되었다. 즉, 집단에서 적극적으로 말을 하는 여학생들은 주로 흑인이었던 반면, 말을 잘 안하고 있었던 여학생들은 주로 라틴계 학생들이었다. 사회복지사는 이 문제를 다음 모임에서 제기하기로 결정하였다.

여학생들이 앉자 사회복지사는 "지난 번 모임이 끝난 후에 내가 깨닫게 된 것을 여러분과 함께 공유해 보고자 합니다."라고 말하면서 시작하였다. 이어서 "여러분 가운데 우리 모임에서 어떤 사람들은 상당히 많이 참여하는 반면에 다른 사람들은 관심은 있는 것 같지만 말을 많이 하지 않는 것 같아요."라고 말하였다. 그러자 로버타가 중간에 끼어들면서 "맞아요. (동그란 원의 오른쪽에 앉아 있는 라틴계 여학생들을 몸으로 가리키며) 저 애들은 아무 말도 하지 않아요."라고 말했다. 그녀의 어투는 적개심에서 나온 것이라기보다는 사실을 있는 그대로 표현한 것이었다. 사회복지사는 "그래요, 나도 동의해요."라고 말하면서 "사실 우리 집단에서 말을 많이 하는 사람은 흑인들이고 조용한 사람은 라틴계 학생들이네요. 여러분도 그 사실을 알고 있나요?"라고 물었다. 많은 사람들이 한 목소리로 "그래요."라고 대답하고 사회복지사의 관찰에 동의한다는 뜻으로 고개를 끄덕였다. 사회복지사는 "나는 왜 그런지 알고 싶어요. 여러분은 어떻게 생각하나요?"라고 물었다.

그러자 여학생들은 사회복지사가 관찰한 것과 질문에 대해 오랜 시간 동안 탐색을 하였다. 라틴계 학생인 바네사가 "여러분은 우리를 이해하나요?"라고 물었다. 루이사는 "어떤 때 우리는 속어를 사용해요. 여러분은 우리가 하는 말이 무엇을 의미하는지 아나요?"라고 말하면서 영어를 이해하는 데 문제가 있다고 하였다. 그러면서 그녀는 "하지만 대부분은 이해해요."라고 덧붙였다. 로사, 이반 그리고 마리아는 한결같이 (영어를) 이해할 수 있다고 하였다. 로사는 "하지만 어떤 때는 여러분이 너무 빠르게 말해요. 그럴 때는 무슨 뜻인지 알아듣거나 따라가기 힘들어요."라고 말했다. 패트리샤는 "우리가 천천히 얘기하도록 노력할게요."라고 응답했다. 사회복지사는 "그래요, 그것이 도움이 될 것 같네요. 하지만 그보다는 뭔가 다른 것이 여기서 일어나고 있는 것 같아요."라고 말하였다. 그러면서 "우리는 성에 관해 많은 이야기를 하지요. 하지만 그 이야기를 쉽게 할 수 있는지에 있어서는 여러분 가운데 차이가 있는 것 같아요."라고 말하였다. 그러자 자넷이 "무슨 뜻이에요?" 라고 물었다. 사회복지사는 "뭐, 내 생각에 로사, 루이사, 이반, 안나 그리고 마리아는 아마도 성에 대해 이야기하는 것이 익숙지 않은 것 같고 실제로 그것에 대해 이야기하는 것이 어려운 것 같아요." 라고 사회복지사가 말하였다. (사회복지사가 말을 하는 동안 로사와 루이사는 이에 동의하듯이 고개를 끄덕였다.) 사회복지사는 계속해서 "그리고 내 생각에 자넷, 로버타, 패트리샤, 바네사 그리고 키샤는 성에 대해 이야기를 많이 해 본 것 같고 그것에 대해 말하는 것이 쉬운 것 같네요." 라고 말하였다. 로사가 먼저 반응을 보였는데 이것은 첫 모임에서 자신을 소개하라고 한 이후에 처음으로 말문을 여는 것이었다. 그녀는 "당신이 말한 것은 사실이에요. 우리나라에서는 성에 대해서 이야기하지 않아요. 그리고 낯선 사람과 성에 대해 말하지 않지요. 심지어 가족 내에서도 그것에 대해 말하지 않아요. 나의 엄마는 이 집단에 대해 별로 아는 것이 없어요. 하지만 우리가 여기서 성에 대해서 이야기한다는 것을 엄마가 알게 되면 아마도 이곳에 오는 것을 허락하지 않을 거예요." 라고 말하였다.

여기서 중요한 점은 사회복지사가 문화적 차이가 집단성원들의 참여에 영향을 미칠 가능성을 인식한 점과 그러한 가능성을 집단에 제기하려 했던 의지다. 사회복지사는 이를 비심판적이고 비난하지 않고 직접적이면서 솔직하게 말하였다. 이로 인해 집단성원들이 문화적 규범과 태도에서의 차이점을 충분히 비방어적인 방법으로 탐색하는 결과를 가져왔다. 나아가 집단성원들이 조숙하게 문제해결책을 찾으려 하자 사회복지사는 이 문제를 좀 더 탐색해 볼 수 있도록 도왔다. 결과적으로 집단성원에 대한 이해가 향상되었다. 사회복지사가 집단성원에 대해 관찰한 것을 설명하였을 때 성원들이 상대방과의 차이점을 적개적이고 모욕적인 방식으로 반응하였다면, 사회복지사는 이를 집단에게 지적하고 그러한 행동을 제한할 수 있었을 것이다. 하지만 사회복지사가 이 문제를 제기하였을 때 사용한 어조는 비난하지 않으면서 화가 나지 않은 것이었기 때문에, 집단성원들은 자신들의 차이점을 솔직하게 상대방을 존중하면서 반응하려는 의지와 능력을 갖게 된 것이다.

3) 성원들과 사회복지사 간의 기술적 특성의 차이

사회복지사들은 종종 그들과 기술적 특성이 상이한 집단성원들을 대상으로 일을 하는 경우가 있다. 사회복지사와 집단성원들 사이에 인종, 문화, 민족 등의 차이가 존재하는 것은 흔한 일이며 다른 기술적 특성들, 예를 들면 연령, 종교, 성별, 성향, 사회경제적 지위, 건강상태 등과 같은 것들에서도 차이가 있을 수 있다. 사회복지사들은 종종 이러한 차이점을 집단에서 공식적으로 인정하고 논의하는 것을 두려워하는데, 아마도 그러한 차이점을 인정하게 되면 집단성원들을 이해하지 못하거나 공감하지 못하거나 도움을 제공할 수 없다는 점을 인정하는 것이라 생각하기 때문이다. 하지만 집단성원들 간의 기술적 특성의 차이를 논의하는 것이 금기시될 필요는 없다. 오히려 그러한 논의가 집단경험을 더욱 풍요롭게 할 수도 있다. 그러므로 사회복지사와 집단성원들 간의 기술적 차이점을 인정하고 이를 파악하고 탐색할 필요가 있다.

집단성원들과 사회복지사 간의 기술적 특성의 차이를 논의하기 위해서는 사회복지사가 자신을 편안하게 생각할 수 있어야 하며, 오점이 있는 자신의 기술적 특성이나 경험 혹은 상황에 대해 방어적이지 않아야 한다. 핀더휴즈는 사회복지사가 다양한 문화적 배경을 가진 사람들의 다양한 관점과 욕구 그리고 가치관을 이해하고 인정할 수 있어야 하는 것이 중요함을 강조하였다. 그렇게 하기 위해서는 사회복지사들이 자신의 문화적 배경을 인식하고 이해할 뿐만 아니라, 그러한 배경이 타인과의 상호작용에 어떤 방식으로 영향을 미치는지를 인식하고 이해해야 한다고 주장하였다.[15)]

자기인식을 획득하는 것과 더불어 사회복지사는 자신들이 상대하고 있는 집단성원들의 경험과 상황을 가능한 많이 학습해야 할 책임이 있으며, 그러한 경험과 상황을 실제로 살아 보거나 경험하지 않았다 하여도 이해하려는 노력이 필요하다. 한편, 이것은 사회복지사의 숙제기도 한데, 집단성원들에 관한 중요한 지식을 습득하기 위해 집단 시간 외에 별도의 시간을 쏟을 필요가 있다. 그러한 지식이 모두 클라이언트로부터 나오는 것은 아니다. 집단성원들이 일차적으로 사회복지사들을 가르치려고 집단에 있는 것은 아니기 때문이다. 사회복지사가 천진난만한 소녀와 같이 집단성원들에게 그 자신을 가르쳐 달라고 간절하게 애원하는 것은 공평하지 못하다. 또한 사회복지사가 잘난 체하며 집단성원에 대해 모든 것을 알고 있는 것처럼 행동하는 것도 도움이 되지 못한다. 그보다 사회복지사는 현재의 기술적 차이점에 대해 솔직하고 개방적인 태도를 취할 필요가 있다.

집단성원들이 때로 사회복지사와 집단성원 간의 기술적 차이점을 제기할 수 있다. 그 예로서 노인센터의 문학토의 집단에서 발췌한 것을 제시하였다. 여기서는 연령 차이가 갈등의 주요 원인이 되었는데, 사회복지사는 29세며 성원들의 평균연령은 80세가 넘었다. 다음은 집단의 10회 및 11회 모임에서 발췌한 것이다.

랄프: 당신과 같이 젊은 사람이 내 나이의 사람을 이해하거나 돕는다는 것은 있을 수 없어요. 그것이 잘못되었다는 것은 아니지만. 내 말은 당신이 어떻게?

힐드: 아, 아녜요. 그 말이 사실이라고 생각하지는 않아요. 리차드(사회복지사)는 매우 도움이 돼요. (다른 사람들도 동의하는 말을 하였다.)

사회복지사: 잠깐만요. 나도 이 문제에 대해 종종 생각해 보았는데요. 랄프, 내가 당신을 도울 수 없다고 생각하는 이유가 뭐죠?

랄프: 글쎄, 아마도 이런 것일 거예요. 당신이 여기서 잘한다고 생각하지 않기 때문에 그런 것은 아니에요. 왜냐면 당신은 집단을 잘 운영하고 있어요. 내 나이가 86세입니다. 나는 당신 나이 때에는 꿈꾸지도 못했던 신체적인 문제를 가지고 있는데, 내가 그런 문제에 대해 생각해 보지 말았어야 할 아무런 이유도 없어요. 그리고 왜 그래야지요? 나는 당신보다 56년의 삶을 더 살았어요. 하지만 그것이 내가 당신보다 더 많이 안다거나 낫다는 것을 의미하지는 않아요. 단지 내가 더 많은 경험을 하였다는 것이지요.

엘라: 하지만 나는 그렇게 생각하지 않아요. 원한다면 어떤 사람이든 다른 사람을 이해할 수 있다고 생각해요. 불난 사람에게 불난 것을 얘기하기 위해 꼭 불 속에 뛰어들어야 하는 것은 아니지요.

힐드: 내 친구 가운데는 나보다 젊은 사람들이 많아요. 그들의 생각과 에너지로 인해 나도 젊게 되는 것 같아요.

사회복지사: 하지만 그들이 당신과 어울릴 수 있다고 생각하세요? 그들이 당신과 같이 나이든 사람을 이해할 수 있다고 생각하세요?

힐드: 그들이 어떻게 그럴 수 있어요? 그렇게 해야 할 이유가 뭐죠?

랄프: 바로 그거에요. 그들이 우리를 이해해야 할 이유가 없죠. 우린 재미가 없는 사람이 아니에요. 사람이 젊었을 때는 세계가 그 사람 손에 있지요. 세상에 달려들 준비가 되어 있고 또 그래야만 해요. 하지만 내 나이가 되면 여러 가지 일에 자신이 없어져요. 당신이 답이라고 생각했던 것에 대해 실제로 답이 없다고 느끼게 되지요.

사회복지사: 하지만 여러분도 알다시피 나는 여러분을 이해하기 원해요. 그리고 그렇게 할 수 있다고 생각해요. 여러분의 모든 것을 이해할 수는 없지만, 또 그렇게 많이 이해할 수는 없지만 일부분은 이해할 수 있습니다. 우리가 얘기하는 것 가운데 공통점이 있다고 생각해요. 즉, 주고받는 것이지요. 당신은 86세고 나는 29세지요. 하지만 우리는 삶에서 뭔가 의미 있으면서 만족스러운 일을 찾고 있는 남자라는 점이지요.

랄프: 그 점은 어느 정도 사실이에요. 하지만 이렇게 생각해 봐요. 내가 의사진료실에 앉아 있을 때나 길을 따라 걸어갈 때, 내 나이대 혹은 나와 비슷한 비참한 건강상태를 가진 누군가를 만나면 서로 아는 눈짓을 하지만 그러한 눈짓에는 당신이 단순히 얘기할 수 없는 어떤 이해가 있지요.

사회복지사: (침묵함)

그레타: 랄프가 얘기하는 것은 사실이에요.…… 하지만 그 점이 너무 지나칠 수도 있어요.

사회복지사: 지나칠 수 있다는 것이 무슨 뜻이지요?

그레타: 나는 지적인 사람과의 관계에서 가치 있는 것을 얻을 수 있다고 생각해요.

몰리: 지적 능력이 유일한 기준은 아니에요. 감수성과 공감할 수 있는 능력도 필요해요.

그레타: 나는 그것이 지적 능력의 일부라고 생각해요.

사회복지사: 잠깐만요. 우리 젊은 사람이 나이든 사람에게 도움이 될 수 있는지의 문제에 집중하기로 하죠. 길거리를 건널 때 돕는 것 말고요. 랄프, 당신이 처한 위치에 있는 사람들과 공통점을 찾을 수 있다는 점에 대해 아주 잘 이해하고 있어요. 하지만 당신이 말하는 공통점에 관해 당신과 내가 할 수 있는 일이 무엇이지요?

랄프: 좋은 질문이에요. 생각해 보지요.

힐드: 나는 내 나이 또래의 사람들과 같이 앉아 있으면서 한숨 쉬고 있기보다는 내 나이를 잊어버리고 젊은 사람과 함께 있기를 원해요.

사회복지사: 하지만 여러분은 자신의 나이를 정말 잊어버릴 수 있나요?

몰리: 나는 그렇게 생각하지 않아요.

힐드: 하지만 그 속에서 살 필요는 없잖아요!

엘라: 자, 보세요. 우리가 그것에 대해 어떻게 생각하든 간에 그 문제는 거기 그대로 있어요.

사회복지사: 랄프에게 한 질문을 집단에 물어 보고 싶어요. 나이든 사람으로서 당신들은 젊은 저와 어떠한 공통점이 있나요? 여러분과 나의 연령 차이가 우리의 관계에 어떤 방식으로 영향을 주나요?

에이다: 모든 사람이 각기 다른 경험을 갖고 있어요. 여기에 있는 어떤 사람도 똑같은 사람은 없다고 생각해요. 그리고 우리 모두 서로에게서 배울 수 있다고 생각해요. (침묵)

랄프: 흠……꼭 짚어서 말할 수는 없지만, 아마도 난 당신의 젊음에 화가 난 것 같아요.

사회복지사: 흠!

랄프: 알다시피 내 자신도 한때는 멋있는 사람이었어요.

그레타: 이제 당신은 멋있는 나이든 사람이에요. (웃음)

랄프: 젊음이란 그 자체가 확실한 것 같아요. 태도에서 동요함이 없어요.

사회복지사: 자, 보세요, 랄프. 당신은 내가 노화에 대해 갖고 있는 생각과 똑같은 생각을 젊음에 대해 갖고 있어요. 나는 내 자신에 대해 확실한 것 같지도 동요함이 없는 것 같지도 않아요.

랄프: 아네요. 분명 그래요!

사회복지사: 왜죠?

랄프: 그것이 젊다는 것의 기쁨 가운데 하나니까!

(일주일 후)

힐드: 랄프, 지난 주에 나는 당신이 젊은이에 대해 얘기한 것을 생각하면서 내가 경험한 것을 얘기해 주려고요. (그녀는 33세 된 여자 안과의사를 만나게 된 것에 대해 이야기하였다. 그녀는 자신이 그 안과의사를 얼마나 좋아하는지에 대해 종종 이야기하고는 했다. 이번 진료시간에 힐드는 자신의 시력이 떨어지는 것에 대해 얼마나 우울한지에 대해 안과의사에게 말하였다. 의사는 그러한 말에 대해 비난하듯이 말하면서 겉으로는 위로하는 말을 역겹게 하였다. 힐드는 의사가 자신의 문제를 이해하지 못하는 것에 실망하였다고 했다. 그리고 랄프가 말한 것처럼 젊은 사람은 노인을 진정으로 이해할 수 없다는 말이 옳다고 하였다.)

사회복지사: 잠깐만요! 저는 재판을 받아 보지도 않은 상태에서 죄가 성립되었네요. 당신의 의사가 진정 공감이 부족했던 것은 사실이지만 그녀는 단지 한 사람일 뿐이에요.

랄프: 아네요. 그렇지 않아요. 젊은 사람들이 이해하지 못하는 것들이 있다니까요. 그런 문제를 실제로 똑같이 경험해야 할 필요는 없어요.

사회복지사: 그 말이 어느 정도는 사실이라고 생각해요. 하지만 그 안과의사가 잠깐 동안 당신이 한 말을 생각해 볼 수 있었을지 않았을까, 그저 현재 상황이 점점 어려워지고 어려운 일들이 계속되고 하는 것에 대해 단순히 말 한마디만 하지 않았다면…….

엘라: 그래요. 그랬어야지요. 내가 아는 젊은이들 가운데는 매우 이해심이 많은 사람이 있어요.

몰리: 찰스 디킨스가 노인들에 대해 매우 예리하게 썼을 때도 젊었을 때였어요.

랄프: 맞아요. 그도 노인에 대해 썼어요. 하지만 모든 것이 추측이었어요. 알다시피 그럴 수밖에 없었지요.

사회복지사: 물론 그야 사실이죠. 하지만 암환자를 돕기 위해 암을 갖고 있어야 한다든지,

범죄자들을 대상으로 일을 하기 위해 도둑이 되어야 한다고 생각하지는 않아요. 여러분이 자신에 대해, 여러분이 인식하지 못한 어떤 점에 대해 보다 편안해 할 수 있도록 도울 수 있다면 혹은 내가 여러분에게 의미가 있거나 관심이 있는 논의를 할 수 있도록 돕는다면 나는 도움을 제공하고 있다고 생각해요.

랄프: 그래요, 맞아요. 나도 그 말에 동의해요. 하지만 당신이 우리와 공감하는 데는 어느 정도 한계가 있다고 생각해요.

사회복지사: 흠…….

사회복지사가 성원들의 연령에 비해 매우 어린 점으로 인해 집단성원들은 사회복지사가 그들을 이해할 수 있을지에 의문을 제기하였고 사회복지사는 이를 침착하게 다루고 있다. 랄프와 힐드가 예리한 질문을 통해 사회복지사에게 도전함에 따라 사회복지사는 종종 방어적이게 되었다. 하지만 사회복지사는 자신의 경향을 곧 알아차리고 원상태로 돌아가려고 하였다. 일부 성원들이 이 문제를 슬그머니 감추려 할 때 사회복지사는 그것을 좀 더 탐색해 보도록 하였다. 가장 중요한 것은 사회복지사가 기술적 특성의 차이점을 점검하는 것에서 도망치려 하지 않고 오히려 이를 탐색해 보도록 촉진하였다는 점이다.

사회복지사는 자신과 집단성원들 간의 기술적 차이점이 집단에서 발생하고 있는 일에 영향을 준다고 판단할 때도 이를 집단에 제기할 수 있다. 다음은 지역사회에 위치한 청소년서비스 기관의 편모를 위한 집단의 4회 모임에서 발췌한 사례다. 공동지도자 한 사람과 집단성원들은 모두 흑인이었다. 공동지도자 가운데 다른 한 사람만이 백인이었다. 이 사례는 사회복지사의 기록에서 발췌한 것이다.

어머니들은 자녀들이 학교에서 경험하였던 일들에 대해 이야기하고 있었다. 그들은 자녀들이 학교에서 교직원들에 의해 부당하게 대우받고 있는 상황에 대해 이야기하였다. 자녀들이 하지도 않은 일에 대해 비난을 받거나 교직원들이 자녀들의 이야기를 들어주지도 않으며 교실 뒤편에 앉아 있도록 하는 등에 관한 이야기였다. 그들의 이야기 가운데 인종에 관한 말은 한 번도 언급되지 않았다. 하지만 내 판단에는 그들이 그 학교의 백인교사에 대해 이야기하고 있었으며, 내가 집단에 있기 때문에 그 교사의 인종에 대해서는 얘기하지 않는 것 같았다.

나는 계속 생각하면서 어떻게 해야 할지 고민하였다. 마침내 나는 "질문 하나 해도 될

> 까요."라고 말을 꺼냈다. "이 방에 있는 유일한 백인으로서……." 내 말이 채 끝나기도 전에 조앤이 "아, 우리가 몰랐네요."라고 좋은 뜻으로 빈정거리듯이 말했다. "아마 여러분이 말하고 있는 사건들 가운데 인종문제가 중요한 요인일 것이라 생각하는데요. 특히, 여러분의 자녀가 학교에서 부당하게 대우받고 있다고 말하는 것이 백인교사에 의한 것인지 혹은 여러분의 자녀가 흑인이라는 점이 부분적으로 작용하지 않았나 생각해 봤어요." 내 말에 대한 반응은 가지각색이었다. 어떤 성원들은 인종이 중요한 요인이라 생각한 반면, 어떤 성원들은 그렇지 않다고 하였다. 여기서 중요한 것은 그들의 실제 반응이 아니었다. 정말 중요한 것은 내 생각에는 내가 인종에 대해 구체적으로 언급하여 그러한 문제에 대한 실마리를 찾았다는 것이다. 결국 이 문제는 탁자에 놓여졌고 우리 모두가 인종문제를 집단에서 얘기할 수 있게 되었다는 것이다. 우리는 더 이상 달걀껍질 위를 걷지 않아도 되었다. 이제 우리 모두는 그 점에 대해 알고 있었다.

사회복지사의 사정은 정확하였다. 이 예에서 제시된 것은 인종을 포함한 기술적 특성의 차이점이 공개적으로 논의될 수 있다는 점이다. 이것이 금기사항은 아니지만 논의의 적시성이 고려되어야 할 필요성은 있다. 이 사례에서 집단성원들이 논의하고 있는 사건들 가운데 인종이 중요한 요인인 것에 대한 사회복지사의 질문은 현실적인 것이었다. 집단성원들이 논의하고 있는 내용들 가운데 인종의 요인이 아주 자연스럽게 떠오른 것이었다. 사회복지사는 인종 차이를 가상적으로 제시하거나 제기해야 한다는 의무감으로 제기하지 않았다. 오히려 이 상황에서 문제점은 인종 차이가 현실적인 문제고 제기해야 할 필요성을 회피하는 것은 집단의 과업을 축소시키고 제한을 둔다는 것이었다.

갈등과 차이점을 직접적으로 논의하는 것은 집단의 사회복지실천에서 중요하면서 핵심적인 것이다. 갈등이 의견 차이나 기술적 차이에 근거한 것이든, 성원들 간의 갈등 혹은 성원들과 사회복지사 간의 갈등에 근거한 것이든 상관없다. 그러한 논의는 집단에 대한 이해를 확장시키고 관점을 넓게 하며 집단생활을 풍요롭게 한다. 또한 그러한 논의는 집단성원들 간의 관계 및 성원들과 사회복지사의 관계를 강화시키며, 각 성원이 집단 밖의 개인적인 삶에서 겪을 수 있는 갈등을 다루는 능력을 향상시킨다. 갈등과 차이점에 대한 논의를 회피하는 것은 집단의 과업을 방해하는 것이며 집단이 목적을 성취할 수 있는지에 대해 의심을 갖게 한다.

제10장 집단성원들의 역할

집단의 활동을 통해 집단성원들은 각기 다른 역할을 수행한다. 어떤 사람들은 과업역할을 수행하여 집단의 목적을 성취하는 데 긍정적인 기여를 하는 반면, 어떤 사람들은 사회정서적 역할(socioemotional roles)을 수행하여 집단성원들 간에 긍정적인 관계를 형성할 수 있도록 돕는다. 과업과 사회정서적 역할 모두 부정적인 영향을 미치기도 한다. 즉, 과업역할 가운데 어떤 것은 집단의 목적을 성취하는 데 방해가 되며, 어떤 사회정서적 역할은 집단성원들 간의 긍정적인 관계 형성을 흩트린다. 사회복지사는 집단 내에 존재하는 역할들과 이것이 수행되는 방식을 지속적으로 인식하고 있어야 한다. 또한 집단성원들의 역할을 차별화된 방법으로 다루기 위해 개입하여야 하며, 특히 개별성원 및 집단에게 부정적으로 영향을 미치는 역할에 대해 집중적으로 개입하여야 한다. 집단 발달단계의 포함-적응(오리엔테이션) 단계에서 사회복지사는 성원이 자신이나 집단의 다른 성원들에게 해가 되는 행동을 하는 것을 예방하기 위해 적극적이고 직접적으로 개입할 필요가 있다. 하지만 집단이 중간단계로 진행하게 되면, 사회복지사는 집단성원들이 부정적으로 형성된 역할을 직시할 수 있도록 돕고 이러한 부정적인 역할을 다루기 위해 문제해결 과정을 적용할 수 있다.

1. 역할의 개념

역할의 개념은 집단성원들이 스스로 혹은 다른 성원들에 의해 특정 역할을 취하도록 한다는 점에서 소집단에서 핵심적인 것이다. 또한 집단은 다양한 역할을 실험해 볼 수 있는 기회를 제공하는 장소기도 하다.

사람이 특정 역할을 수행할 때는 다른 사람들이 그의 행동에 대해 갖는 일정한 기대에 부응하게 되며, 더불어 자기 스스로 정한 기대와 동기에 일치하도록 행동한다. 두 사람이 동시에 하나의 역할을 똑같이 수행하지는 않는다. 어떤 사람이 기대를 충족하게 되면 일반적으로 그 사람은 긍정적인 환류를 받게 된다. 하지만 기대를 충족시키지 못하면 부정적인 제재가 가해질 가능성이 높다. 특정 역할수행에 대한 기대는 집단성원들 간의 합의로 도출되기도 하지만 그렇지 않을 수도 있다. 어떤 행동에 대한 기대는 그 역할을 감당한 사람 및 사회체계와 그 구성요소들, 나아가 더 큰 사회적 환경의 기대와 요구에 의해 영향을 주고받는다. 한 개인의 역할은 정체된 것이 아니다. 그 사람이 행동하고 다른 사람들이 그 행동에 대해 반응하게 됨에 따라 계속해서 재정의된다.

어떠한 역할을 누가 어떤 방식으로 수행할 것인지를 규정하게 됨에 따라 역할들은 차별화된다. 역할분담이 일정기간에 걸쳐 안정되면 책임수행에 대한 기대는 제도화된다. 따라서 가족은 남편-아내, 아내-엄마, 아들, 딸 등과 같은 전통적인 역할을 갖는다. 이러한 역할들은 연령, 성별, 결혼 여부 등을 근거로 사회가 한 개인에게 자동적으로 부여한 역할의 예라 할 수 있다. 또래집단에서는 집단성원의 기본적인 역할이 있는데, 이 역할은 특정 집단에서 그 성원이 차지하고 있는 위치와 연관이 있다. 집단에서 각 성원의 역할은 사회복지사 및 집단성원들과의 관계며 성원의 특성과 행동에 대해 외부체계가 갖고 있는 기대인 것이다. 한 사람의 지위와 역할 구조가 효과적으로 진행되기 위해서는 다양한 역할기대가 명료하게 표현될 필요가 있다. 마빈 쇼(Marvin Shaw)는 연구결과를 통해, 역할 갈등은 일반적으로 가장 중요한 역할을 감당하고 있는 사람이나 집단의 선호에 따라 해결될 수 있다고 주장하였다.[1] 기대와 관련된 갈등의 정도가 어느 정도 감소될 것인가는 집단에서 역할체계의 효과성을 결정한다.

사회복지의 목적에 있어 영향력 있는 집단이란 집단성원들의 역할이 성원들과 사회복지사 간의 관계에서 협력적인 것으로 규정된 경우다. 사람들은 단지 도움을 활용(help-using)하거나 클라이언트의 역할로만 있는 것이 아니라 다른 사람에게 도움을 제공하는 역할(help-giving)도 한다. 따라서 상호원조 체계가 만들어지고 활용되는 것이다. '성원' 이라는 단어는 한 개인이 집단에 소속되어 다른 사람들과 서로 의지하는 것을 말한다. 집단성원들은 사회복지 과정, 즉 목표설정, 수단의 선택, 사정 및 평가 과정 등과 같은 모든 측면에 관여하는 참여자들이다. 달리 표현하면 집단은 민주적인 체계로 운영된다. 이를 강조한다고 해서 개인과 집단의 구조와 과정에 영향을 미칠 수 있는 사회복지사의 권위를 부정하는 것은 아니다. 오히려 이것은 사회복지사의 영향력이 활용되는 방식을 의미한다. 또한 상호성을 강조하는 것이 집단성원들 간의 지도력 기능의 발달을 부정하는 것도 아니다. 이것은 집단성원들이 집단의 목적과 능력 및 다른 성원들의 권리 내에서 선택의 자유가 있음을 의미한다. 집단성원들은 자신들과 집단성원들을 위해 그러한 자유를 최대한 활용할 필요가 있다. 각 개인은 자신의 능력에 따라 기여하며 그 기여가 가치 있음을 인정받는다. 사회복지사와 집단성원들의 역할은 모든 면에서 분명해야 하며, 집단 내에서 발달하는 공식적인 역할이 차별화되어 이에 따른 기대 또한 분명할 필요가 있다. 이러한 역할의 개념이 사회복지 전문직의 가치를 수행하는 것이다.

집단이 조직화됨에 따라 특정 성원들은 집단의 목적과 구조에 관련된 공식적인 지위를 획득할 수도 있다. 예를 들어, 임원, 조정자, 위원 등이 있으며 이들 각각에 따른 특별한 기대가 있다. 어떤 사람들은 그러한 지위를 선택한 결과 그 지위를 획득하는 반면 어떤 지위는 집단의 유지를 위해 만들어진다. 대체로는 이 두 가지가 복합되어 만들어진다. 다른 사람들에게 특정 방식으로 영향을 미치는 권위는 이러한 제도화된 역할 속에 내재되어 있다. 이 역할들은 집단이 공식적으로 조직한 구조의 일부분이다.

1) 과업역할

로버트 베일즈(Robert Bales)와 필립 슬레이터(Phillip Slater), 케네스 베니(Kenneth Benne)와 폴 쉬츠(Paul Sheats), 그레이스 코일(Grace Coyle) 등은 다양한 과업역할을 규명해 왔다.[2] 과업역할은 그 과업이 개인의 문제해결을 위한 것이든, 집단행동에 필요한 의사결정을 위한 것이든 간에 항상 존재한다. 과업역할의 한 예를 들어 보면, 정보 혹은 의견 수집자로서 특정 상황에 대한 정보와 제안 및 의견을 명확히 하기 위해 정보를 요청하는 사람이 있다. 이것의 반대 역할은 정보 제공자로서 사실이나 통칙, 경험이나 집단이 관여하고 있는 경험과 관련된 의견 등을 제공해 주는 사람이다. 집단의 어떤 성원은 자신의 감정을 표현함으로써 다른 사람들도 자신과 같이 감정을 표현해 보도록 격려하거나 집단 내에서 다른 사람들의 감정을 모색해 보도록 격려한다. 또 어떤 성원은 일반적으로 새로운 활동이나 주제 혹은 문제에 대한 작업수단을 주도하거나 제안하기도 한다. 구체화하는 사람(elaborator)은 표현된 감정이나 다른 사람의 제안을 예시나 의미 혹은 제안서의 결과 측면에서 보다 발전시키는 사람이다. 조정자(coordinator)는 다양한 관점을 조정하거나 하위집단의 활동을 조정하는 역할을 하는 사람이다. 비판자(critic)는 다른 성원의 판단이나 물건 혹은 집단의 기능에 대해 판단하고 표현하는 사람이다. 비판자는 제안서의 논리나 실현가능성에 대해 질문하고 평가하기도 한다. 이외에 다른 과업역할로는 교사, 활동의 시범자, 집단을 위한 대변인, 기능인, 서기 등이 있다.

2) 사회정서적 역할

제도적 혹은 과업 역할과 더불어 모든 집단은 개인적 역할, 보다 정확하게는 노마 라딘(Norma Radin)과 쉴라 펠드(Sheila Feld)가 명명한 상황적 역할을 갖는다.[3] 이러한 역할들은 긍정적이든 부정적이든 집단과 성원들의 사회정서적 욕구 및 특성에 맞추어져 있으며, 종종 수줍은 사람, 학자, 광대, 희생자, 독점자 등과 같은 이름이 붙여지게 된다. 경우에 따라서는 격려자(encourager)로서 다른 사람을 칭찬하거나 지지와 확신을 보내 주거나 다른 사람의 공헌을 수용하는 역할을 한다. 화합자(harmonizer)는 성원들 간의 차이점을 파악하여 동의하지 않는 부분을 화합할 수 있도록 시도하고 어려운 상황에서 긴장을 해소하도록 한다. 자아이상적인 사람(the ego-ideal)은 집단의 가치를 구체적으로 표현하는 사람으로서 동일시의 대상이 된다. 괴롭히는 자(the bully)는 집단성원들에게 겁을 주고 성원들이 집단에서 불안하게 느끼도록 한다. 도움을 거절하는 불평자(the help-rejecting complainer)는 집단성원들에게 도움을 요청한 후 그들이 제시한 제안을 거부하도록 분위기를 조성하여 성원들을 화나고 초조하게 만든다.

2. 역할의 유연성 향상

집단에서 나타나는 역할은 그 역할을 맡고 있는 개인 및 집단 모두에게 긍정적일 수도 있지만 때로 서로 파괴적일 수도 있다. 마가렛 하트포드는 역할의 형성이 정형화를 가져온다고 하였다. 즉, "한 개인은 집단 내에서 정형화되어 기대되는 행동들에서 벗어날 수 없게 된다. 따라서 그 사람은 자신이 변화시킬 수 없는 행동 유형에 사로잡힐 수 있으며, 그의 참여 및 기여도는 제한될 수 있다."고 주장하였다.[4] 이러한 역할을 이해하기 위해 사회복지사는 한 개인이 집단 내에서 어떤 역할을 감당하고 있는지 그리고 다른 성원들과 집단 상황에서 개인에게 기대된 행동을 하도록 만드는 것이 무엇인지를 고려할 필요가 있다. 여기서 개인과 집단의 영향력은 복잡하게 조합되어 작용하게 된다.

집단성원들이 특정 역할로 정형화되면 성원들은 그들에게 붙여진 꼬리표(label)로 더 잘 알려지게 된다. 그리고 그들이 다른 역할로 집단에 기여하는 것은 무시된다. 자신들의 욕구와 상관없이 특정 역할로 정형화되고 그 역할에 고정되는 것이다. 자신에게 던져진 혹은 자신이 스스로 취한 역할은 자신이 할 수 있는 것과 할 수 없는 것에 대한 자신의 인식에 영향을 주게 되어 결과적으로 자아존중감에 영향을 미친다. 하트포드는 사회복지사의 역할은 "집단조직과 집단목표의 추구와 일치하는 역할을 강화하는 것이며, 집단과 개인이 서로의 이익추구를 방해하는 것을 감소시키는 것이다."라고 주장하였다.[5]

사회복지사는 집단성원들의 역할의 유연성을 촉진하고 집단성원들이 특정 역할에 영원히 고정되지 않도록 하는 노력이 필요하다. 집단에서는 종종 성원의 역할이 특정 행동 양상으로 고정되어 집단이 그 성원에게는 특정 방식으로 규칙적이게 행동하도록 기대한다. 한 성원을 특정 역할에 고정시킨다는 것은 집단성원들이 그 사람에게 기대하는 방식 이외에는 다른 방식으로 행동하는 것을 허용하지 않으며, 그 사람이 다른 방식으로 행동하기를 원해도 허용하지 않는다는 것이다. 예로서 광대 역할을 하는 사람을 들 수 있다. 집단의 초기단계에서 광대 역할을 하는 사람은 집단에게 웃음을 가져다 주며 불안감이 있을 때 긴장을 해소하게 해 주어 결국 집단성원들에게 환영받고 보상받게 된다. 하지만 집단이 점차 진행하게 되면서 그 사람이 보다 진지해지려고 할 때 어떤 일이 발생하겠는가? 광대 역할을 하는 사람이 진지해지려고 하면 다른 성원들은 실망감에 빠지게 된다. 집단성원들은 그 사람이 항상 웃기는 광대 역할을 수행할 것을 기대하기 때문이다. 하지만 광대 역할을 맡은 사람이 진지해지려는 노력은 행동의 긍정적인 변화를 의미하는 것이며, 보다 진지해지고 존중받기 시작하는 것임을 의미하는 지표일 수도 있다. 집단성원이 되면서 가질 수 있는 기회 가운데 하나는 집단성원들이 다양한 행동을 시도해 볼 수 있는 기회를 갖는다는 것이다. 한 성원을 특정 역할에 고정시키는 것은 그 성원의 자격 가운데 일부를 박탈하는 것이다. 나아가 경직되게 역할기대를 하게 되면 그 성원이 집단에 가져올 수 있는 새로운 공헌을 집단으로부터 빼앗는 것이다.

3. 친숙한 역할들

집단 내에서 존재할 수 있는 역할의 수와 범위는 매우 다양하다. 아마도 가장 매력적이면서 복잡한 것은 집단성원들이 가정하는 역할행동이거나, 그 성원의 만족 혹은 집단의 특정 만족도와 관련하여 성원이 강제로 그 역할을 맡도록 강요당하거나 혹은 무의식적인 욕구에서 나온 역할행동일 것이다. 이러한 역할은 대부분 자신들의 정서적 욕구를 표현하는 사람들이 기대하게 된다. 하지만 친숙한 역할행동을 만들고 유지시키는 데는 개인과 집단의 욕구 간에 항상 어느 정도의 상호작용이 있다는 사실을 염두에 둘 필요가 있다. 이러한 역할 가운데 일차적인 것은 독점자, 외톨이 그리고 희생양이다.

1) 독점자

집단 상황에 보편적으로 나타나는 독점자(the monopolizer)는 역기능적인 역할이다. 집단에서 독점자는 무대의 중앙을 차지해야 한다고 느끼는 사람이다. 이러한 사람은 집단의 초기단계에서는 다른 성원들이 조용히 있으면 불안해 할 수 있다. 따라서 독점자는 다른 사람들의 침묵을 채우기 위해 계속해서 이야기하고 또 이야기한다. 반대로 독점자는 다른 사람이 관심의 중심이 될 때 불안해할 수 있으며, 계속해서 말을 함으로써 중심적인 지위를 유지하려고 노력할 수도 있다.

성원들이 독점자를 대하는 방식은 대체로 집단이 진행됨에 따라 변화한다. 집단의 초기단계에서는 집단성원들이 자신들에 대해 불확실해하면서 불편함을 느끼게 되므로 독점자가 환영을 받는다. 다른 성원들은 집단의 누군가가 이야기를 하게 되므로 침묵해도 되고, 침묵을 누군가가 메워야 한다는 압박감에서 벗어날 수 있게 된다. 하지만 집단이 진행됨에 따라 다른 성원들이 말을 하고 싶어 하거나 말을 해야 할 때 독점자가 다른 사람들에게 짜증을 유발할 수도 있다. 이 시점에서 독점자가 계속해서 말을 하면 다른 성원들은 의자를 다른 방향으로 돌리거나, 눈알을 뒤로 굴리거나, 크게 한숨을 쉬거나, 이를 용납하지 않는 다른 표시를 하게 된다. 이제 독점자는 집단 초기에 있었던 다른 사람들의 긍정적인 면보다 그들의 짜증을 더 느끼게 된다. 이로 인해 독점자는 말을 더 많이 하게 되는데, 이는 다른 성원들의 공격으로 인해 자신이 중지하게 될까 두려워하기 때문이다. 아마도 독점자의 무의식적인 측면에서는 집단에게 계속 말을 함으로써 다른 사람들을 달래거나 다른 곳으로 전환시켜, 초기에 말을 많이 하는 것에 대해 다른 사람들이 보였던 보상이 다시 되돌아올 것이라 생각할 수도 있다.

2) 외톨이

외톨이(the isolate)는 다른 사람과의 유대관계가 결여된 사람이다. 소외란 상대적인 개념이다. 이는 다른 사람들로부터 완전히 분리되는 것이 불가능하기 때문이다. 모든 외톨이가 집단 내에서 같거나 비슷한 처지에 있는 것은 아니다. 한 사람이 집단에서 낯선 사람이면 일시적으로 소외되는 것은 정상이며 그렇게 기대된다. 이는 집단에 합류하는 것에 대해 어느 정도의 양가감정이 있을 수 있기 때문이며, 집단의 기존성원들 가운데서도 새로운 성원에 대해 양가감정을 가질 수 있기 때문이다. 어떤 사람들은 다른 사람들보다 새로운 상황에서 보다 쉽고 빠르게 사람들과 유대관계를 형성할 수 있다. 소외의 형태 가운데 하나는 집단으로부터 심리적인 철회를 하는 것이다. 어떤 성원들은 집단 내에서 자신의 위치를 파악하기보다는 철회를 하는데, 이는 아마도 집단에 대한 관심의 결여라기보다 집단에 대한 두려움이 있기 때문일 것이다.

어떤 사람은 집단이 그 사람을 거부하기 때문에 외톨이가 되기도 한다. 그 이유 가운데 하나는 그 사람이 집단의 가치와는 너무나 빗나가게 행동하기 때문에 집단의 성원들이 그를 이해할 수 없기 때문이다. 또 다른 이유는 그 사람이 초기의 소외를 부적절한 방식으로 해소하려고 시도하기 때문일 수도 있다. 예를 들어, 어떤 외톨이는 상관하지 않는다는 자세나 만용으로 다른 사람들이 어떻게 생각하든지 자신은 신경쓰지 않겠다는 태도를 취할 수 있다. 이렇게 거부된 외톨이들로 인해 악순환이 이루어지게 된다. 이러한 외톨이는 일반적으로 애정을 원하고 필요로 하지만 애정을 받는 것에 실패하면 심각한 상처를 받아 점차 적대적일 수 있다. 그런 다음 적개심으로 인해 죄책감을 느끼게 되며, 집단 내에서 자신의 위치에 대해 상당한 불안을 경험하게 된다. 다른 성원들은 따돌림을 당한 외톨이에게 그가 원하는 긍정적인 반응을 보이지 않게 되어, 결국 심리적으로 그 외톨이는 집단의 성원이 되지 못하는 것이다.

집단에서 극소수의 사람이 따돌림당한 외톨이 같은 어려운 상황에 처하게 되지만 집단에 진정으로 소속감을 갖지 못하는 성원도 있을 수 있다. 어떤 성원들은 집단의 주변에서 거의 외톨이가 되기도 한다. 그런 성원들은 집단에 속하기를 원하지만 자신들이 최소로 집단에 수용되었다고 느끼면서, 아직 자신들이 완전히 집단에 속하였다고 느끼지 못한다. 그들은 종종 집단을 매우 필요로 하기 때문에 집단으로부터 철회하기를 원치 않는다.

3) 희생양

희생양(the scapegoat)의 어원은 성경에서 나온 것으로 고대 히브리 사람들의 속죄제로 거슬러 올라간다. 이 제사는 마을의 대제사장이 사람들의 죄를 상징적으로 염소의 등에 올린 다음 이 염소를 광야로 돌려보내 사람들의 죄를 깨끗하게 제거하는 것을 의미한다. 소집단에서의 희생양은 집단성원들이 자신들에 대해 갖고 있는 적대감과 부정적인 감정을 특정한 사람에게 투사하는 것이다. 이렇게 함으로써 집단성원들은 그 희생양이 된 사람을 언어적으로, 심지어 신체적으로 공격한다.[6] 따라서 다른 성원들은 자신이 지닌 부분 가운데 싫어하는 경향이나 특성을 희생양이 된 사람이 지녔다고 간주하고, 그 사람은 이러한 경향이나 특성의 상징물이 되는 것이다. 희생양이 된 사람은 집단의 긴장을 해소하는 중요한 기능을 수행하며 집단 유대감의 근거를 제공한다.

집단에서의 다른 역할처럼 희생양의 역할도 상호호혜적이면서 상호작용적인 것이다. 희생양은 단지 다른 성원들의 공격(종종 이러한 공격은 잔혹할 수도 있다)의 무고한 피해자가 아니다. 오히려 희생자는 다른 성원들의 행동을 지지하는 방식으로 행동하게 된다. 희생양이 된 사람의 행동은 때로 매우 약올리는 것일 수도 있고, 매우 수동적이면서 은밀하여 파악하기 어려운 것일 수도 있다. 희생양이 있는 집단에서 사회복지사는 다른 성원들의 행동을 유발시키는 희생양의 행동을 파악하는 것이 필요하다.

희생양의 역할에 관한 예를 다음에 제시하였다. 글래디스는 지역사회센터의 방과후 프로그램의 성원으로 13세 소녀다. 글래디스의 수동적인 태도와 무기력감은 집단에서 그녀가 희생양이 되는 데 기여했다. 이 사례는 글래디스와 다른 성원인 욜란다가 관여된 집단과정의 발췌문으로 집단의 2회기에서 발생한 것이다.

당구를 그만둔 후 글래디스는 탁구대가 있는 것을 발견하였으며, 욜란다는 계속해서 혼자 당구를 하였다. 나(사회복지사)는 글래디스에게 탁구를 어떻게 하는지 아느냐고 물었다. 그녀는 모른다고 답했다. 나는 그녀에게 탁구게임에 대해 물었고 공을 치고받는 것을 연습함으로써 탁구를 배울 수 있도록 돕겠다고 제안하였다. 글래디스는 "나는 이것을 전혀 할 수 없을 거야."라고 말하면서 연습을 시작하였다. 그녀가 공을 놓치자 글래디스는 냉소적으로 "봐, 멋있게 쳤지! 내가 멋있게 친 것을 봤어? 나보다 더 못하지는 않을 거야."라고 말하였다. 나는 "글래디스야, 어떤 것에 잘 하려면 연습이 필요한 거야, 한 번 해 봐."라고 말하였다. 하지만 글래디스는 실패하면서도 기뻐하는 듯했다. 그녀는 진정 공을 잘 치려고 노력하는 것 같지 않았다. 나는 그녀의 자기패배적인 태도에 다소 화가 나는 것을 느꼈다. 결국 나는 글래디스에게 탁구를 배우도록 확신시키는 데 이력이 나게 되었다.

욜란다가 이쪽으로 와서 탁구게임에 동참하였다. 그녀는 글래디스가 탁구공을 치지 못할 때마다 그녀를 놀렸다. 글래디스는 자신을 놀리는 방법으로 응수를 하였다. "나는 바보야, 이 작은 공을 치지도 못하잖아."라고 그녀는 말했다. "그래, 넌 바보야. 공을 잘 치지 않으면 우리는 게임을 못하게 할 거야."라고 욜란다가 말했다. 나는 모든 사람이 모든 것을 잘 할 수 있는 것은 아니며 새로운 것을 배워 숙달하는 데는 시간이 걸린다고 하였다. 우리는 조금 더 연습을 계속하였다. 욜란다가 "더 이상 못 참겠어요. 노력하지도 않는 사람과 게임을 하는 것이 무슨 소용이 있어요? 글래디스는 자신의 바보 같은 몸으로도 그 공을 칠 수 없잖아요."라고 말하였다. 글래디스는 화가 난 욜란다를 놀리듯이 조용하게 반응하였다. "그래서 내가 잘 하지 못한다고 했잖아." 욜란다는 이를 갈며 글래디스를 보면서 눈알을 굴렸다. 나는 글래디스에게 "욜란다를 화나게 만든 것이 무엇인지 아니?"라고 물었다. 글래디스는 "네, 내가 탁구 하는 법을 모르니까 화가 났죠. 그래서 그런 거예요. 하지만 어쩔 수 없잖아요."라고 말하면서 욜란다를 의도적으로 쳐다보며 반응을 유도하는 듯했다. 긴장이 고조되면서 침묵이 흘렀다. 나는 "글래디스, 욜란다를 화나게 만든 것은 네가 노력하지 않은 것 그 이상이라고 생각해. 너는 아예 포기하고 공을 치려고 노력하지 않았어."라고 말하였다. 잠시 후에 글래디스는 조용하게 "내가 단지 운동을 잘 못해서 그렇다고 말했잖아요."라고 하면서 손을 휘저으며 "그녀에 대해서는 잊어버려요!"라고 말하였다.

희생양이 아동집단에서 일어나는 것만은 아니다. 정신질환을 앓고 있는 여성노인들이 거주하는 시설의 집단과정에서 일어난 사례를 살펴보면 다음과 같다. 이 집단은 성원들이 유령(Ghost)이라 불리는 게임을 하는 '단어집단(word group)' 이다. 행맨(Hangman)이라는 게임과 비슷한 이 게임은 각 성원들이 순서대로 단어가 완성될 때까지 철자를 선택하는 것이다. 각 성원은 그 단어가 완성되는 것을 피해야 하며 새로운 철자를 추가할 때마다 마음속에 그 단어를 기억하고 있어야 한다. 집단의 목적은 의사소통 기술을 향상시키기 위한 것으로, 집단의 한 성원은 '우리의 기억력을 좋게' 하기 위한 것이라고 표현하였다. 이 집단은 7명의 성원으로 구성되어 있고 이 시설에서 수년 동안 살아왔다. 루스는 이 집단의 희생양이었으며, 사회복지사는 이 시설에서 지난 몇 달 동안 일해 왔고 이 집단을 새로 맡게 되었다.

내가 오전 9시 15분에 방의 원형 탁자에 갔을 때는 6명의 여성들이 함께 앉아 편안하게 일상적인 대화를 하고 있었다. 나는 앉으면서 모두에게 인사를 하였다. 집단성원들은 나보다 '몇 년' 은 일찍 와 있었다고 말했다. 루스는 3미터 정도 떨어진 창가 옆에 있는 의자에서 나를 알아보았다. 그녀는 신문을 접어들고는 무기력한 듯이 불행한 모습으로 탁자로 왔다. 그리고는 하나 남아 있는 의자에 조용히 앉았다. 그녀의 모습은 철저하게 두려운 모습으로, 까맣고 긴 머리카락이 그녀의 눈 위로 흘러내려 눈썹 사이로 쳐다보면서 말 한 마디 없이, 목례도 없이 그리고 다른 사람에게 어떠한 행동도 없이 조용히 앉았다. 웃지 않는 얼굴로 루스의 바로 왼쪽에 앉아 있었던 도리스는 "아, 안 돼. 나보고 그녀 옆에 앉으라고 하지 마."라고 말하였다. 그러자 루스의 오른쪽에 앉아 있던 루이스가 불쌍한 듯이, "내가 이쪽에 앉았네. 자, 좋아. 미리 말하지만 이 게임은 신속하게 진행되어 나 있는 데서 끝날 거야."라고 말하였다. 루스는 구부정하게 푹 앉아 있으면서 아래를 보았다. 그녀는 내가 전혀 볼 수 없는 방법으로 반응을 보였다. 나는 루이스에게 "그게 무슨 말이죠?"라고 물었다. 루이스는 "그녀는 항상 이겨요. 자, 여러분, 어서 게임을 시작해요."라고 하였다. 그리고 게임은 시작되었다.

얼마 후 'P-U-L'로 시작하는 단어가 만들어지기 시작하였는데, 루스가 'C'라는 철자를 추가하였다. 나는 "P-U-L-C. 도리스, 당신 차례예요."라고 하였다. 도리스는 루스를 혼란스러운 표정으로 쳐다보면서 "C? P-U-L-C?"라고 말하였다. 그녀는 짜증난 듯이 보였고, 잠시 후에 결국 루스에게 "이의 제기요."라고 하였다. 그러자 얼굴에 쓴웃음을 짓는 루스가 도리스에게 "Pulchritude."라는 말로써 한 방 먹였다. 집단성원 모두가 "어휴!"라고 말하였다. "Pulchritude라고? 한 번도 들어 본 적이 없는데. 그게 뭐야?"라고 도리스가 소리쳤다. 그리고는 나에게 귓속말로 "루스는 대단한 단어들을 알고 있어요."라고 하였다. 신경질이 난 루스는 입술을 깨물고 눈알을 굴리면서 탁자의 중앙에 있는 사전을 집어들었다. 그리고는 사전을 펼쳐 성난 듯이 해당 쪽을 찾기 시작하였다. 단어를 찾자 그녀는 그 사전을 도리스 앞에서 흔들어 보였고 도리스는 상당히 놀란 것 같았다. 일레인이 뭐라고 씌었는지 도리스에게 묻자, "신체적 용모의 단정함."이라고 하였다. 집단의 누구도 반응을 보이지 않자 나는 그 말이 '미(美)'를 의미한다고 하였다. 그러자 루스는 "Q."라고 짤막하면서 무뚝뚝한 목소리로 말하였다. 집단성원들은 어깨를 들썩였고, 일레인이 "U."라고 말하자 게임은 다시 시작되었다.

모임이 어느 정도 진행된 후 루이스가 'M'이라는 철자로 단어를 시작하였다. 루스는 재빨리 "N."이라고 말하였다. 루스가 루이스를 잘못 이해했다고 생각한 도리스는 루스에게 루이스는 'M'이라고 했다고 설명하였다. 무뚝뚝하게 도리스를 쳐다보지도 않으면서 루스는 "나도 알아요."라고 조급하게 답하였다. 혼란스러운 도리스는 "N? M-N?"이라고 철자를 반복하여 말하더니 고개를 가로저으며 "이의 있어요."라고 루이스에게 말하였다. 약간 의기양양한 듯이 루스는 "Mnemonic(기억이 좋은)"이라고 응답하였다. 버사와 일레인이 동시에 "Mnemonic? 그게 도대체 뭐야?"라고 말하였다. 루스는 그들을 무시하였다. 내가 루스에게 그 단어에 대해 설명해 달라고 요청하자 루스는 재빨리 아래를 내려다보면서 아무 감정 없이 "기억장치."라고 하였다. 마조리는 "난 그녀의 개념정의조차도 이해 못하겠네요."라고 격노한 듯이 말했다.

이상의 집단 사례들에서 볼 수 있듯이 희생양의 역할로 인해 발생하는 역동성과 상호작용적 역할은 분명하게 나타난다. 각 집단에서 집단성원들은 희생양에게 매우 비열하게 대한다. 욜란다가 글래디스에게 짜증난 것이 아주 분명하게 표현되어 있으며, 집단이 루스를 포함시키지 않고 거부하는 것이 분명하게 나타난다. 사실 단어집단에서 집단성원들은 루스의 이름을 부르지 않고 '그녀' 라고 부름으로써 루스가 마치 집단에 출석하지 않은 상태에서 이야기하는 것처럼 행동하였다.

하지만 각 집단 사례에서 희생양의 문제성 행동들을 명확하게 볼 수 있다. 글래디스는 게임에 수동적으로 참여하면서 실제로 노력하지 않았다. 집단성원들이 그녀의 행동에 대해 짜증나는 것을 표현하였을 때 그녀는 "내가 말했잖아. 나는 잘 못한다고." 라고 응답하였다. 그러한 응답은 집단성원들을 더욱 초조하게 만드는 것이었다. 또 루스는 자신의 언어실력을 의기양양하게 생각하는 것 같았으며 집단의 다른 성원들에게 과시하였는데, 그녀는 자신이 생각하는 단어에 대해 다른 성원들이 혼란스러워하는 것을 즐기는 것 같았다. 루스는 조용하면서도 무뚝뚝한 방법으로 집단의 다른 사람들을 얕보았고, 역으로 집단성원들은 그녀가 자신들을 대하는 태도에 대해 화가 나 있었다.

4. 사회복지사의 차별화된 개입

사회복지사가 집단의 발달단계를 이해하고 있는 것은 집단성원의 역기능적인 역할을 다룰 개입방법을 결정하는 데 중요한 열쇠가 된다. 집단의 발달단계에 따라 사회복지사는 차별화된 방법으로 개입한다. 집단의 초기단계에서는 집단성원들의 역할이 견고하게 형성되지 않고 역기능적인 역할에 관해 토론할 능력이나 의지가 제한되어 있다. 따라서 사회복지사는 한 성원이 그러한 역할에 얽매이지 않도록 돕고 다른 성원들도 그가 그러한 부정적인 역할에 얽매이지 않도록 돕는 데 간접적인 방법을 활용한다. 집단의 초기단계에서는 지지, 격려 그리고 한계설정과 같은 기법들이 특히 유용하다.

하지만 집단이 진행됨에 따라 간접적인 수단은 효과적이지 못할 수 있다. 이 시점에서 한 성원의 역기능적인 역할이 형성될 경우, 사회복지사는 집단의 문제해결 과정을 통해 부정적인 역할을 직접적으로 다루어야 할 필요가 있다. 중간단계의 시점에서 집단성원들은 그러한 주제에 대해 적극적이면서 직접적으로 토론할 의지와 능력이 있다. 집단의 중간단계에서 사회복지사는 집단과 부정적인 역할을 하고 있는 성원을 직면할 필요가 있다. 그러한 역기능적인 역할을 형성하고 유지하도록 이끈 과정을 탐색해 볼 수 있도록 도운 다음에는 그 주제를 다룰 방법을 결정할 수 있도록 집단을 돕는다.

1) 집단의 초기단계에서의 개입

집단의 초기단계인 포함-적응(오리엔테이션) 단계에서 사회복지사의 개입은 개별성원의 역기능적인 역할수행을 예방하는 데 초점을 두면서, 집단이 특정 성원에게 그러한 역할을 맡기는 것을 중단시키는 데 그 목표가 있다. 집단의 초기단계에서 사회복지사는 집단과 성원들에게 방향성과 구조를 제시하고, 집단성원 간의 상호 존중과 수용의 규범을 촉진하도록 하기 위해 한계설정에 초점을 둔다. 이 단계에서 집단성원들은 불편해할 수 있으며 자신들에 대해 확신감이 없을 수 있다. 그리고 집단에서 다른 성원들과 어떻게 어울릴 것인지, 집단에 어떻게 적응해 갈 것인지를 걱정하게 된다. 이 단계에서 사회복지사가 성원들이 집단에서의 역할에 대해 직접적인 토론에 참여할 수 있을 것이라 기대하는 것은 비현실적이다. 오히려 사회복지사는 특정 성원에게 부정적인 역할이 발생할 것 같을 때 적극적으로 개입해야 한다. 사회복지사는 역할구조의 유연성을 촉진하도록 노력함으로써 집단성원들이 다양한 방법으로 집단에 기여할 수 있도록 돕고 그들의 능력을 실험해 볼 수 있도록 도와야 한다. 사회복지사의 지지적인 말과 행동은 집단성원들로 하여금 타인들과 보다 효과적으로 대화하는 새로운 방법을 시도해 보도록 격려할 뿐만 아니라 부적절한 행동을 수정할 수 있도록 한다. 사회복지사의 개입은 그 역할을 하는 성원과 집단 모두를 대상으로 한 것이다.

예를 들어, 대화의 독점자가 나타나게 될 때 사회복지사는 집단성원들 모두가 대화에 참여할 수 있도록 시도한다. 사회복지사는 집단성원들에 대한 기대감을 표현하는데, 그들이 차례를 지키면서 토의나 활동에 참여하도록 격려하며, 요약하는 말로써 다른 사람들이 대화에 참여할 수 있도록 요청하기도 한다. 사회복지사는 또한 다른 사람들을 쳐다보거나 다른 사람들에게 말하도록 요청하는 방법을 활용하여 대화의 독점자에게 비언어적인 단서를 제공할 수 있다. 이것은 독점자와 다른 성원들이 이러한 대화 양상이 바람직하지 않음을 알도록 하려는 기대가 있기 때문이다. 이는 동시에 사회복지사가 독점자를 수용함을 전하는 방법이다. 때로 말을 하는 것은 불안을 해소하는 방법인데, 이러한 불안은 그 사람이 다른 사람을 공격할 때 더욱 증가하여 더 많은 말을 하도록 하는 순환과정을 반복한다. 사회복지사가 독점자에게 관심을 보이면서 효과적으로 개입하게 되면 그 순환과정은 깨지게 된다. 따라서 한계를 설정할 때 지지적인 방법이 필요하며, 이때 다른 사람이 참여할 수 있는 기회를 주도록 요청하거나 다른 사람들이 자신들을 표현할 수 있을 때까지 기다리게 할 필요가 있다.

외톨이 성원을 대상으로 사회복지사는 집단에 참여하도록 격려할 필요가 있으며, 동시에 다른 성원들이 좀 더 외톨이들에게 관여하여 참여하도록 도울 필요가 있다. 또한 사회복지사는 고립된 성원의 느낌을 인식하고, 그 성원에게 새로운 것에 참여하는 것이 어렵지만 중요하다는 점을 알릴 필요가 있으며, 외톨이 성원도 집단의 토의활동에서 성공할 수 있음을 확신시킨다. 또한 집단의 다른 성원과 짝을 지어 특정 활동을 할 수 있도록 유도하며, 방어적인 태도를 유발할 수 있는 질문을 회피하는 기법들을 활용함으로써 집단의 초기단계에 참여할 수 있도록 격려할 수 있다.

집단의 초기단계에서 희생양인 성원을 대상으로 한 사회복지사의 개입은 그 성원이 그러한 역할에 얽매이지 않도록 예방하는 데 초점을 둔다. 그렇게 하기 위해서 사회복지사는 그러한 역할을 맡게 되는 성원과 집단 전체에 동시에 관심을 가져야 한다. 사회복지사는 먼저 희생양 역할을 하는 성원의 행동 가운데 어떤 부분이 다른 성원들의 부정적인 반응을 유발하는지를 파악하고, 그 성원에게 문제행동을 수정하도록 요청할 필요가 있다. 예를 들어, 앞서 글래디스의 예처럼 한 성원이 수동적이면서 자신을 비하하는 행동을 하면, 사회복지사는 그 사람이 보다 적극적으로 집단에 참여하도록 격려하면서 자신을 덜 부정적인 방법으로 표현하도록 유도할 필요가 있다. 동시에 사회복지사는 다른 성원들이 희생양이 된 성원에게 보다 긍정적으로 대하도록 도우면서 그 성원을 보다 수용할 수 있도록 격려할 필요가 있다.

대화의 독점자, 외톨이 희생양과 같은 문제성 역할 혹은 광대나 다른 사람을 괴롭히는 것과 같은 역기능적인 역할에 대해, 집단의 초기단계에서 사회복지사의 개입은 그러한 역기능적이면서 친숙한 역할에 얽매이는 성원의 주의를 환기시킴으로써 행동의 변화를 유도하는 데 초점을 두게 된다. 동시에 사회복지사는 다른 성원에 대한 부정적인 행동은 집단에서 선호하는 규범이 아님을 적극적으로 알릴 필요가 있다. 개별성원과 집단에게 적극적으로 방향과 지침을 제공해 주거나 한계를 설정해 줌으로써, 사회복지사는 집단의 모든 성원들에게 역기능적인 역할을 하게 되는 성원은 문제성 행동을 수정할 필요가 있으며, 그 성원이 그러한 역할을 하도록 만드는 집단성원들도 그 사람에 대한 자신들의 행동을 수정할 필요가 있다는 메시지를 전달하게 된다.

2) 집단의 중간단계에서의 개입

불확실-탐색 및 상호성과 목표성취 단계에서 발생하는 역기능적인 역할을 다루기 위해 사회복지사는 집단의 초기와는 차별화된 개입을 해야 할 필요가 있다. 사회복지사의 부정적인 역할을 예방하려는 노력에도 불구하고 이런 역할이 집단 내에서 지속되어 왔으면, 해당 성원이나 그가 이런 역할을 하도록 만드는 집단 전체는 문제행동을 변화시킬 필요가 있다고 지적하는 사회복지사의 말을 듣지 않은 것이다. 그러한 메시지를 계속해서 전달하려는 사회복지사의 노력은 효과적이지 못할 가능성이 높다. 따라서 집단의 중간단계에서 사회복지사의 개입 초점은 변화될 필요가 있다. 이 시점에서 사회복지사는 자신의 개입 자체만으로 이러한 행동을 변화시키기보다는 그 문제에 집단 전체가 관여하도록 도울 필요가 있다. 집단 전체가 문제해결 과정에 참여하도록 요청하는 것은 적절할 뿐만 아니라 이 단계에 이른 집단에게는 아주 중요한 요구사항이 될 수 있다. 이제 집단성원들은 이런 문제를 보다 잘 탐색할 수 있으며 집단 내에서 일어나고 있는 일에 대해 보다 직접적이고 솔직하게 토의를 할 수 있다. 집단의 중간단계에서 사회복지사는 집단성원들이 바로 이러한 것들을 할 수 있도록 돕는 것이다.

집단이 문제해결 과정에 관여하도록 하기 위해 사회복지사는 역할이 상호적이라는 점 그리고 특정 역할을 맡고 있는 사람과 집단의 다른 성원들 모두가 그러한 역기능적인 역할을 만들어 내고 유지하도록 하는 데 어느 정도 기여하고 있다는 점을 염두에 둘 필요가 있다. 따라서 집단은 그 상황이 일어나게 된 양면, 즉 그 역할을 맡은 사람의 행동과 그러한 상황에 처하도록 만든 집단의 다른 성원들의 행동 모두를 검토해 볼 필요가 있다. 사회복지사는 먼저 집단이 역기능적인 문제행동을 파악할 수 있도록 도울 필요가 있다. 그런 다음 집단이 그 문제 상황이 어떻게 일어나게 되었으며 그러한 문제행동을 지속시키도록 만드는 것이 무엇인지를 탐색해 보도록 돕는다. 마지막으로 사회복지사는 집단성원들이 그러한 문제 상황을 해결하기 위해 무엇을 시도해 볼 것인지를 결정할 수 있도록 돕는 데 개입의 초점을 둔다.

집단의 문제해결 과정에서 사회복지사는 역기능적인 역할을 하는 성원과 그가 역기능적인 역할을 하도록 만드는 집단 모두에게 공평하게 대하는 것이 중요하다. 사회복지사는 집단의 모든 성원들이 사회복지사가 한 쪽이나 다른 쪽에 편향된 사람이라기보다는 집단의 모든 성원들의 다양한 관점을 이해할 수 있는 사람이라는 점을 인식할 수 있도록 도울 필요가 있다. 따라서 공평하게 이해하기 위해 사회복지사는 자기인식을 할 필요가 있으며, 역전이 반응이 나타나서 자신이 한 쪽만을 편들고 있지는 않은지 파악할 필요가 있다. 집단이 이러한 상황을 효과적으로 다룰 수 있도록 돕기 위해 사회복지사는 집단의 모든 성원들을 수용하고 그들과 감정이입을 해야 할 필요가 있다. 궁극적으로 사회복지사의 목표는 서로 솔직하고 개방적으로 대화할 수 있도록 도와서 상대방을 수용하고 감정이입할 수 있도록 하는 것이다. 사회복지사가 한쪽만을 편든다는 생각을 집단성원들이 하게 되어 한 쪽이나 다른 쪽이 문제 상황으로 인해 비난을 받게 된다는 의심을 하게 되면, 집단성원들은 더 이상 그 문제에 대해 솔직하게 탐색하려 들지 않을 것이다.

다음은 집단이 성숙한 단계에서 문제성 역할 상황에 대한 사회복지사의 개입 사례를 제시한 것이다. 앞서 지역사회센터의 방과 후 학교에서 집단성원들에 의해 희생양이 된 13세 글래디스의 예를 제시하였다. 집단의 초기단계에서 사회복지사의 노력은 글래디스가 집단활동에 좀 더 열심히 참여하면서 자신을 비난하지 않도록 하는 것에 초점이 맞추어져 있었으며, 다른 성원들에게 글래디스를 포함시켜 주도록 요구하고 그녀를 겁주지 말 것을 요청하였지만 이 모든 방법이 효과가 없었다. 사실 상황은 더 악화되었다. 글래디스는 더욱 수동적이었으며 다른 성원들을 더욱 짜증나게 만들어서, 집단성원들이 이를 성토하게 되고 그녀에게 욕을 하게 되었다. 사회복지사는 이러한 문제를 집단에서 직접 다룰 필요가 있다고 느껴서 집단성원들에게 문제를 다루도록 요청하였다.

> 모든 성원들이 주스와 과자를 갖고 자리에 앉았을 때, 나는 집단에서 관찰한 한 가지 문제를 집단의 모든 성원들과 함께 나누고 다루고 싶다고 말하였다. 집단성원들이 호기심을 보였다. 나는 "내 생각에 글래디스가 집단에서 어려움을 겪고 있는 것 같아요."라고 말하였다. 욜란다가 신음하는 듯한 소리를 크게 내더니 곧 혼잣말로 "그녀는 그럴 만해요."라고 말하였다. 나는 손을 들어 그녀에게 잠깐 기다리라는 표시를 하였다. 그런

다음 나는 "하지만 한편으로 글래디스도 여러분들을 화나게 하는 행동을 한다고 생각해요."라고 말하였다. 그러자 욜란다가 "그 말 다시 한 번 해 주세요."라고 간청하듯이 말하였다. 나는 다시 그녀를 중지시켰다. 글래디스는 불편한 것처럼 보였다. 이 모임이 글래디스에게는 어려운 모임이 될 것이라는 점을 알고 있었기 때문에 나는 의도적으로 그녀의 옆자리에 앉았다. 나는 그녀의 무릎을 가볍게 두드리면서 "내가 파악하건대 여러분 중 일부는 글래디스를 매우 혹독하게 다루기도 합니다."라고 말하였다. 그러자 데니스가 "우리를 비난하진 마세요. 그녀가 자초한 것이에요."라고 말하였다. 나는 "그렇기 때문에 우리가 논의할 필요가 있는 거예요."라고 말하였다. 그리고 계속해서 "이 집단의 목적 가운데 하나는 타인과의 관계를 향상시키는 것입니다. 아마 그렇게 할 기회가 지금 생겼다고 생각해요. 오늘은 여러분 모두가 글래디스가 여러분을 어떻게 괴롭히는지 그리고 그런 행동으로 인해 여러분이 어떤 감정을 갖게 되는지 말하면서 논의를 시작하는 것이 좋을 것 같습니다. 그런 다음 글래디스가 똑같이 여러분에게 말할 텐데, 글래디스가 싫어하는 것을 여러분들이 어떻게 그녀에게 행했는지, 그로 인해 글래디스가 어떤 감정을 갖게 되었는지를 말하는 것이지요. 이 논의가 어려울 수도 있지만 나는 이것이 매우 중요하다고 생각하기 때문에 여러분 모두가 적극적으로 참여해 주길 바랍니다."라고 말하였다. 여자 청소년들은 내가 말한 것을 매우 심각하게 받아들이는 것 같았다. 글래디스를 포함해서 모든 성원들이 고개를 끄덕임으로써 모두가 참여할 의사가 있음을 보여 주었다. 나는 심지어 로버타가 욜란다에게 그녀가 심각해질 필요가 있다고 얘기하는 것을 들었다.

이 발췌문에서 보듯이 사회복지사는 자신의 관찰사항을 집단에게 알리는 데 있어 사회복지사가 공평하고 그들 모두를 이해하고 있으며 양쪽 모두에게 동등하다는 믿음을 심어 주는 방법을 택했다. 사회복지사가 집단성원들이 글래디스에게 불친절하다는 점에 대해 경고를 주었다면 성원들은 이 문제를 논의하려는 의지가 없었을 것이다. 이는 사회복지사가 자신들을 오해하고 비난한다고 느낄 수 있기 때문이다. 나아가 집단성원들은 글래디스의 행동이 얼마나 어려운 것인지 그리고 그 행동이 성원들에게 어떤 감정을 일으키는지 제대로 평가하지 못한다고 생각할 수도 있다. 한편으로 사회복지사는 글래디스가 지지를 받는다는 느낌을 갖도록 하였다. 그녀 옆에 앉음으로써, 이러한 논의가 어려운 것이라는 점을 인식할 수 있도록 도움으로써, 또 욜란다의 감정폭발을 제한함으로써 사회복지사는 앞으로 있을 논의에서 글래디스의 관점을 표현할 기회가 있음을 그녀가 알도록 하였다. 글래디스에 대한 사회복지사의 지지가 곧 양쪽 모두에게 공평하지 않다는 점을 표명한 것은 아니라는 점을 염두에 둘 필요가 있다. 글래디스가 편하지 않은 상태에서 사회복지사가 그녀를 지지해 준 것은 그녀의 행동에 대해 편을 들어 주는 것과는 다른 것이다. 나아가 사회복지사는 글래디스를 지지함에 있어 그녀를 과잉보호하지 않았다.[7] 그녀의 문제를 집단에 제안할 때 사회복지사는 글래디스의 이름을 언급하는 것을 피하기 위해 "우리 성원들 가운데 한 사람이" 혹은 "이 집단에 있는 어떤 사람은" 이라는 문구를 사용하지 않았다. 오히려 사회복지사는 매우 직접적이었으며 이로 인해 집단에서 있을 논의의 어조를 설정하였다.

> 나는 "먼저 여러분이 싫어하는 일을 글래디스가 어떻게 하고 있는지 말해 보았으면 해요."라고 말했다. 또한 나는 글래디스에게 직접적으로 "글래디스, 다른 사람들이 말하는 것을 듣고 있는 것이 쉽지는 않을 수도 있어. 다른 사람들이 서로 단결하여 너 하나를 상대한다고 생각할 수도 있다. 하지만 나는 이 일이 매우 중요하기 때문에 네가 진정으로 경청하기를 바란다."라고 말하였다. 나는 다시 한 번 글래디스의 무릎을 움켜쥐었다. 로버타가 "그래요, 내가 먼저 시작하죠."라고 말하였다. 그러면서 그녀는 "글래디스는 잘 하려고 시도해 본 것이 아무것도 없어요. 그리고 우리가 그녀에게 화를 낼 때 그녀는 아무 일도 아닌 것처럼 어깨를 으쓱거릴 뿐이죠."라고 말했다. 나는 "글래디스가 잘 하려고 시도해 본 것이 아무것도 없다는 말이 무슨 뜻이지?"라고 질문하여 로버타가 좀 더 구체적으로 말하도록 하였다. "지난 번에 우리가 족구를 하던 날, 글래디스는 공을 잘 차려고 하지도 않았어요. 그녀는 마치 눈을 감고 차는 것 같았지요. 그리고는 아웃되자 그저 웃고 말았어요."라고 말하였다. 그러자 로이스가 "그래, 맞아요. 우리가 경기에서 지자 글래디스는 더 웃고 말았어요." 나는 로버타에게 "글래디스가 그렇게 했을 때 어떤 느낌이 들었지?"라고 물었다. 로버타는 "화났지요. 당혹스러웠어요. 그녀는 시도도 안 해 보고 그것에 대해 화를 내면 상관없다는 듯이 행동해요. 그러면 더 화가 나게 되죠."라고 답했다. "그래서 내가 운동을 잘 못한다고 말했잖아. 나는 운동을 싫어해."라고 글래디스가 방어적인 태도로 말하였다. 나는 "잠깐만, 글래디스. 지금은 다른 아이들이 말하는 것을 듣기만 해. 그런 다음 반응할 기회를 줄게, 내가 약속하마."라고 말하였다. 글래디스는 기분이 좋아 보이지 않았다. 하지만 그녀는 의자 깊숙이 앉아 집단의 다른 성원들이 말하는 것을 경청하는 듯했다.
>
> 로이스가 다음으로 말했다. 그녀는 로버타가 말한 것을 반복하면서 글래디스가 내키

지 않는 듯 행동하는 것으로 인해 당혹하게 되고 화가 나게 된다고 하였다. 다른 성원들 대부분이 동의하는 듯 고개를 끄덕였으며 대부분이 "그래." "맞아."라고 답하였다. 욜란다가 큰 소리로 "글래디스는 얼간이야. 그녀는 이 집단에 있어서는 안 돼. 그녀는 애기같이 행동해. 그녀는 이 집단에 있어서는 안 돼. 그녀는 역겨워."라고 말하였다. "욜란다, 그만해."라고 내가 강하게 말하였다. "나는 집단이 글래디스에게 어떤 느낌이 드는지 말하길 원하지만 욕하는 것은 안 돼. 그건 상처만 줄 뿐이야. 우리가 여기서 그것을 하자고 있는 건 아니야."라고 말하였다. 그러자 로버타가 "그래 맞아, 욜란다. 그만해."라고 말하였다. 욜란다는 다소 누그러졌으며 곧 조용해졌다.

이 발췌문에서 볼 수 있듯이 사회복지사는 글래디스를 과잉보호하려고 하지 않았다. 사회복지사는 글래디스의 행동이 집단성원들에게 주는 영향을 그들이 직접 표현할 수 있도록 격려하였다. 사실 사회복지사는 성원들이 그들의 생각과 느낌을 충분히 표현할 수 있도록 도왔다. 하지만 욜란다의 말이 글래디스에게 상처를 줄 것 같자 사회복지사는 개입을 하였다. 사회복지사는 욜란다의 행동을 규제하였으며, 그녀가 욕하는 것을 허용할 수 없다고 말하였다. 또 글래디스가 로버타가 말한 것에 대해 반응하려 하자 사회복지사는 일시적으로 그녀를 중지시켰다. '나는 그렇지 않지만 너는 이렇게 했잖아'와 같이 자신의 입장을 고수하려고 왔다갔다 하는 대화방법은 여기서는 통하지 않는다. 글래디스에게는 어렵겠지만 사회복지사는 집단성원들이 말하고자 하는 것을 듣도록 도왔다. 글래디스가 성원들의 얘기를 들은 후 사회복지사는 비로소 그녀가 자신의 관점을 표현할 수 있도록 도왔다.

집단의 모든 성원들이 말하고 나자 나는 글래디스에게 "글래디스, 이런 얘기를 듣는 것이 쉽지는 않을 거야. 집단이 얘기하는 것을 어떻게 이해하고 있는지 나에게 얘기해 보렴."이라고 말했다. 글래디스는 바닥을 내려다보면서 조용히 있었다. 나는 침묵이 흐르도록 두었다. "글쎄, 내가 시도해 보지 않았을 때 다른 사람들이 그런 행동을 좋아하지 않아요."라고 글래디스가 말하기 시작하였다. 그리고는 잠시 멈추었다. "그래, 맞아. 그것은 다른 사람들도 얘기한 거지. 또 뭐가 있지?"라고 내가 물었다. 글래디스가 "내가 상관없는 듯이 행동하는 것을 좋아하지 않아요."라고 말하자, 마리아가 "그래, 맞아. 그 부분이 시도해 보지 않는 것만큼이나, 아니 더 나쁠 수도 있어."라고 말했다. 그러자 글래디스가 "하지만 너희들은 이해하지 못해. 난 정말 운동을 못한단 말야. 그래서 내가 상관하지 않는 것처럼 행동하는 거야. 그리고 너희들보다 내가 먼저 나를 비난하면 너희들은 나에게 소리치지 못할 거야."라고 말했다. 로버타가 "네가 한 팀원이 되어 관심을 갖고 열심히 하는 한 운동을 잘 할 필요는 없어. 네가 노력하고 있다는 것을 아는 한 우리는 너에게 화나지 않아."라고 말했다. 글래디스가 "그래, 앞으론 열심히 할게. 약속해."라고 말했다. 내가 "잠깐만, 글래디스. 네가 열심히 할 것이라는 말을 들으니 반갑다. 하지만 여기 있는 집단성원들이 너에게 매우 냉정하게 대했는데 우린 그 점도 살펴볼 필요가 있어. 모든 사람들이 너의 행동에 대해 싫어하는 점을 얘기하였는데, 너의 그런 행동에 대해 그들이 어떻게 했는지 말할 수 있겠니?"라고 말하였다. "글쎄, 난 우리가 팀을 정할 때 정말 싫었어요. 아무도 나를 자기 팀에 넣어 주려고 하지 않아 나를 원치 않는다는 점이 명백했어요. 나는 항상 꼴찌로……."라고 글래디스가 말하였다. 지네트가 가로채며 "네가 형편없는 선수니까 그렇지."라고 말하자, 나는 "잠깐만, 지네트. 글래디스가 얘기할 차례야."라고 하였다. 글래디스는 "난 항상 꼴찌로 뽑힌단 말야."라고 말하였다. 내가 "그렇게 되었을 때 어떤 느낌이 들었지?"라고 묻자, 그녀는 "황당했어요. 그래서 아무렇지도 않은 것처럼 행동했어요."라고 말했다.

이 발췌문에서 볼 수 있듯이 사회복지사는 집단이 문제해결 과정의 탐색단계를 손쉽게 거쳐 문제의 해결책을 조속하게 찾지 않도록 조치를 취하였다. 사회복지사는 글래디스가 그녀의 관점에서 어떤 일들이 벌어져 왔는가를 얘기할 수 있는 기회를 갖도록 개입하였다. 궁극적으로 이 집단이 효과적인 해결책을 찾으려면 각자가 상대방의 관점을 이해하고 감정이입을 하기 위해 필요한 정보를 갖고 있어야 한다. 사회복지사의 개입은 각자가 자신의 이야기를 충분히 이야기할 수 있도록 도움으로써 그러한 이해와 감정이입이 형성될 수 있도록 돕는 것이어야 한다. 그런 다음에야 비로소 집단은 수용 가능한 해결책을 탐색해 볼 준비가 되는 것이다. 어떤 문제를 다루는 데 있어 조속하게 해결책을 찾게 되면 그 해결책은 효과적일 수 없다. 사실 문제에 대해 주의 깊고 사려 깊게 탐색하여 해결책을 찾게 되더라도, 사회복지사와 집단은 그 해결책이 즉각적이고 신기하게 작용할 것이라고 생각하지 않는다. 모든 사람들이 이해하고 공감하면서 최상의 노력을 했다 하여도 어딘가에는 착오와 후퇴가 있을 수 있다. 하지만 이런 일이 발생할 때 사회복지사는 문제의 과거를 집단에게 회상시켜 줌으로써 집단성원들이 희생양과 같은 문제를 어떻게 다루고 있는가를 주기적으로 점검해 보도록 도울 수 있다.

이 집단에서 있었던 논의는 1회 모임을 넘어 계속 진행되어서 글래디스와 다른 성원들 그리고 집단 전체에게 의미 있는 시간이 되었다. 글래디스는 가족에서 자신이 차지하고 있는 위치, 특히 언니와의 문제가 이 집단에서 그녀의 문제에 어떻게 기여하고 있는지에 대해 집단과 이야기를 나누었다. 그러한 이야기를 통해 집단성원들은 집단에서 목격한 그녀의 행동에 대해 이해하고 공감하며 자신들의 관점과 통합할 수 있게 되었다. 또한 철학적인 측면에서 집단성원들은 사람들이 다른 사람들을 무시함으로써, 타인을 희생시켜 가며 자신들이 우위에 있고 권력이 있는 느낌을 갖는다는 점에 대해 논의하였다. 많은 논의 끝에 집단은 글래디스가 집단활동에 보다 적극적으로 참여할 것이라는 점과 그녀가 잘 못하더라도 그녀를 무시하지 않을 것이라는 점을 결정하게 되었다. 집단은 그녀를 격려하고 무시하지 않으며 집단활동도 운동보다는 성원들의 다양한 강점과 능력을 요하는 다양한 활동들, 예를 들어 미술, 요리, 드라마 등과 같은 활동들에 참여하기로 결정하였다.

희생양이 된 글래디스의 문제를 다루는 이 집단의 문제해결 과정은 집단의 중간단계에서 부정적인 역할이 발생할 때 어떤 집단이든 간에 적극적으로 참여할 필요가 있으며, 이것이 그 성원과 집단에게 모두 고통과 어려움이 될 수 있다는 것을 보여 준다. 광대 역할을 하든, 도움을 거부하는 불평자가 되든, 대화의 독점자가 되든, 어떠한 역기능적인 역할이든 간에, 사회복지사의 개입은 글래디스의 예에서처럼 직접적이고 공평한 것이어야 하며 사회복지사는 문제가 무엇인지 명백하게 규명하여야 한다. 그리고 문제가 그 역할을 하고 있는 성원과 다른 성원들에게 어떤 의미를 주는지, 그 상황을 존속시키기 위해 성원들은 어떤 행동을 취하는지, 집단은 그 문제를 다루기 위해 무엇을 할지에 대해 집단에게 물어 봐야 한다. 역기능적인 역할에서 문제는 그 역할을 하는 성원과 집단의 다른 성원들 및 집단의 욕구에 의한 상호작용의 결과로 나타난다. 집단이 그 문제를 주의 깊게 탐색하고 각 성원이 그 문제를 발생시키는 데 있어 어떤 역할을 하는지를 탐색하는 것은 문제해결 과정에서 매우 중요한 일이며, 집단이 궁극적으로 효과적인 해결책을 찾는 데도 매우 중요한 일이다.

부정적인 역할을 하는 성원에게는 매우 고통스러운 것이지만 그러한 문제성 역할을 지지와 방향성을 갖고 다루는 것은 그 역할을 하고 있는 사람이나 집단 모두에게 매우 중요한 기회가 된다. 집단에서 다른 사람들과 관계를 맺는 것이 어려운 성원들은 동시에 집단 외부에서 비슷한 문제로 고통을 경험할 가능성이 높다. 광대나 희생양, 독점자와 같은 역할을 하는 사람들은 집단의 다른 성원들뿐만 아니라 자신들이 속해 있는 공식적 · 비공식적 집단과의 관계에서도 비슷한 역할을 차지하고 있으면서 관계 형성에 어려움을 겪을 수 있다. 집단에서 그 역할을 다루는 것은 성원들에게 상당히 중요한 차이점을 가져올 수 있다. 이는 집단에서 다른 성원들의 참여를 통해 배우고 얻은 것을 집단 외부의 다른 사람들에게 일반화하고 적용해 볼 수 있기 때문이다. 역으로 집단의 다른 모든 성원들도 그러한 논의를 통해 얻는 것이 있다. 이는 성원들이 자신들의 행동을 점검해 볼 수 있으며, 자신들이 다른 사람들을 어떻게 대하고 다른 사람들이 자신을 어떻게 존중하며 관계 형성을 하기 원하는지 점검해 볼 수 있도록 돕기 때문이다.

11

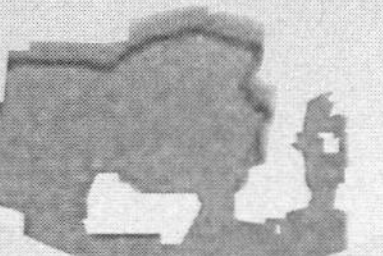

제11장 활동의 활용

집단에서 활동(activity)을 의도적으로 활용하는 것은 집단사회사업이 초기에 사회복지의 한 방법으로 자리 잡을 때부터 널리 행해져 왔다. 집단사회복지실천에서 활동의 활용은 뭔가를 하는 것을 포함하는데, 이에는 게임, 요리 만들기, 행동하기, 노래, 바느질, 하이킹 등 그 종류가 끝이 없다. 활동은 논의를 보충하거나 보완하는 데 있어 논의를 자극하고 고무시킨다. 활동과정 동안에 비공식적인 대화에 참여하거나 활동의 계획, 수행, 평가를 둘러싼 논의를 하는 것은 매우 중요하다. 활동을 하는 것과 이에 대해 대화를 나누는 것은 별개의 것이 아니라 함께 이루어지는 것이다. 집단사회복지실천에서 집단의 활동이 집단과 집단성원들의 욕구를 기반으로 한 것일 때, 그 활동은 집단의 목적을 성취하고 개별성원의 목표를 현실화하는 데 중요한 기여를 할 수 있다.

1. 활동의 활용에 대한 역사

집단사회복지실천에서 활동이 중대한 역할을 해 왔음에도 불구하고, 집단을 대상으로 일을 할 때 활동을 활용하는 것에 대한 논란이 없었던 것은 아니었다. 흥미롭게도 집단사회복지실천에서 활동에 대한 논란은 역사적으로 볼 때 집단사회복지실천 방법을 사회복지 전문직의 한 방법으로 취급할 것인가 혹은 레크리에이션 및 진보적인 교육운동의 일부로 볼 것인가에 대한 초기의 양가감정을 반영한 것이었다.[1] 인보관과 청소년 서비스기관, 종교기관 등의 초기 발달과정부터 집단사회복지에서는 이민자들을 교육시키고, 레크리에이션 기회를 제공하고, 여가시간의 활용 그리고 민주주의와 기독교적 가치 및 유대인의 정체감을 촉진시키기 위해 활동을 활용하였다.

집단사회복지에서 활동의 활용 초기에는 집단의 과정이나 성원들 간의 관계보다는 집단의 내용, 즉 집단이 실제로 행하는 것에 더 초점을 두었다. 역사적으로 볼 때 이렇게 집단의 내용을 강조한 것은 집단사회복지가 사회복지의 한 방법론으로 수용되는 데 있어 부정적인 영향을 미쳤다. 많은 사람들은 집단사회복지와 레크리에이션 혹은 비공식적 교육을 동의어인 것으로 잘못 생각했다. 1930년대는 활동과 활동에서의 행동(doing)보다는 당시 개별사회사업의 개입기술인 말하기(talking)가 주류를 이루고 있었다. 집단사회복지를 실천하는 많은 임상가들은 집단사회복지가 사회복지 전문직의 한 방법론으로 자리 잡기를 바라면서도, 한편으로 활동의 활용을 강조하면 집단사회복지를 사회복지 전문직의 영역 밖으로 취급할 것이라는 두려움 때문에 활동의 활용을 덜 강조하게 되었다.

하지만 1940년대에 이르러 집단사회복지가 사회복지 전문직과 보다 밀접한 정체성을 갖게 됨에 따라 활동과 집단성원들 간의 상호작용에 대한 연관성이 보다 면밀히 검토되고 강조되었다. 1946년에 전국사회복지회의에서 그레이스 코일(Grace Coyle)은 집단의 내용과 과정에 대한 연관성을 인정하였다.

> 집단사회사업[역자주]은 집단에서 진행되어 온 레크리에이션-교육 활동에 두 가지 분명한 영역이 있다는 점을 점차 인식하게 되었다. 두 가지 영역이란 한편으로는 게임이나 토의, 자전거 타기 혹은 예술활동을 포함하는 활동을, 다른 한편으로는 집단과정을 창출해 내는 (성원들의) 성격의 상호작용을 의미한다. 한편을 고려하거나 다루지 않은 상태에서 다른 한편을 다룬다는 것은 피아노를 한 손으로 치는 것과 같다. 프로그램과 성원들 간의 관계는 형언할 수 없을 정도로 얽혀 있다. 집단사회사업 방법론은 인간관계의 이해와 활용이 다양한 유형의 프로그램을 이해하고 활용하는 것만큼이나 중요하다

역자주) 1940년대의 시대적 상황을 고려하여 집단사회복지보다는 집단사회사업으로 표현하였다.

고 인식하는 데서 발달하게 된 것이다.[2)]

코일은 레크리에이션-교육 활동에 대한 그녀의 관심의 후속조치로 1948년에 펴낸 그녀의 저서 『미국 청소년과의 집단사회사업(Group Work with American Youth)』에서 "프로그램 계획의 예술(The Art of Program Making)" 이라는 장을 저술하였다. 이 장에서 그녀는 클럽의 회원들, 이익단체, 전국 청소년기관 프로그램(programs of national youth organizations)에 적합한 활동을 기술하고 예시하였다.[3)]

거트루드 윌슨과 글래디스 라일랜드가 1949년에 펴낸 『집단사회사업실천(Social Group Work Practice)』이라는 책은 프로그램의 내용을 잘 설명한 이정표와 같은 책이었다. 이 책에서는 '프로그램 미디어의 분석' 에 대해 상세하게 기록하였으며 놀이, 게임, 춤, 음악, 드라마, 창작활동, 여행, 캠핑 등과 같은 활동에 내재되어 있는 가치를 강조하였다. 이 책은 모든 연령층의 다양한 목적과 문제를 가진 사람들을 대상으로 의도적으로 활용될 수 있는 활동의 중요성을 자세히 설명한 최초의 책이었다. 또한 이 책은 집단의 활동을 기관의 가치와 목적 및 기능, 집단성원의 발달적 욕구와 관심사, 집단의 특성 측면에서 조명하였다.

1960년까지 사회복지의 전국 단체들 및 집단사회복지실천가들은 활동의 활용과 사회복지의 목적 간의 본질적인 연관성을 점차 인식하고 이를 적어도 '공식적으로' 인정하게 되었다. 일부 사회복지실천가들이 활동의 활용을 경멸하기는 하였지만, 전국의 사회복지단체들은 집단활동을 목적에 적합하게 기술적으로 활용하여 인간의 욕구를 충족시키는 것이 집단사회사업의 독특한 지식이라고 간주하였다. 1959년 미국사회복지교육협의회(CSWE)는 교과과정에 관한 중요한 연구를 출간하였는데, 이 연구서는 마조리 머피가 작성한 사회복지교육에서의 집단사회사업 방법론에 대한 별권을 포함하고 있었다. 이 보고서는 활동의 활용에 관해 특별히 관심을 기울였다. 이 보고서에서 마조리 머피는 다음과 같이 기술하였다.

> 집단사회사업가는 프로그램의 내용과 함께 개별성원들이 타인들과 관계를 형성하는 방식에 관심을 갖는다. 하지만 목표성취는 내용이나 과정 그 자체만으로 측정될 수 있는 것이 아니며, 오히려 할 수 있다면 생각과 행동의 변화로 측정될 수 있는 사회복지의 목

표인 개별성원의 사회적 기능 향상과 관련이 있다.[4)]

집단사회사업에서 활동의 활용에 대한 이해 및 이에 대한 인식을 향상시킨 주요한 책으로는 루스 미들맨이 저술한 『집단사회사업 실천의 비언어적 방법(The Non-verbal Method in Working with Groups)』이라는 책이 있다. 1968년에 쓴 이 책은 이 주제만을 독점적으로 다룬 유일한 책이다.

활동이 갖는 가치로 인해 집단을 대상으로 일을 하는 사회복지사는 그 활동의 중요성을 계속해서 발견하였다. 이러한 노력의 증거로는 집단대상의 활동의 활용에 관한 수많은 집단사회사업 학회지 및 관련 연구, 집단사회사업학회에서의 발표 등이 있다.

2. 집단활동의 가치

활동의 활용은 언어적 상호작용을 보충하거나 보완한다. 활동은 집단성원들과 집단 전체에게 다양한 방법으로 기여할 수 있다. 활동은 ① 스트레스를 줄여 주고 정신건강에 필수적인 만족감 및 창의력에 대한 욕구를 충족시켜 주기 위해, ② 활동을 둘러싸고 벌어지는 집단성원들의 행동을 직접 관찰하여 성원의 욕구와 집단의 욕구 사정을 향상시키기 위해, ③ 감정, 생각, 경험에 대한 언어적 의사소통을 촉진시키기 위해, ④ 반영적이면서 문제해결 논의를 자극하여 궁극적으로 자신과 타인 및 상황에 대한 이해를 향상시키기 위해, ⑤ 집단성원들과 집단의 응집력 간의 관계를 향상시키기 위해, ⑥ 다른 성원이나 주변의 타인들에게 베풀 수 있는 기회를 제공하기 위해, ⑦ 심리사회적 발달단계에 적합한 기초 기술의 능력을 개발하여 자아존중감을 향상시키기 위해, ⑧ 의사결정을 하고 이를 수행할 수 있는 능력을 향상시키기 위해, ⑨ 환경을 보다 잘 활용하거나 환경의 일부를 변경시키기 위해 활용된다.[5)]

1) 만족감과 창의력

성원과 집단이 많은 활동을 통해 만족감을 경험할 수 있다면, 이러한 활동이 개인 및 집단의 생활에 치료적 요인으로 활용될 수 있음을 과소평가하지 말아야 한다. 좋은 건강과 안녕을 유지하기 위해서는 놀이와 웃음이 필수불가결한 것이다. 즐거운 활동은 스트레스를 줄이고 사람들이 자신 및 주변 상황에 대해 새로운 관점을 가질 수 있도록 돕는다. 사회복지사들은 아마도 효과적인 사회기능에 필수적인 사랑, 애정, 기쁨 등과 같은 긍정적인 감정보다는 분노, 증오심, 슬픔 등과 같은 부정적인 감정을 표현할 수 있도록 돕는 데 더 많은 관심을 기울여 왔을 수도 있다. 많은 아동들은 다른 사람들과 재미있게 지내는 방법에 대해 배우지 못하기도 하고, 많은 성인들은 재미있는 활동에 참여하는 것이 어렵다는 것을 알게 되기도 한다. 직업윤리와 직장 혹은 학업에서의 성공을 강조하다 보면 자신을 즐기는 대신에 죄책감을 가질 수 있다.

모든 사람들은 창의적인 일에 대한 욕구가 있으며, 상상력과 표현력 그리고 독창력을 가지고 뭔가를 창조해 내려는 힘과 능력을 갖고자 하는 욕구가 있다. 창의력은 개인의 장점과 과거의 성공적이고 만족스러운 경험을 움직여서 심오한 만족감을 가져올 수 있다.

정신질환 입원환자들을 위한 정신병동에서 실습하는 사회복지 대학원생은 노래집단(singing group)을 구성하는 것에 관심이 있었다. 그런 집단을 구성하고자 하는 이유가 뭔지 물었을 때 그 학생은 "환자들이 재미있게 지내는 것을 한 번도 본 적이 없어요. 노래집단은 재미있을 것 같아요."라고 말했다. 그녀는 또한 "여기 있는 환자들은 선택의 여지가 전혀 없어요. 노래집단에서는 최소한 어떤 노래를 부를 것인지 선택할 수 있을 것 같은데요. 그 이유밖에 없어요."라고 덧붙였다. 그 학생은 결국 집단을 구성하였고 자발적인 노래집단은 커다란 성공을 거두게 되었다. 직원들이 병동에 있는 환자들에게 다른 집단도 있다는 점을 상기시켜 주었지만 환자들은 종종 이 학생에게 다가가서 "오늘 노래집단이 모이나요?"라고 묻곤 했다. 이들 환자들은 종종 다른 집단에 참여하도록 종용받기는 하였지만, 이 노래집단에는 일찍 출석하여 그 학생이 도착할 때까지 기다렸으며 모든 성원들이 정말 노래하는 것을 즐겼다. 노래집단의 많은 성원들은 수차례 병원에 입원한 경력이 있었으며, 한편으로 그들의 삶에서 성공한 적이 거의 없었다. 하지만 이 성원들이 어렸을 때는 모두 고등학교의 합창단이나 중창단에서 성공적이면서도 긍정적인 경험을 하였다.

2) 성원의 욕구와 집단 상호작용의 사정

사정의 목적으로 집단의 활동을 활용하는 가치는 오랜 동안 인식되어 왔다. 집단성원들이 혼자 혹은 여럿이 함께 어떤 과업에 관여하게 될 때 사회복지사는 그들의 능력과 어려움을 직접 관찰할 수 있다. 사회복지사는 집단성원들이 다양한 상황 속에서 다른 성원들과 상호작용하면서 보이게 되는 행동들을 관찰할 수 있다. 집단성원들이 실제로 하는 행동을 직접 관찰하여 얻게 되는 이점은 성원들이 보고하는 것과는 비교될 수 없는 매우 가치 있는 것이다. 다양한 상황에서 성원들의 수행 정도를 관찰하는 것은 집단성원들과 사회복지사가 성원들의 상황에 대한 반응을 인식하고 성원들을 당황하게 만드는 것에 비해 만족감을 주는 것이 무엇인지, 개별성원들이 새로운 관계나 사물 그리고 그들이 피해 오던 것에 대해 어떻게 접근하는지, 서로 공유할 수 없는 상황이 어떤 것인지, 사람이나 활동으로부터 위축되거나 적대적인 공격성을 보이는 경향 등을 파악할 수 있도록 돕는다. 사회복지사는 이러한 관찰을 집단에서 즉각적으로 활용할 수 있으며, 개인 혹은 집단 전체를 대상으로 나중에 활용할 수도 있다.

지역사회센터에 있는 사회복지사는 남성들을 대상으로 요리집단을 구성하기로 하였는데, 이들 남성들이 미혼이거나 사별한 상태에서 고정된 수입으로 음식점에서 많은 비용을 지출하는 것을 알았기 때문이다. 이들이 음식점에서 많은 비용을 지출하는 이유는 음식을 만들 줄 모르거나 부엌에서 간단한 일조차 할 줄 모르기 때문이었다. 집단은 요리와 사회적 측면을 강조할 목적으로 구성되었다. 늦은 오후에서 이른 저녁시간 동안에 모인 집단에서 성원들은 시장을 보고 음식을 준비하여 함께 식사하고 설거지를 하며 다음 주 식단을 계획하였다.

브로글리오 씨는 집단의 한 성원이었는데, 사회복지사는 그가 지역사회에서 친구가 없는 소외된 사람이었기 때문에 개별적으로 상담을 해 왔다. 그는 사회복지사에게 자신이 친구를 사귀기를 원하고 그렇게 시도해 봤지만 다른 사람들이 자신을 잘 대해 주지 않는다고 하였다. 브로글리오 씨는 그가 다른 사람에게 접근하였지만 다른 사람들은 그를 거절하였으며, 다른 사람들이 왜 그런지를 이해하지 못한다고 하였다.

사회복지사는 브로글리오 씨가 그렇게 된 상황을 요리집단에서 그가 다른 성원들과 상호작용하는 방법을 관찰할 기회를 가진 후에야 이해하게 되었다. 다른 사람들과의 상호작용에서 그는 거의 독재적이었으며, 다른 사람들에게 무엇을 어떻게 할지 '지시하듯이' 하면서 멸시하였다. "그렇게 젓지 말아요. 그러면 다 망쳐버린다고요." 하고 그는 다른 사람들에게 크게 말하면서, 그릇을 큰 소리가 나게 거의 부숴버리듯이 다루었다. 때로 그는 다른 사람이 말하고 있는 동안 멀리 있는 사람에게 말하면서 다른 사람은 안중에도 없다는 듯이 자신이 원하는 식단을 자기 방식대로 계획하려고 시도하였다. 집단에서 그의 행동을 보고 사회복지사는 매우 놀랐다. 그가 사회복지사와의 개별 상담시간에 논의하였던 상황에서는 그러한 행동이 전혀 나타나지 않았기 때문이었다. 집단에서 브로글리오 씨의 행동을 관찰함으로써 사회복지사는 그에게 친구를 사귈 때 문제시되는 행동을 제기하였고, 구체적인 예를 통해 그러한 문제를 입증하게 되었다.

3) 감정, 생각, 경험에 대한 대화

많은 사람들이 자신의 생각과 감정을 말로 정확하게 표현하는 데 어려움을 겪는다. 이들은 활동을 통해 자신의 생각을 직접적으로 표현할 수 있거나 자신의 추상적인 생각들을 단어로 표현할 수 있는 구체적인 보조수단으로 활동을 활용할 수 있다. 활동은 또한 집단성원들이 감정적인 주제나 자신들이 말하기 어려운 주제를 표현할 수 있도록 돕기 위해 활용될 수도 있다. 한 사람이 많은 사람들 앞에서 자신에 대하여 말로 표현하라고 강요받게 되면, 부적절한 느낌을 갖게 되고 부정확한 표현을 하게 되며 때로 이것이 악화될 가능성이 있다. 활동에 참여함으로써 성원들은 마치 논의할 준비가 된 것처럼 대화에 참여할 수 있게 되며, 논의만 하게 될 때 존재할 수 있는 압박감이 없을 수 있다. 따라서 활동은 논의를 보조하면서 집단성원들 간의 의사소통의 질이나 내용을 향상시킬 수 있다.

한 초등학교에서 일하고 있는 사회복지사는 행동 및 학업 문제를 갖고 있는 5학년 여학생들을 대상으로 집단상담을 하고 있었다. 사회복지사는 여학생들이 집단에서 논의에 집중하는 것에 어려움을 느끼는 것을 알게 되었다. 그들은 사회복지사의 질문에 어깨를 으쓱이거나 한 단어로 짧게 답하곤 하였다. 이 여학생들이 자신들의 생각과 감정을 표현할 수 있도록 돕기 위해, 사회복지사는 활동에 참여하게 하여 자신들을 표현할 수 있도록 하는 것이 좋겠다는 생각을 하였다. 사회복지사는 집단을 두 개의 하위집단으로 나누어 각각의 집단이 자신들이 가져온 잡지를 활용하여 콜라주를 만들되, 한 집단에서는 5학년이 된 것의 좋은 점을, 다른 집단에서는 나쁜 점을 표현하도록 하였다. 집단성원들은 곧바로 작업에 착수하였고 그것을 즐기는 듯했다. 집단성원들은 어떤 그림들을 포함시킬 것인가에 대해 많은 논의를 하였다. 집단은 콜라주를 만드는 데 모든 시간을 소비하였다.

다음 모임에서 사회복지사는 각 하위집단이 상대방 집단에게 자신들의 콜라주에 포함시킨 그림들과 그렇게 한 이유를 설명하도록 하였다. 집단성원들은 매우 잘 이야기할 수 있었다. 여학생들은 그림을 통해 자신들의 생각을 말로 표현하였다. 그 그림들은 말로 표현할 수 있는 뜀틀 역할을 하게 되었다. 5학년이 된 것에 대해 단순하게 좋은 점과 나쁜 점을 말하라고 했다면 이들은 많은 어려움을 겪었을 것이다. 흥미로운 점은 똑같은 그림들이 '좋은' 그리고 '나쁜' 콜라주 모두에 나타나게 된 것이었다. 집단성원들은 자신들에게 일어나고 있는, 점차 증가하는 독립심에 대한 양가감정을 표현하였다. 콜라주는 이들의 양가감정을 표현할 수 있도록 도운 것이다.

말은 단지 대화의 한 수단인 동시에 모든 사람에게 있어 기본적인 도구다. 한 사람이 비언어적인 대화를 통합하고 활용하기에 앞서, 그 사람은 그것을 언어적으로 이해하여야만 한다. 교육에서 성공하기 위해서나 어떠한 사회적 역할을 성공적으로 감당하기 위해서는 언어기술이 필수적이다. 집단에서는 다양하면서도 간단한 장치들을 활용하여 대화를 시작할 수 있도록 하거나 확장시킬 수 있다. 또한 관심이 없는 것을 나타내는 물건을 진열해 놓음으로써 논의를 시작할 수도 있다. 예를 들어, 잡지에 난 아동훈육과 관련된 기사나 책을 부모교육 집단에서 활용하거나, 남자-여자의 관계나 성 혹은 마약과 관련된 잡지의 기사나 책을 청소년을 대상으로 활용할 수 있다. 가족인형이나 인형의 집(doll house)은 어린 아동을 대상으로 활용할 수 있으며, 성원들의 상황과 비슷한 영화, 그림, 수채화 등은 모든 연령층을 대상으로 유용하게 활용할 수 있다. 어떤 사람들에게는 마이크나 장난감, 전화기 혹은 꼭두각시 인형(puppet)이나 게임을 통해 이야기하는 것이 사회복지사나 집단의 성원들에게 직접 이야기하는 것보다 훨씬 쉬울 수 있다. 집단성원들은 자신들의 감정과 생각 그리고 상황을 직접 직면할 준비가 되어 있지 않을 때, "가상해서 얘기해 보면~" 등과 같은 것을 위에서 제시한 기구를 활용하여 말하는 것이 유용할 수 있다. 그러한 소도구를 이용하여 실험적으로 이야기하는 것은 때로 직접적인 언어적 표현으로 연결될 수 있다.

한편, 가상해서 하는 것은 역할극에서도 활용될 수 있다. 이것은 집단성원들이 집단에서 관심을 갖고 있는 실생활의 상황을 분석할 목적으로 단막극을 통해 역할을 재현하며 성원들이 이를 관찰하도록 하는 활동이다. 역할극에서는 즉각적으로 대응해야 하므로 성원들이 다른 사람들에 대한 자신의 감정과 생각을 보다 자유롭게 표현할 수 있다. 또 역할을 맡게 되므로 한 사람이 감정을 느끼고는 있어도 쉽게 언어적으로 표현하지 못할 때 갖는 감추어진 양가감정이나 저항감을 드러낼 수 있게 된다. 활동은 거기에 참여하는 사람들과 집단의 성원들이 집단의 목적을 성취하기 위하여 다루어야 하는 감정을 표현할 수 있도록 돕는다. 또한 활동은 성원들이 개인적인 상황에서 겪는 것을 재현하도록 함으로써 그 상황을 이해할 수 있는 수단으로 활용될 수도 있다.[6)]

아동대상의 집단에서는 놀이가 대부분을 차지하는 경향이 있다. 예를 들어, 놀이를 통해 아동은 말로 표현할 수 없는 세상에 대한 자신들의 감정과 생각을 표현하게 된다. 아동들은 놀이를 통해 자신들의 경험을 재현하고 분노와 증오, 애정, 기쁨 그리고 기타의 감정을 표현한다. 아동들은 자신들의 경험에서 즐겁지 못한 인물을 게임에서 활용하지 못할 이유가 없다. 그들은 종종 놀이를 통해 자신들의 즐겁지 못한 경험을 재생하게 된다. 어린 아동들과 일을 할 때 놀이기구는 간단해야 한다. 인형과 장난감은 쉽게 부서지지 않아야 한다. 핑거페인트(finger paints), 크레용, 꼭두각시 인형, 다트, 장난감 전화, 녹음기 등은 투사적인 가치가 높은 놀이도구다. 예를 들어, 인형과 의료기 혹은 간호기구 등을 통해 어린 아동이 병원에서의 감정을 경험할 수 있으며 진단 및 치료와 관련된 자신들의 잘못된 인식을 교정할 수 있다.[7)] 군대에서는 아동을 대상으로 아버지의 군배치를 표현한 색칠하기를 활용할 수 있다. 이러한 그림들은 아버지가 집에 없는 것과 관련된 다양한 양가감정을 표현할 수 있도록 한다.[8)] 다른 예를 들어 보면, 성학대를 당한 어린 아동은 오랜 동안 비밀을 간직해 온 자신들의 감정을 꼭두각시 인형을 통해 표현하는 방법을 배울 수 있다. 이 인형은 단순히 거리감을 제공해 줄 수 있는데, 이 자체가 아동에게는 충분히 안전요인으로 작용한다. 학대를 당한 아동은 종종 학대사실을 비밀로 간직하거나, 아니면 무시무시한 결과를 직면해야 한다는 경고를 받아오곤 한다. 한 아동은 이 인형을 통해 자신의 피학대 경험에 대해 상세하게 말하였다. 그런 다음 갑자기 인형을 던져버렸다. 사회복지사가 "팩맨(pac-man)[역자주)]에게 무슨 일이 발생했지?"

역자 주) 비디오게임에 나오는 등장인물의 하나.

라고 묻자, 아동은 "죽었어요. 그가 비밀을 얘기했기 때문에 죽임을 당했어요."라고 답하였다.[9] 여기서 중요한 것은 아동들이 자신의 비밀을 표현하여 불안감을 방출하면서 외상적인 사건을 다룰 수 있도록 하는 것이다.

활동은 아동만을 대상으로 활용되는 것이 아니다. 오히려 활동은 모든 연령층의 집단을 대상으로 활용될 가치가 있다. 활동의 활용은 행동중심적인 청소년기의 특성과 일치하여, 청소년들이 자신들의 감정 및 논의만으로는 다루기 힘든 문제를 검토해 볼 수 있는 보조수단이 될 수 있다.[10] 성인을 대상으로 하였을 때 활동은 감정과 문제를 논의하는 자극제로서 활용될 수 있다는 매우 큰 이점이 있다. 이러한 예들은 에리카 슈네켄버거(Erica Schnekenburger), 미리암 포토키(Miriam Potocky), 맥신 린(Maxine Lynn)과 다니엘 니시보치아(Danielle Nisivoccia) 등이 정신질환을 앓고 있는 환자들을 대상으로 활동의 활용에 대해서 쓴 연구, 데이비드 폴리오(David Pollio)와 같이 젊은 남자 노숙자들을 대상으로 농구를 활용한 연구 혹은 레슬리 웨이트(Lesley Waite)와 같이 발달장애가 있는 성인집단을 대상으로 드라마를 활용한 연구에서 찾아볼 수 있다.[11]

4) 자신 및 상황에 대한 이해

집단성원들이 감정과 경험을 이해하고 이러한 감정과 경험이 자신의 삶의 질적인 면에 주는 부정적인 영향을 완화시키기에 앞서 자기노출을 하는 것은 매우 필수적이다. 반영적인 활동과 이에 대한 논의, 문제해결 활동과 이에 대한 논의는 자신 및 타인 그리고 외상적인 경험에 대한 이해를 향상시킬 수 있다. 이것이 심지어 어린 아동에게도 적용될 수 있다는 사실은 8～10세의 피학대 및 방임 아동으로 구성된 집단의 사례기록에서 찾아볼 수 있다.[12] 이 아동들은 입양대상이지만 관계를 형성하고 유지하는 능력에 있어서는 심각한 발달지체가 있으며, 성인을 불신하며, 다른 아동들과 함께 기쁨을 나누고 이들과 관계를 형성하는 능력이 없으며, 깊은 거부감 및 불확실한 감정을 갖고 있었다. 이 집단의 초기모임은 잡지에서 오린 사람들의 그림을 활용하여 아동의 출생과 아동 및 가족의 발달과 경험에 관해 이야기를 나누는 것이었다.

집단의 한 모임에서 사회복지사가 한 가지 이야기를 해 준 후에 집단성원들에게 가족

중에 신생아에 대해 말해 보도록 요청하였다. 제니퍼가 아기 사진을 보더니 "이 아이는 눈 주위가 검어요."라고 말했다. (하지만 사진에는 눈 주위가 검은 어떠한 증거도 없었다.) 사회복지사는 검은 눈이 어떻게 해서 생겼는지를 물었다. 토마스는 "누군가 그녀의 눈을 (주먹으로) 쳤어요." 성원들은 흥분하기 시작하였고 논의를 계속할 수 없었다. 하지만 잠시 후에 비벌리는 자신의 골절상과 그로 인해 병원에 다녀온 이야기를 하였다. 토마스는 자신이 맞을 것이 두렵다고 하였다. 다른 성원들도 이야기하기 시작하였다. 생각의 일부만 제공되어도 몸동작이나 성원들 간의 다툼을 통해 흥분과 초조함이 표현되기도 한다. 집단성원들 모두가 과거에 학대를 당한 경험을 공유하게 되자 그들은 서로 간에 관계를 보다 잘 형성할 수 있었다.

얼마 후 사회복지사에 대한 신뢰가 형성되었을 때 이들 성원들은 이야기 나누는 것에 보다 깊게 관여할 수 있었다. 그들은 이야기를 자신들의 일부 삶의 경험과 함께 엮을 수 있었다. 집단성원들은 자신의 생모와 일부 거부적인 위탁가정 어머니를 현재의 수용적인 위탁가정 어머니와 구분할 수 있게 되면서 '이전 엄마(old mommas)'와 '새 엄마(new mommas)'로 달리 불렀다. 벤은 성원들에게 '이전 엄마'와 '새 엄마' 그리고 '이전 아빠'를 위해 기도할 필요가 있다고 하였다. 이들 아동들은 '이전' 부모들이 더 이상 자신들에게 상처를 줄 수 없으며, 모든 부모들이 아동을 학대하지는 않는다는 생각을 표현하기 시작하였다. 그들은 현재의 '좋은' 가정에 대해 얘기하면서 자신들의 위탁가정이 어떤 가정일지에 대해 말하기 시작하였다. 이야기가 가끔 끊기기도 하고 다른 활동들과 얽히기도 하였지만, 성원들은 자신들의 감정과 과거 사건에 대해 보다 이해할 수 있게 되었으며, 이를 현실과 구분지을 수 있게 되어 자신들이 새로운 위탁가정에 속할 수 있도록 준비하게 되었다.

5) 대인관계 및 응집력의 발달

적절하게 선정된 활동은 관계 형성을 촉진할 뿐만 아니라 관계를 유지하고 강화하는 보조수단이 될 수 있다. 켄 히프(Ken Heap)는 집단 멤버십은 그 정의에 따르면 "다른 사람을 만나는 상황을 제공하기 때문에 소외감, 따돌림 혹은 사회적 실패의 나선고리를 끊어버리게 된다."고 주장하였다.[13] 활동은 집단성원들의 타인에 대한 관심 및 성원들 간의 관계 형성을 촉진하고, 만족스러운 관계를 형성할 수 있는 기회를 제공하며, 역기능적인 관계를 수정할 수 있는 기회를 제공한다. 뭔가 할 것이 있다는 것, 심지어 시시껄렁한 이야기하기, 차를 함께 마시기, 이름 붙이기 등과 같은 단순한 것을 함께 한다는 것은 타인을 수용할 때 발생하는 불안감을 줄여 주고 타인과의 교류를 촉진한다. 사람들은 서로 교류하게 됨에 따라 다른 사람에 대한 자신의 감정을 인식하고 관심사를 공유하며 자신을 표현하는 방법과 어려움, 능력 등을 인식한다. 경험을 서로 공유한다는 것은 집단성원들이 서로 협력하거나 경쟁하게 되는 기회를 제공하여, 집단이 성원들에게 자신을 사정할 수 있는 장이 되는 동시에 협력과 경쟁을 다루는 방법을 배우는 장이 된다. 따라서 주요한 치료적 힘이 대인관계를 통해 배우는 것이기 때문에 서로에게서 배울 수 있는 모든 수단이 집단성원들에게 제공될 필요가 있다.

활동은 종종 집단성원들 간의 관계를 향상시키기 위해 사용되므로 결과적으로 집단의 응집력 향상을 가져온다. 성원들은 함께 경험을 공유함으로써 서로간에 의미 있는 관계를 형성한다. 집단의 다른 성원들과 관계를 형성하는 데 있어 각자의 경험은 상이한 기회와 도전을 제공한다. 집단이 성원들에게 공통된 신선한 경험을 제공함으로써 그들은 자기가 속한 집단을 다른 집단과 차별화하고 집단에 대한 동일시를 향상시킬 수 있다. 어떤 사람들은 단순하게 이야기하는 것보다 다양한 방법으로 활동에 참여할 때 자신의 경험을 보다 풍부하게 공유할 수 있다. 따라서 집단성원들 간의 동일시가 향상되기 쉽다. 각 성원은 경험을 공유함에 따라 서로에 대한 이해를 향상시킬 수 있는데, 이는 성원들의 지위를 동등하게 하는 경향이 있다. 또한 성원들이 현재의 경험을 공유함에 따라 서로간의 교류를 자극하게 되므로 집단중심이 될 수 있다.

레이니 콜린스(Lainey Collins)는 그녀의 연구에서 집단성원들이 대인 간의 학습 및 관계를 향상시키기 위해 활동을 활용하는 것에 대해 기술하였다. 이 연구는 읽기와 쓰기가 주요 활동인 방과 후 학습 프로그램의 집단에 대한 것이었다.

> 초기의 쓰기활동에서는 철자법이 덜 강조되었다. 하지만 단어의 철자를 종이 위에 쓰기 전에 이들 단어를 정확하게 맞춤법에 따라 쓰는 것에 성원들이 어려움을 겪었다. 쓰기시간에 모임 장소에서는 이 단어 저 단어의 철자법을 묻는 목소리로 가득 찼다. 집단지도자는 모든 질문에 대해 답해야 했기에 당황하였으며, 결과적으로 이 활동시간에서 쓰기시간을 줄이도록 유도하였다. 이러한 문제가 집단에 제기되어 집단이 커다란 과업을 할 때는 집단을 네 개의 소집단으로 나누어 서로 협력해서 일하도록 결정하였다. 그리고 철자에 대해 묻는 것은 집단지도자에게 묻기 전에 다른 소집단의 성원들에게 묻도록 하였다. 그런 다음 성원들은 소집단에서 답할 수 없었던 철자법에 관한 질문을 집단

과 집단지도자에게 묻도록 하였다.[14)]

이러한 결정을 한 결과 집단성원들은 철자에 대한 과정을 공유하게 되었다. 경험 공유는 집단성원들이 자신들의 습작을 또래들과 공유하는 기회를 제공하였고, 자신들의 작품을 제출하고 다른 성원들의 습작을 읽고 듣게 됨으로써 성취감을 느끼게 하였다. 집단모임이 계속되면서 집단성원들은 자신들이 쓴 이야기에 대해 서로 협력하게 되었으며, 그들이 말한 것을 상이한 언어를 활용하여 다국적 언어의 이야기로 만들었다.

6) 타인에게 베풂

활동은 집단의 성원들이 다른 사람에게 베풀 기회를 제공한다. 예를 들어, 아동들은 발렌타인 데이 선물을 교환하거나 만듦으로써 혹은 다른 성원들과 장기자랑을 함께 해봄으로써 서로에 대한 긍정적인 감정을 표현할 수 있다. 다른 성원에게 물질적인 선물과 교환권 등을 제공해 주는 것만큼이나 중요한 것은 활동을 통해 다른 성원들에게 지지와 격려를 제공해 주는 것이다. 그러한 지지는 제공자와 수혜자 모두에게 이득이 될 수 있다. 그 예를 다음의 지역사회 정신건강센터에 있는 청소년집단에서 행한 도자기 만들기 상호교류에서 찾아볼 수 있다.

> 집단의 첫 모임에서 각 성원은 단순하면서 조그만 사발을 만드는 중이었다. 이들 성원들은 점토를 처음으로 접하였는데 사발의 촉촉함과 두께를 이상적으로 유지하는 데 많은 어려움을 겪게 되었으며, 점토에 가하는 손가락의 압력을 통제하는 데도 많은 어려움을 겪었다. 루시는 사발의 주변을 너무 강하게 누르는 바람에 그만 그곳을 뚫어버리게 되었다. 그녀는 “아! 망쳐버렸어. 사발의 가장자리를 망쳤어. 짜증나 못하겠어.”라고 소리쳤다. 루시를 위로하면서 도움을 주고자 사회복지사는 “처음에 의도한 사발이라기보다는 뭔가 다른 것 같아 보인다.”라고 말하였다. 제이슨이 사회복지사의 말에 덧붙여 “그래, 주전자 같아 보이는데.”라고 말하였다. 루시가 재빨리 “정말 그렇게 생각하니?”라고 말하면서 다소 안도하는 것 같았다. 제이슨은 공감하듯이 고개를 끄덕이며 루시를 향해 웃었다. “그래, 좋았어.” 하며 루시의 얼굴은 곧 환해졌다. 제이슨의 격려로 루시는 그녀의 사발을 주전자로 만드는 작업을 하였다.[15)]

7) 자신감과 자아존중감

성원들이 효과적으로 대화하는 방법을 배우고 자신과 타인 및 상황을 합리적이면서 정확하게 인식하게 됨에 따라 심리사회적 기능이 향상된다. 하지만 다양한 사회적 상황과 관련하여 태도와 행동을 분명히 하는 것은 문제 상황을 숙련되게 다룰 수 있는 사람에게만 도움이 될 수 있다. 감정과 생각을 확실하게 변화시키기 위해서는 이를 혹독한 경험 가운데 시험해 볼 필요가 있다. 또한 집단성원들이 이전에 자신에게 부족했다고 생각하는 영역을 숙달할 수 있도록 기회를 제공해 주는 것이 특히 중요하다. 따라서 행동중심의 집단경험은 논의중심의 집단경험을 보완할 필요가 있다. 퀸튼 래그랜트(Quentin RaeGrant), 토마스 글래드윈(Thomas Gladwin), 엘리 바우어(Eli Bower)는 사람들이 환경과 효과적으로 교류하는 능력인 사회적 능력은 "자아의 장점을 향상시키며, 강화된 자아는 역으로 갈등과 불안에 대해 내재적으로 더 잘 대처할 수 있게 한다."고 주장하였다.[16] 이 말은 역으로 집단의 능력을 향상시키게 되며 성공의 나사가 서서히 풀리게 된다는 것이다.

다음은 만성 정신질환을 앓고 있는 성인 생활시설의 창작집단에서 발췌한 것으로 활동이 성원들의 힘을 한데 모으고 자아존중감을 향상시키는 예를 보여 준다.[17]

> 나(사회복지사)는 파도소리를 내는 기계를 틀고 나서 자갈과 조개껍질 그리고 해변의 그림을 성원들에게 돌렸다. 나는 우리의 첫 번째 시 창작을 위해 우리가 해변으로 갈 것이라 하였다. 미리암이 신경질적이면서 짜증나는 목소리로 "이게 뭐야?" 라고 말하였다. 그녀는 "난 시를 쓸 수 없어. 할 수 없어!" 라고 소리쳤다. 그녀는 계속해서 "내 말은 시는 대학을 다닌 사람들이나 쓰는 거라구요. 난 대학을 다니지 않았어요. 난 다른 것을 했단 말예요. 난 비서로 일했어요. 난, 난 시를 배우지 않았어요! 난 이 성경책 하나로 족해요. 난 이런 쓰레기 따윈 필요 없어요! 황당하네! 난 갈래요!" 라고 말하면서 방을 나갔다. 헨리는 조용하면서도 자신 있는 목소리로 "그녀는 돌아올 거예요." 라고 말했다.
>
> 당시에는 미리암에게 시도해 보라고 설득할 기회도 없었지만, 사회복지사와 다른 성원들의 격려로 인해 그녀는 훗날 집단에 돌아왔다. 사실은 우리 모두 미리암처럼 긴장되었다. 이는 시라는 단어가 우리를 위협적으로 느끼게 했고 쉽게 이해하기 어려운 것이었기 때문이다. 우리는 우리가 느낄 수만 있다면 시를 쓸 수 있다고 확신할 필요가 있었다. 헨리는 "한번 해 봐요. 그냥 느낌을 말해 봐요. 파도가 해변에 부서지는 소리를 듣습니

다…….”라고 말하면서 우리를 설득하였다. 나는 그의 말을 단서로 벽에 붙여진 종이 위에 “파도가 해변에 부서진다.”라고 썼다. 나는 “계속하세요. 그것이 무엇과 같은가요? 그것으로 인해 여러분은 어떤 느낌이 들지요?”라고 물었다. 벽 옆의 탁자 부근에 앉아 있던 로레인은 “파도가 해변으로 밀려오네. 하나씩…… 아, 그런데 내가 끼여들어도 될까요? 나는 롱아일랜드에서 자랐어요. 그래서 많은 추억이 생각나네요.”라고 말했다. 로이스도 “그래, 맞아요! 나도 바닷가 모래에 있는 조개껍질이 생각나요.”라고 말했다. 나는 “눈을 감아요. 무엇을 하고 있지요?”라고 말하면서 열심히 적었다. “나는 조개껍질을 들어 귀에 갖다 댑니다…….”

우리는 그런 강렬하고 즉흥적인 반응을 보이면서 계속해 나갔고 우리의 추억과 감정을 쉽게 표현할 수 있었다. 우리가 집단모임을 마치기로 결정하였을 때 나는 벽에 붙인 종이에 쓰인 시를 한 줄씩 읽었다.

추억이 되살아났다:

조개껍질을 들어 귀에 댑니다.
바다 소리를 듣습니다.

감각이 되살아났다:

바다의 시원한 바람이
나의 옷깃을 열고 해를 느낍니다.

감정이 펼쳐졌다:

지평선을 바라보니
탐험을 떠나고 싶습니다.

자신들의 솔직한 반응을 공유하게 되면서 집단성원들은 서로를 더 잘 이해하게 되었다. 내가 읽기를 마치자 집단은 자발적으로 박수를 쳤다. 우리가 함께 만든 것을 믿을 수 없었다. 우리가 결코 할 수 없다고 생각했던 것을 해낸 것이다. 로레인은 “이것으로 인해 어린 시절 해변에서 자란 추억을 되살리게 되었어요.”라고 말하면서, “나는 여기에 쓰인 모든 것들을 했지요. 조개를 줍고, 파도소리를 듣고, 오랜 동안 해변을 거닐었지요. 오랜 동안 그것을 해 보지 못했어요. 옛날이 그리워지네요. 오늘 오후에는 이 생활시설에서 듣던 소음을 듣지 않을 거예요. 파도소리를 들을 겁니다."

사람들이 스스로 만족하면서 타인의 합리적인 기대를 충족시키는 방식으로 자신에게 주어진 역할을 수행하여 자신의 능력에 자신감을 얻게 될 때 심리사회적 기능은 강화된다. 과제를 숙달하는 것은 자아존중감을 향상시킨다. 특히, 자아존중감과 관련이 있는 것은 집단이 특정 과제를 마칠 때다.

노인센터의 성원들로 구성된 사진집단은 6개월 동안 모임을 가진 후에 지난 일 년 동안 찍어 온 작품을 모아 센터에서 전시하기로 결정하였다. 이 집단과 일을 해 온 사회복지사도 이에 동의하였는데, 이는 작품전시회가 집단성원들의 개인 및 집단 전체적인 노력을 결집하는 훌륭한 종결의 기회를 제공할 수 있을 것이라 생각했기 때문이다.

작품전시회는 다양한 과업과 활동을 필요로 하였다. 성원들은 자신들이 처음부터 찍어 온 사진들을 정리해 보게 되었으며, 그러한 회상을 통해 집단성원들이 집단에서 있었던 다양한 추억을 회고하는 훌륭한 기회를 제공하게 되었다. 성원들은 전시회에서 어떤 사진을 어떻게 주제별로 모아 전시할 것인가 결정하였다. 그런 다음 그들은 도시에서 전개되고 있는 두 군데 사진작품 전시회를 다녀왔다. 특히, 집단성원들은 이들 전시회에서 사진들이 어떻게 배열되었으며 어떻게 설명이 붙여졌는지를 살펴보았다. 센터에 돌아와서 이들 성원들은 둘씩 짝을 지어 자신들이 직접 고른 사진들에 대한 설명을 붙이기 시작했다. 이렇게 둘씩 짝을 지어 설명문을 만들게 하자 글을 잘 쓰지 못하는 일부 성원들도 설명문의 내용을 구성하는 데 함께 생각할 기회를 가졌으며, 글을 잘 쓰는 성원들은 최종 설명문을 만드는 데 기여할 수 있었다. 다른 성원들은 전시에 필요한 전시대를 만들 재료를 사기 위해 가게를 다녀왔다. 집단 전체가 사진의 제목, 사진, 설명문을 배치하는 데 관여하였다. 마지막으로 집단은 한 성원을 선발하여 센터에서의 전시회 개막전의 사회를 맡도록 하였다. 집단의 모든 사람들이 그녀가 집단과 사진 전시회에 대해 설명할 때 포함시켜야 할 문구를 제안하였다. 그녀가 설명문을 연습할 때 집단의 모든 사람들이 그녀를 도왔다.

수준 높은 전시회를 갖게 되자 집단성원들은 다른 사람들로부터 전시회 작품에 대해 긍정적인 말을 많이 들었으며 그들의 작품을 인정받았다. 더욱 중요한 것은 집단성원들이 자신들의 창작품을 자랑스럽게 생각하였으며, 자신들의 복합적인 노력으로 인해 성취감을 느낄 수 있었다.

집단이 특정 과제를 기획하고 완료하는 과정에 참여하게 될 때 사회복지사는 그 과정과 결과물을 동시에 고려해야 할 필요가 있다. 특히, 참여과정이 중요하지만 그 결과물도 중요하다. 사회복지사가 집단성원들에게 최선을 다하도록 요구할 때 그들의 자아존중감은 향상된다. 과업을 완성하기 위해 모든 성원들의 노력이 필요하다는 것을 성원들이 인식할 때 그들은 집단 노력과 참여를 통해 권한부여의 느낌을 갖게 된다.

자아존중감은 사회적 능력의 필요요소다. 집단의 많은 성원들은 낮은 자아존중감으로 인해 고통을 받는다. 종종 집단성원들은 타인으로부터 부정적인 평가를 받는 희생자가 되기도 하고, 인종이나 성향 및 성으로 인해 차별을 받기도 하며, 때로는 일탈자로 낙인 찍히기도 한다. 집단성원들은 가정, 학교, 직장 혹은 친구관계에서 무수히 많은 실패경험을 갖고 있다. 하프는 "그러한 낮은 자아존중감은 자양분이 많다. 낮은 자아존중감은 새로운 상황에 부딪힐 때 기대와 행동을 조정하게 되어 새로운 실패를 경험할 가능성을 높이게 된다. 그리고 자아존중감이 낮으면 클라이언트는 새로운 상황을 시도해 보지 못하며, 바보 같지만 방어적이면서 수동적인 태도를 취하게 된다."고 주장하였다.[18] 자아존중감 향상을 목표로 일을 한다면, 집단성원들이 무엇을 하든 간에 집단의 지지와 서로의 성취경험을 통해 성공을 맛보는 것이 중요하다. "할 수 없다."는 태도에서 "시도해 볼게." "할 수 있어." 하는 태도로 전환하는 것은 사회적 기능을 성공적으로 수행하기 위한 강한 동기가 된다.

다양한 경험은 자아능력을 강화시켜 사회관계의 주고받음(give and take)과 역할수행에 대한 기대에 대처할 수 있도록 한다. 헨리 마이어(Henry Maier)는 집단은 "새로운 경험을 시도해 보고 실험해 보는 도전의 장"이라고 하였다.[19] 선정된 경험을 통해 집단성원들은 자신들의 행동에 대한 결과를 발견하게 되며, 어려운 과제에 보다 효과적으로 대처할 수 있는 수단을 발견하게 된다. 집단성원들은 서로에게 자신들의 실제 능력을 입증해 보일 수 있으며, 성공과 실패에 대한 다양한 질문을 접할 수도 있다. 적절한 경험을 선택하고 활용하는 데는 집단의 문화가 매우 중요하다. 집단 내에는 집단성원들이 시도하고 학습하려는 것을 인정하는 규범이 필요하며, 집단성원들의 실패에 대해 부정적인 비판이나 불평 없이 자신들의 노력을 현실적으로 평가할 수 있도록 돕는 규범이 필요하다. 집단은 성원들이 하기 힘든 일을 위험을 감수하면서 새로운 방법으로 시도해 볼 수 있는 안전한 장소다.

사회적 능력을 향상시키기 위해서 활동을 활용할 때 사회복지사는 개별성원들이 인간발달의 각 단계에서 수행해야 할 과제의 숙달 정도를 평가할 필요가 있는데, 이에는 성원들의 연령, 성, 민족성, 건강, 환경 등이 포함된다. 특정 과제나 역할을 수행하기 위한 능력을 성원들이 발달시킬 수 있도록 돕기 위해 사회복지사는 일차적으로 교육적인 과정을 활용하게 된다. 하워드 골드스틴(Howard Goldstein)은 사회복지사의 교육적 역할과 학교 교사의 교육적 역할을 구별하여 설명하였다. 사회복지에서는 "학습과정이 일차적으로는 특정 과제를 완수하기 위한 것이나 사회생활과 관련된 문제를 해결하는 데 필요한 지식을 습득하는 것에 초점이 맞춰져 있다."[20] 더 효과적으로 적응하기 위해 사람들은 필요한 지식과 기술을 습득할 필요가 있다.

집단을 구성하고 있는 성원들은 성인이든 아동이든 간에 그들의 발달과 관련된 심각한 걸림돌을 접한다. 그러한 집단에서 활동을 활용하는 것은 성원들에게 학습기회 및 지지적인 환경을 제공하는 것이다. 가상적인 상황과 관련하여 역할극, 시연, 문제해결 등과 같은 교육적이면서 경험적인 기법을 활용하고 이를 논의하는 것은 교습에 있어 특히 중요하다. 예를 들어, 활동을 통해 부모들이 자녀를 양육하는 기술과 지식을 습득할 수 있도록 도울 수 있으며, 아동들은 또래 및 성인들과 보다 잘 관계를 형성할 수 있는 기본적인 사회기술을 습득할 수 있도록 도울 수 있다. 그러한 기술을 숙달하는 것은 자아상을 향상시키며 보다 어려운 도전을 시도해 볼 가능성을 향상시키게 된다. 집단성원들은 이러한 기술들을 집단으로부터 사회의 일상생활로 전환시킬 수 있다.

8) 의사결정 능력

집단성원들은 종종 의사를 결정하고 수행하는 능력을 향상시킬 필요가 있다. 이는 문제해결의 결과물이다. 성원들이 내려야 하는 의사결정은 개별성원의 것일 수도 있지만 집단 전체의 것일 수도 있다. 또한 그러한 의사결정이 개인이나 집단 전체와 관련된 사소한 것일 수도 있지만 중요한 것일 수도 있다. 여기서 문제해결 과정의 모든 단계—즉, 문제파악, 문제탐색, 가능한 해결책 모색, 해결책의 분석, 의사결정—가 활용된다. 휘

트니 라이트(Whitney Wright)는 지역사회 정신건강기관의 청소년으로 구성된 도자기집단에 대해 기술하면서 활동이 집단성원들의 개별적인 문제를 다루는 방법을 입증하였다.[21)]

> 집단성원의 한 사람인 케빈은 점토를 만드는 자신의 능력의 한계로 인해 초조해지기 시작하였다. 집단의 다른 성원들은 앞서 나가고 있었지만 케빈만이 아직도 지체되고 있었다. 그는 밀대로 점토를 내리치기 시작하였다.
>
> 케빈: 난 학교에서 결코 유급되지 않을 거야. 그러기에는 난 너무 똑똑하거든. 그것은 바보들을 위한 것이야.
> 에리카: 똑똑하지 않은 사람이 유급되는 것은 아니야.
> 케빈: 아냐, 바보가 유급되는 거야. 난 바보가 아니야.
> 사회복지사: 내 생각에 케빈은 아마도 다른 사람들이 느끼고 있는 점을 이야기하고 있는 것 같은데. 모든 사람들이 각기 다른 속도로 일을 하고 있고 다양한 기술로 잘 하고 있어. 점토 과제와 관련해서 모두가 각각 상이한 속도로 진행하고 있지. 다른 사람의 과제를 보면 집단에서 뒤처진다고 생각할 수도 있지.
> 루시: 레이니어는 정말 빨리 하고 있어.
> 레이니어: (어깨를 으쓱이며) 재미있잖아.
> 사회복지사: 그래, 레이니어처럼 모두가 빨리 하면 어떻겠니?
> 에리카: 우리가 훌륭하게 해낼 수 없겠죠.
> 케빈: 저렇게 될 수는 없겠지. (레이니어가 만드는 강아지를 가리켰다.)
> 사회복지사: 그래, 때로는 느린 속도로 가는 것도 좋은 거야. 학교에서 한 학년 유급되는 것도…….
> 에리카: 난 한 학년 유급했는데.
> 사회복지사: 그게 어땠니?
> 에리카: 훨씬 나았어요. 내가 보다 잘 할 수 있게 된 느낌이었어요.

특정 문제를 탐색하는 것과 더불어 활동은 집단성원들이 문제에 대한 대안적인 해결책을 파악할 수 있도록 도와 성원들이 자신들의 의사결정을 수행할 수 있도록 준비시키기도 한다. 예를 들어, 어떤 집단에서는 부모들이 역할극을 활용하여 아동들이 학교 체력실보다 사적인 공간에서 샤워를 할 수 있도록 하는 방안을 교장에게 설명하는 다양한 접근방법을 모색하였다. 각각의 대안을 연습해 봄으로써 부모들은 무엇을 어떻게 해야 할지에 대한 합의를 이끌어 낼 수 있었다. 또한 12세 된 소년집단에서는 소녀들을 초청하는 행사에 대해 서로 공유하고자 하였다. 하지만 소년들은 소녀들과 무엇을 할지를 말하는 데 있어 주저하였다. 결국 연습을 통해 이들 소년들은 소녀들을 초청할 준비를 하고 실제로 그렇게 하게 되었다.

9) 환경의 더 나은 활용 및 변화

사회복지사는 집단이 집단 자체 혹은 집단의 성원들에게 영향을 줄 수 있는 환경을 보다 잘 활용하거나 변화시키기 위해 노력하도록 유도할 수 있다. 집단에서의 활동은 집단성원들의 가족과 지역사회에서의 그들의 삶과 관련이 있어야 한다. 사람들은 자신의 삶에 영향을 주는 요인에 영향력을 행사할 수 없을 때 무기력감을 경험하게 된다.[22] 사회복지에서의 도움은 자아의 대처능력과 집단의 기능을 강화시키는 데 초점을 맞출 뿐만 아니라, 집단성원들이 환경의 장애물을 줄이고자 노력할 때 그렇게 할 수 있도록 돕는 데도 초점을 맞추어야 한다. 효과적인 사회행동은 사회적 성장과 환경의 향상을 촉진한다.

데릴 루벨(Derryl Lubell)은 병동의 환경을 향상시키기 위한 환자들의 성공 사례를 제시하였다.[23] 복막투석(peritoneal dialysis)을 받고 있는 환자들의 집단은 자신들의 삶에 영향을 주는 의료적, 가족적, 사회적 요인들에 대한 8회 모임을 가졌다. 집단이 종결에 이르렀을 때 성원들은 병동에서의 문제에 집중하기 위해 시간을 연장할 것을 요청하였다. 많은 환자들이 투석시간 동안에 겪는 지루함을 달래기 위해 젊은 환자들은 영화 프로그램을 기획하고, 텔레비전 대여서비스를 향상시켰으며, 영양사와 협의하여 메뉴를 변경하였다. 더 나이든 환자들은 자신들의 치료계획에 보다 적극적으로 참여하고 책임감을 지려는 노력을 앞장서서 하였다. 그들은 새로운 인공투석기로 인해 겪는 부정적인 경험에 대해, 또 치료로 인한 고통이 참을 수 없을 정도로 심할 때 간호사들이 투석기를 제거하지 않는 것에 대해 불평하였다. 기록에 따르면 다음과 같다.

> 나는 환자들이 수간호사와 의사를 집단모임에 초청하여 집단성원들이 그들과 함께 여러 가지 문제를 논의할 수 있을 것이라고 제안하였다. 집단성원들은 약간 주저하면서 내 생각에 동의하였고, 나에게 그 직원들을 초청해 줄 것을 요청하였다. 나는 성원들의 이러한 요구를 의사와 간호사에게 설명하면서, 이는 그들이 환자들이 계획한 변화를 지

지하면서 환자들이 책임 있게 자기관리를 할 수 있도록 유도하는 기회로 삼을 수 있다고 하였다. 나는 또한 직원들에게 어느 정도의 분노와 요구사항이 있을 것을 기대하라고 경고하였으며, 그들과 함께 그런 상황을 다룰 수 있는 방안에 대해 간략하게 논의하였다. 직원들은 자신들의 생각을 환자에게 전달할 수 있는 기회가 생긴 것에 대해 만족해 하였고 그 모임은 잘 진행되었다. 결과적으로 직원과 환자들은 환자들이 투석기로 인해 고통을 불평할 때 간호사들이 의사의 허락 없이도 투석기를 제거할 수 있도록 합의를 보았다. 한편, 환자들은 직원들이 다양하게 기계를 조작할 때 자신들이 겪는 불편함을 가급적 많이 참을 것이라고 약속하였다.

토비 버만-로시(Toby Berman-Rossi)는 장기보호시설의 거주자들을 대상으로 한 집단에서, 많은 시설에서 흔히 발생하는 문제 가운데 하나인 음식에 대한 불만을 다루었다.[24] 사회복지사는 중재자로서 참여하여 집단이 영양담당 부서의 직원들과 여러 차례 만나도록 하였으며, 결과적으로 집단성원들과 직원들이 서로를 이해하게 되면서 메뉴에 몇 가지 중요한 변화가 생겼다. 이 일이 어느 정도 성공하자 집단성원들은 자신들의 삶에 더 많은 통제감이 있음을 인식하게 되었고 권한부여가 되었다. 헤롤드 립튼(Harold Lipton)과 시드니 말터(Sydney Malter)는 척수손상을 입은 환자들을 대상으로 한 집단에서 일상적인 간호에 대한 불만과 의사들과의 정보 공유의 불충분에 대한 불만을 다루었다.[25] 또한 주디스 리(Judith Lee)는 여성 노숙자들을 위한 쉼터에서의 연구를 통해, 집단성원들이 쉼터 밖에서 생활할 수 있도록 준비시키며 쉼터 거주자들의 욕구에 쉼터가 보다 적절히 반응할 수 있도록 하였다.[26]

사회행동을 위한 활동의 예는 지역사회에서도 활용될 수 있다. 예를 들어, 장애아동을 위한 진료소를 폐쇄할 위협이 있게 되었을 때 부모 지지집단은 폐쇄를 막기 위한 행동조치를 취하였다. 그들은 전화와 편지를 동원한 캠페인을 벌였으며, 지역 라디오 방송과 신문들로 하여금 그 원인에 관심을 갖도록 유도하였다. 그리고 직원들은 모금활동을 위한 제안서를 만들었다. 이러한 노력의 결과로 행정가들은 그 진료소를 폐쇄하려는 계획을 철회하였다. 캐럴 저메인과 알렉스 기터만은 "요보호 아동과 부모들을 위한 이러한 서비스는 보호되어야 할 필요가 있다. 나아가 부모들은 자신들에게 깊은 염려를 안겨 주는 이러한 문제에 대해 행동을 취함으로써 그들의 자아존중감, 능력 및 자아정체감 그리고 자율성을 향상시켰다."[27]라고 보고하였다.

청소년집단의 흔한 주제 가운데 하나는 부모들과의 갈등으로 주로 규칙이나 훈육방식, 청소년의 특권에 관한 것들이다. 한 청소년집단에서 청소년들이 부모에 대한 불평을 쏟아내었다. 잠시 후 사회복지사는 청소년들에게 이 문제에 대해 어떻게 할 것인지를 물었다. 첫 번째 대답은 아무것도 할 수 없다는 것이었다. 그런 다음 사회복지사가 부모들을 만나 이야기해 보라는 요청이 들어왔다. 그리고 그들은 마침내 부모들과의 합동 모임을 갖는 계획을 만들고 실행해 보자고 동의하게 되었다.[28)]

집단의 문제해결 과정을 활용하여 환경의 장애물을 제거하기 위한 행동을 결정할 수 있으며, 그 결정을 실행하기 위해 필요한 활동을 수행할 필요가 있다. 사회행동에 대한 자발적인 참여는 성원들을 위한 것이라기보다는 성원들과 함께 하는 것일 때 그들의 성장을 가져온다. 루비 퍼넬과 바바라 솔로몬이 입증하였듯이 권한부여는 하나의 과정이자 목표다.[29)] 문제해결 방법을 배우게 되면서 사람들은 자신들의 삶에 대한 권한을 획득하고 자아존중감을 향상시키며 무기력감과 좌절감을 줄일 수 있다. 크든 작든 집단성원들은 환경이 사람들의 욕구에 보다 반응하도록 만든다.

3. 집단사회복지실천에서의 활동의 활용

사회복지사가 집단사회복지에서 활동을 효과적으로 활용하기 위해서는 집단에 대한 기술과 이해를 필요로 한다. 사정과정에서 인간발달에 대한 지식과 기술, 집단 발달단계에 대한 이해 및 각 단계에서의 집단의 욕구와 성원들의 욕구에 대한 이해, 활동을 집단의 목적과 연결시키는 기술 등은 집단의 활동을 의미 있게 활용하기 위해 매우 필수적인 것들이다.

1) 인간발달과 사정

성장과 변화의 수단으로 활동을 활용하는 것은 개인과 집단에 대한 사정을 근거로 주어진 상황에 적절해야 할 필요가 있다. 집단성원들은 똑같은 활동에 대해 다양한 방식으로 반응한다. 예를 들어, 사회복지사는 매우 수줍어하거나 두려워하는 성원들에게 이들의 능력 이상으로 대처할 수 없는 활동을 강요해서는 안 된다. 집단성원들이 대등하게 참여하는 것으로부터 집단 상호작용으로 전진하기 위해서는 사회복지사의 도움이 필요하다. 매우 경쟁적인 성원들은 역할극이나 집단에서 준비가 되었다면 경쟁적인 게임과 같은 활동에 참여함으로써 자신들의 문제를 다룬다. 이들은 이기고 지는 것을 다루는 방법을 배우는 데 있어 도움이 필요하다. 자아존중감이 낮은 성원들은 집단의 활동이 성공을 보장하는 것이어야 한다. 만족스러운 사회경험을 거의 하지 못한 모든 연령층의 성원들은 새로운 경험을 시도해 볼 때 사회복지사로부터 많은 지지를 필요로 하는 반면, 만족스러운 사회경험을 많이 해 본 성원들은 다른 곳에서 습득한 기술들을 집단에 가져와 적용해 볼 수 있다.

다음에 제시된 것은 대인관계에서 발생하는 성원의 특정 문제를 해결하기 위해 고안된 활동을 창의적으로 활용한 사례다. 이것은 루스 비트너(Ruth Bittner)가 어린 아동과 그 부모들을 대상으로 역기능적인 모-자 관계를 줄이는 것을 목적으로 한 집단에 관한 연구다.[30]

두 살 반 된 리사의 소아과의사는 리사의 문제로 인해 S씨 가족을 아동발달센터에 의뢰하였다. 리사는 극도로 수줍어하여 타인과 관계를 형성할 수 없었다. 리사와 어머니의 관계는 병적이었다. S부인은 리사와의 극도의 공생적인 관계를 포기할 수 없었다. 부부치료를 받는 과정에서 어느 정도 진도가 있기는 하였지만 리사와 어머니의 관계는 전혀 변하지 않았다. 그래서 리사와 S부인은 모-자 4쌍으로 이루어진 집단에 의뢰되었다. 집단의 목표는 S부인과 리사가 서로에게서 분리되는 것이었다.

집단의 내용은 목적을 보다 촉진하도록 구성되었다. 성인을 위해서는 커피가, 아동을 위해서는 과일주스가 제공되었다. 아동과 어머니를 위한 이름표들이 각각 다른 색깔로 만들어져 아동과 어머니를 구별할 수 있으면서 서로를 구별할 수 있도록 하였다. 모임은 노래를 부르면서 시작되었다. 이 노래는 모든 사람의 이름을 부르면서 눈맞춤을 할 수 있도록 만들어졌으며 모임을 종결할 때에도 비슷한 노래를 불렀다. 이러한 의식은 집단에 들어오고 나가는 전환이 편안하도록 돕기 위한 것이었으며, 어머니들이 서로간에 연결될 수 있도록 돕기 위함이었다. 사회복지사는 아동들이 어머니들에게 다가가거나 떨어지는 것을 돕기 위한 구체적인 목적을 염두에 두고 장난감을 선정하였다.

초기모임에서 S부인은 리사를 그녀의 무릎 위에 앉혀 강하게 끌어안고 있었으며, 리사가 떨어지는 것을 너무 무서워한다고 말하였다. 나무로 만든 흔들이용 배는 리사가 어머니로부터 다가오거나 떨어지는 하나의 기구로 활용되었다. 그 배는 리사 어머니의 의자 근처에 배치되어 어머니와 아동이 서로 마주 볼 수 있도록 하였다. 어머니가 아동을 배에 앉히고 흔들어 줄 때, 사회복지사는 아동이 어머니로부터 어느 정도 잘 떨어지고 가까이 오는지를 지적해 주면서 그들이 서로 분리될 수 있는 안전한 방법을 제공해 주었다. 다른 놀이기구로는 미끄럼틀과 외양간, 작은 동물장난감 등이 있었는데 리사는 점차 이것들을 가지고 놀게 되었다. 집단의 다른 성원들과 관계를 형성하는 데 매우 수줍어하였던 S부인은 리사와의 관계 및 리사의 사회성 발달 향상방법에 대한 논의에 점점 더 참여하였다.

이 사례는 활동을 치료목적으로 활용하는 데 있어 그 근간이 되는 인간발달 및 심리사회적 사정에 대한 깊은 이해를 입증해 주고 있다. 또한 활동 기구 및 장비의 활용이 창의적이고 유연함을 보여 주고 있다.

집단의 내용은 집단성원들의 문화적 규범과 가치에 민감할 필요가 있다. 예를 들어, 멜빈 덜가도(Melvin Delgado)는 활동중심적 접근법이 히스패닉 계통의 배경을 가진 성원들에게 특히 유용하다고 주장한다.[31] 즉, 활용하고자 하는 활동들은 성원들이 현재 경험하고 있는 대인관계 및 환경 문제들과 연관이 있어야 한다는 것이다. 또한 그러한 활동들은 지지적인 것이며, 경쟁보다는 협력을 강조한 것이어야 하며, 현재중심으로 이루어져야 할 필요가 있다. 그는 행동을 강조하는 것이 곧 성원들이 심리사회적 어려움을 다루는 논의로부터 도움을 얻지 못한다는 것을 의미하지는 않는다는 점을 강조하면서 활동과 논의가 적절히 배합된 집단이 그들에게 중요하다고 하였다.

다니엘 에드워즈(Daniel Edwards)와 그의 동료들은 미국계 인디언들을 대상으로 성공적으로 일하기 위한 방법으로 앞서 기술한 것과 비슷한 점을 지적하였다.[32] 이들은 7~11세의 인디언 소녀들을 대상으로 그들이 인디언으로서 갖는 자아개념 및 동일시를 향상시키기 위해 활동-논의를 배합한 집단을 활용하였다. 집단의 내용은 인디언 문화에서 흔히 볼 수 있는 다양한 활동으로 구성되었다. 그리고 논의를 통해 활동을 보충하였다. 예를 들어, 게임을 하는 동안 갈등이 발생하면 게임을 중단하고, 성원들이 자신들의 감정을 논의하고 타인의 이야기를 경청하면서 자신의 의견을 주장하였으며, 어떻게 갈등을 해결할 수 있을지를 논의하였다. 성원들은 미국계 인디언에 대한 부정적인 언급을 다루는 방법에 대해서도 논의하였다. 그들은 집에서 배운 것을 집단에서 공유하였다. 마지막 모임은 집단지도자의 집에서 가졌는데, 성원들의 가족이 함께 참석한 가운데 소녀들은 집단에서 배운 것을 검토하고 보여 주었다. 이 프로그램의 평가에 대한 연구결과를 볼 때 소녀들의 자아개념에 긍정적인 변화가 있었으며, 활동에 대한 소녀들의 긍정적인 반응과 집단에서 활동을 강조한 것 간에는 높은 상관관계가 있었다.

플래비오 마시글리아(Flavio Marsiglia), 수잔 크로스(Suzanne Cross), 바이올렛 미첼-에노스(Violet Mitchell-Enos)는 미국계 인디언들을 대상으로 한 집단사회복지는 문화를 반영한 활동을 포함하여야 하는데, 이에는 특히 예술품이나 작품의 요소가 포함되어야 한다고 주장한다. 미국계 인디언 청소년들을 대상으로 한 경험을 바탕으로 이들은 집단성원들이 미술을 통해 자신들을 보다 쉽게 표현할 수 있었으며, 집단에게 자신의 감정 및 경험을 보다 쉽게 설명할 수 있었다고 한다. 나아가 이들은 집단성원들의 미술작품은 그들이 문화적으로 동일시되어 가는 변화를 추적하는 방법을 제공하였다고 주장한다.[33)]

2) 집단발달의 단계

사회복지사가 집단에게 적절한 활동을 선정하기 위해서는 집단의 발달단계와 각 단계에서의 개별성원의 욕구와 집단 전체의 욕구에 대한 사정이 중요하다.[34)] 예를 들어, 초기의 포함-적응 단계(inclusion-orientation stage)에 적합한 활동은 성원들이 서로 친해질 수 있고 긴장을 완화시키며, 성원들 간의 공통점을 강조하고 빠른 성취감을 제공할 수 있는 것들이어야 한다. 이 단계에서는 활동이 성원들 간의 친밀성이나 친근함을 필요치 않아야 하며 공격적인 행동을 자극하지 않아야 한다. 또한 활동이 명확하게 구조화되어 있으면서 어느 정도 유연성을 갖고 있어, 집단성원들 간의 상호작용을 위해 안전한 환경을 제공할 수 있어야 한다.

라이트는 후천성 면역결핍증 바이러스(HIV)를 갖고 있는 청소년을 대상으로 한 그림집단을 통해 초기단계에서의 부적절한 활동의 예를 증명해 보였다. 이들을 대상으로 일을 하는 사회복지사는 자신들이 이끌고 있는 토의집단으로부터 일종의 휴식을 얻고자 이 집단을 운영하였다. 집단의 첫 모임에서 사회복지사들은 성원들에게 길쭉한 종이 위에 성원들의 몸 외곽선을 그리도록 하고 자신들의 상(像)을 장식하도록 하였다. 집단성원들은 아파 보이기는 했어도 그 활동을 잘 따라하였다. 자신들의 몸을 꾸미는 시간이 되자 한 성원은 공백을 두면서 자신의 몸에는 아무것도 없다고 하였다. 다른 성원은 자신의 눈 위에 ×표를 그리면서 자신은 이미 죽었다고 하였다. 어떤 성원은 해골을 그리고 자신의 얼굴에 십자형 뼈를 그려 넣었고 어떤 성원은 붓의 끝부분을 활용하여 자신의 몸 외곽선을 찢어내었다. 집단성원들은 서로의 그림에 대해 비웃었고 작품들 가운데 몇 개를 손상시켰다. 이 활동은 성원들 간의 친밀성을 필요로 하였기 때문에 두 번째 모임에는 단지 두 명의 성원만이 출석하였다. 그 후로 집단은 다시 모임을 갖지 않았다.[35)]

집단이 불확실성-탐색 단계(uncertainty-exploration stage)로 들어서면, 활동은 집단성원들이 갈등을 해결하고 서로 공유하며 경쟁을 다룰 수 있는 방법을 배울 수 있도록 도우며, 성원들이 의사결정을 할 수 있도록 돕는 것이어야 한다. 상호성과 목표성취 단계(mutuality and goal achievement stage)에서는 활동이 성원들 간의 보다 수준 높은 상호작용과 더 많은 자기노출, 더 많은 개별화와 자신감을 향상시키기 위해 더 많은 요구사항 및 실패에 직면하는 법 그리고 집단 외부의 세계로 일반화시킬 기회를 필요로 한다. 이별-종결 단계(separation-termination stage)에서의 내용은 이전의 경험을 반복하여 성원들이 자신의 진도를 인식할 수 있도록 도울 필요가 있다. 이 단계에서의 활동은 개인의 상황에 맞춰져 있으면서 집단으로부터는 멀어지고 지역사회로 이동할 수 있도록 강조하는 것이어야 한다. 일부 집단에서는 상실감과 관련된 강한 감정을 다루는 수단으로 의식이나 종결파티를 활용하기도 한다. 이러한 것은 음식이나 사진 찍는 것, 선물증정 등과 같은 상징적인 것으로 표현되기도 한다. 마지막 종결단계에서의 활동은 회고 및 검토 그리고 평가의 기회를 제공할 필요가 있다. 종결단계에서의 활동에 대해서는 앞장에서 기술한 도자기집단의 과정에 잘 나타나 있다.[36)] 이 집단의 마지막 과제는 콜라주였다. 이것은 집단성원들이 자신들의 기술을 활용하면서 동시에 집단의 모든 사람들이 함께 만들어야 하는 것이었다.

사회복지사: 모두가 자신이 원하는 것을 콜라주에 추가할 수 있어요.
레이니어: 난 콜라주에 올려놓을 집을 만들고 싶어.
사회복지사: 집은 너에게 어떤 의미니?
레이니어: 안전이요.
사회복지사: 그래, 이 집단은 안전한 장소였니?

에리카: 네.
사회복지사: 항상 그랬니?
루시: 아뇨, 항상 그렇지는 않았어요. 어떤 때는 안전하지 않았어요.
사회복지사: 어떤 때 안전하지 않았지?

집단은 성원들이 서로 신뢰하지 못했을 때와 서로 신뢰하였을 때 어떤 일이 발생하였는지를 논의하였다.

루시: 난 콜라주 위에 신뢰라는 단어를 쓸 생각인데, 이 단어가 이 집단에서는 중요하기 때문이야. 아마 우리는 네가 만드는 집에 신뢰와 안전이라는 단어를 쓸 수 있을 거야.
제이슨: 난 이 점 하나만 하겠어. 그것뿐이야.
사회복지사: 다른 것을 첨가하고 싶지는 않니?
제이슨: 그렇게 하고 싶지 않아요.
사회복지사: 우린 오늘 이것을 끝내야 해. 그래야 다음 주에 광택제를 뿌릴 수 있거든. 5시 30분에 우리가 이것을 함께 연결하고 나면 콜라주가 모습을 갖출 수 있을 거야.
제이슨: 바로 그 점이에요. 어떻든 집단은 종결한다니까요.

이 집단은 더 이상 모임을 갖지 않는 것 그리고 집단경험의 이점과 손해에 대한 느낌을 논의하였다. 집단성원들은 서로 얼마나 친해졌는지, 서로에게 어떻게 도움을 주고받았는지 그리고 얼마나 집단을 그리워할 것인지에 대해 이야기하였다.

3) 활동과 집단의 목적

집단사회복지에서 활동을 활용하는 특징 가운데 하나는 의도성에 있다. 활동은 단지 집단성원들을 뭔가에 전념하게 하고 집단을 바쁘게 하려는 과업이 아니다. 오히려 사회복지사는 활동을 고려할 때 그것이 집단의 목적을 촉진할 수 있는지 그 유용성을 평가할 필요가 있다. 활동이란 기관과 사회문화적 환경의 상황 속에서 집단이 개별성원과 집단 전체로서의 특정 목표를 성취해 나가도록 돕기 위한 수단이다. 따라서 특정 활동을 활용할 때 그 활용 목표의 명확성이 매우 중요하다. 활동을 고려할 때 사회복지사는 바라는 결과와 그 활동이 집단 내외의 다른 경험으로 연결될 수 있는 잠재성을 함께 고려해야 한다.

사회복지의 집단은 목적을 성취하는 데 도움이 될 수 있는 다양한 활동을 활용할 수 있다. 예를 들어, 어떤 집단에서는 게임, 역할극, 그림그리기, 글쓰기 등을 모임에서 활용할 수 있다. 어떤 집단에서는 한 활동을 집단 전체과정에서 활용할 수 있으며, 활동에 의해 이 집단을 기술할 수도 있다. 따라서 사회복지사는 도자기집단, 노래집단, 드라마집단, 요리집단, 작문집단 등과 같은 집단을 구성할 수 있다. 이때 생각해 볼 수 있는 중요한 질문 가운데 하나는 이들 집단을 일반 수업과 어떻게 구분지을 것인가 그리고 왜 그러한 집단을 예술가나 배우 혹은 요리사나 신문기자가 아닌 사회복지사가 이끌 필요가 있는가다. 한 가지 이유는 사회복지사는 개인과 집단의 발달에 대해 관심을 갖고 있으며, 집단과정 및 성원들 간의 상호관계에 대한 지식과 기술이 있기 때문이다. 또 하나의 이유는 집단의 목적에 대한 관심으로, 사회복지사는 집단에 대한 지도력을 갖고 있기 때문이다. 집단에서 사회복지사는 활동을 목표로 간주하는 것이 아니라 개인 성원 및 집단 전체의 목표를 성취하는 수단으로 여긴다.

집단의 전 과정에서 활동을 한 가지만 활용할 때 집단성원들은 처음에는 그 활동 때문에 집단에 매력을 느껴 집단에 참여할 수 있다. 즉, 그들은 도자기나 노래 혹은 작문 등과 같은 활동에 참여하기 원하기 때문에 집단에 오기를 원한다. 이러한 집단에서는 집단의 개별적인 목적과 집단의 목적이 숨겨질 것이 아니라 개방되어 논의되는 것이 중요하다. 하지만 그러한 논의에도 불구하고 초기단계에서 집단의 관심은 활동의 참여에 집중된다. 라이트에 따르면 집단이 중간단계에 이르게 됨에 따라 집단성원의 목적과 사회적 목적이 점차 증가하게 되고 활동이 중심이 되는 것은 점차 감소하게 된다.[37]

활동을 활용하는 집단에서 경험이 부족한 사회복지사는 활동을 지나치게 강조하게 되어 집단성원들의 감정과 대인관계, 집단의 발달에 충분히 관심을 기울이지 못할 수 있다. 이로 인해 집단이 활동에 대해 거부감을 갖거나, 과제에 대해 헌신하지 않거나, 심지어 집단의 해체를 가져오는 결과가 발생할 수 있다. 활동을 활용하는 집단에서는 관심의 초점을 활동 자체에 두기보다는 언어적인 내용과 함께 활동을 활용하는 방식에 두어, 특정 목표와 심리사회적 기능의 영역에서 집단의 목적을 성취할 수 있도록 해야 한다.

4. 활동의 선정

일부 사회복지사들은 활동을 활용하는 것을 회피하는데, 이는 활동을 활용할 때 사회복지사가 문화, 여가, 사회성 기술 등과 같은 분야에서 특별한 능력을 갖고 있어야 한다고 잘못 생각하고 있기 때문이다. 더 중요한 것은 개인-환경 간의 상호작용에 대한 지식과 사정의 기술이다. 어떠한 형태의 내용을 활용하든 간에 중요한 것은 각 성원의 욕구와 문제, 능력과 관심사에 대한 사정과 함께, 각각의 심리사회적 발달단계에서의 과업과 집단의 발달단계 그리고 주어진 시간에 집단에서 다루어야 하는 특정 주제에 대한 사정이다. 어떤 사회복지사는 집단생활과 문화적 · 사회적 활동에서 다양한 경험을 갖고 있을 수 있다. 집단활동에 대한 생각은 바로 이러한 생활경험에서 나오는 것으로, 특히 과거에 있었던 다양한 것들을 회고해 보려는 특별한 노력이 요구된다. 사회복지사는 자신의 관심사와 기술을 최대한 이용하여 이를 집단의 욕구를 충족시키는 데 활용할 수 있다. 일부 집단에서는 외부 자원을 활용할 수도 있다. 가장 간단한 일상생활 과업조차도 집단에게는 가장 중요한 가치가 될 수 있다. 사회복지사는 이러한 것들을 손쉽게 배울 수 있다. 나아가 다양한 게임과 창작활동이나 역할극, 연극, 무용, 미술, 체험활동 등이 책으로 훌륭하게 소개되어 있어 사회복지사는 이를 활용할 수도 있다.[38)]

집단성원들의 변화하는 욕구와 능력에 맞게 간단한 활동을 적용한다면 하나 이상의 목적을 성취할 수도 있다. 다음은 성인 정신질환자들을 대상으로 한 낮 치료센터의 집단 사례다.

> 집단의 목적은 퇴행적인 행동을 보이는 환자들이 서로간에 관계를 잘 형성할 수 있도록 돕고, 자신들의 감정과 생각을 적절하게 표현할 수 있도록 하며, 사회생활에 필요한 사회성 기술을 개발하여 사회적인 고립을 줄이는 것이다. 첫 모임에서 집단은 서로 친해지기 위해서 이름을 부르는 간단한 게임을 실시하였다. 이 게임은 성인에게 적합할 수 있도록 모든 성원의 이름을 테니스공에 적은 것을 가지고 시작하였다. 이 게임은 약간씩 변형되어 실시되었다. 어떤 주에는 성원들이 공을 서로 돌아가며 던져 주면서 받는 사람의 이름을 부르도록 하였다. 또 어떤 주에는 팀을 이루어 득점하도록 하였는데, 민첩한 성원이 그 활동을 다른 성원들에게 시범으로 보여 주었다. 최근 모임에서는 집단성원들

이 좋아하는 것을 공들에 써넣게 하여 그것을 섞은 다음, 자신이 선택한 공에 쓰여 있는 것이 누가 좋아하는 것인지를 맞춰 보도록 하였다. 집단의 활동이 점차 복잡한 상호작용을 필요로 하게 되자, 집단의 지도자는 성원들이 서로 대화를 많이 할 수 있도록 활동을 수정하였다. 첫 모임에서는 대부분의 성원들이 비언어적이면서 새로운 것을 시도해 보려는 위험을 두려워하였지만, 이제 성원들은 자신들이 좋아하고 싫어하는 것을 서로에게 직접적으로 얘기하면서 서로를 돕는 것에 대한 즐거움을 이야기하였다. 활동을 하는 도중 성원들 간의 관계에 문제가 발생하였을 때, 성원들은 문제를 파악하는 간략한 논의에 참여할 수 있었으며 긍정적 · 부정적 감정을 표현하였다. 또한 성원들은 집단 논의시간 내에 집단의 문제점을 해결할 수 있었으며, 그 해결책이 얼마나 성공적이었는지를 확인할 수 있었다. 따라서 이 활동은 성원들의 사회적 고립감을 줄이기 위한 수단이 되었던 것이다.

이 집단에서 테니스공을 활용한 것은 많은 상징적 의미를 갖는데, 이는 성원들 간에 유대감을 형성하는 것이었다. 또한 심사숙고하여 복잡한 단계로 옮겨갈 수 있도록 한 것은 타인과의 관계에 있어 성원들의 자아존중감과 능력이 시간이 지나면서 어떻게 변해 가는지를 파악할 수 있도록 하였다. 이는 성원들이 자신들이 친숙해 있던 것에 적응해 가고 그 활동이 집단성원들에게 주는 의미를 논의하며, 보다 복잡한 대화와 행동에 점차 깊게 관여함으로써 얻게 되는 어려움과 만족감을 논의할 수 있도록 하였다.

사회복지사는 놀이나 몸짓 그리고 다른 행동들이 주는 의미를 이해할 수 있도록 학습해야 하는데, 이는 사회복지사가 클라이언트를 대상으로 일할 때 언어적 표현을 이해해야 하는 것과 마찬가지다. 대화하고 행동하는 이 두 가지 도구는 서로 밀접하게 연관을 맺고 있다. 사회복지사가 자문해야 할 것은 언제 어떤 상황에서 반영적인 논의나 의사결정 혹은 활동이 집단을 구성하고 있는 성원들의 개별적인 목표를 성취하면서 집단발달을 촉진할 수 있도록 하는가다.

활동을 활용함에 있어 사회복지사는 특정 활동이 집단의 목적을 어느 정도 촉진시킬 수 있는가 그 유용성을 사정해야 한다.[39] 사회복지사는 다음과 같은 질문들을 고려해야 한다.

① 목적: 특정 활동을 활용함으로써 어떤 목적을 달성할 수 있는가?

② 관계의 요구 정도: 활동을 혼자 할 수 있는가, 아니면 소집단이나 전체집단이 할 수 있는가? 어느 정도의 관계가 요구되는가? 어느 정도의 친밀성이 요구되는가? 활동이 집단성원들의 관계에서 소외되는 것을 촉진하는가, 아니면 적절한 속도로 상대방에게 친해질 수 있도록 하는가? 활동이 성원들 간의 협력이나 갈등 혹은 공유나 방해를 요구하는가, 아니면 공격적인 행동을 요구하는가? 활동이 개인중심적인가 집단중심적인가?

③ 요구되는 기술: 활동이 신체적 움직임이나 신체의 협응, 인지능력, 언어기술, 규칙준수 등에서 어느 정도의 수준을 요하는가?

④ 행동표현에 주는 영향: 활동이 성원들의 충동성을 자유롭게 표현할 수 있도록 하는가, 아니면 금지하거나 통제하는가? 활동이 사회복지사와 참여자들을 어느 정도, 어떤 형태로 통제하는가? 이 통제 형태가 인간적인가 비인간적인가? 혹은 이러한 통제가 성원들이 하고자 하는 활동의 본질에서 나오는 것인가 규칙에서 나오는 것인가? 활동에 주는 자율성이나 한계에는 어떤 것이 있는가? 활동에 성공적으로 참여하였을 때 얻는 눈에 띄는 혹은 감춰진 보상은 무엇인가? 그러한 보상이 어느 정도 풍부하거나 적은가? 그 보상을 어떻게 배분하는가?

⑤ 의사결정: 누가 선택을 하며 개인의 선택과 집단의 의사결정의 기회가 어느 정도 광범위한가?

⑥ 생활에서의 적절성: 활동의 내용이 성원들의 삶에 어느 정도 적절한가? 활동을 집단 외부의 상황에 적용할 수 있는 기회가 있는가?

⑦ 문화적 민감성: 활동과 관련된 문화적 태도와 가치는 무엇인가? 주어진 활동에 참여할 때 문화적 배경과 관련하여 예상되는 태도는 무엇인가? 활동이 집단성원들의 민족, 인종, 사회 배경과 이들을 둘러싸고 있는 문화에 어떻게 적용될 수 있는가?

⑧ 적시성: 집단성원들이 주어진 모임에서 그리고 집단발달의 상이한 시점에서 활동을 긍정적으로 활용할 준비가 되어 있는가? 집단성원들의 관심사와 주의집중도에 적합하게 활동을 하는 데 적절한 시기인가?

⑨ 가용자원: 활동을 활용하는 데 있어 필수적으로 필요한 장비나 도구, 공간이나 요구되는 지식은 무엇인가?

사회복지사는 집단이 활동을 선택하고 활용하는 데 도움을 제공할 책임이 있다. 이는 집단이 주어진 시점에 하고자 하는 경험을 소개하거나 지지하거나 수정하거나 더욱 풍부하게 해 주는 것을 포함한다. 능력이란 사람들이 그것을 개발하는 데 필요한 기회를 활용할 때 성취될 수 있는 것이다. 집단 내에서 많은 기회들이 제공될 수 있지만 어떤 집단에서는 전혀 그렇지 못할 수도 있다. 따라서 필요로 하는 기회를 활용할 수 없을 때 사회복지사는 성원들을 지역사회의 타 자원에 의뢰할 수 있으며, 서비스 제공의 틈새를 지적하고 보다 적절한 서비스를 제공하기 위해 타인들과 협력할 필요가 있다.

제12장 발달단계 I: 포함-적응

집단이 발달하여 성원들의 목표를 성취하는 실용적인 수단이 되기에 앞서, 새 집단을 계획할 때는 이미 집단구성의 복잡한 과정이 시작된 것이며 집단이 표면화될 때까지 이 과정이 계속된다. 그레이스 코일은 "집단적인 행동은 이를 만들어 내는 개인 행동의 합이 아닌 그 이상이다."라고 하였다.[1] 집단성원들이 상호작용하게 됨에 따라 새로운 형태가 만들어지는 것이다. 즉, 집단이 탄생하는 것이다. 초기단계 동안 사회복지사의 일차적인 과업은 집단이 구성될 수 있도록 돕고 집단이 성원들에게 도움이 될 수 있도록 하는 것이다. 집단이 구성되면 집단성원들을 위한 사회복지사의 주요 과업은 성원들이 집단에 적응할 수 있도록 도와 이들이 집단의 성원이 될 수 있도록 하는 것이다. 집단성원들 간의 일차적인 관계 및 사회복지사와의 관계는 이러한 과업을 중심으로 형성된다.

1. 집단의 특징

포함-적응(오리엔테이션) 단계에서는 집단성원들이 서로를 알지 못하는 상황에 대해 불안감을 갖는 것이 주요 특징이라는 점에 많은 저자들이 대체로 동의하고 있다. 이 단계에서 성원들은 불확실함, 불안, 긴장감과 같은 감정과 행동 및 자기의식 그리고 비헌신적인 행동을 가지고 집단에 들어선다. 성원들이 사회복지사와 맺는 관계는 의존적인 것이다. 집단성원들이 서로에게 친숙해지고 상황에 적응하면서 대인관계 양상과 가치 및 규범 그리고 의사소통의 유형이 나타난다. 집단성원들 간의 관계는 집단에서 성원들의 역할에 대한 기대에 부응하려는 노력에서 발생하게 된다.

개인이 모인다고 해서 집단이 존재하는 것은 아니다. 즉, 개인들이 모인 집합체는 자신에게 관심이 집중된 것이지 타인에 대한 관심이 중심이 되지는 않는다. 또한 집단성원들 간에 그리고 성원들과 사회복지사 간에 집단의 목적과 구체적인 목표에 대해 합의점이 있는 것도 아니다. 따라서 멤버십이 결정된 것이 아니며 집단에 포함될 기준도 결여되어 있다. 기존 집단에서는 성원들이 집단에 모이기 전에 이미 서로에 대해 알고 있기 때문에 현존하는 구조 속에 사회복지사를 어떻게 포함시킬 것인지가 분명하지 않다. 또한 집단성원의 멤버십이 이미 결정되어 있든 그렇지 않든 간에 집단성원들과 사회복지사의 상호작용적인 역할에 대해 이해가 없는 상태다. 기존 집단에서는 성원들이 사회복지사와 일시적인 관계를 형성할 수 있기는 하지만 서로간의 관계는 아직 형성되지 않은 상태다. 다양한 유형의 집단에서 성원들 간의 관계는 그들이 새로운 경험에 함께 참여하게 됨에 따라 알 수 없는 방식으로 변화하게 된다. 집단이 발달하고 변화함에 따라 집단성원들은 자신들이 집단에서 수용되고 집단에 포함되었다는 느낌을 가질 필요가 있다.

집단성원들은 자신들의 사회적 욕구와 정서적 욕구를 집단에 가져온다. 이러한 욕구들을 활성화하는 것은 집단의 구조와 사회복지사 및 다른 성원들에 대한 느낌 그리고 집단에 동참하려는 성원의 욕구에 따라 다르다. 집단이 생존하려면 각 성원의 욕구를 충족시킬 수 있어야 하는데, 이러한 욕구들이 처음에는 다른 성원들의 욕구와 일치하지 않을 수도 있다. 집단성원들은 자신의 가치와 문화적 전통에 근거한 자신의 행동규범을 집단에 가져온다. 사회복지사도 한 사람으로서, 기관의 대표자로서, 사회복지 전문직의 한 성원으로서 자신의 규범을 갖게 된다. 사회복지사와 성원들 간에는 서로의 규범과 가치에 대한 이해가 부족할 수 있으며, 집단과정에서 이러한 관점을 서로 존중하는 것도 부족할 수 있다. 또한 어떤 정형화된 유형의 의사소통 방식도 아직 형성되지 않았기 때문에 집단논의가 자기중심적이거나 산만하거나 혼재되었거나 지속성이 결여되기 쉽다. 이와 유사하게 어떠한 활동에 대한 주의집중력도 일시적일 수 있다. 나아가 집단의 의사결정권에 대한 명확성도 없으며, 의사결정의 영역을 수용하는 것도 결여되어 있다. 그리고 성원들은 자신의 문제나 어려움을 노출하는 것을 두려워하고 문제를 부인하는 경향이 있으며 이를 다른 사람들에게 투사하기도 한다. 응집력도 사실상 매우 미약한데, 이는 집단성원들이 집단에 대해 느낄 수 있는 공통된 매력이 거의 없기 때문이다.

1) 첫 모임의 준비

집단의 첫 모임을 준비하는 데 있어 사회복지사는 집단에 대한 계획을 검토하고 성원들에 대해 예비 사정을 하여야 한다. 하지만 더 중요한 것이 있다. 그것은 윌리엄 슈와츠가 말한 '조율(tuning in)'로, 이는 집단에 대해 심사숙고하고 집단에 대한 자신감과 능력을 갖추고 모임에 들어가며 예상되는 공감에 관여하는 것이다.[2)]

자기인식은 집단이 구성될 수 있도록 돕는 데 필수적인 것이다. 심지어 경험 많은 사회복지사도 새로운 집단에 들어가는 것에 대해서는 어느 정도 두려운 환상을 갖고 있다.[3)] 사회복지사들도 집단성원들과 마찬가지로 성원들이 자신을 수용할 것인가에 대한 불안감을 갖게 된다. 각각의 집단이 어느 정도 비슷한 점도 있지만 독특한 점도 있기 때문에 사회복지사는 종종 무엇이 잘못되는지를 예측할 수 있다. 사회복지사가 스스로에게 묻는 질문과 걱정거리에는 여러 가지가 있을 수 있다. 이는 성원들이 매우 저항적이면 어떻게 하나, 집단에 대한 통제력을 상실하면 어떻게 하나, 적대감이 표출되면 어떻게 하나, 아무도 말을 안하면 어떻게 하나, 나에게 지나치게 의존적인 것을 요구하면 어떻게 하나, 나를 싫어하면 어떻게 하나 혹은 가장 많은 불안감을 만들어 내는 것으로 아무도 오지 않으면 어떻게 하나 등과 같은 것들이다. 이러한 의구심과 불안을 인식함으로써 사회복지사는 자신에 대한 생각에 사로잡혀 있는 것에서 벗어나 집단성원들의 욕구와 능력, 불안에 대해 심사숙고할 수 있게 된다. 사회복지사가 집단성원들의 상황 속에 있는 것과 같은 느낌을 생각해 본다면 그들과 공감할 수 있는 능력이 향상될 것이다.

자기인식은 또한 집단을 운영할 전문적인 권위를 수용하는 것과 깊은 관계가 있다. 집단성원들은 집단 지도와 방향에 대해 사회복지사를 바라보게 된다. 사회복지사의 역할은 클라이언트-성원이 아니라 특별한 전문 지식과 전문성을 갖춘 책임 있는 전문가의 역할을 수행할 사람이다. 사람들은 사회복지 목적을 위해 새롭게 구성되는 집단과 같은 낯선 상황에 대한 지식이나 적응(오리엔테이션) 없이는 현명한 선택을 할 수 없다. 그러므로 사회복지사의 이러한 적극적 역할은 클라이언트의 자기결정권 혹은 자율성 원칙을 침해하는 것이 아니다. 사회복지사의 역할 가운데 사회복지사의 책임 중 하나는 집단성원들이 집단의 초기 시점에 필수적인 과업에 적극적으로 참여할 수 있도록 돕는 것이다.

사회복지사는 또한 다른 형태의 준비에도 관여한다. 성원들이 어떤 사람들인가를 알기 위해 사회복지사는 그들의 특성과 욕구 및 상황에 관련된 지식을 점검하고, 이러한 지식을 향상시키기 위해 문헌이나 다른 자원을 활용한다. 예를 들어, 사회복지사인 K부인이 경계성 성격장애를 가진 환자집단을 대상으로 처음으로 일을 하게 된다고 하자. 그녀는 당연히 이러한 증상에 대한 최신 정보를 검토하고 이 집단을 대상으로 그녀가 일을 할 때 이 정보가 주는 함의를 명확히 할 필요가 있다. 사회복지사는 또한 첫 모임의 활동 장소를 마련해야 한다. 이는 공간이 사람에게 주는 의미에 대한 지식을 근거로 하며, 필요한 도구나 물품을 준비하는 것도 포함한다.

2. 관계의 형성

사회복지사는 새로운 경험이 집단성원들에게 주는 의미를 이해하고, 이를 초기단계에서 불확실하고 불안해하는 성원들을 관리할 수 있는 작업관계를 발달시키는 데 활용하며, 성원들 간의 관계 형성을 향상시키는 촉진제로 활용한다.

새 집단에 진입할 시점에서는 성원들이 출석은 하였어도 이들이 이전에 서로 알고 있지 않는 이상 심리적 유대감은 존재하지 않는다. 심리적으로 함께 모인다는 것은 성원들 간의 사회적 교류를 통해서 성취될 수 있다. 어떤 성원은 예비교섭을 시작하기도 한다. 어빙 고프만(Erving Goffman)은 "한 사람이 시도한 적응적인 행동은 다른 사람이 촉진하거나 직면하거나 혹은 둘 다 하게 된다."라고 하였다.[4] 따라서 정서적인 유대와 의사소통 양상이 나타나게 된다. 하지만 그 양상이 어떠할 것인지 미리 알 수는 없는데, 이는 개인, 집단, 환경적인 요인들 간의 상호작용에 따라 다르기 때문이다.

이 단계에서 성원들에게 나타나는 주요 사회정서적 과제는 포함(inclusion)이다. 성원들은 이미 집단을 한 번 시도해 보기로 결정하였지만, 집단이 자신들의 욕구를 충족시켜 줄 수 있을지와 같은 집단의 적절성에 대해서는 많은 의구심을 갖고 있다. 최초의 유대감은 사회복지사를 대상으로 한 것인데, 사회복지사는 보통 첫 모임 이전에 성원들을 한두 번 면담하였다. 하지만 성원들은 '사회복지사가 나를 좋아할까, 나에게 관심이 있을까, 다른 사람과 비교해서 나를 호의적으로 생각할까, 나를 집단의 한 성원으로 받아들일 것인가' 등의 염려를 하게 된다. 집단성원들이 겉으로 나타내지는 않지만 속으로 갖고 있는 질문들은 다음과 같은 경향이 있다. 내가 여기에 있는 이유가 뭘까? 나에게 기대하는 것이 뭔가? 다른 성원들은 어떤 사람들인가? 나는 다른 사람들을 어떻게 평가하는가? 나는 다른 사람들과 진정으로 친해지기를 원하는가? 나는 집단에서 나만의 공간을 찾을 수 있을까?

제임스 갈란드(James Garland), 허버트 존스(Hubert Jones) 그리고 랄프 콜로드니(Ralph Kolodny)는 이러한 양가감정을 가리켜 접근-회피(approach-avoidance)라고 불렀다.[5] 예를 들어, 집단에 접근하면서 성원들은 사회복지사와 다른 성원들과 좋은 관계를 갖기 원하고 이들에게 수용되기를 바라며 집단에 적절하게 참여할 수 있기를 고대한다. 동시에 성원들은 많은 두려움을 갖고 있다. 즉, 낯선 사람에 대한 두려움, 따돌림을 당할 것에 대한 두려움, 관여하게 되는 것에 대한 두려움, 사생활이 없어지는 것에 대한 두려움, 비난받을 것에 대한 두려움 등이 있다. 따라서 이들은 상처받지 않기 위해 조심스럽게 행동한다.

새 집단에 들어가게 될 때 사람들은 다른 사람들이 자신을 얼마나 환영하는지를 나타내는 여러 가지 신호를 간파한다. 이들은 무관심, 오만함, 냉담함, 미약한 적대감과 같은 신호에 특히 민감한데, 이러한 것들은 목소리의 고저, 얼굴표정, 몸짓 등을 통해 나타나게 된다. 그러한 메시지는 종종 언어적으로 표현되는 것보다 더욱 강할 수 있다. 성원들은 조심해야 할지, 뒤로 물러서야 할지, 기다리면서 두고 봐야 할지, 다른 사람들을 회피해야 할지 혹은 다른 사람들에게 접근해야 할지와 같은 다양한 메시지를 전달한다. 사람들은 이러한 신호를 상당히 정확하게 인식할 수도 있지만, 대로는 이를 왜곡하거나 잘못 해석할 수도 있다. 사람들은 대체로 다른 사람들을 선택적으로 인식하는 경향이 있는데, 이것은 대체로 무의식적인 경우가 많다. 이를 통해 사람들은 특정 부분만을 보고 듣게 된다. 이러한 왜곡은 때로 새 집단에 효과적으로 진입하는 데 방해가 될 수도 있다. 새로운 상황에 대처하려는 노력의 하나로 어떤 성원들은 관심과 희망, 신뢰와 기쁨, 호기심, 친절함, 만족감과 같은 긍정적인 감정을 갖기도 한다. 부정적인 감정은 불안전함, 불안, 불신, 따돌림, 의심, 혼돈, 불편함, 무관심, 자기의식, 분노, 실망감과 같이 다양하게 나타난다. 긍정적인 감정과 부정적인 감정이 혼합되어 있는 것은 매우 일반적인 현상이다. 감정이 혼합되어 있는 현상은 집단의 멤버십이 바람직하면서 자발적인 것이라 여겨지는 청소년 서비스기관의 집단성원들뿐만 아니라 병원이나 교정시설에 있는 성원들에게서도 흔하게 나타난다.

1) 신뢰

각각의 새로운 상황에서 사람은 어느 정도의 신뢰와 불신의 근본적인 갈등이 재생되는 것을 경험하게 되며 이러한 양극적인 것을 재통합할 필요가 있다. 신뢰를 성취하는 것은 쉬우면서도 어렵다. 이는 성원들이 이전에 가졌던 신뢰의 정도에 달려 있다. 성원들이 신뢰 대 불신의 기본적인 과제를 상당히 만족스러운 방식으로 해결하지 못해 왔다면, 성원들은 사랑받지 못하거나 거부당하는 느낌을 반복하게 되고 타인을 의심하게 되며 자신 및 타인에 대해 자신감을 갖지 못한다. 때로 낯선 사람을 잘 알기 전까지 새로운 경험은 불신의 기회를 제공한다. 성원들은 자신들과 관여된 사람들과 상황을 신뢰하기 전까지는 타인과의 상호의존적인 관계에 진정으로 참여할 수 없다. 하지만 신뢰는 어느 정도는 사회복지사가 모든 성원들을 수용하고 존중할 수 있는 정도와 관련이 있으며, 사회복지사와 성원들 간의 공통점과 차이점 그리고 성원들 간의 공통점과 차이점과도 관련이 있다.

사회복지사는 모델링 방법을 통해 혹은 자신의 태도와 행동 및 수용의 질, 공감 및 진솔성 등을 통해 신뢰를 전할 수 있는데 이것들은 전문 관계의 요소다. 사회복지사는 성원들이 서로 관계를 잘 형성할 수 있도록 돕는다. 이 경우 다른 사람이 편안한지를 묻는 작은 예의를 보이거나 서로가 친해지도록 하는 방법을 활용할 수 있다. 또한 사회복지사는 성원들이 사회복지사와 집단을 신뢰할 수 있는지 신뢰할 수 없는지에 관한 의구심을 표현할 수 있도록 돕는다. 예를 들어 보면 다음과 같다.

5학년 남학생들의 집단 첫 모임에서 사회복지사는 집단에 대한 성원들의 의심을 인지하였다. 따라서 사회복지사는 그들에게 이 집단이 어떤 집단인지, 그들이 어떻게 집단에 오게 되었는지를 설명할 필요가 있다고 생각하였다. 사회복지사는 교감선생님과 가진 회의에서 얻은 정보를 집단과 공유하였는데, 교감선생님은 이들 남학생들이 집단에 참여함으로써 학교에서 보다 잘 할 수 있을 것이라 생각하였다. 이들은 의심하는 듯이 보였고, 묻는 질문에 아무런 반응을 보이지 않았다. 이때 사회복지사는 집단은 이들 아동들이 겪는 문제점을 이야기할 수 있는 안전한 장소며, 집단에서는 이들이 서로 잘 어울릴 수 있도록 도울 수 있다고 말하였다. 그러면서 사회복지사는 "여러분 가운데 어떤 사람은 집단이 하나의 처벌이라고 생각하는 것 같군요."라고 말하였다. 그러자 남학생들은 말을 하지는 않았지만 몇몇 학생들은 키득거렸다. 사회복지사는 "아마도 여러분은 나를 신뢰할 수 없다고 생각하나 봐요."라고 말하였다. 이러한 언급은 남학생들의 느낌을 정확하게 파악한 것이었다. 첫 번째로 한 아동이, 그리고는 몇몇 아동이 '당신은 경찰과 연계되어 있나요? 당신은 교감선생님에게 우리에 대해 고자질할 것인가요? 우리 엄마에게 고자질할 것인가요? 내가 여기서 망쳐버리면 나를 집단에서 쫓아낼 것인가요?' 등의 질문을 하였다. 이러한 의심을 직면하면서, 사회복지사가 자신들을 수용하는 것을 알게 되면서 그리고 비밀보장에 대해 확신을 얻게 되면서 집단에 대한 강한 저항감은 점차 긍정적인 동기로 변해 가기 시작하였다.

성원들의 이러한 경험이 새로운 것이라는 점, 불확실하게 느끼는 것은 당연하다는 점 그리고 집단경험이 집단성원들에게 가치 있는 것이라는 점을 인식하게 되는 것은 상호 신뢰의 분위기를 형성하는 구체적인 수단이다. 집단의 목적과 내용에 대해 정확하게 정보를 제공하면서 돌봄의 관계를 보여 주는 것은 지지를 제공해 준다.

기본적인 신뢰를 갖고 있는 집단의 성원들은 필요한 만큼의 지지를 받게 됨에 따라 집단경험이 제공해 줄 수 있는 잠재력과 요구사항들을 보다 재빠르게 심층적으로 탐색해 보려고 한다. 이러한 성원들로 구성된 집단에서는 사회복지사와의 일차적인 원조관계 및 성원들 간의 원조관계가 상당히 빠르게 형성된다. 한 예를 들어 보면, 부모교육집단에 자발적으로 참여한 부모집단은 십대 청소년들을 어떻게 이해하고 도울 수 있을지 배우려고 하였다. 불안감을 최소화하면서 집단서비스에 대해 긍정적인 동기를 갖게 되자 포함-적응의 기간은 첫 모임에서 성취될 수 있었다.

많은 사람들은 타인 및 상황에 대처할 수 있는 자신의 능력을 믿지 못한다. 어떤 사람에게는 집단참여의 노력이 위축되어 있거나 두려운 반응을 보이는 방법으로 증상이 나타난다. 예를 들어, 심각한 정신질환을 앓고 있는 환자들의 집단에서는 사회복지사가 신뢰를 도모하고 형성할 수 있는 기간이 대체로 길어지게 마련이다. 사회복지사는 성원들이 그에게 어느 정도 의존할 수 있는 기회를 제공함과 동시에 성원들의 능력으로 명백하게 해결할 수 있는 간단한 활동을 제공한다. 또한 개인 혹은 공동 참여를 강조하되 서로간에 협력할 수 있는 기회를 제공함으로써 성원들과 신뢰를 형성할 수 있다. 사회복지사는 성원들을 격려하되 최소한의 압력을 사용하여 일상생활 사건과 공통경험을 논의할 수 있도록 하고, 음식이나 구체적인 성취물과 같은 것을 통해 어느 정도의 만족감을 느낄 수 있는 기회를 제공할 필요가 있다. 보호적이고 허용적인 환경 속에서 성원들은 점차 자신들의 감정과 생각, 목표를 표현할 수 있게 된다. 사회복지사에 대한 신뢰 및 서로서로에 대한 신뢰가 형성되는 데는 몇 주가 걸릴 수도 있다. 이러한 과정은 매우 수줍어하면서 두려움이 있는 어린 아동에게 사용되었던 방법과 비슷하다.

2) 자기인식

사회복지사는 자신의 태도와 행동을 통해 수용과 공감 그리고 진솔성을 전달하려고 노력한다. 사회복지사는 집단성원들의 목표를 향상시키기 위해 관계 형성을 촉진하는 기술을 활용하는 데 있어 수많은 도전에 직면한다. 효과적인 원조관계를 형성하기 위해 사회복지사는 자신의 대인관계 욕구에 민감해질 필요가 있다. 사회복지사는 각 성원이 사회복지사에게 특별한 심리적 의미를 갖고 있음을 인식할 필요가 있다. 또한 사회복지사는 때로 두려움이나 적대감 혹은 애정이나 과잉보호로 반응할 수도 있으며, 일부 성원들은 이러한 반응을 유발하기도 한다. 예를 들어, 매우 달라붙으면서 의존적인 성원은 사회복지사의 해결되지 못한 의존적인 욕구를 재현시킨다. 노인 클라이언트는 부적절한 느낌이나 노년 혹은 죽음에 대한 두려움을 유발한다. 다른 사람에 대해 지속적으로 불평하는 사람은 인내심을 사라지게 만든다. 따라서 일부 사회복지사들은 문제해결 과정에서의 갈등을 긍정적이며 유용한 것으로 받아들이는 것이 어려울 수 있어 갈등을 부인하는 경향이 있다. 하지만 이러한 갈등은 오히려 후에 보다 부정적인 방법으로 재발하게 된다.

일부 사회복지사들은 집단과정에 대한 믿음이 부족하여 각 성원을 한 개인으로 관계하는 것과 구별되는 성원들 간의 연관성에 관계하는 것이 어려울 수 있다. 사회복지사는 집단의 모든 성원들 및 집단 전체에게 공감을 표현할 수 있어야 한다. 하지만 사회복지사는 공격적인 아동에 비해 부모에 반항하는 아동이나 수줍어하면서 순종적인 아동을 동일시할 수도 있다. 자신들의 권위를 어느 정도 포기할 것을 두려워하는 사회복지사는 부모가 효과적일 수 있도록 돕기보다는 자신이 부모의 역할을 대신하기도 한다. 사회복지사들은 또한 방향이 없는 논의, 도전적인 질문이나 언급, 방해하는 행동 등에 대해 불편한 감정을 갖게 되어 어려움을 경험할 수도 있다. 혼돈을 두려워하여 사회복지사는 더욱 긴장하면서 집단을 통제하려고 시도할 수도 있다. 한편, 사회복지사는 논의를 가볍게 이끌면서 이러한 논의가 집단뿐 아니라 자신에게 위협적이지 않도록 유지하려고 할 수도 있다.[6] 특히, 집단이 한 부류 이상의 인종이나 사회계층 혹은 종교를 가진 성원들로 구성되었을 때 사회복지사는 성원들이 이러한 차이점을 서로 연관시킬 수 있도록 돕는 일이 매우 도전적인 것임을 알게 된다.

집단성원들과 효과적인 관계를 형성하기 위한 중요한 단계 가운데 하나는 자신의 어려움을 인식하고 자기인식에서 자기통제의 단계로 넘어가는 것이다. 곧 바바라 솔로몬이 말했듯이, “특정 부류의 사람들과 따뜻하고 진실하며 공감적인 관계를 형성하는 데 방해가 되는 걸림돌인 성격의 무의식적인 측면을 통제할 수 있는 능력”인 것이다.[7] 사회복지사는 자신의 어려움을 인식하고 통제할 수 있게 되면서 집단의 응집력이나 유대감 형성을 향상시킬 수 있게 된다. 이러한 응집력 혹은 유대감은 성원들이 서로간에 심리사회적 친밀성을 형성하는 정도를 나타낸다. 역으로 유대감은 집단성원들이 집단에 계속 참여할 수 있는 강한 동기를 제공하기도 한다.

선입견은 효과적인 관계를 형성하고 유지하는 데 있어 중요한 방해물이다. 일부 사회복지사들은 자신과 다른 민족 출신의 성원을 특정 부류의 한 상징으로 대하여 독특한 사람으로 대하지 못한다. 따라서 문화적 다양성을 인식하고 존중하며 민족정체감을 향상시키는 것이 매우 중요하다. 하지만 문화에 대한 고려로 인해 실천원칙의 하나인 개별화를 희생시킬 필요는 없다. 셜리 쿠퍼(Shirley Cooper)는 만약 민족성이 지나치게 강조되면 클라이언트는 “개별적인 풍부성과 복합성을 잃게 되는 경향이 있다. 따라서 사람을 치료하는 것은 없고 단지 문화 운송인(culture carriers)을 치료하는 위험이 있다.” 고

하였다.[8] 이렇게 사회복지사는 때로 개인적인 욕구와 문제해결에 방해가 될 정도로 민족적인 요인을 강조하기도 한다. 이 점은 매우 중요하다. 즉, 성원들의 문화를 강조하지 못하는 것은 성원들의 상황을 지나치게 단순화하는 것이기 때문이다. 문화적 요인들은 특정 상황에서의 심리사회적 요인들과 환경적 요인들 간의 상호작용에서 발생하는 것임을 인식할 필요가 있다.

소수민족 출신의 사람들이 백인 사회복지사를 불신하는 정당한 이유가 있는데, 이는 많은 백인들이 백인이 아닌 사람들을 아주 교묘하고 보이지 않는 방법으로 차별하기 때문이다. 사회복지사는 인종이 다른 클라이언트와의 그리고 성원들 간의 방해물을 관계의 초기단계에서 인식하고 다룰 필요가 있다. 사회복지사가 인종 및 민족 차이를 인식하고 이를 민감한 방식으로 대화할 수 있게 되면 원조관계를 형성할 수 있는 잠재력은 매우 향상된다. 이 경우 사회복지사가 그러한 차이점을 즉흥적으로 이야기하기보다는 집단토의의 주제로 자연스럽고 적절한 방식으로 소개할 필요가 있다. 인종 및 민족의 차이가 논의될 때 사회복지사는 각 성원의 반응에 민감할 필요가 있다.

차별을 경험한 사람들은 종종 첫 번째 접촉에서 사회복지사의 태도에 민감하게 반응한다. 이들은 존경심을 갖고 대하는 것을 가치 있게 여기기는 하지만 그렇게 대접받지 못해 왔을 수도 있다. 집단과 효과적으로 일을 하기 위해 사회복지사는 성원들에 대한 존경심을 분명하게 표할 수 있는 공식적인 방법을 지킬 필요가 있는데, 이에는 적절히 소개하는 방법, 직함과 성(姓)의 활용, 악수하는 것 등이 있다. 이러한 공식적인 예의는 흑인에게 있어 중요하다. 이들은 예의 있게 대접받지 못해 왔기 때문이다. 이러한 공식적인 예의는 다른 문화를 가진 사람들에게도 중요하다. 후안 벨라스퀘즈(Joan Velasquez)와 그의 동료들은 스페인어에서는 다른 사람을 대하는 데 있어 두 가지 용어가 있는데, 이는 그 사람의 나이와 사회적 역할에 따른 지위에 따라 다르다고 설명한다. 나이가 많거나 권위적인 위치에 있는 사람을 대하는 데 있어 이름을 부르는 것은 예의 있는 방법이 아니며 오히려 존경심이 없는 것으로 간주된다. 사회복지사는 권위적인 위치에 있게 되므로 성과 직함을 가지고 대해야 한다. 히스패닉 계통의 클라이언트가 권위적인 위치에 있는 사람의 의견에 동의하지 않는 것 또한 불손한 것으로 간주된다. 이러한 문화적 규범을 인식하지 못하면 사회복지사는 침묵이나 양보를 저항감으로 잘못 해석할 수 있으며, 나아가 이는 상호신뢰로 특징지어지는 관계 형성을 감소시키게 된다.[9]

예의와 존경을 나타낼 필요가 있는 것과 함께 이그나치오 아귈라(Ignacio Aguilar)는 멕시코계 미국인 문화에서는 공식적인 업무에 앞서 비공식적이고 개인적인 대화를 하는 것이 관습이라고 설명한다.[10] 다음은 다양한 민족으로 구성되어 있는 지역사회 정신건강센터의 여성집단을 예로 제시한 것이다.

한 초등학교의 교장선생님은 스페인어를 구사하는 어머니들이 자녀들의 교육을 위해 어떻게 지지를 보일 수 있을지를 이해하는 데 도움이 필요하다는 점을 알게 되었다. 이로 인해 학교를 통해 의뢰된 24세부터 30세까지의 여성으로 구성된 집단이 형성되었다. 이들은 대부분 거의 영어를 하지 못하지만 최근 제2외국어로서의 영어교육반(English as a second language class)에 등록을 한 상태다. 이들 모두 멕시코에서 태어나 그곳에서 교육을 받았다. 이 집단을 위해 스페인어를 구사하는 사회복지사가 배치되었다. 집단의 목적은 성원들이 자녀들의 교육을 지지할 수 있도록 돕는 것이다. 미국에서의 교육에 대한 기대는 멕시코에서의 교육 기대와는 매우 상이하다. 멕시코에서는 교육이 매우 가치 있는 것으로 여겨지기 때문에 이들 어머니들은 자녀들이 학교에서 성공할 수 있도록 돕기를 원하는 소망을 함께 공유하였다.

집단의 첫 모임에서 이중언어를 구사하는 사회복지사는 이들 여성들이 집단에 소속되기를 원했던 점에 대하여 만족감을 표현하였다. 사회복지사는 이들에게 커피를 권하고 서로 친해질 수 있도록 하였다. 이들은 자녀에 대한 이야기를 시작하였다. 이들은 서로간에 그리고 사회복지사에게 스페인어로 'usted' 라는 말을 사용하였는데, 이 말은 여러 차례의 모임에서 계속 활용되었으며 후에 비공식적인 단어인 'tu' 라는 단어를 활용하였다.[역자주] 비록 사회복지사를 호칭할 때 비공식적인 방법과 이름을 사용하라고 허락하였지만 공식적인 용어가 계속해서 활용되었다. 첫 번째 모임에서 공식적인 호칭은 집단토의 주제에서 계속되었고 성원들은 사회복지사에게 동의하는 경향이 있었다. 따라서 오리엔테이션과 목표설정 과정이 첫 번째 모임에서 이루어질 수 없었다. 성원들은 자신들의 감정과 어려움을 공유하기를 꺼려하였다. 첫 모임 동안에 이들은 자아존중감이 결여되었으며 자신을 평가절하하는 것이 역력했다. 사회복지사는 두 문화를 연결하기 위한 수단의 하나로 멕시코 그림 몇 점을 소개하였다.

간단한 인사와 간식을 나눈 후에 두 번째 모임에서는 사회복지사가 멕시코의 토놀라

역자주) 'usted' 와 'tu' 모두 영어의 'you' 에 해당하지만 전자는 공식적인 상황에서, 후자는 비공식적인 상황에서 쓰인다.

에서 가져온 작은 자기로 된 쥐를 성원들에게 보여 주면서 비공식적으로 모임을 시작하였는데 모든 성원들이 이 물건에 대해 감탄하였다. R부인은 이와 비슷한 것을 친구집에서 본 적이 있다고 하였다. R부인은 옥사카에서 가져온 귀여운 물건이 있다고 말하면서 다음에 가져오겠다고 하였다. 사회복지사는 성원들이 집단에서 함께 공유해 보고 싶은 아름다운 물건이 있는지 물었다. M부인은 미술품보다는 레이스가 딸린 숄은 괜찮은지 물었다. 이에 대해 그렇다고 답하자 다른 성원들이 서서히 자신들이 자랑스럽게 생각하는 물건을 가져올 수 있다고 하였다. 이때 R부인은 자신들이 아이들에게 자신들의 유산에 대해 자랑스럽게 여기도록 가르칠 수 있다고 하였다. 사회복지사의 이러한 단순한 행동을 통해 두 문화 간의 다리가 만들어지게 되었으며, 집단의 목적과 성원들 간에 공유된 관계 형성이 이루어질 수 있게 되었다. 이로써 성원들이 자녀들과 겪는 문제점을 함께 나눌 준비가 되었으며 목표설정이 이루어질 수 있었다.

비공식적이면서 개별적인 접촉의 중요성이 단지 히스패닉 문화에서만 나타나는 것은 아니다. 코리돈 해몬드(Corydon Hammond)는 미국계 인디언들과의 관계 형성에서도 이러한 중요성을 강조하였다.[11] 일부 아시아 문화권에서도 사회적인 예의를 갖추고 다른 사람을 알기 위해서는 시간이 걸린다는 유사한 기대감이 있다. 차를 권하고 이를 받아들이는 것은 문제를 토론할 편안한 분위기를 만드는 데 도움이 된다. 일부 아시아 문화권이나 히스패닉 문화권에서도 마찬가지로 권위에 대한 존경심은 매우 중요하다. 예를 들어, 전통적인 일본 가정에서 자란 사람들은 권위적인 위치에 있는 사람의 의견에 동의하지 않는 것이 매우 어려운 일임을 알게 된다. 이러한 상황에서 사회복지사는 이들 성원들이 생각의 차이를 편안하게 표현할 수 있을 때까지는 어떤 의사결정을 하거나 동의를 하도록 강요해서는 안 된다. 따라서 사회복지사는 이들이 처음에 말한 "그래요."라는 표현이 어떤 생각에 대한 동의나 지지라고 생각하기보다는 선택의 여지를 둔 것임을 염두에 두어야 한다.[12] 이들에게는 어떤 전문가가 제안을 할 때 그에 동의하는 것이 일반적인 예절이다. 많은 중국 가정에서는 체면을 차리는 것이나 가족의 위엄을 지키는 것이 개방적인 대화를 하는 것에 선행되며, 애정의 표현이 직접적으로 나타나지 않는다. 사회복지사의 과업은 기대되는 역할행동을 그대로 재현하는 것보다는 감정을 편안하게 표현할 수 있는 분위기를 조성하는 것이다.

사회복지사와 성원들 간의 민족 출신배경이 비슷하면 사회복지사가 성원들을 수용하고 공감하는 것이 보다 쉽다. 성원과 사회복지사 간의 유사성은 민족성에 있어 긍정적인 모델을 성원들에게 제공할 수 있다. 하지만 한 부분에서의 유사성을 지나치게 강조하다 보면 많은 개인차 및 가족 차이를 고려하지 못할 수도 있다. 예를 들어, 흑인 클라이언트와 흑인 사회복지사 간의 관계에서 종종 문제가 발생한다. 흑인 사회복지사는 흑인 성원들과의 공통점을 부인하거나 반대로 지나치게 동일시할 수 있다. 공통된 인종적인 경험을 공유함에도 불구하고 사회복지사가 자신의 역전이 반응을 인식하지 못하고 통제하지 못하면 효과적인 원조관계의 형성은 불가능하다.

민족성을 넘어 일한다는 것은 긍정적인 시사점과 부정적인 시사점을 모두 갖고 있다. 유사점을 배우고 직면하는 것처럼 차이점을 배우고 직면함으로써 얻는 이점을 활용하는 것이 좋다. 이를 통해 사람들 간의 사회적 거리감은 줄어들 수 있다. 알프레드 카두신(Alfred Kadushin)은 다음과 같이 주장하였다.

> 사회복지사의 전문적인 훈련은 다양한 집단을 이해하고 공감할 수 있는 능력을 향상시킬 수 있으며, 그러한 이해를 위한 지식기반을 제공한다면 사회복지사와 클라이언트 간의 사회적, 심리적 거리감은 줄어들 수 있다. 그리고 그 간격이 충분히 줄어들게 되면 클라이언트는 사회복지사가 자신과 상이한 삶의 경험을 가졌다 하여도 자신을 이해할 수 있는 능력이 있는 것으로 간주한다.[13)]

솔로몬은 사회복지사가 클라이언트에게 갖고 있는 긍정적인 감정을 클라이언트가 왜곡하거나 잘못 해석할 때 이를 직면할 수 있는 능력은 매우 중요한 기술이라고 강조한다. 사회복지사는 때로 문제를 터놓고 얘기하기 시작하는데, 클라이언트는 이에 위협을 받기 때문에 "자신을 이해할 수 있는 기회와 타인과 관계하는 방법을 배울 수 있는 기회를 잃게 된다."고 하였다.[14)] 사회복지사가 클라이언트의 이러한 문제를 탐색하지 못하면 관계 형성을 방해하게 된다.

3) 사회계층

민족성은 사회계층과 상호작용을 하여 효과적인 사회복지사-집단 간의 관계를 형성하는 데 잠재적인 방해물이 될 수 있다. 사회계층은 크게는 한 사람이 어울릴 수 있는 사람과 편안하게 느낄 수 있는 사람을 결정하게 된다.

사회계층은 도움을 받는 것에 대한 클라이언트의 기대감에 영향을 줄 수 있는 중요한 요인이라는 점에서 이에 대한 다양한 연구가 진행되어 왔다.[15] 중간계층의 클라이언트는 자기반성적이면서 자기반영적인 논의 및 언어적인 정교함에 가치를 둔다. 따라서 도움 제공자의 역할은 상대적으로 적극적이지 않으며, 가족구성원이 치료에 참여하기를 바라고 치료는 오랜 동안 지속될 것이라 생각하게 된다. 하지만 사회경제적으로 혜택을 받지 못하는 계층의 클라이언트들은 사회복지사가 보다 지시적이고 지지적이며 적극적이기를 바라는 경향이 있다. 또한 '치료'가 신속하게 일어날 것으로 생각하고, 자신의 문제를 해결하기 위해 사회복지사가 보다 즉각적이면서 구체적인 방법으로 행동할 것이라고 기대한다. 이들은 행동하는 것에 비해 말하라고 하는 요구로 인해 더 혼돈을 경험할 수 있다. 종종 사회복지사가 정한 역할에 수동적으로 대응하면서 사회복지사의 기대에 대해 질문하기를 꺼려하는 것이 저항감 때문이라고 생각하기 쉽다. 그러나 그러한 행동은 오히려 혼돈과 불확실한 느낌을 나타내는 징후일 수 있다. 사회복지사가 사람들과의 관계에 있어 금전 및 다른 물질적인 자원의 중요성을 인정하지 못한다면, 클라이언트의 문제가 사회적인 문제임에도 불구하고 이를 내적인 문제로 해석하기 쉽다. 빈곤문화에 대한 편견이나 빈곤층이 갖고 있는 잠재력에 대한 편견은 강점과 보다 나은 미래에 대한 희망을 바탕으로 한 진정한 원조관계의 형성을 방해한다.

4) 성

사회복지사의 성(gender)이 관계 형성에 주는 영향에 대한 염려가 제기되어 왔다. 많은 여성들은 상담가 및 치료자들이 성역할에 관한 편견을 지속시키는 경향이 있는 것에 대해 걱정하고 있다. 이들은 "클라이언트들이 좁게 규정된 역할에 순응하도록 훈련시킴으로써 이들에게 도움을 주기보다는 오히려 해를 끼치며 건전하지 못한 삶의 상황에 적응하도록 만든다."고 주장한다.[16] 모리스 팔로프(Morris Parloff), 아이린 와스코(Irene Waskow), 베리 울프(Barry Wolfe)는 심리치료와 행동 변화에 관한 많은 연구를 검토한 후 임상가의 성이 치료결과에 주는 영향은 확인되지 않았다고 주장하였다.[17] 또한 찰스 가빈(Charles Garvin)과 베스 리드(Beth Reed)는 "여성 집단지도자의 지도력이 성원들의 인식이나 행동, 집단 발달이나 구조 등에 주는 영향"에 대해 알려진 것이 전무하다고 하였다.[18] 그럼에도 불구하고 민족 및 사회계층의 차이와 함께, 사회복지사는 성과 관련된 문제에 대해 스스로 인식하고 민감해질 필요가 있다. 사회복지사의 성 자체보다는 가치와 태도가 사회복지사-집단의 관계를 형성하는 데 일차적으로 중요한 요소다.

3. 희망과 동기

집단서비스에 대한 일차적인 동기는 여러 요인에 의해 영향을 받는다. 이는 성원들의 개인적 · 사회적 특성들과 심리사회적 기능의 적절성, 기관 및 기관의 지역사회 내에서의 위치, 성원들의 주변 환경 가운데 중요한 인물들의 지지 정도, 제도적 자원에 대한 태도와 그 활용에 대한 태도 등을 포함한다. 이 요인들은 종종 집단성원이 먼저 집단서비스를 시작하였든 다른 사람이 시작하였든 간에, 일차적인 서비스 신청 및 의뢰와도 연관이 있으며 집단성원 가입이 자발적인 것인지의 여부와도 연관이 있다. 하지만 집단 참여가 자발적인 것이라 하여도 그것이 집단의 일부가 되려는 열성이 있거나 동기가 있다는 것을 의미하지는 않는다. 대부분의 사람은 새로운 경험을 원하면서도 한편으로 이를 두려워하면서 집단에 오게 된다. 헤이즐 오스본(Hazel Osborn)은 "우리는 검정색과 백색 사이에 수많은 회색의 그림자가 있다는 점을 잊지 말아야 하며, 따라서 우리는 모든 자발적인 참여가 똑같이 열성이 있다는 것은 아님을 인식해야 한다. 집단에 합류하는 것은 투표에서 우리가 선호하는 압승이라기보다는 5 대 3으로 이기는 것과 같은 것이다."라고 분명하게 주장하였다.[19]

일차적인 동기가 무엇이든 간에 그 동기는 성원들이 집단경험을 하게 됨에 따라 변한다. 대부분의 사람들이 개인적 능력과 사회적 기능을 향상시키고자 하는 목표를 갖고 있다는 사실은, 사회복지사들이 집단성원들의 이러한 일차적 동기를 지지하려고 노력할 때 중요한 힘이 된다. 또한 모든 사람들이 성장과 발전의 잠재력을 갖고 있다는 사실도 매우 강력한 힘이 된다. 하지만 대부분의 사람들은 집단에 참여하는 것에 대해 어느 정도 저항감을 갖고 있다.

저항감이란 제공되는 도움을 활용하지 못하도록 작용하는 힘을 의미한다. 이것은 또한 진도를 방해하는 태도와 행동으로 구성되어 있다. 그렇지만 저항감이 반드시 부정적인 것은 아니다. 사실 이것은 종종 사회복지사를 포함한 타인의 조언이나 제안이 자신의 현실적인 상황에 반하는 것이며 조언을 따랐을 때의 결과가 현실과 맞지 않을 때 이를 거부할 수 있는 건전한 자아의 증후다. 변화란 불편함 혹은 불균형을 의미한다. 이는 알지 못하는 미래를 위해 편안하면서 친숙한 현재를 포기해야 함을 의미하기 때문이다. 또한 자신과 자신의 상황에 대한 무기력감이 있을 수 있다. 어떤 사람들은 도움이 필요하다는 사실을 인정하기 꺼려한다. 따라서 그런 사람들이 상호의존성보다 독립성을 더욱 가치 있는 것으로 여긴다면, 그들은 "자신의 신발끈을 동여맴으로써 스스로를 추스를 수 있어야 한다." 고 믿는다. 또 어떤 사람들은 현재의 경험을 즐겁지 않았던 과거의 경험에 연결시키기도 한다.

사회복지사 자신의 가치체계는 부분적으로 이 중요한 영역의 기술을 결정한다. 개인이 변화할 수 있는 잠재력이 있다고 믿는 신념은 비언어적인 방법으로 집단에 전달되는 경향이 있다. 집단의 한 성원 혹은 그 이상의 성원들이 이러한 느낌을 인식하게 되면, 그들은 다른 성원들에게 영향을 끼쳐 성원들 자신을 위해 뭔가 나은 것을 바라도록 유도하게 된다. 사회복지사가 노력하는 것은 집단성원들이 성취하고자 하는 한두 가지 구체적인 목표를 선정할 수 있도록 동기를 유발하는 것이다.

집단에 참여하게 되는 것에 대한 반응 가운데 일차적인 동기에는 놀라운 차이점이 있다. 때로는 집단에 속하고자 하는 열망이 있다. 예를 들어, 아동병원에서 5~6세의 남녀 아동을 대상으로 한 집단이 시작되었다. 이 집단의 목적은 아동들이 다양한 의료적 치료절차를 이해할 수 있도록 돕고, 다른 아동들과 관계를 형성하여 어려운 입원기간 동안에 그 관계를 유지할 수 있도록 돕는 것이었다. 사회복지사가 아동들을 집단에 초대하기 위해 병동에 갔을 때 이들 아동들이 집단에서 제외될 것에 대한 두려움과 집단에 속하고 싶은 강한 욕구를 가진 것을 파악하게 되었다. 휠체어를 타고 있던 한 남자아이는 의심스러우면서 두려운 목소리로 "나도 가도 되나요?" 라고 물었다. 한 소녀는 사회복지사의 치마를 붙잡고는 날카로운 목소리로 "나도요, 나도요." 라고 말하였다. 가장 나이가 많은 남자아이는 "한 사람 더 들어갈 수 있는 공간이 있나요?—내가 들어갈 수 있는 공간이 있나요?" 라고 물었다. 이러한 행동들은 판사가 '이 남자집단에 들어가든지, 아니면 소년원에 가든지 할 것' 을 명령하여 의뢰된 남자 청소년들의 적대적인 반응과는 매우 상이하다. 이들 청소년들은 집단서비스에 대해 긍정적인 동기를 거의 가질 수 없었다. 서비스 수혜 동기에 있어 이러한 차이는 집단성원들이 사회복지사에게 갖는 감정과 반응에 반영된다.

다음은 강한 저항감이 긍정적인 동기로 변화한 사례를 제시한 것으로, 이 집단은 11세에서 13세까지의 남자아이들로 구성되었으며 아동복지과의 지원을 받고 있다. 9월 하순에 이들 남자아이들이 초기 비행행동에 관여하고 있다는 보고서가 사회복지사에게 전달되었다. 이들은 작은 조직을 이루어 동네의 과일나무를 털고, 여러 가게에서 물건을 훔치며, 늦은 시간까지 거리를 배회하고, 종종 학교를 무단결석하였다.

사회복지사는 이들이 소집단에 참여할 수 있도록 부모의 허락을 받기 위해 이들의 어머니들과 접촉하였다. 어머니들은 금요일 오후에 학교에서 이들이 집단모임을 갖는 것을 허락하였다. 사회복지사는 어머니들에게 "사회복지사가 아동들을 위한 한 동아리를 후원할 예정인데, 이 동아리의 목적은 재미있는 사회경험을 제공하고 아동들의 개인적 · 사회적 문제를 돕는 것" 이라고 아동들에게 말해 줄 것을 요청하였다.

첫 모임. 나는 13세인 조지를 바라보았는데 그는 모임 장소의 문턱에 서 있었다. 그는 깨끗하지만 다소 낡은 옷을 입고 있었으며, 작지만 땅땅한 소년으로 굵은 목소리를 가지고 있었고 콧수염이 자라고 있었다. 그는 나이 지긋한 남성의 태도를 보이면서 깊은 염려를 하고 있었다. 나는 그를 모임 장소로 안내하면서 다른 소년들이 집단모임에 오는지 알고 있냐고 물었다. 그는 대답을 회피하면서 나에게, "도대체 이 집단은 뭐하는 거예요?"라고 물었다. 나는 소년들을 위한 한 동아리를 내가 후원하기로 하였다고 말했다. 그는 이유를 물었다. 나는 그와 다른 네 소년들이 문제를 일으켰기 때문에 학교와 청소년담당 경찰 그리고 어머니들이 내가 그들을 더 잘 할 수 있도록 도울 수 있을 것이라 생각하였기 때문이라고 하였다-나는 그들을 돕기를 원했다. 그는 나에게 몇 가지 직접적인 질문을 하였다. 즉, 그들이 문제를 일으켰다고 하는데 그 의미가 무엇인지, 그들에 대해 밀고한 사람이 누구인지, 그들의 동아리를 후원하는 데 성인이 필요하다고 생각하는 이유는 무엇인지 등의 질문을 하였다. 나는 이러한 질문에 직접적이면서 솔직하게 대답하였다. 나는 조지가 학교가 자신들의 일에 지나치게 관심이 많다고 하면서 학교에 대해 불평하는 것을 들어 주었다. 나는 학교에 관한 문제를 해결할 수 있을 것이라 약속할 수는 없지만 학교 밖에서의 생활이 보다 나아질 수 있도록 도울 수 있다고 하였다. 조지는 정확하게 어떻게 할 것인지 알기를 원했다.

나는 동아리를 구성하는 생각에 대해 이야기했으며 그들이 할 수 있는 몇 가지를 제안하였다. 조지는 관심 있게 듣기는 하였지만 회의적이었다. 그는 나에게 자신들은 이미 지도자가 있다고 말했다—그는 조직 패거리의 지도자였다. 나는 내가 그의 역할을 위협하고 있다고 인식하게 되어, 그에게 그가 지도자의 역할을 계속할 수 있다고 설명하였다. 그리고 후원자란 지도자와는 다른 것이라고 하였다. 그는 나에게 그 차이점을 설명해 달라고 하였다. 그런 다음 그는 학교가 나를 이 일을 하도록 '심어 놓았는지' 물었다. 나는 그에게 다시 한번 내가 아동복지과의 사회복지사라고 설명하였고, 학교와 경찰은 그와 그의 패거리들이 문제를 일으키고 있으며 그들을 '괴롭히고' 있는 문제들에 대해 도움이 필요하기 때문에 나에게 의뢰한 것이라고 설명하였다. 그러자 그는 자신들이 "많은 문제로 괴롭힘을 당해 왔다." 고 털어놓았다.

나는 조지가 그의 패거리에게 가서 나의 제안을 받아들여 내가 그들과 함께 일하기를 원하는지 결정해 보라고 하였다. 그는 의자에서 일어나 창 쪽으로 다가가 창 가리개를 올리면서 손으로 신호를 보냈다. 그러자 창문에 즉각적으로 네 명의 얼굴이 나타났으며 조지는 그들에게 방으로 들어오라고 하였다. 그들이 방으로 들어올 때 조지가 한 사람씩 나에게 공식적으로 소개해 주었기 때문에 나는 다소 놀랐다. 모두가 자리에 앉았을 때 나는 과자와 콜라를 먹으라고 권하였다. 그들의 얼굴이 밝아졌다. 나는 네 사람이 모두 음식을 게걸스럽게 먹는 것을 알게 되었다.

모두가 먹고 난 후에 나는 조지에게 우리가 논의한 것을 다른 아이들에게 말해 주라고 하였다. 그는 마치 사무 보듯이 그 이야기를 하였고 내가 제안한 것을 정확하게 기술하였으며, 심지어 내가 그들을 '괴롭히는 모든 것' 에 대해 도움을 줄 것이라고 하였다. 스티브와 빌은 즉각적으로 그 생각이 좋다고 하였다. 웬델과 브루스는 조지가 해도 좋다고 결정할 때까지 기다렸다. 나는 그들이 오늘 결정해야 할 필요는 없다고 하였고 준비가 되었을 때 언제든지 얘기할 수 있다고 하였다. 그들은 자신들이 동아리가 되면 무엇을 할 것인지에 대해 이야기하기 시작했다.

아이들이 떠나자 조지는 나에게 그들 모두가 나의 제안을 한 번 믿어 보기로 결정하였다고 말했다. 나는 기쁘다고 말한 후 다음 주 금요일에 같은 장소로 오면 된다고 하였다. 그는 모두가 올 것이라고 말했다.

첫 모임에서 사회복지사는 제공하려는 도움에 대한 저항감을 줄이는 데 필수적인 기술을 입증해 보였다. 사회복지사는 조지의 부모와 행동에 대한 관찰을 통해 자연적인 집단의 지도자에게 어떻게 접근할지에 대한 단서를 얻었다. 그는 우선 고유의 지도자와 다른 소년들을 환영하는 말로써 수용하였으며, 그들이 편하게 느낄 수 있도록 함으로써 불안감과 적대감을 줄였다. 그는 또한 고유의 지도자의 권한을 강탈하지 않을 것이라는 점을 분명히 하였다. 그는 질문에 솔직하게 방어적이지 않도록 답함으로써 진솔한 태도를 보여 주었고 불평에 대해 비심판적인 방법으로 경청하였다.

사회복지사는 관계를 통해 지지를 제공해 주는 역할에 대해 확신을 보여 주었으며, 집단에 속할 소년들의 부모들로부터 지지를 얻었다. 사회복지사는 또한 이들 성원들이 집단의 잠재적인 내용과 그에 대한 감정을 탐색하도록 격려하였다. 그는 집단 및 부모에게 필수적인 정보를 제공하였으며 집단의 성원 가입을 염려하는 부모들에게 조언을 하였다. 그는 또한 집단에서 활용 가능한 활동과 논의에 관해 적절한 제안을 하였다. 나아가 조지를 부드러운 방법으로 직면하여, 이들 소년들이 학교 및 경찰과 문제가 있음을 지적하였다. 그리고 사회복지사는 집단의 목적과 집단에 의뢰된 사유, 사회복지사와 고유의 지도자의 역할, 집단이 자신의 제안을 받아들일 것인지를 결정할 권리에 대해 설명하였다.

클라이언트는 서비스를 활용하는 데 있어 중요한 타인으로부터 지지를 받을 필요가 있다. 집단이 주요한 지지의 근원인 것이 사실이지만 이것만으로는 충분하지 않다. 사회복지사는 주변 환경이 성원들에게 제공해 줄 수 있는 지지의 정도에 대해 고려할 필요가 있다. 치료를 지속하는 것과 그 결과는 주변 환경의 지지의 가용성과 상관관계가 있는 것으로 여러 연구에서 입증되고 있다.[20] 따라서 집단 사회복지사가 흔히 행하는 과업 가운데 하나는 클라이언트의 서비스를 활용하려는 동기를 향상시키기 위해 중요한 타인으로부터 지지를 받을 수 있도록 하는 것이다. 아동이 성원의 한 사람일 때 부모나 보호자의 최소한의 참여는 특정 목적을 위해 아동이 도움을 받을 수 있다는 고지된 동의를 보여 주는 것이다. 이것은 또한 윤리적인 행동인 것이다.

4. 적응(오리엔테이션)

사회복지사는 성원들에게 사회복지사와 다른 성원들 그리고 집단의 활용계획에 대해 오리엔테이션을 해 줌으로써 불확실감과 불안을 어느 정도 감소시킬 필요가 있다. 이를 통해 성원들을 위해 집단이 잠재적인 가치를 향상시킬 수 있으며, 집단성원들이 자신들의 욕구를 충족시키기 위해 집단을 활용할 수 있는 동기를 제공할 필요가 있다.

1) 목적

집단이 성원들에게 최적의 이익을 제공해 주기 위해서는 집단의 목적이 명확할 필요가 있다. 집단의 성원들은 자신들의 목표와 기대가 서로 비슷하면서 사회복지사의 목적과 통합되었을 때 변화를 가장 받아들이기 쉽다. 이것이 발생하는 과정에 대해서는 제7장에 소개하였다.

2) 구조와 멤버십

사회복지사는 집단의 일차적인 조직의 구조를 위해 방향을 제공할 필요가 있다. 집단의 활동이 집단에 따라 다소 변하기는 해도 집단 발달단계의 어느 단계보다도 이 단계에서 그 변화가 가장 분명하게 나타난다. 사회복지사는 집단에게 기관의 특수한 조직 형태와 집단모임의 시간, 장소, 빈도, 내용에 관한 기관의 결정사항에 대해 설명할 책임이 있다. 나아가 사회복지사는 이러한 계획에 대한 성원들의 반응을 모색하고, 그것을 그들의 욕구와 기관의 정책 내에서 적절하게 수정할 수 있어야 한다. 집단성원들은 기관의 정책 형성과 절차를 관할하는 권력의 원천을 알 권리가 있으며, 이 과정에서 성원들이 참여할 수 있는 부분도 알 권리가 있다.

집단의 성원이 될 수 있는 기준에 대해 불안해하는 것은 새로 만들어지는 집단에서는 흔한 일이다. 자연적인 집단에서는 집단에 사회복지사를 포함시킬 것인가에 대한 양가감정에 집중되는 경향이 있다. 자신들이 집단에 의뢰되거나 집단의 성원으로 선택된 것과 관련된 질문에 사회복지사는 간결하면서도 솔직하게 답할 필요가 있으며, 후에 이에 대한 성원들의 질문과 염려를 보다 명확하게 할 수 있다. 사회복지사는 성원들이 자신의 위치를 파악한 집단에서조차도 집단이 구성된 주요 기준에 관한 정보를 제공해 줌으로써 성원들 가운데 공통점이 있다는 것을 파악할 수 있도록 돕는다. 이를 통해 집단에 대한 동일시를 형성하기 위한 첫걸음이 이루어질 수 있다. 이와 비슷하게 멤버십의 기준이 변할 가능성에 대해서도 정보를 제공함으로써 이들이 안정감을 가질 수 있도록 도울 수 있다. 성원들은 모임에 정시에 규칙적으로 참여해야 한다는 기대를 염두에 둘 필요가 있다. 또한 성원들은 어떤 상황에서 집단성원들이 새로 추가되거나 집단에서 종결될 것인지를 알 필요가 있다.

3) 규범의 발달

집단 내에서 역동적인 힘이 작동하려면 집단의 구체적인 목적과 성원들의 특성에 적절한 일련의 규범체계가 만들어져야 한다. 이러한 점에서 어빙 얄롬은 임상가의 역할을 문화구축자(culture builder)라고 불렀다.[21] 성원들 모두에게 공통적으로 수용되는 규범은 이들에게 지지와 안정감을 제공해 주고 집단의 응집력 발달에 기여한다.

사회복지 서비스를 받고자 하는 사람들은 종종 그들에게 어떤 행동이 기대되는지 모르는 경우가 많다. 따라서 자신들 고유의 규범을 집단에 가져온다. 하지만 집단에 오는 것이 사회복지사와의 첫 접촉이라면 성원은 사회복지사와 자신에게 무엇을 기대할지 전혀 모르는 상태를 경험하게 된다. 다음의 사례는 11～12세의 남자 아동들로 구성된 집단으로 이들은 학교 부적응의 문제가 있어 이에 대한 도움을 받고자 집단에 의뢰되었다.

> 사회복지사가 집단성원들이 집단에서 토의하거나 행동할 것에 대해 논의해 볼 것을 제안하자 침묵이 흘렀고, 사회복지사는 집단성원들이 이에 대해 불편해 하는 것을 감지하였다. 사회복지사는 집단의 목적은 그들이 학교에서 서로 잘 지낼 수 있도록 돕기 위한 것이라는 이전의 설명을 반복하였고, 나아가 성원들이 학교에서 잘 하는 것이 어려울 수 있다는 점도 잘 알고 있다고 말했다. 그러자 한 성원은 학교에 새로 온 남학생의 이야기를 하였는데, 이 남학생은 "다른 학생들에게 놀림을 당하고 선생님으로부터 곤혹을 당하고 있다."고 하였다. 침묵이 흘렀다. 사회복지사가 이 침묵을 깨고 그 새로 온 학생이 학교에서 힘들 것이라고 말하면서, 집단성원들도 새 집단에 와서 사회복지사에게 무엇을 기대해야 할지 모르고 서로에게도 무엇을 기대할지 모르기 때문에 그 학생과 어느 정도 비슷한 상황에 있다고 말했다. 그러자 그 성원은 "네, 바로 그거예요."라고 말했다.

다른 성원들로부터 비슷한 반응을 파악한 후에 사회복지사는 집단에 대한 계획과 집단이 학급과 어떻게 다른지, 사회복지사의 역할이 무엇인지 그리고 그들이 어떻게 집단에 참여하게 되었는지를 설명하였다. 사회복지사는 이에 대한 성원들의 반응을 살피기 위해 잠깐씩 멈추었다. 이 집단의 성원들처럼 다른 집단의 성원들도 집단이 무엇을 위한 집단인지, 그들에게 무엇이 기대되는지 이해하기 전까지는 집단의 내용에 대해 논의하도록 요청받아서는 안 된다. 사례에서처럼 새로 온 남학생이 겪는 어려움의 밑바탕에 숨겨져 있는 내용을 사회복지사가 이해하고 그것이 집단을 처음 경험하는 성원들에게 어떤 의미를 주는지 사회복지사가 민감하게 파악함으로써, 성원들은 자신들의 욕구를 충족시켜 줄 수 있는 집단의 잠재력에 대해 좀 더 알 수 있었으며 결국 성원들의 집단에 대한 준비가 촉진될 수 있었다.

4) 촉진적인 규범

집단성원의 진도와 집단발달을 촉진할 수 있는 규범을 다음에 제시하였는데, 이는 반드시 다음 사항에 한정된 것은 아니다.

① 상호원조와 상호지지
② 유연성과 실험성. 이것은 새로운 것들을 새로운 방식으로 시도해 볼 수 있다는 생각을 촉진한다.
③ 차이점이 있는 것은 정상이고 수용 가능한 것이라는 생각으로 성원들이 서로에게서 배울 수 있고 갈등은 긍정적일 수 있다는 점
④ 준비된 정도에 따라, 능력에 따라 참여가 기여된다는 가정
⑤ 자기를 노출하는 것이 위험한 것이 아니며 사생활이 존중된다는 점
⑥ 시간이 흐름에 따라 성원들이 자신의 기능에 점차 더 많은 책임을 감안해야 한다는 점. 이는 의사결정 및 평가과정에 참여하는 것을 포함한다.
⑦ 성원들 간의 교류를 강조하는 의사소통망
⑧ 집단이 성원들의 삶에 중요한 부분이라는 점을 감안하여 집단에 헌신할 것
⑨ 집단에 대한 참석, 상담료, 비밀보장, 공간 및 좌석 배치, 특정 집단에 적합한 여러 가지 절차적인 규범 등

이 규범들은 사회복지사가 성원들이 지키도록 만들어 놓는 규칙이 아니다. 그리고 이를 사회복지사가 강요할 수도 없다. 이 규범들은 집단이 성원들의 성장과 개발을 촉진할 수 있도록 하기 위해서 가치에 근거해 만들어진 기대요건을 나타낸다.

사회복지사는 규범의 호환성을 형성할 필요가 있다. 기대가 유사한 것은 치료적인 사회체계에서 안정성과 진도를 만들어 내는 경향이 있다. 기대의 불균형이 발생하면 의사소통에서 어려움이 발생할 가능성이 높다. 또한 스트레스가 주기적으로 발생할 가능성이 있는데, 이는 집단이 진행되기 위해서는 필수적인 것이다. 하지만 이것이 초기모임들에서 지나치게 심각하게 나타나면 집단성원들이 미약하게 갖고 있는 연결점을 파괴할 가능성이 높다. 집단성원들이 기대하는 것과 이들에게 기대되는 것들의 문제를 해결하는 것은 상호원조 체계를 시작하는 데 있어 필수불가결한 요건이라 여겨진다. 기대에서의 불일치를 어느 정도 해결하지 않고서는 집단이 계속될 수 없을 것이다.

5) 상호기대

첫 번째 혹은 그 다음 모임에서 주로 논의되는 집단 내용의 대부분은 상호기대와 관련된 것이다. 레너드 브라운(Leonard Brown)은 기대를 탐색하는 것은 사회복지사와 성원들 간에 집단에 대한 자신들의 태도에 일치감을 가져온다고 주장하였다.[22] 사회복지사와 성원들은 집단경험에 관한 비슷한 인식을 서로 공유하는 것이다. 서로 합의한 것이 최고조에 이르렀을 때 사회복지사는 첫 모임에서 규범에 관한 논의를 시작할 수 있다. 이때 사회복지사는 집단성원들이 상호기대에 관한 주제를 계속 다룰 수 있도록 돕는다. 또한 사회복지사는 이전에 논의된 내용에 대해 성원들이 반응할 준비가 된 것을 보여 주는 비언어적인 단어를 파악하고 이에 반응할 수 있다. 나아가 사회복지사는 집단경험에 관한 감정을 인식하고 이를 표현하도록 격려한다. 이와 반대로 합의한 것이 저조하면 사회복지사는 초기모임에서 상호기대에 대한 논의를 시작하거나 이를 다룰 가능성이 낮다. 예를 들어, 한 부모집단에서 집단의 초점이 성원들의 개인적인 문제나 가족문제 혹은 사회행동에 있는지 명확하지 않을 수 있다. 브라운 연구의 주요 결과는 상호기대를 가급적 일찍 형성하도록 하는 것이 집단기능의 효과성과 성원들의 만족도에 유의미한 관계를 보인다는 점이다.

기대에 대한 명확성과 호환성이 있게 되면 중간에 끊기는 것을 예방할 뿐만 아니라 문제해결 과정에 긍정적인 영향을 미치게 된다. 찰스 가빈은 그의 연구에서 사회복지사가 성원들의 기대를 정확하게 인지하지 못한 집단에 비해 정확하게 인지한 집단이 보다 적절하게 반응하고 문제해결에 있어 눈에 띄는 진도가 있게 된다고 하였다.[23] 가족서비스 기관을 대상으로 한 설문조사에서 스코트 브라이어(Scott Briar)는 "개별사회사업과 심리치료 모두에서 클라이언트와 치료자가 비슷한 기대감을 갖게 되면 클라이언트가 치료를 계속할 가능성이 높다."고 결론지었다.[24]

6) 기대의 명확화

기대를 명확하게 하는 것은 성원들 간의 의견교환 과정을 통해 발생한다. 성원들이 스스로를 표현할 수 있거나 자신들의 감정과 태도를 언어적으로 표현할 수 있는 능력이 향상될 수 있는 활동을 사회복지사가 활용하면 상대적으로 비언어적인 클라이언트도 그 과정에 참여할 수 있다. 사회복지사의 기술은 모든 개입방법을 적절히 활용하는 것을 포함한다. 이는 성원들의 논의를 지지하는 것, 규범의 표현을 촉진하도록 상황을 구조화하는 것, 정보를 제공하는 것, 규범을 명확히 하는 것, 모두가 수용한 규범을 성원이 침해하면 그 성원을 완곡하게 직면하는 것, 적절한 내용을 선택하는 것 등이다. 하지만 에드가 셰인(Edgar Schein)이 지적한 것처럼 규범을 만들고 이를 집행하는 것에는 특별한 기제가 있다.[25] 사회복지사가 대화한 특정 내용에 체계적으로 관심을 갖고 다른 것들은 무시하는 규범을 만들게 되면 성원들도 이러한 규범을 만들고 따르게 된다. 예를 들어, 사회복지사가 성원이 노출한 문제점을 적절한 말로 지지해 주고, 새로운 경험을 시도해 보려는 노력을 지지해 주며, 논의에 전반적으로 참여한 것에 대해 언급하고, 집단성원의 결석을 언급하는 것 등이 있다. 인과적인 언급이나 특정 영역과 연관된 질문들은 성원들에게 어떤 행동이 기대되는지를 분명하게 보여 주는 메시지를 보내는 것과 같다.

규범이 전달되는 또 다른 방법은 교육을 통해서다. 성원들에게 서로 경청하고 반응하는 방법을 가르침으로써 사회복지사는 성원들이 서로 대화할 수 있다는 기대감을 지지할 수 있다. 집단의 치료적인 규범을 형성하는 또 다른 기제는 지위의 배분과 보상이다.

예를 들어, 제안된 활동을 통해 사회복지사는 경쟁보다는 협력을 강조할 기회를 갖게 되고, 일부는 성공하고 일부는 실패하는 것보다 모두가 성공하는 것을 강조할 수 있다.

아동들은 집단을 위해 규칙을 정하기를 원하는데, 때로는 그들이 지킬 수 있는 것보다 더 엄한 것들도 있지만 때로는 매우 현실적인 것들도 있다. 6명의 5학년 여자아이들로 구성된 한 초등학교의 집단에서 사회복지사는 집단의 목적을 설명하고 성원들이 서로 친해질 수 있도록 하기 위해 이름부르기 게임을 하였다. 짝을 지어 상대방을 모두 소개한 다음 사회복지사는 다음과 같이 말했다.

내 이름은 C부인이에요. 내가 중요하게 생각하면서 여러분이 알아두었으면 하는 것 가운데 하나는 내가 선생님이 아니라는 점입니다. 나는 사회복지사고 앞서 말한 대로 여러분 집단의 지도자입니다.

미셸: 사회복지사라면, 여기에 왜 있는지 물어 봐도 돼요? 사회복지사는 엄마들에게 복지수급권을 주는 사람인데.

캐시: 아니야, 바보야. 사회복지사가 그런 일을 하지는 않아.

미셸: 네가 틀렸어.

캐시: 아냐, 난 안 틀렸어.

사회복지사: 그래, 때로 사회복지사는 가족이 복지수급권을 받을 수 있도록 돕는다. 하지만 사회복지사는 다른 일도 하는데. 무슨 일을 하는지 혹시 아니, 캐시?

캐시: 네, 수급권이 오지 않으면 사회복지사에게 전화를 걸어요. 그리고 사회복지사는 구청에서 일을 하는 것 같아요. 그리고 또 하나는 내 남동생이 문제가 생기면 엄마는 사회복지사에게 와서 도와달라고 해요.

지닌: 너의 엄마는 사회복지사가 있니?

캐시: (큰 목소리로 사회복지사를 향해) 지난 성탄절에 엄다가 차고에서 넘어지셔서 하루 종일 밖에 있었어. 엄마가 그렇게 오랜 동안 밖에 계신 적은 없었는데, 사회복지사가 곧 와서 도와줬어.

킴: 여기에 몇 시까지 있을 수 있죠?

사회복지사: 1시 10분까지.

캐시: 여기에 하루 종일 있었으면 좋겠다.

킴: 나도.

사회복지사: 너희는 사회복지사에 대해 얘기하고 싶니, 아니면…….

베티: 사회복지사…….

캐시: 내 형부…….

지닌: 나의 엄마는 사회복지사가 있는데…….
캐시: 난 우리 형부에 대해 얘기하고 싶은데.
사회복지사: 캐시, 베티나 지닌이 말하고 싶은 것을 먼저 말하도록 할 수 있니? 우리 모두 상대방의 얘기를 들은 다음 얘기할 수 있겠니?
지닌: 칠판으로 걸어가서 다음과 같이 썼다. 우리의 규칙: ① 상대방에게 경청할 것. ② 모두 순서를 지킬 것. ③ C부인처럼 '~해도 돼요?' 라고 말할 것. 그러자 킴이 칠판에 가서 다음을 추가하였다. ④ '~해도 돼요?' 라고 말하고 입 다물고 있지 말고 조용히 할 것.
지닌: (칠판에 있는 킴에게) 하나 더 추가해 줘. 상대방에게 친절하게 할 것.
베티: (킴에게) 하나 더. 여기서 말하면서 즐거운 시간을 가지기.

성원들의 생각을 탐색하고 캐시의 독점적인 행동을 제한하는 것과 같은 규범을 제안함으로써 사회복지사는 집단에게 자신의 개입에 반응하도록 하였다. 어떤 면에서는 사회복지사의 제안이 성원들 나름대로 의사소통을 공유할 수 있도록 만들었다. 비록 성원들 스스로 규칙을 만들기는 하였지만, 이들 규칙들은 강제로 지켜져야 하는 규정이 아닌 바람직한 행동에 관한 의견이다. 아동집단의 성원들은 종종 엄격한 규칙을 정해 놓고 이를 처벌적인 수단을 통해 집행하고자 한다. 그러한 규칙은 사회복지에서는 적합하지 않다. 그런 규칙을 성원들이 제안하여도 사회복지사는 그 규칙이 집단의 목적에 적절하지 않음을 언급해야 하며, 그것을 통해 얻고자 하는 것이 무엇인지를 탐색해 보며, 규칙 속에 숨겨진 문제를 파악하여 현재 나타난 문제점에 대한 대안을 모색해 보도록 해야 한다.

위탁가정에 있으면서 우울증세를 보이는 여자 청소년집단에서는 첫 모임에서 자기의 문제를 노출하는 것에 관한 규범이 정해졌다.[26] 주디스 리(Judith Lee)와 다니엘 파크(Danielle Park)는 다음과 같이 기술하고 있다.

팻이 "우리가 도대체 여기서 뭘 하죠?"라고 질문하였다. 나는 집단서비스를 제공하여 성원들이 십대로서, 위탁아동으로서 겪는 어려움을 논의할 수 있다고 말하였다. (중략) 그리고 나는 그들이 이에 대해 어떻게 생각하는지를 물었다. 팻이 화난 표정으로 "그 위탁아동이란 부분은 좋지 않네요. 위탁이란 말도 아동이란 말도 모두 다요."라고 말하였다. 나는 "그래, 좋아. 좀 더 얘기해 보렴." 하고 말했다. 그러자 그녀와 다른 여자아이들이 위탁이란 단어에 대한 반응을 보이기 시작했다. 이 말은 복지혜택을 받는 것이며 원치 않는다는 것을 의미한다—우리는 복지혜택을 받지도 않으며 우리는 원해서 된 아이들이다. (중략) 글렌다는 사려 깊게 "위탁된다는 것은 새롭고 이상한 인종이 되는 것과 같아요. 누구도 이를 어찌할 바 몰라요."라고 말했다. 그러자 심각한 듯 고개를 끄덕이는 것이 보였다. "그래 감추는 것 외에는."이라고 내가 말했다. "네, 그거예요." 하고 웃어넘겼다. "여러분은 여기서 그것을 감출 필요가 없고 그것 때문에 화가 나는 것을 함께 나눌 수 있어요."라고 내가 말했다. 케냐는 "정확하게 맞혔어요."라고 말했다.

이에 대한 반응으로 이들 여자 청소년들은 위탁부모 및 친부모와의 경험을 공유하게 되었고, 자신들의 감정을 노출시키는 것이 안전하다는 것을 알게 되었으며, 서로간의 공통점을 파악하고 집단의 내용을 목적에 결부시키게 되었다.

5. 윤리적인 고려

사회복지사가 집단성원들에게 갖는 기대와 성원들이 자신들에게 갖는 기대 그리고 성원들 간의 기대에는 커다란 불일치가 있을 수 있다. 따라서 성원들이 집단을 잘 활용하려면 성원들 서로에 대해, 사회복지사에 대해 자신들이 갖고 있는 권리와 책임을 알 필요가 있다. 그리고 사회복지사는 서로의 관계를 규정하는 기본 규칙을 알아야 한다. 성원들의 역할과 사회복지사의 역할 간의 차이로 인하여 불평등한 권한분배가 내재해 있으며 사회복지사는 권한을 가진 인물이 된다. 로젤 컬랜드(Roselle Kurland)와 로버트 살몬(Robert Salmon)은 사회복지사가 집단이 필요로 하는 방향성과 한계를 제공해 주지 않는 것은 집단에게 효과적으로 서비스를 제공해 줄 책임을 포기하는 것이라고 주장하였다.[27] 집단성원들은 사회복지사의 권력의 정도나 여러 가지 측면을 과장하여 받아들이는 경향이 있다. 기대를 명확하게 하는 것은 성원들이 자신들의 권리와 책임을 이해하고 받아들일 수 있도록 돕는다. 이와 비슷하게 사회복지사도 자신들의 기대가 성원들의 능력과 사회문화적 환경에 적절한 것임을 확고히 할 필요가 있다.

어떤 성원들은 종종 사회복지사에 대한 두려움을 갖고 집단에 온다. 흔한 두려움 가운데 하나는 사회복지사가 성원에 대해 알고 있는 것을 다른 사람에게 알려 성원의 사적인 권리를 침해할 것이고, 그렇게 다른 사람이 성원에 대해 알게 된 것이 성원 자신에게 매우 치명적일 것이라고 생각하는 점이다. 따라서 초기면담에서 이러한 두려움을 다루는 것이 매우 중요하며, 이것을 반복해서 다룸으로써 모든 성원들이 공통된 이해를 갖도록 할 필요가 있다. 집단에서는 성원들이 자신의 감정과 생각을 표현할 권리가 있다는 점 그리고 사회복지사가 성원들의 사전 허락을 받지 않는 이상 그런 것들을 집단 외부에서 얘기하지 않을 것이라는 점을 직접적으로 설명하는 것이 첫 모임에서 다루어져야 할 것이다. 사회복지사가 집단성원들의 반응에 대해 민감해짐으로써 이 주제를 더 탐색할 것인지 여부를 결정지을 수 있다. 하지만 비밀보장이 사회복지사에게 국한된 것은 아니다. 즉, 성원들도 서로 정보를 얻는다. 이러한 점에서 사회복지사는 집단성원들에게 하나의 모델이 될 수 있으며, 나아가 성원들이 집단 외부에서 서로에 대한 정보를 공유하지 않기 바란다는 점을 강조할 필요가 있다.

아동들은 종종 집이나 학교에서 겪는 어려움에 대해 이야기하는 것을 꺼려하는데, 이는 아동들이 부모나 보호자 혹은 학교직원들에게 의존하기 때문이다. 아동들은 사회복지사가 다른 성인들과 공유한 정보가 자신들에게 역으로 활용될 것이라는 두려움을 갖고 있다. 또한 아동들은 사회복지사와 다른 성인들 간에 갈등이 있을 것을 두려워한다. 아동을 대상으로 일을 하는 것은 대체로 아동의 삶 가운데 중요한 성인들과 일하는 것을 포함한다. 따라서 완벽한 비밀보장을 약속할 수 없는데, 이럴 경우 사회복지사는 특정 성인과 이야기를 나눌 것이며 그 이유가 무엇인지, 어떤 정보를 공유하고 공유하지 않을 것인지를 아동에게 확신시켜 주는 것이 필요하다.

집단의 성원들은 필요할 경우 사회복지사가 그들을 위해 개별성원에 대한 정보를 긍정적으로 활용할 것을 기대할 권리가 있다. 적절한 정보가 적절한 사람에게 제공되어 가장 훌륭한 서비스가 제공될 수 있다. 기관은 기관을 지지하고 서비스를 활용하는 클라이언트와 지역사회에 대해 책임을 갖고 있다. 이러한 이중적인 책임은 특정 상황에서는 비밀보장의 원칙을 적용하는 데 문제를 일으킬 수도 있다. 성원들과 사회복지사가 염려하는 다양한 상황이 지역사회의 이익을 침범하지 않는 선에서 그 사람의 최상의 이익을 위해 다루어짐에 따라 사회복지사와 집단 간에 상호신뢰가 형성될 수 있다.

6. 내용

내용의 선택은 집단의 목적과 관련하여 무엇을 할 것인가에 관한 과정이다. 초기단계에서 주요 내용은 사회복지사와 성원들, 집단의 목적과 구조 및 규범에 대한 오리엔테이션이 대부분이다. 초기단계에서는 성원들이 제안한 주제가 대체로 피상적이고 제한된 것들이다. 성원들은 인구사회학적 정보나 증상, 이전의 집단경험 등을 공유함으로써 서로 친해지려고 하고 서로의 공통점을 파악하려고 한다. 이러한 과정은 문제와 관련된 낙인과 독특성을 줄여 주며 성원들 간의 초기 유대감을 형성하도록 한다. 문제가 언급되었을 때도 성원들은 종종 조언을 재빨리 해 주는데, 이는 성원들이 상호원조 혹은 서로 돕는 것의 의미를 해석하는 방식이다. 성원들은 파악된 문제에 대한 실질적인 해결책을 제공하려고 노력한다.

성원들이 선호하는 논의 주제나 활동에 대해 성원들과 함께 탐색해 봄으로써 특정 문제를 다루려는 그들의 준비성과 일차적인 염려를 이해할 수 있게 된다. 아론 로즈(Aaron Rose)와 디나 리버만(Dina Lieberman)은 내용과 클라이언트의 경험 간의 관련성을 연구하였다.[28] 이들의 주요 연구결과를 살펴보면, 사회복지사와 클라이언트가 서로 모임의 목적에 분명하게 상호 적응되어 있을 때 사회복지사는 관련된 내용에 집중할 수 있게 된다. 따라서 내용은 목적과 직접적으로 연관이 있다.

마사 젠트리(Martha Gentry)는 두 입양부모 집단에 대한 연구에서 집단성원들이 선호하는 내용에 대한 논의를 통해 그들이 입양에서의 법적 절차, 부모-자녀 관계, 아동이 입양되었다는 사실을 알리는 과정, 특정 아동을 특정 부모에게 배치하는 이유 등에 대해 알기를 원한다는 합의를 이루어 냈다. 이러한 결과는 성원들이 중요하게 생각하는 주제를 사회복지사가 주도하고 유지하는 것이 얼마나 중요한지를 입증한 것이다. 젠트리는 갈등이 일어나는 부분은 종종 성원의 내용에 대한 기대 가운데 어느 부분이 어느 정도 충족되는지와 관련이 있다고 하였다.[29] 성원들 간에 충분한 공통점이 있으면 상당기간 동안 지속적인 상호작용을 할 수 있다. 탐색은 일차적인 개입방법으로 활동의 활용이나 논의의 공통점을 파악하는 데 사용될 수 있다. 사회복지사는 선택된 내용이 목표를 성취할 수 있도록 할 책임이 있다.

7. 집단 상호작용의 촉진

집단성원 간의 상호작용을 촉진하는 것은 사회복지사의 가장 중요한 과업 가운데 하나다. 집단에 참여하면서 사회복지사는 구조화, 지지, 탐색, 정보-교육, 안내-조언 등과 같은 주요 기술영역 가운데 특정 기술을 선택·활용한다. 명확화는 집단의 목적과 특정 성원들의 역할 및 기대, 공통된 관심사와 염려 부분에 한정되는 경향이 있다. 직면기술은 완곡하게 요청하는 형태로 활용되지만 성원을 매우 화나게 만드는 방법으로 활용되지는 않는다. 개입의 일반적인 유형에서 일부 특정 행동은 초기단계에 보다 적절하다. 모든 집단에서 공통된 요소가 있기는 하지만 사회복지사가 집중하는 영역과 활동은 집단에 따라 다르다.

1) 실천 사례

다음은 초기모임에서 사회복지사가 집단 상호작용을 촉진하는 데 있어 사회복지사의 공통된 역할과 상이한 역할을 보여 주는 두 가지 사례를 제시한 것이다.

(1) 여자아이들

7~8세 된 7명의 여자아이들이 집단의 첫 모임에 오게 되었는데, 이들은 집단에 초대받은 것에 대해 매우 흥분되어 있었다. 이 집단의 목적은 성원들이 학교에서 잘 지낼 수 있도록 돕는 것이었다. 이들은 학교에서 부적응적인 행동을 보이고 학업수행이 만족스럽지 못하였으며 사회경제적으로 취약하였기 때문에 집단에 의뢰되었다.

처음에 이들은 매우 조용하고 순응하였다. 나는 내 소개를 하였고 집단의 목적에 대해 간단하게 말로 설명하였다. 나는 "여러분의 선생님은 내게 여러분이 집단에 와서 학교에서 보다 잘 하는 방법을 배우길 원한다고 하셨어요. 여러분도 그렇게 들었나요?" 아이들이 반응은 없었지만 수긍하는 뜻으로 고개를 끄덕였다. 나는 계속해서 말했다. "여러분의 부모님도 여러분이 여기에 오는 것을 허락하셨어요. 여기서 우리는 학교에서 친구들끼리 서로 잘 어울리는 방법에 대해 여러 가지를 함께 하고 이야기를 나눌 것이에요. 이에 대해서 어떻게 생각하나요?" 이들은 나를 집중해서 쳐다보았지만 말이 없었다. 한 아이가 "우리 모두 여기에 오나요, 선생님—그게 확실한가요?"라고 물었다. 나는 그렇다고 확답을 하였고 나는 선생님이 아니라 학교 사회복지사라고 말하면서 내 이름을 상기시켜 주기 위해 칠판에 이름을 썼다. 다른 질문이나 언급이 없자 나는 게임을 하면서 서로 친해지도록 제안하였다. 모두가 게임을 즐겼고 또 다른 게임을 소개하여 서로의 이름과 내 이름을 알 수 있도록 도왔다. 이들이 나의 지시사항을 따라하는 데 어려움을 겪었기 때문에 나는 지시사항과 게임 자체를 간소화하였다. 어떤 소녀들은 게임을 즐기면서 잘 하였지만 일부 소녀들은 이름을 기억하지 못하자 쉽게 포기하였다. 두 소녀는 안절부절못하였고 방 안을 돌아다니며 기구들을 조사하였다. 하지만 내가 간식시간이라고 말하자 모두 집단에 돌아왔다. 이 짧은 모임을 종결하면서 나는 일주일에 두 번씩 만날 모임시간에 대해 말하였다. 하지만 소녀들은 목요일이 언제인지에 대해 전혀 생각이 없었다. 나는 이들에게 걱정하지 말라고 말하면서 내가 담임교사들에게 다음 모임을 이들에게 상기시켜 주라고 할 계획이라고 말했다.

이 집단은 집단성원들이 상호원조 과정에 이르러 뭔가를 할 수 있는 집단이 되기까지 많은 모임이 필요할 것이다.

(2) 학령 전 아동의 어머니

두 번째 사례는 학령 전 아동을 둔 6명의 어머니로 구성된 집단으로, 아동발달센터에서 아동을 다루는 데 보다 효과적일 수 있도록 돕는 것이 그 목적이었다. 서비스 신청과정을 통해 이들 어머니들은 센터의 목적과 절차에 꽤 익숙해져 있는 상태며, 자녀에 관한 치료계획에 참여해야 하는 관계로 인해 직원들과 여러 차례 면담을 가져왔다. 집단에 대한 기본적인 오리엔테이션은 면담을 통해 진행되었다. 나아가 이들은 아동들이 치료집단에 있기 때문에 아동들을 기다리는 동안 서로 본 적이 있었다. 하지만 이러한 사실이 집단에 대한 오리엔테이션이 필요치 않다는 것을 의미하지는 않는다.

첫 모임에서 사회복지사는 상대적으로 집단의 목적과 계획을 빨리 검토하고는 이들이 집단에 대한 논의에 참여하도록 하였다. 사회복지사는 "여러분 모두가 정서문제가 있는 자녀들을 이 센터에 데리고 오기 때문에 이 부모집단에도 참여하기로 동의하였습니다. 이 집단은 여러분이 아이들과 관계를 잘 형성할 수 있도록 돕고 아이들의 어려움을 극복할 수 있는 방법을 배울 수 있도록 도울 것입니다." 사회복지사는 성원들이 이 말에 동의하기를 바라면서 성원들에게 집단에 오게 된 이유에 대해 각자 말해 보고 여기에 참석함으로써 바라는 것이 무엇인지를 이야기해 보도록 하였다. 각 성원이 참여하는 형태는 달랐지만 성원들은 자신들의 이야기를 다른 성원보다는 사회복지사에게 말하는 경향이 있었다. 그리고 말을 함에 있어 순서를 지키고, 감정의 표현이 거의 없이 매우 경직된 방식으로 말하였으며, 자신들이 말한 것에 대해 사회복지사의 승인을 바라고, 자신들의 태도와 행동을 변화시키기보다는 자녀에 대해 아는 선에서 자신들의 목표를 표현하였다. 자발적인 상호작용은 없었다. 이 시점에서 사회복지사의 주요한 과업은 이 센터에 오게 된 상황에 대해 갖는 느낌을 표현하도록 하며, 상이한 문제와 목표에 깔려 있는 공통점을 파악하며, 개별성원-사회복지사-개별성원의 상호작용을 지속시키기보다는 성원들 간의 자발적인 의사소통망이 형성될 수 있도록 도우며, 성원들이 함께 할 일차적인 초점을 파악하는 것이었다.

첫 모임에서 사회복지사는 지지적일 필요가 있다. 사회복지사는 집단이 필요로 하는 정보를 숨기지 않으며, 필요로 할 때 지지를 보여 줄 필요가 있다. 사회복지사는 집단의 상황에 적절한 정보라면 무엇이든 제공해 준다. 집단성원들이 답할 수 있는 정보를 갖고 있지 않음에도 불구하고 집단에게 이에 대해 답해 보도록 하는 것은 전혀 도움이 되지 않는다. 집단성원들에게 언제 직접 정보를 제공해 주어야 하고 성원들에게 필요한 정보를 파악하기 위해 언제 자원을 활용할 수 있을지 아는 것은 매우 중요한 기술이다.

가장 중요한 기술 가운데 하나는 탐색기술로 집단성원들의 감정에 민감하게 반응하는 것이다. 사회복지사는 성원들을 관찰하고 경청할 때 그들의 감정을 파악할 수 있게 된다. 즉, 얼굴표정, 몸의 자세와 앉은 모습과 같은 비언어적인 단어와 말로 표현된 내용을 모두 관찰함으로써 성원들의 감정을 파악할 수 있다. 사회복지사는 또한 성원들의 불확실한 느낌과 양가감정 그리고 방어적인 태도의 의미를 이해할 필요가 있다. 성원들의 감정이 표현될 때 사회복지사는 성원들에게 지적으로 반응하는 것이 아니라 느낌으로 반응할 수 있다. 이 원칙은 감정에 대해 감정적인 반응을 가지고 반응하는 것이다. 특정 유형의 활동은 감정의 표현을 촉진시킬 수 있다. 반대로 어떤 활동은 감정의 표현을 제한하기도 한다. 특정 유형의 대화방식은 다른 유형의 대화방식보다 효과적이기도 하다. 개별성원에게 진실한 관심을 갖고 있음을 보여 주는 효과적인 기술 가운데 하나는 특별한 관심을 보이거나 인정해 주는 것이다. 이러한 주의집중을 통해 사회복지사는 자신이 개별성원의 독특성을 감안하고 있으며 성원에게 관심을 쏟고 있다는 점을 보여 준다. 또 다른 형태의 언급을 통해 사회복지사는 성원의 감정, 특히 의심이나 적개심 혹은 불신과 같은 감정을 수용할 수 있음을 보여 줄 수 있다. 이 시점에서 성원들이 사회복지사의 반응을 믿든 그렇지 않든 간에, 성원들은 자신들이 수용되고 이해되고 있다는 점을 느끼게 되고 자신들에게 기대되는 것이 무엇인지 조금이나마 인식하게 된다.

많은 성원들은 집단이 자유로우면서도 보호되고 있다는 분위기를 처음 경험해 볼 수도 있다. 특히, 사회복지사는 첫 모임에서 성원이 특별한 방식으로 느끼거나 행동하는 이유에 대한 질문을 회피한다. 왜라고 묻는 것은 감정을 표현하고 문제해결 과정을 진행할 수 있도록 하기보다는 방어적인 반응을 일으키는 경향이 있다. 성원들은 그러한 질문들을 비난으로 받아들이거나 어떤 답이 기대되는지 알지 못하기 때문에 혼란스러워 한다. 성원들이 표현하려는 것을 사회복지사가 느끼는 감정의 단어로 표현하거나, 성원들이 표현한 감정을 있는 그대로 인정하고 이를 재진술하는 것이 효과적일 수 있다. 가끔은 아주 간단한 반응이 가장 효과적일 수도 있다. 감정을 집단경험의 공통점으로 만들기 위해서 사회복지사는 표현된 감정을 모든 성원들이 느끼는지 물어 볼 필요가 있다. 집단성원들이 요청한 것이나 도전하는 것 혹은 언급하는 것의 숨겨진 의미에 반응할 수 있는 것도 매우 중요한 기술이다. 감정의 표현을 지지하는 분위기에서 사회복지사는 그 모임에서 다룰 수 없는 감정까지 불러일으키지 않도록 노력해야 한다. 우라니아 글래스만(Urania Glassman)과 렌 케이츠(Len Kates)는 사회복지사가 감정의 표현을 조절할 필요가 있다고 충고한다.[30] 초기단계의 모임에서 성원들의 취약점을 조기에 스스로 노출하거나 그렇게 하도록 만드는 것은 불안이나 당혹감만을 초래할 뿐이다. 사회복지사는 민감한 부분에 대해서는 속으로 염두에 두었다가 집단이나 그 성원이 문제를 다룰 준비가 되었다고 생각할 때 이를 논의할 필요가 있다. 사회복지사가 성원들에게 진정으로 도움이 되기를 바란다면 그리고 성원들의 감정에 민감해지기를 원한다면 그들의 반응은 적절한 것일 가능성이 높다.

2) 의사소통의 촉진

일부 집단에서는 성원들이 집단과 사회에서 효과적으로 대화하는 방법을 배우는 데 있어 도움이 필요하다. 다음의 사례는 대도시의 거주시설에서 살고 있는 6명의 환자들로 구성된 집단으로 그들은 주립 정신병원에서 최근에 퇴원하였다. 첫 모임에서 성원들은 사회복지사 및 그의 역할에 대해 상당히 불신하고 있었으며, 몇몇 성원들은 사회복지사가 그들을 병원으로 되돌려 보낼 것을 두려워하였다. 성원들은 한편으로 집단에 포함되기 원하거나 다른 사람에게 다가가기를 원하고 있었다. 사회복지사는 다음과 같이 기록하였다.

두 번째 모임을 시작하면서 나는 성원들에게 집단을 유용하게 활용하기 위해 우리가 무엇을 하는 것이 좋을지에 대해 물었다. 몇 분간의 논의 끝에 의사소통을 잘 하는 방법을 배우는 것이 주된 주제가 되었다. 나는 "자, 우리 모두가 각자 얘기하고자 하는 것을 더 잘 이해하기를 원하는 것 같습니다. 때로는 간단한 메시지를 전달하는 것이 어려울 때도 있습니다."라고 말했다. 이어서 성원들은 자신들이 말하고자 하는 것을 말하는 것이 얼마나 어려운지에 대해 논의하였다.

이제까지 집단을 하나의 농담처럼 생각한다는 느낌을 준 한 성원은 매우 심각하게, "난 여러 집단에 참가해 봤어요. 바람이 어느 방향으로 불지 아는 사람이 어디 있겠어요? 이 방에는 지나치게 혐오감이 많습니다. 아마도 아름다운 사람을 죽이듯이 우리를 죽일 것 같아요. 정상과 고통의 사이에 있는 것을 느낍니다."라고 말했다. 그러자 쥐죽은 듯이 침묵이 흘렀다. 어느 정도 반응을 기다린 다음, 나는 "마크, 당신이 우리에게 말하고자 하는 것이 무엇인지 좀 혼란스럽습니다. 내 생각에는 당신이 집단에 참여하는 것에 대해 두려워하는 것 같은데요."라고 말했다. 마크는 대답하지 않았다. 대신 밥이 말했다. "마크가 말하는 방식은 항상 저래요. 그는 항상 시적인 시시껄렁한 것을 말해서 나를 화나게 만들어요." 셜리는 "그게 항상 그가 쓰는 방법이에요. 당신이 그를 가만히 두도록 하기 위한 것이지요."라고 말했다. 나는 "마크, 우리가 당신을 가만히 두었으면 좋겠어요, 아니면 우리에게 뭔가를 말하려고 하는 것인가요?"라고 물었다. 그는 "난 그냥 이상한 말을 할 뿐이에요."라고 답했다.

나는 "그냥 이상한 말을 할 뿐이라는 것이 무슨 뜻인지 좀 더 구체적으로 말해 줄 수 있나요?"라고 물었다. 그러자 그는 "잘 모르겠어요." 하면서 "난 단지 내가 의도하는 바, 즉 내 맘속에 느낀 것을 말하려고 한 것이에요. 하지만 대개는 그렇게 하지 못해요. 그래서 난 형상으로 표현을 하지요." 나는 이 시점에서 마크를 지지해 주어야 한다고 생각하였다. 하지만 몇몇 성원들은 중얼대기 시작하면서 마크가 사람들과 직접적으로 대화하기를 거부한다고 나에게 얘기하였다. 나는 성원들에게 "마크에 대해 나에게 말하기보다는 마크에게 직접 얘기해 보겠어요?"라고 하였다. 그러자 놀랍게도 침묵이 흘렀다. 미니는 "마크, 난 당신이 우리와 게임을 하고 있다고 생각해요."라고 말했고, 밥은 "내가 알 바는 아니지만, 마크, 당신이 뜻하는 바를 얘기하기가 겁나나요?"라고 말했다. 그러자 마크는 "아마도 그런 것 같아요. 사람들에게 말하는 것이 겁이 나요. 그래서 난 어렵게 말해서 다른 사람들을 혼란스럽게 만들죠."라고 말했다. 성원들은 이 말에 상당히 수긍하는 듯 반응하였다. 조용히 있던 신디는 "두렵다는 것이 어떤 것인지 나도 알아요. 하지만 외롭다는 것은 더욱 나쁘지요."라고 말하였다. 나는 두렵거나 외롭다고 느끼는 것 혹은 둘 다를 느끼는 것은 매우 고통스럽다는 것을 이해한다고 하였다. 그러자 마크가 "그래요, 나는 둘 다예요."라고 말했다. 난 아마도 다른 성원들도 두려움이 있을 것이라고 했다. 밥이 "당신은 우리 모두에게 말하고 있군요."라고 말하자 모두들 고개를 끄덕였다. 나는 집단에서 우리가 우리에게 문제시되는 것들을 서로에게 보다 분명하게 얘기하는 방법을 배움으로써 집단이 그들의 이러한 문제를 돕는 것이라고 하였다.

이 사례에서처럼 집단의 상호작용을 촉진시키기 위해서는 사회복지사가 대화의 명확한 내용뿐만 아니라 감추어진 내용도 이해할 필요가 있다. 명확한 내용은 언어적인 메시지 그대로 나타난 분명한 의미를 뜻하는 반면, 감추어진 내용은 피상적인 관찰 아래 숨겨진 것을 의미한다.[31] 이 감추어진 내용은 단순히 인식수준 밑에 깔려 있는 것일 수 있어서 때로 회상할 수도 있지만 무의식적인 수준의 것일 수도 있다. 어떠한 말이건 한 가지 이상의 의미가 있을 수 있다. 감추어진 내용을 찾아내기 위해서는 말 뒤에 감추어진 의미를 파악하는 능력이 요구된다. 비언어적인 의사소통은 감추어진 내용의 단서를 제공하는데 이것은 내용과는 상관없는 몸짓, 긴장감 혹은 감정을 포함한다. 감추어진 내용은 명확한 내용의 의미를 더욱 확장하거나 추가하거나 그 반대로 하기도 한다. 전자의 경우 의사소통 과정이 향상되지만, 후자의 경우 서로의 이해를 방해한다.

집단성원이 전혀 상관없는 것을 표현하였을 때 사회복지사는 이를 이해하기 위해 이러한 것에 대한 감정과 의미 및 반응들의 감추어진 의미를 파악하게 된다. 사회복지사는 성원의 언급이나 질문들의 순서가 여러 성원들에게 공통된 감추어진 염려와 어떻게 연계되는지를 파악하려고 노력한다. 예를 들어, 첫 번째 모임에서 공통된 관심사는 집단에 포함되는 것인데 성원들이 집단에 소속되기를 원하는지, 다른 사람들이 자신들을 집단에 포함시키기를 원하는지 알고 싶어 한다. 이러한 염려가 직접적으로 표현되지 않을 수도 있지만, 민감한 사회복지사는 집단모임에서 제시된 언어적, 비언어적 단서를 관찰함으로써 이를 추론할 수 있다.

사회복지사는 집단의 상호작용 자체를 따라갈 필요가 있다. 사람들은 대화에 참여하면서 서로 상호호혜적인 영향을 미친다. 사회복지사들은 감정과 생각의 본질 및 정도, 누가 누구와 상호작용을 하는지, 누가 특정 행동을 주도하는지, 누가 그러한 주도자를 뒤따라하는지 등에 관심을 갖는다. 또한 사회복지사는 집단성원들 간에 상호성이 나타나도록 만드는 요인과 집단에서의 긴장과 갈등의 원인을 파악하는 데 관심을 갖는다.

성원들 간에 대화할 수 있도록 하기 위해 사회복지사는 집단에서 의사소통을 방해하는 요인들을 찾게 되는데, 이는 신체적인 장애나 대인관계에서의 적대감 혹은 문화, 지식, 가치관의 차이로 인한 것일 수 있다. 사회복지사는 각 성원이 타인의 메시지를 왜곡하거나, 그렇지 않은 상태에서 경청하거나, 관찰하거나 반응하는 능력을 사정할 필요가 있다.

어린 아동들은 사회복지사와 대화하는 방법을 배워야 하는데, 이것은 그들에게 새로운 대화방법일 수 있다. 많은 아동들은 성인의 말에 경청하고 순종하며 자신들에게 구체적인 질문이 있을 때에만 반응해야 한다고 생각할 수 있다. 때로 이들은 어른이 참석한 경우에는 토의하지 말아야 한다고 생각하기도 하며, 상호 대화를 주고받지 말아야 한다고 생각하기도 한다. 사회복지사는 아동들의 관점에 관심을 가질 필요가 있으며 아동의 세계에 들어가 아동과 대화할 수 있어야 한다. 아동의 이해수준에 맞게 대화하면서 아동을 업신여기지 않는 방법으로 대화하는 것은 사회복지사의 귀중한 자질이다. 아동들은생각만큼 말이 없는 것이 아니다. 문제가 되는 것은 바로 많은 경우 아동의 세계로 들어가 이들에게 경청하고 아동의 감정에 따라 어느 정도 심각성이나 장난기를 가지고 간단하면서 구체적으로 대화할 수 있는 성인이다. 성인들도 때로 경청하고 말하는 데 있어 어려움을 겪는다. 성원들의 대화능력을 관찰함으로써 사회복지사는 언제 대화해야 할지, 언제 어떤 이유로 활동에 개입해야 할지, 언제 집단 내에서의 상호작용 과정을 조용히 지지해야 할지 전문적인 판단을 내려야 한다.

8. 집단을 계속하려는 동기

희망은 동기를 유발하는 강력한 힘이다. 따라서 사회복지사는 집단성원들이 집단이 성원들에게 필요한 욕구를 충족시켜 줄 잠재력을 갖고 있다고 느끼면서 첫 모임을 마치도록 하는 것이 중요하다. 첫 모임을 마치기 전에 사회복지사는 대체로 그 모임에서 이루어진 것에 대해 간략하게 요약한다. 사회복지사는 성원들이 집단모임의 시간과 장소 등과 같은 사항에 대해 이해했는지 확인하고 그러한 사항에 대해 문제나 염려사항이 있는지를 탐색한다. 또한 사회복지사는 성원들이 집단을 좀 더 오래 할 수 있는지 결정해 보도록 한다. 나아가 사회복지사는 다음 모임에서 다루어야 할 일시적인 목표를 제안하거나 성원들에게 제안해 보도록 요구한다. 이를 통해 다음 모임과의 다리를 놓는다. 첫 모임에서 사회복지사는 성원들이 서로 뭔가를 해 보거나 관심사를 파악해 보거나 만족스러운 개인적, 집단적 결정을 내릴 수 있도록 도움으로써 추후 집단의 모임이 어떠할 것인지를 미리 실험해 볼 기회를 제공한다.

집단의 초기단계에서는 동기를 유발하기 위한 근거로 공유된 경험에 초점을 두는 것이 바람직하다. 성원들은 대체로 다른 성원들과 상이하게 느끼거나 그들로부터 따돌림을 당하는 것에 대한 보호조치로 순종적인 방식으로 행동한다. 우선 논의나 활동은 가치가 있거나 만족감을 주면서 뭔가 배웠다는 느낌을 줄 수 있는 것이어야 한다. 초기의 논의는 다소 초점이 없을 수도 있지만 집단에 대한 소속감을 증가시키고 불안감을 감소시키는 경향이 있다. 어느 시점에서는 집단이 고려해야 할 다양한 주제가 있게 되어 공식적인 의사결정 방식으로 한 주제를 선택할 수도 있으며 혹은 자유롭게 흐르는 논의의 밑바탕에 깔려 있는 핵심주제를 통해 한 주제를 선택할 수도 있다. 개별 클라이언트가 집단에 있는 경우에는 성원 간의 만족스러운 관계가 사회복지사-클라이언트의 개별적인 관계만큼이나 중요하다. 그러한 관계는 성원들이 서로 공통적으로 갖고 있는 욕구와 관심사를 파악하게 되면서, 그 욕구와 관심사가 성원들 간에 서로 인식한 차이점보다 더 중요하게 여겨지기 시작하면서 발달하기 시작한다. 특히, 이 단계에서는 사회복지사가 성원들의 차이점보다는 공통점에 초점을 두도록 도울 필요가 있다.

사회복지사들은 성원들이 집단의 첫 모임에서 갖는 경험으로 인해 그들이 집단에 계속 올 것을 기대한다. 하지만 사람들은 자신들에게 현명한 결정을 할 수 있는 충분한 경험을 하기 전에 중도탈락한다. 여러 연구를 살펴보면 성원과 사회복지사 간의 의사소통의 어려움과 이해부족이 첫 모임 이후 계획되지 않은 종결과 관련이 있다고 한다.[32] 첫 면담에 대한 성인 클라이언트의 반응에 관한 연구에서, 클라이언트가 보이는 도움 제공자와의 원조관계에 헌신하려는 의지는 문제해결의 성취감과 도움 제공자와의 관계의 만족도와 관련이 있었다.[33] 다른 연구에서는 도움 제공자를 다시 만나려는 청소년의 의지는 사회복지사의 도우려는 욕구와 이해능력을 청소년이 인식한 것과 관련이 있다고 하였다.[34]

또 다른 연구에서는 정보부족이 중도탈락의 중요한 요인으로 밝혀졌다. 치료에 대한 기대도 그렇다. 대학생들을 대상으로 한 연구에서 욜란다 슬로컴(Yolanda Slocum)은 "치료 이전의 기대가 긍정적일수록 치료를 지속할 가능성이 더 높으며 치료결과도 더 낫다."고 하였다.[35] 사회환경의 요인들도 집단의 지속적인 참여에 영향을 미친다. 서비스를 즉각적으로 대체할 만한 대안적인 자원이 있을 경우 혹은 주변에 전문적인 도움을 찾는 것을 지지하지 않는 사람이 있을 경우, 클라이언트는 집단을 중단할 가능성이 높다.[36]

9. 일시적인 계약

집단성원들은 사회복지사와 성원 간에 다음과 같은 영역에 일시적인 계약이나 동의가 있을 경우 집단 발달단계의 다음 단계로 옮겨갈 준비가 되어 있다. 즉, ① 집단의 목적과 그 안에서 개별적인 목표를 성취할 방법, ② 사회복지사와 성원의 역할에 대한 기대 및 주요 규범들, ③ 집단의 내용을 결정하는 주요 수단이 해당된다. 집단경험의 방향성과 질 그리고 내용을 확보하는 데 있어 호환성은 매우 중요하다. 앤소니 말루치오(Anthony Maluccio)와 윌마 말로(Wilma Marlow)에 따르면, 그러한 계약의 가치는 ① 집단서비스의 모든 측면을 탐색하는 과정에서 공유된 경험으로부터 나온다. ② 사회복지사와 성원에게 참여의 느낌을 주며 상호간에 헌신감을 준다. ③ 계약조건을 주기적으로 검토하고 목표성취를 향한 진척 상황을 주기적으로 점검할 수 있는 근거를 제공해 준다.[37]

A.K.T. 창(A. K. T. Tsang)과 마릴린 보고(Marilyn Bogo)는 동의보다는 호환성을 강조한다. 이들은 교차문화적인 실천에서 성원들을 참여시키는 것은 신뢰와 호환성을 필요로 하는데, 이는 서로간의 차이점을 인식하고 수용하는 것을 의미한다. 여기서 완벽한 동의가 필요한 것은 아니다.[38] 일차 계약은 유연성이 있으면서 집단이 발달함에 따라 검토되고 수정된다. 가빈은 "윤리적 관점에서 볼 때 계약은 사회복지의 클라이언트 자기결정권에 기반을 둔 것으로, 클라이언트가 수용할 수 없는 수단을 통해 그가 원치 않는 목표를 성취하도록 조정되지는 않는다." 고 상기시켜 주고 있다.[39]

10. 실천지침

사람들이 집단에 처음으로 참여하게 되면, 그들은 알지 못하는 경험과 사회복지사 및 다른 성원들과의 관계 그리고 그들이 집단의 한 성원으로 포함될 수 있을지에 대해 불안하고 불확실한 느낌을 갖는 경향이 있다. 따라서 사회복지사의 주요 과업은 일차적인 관계를 형성하는 것이며, 성원들이 집단에 적응(오리엔테이션)할 수 있도록 돕는 것이다. 이러한 과업을 성취하기 위해 사회복지사는 다음과 같은 것들을 한다.

① 성원들에 대한 자신의 감정반응을 인식하고 각 성원을 수용하고 공감하며 진실하게 대하면서 관계를 형성할 수 있기 위해 필요한 것이 무엇인지를 숙고한다.
② 성원들과 관계를 시작하는 데 있어 수용하고 공감하며, 진실한 모습을 모델링 할 수 있도록 노력하며, 집단에 참여하려는 노력에 대해 정서적인 지지를 제공해 주며, 성원들의 욕구를 충족시켜 줄 수 있는 집단의 잠재력에 대해 자신감을 보이며, 성원들 간의 공통점을 파악하여 성원들에게 설명해 주며, 집단에 참여할 때 가질 수 있는 일반적인 느낌을 인정해 준다.
③ 집단성원들이 집단의 일차적인 계획에 적응될 수 있도록 한다. 이때 기본적인 정보를 제공해 주며, 계획을 수정하기 위한 제안이나 피드백을 모색하며, 개인의 목표가 집단의 목적 내에서 성취될 수 있는 방법을 논의하며, 사회복지사와 성원들의 역할에 대한 기대를 명확히 하며, 모임의 시간, 장소, 빈도 등과 같은 간략한 사

항을 설명해 준다.

④ 논의와 활동에서 집단의 상호작용을 촉진한다. 이때 성원들이 서로 질문하고 답할 수 있도록 제안하고, 성원 간 그리고 성원들과 사회복지사와 목표, 관계능력, 관심사의 호환성을 모색한다.

⑤ 집단의 목적과 집단의 존재 이유에 대한 임시적인 동의를 얻어내도록 한다. 집단의 첫 모임에서 어떻게 검토하고 반응을 모색할 것인지 노력하고, 집단에 대한 일차적인 계획과 관련하여 어느 정도 동의를 얻어내며, 집단성원들이 집단에 포함되어 다음 모임에도 오기를 바란다는 희망을 표현한다.

사회복지사는 사람들의 집합체가 집단이 되도록 돕기 위해 인간 행동과 사회체계에 대한 지식을 활용해야 할 필요가 있다. 이때 주로 사용되는 개입으로는 지지, 교육 및 정보제공, 집단을 위한 계획 및 이에 대한 느낌의 명확화 그리고 집단과정의 촉진이다. 집단성원들은 집단의 첫 모임에서 발생한 일들이 자신의 대인관계나 태도, 구체적인 경험 혹은 생각에 유용하였다고 판단하게 되고 다음 번 모임에서 무엇을 기대해야 할지 알 경우 첫 모임 후에 다음 모임에 되돌아올 가능성이 높다. 또한 집단에 참여하기로 한 결정을 다른 중요한 사람들이 지지하게 되면 집단에 대한 자신들의 긍정적인 태도는 더욱 강화된다. 이럴 때 성원들은 자신들의 욕구를 충족시켜 줄 집단의 잠재력을 탐색하고 파악하기 위한 과정에 더욱 적극적으로 참여할 준비가 되어 있을 것이다.

13

제13장
발달단계 II: 불확실성-탐색

집단성원들이 집단에 관여하는 일은 짧은 오리엔테이션 기간 동안에 일어나는 것이 아니다. 초기단계에 이어 관계를 탐색하고 권한에 대해 불확실한 느낌을 갖는 기간이 있다. 집단성원들은 사회복지사 및 성원들 간의 관계를 시험하는 과정을 통하여 집단에 전념하게 된다. 불확실한 느낌이 해소되면서 집단성원들의 만족도는 향상되며, 특정 문제를 해결하기 위해 함께 일할 수 있게 되어 집단은 다음 단계로 옮겨갈 수 있다.

집단성원들의 첫 번째 관심사는 포함(inclusion)으로 집단의 성원자격의 적격성에 대한 양가감정과 관련된 것이다. 집단 발달단계에서 두 번째인 이 단계에서는 성원들과 사회복지사 간의 관계 및 성원들 간의 관계가 보다 발달하게 된다. 일부 성원들은 사회복지사가 자신들 위에 권한을 가지고 있다고 의식하여 그에 대한 반항으로 사회복지사와의 관계를 시험하기도 한다. 성원들은 또한 사회복지사가 그 권한을 어떻게 활용할 것인가에 관심이 있다. 즉, 성원들은 사회복지사가 적절한 선에서 자신들에게 자율성을 허용할 것인가의 문제에 관심이 있다. 성원들은 사회복지사의 권한활용을 시험하면서 서로에 대해 알게 된다.

이 단계에서 성원들이 사회복지사의 권한활용에 어떻게 반대하든 간에 사회복지사는 이에 대한 자신의 감정과 의견을 검토할 필요가 있다. 사회복지사는 성원들의 반항이 사회복지사 개인에 대한 반항이 아니라는 점을 인식할 필요가 있다. 이를 통해 사회복지사는 성원들이 사회복지사의 역할을 이해할 수 있도록 도울 가능성을 높일 수 있다. 사회복지사는 또한 각 성원이 다른 성원들과 형성하는 관계에 점차 민감해진다.

제임스 갈란드, 허버트 존스, 랄프 콜로드니는 이 단계에서 사회복지사의 과업이 권한과 통제와 관련된 정서적인 문제를 다루는 것이라고 하였다.[1] 린다 쉴러(Linda Schiller)는 사회복지사의 과업이 성원들 간의 지지적인 관계 형성이라고 여겼다.[2] 사실 이것이냐 저것이냐의 문제라기보다는 이 두 가지 과업이 동시에 진행될 수 있다. 수용과 거부 그리고 권한에 대한 불확실한 느낌을 줄이면서 지지적인 관계를 형성하는 것은 성원들에게 집단에서 상호간의 지지 및 친밀성을 발견하는 기회를 제공한다.

권한과 통제에 대한 불확실한 느낌은 극복하기 어려운 장애물이 아니라 사회복지사의 민주적인 가치와 일치하는 행동이다. 사회복지에서는 사람들이 내재적인 힘을 가지고 집단에 효과적으로 참여할 수 있도록 돕는다. 권한이란 사실 다른 사람에게는 반대로 활용될 수 있는 힘이다. 바바라 솔로몬이 지적하였듯이, 권한이란 자신이 원하는 목표를 성취하기 위해 내·외적 자원을 동원하는 능력을 의미한다.[3] 이것은 한 사람 혹은 몇 사람에게만 국한된 것이 아니라 폭넓게 펼쳐져 있을 수 있다. 사회복지사는 성원들이 권한을 최대한 활용할 수 있도록 그리고 그러한 능력을 개발할 수 있도록 돕는다.[4]

불확실한 느낌은 필수불가결한 것이어서 때로는 사회복지사에게 적대감의 형태로 나타난다. 이러한 적대감은 명백할 때도 있지만 은밀하면서도 억압되어 있어서 다른 사람이나 집단 혹은 기관에 대한 불평과 같이 간접적으로 표현될 수도 있다. 성원들은 때로 사회복지사에게 비현실적인 자질을 기대하는 경향이 있다. 따라서 그 기대가 지나치게 높으면 실망감이 뒤따른다. 성원들은 자신들이 충족하고자 하는 욕구를 가지고 있다. 사회복지사는 성원들의 의존적인 욕구나 욕망을 충족시켜 줄 수 없을 뿐만 아니라, 독특한 한 개인이 되고 싶어 하는 욕망, 모든 사람들에게서 사랑받고 싶어 하는 욕망, 모든 일에서 성공하기를 바라는 욕구 등을 모두 충족시켜 줄 수 없다. 또한 사회복지사가 전통적인 권위를 가진 교사나 부모, 고용주와 같은 역할을 수행할 수도 없다. 사실 성원들은 문제에 대한 해결책을 다른 사람들과 함께 공유하기를 원한다. 성원들의 욕구와 불만은 다양하지만 그것은 주로 사람들 간의 관계와 관련이 있다.

성원들은 긴장이나 불확실성에 대해 다양한 행동반응을 보일 수 있다. 그들은 다른 성원들과 짝을 짓거나 그보다 더 큰 하위집단과 동맹관계를 형성하여 무관심한 태도를 유지한다. 또는 적대감을 억누르거나 집단을 떠난다. 사회복지사로부터 성원들에게 권한이 전이되는 과정을 통해 성원들은 자신의 개인적 · 환경적 문제에 대처할 수 있는 권한을 획득한다. 권위의 문제는 집단 발달단계의 전 과정에 걸쳐 나타나지만, 권한의 전이가 만족스럽게 해결되면 그것은 더 이상 주요한 문제가 아닌 경향이 있다. 알력다툼을 잘 다루는 것은 매우 중요한데, 이를 통해 성원들 간에 서로 수용할 수 있고 성원들이 집단에 서로 매력을 느낄 수 있다.

1. 사회복지사의 과업

집단발달 가운데 이 단계에서는 성원들이 사회복지사와 성원들 간에 서로 상호작용하게 됨으로써 집단경험이 자신들에게 주는 의미를 파악하고 집단에서 자신들의 역할과 지위를 결정한다. 성원들은 집단과 관련하여 자신들을 점검한다. 또한 서로의 관점을 집단과 관련하여 탐색한다. 이 과정에서 성원들 간의 유사점과 차이점을 인식하는 것이 급박해지면 혼돈과 긴장이 초래하게 된다. 역동적인 의사결정 과정을 통해 성원들은 집단에 대한 처음 인식을 수정하고 변화시켜 자기의 집단이란 느낌을 갖게 된다. 이때 집단은 성원들이 동일시할 수 있는 집단이 되며 중요한 준거집단이 될 수 있다. 이렇게 되기 위해서 사회복지사는 다음과 같은 주요 과업을 수행한다.

① 성원에 대한 이해와 사회체계로서의 집단에 대한 이해가 더욱 향상되도록 한다.
② 권위와 관련된 갈등을 해소하여 성원들과 사회복지사 그리고 성원들 간의 관계를 강화시킨다.
③ 긍정적인 동기는 강화시키며 저항감은 줄인다.
④ 성원들이 집단의 목적과 자신들의 목표를 탐색해 볼 수 있도록 지지해 준다.
⑤ 멤버십을 안정시킨다.
⑥ 지위와 역할이 유연한 구조가 될 수 있도록 한다.
⑦ 불확실한 느낌과 긴장을 해결하도록 노력한다.
⑧ 성원들 자신의 이익을 위해 집단 외의 활동에 관여한다.

이러한 과업들은 생기 있는 작업계약을 형성하고 응집력 있는 집단이 되기 위해 필수적인 것들이다.

이 과업들은 사회복지사에게는 과중한 지식과 기술을 요구한다. 불행하게도 집단발달의 단계 가운데 이 단계에 대해 충분한 관심을 기울이지 못하는 일이 너무나 자주 발생한다. 예를 들어, 부모교육 집단을 대상으로 한 질적 연구에서 낸시 설리반(Nancy Sullivan)은 집단이 이 단계 이상으로 진전하지 못한다고 주장하였다. 그녀의 연구에 따르면, 사회복지사는 과업으로 인해 경직된 통제력을 유지하려고 하였으며, 과업성취에 지나치게 치중한 나머지 성원들 간의 대인관계의 힘을 간과하였다. 또한 사회복지사는 새로 온 성원들과 기존 성원들 간의 차이점을 다루는 것을 교육적인 내용의 학습진도를 방해하는 장애물로 여겼다. 사회복지사는 희생양의 문제나 참여의 결핍, 성원들 간의 오해 등을 인식하지 못한 것으로 파악되었다. 성원들 간의 정서적인 유대감에 대한 욕구와 바람이 주기적으로 나타나서 '수면 위로 떠올랐고 집단구조에서 튀어나와 집단의 적극적인 생활이 되었다.' 집단의 주제에서 벗어난 성원들은 '곁길로 가는 자(side trackers)' 로 명명되었다. 설리반은 이러한 집단을 가리켜 '과업중심적인' 그리고 '사회복지사가 소유한' 집단이라고 하였다.[5)]

1) 집단의 사정

집단의 사정은 성원들의 강점과 문제점을 평가하려는 노력과 함께 진행된다. 어떤 시점에서 집단을 평가하든 사회복지사는 다음과 같은 질문을 고려해야 한다.

① 집단성원들은 집단의 목적과 자신들의 목표 간의 연관성에 대해 어느 정도 명확하게 이해하고 있는가?
② 집단이 역동적인 상태인가, 위기상태인가, 아니면 지나치게 정적이어서 변화에 대처할 수 없는가?
③ 성원들과 사회복지사 간의 갈등, 성원들 간의 관계, 집단의 다른 체계와의 관계 측면에서 성원들 간 그리고 성원들과 사회복지사 간의 대인관계의 특성과 질은 어떠한가?

④ 성원들 간에 가치와 기대는 어느 정도 일치하는가, 아니면 차이가 있는가?
⑤ 집단의 구조와 구성, 집단의 상호작용에서 발생하는 성원들의 역할과 지위는 개별 성원과 집단의 발달에 어떤 의미를 갖는가?
⑥ 의사소통이 개방적인가 폐쇄적인가? 효과적인 의사소통을 하는 데 있어 방해물은 무엇인가?
⑦ 차이점과 갈등에 대처하는 데 있어 집단은 어느 정도 효과적으로 문제해결을 활용하는가?
⑧ 집단 내에서 인간적, 비인간적 통제방법은 무엇인가? 그리고 그런 방법들이 어느 정도 효과적인가?
⑨ 집단은 주변 환경 체계와의 관계, 특히 지역사회의 규범에 순응하거나 이탈하는 측면에서 이들 체계와 어떤 관계를 갖고 있는가?

이러한 사정을 통해 사회복지사는 집단에서의 문제를 파악할 수 있다. 하지만 더욱 중요한 것은 사회복지사가 갈등을 해결하고 집단의 목적을 함께 성취하기 위해 성원들 간의 공통점을 파악해 내는 것이다.

2) 관계의 강화

(1) 사회복지사와의 관계

사회복지사는 전문적인 권한을 가진 권위적인 인물이다. 대부분의 사람들은 권위에 문제가 있거나 권위에 대해 어느 정도 부정적인 태도를 갖고 집단에 온다. 성원들은 사회복지사와의 관계에 있어 자신들의 양가감정을 해결할 필요가 있으며 서로를 돕고 지지하는 원천으로 여길 필요가 있다.[6)]

때로 성원들은 이전에 사회복지사와 접촉한 경험이 거의 없기 때문에 사회복지사에게 무엇을 기대해야 할지 배울 필요가 있다. 그들의 기대는 다른 권위적인 사람들과의 경험에 의해 영향을 받는 경향이 있다. 성원들은 사회복지사가 권한과 통제에 있어 자신들의 기대를 충족시키지 못할 때 혼돈과 당혹감을 경험한다. 이에 따라 성원들은 사회복지사의 역할과 기대를 알기 위해 미묘하거나 명백한 방법으로 사회복지사를 시험해 보기도 한다. 이러한 시험은 짧은 기간 지속될 수 있다. 하지만 때로 사회복지사가 성원들을 이해하고 수용하는 데 어려움을 겪거나 성원들에게 일관성 없게 반응하거나 혹은 기대감이나 집단의 목적과 운영절차가 불투명하거나 사회복지사와 성원들의 역할이 불투명할 경우 이러한 시험은 오래 지속될 수도 있다. 그리고 사회복지사가 권한을 활용하는 데 있어 권위적이거나 성원들에게 비현실적인 약속을 하는 경우에도 이러한 시험은 오래 지속될 수 있다. 사회복지사가 갈등을 회피하거나 부인하게 되면 아주 미묘한 방법으로 이 시험이 재현되거나 다른 곳으로 전치될 수도 있다. 또한 성원들이 이전에 불만족스러운 관계나 왜곡된 관계를 경험한 경우, 특히 권위적인 위치에 있는 사람들과 불만족스럽거나 왜곡된 관계를 형성하였을 경우 갈등이 오래 갈 수 있다. 성원들이 사회복지사와의 관계에서 갖게 되는 긴장과 양가감정은 현실적인 것일 수 있으며 다른 것에서 전이된 반응이 원인일 수도 있다.

집단성원들은 사회복지사들이 성원들을 통제하거나 제한하기 위해 활용하는 권한을 시험한다. 성원들은 사회복지사가 그러한 권한을 사용하도록 자극하기도 한다. 나아가 성원들은 사회복지사를 다른 집단의 지도자들과 부정적으로 비교하면서 자신들이 사회복지사들에게 방어할 것인지 보복할 것인지를 결정한다. 그리고 사회복지사의 인종이나 연령, 지위나 신체적인 외모 등에 대해 언급하고, 성원들이 규칙을 어기는 것을 어느 정도 허용하는지 시험해 보며, 사회복지사가 수용하기 힘든 방법으로 행동을 하고, 개입하기도 전에 자신들에게 상처를 준다. 이 방법을 통해 성원들은 사회복지사가 자신들과 타인들의 적대적인 충동으로부터 성원들을 보호할 것인지 그 증거를 찾는다. 이러한 전략적인 행동은 성원들이 개인의 자기결정권과 집단의 자율성의 범위를 파악하는 수단이다.

특히, 자연적인 집단에서 성원들의 일부 행동은 사회복지사가 집단이 선출한 임원이나 고유의 리더의 역할을 강탈할 것인지를 시험하려는 의도를 갖고 있는 것일 수 있다. 사회복지사는 명확한 보호장치를 만들어서 집단이 가능한 빨리 스스로를 보호할 책임을 지도록 한다. 이러한 자기책임을 위한 보호장치는 일반적으로 민주적인 과정 그 자체가 된다. 필요할 때마다 집단 스스로 결정을 내릴 수 있는 권리는 사람들이 사회에서 자신의 삶을 영위하는 방법을 배우는 것이 중요하며, 변화가 권위에 의해 강요되기보다는 자기주도적으로 일어날 때 성장이 일어날 가능성이 높다는 원칙에 근거하고 있다.

따라서 초기단계에서 필수적인 사회복지사의 적극적이고 핵심적인 역할은 무한정 계속되는 것이 아니다. 사회복지사는 성원들이 스스로 책임감을 느낌에 따라 이를 성원들에게 이양해야 하며, 권한의 일부도 사회복지사에게서 성원에게로 전환되어야 한다.

권한을 가진 위치에 있다는 것은 사회복지사에게는 문제다.[7] 사회복지사들은 자신들에게 권위가 있다는 것과 성원들의 안녕을 위해 수반되는 책임이 있다는 점을 부인하기도 한다. 권한에 대한 사회복지사의 감정과 이를 성원들과 공유하는 것에 대한 느낌이 시험받을 수도 있다. 사회복지사 자신들도 권위를 가진 사람들을 경험해 보았을 수 있기 때문에 그러한 역할을 하는 것을 불편해할 수 있다. 사회복지사들은 성원들이 자신들을 좋아하기를 원하며 친구로 여기고 민주적이기를 원한다. 또한 민주주의를 자유방임적인 지도력과 혼돈하기도 한다. 사회복지사는 권위적인 역할과 관련된 감정을 다루기 위해 그러한 역할을 포기하거나 때로 권위주의자가 되기도 한다. 그러한 행동으로 인해 성원들은 더욱 심한 시험을 시도하게 된다. 이들 성원들은 사회복지사가 집단에서 전문적인 의견을 제시하고 적절한 행동을 취하기를 원하면서도, 한편으로는 이러한 의견이나 행동에 대해 질문할 권리가 있음을 항상 존중해 주기를 원한다.

사회복지사의 권위와 관련된 갈등 그리고 권위를 활용하는 방법은 집단성원들이 집단에서 자신들의 지위와 권한에 대해 갖는 지속적인 관심사다. 이러한 관심사는 신뢰와 수용과 결합된 문제기도 하다. 집단성원들은 종종 상처를 받고 화를 내면서도 사회복지사와 성원들을 신뢰할 수 있는지, 서로를 수용할 수 있는지 결정할 필요가 있다. 성원들은 점차 자신들의 감정과 관심사를 표현할 수 있게 된다. 쉴라 톰슨(Shiela Thompson)과 J. H. 칸(J. H. Kahn)은 이러한 과정이 두 가지 정보의 활용을 근거로 이루어진다고 하였다.[8] 즉, 각 성원은 다른 사람들의 생각과 감정에 대해 듣고 그 메시지에 대한 사회복지사의 반응을 인식한다. 각자가 말하는 것은 성원들을 자극하게 되어 또 다른 언급을 하게 만들어 더 많은 정보가 표현된다. 결국 성원들은 이를 통해 자기노출로 인해 염려했던 결과가 발생하지 않는다는 것을 알게 된다.

바룩 레빈(Baruch Levine)에 따르면, 권한과 통제에 관한 갈등 밑바탕에는 집단성원들이 어느 정도 영향력을 갖거나 영향력을 행사할 수 있는 권한을 가지고 수용되기를 원한다.[9] 신뢰가 형성될 때까지는 불확실하고 양가감정을 갖고 있는 것이 자연스러운 것이다. 대부분의 집단에서는 성원들이 사회복지사가 자신들을 수용하고 돌본다는 증거를 찾는다. 집단모임에 불참하는 것은 사회복지사가 그 성원을 그리워하고 있는지를 시험하는 한 방법일 수 있다. 사회복지사에게 특별한 부탁을 하거나 선물을 하는 것도 이러한 목적을 갖고 있는 것일 수 있다. 다양한 행동 유형에 사회복지사가 어떻게 반응하는지 알게 되는 것은 이러한 수용을 시험하는 하나의 수단이다. 집단성원들은 또한 사회복지사가 허용치 않는 방법으로 행동을 하는데, 이는 사회복지사가 어느 정도 참을 수 있는지 알기 원하고 자신들의 권한을 사용할 수 있는 방법을 알기 원하기 때문이다.

예를 들어, 여자 청소년집단에서 청소년들이 머리를 빗도록 허락해 달라고 하였다. 그렇게 할 수 있다고 하자 이들은 학교에서는 금지해 온 온갖 이상한 머리 모양을 시도하여 사회복지사가 이러한 스타일에 어떻게 반응하는지를 시험하였다. 이들은 또한 욕설을 함으로써 사회복지사의 반응을 시험하였다. 사회복지사가 이러한 말들이 자신을 놀라게 하거나 화나게 하지 않는다고 하자 이들의 그러한 행동은 멈추었다. 이렇게 비심판적인 행동은 규칙을 강요하는 것보다 더 효과적일 수 있다. 이와 비슷한 성원들의 전략적인 행동으로는 허용치 않을 행동이나 생각을 고백하는 것이다. 사회복지사가 성원들을 비난하는 데 관심이 없다는 점과 사회복지사의 수용이 순응적인 행동을 하는 것과는 상관이 없다는 점을 성원들에게 분명히 하면 그러한 시험은 멈추거나 줄어들게 된다. 다음은 위탁가정에 배치된 우울증세를 가진 여자 청소년들의 사례로 이들에 대해서는 앞 장에서 간략하게 소개한 바 있다. 이 발췌문은 세 번째 모임에서 나온 것으로 이 단계에서 성원들이 사회복지사에게 도전하는 것을 보여 준다.[10)]

> 남자친구에 대해 얘기한 후 잠시 침묵이 있었다. 나는 기다렸다. 그러자 팻이 사회복지사는 왜 사람들을 돌보며 여기에 오는지 알고 싶다고 하였다. 나는 조용히 앉아 있다가, “여러분은 친부모들과 함께 살지 않는 것이 힘들지요. 여러분은 많은 변화를 경험하였어요.”라고 말하였다. 체리스가 슬프게 여러분을 ‘낳은’ 친어머니만큼 여러분을 사랑하는 사람은 아무도 없다고 말하였다. 일부 성원들은 이에 동의하였고 각자 자신들의 친어머니와 함께 하는 삶이 얼마나 편하고 아름다운 것인지에 대한 환상을 이야기하였다. 체리스는 “사회복지사도 그와 같아. 그들은 ‘오, 슬퍼 보이는구나. 도와줄까?’ 하지만 엄마를 다시 데려오지 않는 이상 그들은 우릴 위해 아무것도 할 수 없어.”라고 말하였다. 침묵이 흘렀다. 그러자 팻이 나에게 “이 말에 대해 어떻게 생각해요?”라고 물었다. 나는 어떻게 답해야 할지 몰랐다. 하지만 체리스가 나에게 다시 물었다.

> 그래서 나는 "아무도 여러분의 어머니나 아버지를 데려올 수는 없어요. 하지만 여러분은 그에 대해 화가 난 것 같군요. 또한 여러분은 여러분의 부모님과 함께 하는 삶이 어떨지에 대해 궁금해 하는군요. 그러한 삶이 현재보다 더 나을 것이라고 희망하지요."라고 말했다. 고개를 끄덕이거나 동의하는 말을 하는 사람이 있었다. 나는 그들의 삶이 힘들기는 해도 집단에서 자신들의 마음에 있는 것들과 현재 상황을 다룰 수 있도록 서로 도움으로써 상황이 더 나아질 수 있을 것이라고 말하였다. 우리는 생각에 잠겼고 잠시 후에 방을 정리하기 시작하였다.

이 상황에서 사회복지사는 팻의 질문에 대해 그녀의 적대감을 무시한 채 답하였고, 오히려 성원들의 상황에 대한 이해를 바탕으로 그들에게 공감적으로 반응하였다. 이는 체리스를 화나게 만들었고 한편으로는 희망을 갖게 하였다. 팻은 사회복지사에게 재도전하였다. 그러자 사회복지사는 성원들의 감정에 대한 자신의 느낌을 공유하였고 강한 지지를 보여 주었으며 변화할 수 있다는 희망을 부드럽게 보여 주었다. 이들 여자 청소년들은 위탁가정과 관련된 감정을 직접적으로 다루었으며 자신들의 감정을 자유롭게 표현하였다. 감정의 수용은 도움을 제공하기 위한 또 하나의 단계다. 이러한 상황에서 개별성원 뿐 아니라 집단과정에 대한 사정이 매우 중요하다. 예를 들어, 체리스의 어머니가 죽었다는 사실을 통해 사회복지사는 체리스의 심각한 우울증을 이해할 수 있었다.

한 명 혹은 그 이상의 성원들이 사회복지사에게 극히 의존적인 집단이 있다. 이들 성원들은 사회복지사가 부모의 역할을 대신 해 주기를 기대한다. 이들 성원들은 사회복지사를 기쁘게 해 주기 위해 혹은 사회복지사의 관심을 끌기 위해 과도한 노력을 하거나 사회복지사의 관심을 독점하려고 한다. 또한 사회복지사의 애정과 관심을 끌기 위해 다른 성원들과 경쟁하거나 자신들의 행동에 대해 칭찬이나 꾸지람을 받기를 원하고, "내가 뭔가 똑바로 할 수 있을 것이라고는 전혀 생각지 않죠."와 같은 비현실적인 언급을 함으로써 자신들의 감정을 표현한다. 이들 성원들은 사회복지사와 긴밀한 관계를 원하지만 친밀감을 두려워하기도 하며, 자신들이 상처받을 것을 두려워하여 집단으로부터 철회하거나 자신을 거절하도록 만들기도 한다. 그리고 사회복지사에게 비이성적인 요구를 하여 그 요구가 충족되지 않을 때 거부당한 느낌을 갖는다.

사회복지사에 대한 의심은 사회복지사와 성원들 간의 차이점에 대한 편견과 연관된 것일 수 있다. 사회복지사와 성원들 간에 사회적 거리감을 유발하는 차이점이 있다는 것은 서로를 수용하는 데 일차적인 방해물이 된다. 이러한 불신은 차이점에 직면하기를 회피하거나 이를 부인하려고 할 때 더욱 악화된다. 일례로 젊은 흑인 사회복지사가 백인 노인들을 대상으로 한 집단이나 그 반대의 경우에서, 혹은 지체장애인 클라이언트를 대상으로 한 정상인 사회복지사의 집단에서 찾아볼 수 있다. 다음의 사례는 11세에서 13세 된 흑인 소녀들의 사회화 집단에서 발췌한 것이다. 사회복지사는 흑인이지만 피부색이 이들 소녀들보다 밝은 색이며 머리카락도 다른 구조로 되어 있다.

마샤는 새로운 성원으로 집단에 처음 왔다. 나는 집단에게 우리가 해 왔던 일에 대해 그녀에게 간략하게 설명해 주라고 요청했다. 프랜시스와 수잔은 집단의 활동에 대해 얘기하였다. 하지만 마샤는 뭔가에 몰두해 있는 듯했다. 이들이 집단에 대해 얘기하기를 마치자 그녀는 나를 똑바로 쳐다보면서, "도대체 당신은 왜 그 좋은 머리카락을 가지고 있죠? 왜 나는 그런 머리카락을 가질 수 없죠?"라고 말했다. 내가 반응하기도 전에 다른 성원들이 "그래요, 당신은 기분 나빠요. 피부색이 옅은 사람들은 자기가 귀엽다고 생각하지요. 맞아, 학교에 있는 그 애처럼." 하고 한 목소리로 말했다. 그러면서 이들은 학교에 있는 한 여학생에 대해 말하기 시작했다. 잠시 후에 나는 이들을 중지시키고 "여러분이 나에 대해 어떤 생각을 갖고 있는 것 같네요. 우리 잠깐 시간을 내서 그에 대해 얘기해 보죠."라고 말했다. 프랜시스는 자신이 아는 한 아무것도 얘기할 것이 없다고 하였다. 그리고 그것이 자신이 현재 느끼는 것이라고 하였다. 다른 성원들도 이에 대해 강력하게 동의하였다. 이들이 좀 더 말하도록 하는 것이 수포로 돌아갔다. 이들은 자신들이 하고자 했던 과업에 빠져들었다. 중요한 문제는 자아존중감의 부족이며 피부색이 사람들에게 주는 영향이다. 피부색에 대한 불편함으로 인해 나는 이러한 차이점을 이해하고 직면하려기보다 회피하려는 성원들을 따라가게 되었다.

차이점들을 공개적으로 인정하는 것은 의사소통의 방해물을 제거하는 것뿐 아니라 긍정적인 정체감을 향상시키는 결과를 가져온다. 한 예를 들어 보면, 비행청소년으로 재판을 받은 7명의 흑인 여자 청소년들로 구성된 집단에 한 백인 사회복지사가 배치되어 사회적으로 수용하기 어려운 이들의 행동을 향상시킬 수 있도록 하였다. 네 번째 모임에서 사회복지사는 이들을 지역사회센터로 초대하여 수영을 하기로 하였다. 이 사회복지사는 여자 청소년들이 수영을 좋아하는 것을 알고 있지만, 신체적인 특징인 피부색의 차이점이 이 상황에서 더욱 부각될 것이라 생각했다. 한 성원이 머릿결을 펴는 것에 문제가 생겨 불편함을 호소하자 사회복지사는 이를 외적인 인종 차이를 자인할 기회로 삼고, 그 청소년들이 자신을 신뢰하면서 집단에서 함께 일하는 것이 얼마나 어려운지에 대해 언급하였다. 이 말로 인해 인종문제와 그 청소년들이 백인들과 갖는 문제점에 대한 느낌을 토론할 수 있었다. 특정 목적으로 고안된 수영활동은 집단과 사회복지사 간의 관계에 있어 전환점이 되었다.

인종이든 연령이든 민족성이든, 다른 기술적인 특징들이든 간에 차이점을 단순하게 인정하는 것은 이를 보다 탐색해 볼 수 있도록 해 준다. 사회복지사는 이러한 차이점들의 의미를 탐색해 볼 수 있도록 촉구하며 이 차이점들에 대한 성원들의 감정을 표현할 수 있도록 촉구한다. 이를 통해 차이점에 대한 느낌으로 발생할 수 있는 인식의 왜곡을 줄일 수 있다. 차이점을 수용할 필요성은 사회복지사와 성원들 간의 일체감을 촉진시킬 수 있는 그 어떤 것도 파악될 수 있고 표현될 수 있다는 필요성과 맞물려 있다.

다양한 형태로 표현되는 집단의 불만족을 사회복지사가 인식하는 것은 집단과 의도적인 작업관계를 형성하고 지속하는 데 있어 매우 중요하다. 이러한 시험을 통과하기 위해 사회복지사는 개별성원의 행동과 말의 의미와 집단의 발달단계 수준을 정확하게 사정해야 한다. 사회복지사는 냉담함이나 적개심의 표현이 보복 없이 수용될 수 있다는 점을 확실해 해 둘 필요가 있다. 하지만 이것이 항상 쉬운 일은 아니다. 사회복지사는 상충되지 않는 한 감정과 관심사의 표현을 지지할 필요가 있다. 감정의 의사소통은 간접적이다. 예를 들어, 자연적으로 형성된 아동집단에서는 사회복지사에게 의사소통을 할 때 친구를 통해서 한다. 다른 성원에 대해 불평하지만 이들의 의사소통의 실질적인 목표물은 사회복지사다. 집단의 성원들은 "왜 선생님은 항상 우리 일에 참견하시지요?"와 같은 질문을 하는데, 이때 감정은 사회복지사에게 향한 것이다. 사회복지사는 의사소통의 진정한 목표물을 목소리 톤이나 눈동자 움직임의 방향 혹은 몸짓 등을 통해 파악할 수도 있다. 이와 유사하게 성원들은 서로에게 간접적으로 이야기하기도 한다.

사회복지사를 시험해 보려는 전략에 대한 감정을 인식하고 수용하는 것은 성원들의 시험과정의 활용방법과 이에 따른 적절한 대응방법을 이해하는 능력에 앞선다. 관계에서 발생하는 문제에 몰두하게 되면 사회복지사는 긍정적인 감정을 표현하고 수용할 필요성을 잘 인식할 수 있다. 사실 사회복지사는 사랑의 기회를 환영하고 격려한다. 사회복지사는 성원들에게 자신이 그들에게 갖는 관심과 그들을 지지하려는 욕망을 확신시킬 필요가 있다.

(2) 성원들 간의 관계

사회복지사의 주요한 과업은 성원들 간의 관계를 강화하는 것이다. 성원들은 단순히 개별성원들과 관계를 형성하고 그 다음에 집단의 관계에 초점을 두는 것이 아니라 두 가지를 동시에 다루어야 한다. 성원들은 사회복지사만을 시험하는 것이 아니라 서로를 시험한다. 이때 사회복지사를 시험할 때 썼던 비슷한 방법을 활용한다. 사회복지사는 집단이 서로의 어려움과 갈등을 파악하고 인식함에 따라 긍정적인 유대감을 갖도록 도울 필요가 있다.

성원들 간의 갈등과 경쟁은 작은 방법으로도 발생한다. 예를 들어, 실비아 자무디오(Sylvia Zamudio)는 9세에서 11세의 남녀 아동으로 구성된 상을 당한 아동집단의 두 번째 모임에 대해 보고하였다. 이 모임에서 맷은 사회복지사 옆에 앉아 있었다. 새로 온 성원인 마이크가 무서운 표정으로 그를 응시하자 맷이 재빨리 일어나 다른 의자로 옮겨갔다. 그러자 마이크가 맷의 의자에 앉았다.[11] 사회복지사가 이러한 사소한 일들을 놓칠 수도 있으며, 그것은 집단의 갈등으로 발전될 수도 있다.

성원들 간의 사회적 거리감은 인종, 민족, 종교, 연령, 성향 등과 같은 요인들이 서로 다른 이질적인 성원들로 구성된 집단에서는 매우 중요한 과제다. 이 경우 대개 비슷한 특성을 가진 성원들끼리 하위집단을 형성한다. 성원들이 서로를 수용할 수 있도록 돕기 위해 사회복지사는 먼저 자신의 감정과 인식을 파악한 다음 성원들의 감정과 인식을 파악해야 한다. 또한 소수민족 출신의 성원들은 백인 주류사회의 성원들보다 권력을 덜 가졌다고 생각하기 쉬운 점을 염두에 둘 필요가 있다.

권력에 대한 투쟁 혹은 수용은 종종 차이점을 잘못 인식하는 문제와 부정적으로 평가하는 문제를 다루게 된다. 사회복지사는 종종 이러한 차이점을 무시하지만 그렇다고 그것이 없어지는 것은 아니다. 사회복지사는 이러한 문제를 집단에서 상의하도록 하는데, 이는 집단이 자신을 노출시키고 다양성을 수용하는 방법을 배우는 안전한 장소라는 점을 인식할 수 있도록 돕고자 하는 의도를 갖고 있다. 데이비드 빌라이즈(David Bilides)는 한 예를 제시하였다.[12] 한 성원이 "흑인들은 내 앞에서 꺼져버려."라고 말했다. 부드럽게 직면하는 기술을 사용하여 사회복지사는 "그녀가 흑인이라는 게 당신과 무슨 상관이죠?" 라고 물었다. 어느 정도 전초적인 농담을 한 후에 사회복지사는 집단이 다른 사람에 대해 선입견을 갖는 경향을 논의하면서, 사람들이 민족이나 인종에 대한 욕설을 통해 어떻게 다른 사람에게 모욕을 주고 그 사람들 위에서 권력을 성취하는지 인식하도록 하였다.

서로의 차이점을 인식하게 됨에 따라 성원들은 집단의 문제해결 과정에 진입하게 된다. 차이점을 탐색하면서 성원들은 부정적인 감정들과 동시에 존재하는 긍정적인 감정들을 이해하게 된다. 사회복지사는 성원들에게 다가갈 필요가 있다. 사회복지사는 성원들의 공통된 관심사와 염려사항 그리고 감정들이 집단 내에서 발달하게 됨에 따라 이를 인식하고 표현한다. 또한 사회복지사는 성원들이 서로를 도울 수 있는 방법을 제안하기도 한다. 이 단계에서 해결해야 할 것은 한 개인이자 전문적인 권한의 역할을 가진 사회복지사에 대한 양가감정뿐만 아니라 지위와 수용에 대한 성원들 간의 경쟁과 갈등에 대한 감정이다. 효과적인 사회복지사는 성원들 간의 관계의 문제를 다루는 것이 다른 문제를 다루는 것에 선행된다는 점을 인식해야 한다. 사회복지사가 이러한 관계문제를 해결하려고 노력함에 따라 성원들은 갈등을 보다 잘 인식하고 다룰 수 있게 된다. 이것은 곧 사회복지사가 집단이 갈등을 해결할 수 있도록 돕는 방법이 되어 집단의 유대감을 강하게 형성할 수 있게 만든다. 이에 따라 성원들은 집단을 더욱 집중적으로 활용하여 다른 문제를 해결한다.

2. 긍정적인 동기의 향상과 저항감 감소

이 단계에서 과업의 핵심적인 부분은 긍정적인 동기를 향상시키고 저항감을 줄이는 것이다. 저항감의 목적은 여러 가지다. 저항감은 안정된 상태나 현존하는 균형을 보존한다. 어떠한 중대한 변화는 현존하는 힘의 균형을 깨뜨리고, 변화에 대한 두려움은 문제로 인해 발생하는 불편함보다 더 클 수 있다. 저항감은 불안을 없애는 하나의 수단이며, 상처로부터 성격을 보호하고 미숙한 만족감을 보존하게 하며, 특정 관계나 문제에 수반하는 이차적인 이익을 보존하게 한다.

집단의 성원들은 저항감이 있다는 것을 보여 주는 단서를 제공한다. 저항감이 있다는 것은 좀처럼 의식적인 과정이 아니다. "나를 도우려는 노력에 저항할 거예요."라고 말하는 사람은 없다. 오히려 저항적인 행동은 경험의 전의식 혹은 무의식 수준에 있다. 저항감의 단서는 매우 다양하다. 그 단서 가운데 하나는 시간이 활용되는 방법에 있다. 즉, 늦게 오는 것, 일찍 떠나는 것 혹은 결석하는 것이다. 또 다른 단서는 상황을 통제하려는 전략으로 문제를 직면하기를 회피하는 것이다. 예를 들어, 불평하는 것, 말을 많이 하는 것, 대화를 독점하는 것, 해답을 찾기보다는 다른 사람이 틀렸다는 것을 입증하기 위해 논쟁하는 것, 농담이나 웃음을 오래 끄는 것 등이 있다. 문제를 직면하기를 회피하는 행동으로는 주제를 바꾸는 것, 문제를 최소화하는 것, 부인하는 것, 잊어버리는 것, 사실을 숨기는 것, 현재를 다루는 것을 회피하기 위해 과거에 대해 얘기하는 것, 상황을 탐색할 필요성을 없애기 위해 쉽게 자백하거나 잘못을 인정하는 것, 사회복지사나 다른 성원들의 제안을 고려해 보지 않으려는 의지 등이 있다. 대부분의 대인관계적 반응은 상당부분 전이적 반응으로 의존감, 아부, 유혹, 타인 꾸짖기, 다른 사람의 능력을 의심하는 것, 은밀하게 욕하는 것, 상황에 맞지 않는 분노, 명백한 혹은 은밀한 적개심 등이 해당된다. 집단경험을 효과적으로 활용하는 데 방해가 되는 이러한 것들은 성원들의 삶의 스트레스에서 비롯된다.

1) 목적의 탐색과 명료화

제7장에서 논의한 것처럼 집단의 목적을 탐색하고 명료화하는 것은 한두 모임에서 완결될 수 있는 것이 아니다. 이것은 장기적인 목적과 단기적인 목적을 정의하고 재정의하는 지속적인 과정으로, 장단기 목적은 보다 구체화되고 점진적인 변화를 계속한다. 집단 발달단계 가운데 이 단계에서는 성원들이 권위와 통제 같은 문제를 중심으로 상호작용을 하게 되면서, 사회복지사와 성원들은 자신들의 능력과 욕구를 알게 되며 보다 현실적인 목표를 형성하는 것이 가능해진다. 이것은 성원들에게는 상당한 안도감을 준다. 사회복지사가 성원들의 공통점을 말로 인정하게 되는 것은 목표성취를 위해 집단을 활용할 동기를 강화시키는 경향이 있다. 사람들은 선택적으로 듣게 되어 오리엔테이션 단계에서 다른 것에 몰두하게 되므로 목적에 대한 설명과 논의의 일부만을 받아들인다.

후에 성원들은 집단의 목적과 그것이 자신들에게 주는 의미를 탐색하고 명료화하려는 열성이 생긴다.

예를 들어, 14~15세의 남자 청소년들로 구성된 집단에서는 이러한 현상이 네 번째 모임에 가서야 발생하게 되었다.

> 한 성원이 자신이 집단에 오기는 했지만 자신이 어떻게 해서 집단에 있게 되었는지 알 수 없다고 하였다. 사회복지사는 아마도 다른 성원들도 이에 대해 궁금해 할 것 같다고 하였다. 다른 성원들이 비슷한 염려를 보이게 되자 사회복지사는 학교의 교감선생님이 성원들을 의뢰하였다고 하였다. 한 청소년은 아마도 추측컨대 자신들이 학교 전체에서 가장 나쁜 학생들일 것이라 생각한다고 하였다. 성원들이 자연스럽게 교감선생님에 대한 불평을 털어놓은 후, 사회복지사는 모든 성원들이 학교에서 문제를 경험하고 있으며 집단을 통해 성원들이 문제에 대해 이야기하고 학교에서 보다 잘 지낼 수 있는 방법을 함께 모색할 것이라고 설명하였다. 사회복지사는 또한 한 성원이 집단에 의뢰되는 것이 곧 자신들이 학교에서 가장 나쁜 소년들일 것이라고 말한 것에 대해 기억하고 있다고 덧붙였다. 하지만 그것은 사실이 아니고 사회복지사는 그들에 대해 그렇게 생각하지 않는다고 하였다. 사회복지사가 그들을 수용했음을 느끼자 성원들은 집단의 목적과 집단에 대한 자신들의 반응에 대한 설명을 듣고 이를 논의할 준비가 되었다.

이 예에서 사회복지사는 다양한 유형의 기술을 활용하였다. 수용적인 관계 속에서 사회복지사는 민감한 경청과 재확인 그리고 희망을 통해 지지를 제공해 주었다. 또한 의사소통의 흐름에 집중함으로써 상황을 구조화하였으며, 감정과 의견을 모색하였다. 나아가 불평과 염려사항을 표현할 수 있도록 격려해 주었으며, 정보를 제공해 주고 집단의 목적과 의뢰 이유를 분명하게 하였다. 그는 성원들의 반응을 살펴보면서 공통점을 파악하는 방법으로 집단과정을 촉진시켰다.

성인들도 집단의 진짜 목적이 무엇인지에 대해 의심을 가질 수 있다. 다음은 정신건강센터에서 있었던 어머니집단의 사례를 발췌한 것이다.

> D부인은 센터의 직원들이 어머니들이 문제가 있어서 이 집단을 계획하였는지, 아니면 아동에게 도움을 제공하려고 집단을 계획한 것인지 물었다. B부인은 자신들이 여기에 있는 이유는 센터에서 아동들의 문제의 원인이 부모에게 있다고 생각했기 때문이라

고 하였다. P부인은 "분명한 것은 난 그 점에 동의하지 않는다는 것이에요."라고 말했다. J부인은 집단이 아마도 두 가지 목적을 모두 충족시키기 위한 것인지를 물었다. 사회복지사는 그 말이 무슨 의미인지 물었다. J부인은 어머니들이 뭔가 문제가 있어 이렇게 함께 모여 도움을 받고 이로 인해 아동이 도움을 받을 것이라 생각한다고 하였다. 그러자 O부인이 똑바로 나를 향해 "내가 생각하기에 우리가 여기에 있는 이유에 대해 아는 사람은 당신뿐인 것 같아요."라고 말했다. 나는 집단의 원래 목적에 대해 재검토해 보고자 한다고 하였지만, 그에 앞서 이 집단에 모이게 된 이유에 대해 그들이 어떻게 생각하는지 알고 싶다고 하였다. 각 성원이 반응을 보였다. 어떤 사람은 아이들이 어느 정도 진전을 보이고 있다고 말하였으며, 일부는 다른 사람들로부터 여러 가지 생각을 얻고 싶다고 하였다. 또 두 사람은 자신들이 혼자만은 아니라는 것을 알게 되었다고 하였으며, 한 사람은 이것이 이웃사람에게 아동에 대해 말하는 것과는 뭔가 다를 것이라 생각한다고 하였다. 성원들은 아동의 연령과 결혼상태 및 직장으로 인한 자신들의 차이점에 대해 느낌을 얘기하였다. K부인은 모든 어머니들이 아동에게 느끼는 짜증을 해소하는 방법을 배우는 중이라고 하였고, 이로 인해 성원들이 다소 편해지고 아이들에게 도움을 줄 수 있을 것이라고 말하였다. 모든 성원들이 K부인의 말에 동의한다고 하였으며 이전 모임에서 배웠던 것에 대한 예를 제시하였다.

나는 집단성원들이 이 모임의 이유에 대해 언급한 사항들 가운데 일부를 모아 설명하였다. 나는 모든 성원들이 똑같은 혜택을 받을 수는 없으며 성원들이 느낀 점을 표현해 주어서 기쁘다고 하였다. 그런 다음 첫 모임에서 설명한 집단의 목적을 다시 한번 설명하였다. 즉, 집단은 성원들이 아동들에게 보다 도움을 줄 수 있도록 돕기 위한 것이라고 하였다. 우리는 아동들의 문제에 대해 서로 비난하지 않을 것이라고 하였다. 한 사람이 앞서 말했듯이 이 집단은 어머니와 아동을 돕기 위한 것이라고 하였다. 아동에게 주는 도움이 여기서 중요하지만 더욱 중요한 것은 아동을 도우려는 부모의 이해와 능력이라고 하였다. K부인은 이 부분이 맘에 든다고 하였다. 우리가 보다 나은 부모가 되는 방법을 배우면 아동들도 혜택을 받을 것이라고 하였다. 성원들은 자신들의 목표와 관련해서 집단의 목적을 분명하게 이해하게 되자 모두 안도하는 듯했다.

변화에 대한 동기는 성원들이 변화의 욕구를 공유하여 이를 인식한 정도와 관련이 있다. 집단의 목적이 성원들의 공유된 욕구와 관련이 있다는 것을 성원들이 인식하게 되면 변화에 대해 어느 정도 압박감이 생기게 된다. 자신의 목표가 집단에서 충족될 수 있다고 개별성원이 인식하게 되고 그 목표들이 집단의 일반적인 목적과 대치되지 않는다면, 집단에 좀 더 관여하고 집단을 효과적으로 활용하려는 강한 동기가 생기게 된다. 사회복지사는 집단의 목적에 대한 성원들의 질문과 반응을 촉구할 뿐만 아니라 개별성원의 목표를 인식하고 보다 상세하게 기술하며, 한 성원의 목표가 다른 성원들의 목표와 어떻게 비슷한지 혹은 상이한 목표가 집단에서 어떻게 조절될 수 있을지를 논의하게 된다. 사회복지사는 또한 성원들이 다양한 방법으로 도움을 요청하는 방식을 파악하게 된다. "제가 (사회복지사의) 사무실에 잠깐 들를게요." "내가 제일 나중에 집에 갈게요." 혹은 다른 성원들이 모두 떠난 후에도 모임 장소에서 아직도 꾸물거리고 있는 것과 같은 비언어적인 형태로 도움을 요청하는 성원들은 자신의 염려와 목표를 사회복지사와 공유할 준비가 되었다는 것을 의미한다. 이러한 요청은 대체로 개별성원에게 도움을 주기 위해 집단이 어떻게 활용될 수 있는지 그리고 개인의 염려가 독특한 것이라 할지라도 다른 사람들의 염려와 어떻게 관련이 있는지를 명료하게 함으로써 충족될 수 있다.

목표의 상호성은 단순히 대화만으로 성취될 수 있는 것은 아니다. 문제와 원하는 결과를 파악하기 위해 활동을 활용할 수도 있다. 예를 들어, 소아과에 있는 어린 남녀 아동들로 구성된 집단에서 사회복지사는 이들이 의사와 환자 놀이를 하도록 함으로써 병원에 있는 것에 대한 느낌과 염려를 파악할 수 있도록 돕고, 한 아동이 다른 아동들과 관계를 형성할 수 있도록 도우며, 이것이 집단의 의도적 활용과 어떤 관련이 있는지 파악할 수 있도록 돕는다.

사회복지 서비스가 몇 차례 모임 이상으로 계속될 때, 이 서비스는 한 가지 목적을 갖고 있는 단기서비스에 비해 여러 가지 목표가 집합되어 있는 경향이 있다. 사회복지사와 성원들이 목표를 분명하게 이해하고 사회복지사와 성원들 간의 목표인식에 일치감이 있도록 하는 것은 한두 모임에 이루어질 수 있는 것이 아니다. 집단 발달단계의 두 번째 단계에서 나타나는 결과는 집단경험을 활용하여 자신들이 성취하고자 하는 것이 무엇인지 보다 명확하게 인식해야 하는 것이다.

정신질환을 앓고 있는 청장년을 위한 한 집단은 아홉 번째 모임까지도 집단의 목적에 대해 공식적인 논의를 진행할 수 없었다. 이 모임에서의 발췌문은 다음과 같다.

빅터: 이 집단의 목적이 무엇이라고 했죠?

일레인: 우리를 괴롭히는 것에 대해 도움을 주고 우리가 병원 밖에서 생활할 수 있도록 돕는 거요.

빅터: 나한테는 집단치료 같은데요.

일레인: 이게 바로 그거에요.

빅터: 난 안 그래요. 집단치료는 나한테는 너무 따분해요.

일레인: 글쎄, 우리가 이것을 집단치료로 서로 동의해 주면 나한테는 더없이 좋겠네요. 자, 이 집단이 어떤 집단인지 말해 봐요, 빅터.

빅터: 이 집단의 반은 사회 자조집단이죠.

조나단: 왜 그렇게 부르죠?

일레인: 사회라고 했나요?

빅터: 그래요. 나는 목요일 저녁에 여기 오지 않으면 무엇을 해야 할지 모르겠어요.

조나단: 난 무슨 소린지 모르겠어요. 자조라는 것을 모르겠어요.

일레인: 아, 자조라고 했나요?

빅터: 그러니까…… 말을 함으로써 우리는 우리의 문제를 알 수 있도록 도울 수 있어요. …… 아, 음…… 문제를 극복하게요.

일레인: 아, 그러니까 그게 내가 집단에 대해 말한 것과 거의 비슷해요. 그게 바로 치료예요.

빅터: (웃으며) 그래요. 하지만 우리가 그렇게 부르지 않아도 돼요.

사회복지사: 나머지 사람들은 어떻게 생각하는지 들어 봅시다. 여러분이 처음 여기에 왔을 때 무슨 설명을 들었든 상관없이, 여기에 여러분이 오고 난 후에 집단은 다른 의미가 있을 거예요.

빅터: 나에게 이것은 여러분을 돕는 한 방법이에요.

조나단: 아, 그래요.

빅터: 여러분이 밖으로 나와서 어울릴 수 있도록.

조나단: 다른 사람들, 그러니까 병원에 있는 사람들을 제외한 다른 사람들과 어울릴 수 있는 자신감이 생길 때까지 다른 사람과 사귈 수 있도록 돕는다는 것을 의미하지요.

빅터: 그래요, 그거에요.

조나단: 아, 아, 그러니까 다른 사람들과 잘 어울릴 수 있도록 돕는 거요. 가족이나 친구까지도.

빅터: 그래요. 나는 자주 싸웠어요. 난 친구가 되길 원하는 사람과도 싸우곤 했지요.

도날드: 여기보다 더 편한 곳은 없는 것 같아요. 정말이에요.

사회복지사: 어떻게 그렇지요?

도날드: 아, 뭐 말로는 표현 못하겠어요.

빅터: 아마도 여기서는 꾸밀 필요가 없지요. 우리 스스로 경계해야 할 필요가 없기 때문

이죠. 우리 모두 우리가 미쳤다는 것을 알잖아요. (신경질적인 방식으로 웃기 시작했다.)

제롬: 그래요, 우린 여기서 서로 믿어요.

사회복지사: 도날드, 아까 말하려던 것을 지금 말해 줄 수 있나요?

도날드: 아, 잘 모르겠어요. (침묵) 여기선 더 이상 무섭지 않아요.

일레인: 우리는 나아지고 있어요. 우린 미치지 않았다고요.

제롬: 난 정말 좋은 친구를 사귀고 싶어요. 집단이 나를 도와주고 있어요.

일레인: 그래, 그게 집단치료예요.

조나단: 이 집단은 다른 사람들과 있는 것이 편해지도록 도와주고 있어요. 그러니까 우리의 문제를 해결하고 있는 거예요.

일레인: 네, 그래요.

여기서 사회복지사는 집단성원들이 집단의 목적에 대해 얘기하는 것을 요약한 다음 자신의 역할에 대해 이들과 이야기를 나눴다. 사회복지사의 기술은 집단성원들이 생산적으로 상호작용을 할 때 침묵을 지키고, 모든 성원들이 참여할 수 있도록 격려하고, 감정을 명확하게 하도록 함으로써 이들을 지지하는 능력을 통해 나타났다.

플로렌스 클레멘저(Florence Clemenger)와 마조리 메인(Marjorie Main)은 연구를 통해 사회복지사가 성원들의 목표를 정확하게 인식하고 치료 목표와 계획을 명확하게 나타내는 능력이 집단의 성원에 따라 달랐다고 주장하였다. 클레멘저는 사회복지사가 집단의 특정 성원에 대해 편견을 갖게 되는 경향은, 성원들의 역할에 대한 인식과 집단의 구조와 기능을 정확하게 사정하는 기술이 부족한 것과 상관이 있다고 하였다.[13] 메인은 사회복지사가 개별성원과 그의 목표에 대해 완벽하게 사정하고 집단의 기능에 대한 진단서를 작성하며 집단을 위해 자신을 적절히 활용하였을 때, 개별성원에 대한 치료 목표와 계획은 보다 충분히 수립될 수 있었다고 하였다. 그녀는 사회복지사가 집단에 중요하다고 생각되는 역할을 하는 성원을 위해서는 처음 5회 모임 동안에 치료 목표와 계획을 수립하는 경향이 있는 반면, 외톨이면서 덜 적극적인 성원은 간과하게 되는 경향이 있다고 하였다.[14]

집단에서 개별성원과 집단에 대한 사회복지사의 목적은 개인과 전체로서의 집단의 욕구와 능력, 목표와 주변 상황에 대한 사회복지사의 인식을 근거로 작성된다. 집단경험의 초점은 이러한 과정에 참여한 집단성원들이 인식하고 수용한 목적을 중심으로 이루어진다. 집단의 목적이 집단 논의를 통해 발전될 때 사회복지사는 그 목적에 대한 성원들의 인식을 사정할 수 있는 고도의 기술을 개발하게 된다.

2) 멤버십의 안정화

집단에 누가 포함되고 그렇지 못한지, 누가 회원가입을 하였는지 그렇지 않은지가 명확하지 않은 개인들의 집합체에서 멤버십의 안정화가 점차 일어나게 된다. 집단모임에 정시에 규칙적으로 참여하는 것이 중요하지만, 이러한 유형이 안정되려면 어느 정도 시간이 필요하다. 출석이 불규칙하면 집단이 매번 다르게 구성되어 결과적으로 집단 자체가 다르게 된다. 사회복지사의 과업은 이러한 요인들이 주는 차이점을 집단성원들과 함께 모색해 보는 것이다. 이러한 일들에 대한 개별적이고 집단적인 결정은 매우 중요하다.

멤버십의 변화로 발생하는 결과는 집단의 진도가 감속하게 되는 것이다. 로버트 파라다이스(Robert Paradise)는 새로운 성원이 집단성원들 가운데 존재하는 당혹감을 더욱 부추길 가능성이 있는데, 이는 이 단계에서 흔히 나타나는 것이라고 주장하였다.[15] 가능하다면 권한과 통제에 대한 갈등이 어느 정도 다루어질 수 있을 때까지는 멤버십에 변화가 없는 것이 바람직하다. 새로운 성원들이 있게 되면 이들이 다른 성원들과 집단에 적응하는 데 시간이 필요하다. 나아가 새로운 성원들은 나름대로 집단에 자신들의 욕구와 가치를 가지고 오게 되며, 이러한 것들이 다른 성원들의 것들과 조화를 이루거나 갈등을 일으킬 수 있다. 그리고 이들 욕구와 가치를 집단의 목적과 문화에 통합하는 데 시간이 필요하다.

멤버십의 안정화는 부분적으로는 성원들이 갖는 양가감정과 저항감의 문제를 해결함으로써 가능하다. 그리고 부분적으로는 집단의 목적과 멤버십에 대한 기관의 정책과 절차를 보다 명확하게 한 결과기도 하다. 나아가 사회복지사나 일부 성원들이 문화적인 가치에 민감하게 반응한 결과기도 하다. 예를 들어, 부모교육 집단에서 G부인은 아들들이 낡은 알루미늄 깡통을 모아오고 있다고 하였다. 이 아들들은 학교에 신고 갈 신발을 사기 위해 돈을 모으는 중이었다. 지난 주에 이들은 몇 달러를 모았는데 G부인은 아들들과 자신을 위해 똑같이 돈을 나누었다. 사회복지사는 G부인이 그들의 소득을 그렇게 똑같이 반으로 나누는 것은 아들들에게 너무 많은 것을 기대하는 것이라고 생각한다고 말했다. 이는 아들들이 학교에 신고 갈 신발을 사기 위해 돈을 모으는 것이었기 때문이었다. G부인은 이 말에 반응을 보이지 않았고 다음 모임에 오지 않았다.

토냐 라세터(Tonia Lasater)와 프랭크 몬탈보(Frank Montalvo)는 G부인이 중도탈락한 것은 사회복지사가 문화적인 차이를 인식하지 못한 때문이라고 주장한다. 사회복지사가 언급한 내용은 성원의 가치가 아닌 사회복지사의 가치를 반영한 것이었다. G부인은 아들들에게 기본적인 문화적 가치를 가르치려고 한 것이었다. 즉, 멕시코계 미국인 사회에서는 아동에게 공유하는 것, 상호원조, 상호호혜성이 가족관계를 강화시키고 가족을 존중하며 헌신하게 하는 것이라고 가르친다. 그런데 사회복지사는 그 행동을 아동의 독립성을 감소시키며 아동의 성과물을 갈취하는 것으로 여겼다. G부인은 자신의 감정을 사회복지사에게 알리지 않았으며 집단에서 탈퇴하기로 결정하였다. 그녀의 문화권에서는 사회복지사의 의견을 존중하는 것만큼이나 개인의 감정을 존중하는 것이 중요했다.[16)]

후안 벨라스퀘즈(Joan Velasquez), 마릴린 비질(Marilyn Vigil), 유스톨리오 베나비드즈(Eustolio Benavides)는 백인들보다는 소수민족 계통의 사람들이 중도에 그만두는 비율이 더 높다고 하였다. 소수민족 계통의 사람들이 그만두는 이유는 자신들에게 제공되는 것이 도움이 되지 않고, '클라이언트를 긍정적이고 의도적인 관계로 관여하도록 하는 이상적인 동반자 관계가 형성되지 않기' 때문이다.[17)]

성원들이 집단에 갖는 일차적인 매력과 그들이 첫 모임이나 두 번째 모임 이후에 계속할 것인지의 사이에는 구별이 필요하다. 집단에 포함되는 것에 대한 불확실한 느낌이 다루어지지 않으면 성원들은 집단에서 탈퇴하게 된다. 성원들은 자신들이 집단을 떠나야 할 이유를 어느 정도 이해하고 있으면, 특히 자신들이 충분히 인식하고 있지 못한 어려운 감정들을 회피하고 싶어 한다면 집단에 남아 있을 가능성이 더 높다. 즉, 이러한 것들이 보다 구체화되고 이해되면 집단에 남을 가능성이 높다. 세실 라이스(Cecil Rice)는 "때로 자신을 이해해 준다는 것만으로 충분하다."고 주장한다.[18)]

모든 유형의 집단사회복지에서는 사회복지사의 판단과는 다르게 중도탈락되는 경우가 상당히 많다. 집단이 모두에게 도움이 되기 위해서는 성원들이 집단에 의해 영향을 받을 수 있을 만큼 오랜 동안 집단에 머물러 있어야 한다. 중도탈락의 이유에는 집단의 목적과 이를 성취하려는 수단의 불명확성, 포함과 수용의 문제, 집단에서의 심각한 일탈, 문화적인 불일치, 하위집단 형성과정에서의 복잡함, 사회복지사를 공유하지 못하는 능력, 상황에 대한 잘못된 오리엔테이션 등이 있다.[19] 그 외의 중도탈락 이유로 환경적인 장애물을 들 수 있는데, 이에는 교통수단이나 아동을 돌볼 사람이 없는 것, 집단의 모임에 방해가 되는 업무시간, 물질적인 자원의 결여 등이 포함된다. 따라서 사회복지사는 집단 내에서 논의를 거쳐 성원이 되는 것의 의미를 탐색하는 데 충분한 시간을 보낼 필요가 있으며, 경우에 따라서는 집단 외에 개별 면담을 가질 수도 있다.

사회복지사는 멤버십을 안정시키기 위해 많은 작은 일들을 한다. 사회복지사는 누가 집단에 포함되었는지 성원들이 알 수 있도록 돕고 결석한 성원에 대해 관리한다. 또한 집단이 도움이 되지 않는다고 생각하는 성원들이 집단을 계속하는 것에 대해 양가감정을 가질 때 이들을 대상으로 별도로 작업을 하며, 때로는 성원들 서로에 대한 태도와 이것이 집단에 주는 영향을 공개적으로 논의한다. 일레인 로너간(Elaine Lonergan)은 집단 성원들의 출석을 돕기 위해 활용할 수 있는 많은 기법들을 자세하게 소개하였다.[20] 이는 집단이 성원들을 도울 수 있는 구체적인 방법을 강조하는 것, 성원의 주저함을 심각하게 여기고 이를 논의하는 것, 결석한 성원에게 연락하는 것, 성원들이 사회복지사에게 긍정적인 것을 이야기할 때 그 기쁨을 표현하는 것, 성원들이 출석하도록 기대하는 것, 출석함으로써 그들이 도움을 받는다는 점을 강조하는 것 등이다.

자연적인 집단에서 사회복지사는 성원을 포함시키거나 제외시키는 문제를 다루는 과정이나, 이에 대한 기관의 가치와 절차를 명료화하는 문제해결 과정에 성원들이 관여하도록 한다. 모든 집단에서 사회복지사는 개별성원들이 서로에게 주는 영향을 파악하고 이에 대해 평가하며 집단의 발달에 대해서도 평가한다. 그러나 모든 노력에도 불구하고 집단의 구성이 잘못되어 멤버십의 일부를 변경해야 할 필요가 있는데, 이때 새로운 성원을 추가하거나 기존 성원들을 탈퇴시킨다. 어떤 집단에서는 사람들의 성격 유형이 복잡하게 조합되어 서로 어울리는 데 전혀 도움을 줄 수 없거나 성원구성이 지나치게 이질적이어서 조화를 이루지 못할 때가 있다. 또 어떤 경우에는 경쟁적인 하위집단으로 인해 작업관계를 형성하지 못하지만 집단의 일부로 남아 있는 경우도 있다. 집단성원들의 잘못된 구성을 교정하기 위해 새로운 성원들을 추가하거나 탈퇴시키는 결정을 할 때, 공식적으로 알리지 않으면서 수용-거부의 과정을 통해 결정하기보다는 정확한 사정과 사려 깊은 계획을 통해 결정해야 한다. 전문 윤리에 따라 다른 집단을 모색하거나 집단에서 제외된 사람들을 위해 동등한 유용한 자원을 모색할 필요도 있다.

3) 지위와 역할에 영향주기

집단 발달단계 가운데 이 단계에서는 대인관계의 구조가 나타난다. 또한 순위를 매기는 과정을 통해 집단에는 지도력이 나타난다. 어떤 성원들은 집단의 목적과 활동에 보통 이상으로 많은 영향력을 행사하기도 한다. 고유의 지도력(indigenous leadership)은 집단의 변화하는 욕구와 조건에 따라 역동적으로 변화한다. 모든 성원들이 집단의 활동에 영향력을 행사하는 정도에 의해 순위가 매겨질 수 있다. 모든 것들이 동등한 상황에서는 지도력이 상황적인 경향이 있다. 즉, 지도력은 개인과 집단의 욕구가 변화함에 따라 수정되는 경향이 있다. 지도력은 특정 성원의 지속적인 역할이라기보다는 대체로 공유된 현상이다. 그럼에도 불구하고 일부 성원들은 다른 성원들에 비해 더 많은 영향력을 행사한다. 영향력이란 곧 권력이다. 사회복지사의 권력에 대해 갈등이 존재하는 것처럼, 권력에 대한 갈등과 경쟁이 집단성원들 사이에도 존재할 것이라는 점은 충분히 예상 가능한 일이다. 영향력을 행사하는 사람의 개인적인 요인과 그 영향력을 인정하고 인지하며 허용하는 집단요인에는 상관관계가 있다. 일부 성원들은 거의 관여하지 않고 다른 사람을 좇아 한다. 어떤 지도력이 특정 성원들에게는 안정적이지만, 때로는 다른 시점에 다른 성원들이 지도력을 행사하기도 한다. 이는 성원들이 그 사람에게 특정 태도와 행동을 기대하기 때문이다.

집단에서는 크게 두 가지 역할이 나타난다. 하나는 과업중심적 역할이고 다른 하나는 사회정서적 역할이다. 과업중심적 역할은 집단이 합의한 목표를 성취하는 데 기여한다. 사회정서적 역할 가운데 일부는 성원들 간의 긍정적인 관계를 형성하는 데 기여하지만, 일부는 집단에서 특정 성원을 불안정한 역할에 놓거나 집단의 목표를 성취하기 위한 집단의 효과성을 방해하기도 한다. 이러한 역할은 집단단계 전 과정에서 발달하고 변화하는데, 자세한 것은 제10장에서 논의하였다.

4) 집단문화의 형성: 규범

집단의 초기단계에서는 집단의 규범이 일차적으로는 사회복지사에 의해 만들어지며 사회복지사의 개입에 의해 강화된다. 하지만 이 단계에서의 일차적인 과업은 사람들의 집합체를 성장을 추구하는 하나의 사회체계로 전환시킬 수 있는 집단문화를 형성하는 것이다. 집단성원들이 권력과 관계의 문제에 관해 상호작용하게 됨에 따라 규범이 발달하게 된다. 규범이 생기면 성원들은 집단을 위해 자기통제 및 책임을 공유하는 방향으로 움직인다. 이는 성원들이 권력을 얻는 것이다. 바람직한 규범이란 역동적이면서 긍정적인 힘이 작용할 수 있도록 하는 것이다. 이러한 규범에는 표현의 자유, 윤리적인 행동, 개방된 의사소통, 상호수용 및 상호원조, 목표성취를 위한 동기 등이 포함된다.

사회복지사는 수용적이면서 공감적이고 진솔하며, 현재 진행되고 있는 것을 이해하려고 하며, 집단과정에 자신감을 갖고 있는 성원을 모델로 제시함으로써 집단의 규범 형성에 영향을 끼친다. 사회복지사는 또한 특정 행동을 허용하거나 허용치 않는 방법으로써, 제안을 하거나 특정 규범이 형성되었음을 알림으로써, 갈등이 해결된 방법과 관련하여 집단이 문제해결에 관여하도록 함으로써 규범에 영향을 미친다.

사회복지사는 규범이 명백해짐에 따라 집단이 규범을 인식할 수 있도록 개입한다. 사회복지사는 이를 여러 가지 방법으로 할 수 있다. 즉, 집단성원들이 특정 방식으로 행동하는 것에 대해 주의를 기울일 수 있도록 하는 방법, 집단성원들이 서로 합의한 규범, 예를 들어 비밀보장에 관한 규범에 대해 주의를 기울일 수 있도록 하는 방법 등이 있다. "대화를 그런 방식으로 잘라버리길 원하나요?" "당신은 우리가 이렇게 하길 바라는 뜻에서 그렇게 제안했나요?" "이 문제를 해결하는 데 있어 더 나은 방법이 있나요?" 등과 같은 간단한 질문은 행동규범을 명확하게 하는 데 도움을 준다. 성원들이 속한 다른 집단에서 갖는 기대와 이 집단에 대한 기대의 차이를 점차 명확하게 해 주는 것이 중요하다. 성원들은 한 상황에서 적합한 규범이 다른 상황에서도 적합한지를 구분하는 적응력이 필요하다. 성원들은 종종 상반되는 갈등으로 인해 혼돈을 경험한다. 아주 흔한 예를 들어 보면, 집단사회복지에서는 성원들이 화난 감정을 표현하도록 격려하는 규범이 있지만 학교나 직장에서는 이를 억제하도록 기대한다. 성원들이 집단에서 적절한 규범과 다른 상황에서 적절한 규범을 구별하지 못할 때 어려움이 발생한다.

사회복지사의 개입은 성원들이 서로 관계를 형성할 수 방법을 가르치는 데 역점을 두는데 이는 특정 행동을 제한하거나 정보를 제공해 줌으로써 가능하다. 한 예로서 참을성이 없는 여자 청소년들의 집단이 있었다. 이들 여자 청소년들은 자신이나 다른 사람들을 해치는 상황에 있었기 때문에 행동에 제한을 둘 필요가 있었다. 이전 모임에서 성원들은 서로 공유해야 할 가위에 대해 싸운 적이 있었다. 이때 성원들은 서로 차고 치고 욕하고 거의 통제하지 못할 수준으로 행동하였다. 사회복지사는 규칙을 어기는 것에 대해 설교를 하지 않았다. 이 방법은 대체로 비효과적이다. 오히려 사회복지사는 활동을 중단시키고는 성원들이 화가 난 것 같다고 하였으며, 성원들이 조용히 앉자 그들이 가위를 원할 때 어떻게 행동해야 할지에 대해 말하려 한다고 하였다. 그녀는 제비를 뽑는다든지, 둘씩 짝지어 일한다든지, 순서를 정한다든지, 자신들의 문제에 대해 말하고 그들이 견딜 수 있는 결정을 하는 등과 같은 대안을 말했다. 사회복지사는 이들 여자 청소년들이 의사결정을 하기 위해 사전에 계획할 수 있을 때까지 이 방법을 반복해서 활용하였다.

권력과 통제의 분배에 관한 규범 형성은 앞으로의 집단발달에 매우 중요하다. 필요하다면 사회복지사는 집단에 악영향을 주는 기관의 규정을 바꾸는 영향력을 행사할 수 있다. 마가렛 하트포드는 지나치게 엄격한 규칙으로 인해 종종 집단이 구성되는 것이 실패할 수 있다고 하였다.[21] 사회복지사는 규칙과 정책의 시험을 성원들의 권리로 인식하여 이를 허용하며, 행동에 대해 적절한 제한을 두도록 할 필요가 있다. 사회복지사가 특정 문제에 대한 결정권이 집단에게 있음을 명확하게 함으로써 집단의 성원들은 통제력을 가지는 방법을 배운다.

이러한 예는 정신질환으로 입원을 한 후 지역사회에서 생활할 것을 요구받고 있는 성인들로 구성된 집단의 여섯 번째 모임에서 찾아볼 수 있다. J부인을 제외한 모든 성원들이 일찍 모임에 왔다.

> 나는 모임을 시작하면서 "제가 지난 주에 실수를 했어요."라고 말하였다. 그러자 "무슨 실수요?" "무슨 뜻이지요?" 하는 반응이 있었다. 나는 "지난 주에 저는 여러분에게 집단모임을 6시 30분으로 할 것인지 7시로 할 것인지 결정할 수 있다고 말했지요. 7시에 시작하길 원했던 J부인을 제외한 여러분 모두가 6시 30분에 시작하기로 했어요. 저

는 우리가 6시 45분에 시작할 수 있다고 했지요. 내가 여러분의 결정권을 빼앗아버렸어요. 그렇지요?"라고 설명하였다. G씨는 알고 있다는 웃음을 보이면서 "아, 괜찮아요."라고 말했다. L양은 "그냥 그렇게 돼버렸는데요. 난 신경 안 써요."라고 말했다. 나는 "하지만 여러분은 신경쓸 권리가 있어요."라고 말했다. J부인은 15분의 차이로 인해 자신이 제 시간에 모임에 올 수 있었다고 했다. P씨는 얼굴에 웃음을 보이며 "난 다 그게 그렇다고 생각해요."라고 말했다. 유머와 인내를 가지고 성원들은 자신들의 불편함에 대해 이야기를 계속했다. 그들은 내게 화가 날 수 있으며 집단이 언제 모일 수 있을지 자신들에게 선택할 수 있도록 허락하지 않은 나의 실수에 대해 내가 그들에게 잘못했음을 반복해서 말하기를 원하고 있었다.

이 예에서 사회복지사는 대부분의 성원들이 자신의 감정과 차이점을 표현하기 두려워하기 때문에 매우 긍정적으로 진술하려 하였다고 판단하였다. 성원들은 J부인에 대해 감추어진 분노가 있었는데, 이는 그녀가 집단의 논의를 독점하고 결정사항을 조정하려고 하였기 때문이다. 일부 미묘한 분노는 사회복지사에게 향한 것이었다. 이는 사회복지사가 J부인의 시간조정 전략에 말려들었기 때문이다. 사회복지사는 이 문제를 집단에 가져옴으로써 집단성원들이 어떤 결정을 할 권한이 있다는 점, 서로 개방되어 있다는 점, 감정과 생각을 자유롭게 표현할 수 있다는 점 등과 같은 규범이 있음을 보여 주었다.

한편, 집단은 적절한 행동이 무엇인지에 관한 가치관의 차이를 다룰 수 있는 규범을 설정할 필요가 있다. 집단의 초기단계에서는 공통점을 찾으면서 차이점을 직면하는 것은 회피하는 경향이 있다. 하지만 서로의 유사점과 차이점을 인식하는 것으로부터 서로에 대한 진정한 수용이 생기게 된다. 한 노인집단의 예를 들어 보면 다음과 같다.

P부인은 자신이 방문한 요양원(nursing home)에 대해 생생하게 기술하였다. 그녀는 그곳의 상황이 역겹다고 하면서 환자들이 자신들의 배설물 위에 누워 있었다고 하였다. 그래서 그녀는 자신의 남편이 어떤 상황에 처하든 그를 요양원으로 가게 하지는 않을 것이라고 하였다. 자신의 남편을 요양원으로 보내기 위해 요양원을 수소문한 S부인은 매우 놀란 표정이었다. 사회복지사는 그러한 시설에 입소하는 것에 관해 사회복지사들이 도움을 줄 수 있다고 말하면서, 비록 우리가 그러한 시설의 무시무시한 이야기에 대해 알고 있지만 훌륭한 시설도 있다고 말하였다. N부인은 전혀 비용을 들이지 않으면서 자신의 남편을 집으로 데려갈 것이라고 단정적으로 말하였다. 성원들은 도덕적인 사

람들은 자신들의 가족을 집에 두고, 그렇지 않은 사람들은 나쁜 사람들이라는 규범을 설정하려는 듯 보였다.[22)]

이 사례에서처럼 사회복지사는 한 성원이 내린 훌륭한 결정이 다른 성원에게는 그렇지 않을 수도 있어, 상황에 따라 다른 해결책이 필요하다는 규범을 수용할 수 있도록 성원들을 촉구할 필요가 있다. 이를 위해 사회복지사는 상이한 점을 지지해 주고 정보를 제공하며, 문제를 해결하고 요양원이나 양로원 등과 같은 환경적 자원을 활용하도록 할 수 있다.

규범에 대한 갈등은 종종 감정과 경험을 억제하기보다 표현하는 것이 더 나은 것인지, 적개심이나 차이점을 자유로이 표현하는 것보다 긍정적인 경험만을 표현하도록 하는 것이 더 나은지와 같은 규범설정과 관련이 있다. 성원들은 종종 다른 사람들로부터 거절당하거나 처벌받거나 다른 심각한 결과를 초래하지 않은 상태에서 자신들의 감정을 표현할 수 있으며, 문제를 집단에 가져올 수 있다는 규범을 시험해 본 후에야 집단을 신뢰하게 된다. 예를 들어, 거주시설의 한 여자 청소년집단에서는 성원들이 시설의 엄격한 규칙을 어긴 사실을 고백하게 되었다. 사회복지사는 이야기를 처음부터 끝까지 다 듣고는 비처벌적인 방법으로 반응하여, 결국에는 이 규칙에 대해 논의하고 이들 여자 청소년들을 보호할 수 있는 특별한 규칙을 만드는 데 합의하게 되었다.

집단성원들 간의 상호작용은 종종 사회복지사의 특정 행동에 영향을 받으며 이를 통해 집단에서 규범이 발달한다. 또한 협상과정을 통해 집단의 독특한 규범체계가 발달한다. 처음에 사회복지사가 주도하여 만든 규범이 점차 내면화되는 것이다. 따라서 특정 집단을 위해 독특한 문화가 만들어지게 된다.

5) 흥미와 자발성

집단에서 모든 것이 심각한 것은 아니다. 흥미와 자발성과 같은 순간들이 성원들 간의 관계 형성과 응집력을 발달시키는 데 기여하기도 한다. 간단한 한 예를 들어 보면, 한 병원의 정신과에서 외래치료 환자를 위한 집단이 있었다.

성원들이 모임 장소에 들어와서 앉기 시작하였다. 보통 때와 마찬가지로 나는 내 자리에 앉기 전에 잠깐 기다려서 모든 성원들이 자리를 선택할 수 있는 기회를 주고자 하였다. 마지막에 들어온 G씨가 "우리 모두 매번 같은 의자에 앉는군요."라고 말하였다. 나는 갑자기 "그래, 맞아요. 모두 똑같은 의자예요. 우리가 한번 의자를 바꿔 보는 것은 어떨까요?"라고 제안하였다. 모든 사람들이 웃으면서 의자 사이를 앞뒤로 왔다갔다 하였다. 마치 어린이들이 장난치는 것과 같았다. 모두 마음이 가벼워지는 것 같았고 성원들이 모두 둥그렇게 돌아보면서 웃었다. 이것은 마치 자신들의 어려움을 내려놓아 짐이 가벼워진 것처럼 보였다.

집단 전체를 대상으로 한 이러한 간단한 활동은 많은 변화를 가져왔다. 갑자기 사람들이 편안해져 보였다. 그리고 이 모임에서는 이전보다 더 많은 상호작용이 있었다. 집단모임의 마지막에 이르렀을 때에는 몇몇 성원들이 의자를 바꾼 다음 자신들이 얼마나 변했는지를 이야기하였다. 이 사건은 분명히 성원들 간의 상호작용을 촉진하였을 뿐 아니라, 성인인 이들 성원들도 다른 사람과 기쁨을 나눌 수 있다는 점을 입증하였다. 헨리 마이어(Henry Maier)는 "장난기가 있는 순간, 클라이언트들은 감당할 수 없었던 사건을 다룰 수 있는 힘이 추가되는 것을 알게 된다."고 지적하였다.[23)]

3. 응집력이 있는 집단의 출현

성원들 간의 대인관계적인 갈등을 성원들과 함께 파악하면서 사회복지사는 집단을 보다 강한 공통 관심사나 염려를 다룰 수 있는 논의와 활동으로 유도하게 된다. 사회복지사는 유사점과 긍정적인 면뿐 아니라 차이점과 부정적인 면도 강조한다. 사회복지사는 또한 성원들이 관계를 시험하고 강화할 수 있으며, 공통관심사와 능력을 파악하고 성원들이 선호하는 것과 의사결정을 할 수 있는 경험에 참여할 기회를 제공할 책임이 있다. 논의와 함께 활동을 활용하는 것이 특정 집단에게는 많은 장점이 될 수 있다. 집단성원들이 자신의 능력과 대인관계를 탐색해 보고 사회복지사의 권위에 도전해 보며 공통되거나 상이한 규범을 파악해 보기 위해서는, 성원들이 진정으로 관여하면서 자신들의 목표의 의미를 적용해 볼 수 있는 실제 상황이 있어야 한다. 이 행동은 위기 상황이 아닌 곳에서, 실수를 만회하고 교정할 수 있는 곳에서 이루어져야 한다.

모든 것이 순조롭게 진행되면 집단은 집단성원들의 삶에 강력한 힘을 제공해 줄 수 있는 특성을 지닌 응집력 있는 집단이 된다. 성원들은 자신들의 목표가 집단의 목적과 조화를 이루는 것을 파악하게 된다. 그들은 또한 서로를 수용하게 되어 함께 집단을 지속하기를 원한다. 나아가 성원들은 자기중심적인 태도와 행동 혹은 사회복지사에 대한 지나친 의존성을 어느 정도 포기하고 상호 의존하는 관계로 진입하게 된다. 성원들은 집단에서 자신들의 역할에 견주어 사회복지사의 역할을 이해하고 수용하게 된다. 그리고 집단에서 시험해 보거나 유연해질 수 있는 것과 같은 규범이나 개별적인 목표와 집단의 목적을 성취하기 위해 서로를 지지하고 자극하는 규범을 받아들이게 된다. 나아가 성원들은 일정한 규범을 수용하게 되는데, 이들 규범들은 상이성을 수용하려는 분위기 속에서 필요한 통제가 영향력을 발휘하는 것이다.

기본적으로 이전에 있었던 일시적인 합의가 보다 강화되거나 변화하게 되어 성원들이 계약을 수용하게 된다. 이전 연구를 살펴보면 이러한 합의가 매우 중요하다는 여러 연구결과가 있다. 찰스 가빈은 "'계약'이 존재하는 것은 사회복지사의 활동과 집단의 발달에 매우 중요한 상관관계가 있다."고 하였다.[24] 레너드 브라운은 상호기대의 문제에 대해 사회복지사가 조기에 관심을 갖게 됨으로써, 사회복지사를 시험하는 시간이 줄어드는 한편 집단이 과업을 위해 보다 빨리 진행될 수 있다고 주장하였다.[25] 그리고 어빙 얄롬과 그의 동료들은 집단의 초기모임에서 집단 과업과 과정 그리고 역할기대가 불분명함으로써 발생하는 불안은 사실 효과적인 치료를 방해하는 요인이라고 지적하였다.[26]

4. 실천지침

성원들 간 그리고 성원들과 사회복지사 간의 관계와 갈등을 탐색하는 것이 집단 발달단계 가운데 이 단계에서 할 일이다. 집단성원들은 집단에서 수용되기를 원하고 자신과 타인을 비교하며 지위와 역할 및 권한을 위해 경쟁한다. 성원들은 또한 사회복지사가 자신들을 돌보는지 여부와 사회복지사가 권한을 사용하는 방법 그리고 자기결정권을 시험해 본다. 성원들은 다른 성원들과 함께 연합하여 짝을 이루거나 하위집단을 형성한다. 나아가 집단의 목적, 과정, 문화에 대해 명확하기를 원한다.

사회복지사는 집단이 성원들에게 갖는 의미를 탐색하고 권한과 불확실성에 대처할 수 있도록 돕기 위해 다음과 같은 것들을 할 수 있다.

① 사회복지사 자신의 권한 사용과 자신 및 성원들을 대상으로 한 적대감과 차이점에 대한 반응을 지속적으로 점검한다.

② 적극적 경청과 비언어적 행동의 관찰을 근거로 각 성원의 집단참여를 사정하고, 집단의 구조와 과정 및 내용, 집단 내부에서의 스트레스, 집단과 다른 체계의 관계 등에 대한 변화를 사정한다. 이러한 사정의 의도는 개별성원 및 집단의 장점과 문제점을 파악하고 성원들 간의 공통점을 발견하며, 집단이 일차적인 변화 매개체가 될 수 있도록 하기 위한 것이다.

③ 집단성원들 간에 지지적인 관계를 강화하되 정서적인 지지를 보여 주고, 공통관심사와 감정 및 염려를 파악하며, 집단성원들의 능력에 따라 집단의 자율성을 장려하고, 권한의 분배 및 활용과 관련된 갈등을 줄이기 위해 문제해결 과정을 활용한다.

④ 성원들이 자신들의 긍정적 · 부정적 감정을 탐색할 수 있도록 돕고, 분노와 적개심, 불안, 불평, 염려를 표현할 수 있도록 허락하며, 이를 이해하고 다룰 수 있도록 돕는다.

⑤ 불확실성과 권한, 상호원조를 촉진하는 의사소통 유형, 집단의 가치 및 규범에 관한 문화 등에 특별히 초점을 두면서 집단의 발달에 영향을 미친다.

⑥ 개별성원의 관심과 욕구가 집단의 목적 내에서 어떻게 충족될 수 있는지 입증하고, 정서적 지지를 제공하며, 집단이 새로운 성원의 가입을 준비할 수 있도록 돕고, 결석에 대해 추후 확인하는 방법 등을 통해 집단성원들의 멤버십을 향상시킨다.

⑦ 문제해결 과정, 지지 및 탐색, 정보제공과 조언, 명료화, 공감을 겸비한 직면 등과 같은 기술을 선택적으로 활용하여 갈등을 통제한다.

⑧ 집단성원의 참여를 바탕으로 명확하게 규정된 집단의 목적과 관련해서 집단 운영 및 내용을 관할하는 계약의 핵심적인 요소들을 점검하고 명확하게 한다.

이 단계에서 탐색과정의 주요 결과는 각 성원들 간의 집단에 대한 인식과 사회복지사의 집단에 대한 인식이 상당히 일치한다는 점이다. 집단의 성원들은 대체로 사회복지사가 개별성원 및 집단 전체에게 기여하는 활동을 확실하게 인식하게 된다. 사회복지사의 분석적인 기술은 집단성원들이 집단의 기능과 사회복지사의 역할에 대해 갖고 있는 인식을 정확하게 판단해 내는 데 활용된다. 집단에 대한 매력으로 간략하게 정의할 수 있는 집단의 응집력이 이 단계에서 발달하는데, 이는 집단성원들을 하나로 묶어 주고 그들을 집단에 유대시키는 힘을 의미한다.[27] 집단은 이제 어느 정도 상호지지 및 상호원조의 체계가 된다.[28] 응집력이 있는 집단에서는 역동적이면서 치료적인 힘이 자유로이 작용하여, 성원들이 심리사회적 기능에서의 욕구와 문제점을 해결하는 데 집단을 보다 집중적으로 활용할 수 있도록 한다.

14

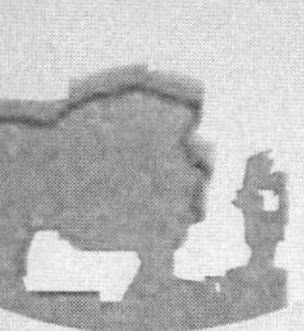

제14장 발단단계 III: 상호관계와 목표성취

집단의 세 번째 발단단계에서는 집단의 응집력이 발달하여 성원들이 상호원조의 과정에 참여하고 이러한 과정을 개인적, 대인관계적, 집단적, 환경적 문제를 해결하려는 작업의 도구로 활용한다. 제1장에서 기술한 것처럼 성원들이 필요한 지식과 기술을 습득하고, 사회관계에서의 문제점을 줄이고, 스트레스에 대처하며, 사회적 능력을 향상하고, 사회자원에 접근하고, 환경적인 장애물을 제거하는 데 있어 집단은 이상적인 사회적 환경이다.

이 단계에서는 성원들이 기본적으로 서로를 수용하고 돕는 집단이 출현한다. 성원들은 이제 자신들의 목표가 집단의 일반적인 목적과 관련이 있음을 알게 되어 자신들의 목표에 대해 상당히 명확하게 이해한다. 그리고 대부분의 성원들은 집단에서 수용 가능한 지위를 차지한다. 나아가 멤버십이 안정된다. 문제해결에 대한 동기도 대체로 강하지만 어느 정도의 양가감정과 저항감이 있게 마련인데, 이는 집단이 문제를 직면하고 해결하기 위해 깊게 관여하기 때문이다. 집단은 이제 집단을 안내하는 규범을 갖고 있으며, 역할은 유연하고 순기능적이며, 의사소통은 개방적이고 참여가 포괄적이다. 또한 성원들은 대인관계적, 집단적, 환경적 갈등을 서로 인식하고 해결한다. 나아가 성원들 간의 차이점들이 파악되고 이런 점들이 상호 협의한 개인 및 집단의 목표를 성취하기 위한 협력적인 과업을 위해 활용된다. 실제로 어떠한 집단도 집단 발달단계를 순차적으로 이동해 가지 않으며, 진도도 앞으로 나아갔다가 뒤로 물러서기를 불규칙적으로 반복한 후에 새로운 성취단계에 들어서게 된다. 대부분의 집단은 집단의 발달단계 가운데 확인 가능한 단계들 사이 어딘가의 전환과정에 있다.

집단발달 가운데 이 단계에서 사회복지사의 주요한 책임은 집단이 성장촉진의 방법이 될 수 있도록 집단을 보다 잘 유지하고 향상시키는 것이다. 집단성원들은 점진적으로 서로를 돕는 방법을 배운다. 사회복지사는 성원들이 스스로 할 수 있는 것을 보충하는 것이다.

1. 집단의 유지와 강화

1) 관계들

이 단계에서 관계의 주요 질적 측면은 신뢰와 수용 그리고 친밀성과 차별화의 모색이다.[1] 집단성원들이 사회복지사와 서로에 대해 갖는 양가감정은 확연히 줄어드는 반면 서로에 대해 공감하는 능력은 증가한다. 신뢰와 수용 같은 긍정적인 분위기 속에서 집단성원들은 현실적 · 비현실적, 긍정적 · 부정적 태도와 행동을 모두 보인다. 성원들의 인식이 왜곡될 수도 있다. 또한 의식수준 밑에는 다양한 유형의 전이가 있을 수 있다. 이에는 "당신은 꼭 나의 아버지 같군요." "그녀는 당신이 가장 좋아하는 사람이에요." "조니는 나에게 절대 그러지 않아요." "여기에 영원히 머물렀으면 좋겠어요." 등과 같은 언급이 있다.

집단성원들과 사회복지사의 관계는 대체로 긍정적이며, 사회복지사에게는 덜 의존하고 성원들 서로에 대한 의존이 많아지며, 권위에 대해서도 싸움이 적으며, 도움이 필요할 때는 현실적인 의존을 하게 되는 특징들이 있다. 성원들은 종종 사회복지사를 소유하고 싶어 하는 강한 긍정적인 감정을 갖게 된다. 사회복지사를 성원들끼리 공유하기 어려운 사람으로 여기거나 혹은 사회복지사를 강하게 동일시하려는 바람이나 비현실적으로 의존하고 싶은 감정을 가질 수도 있다. 예를 들어, 정신질환을 앓고 있으면서 병원에서 퇴원을 준비하고 있는 젊은 여성들을 대상으로 한 집단에서 사회복지사는 성원들을 데리고 물건을 사러 갔다. 점심을 먹으러 간 한 찻집에서 성원들은 사회복지사에게 필요 이상으로 의존적이어서 구체적인 안내와 도움을 요구하였다. 후에 사회복지사가 성원들이 인근에 있는 가게에서 작은 물품을 선정하고 구매하는 것을 돕고 있는데 한 성원이 "엄마, 우리가 무엇을 사야 할지 알려 주세요."라고 말했다.

집단 발달단계 가운데 이 단계에서는 성원들이 사회복지사를 동일시하는 경향이 있다. 성원들은 사회복지사와 같이 옷을 입거나 사회복지사의 외모나 습관의 일부를 모방하기도 한다. 또한 성원들은 사회복지사가 특정 상황을 어떻게 다룰 것인가에 대해 생각해 보겠다는 언급을 한다. 나아가 사회복지사를 즐겁게 해 주기 위해 뭔가를 했다는 것을 언급하기도 한다. 이러한 방법을 통해 성원들은 사회복지사의 일부를 자신들에게 통합한다. 이러한 동일시는 집단의 성원들 간에도 발생한다. 따라서 동일시를 통해 성원들 서로간의 관련성에 대한 인식이 향상되며, 나아가 성원들의 태도와 행동을 변화시키기도 한다. 사회복지사는 성원들이 사회복지사와의 긍정적인 동일시를 촉진하면서 자신의 정체감을 향상시킬 수 있도록 돕는다.

한편, 수용과 신뢰의 분위기 속에서 부정적인 감정이 생길 수도 있다. 사회복지사는 자신에 대한 감정이 특정 한두 성원에게 한정된 것인지 혹은 성원들 사이에 널리 퍼져 있는 것인지 분석할 필요가 있다. 후자의 경우라면 다시 어느 정도 널리 퍼져 있는 것인지를 파악할 필요가 있다. 사회복지사에 대한 어느 정도의 적대적 감정은 현실적인 상황에 따라 매우 자연스러운 반응일 수도 있으며, 그러한 상황에서 성원들은 사회복지사에게 분노를 느낄 권리도 있다. 예를 들어, 사회복지사가 약속한 것을 이행하지 않거나 모임에 불참할 것을 성원들에게 사전에 통보하지 않은 것 등이 해당된다. 또한 어떤 경우에는 사회복지사에 대한 적개심이 참여에 대한 방어기제일 수도 있으며, 다른 생활경험에서 나오는 감정이 사회복지사에게 전치되거나 투사될 수도 있다. 사회복지사를 대상으로 적개심이 표현될 수도 있는데, 이때 사회복지사는 부모나 다른 사람을 대표하기도 한다. 이러한 전이반응이 과거에 있었다 하여도, 성원이 그 경험에 건설적으로 대처하기 위해서는 비합리적인 전이반응이 현재에도 계속되어야 할 필요는 없다. 사회복지사에 대한 그러한 강한 감정은 교육집단이나 행동집단보다는 아동을 대상으로 한 치료집단이나 사회화 집단에서 보다 강하게 엿볼 수 있다. 이는 치료집단이나 사회화 집단이 자기이해와 감정을 보다 강조하기 때문이다.

친밀성의 발달은 이전의 집단 발달단계에서 시작되어, 이제는 성원들이 서로에 대해 보다 잘 알게 되고 갈등을 해결할 수 있으며 사회복지사와 성원들을 서로 신뢰할 수 있게 된다. 친밀성에서는 상호수용과 자기노출을 통한 공유가 핵심적인 요소다. 이 단계에서 성원들은 집단에서 자신에 대해 보다 많은 것을 공유하게 되지만, 친밀성을 모색하는 것에 대해서는 종종 양가감정을 갖기도 한다. 발레리안 델리가(Valerian Derlega)는 모든 것을 노출하는 것에는 현실적인 위험이 있다고 지적하였다.[2] 성원들은 자신들의 모든 것이 잘못되어 있다는 것을 발견하게 되어 서로를 저버릴 것이라는 두려움을 갖는다. 또한 성원들은 비밀보장이 깨어져서 자신이 노출한 비밀이 자신에게 역으로 활용될 것이라는 두려움을 갖게 되며, 자신의 파괴적인 충동에 대해 통제감을 잃을 것을 두려워한다. 나아가 자신의 개별성을 잃게 되고 다른 성원에 의해 혼돈스러워 하거나 지나치게 말려들 것을 두려워한다. 친밀성을 발달시키는 능력은 성인의 사회심리적 기능이 효과적이기 위해 필수적인 것이다. L. M. 호로위츠(L. M. Horowitz)는 친밀한 관계를 형성하지 못하는 것이 외래치료를 요청하는 가장 흔한 이유라고 보고하였다.[3] 친밀한 관계 없이는 사람들은 외롭고 소외되며 동떨어진 느낌을 갖는다. 집단방법은 필요로 하는 친밀성을 성취할 수 있도록 하는 잠재력을 갖고 있다.

2) 멤버십

이 단계에 이르면 성원들은 대체로 집단에 많은 것을 투자하게 된다. 성원들은 집단에 소속되는 것이 자신들에게 중요하며 집단에 누가 소속되었는지 알게 된다. 사회복지사는 집단이 성원들에게 유익할 때 성원들을 관리해야 할 책임이 있다. 이는 성원들의 결석에 대해 사후 점검을 실시하고 저항감이나 양가감정이 발생할 때 격려하는 형태로 지지를 제공해 줌으로써 가능하다. 집단에 새로운 성원이 들어오면 기존 성원들은 위협을 느끼는 경향이 있지만, 일반적으로 그들에게는 이러한 문제를 직면하고 해결할 능력이 있다. 새로운 성원은 집단의 안정된 상태와 규범 그리고 관계 유형을 흔들어 놓는다. 진행중인집단에 새로운 성원이 추가되면 이 성원이 집단에 수용되기까지는 성원들 간의 깊은 감정적 유대감을 약화시키고 방해한다.

멤버십에서의 변화는 순차적인 진행을 방해한다. 새로운 성원들은 집단에 적응할 필요가 있으며, 다른 성원들과 관계를 형성하고 목표와 기대에 대한 인식의 상호관계를 시험해 볼 필요가 있다. 새로운 성원들은 치료의 초기 단계에 있다. 기존 성원들도 자신들의 역할을 조정할 필요가 있으며, 새로운 성원의 욕구를 고려하여 집단에 기여할 수 있도록 조정할 필요가 있다. 새로운 성원은 기존 성원들을 수용하거나 집단의 규범과 과정을 수용하는 데 어려움을 겪을 수 있다. 기존 성원들 간에 친밀한 관계가 이루어졌으면 새로운 성원은 집단의 일부가 되는 데 많은 어려움을 겪을 수 있다. 새로운 상황에 진입하는 데 따른 일반적인 불안이 현존하는 관계 속에 침입하게 됨으로써 불안은 더욱 악화될 수 있다.

응집력이 강한 집단에 진입하는 새로운 성원들은 어려운 위치에 있다. 새로운 성원들은 새로운 집단 상황에 들어갈 때 생기는 전형적인 감정을 갖고 있다. 한편, 새로운 성원은 집단의 자체적인 목표 유형과 관계 및 의사소통, 규범이 이미 형성된 집단에서 성원의 역할을 할 수 있도록 사회화될 필요가 있다. 많은 경우 새로운 성원들은 집단에서 자신의 위치를 스스로 찾아야 할 책임을 진다. 그리고 기존 성원들은 자발적으로 그 책임을 새로운 성원들과 공유하려 하지 않는다. 새로운 성원을 적응시키는 데 있어 개인적으로나 집단적으로 겪는 어려움의 한 예를 다음 사례에서 찾아볼 수 있다. 이 집단은 젊은 성인으로 구성된 치료집단으로 이들 대부분은 지난 몇 개월간 함께 모임을 가져왔다. 처음 몇 모임을 제외하고는 새로운 성원이 추가된 적은 없었다. 이 집단은 서로 동료의식을 형성해 왔고 친밀한 관계에서 논의를 해 왔다.

어느 날 오후 집단이 막 시작할 무렵, 한 낯선 여자가 와서는 자신이 이 집단에 의뢰되었다고 하였다. 그 낯선 여자가 나타났을 때 사회복지사도 거의 동시에 집단에 들어왔다. 사회복지사는 집단이 이러한 일에 대해 준비할 수 있도록 하지 않았지만 새 성원인 제네비브를 환영하였고 그녀를 각 성원에게 소개하였다. 기존의 성원들은 그녀에게 예의 바르게 대했고 그녀가 집단의 논의에 참여할 수 있도록 노력하였다. 사회복지사의 제안에 따라 집단성원들은 이전에 시작하였던 논의를 다시 시작하였지만 그 내용은 피상적이었고 마음 깊은 염려사항은 거의 공유되지 않았다.

제네비브는 성원들의 문제에 대해 조언을 하려고 노력하였는데, 이는 초기단계에서 나타나는 전형적인 행동이었다. 모임이 끝난 후 제네비브는 떠났지만 다른 성원들은 머무적거렸다. 사회복지사가 성원들이 새로운 성원이 온 것에 대해 화가 난 것 같다고 하자, 각 성원은 이러한 일이 발생하도록 내버려 둔 사회복지사에게 화를 냈으며, 집단성원들이 의사결정 과정에 참여하지 않도록 한 점에 대해서도 화를 냈다. 잭은 슬픈 목소리로 성원들이 사회복지사와 다른 성원들을 신뢰하는 데는 오랜 시간이 걸렸다고 말했다. 샐리도 이에 동의하면서 자신이 사회복지사를 다시 공유해야 하는 것이 정말 어려울 것이라고 말했다. 사회복지사는 성원들이 이런 느낌을 가질 줄 몰랐다고 말하였고, 그녀는 단지 제네비브에게는 집단경험이 좋을 것이라 생각했다고 하였다. 사회복지사는 집단이 준비가 되어 있고 이러한 문제를 해결할 수 있을 것이라고 하였다. 성원들은 작별인사도 없이 떠났다. 제네비브와의 면담에서 사회복지사는 집단경험이 매우 혹독한 것이었음을 알게 되었다. 제네비브는 성원들이 불편함과 적개심이 많은 것을 느꼈고 집단에서 진행되는 일에 참여할 수가 없었다.

이러한 예는 새로운 성원이 추가되는 시점이 적절하지 못하고 새로운 성원과 집단 모두가 충분히 준비되지 않았을 때 아주 흔하게 발생한다. 이는 집단과 관련된 모든 사람들에게 유익하게 활용될 수는 있지만, 그렇게 되기 위해서는 성원들과 이를 통해 배우려고 하는 사람들의 준비 사이의 정서적인 상호작용에 매우 민감하게 반응할 수 있어야 한다.

집단에 대한 동화(assimilation) 정도는 역할을 배우고 타인들과의 관계에서 자신을 인식하고, 일반적으로 공유된 준거틀을 습득하는 정도에 따라 다르다. 집단은 이미 성원들의 일부가 되어버린 문화적 규범을 갖고 있기에 집단성원들이 쉽게 언어적으로 표현할 수 없을 것이다.[4] 새로운 성원은 이러한 규범을 파악할 필요가 있으며, 집단에서 자신의 위치를 파악하기 위해 이를 시험해 볼 필요가 있다. 정서적인 어려움이 있는 사람의 경우 이러한 과정이 지체될 수도 있고 많이 주저하게 되며, 집단에서의 수용을 파악하기 위해 부단한 노력을 해야 한다.

새로운 성원이 집단에 진입하는 것을 준비하기 위해 사회복지사는 집단이 새로운 성원을 적응시킬 수 있도록 하면서 이전의 응집력을 유지할 수 있도록 도와야 한다. 멤버십의 변화에 대해 논의함으로써 일부 성원들은 집단에 진입할 때 자신들이 느꼈던 감정을 상기할 수도 있으며, 집단에서 자신의 위치를 파악하는 데 쉽거나 어려운 것이 무엇인지를 일반화할 수도 있다. 새로운 성원의 동화는 폐쇄집단보다는 성원들의 이탈률이 잦은 개방집단에서 보다 손쉽다. 하지만 개방집단에서의 발달과정은 보다 느릴 수 있다는 점을 기억해야 한다.

새로운 성원들을 추가하는 시기는 매우 중요하다. 이들은 바람직하면서도 새로운 자극을 집단에 가져올 수 있다. 경우에 따라서는 집단의 안정성을 심각하게 붕괴시킬 수도 있다. 새로운 성원을 받아들이는 가장 좋은 시기에 대해 명백한 규칙이 있는 것은 아니지만, 가장 좋은 시기는 집단이 갈등을 해결한 다음이거나 특정 과업 또는 과제를 완수한 후에 새로운 주제나 활동으로 전환할 준비가 되었을 때다. 또한 특정 성원이 중도탈락하였을 때 새로운 성원을 받아들이는 것이 필요할 수도 있는데, 이는 집단에 충분한 수의 성원을 유지하기 위한 것이다. 멤버십의 변화는 집단에 새로운 투입을 가져올 수 있는 기회를 제공하며, 새로운 성원을 적응시키는 문제를 해결할 수 있는 기회도 제공한다. 나아가 집단을 떠나는 성원들과의 정서적인 유대를 끊으며 역할 및 친구관계를 재정비할 수 있다. 새로운 성원들이 집단에 진입할 수 있도록 준비시키는 것과 집단이 새로운 성원들을 받아들일 수 있도록 준비시키는 것은 사회복지사의 책임이다. 사회복지사는 집단의 성원들에게 새로운 사람이 집단에 의뢰되었음을 공지하고 이에 대한 성원들의 반응을 파악하며, 새로운 성원에 대한 성원들의 질문에 대해 적절하게 답해 주어야 한다. 또한 성원들에게 집단의 첫 모임에 왔을 때의 감정을 기억할 수 있도록 돕고, 새로운 성원을 돕기 위해 성원들이 할 수 있는 일에 대해 생각해 볼 수 있도록 돕는다.

집단이 새로운 사람에 대해 준비가 되었을 때 성원들은 그 사람에게 많은 도움을 줄 수 있다. 다음은 새로운 성원이 집단에 성공적으로 진입한 사례로서, 정신병동의 젊은 성인으로 구성된 이 집단은 지난 3개월 동안 모임을 가져왔다.

> 나는 병동으로 가서 집단성원들을 모아 새로 온 베티를 성원들 각자에게 소개하였다. 나는 지난 2주 동안에 새로운 성원이 올 것을 대비해 이들 성원들을 준비시켰다. 내가 베티를 마사에게 소개하자 마사는 웃으면서 “아, 베티를 알아요. 내 식탁에서 나와 함께 식사를 했어요.” 라고 말했다. 우리가 병동을 떠날 때 마사는 베티와 서로 팔을 끼고 걸었다.
>
> 우리가 가게에 도착하자 마사는 이전 성원이었던 조앤을 세탁소에서 보았다고 나에게 말했다. 마사가 나에게 말하는 것을 제인이 가로채면서 그녀는 어젯밤에 춤추러 가지 않았다고 말했다. 마사가 왜 가지 않았냐고 묻자 제인은 “그냥 안 가기로 결정했어요.” 라고 말했다. 사라는 자신이 가지고 다니는 잡지의 다음 주제에 대해 얘기하고 싶다고

> 하였다. 그녀는 연재물을 읽고 있었으며 "어떻게 끝이 나는지 기다릴 수 없다."고 하였다. 사라는 베티에게 그녀가 즐겨 읽고 있는 그 이야기들을 읽어 본 적이 있는지 물었다. 그런 다음 그녀는 집단에 대해 질문을 하기 시작하였다. 사라와 마사가 매우 정확하게 답하는 것으로 보아 그들이 많이 진전했음을 알 수 있었다. 베티는 내 나이와 결혼 여부 그리고 다른 사적인 질문들을 하였다. 내가 답하기도 전에 사라가 "베티, 사람들이 말하고 싶지 않은 것들이 있으며, 우리도 J양에게 그러한 사적인 질문은 하지 않아요."라고 답하였다. 나는 베티가 나와 집단성원들에 대해 알고 싶어 하는 것은 너무나 당연하고 자연스러운 것이라고 말하였다. 조앤은 "그래요, 묻고 싶으면 물어 보세요."라고 하였다. 나는 그녀가 집단에 잘 적응할 수 있도록 우리가 도울 것이라고 덧붙였다. 베티는 "당신은 이미 도와주었어요. 마사와 사라도 …… 그리고 여러분 모두 다요."라고 하였다.

폐쇄집단 혹은 반폐쇄(semiclosed) 집단에서 성원들이 중도에 그만두는 것은 이 단계에서는 흔한 일이 아니다. 하지만 일부 성원들은 집단에서 서로 도움을 주고받는 것에 대한 요구가 강해짐에 따라 이를 수용할 수 없거나 집단이 다루는 주제를 참을 수 없을 수 있다. 이런 성원들은 불안해하고 저항감을 갖는다. 집단에서 다루는 내용이 성원들의 생활경험 영역에 보다 밀접하게 관련이 있으면 자신을 노출시킬 때의 감정이 재현된다. 따라서 성원이 '진정한 자신의 모습을 다른 성원들이 이해하고 수용할 수 있다는 자신감'을 갖는 것이 무엇보다 중요하다.[5] 자신 및 타인에 대해 개방적이고 수용할 수 있을 때까지 일부 성원들은 집단에서 철회하기를 원한다. 사회복지사는 이들 성원들이 집단에 머물러 있어 주기를 바란다는 점을 분명하게 말함으로써 이들이 집단에 머무를 수 있도록 지지할 필요가 있다. 다른 성원들도 양가감정을 갖고 있는 성원에게 집단에 머무르도록 확신시켜 줄 수 있다. 성원이 집단을 떠나는 것은 다양한 반응을 불러일으킨다. 이에는 상실감, 집단이 와해될 것이라는 두려움 혹은 그 사람이 집단에 있어 주기를 원하는지에 대한 양가감정 등이 죄책감과 함께 동반된다.

3) 긍정적인 동기와 저항

사회복지사와의 동일시 및 신뢰감 그리고 상호수용은 집단을 계속하려는 강한 동기를 제공한다. 이러한 분위기에서는 불안과 두려움이 줄어들며 희망이 증가한다. 성원들이 자신이나 자신의 상황에서 긍정적인 변화가 일어날 가능성이 없다고 생각하면 집단에 머무를 가능성은 적어진다. 성원들은 어느 정도 변화가 성취될 수 있다는 힘을 갖고 있다고 생각하고 그렇게 믿을 필요가 있다. 앞 장에서 논의하였듯이, 불편함이나 고통 혹은 현재 상황에 대한 불만족으로부터 안심할 수 있다는 희망이 있어야 한다. 그리고 그 사람이 현 상황 속에서 바라는 보다 나은 발전이나 변화에 대해서도 어느 정도 불편함이 있어야 한다. 즉, 사회복지사는 성원들이 어떤 방식으로든 변화를 시도하고자 할 때 불편함과 희망 간에 균형이 이루어질 수 있도록 해야 할 필요가 있다. 특정 기술과 상황을 숙달하는 것은 자아를 강화시키고 성공은 또 다른 성공 위에 형성된다. 절망-실패-더 큰 절망의 악순환이었던 것이 절망-성공-희망의 순환고리로 대치될 필요가 있다.[6)]

개인과 집단의 동기가 높은 분위기 속에서조차 무관심이나 낙담이 있을 때가 있다. 어떤 성원들은 사회복지사나 다른 성원들이 목표성취에 방해가 되는 그 성원들의 어려움이나 장애물을 해결할 수 있도록 도우려 해도 이에 저항할 수 있다. 집단 발달단계 가운데 이 단계에서 저항감은 종종 원조과정 자체에 대한 불안으로 인해 발생한다. 성원들은 어떤 비밀이나 격한 경험을 노출하는 것에 대해 두려워하거나, 이러한 것들을 의식수준에서 노출하면서 억압된 감정이나 생각들을 인식하는 것을 두려워할 수도 있다. 자신들이 수용하기 어려운 것들을 직면하는 것 자체가 안정된 상태를 뒤집는다. 불안이 참을 수준을 넘어설 때 사람들은 자신을 방어하게 된다. 즉, 저항하는 것이다. 저항감은 종종 친숙한 것을 유지하려 하거나 친밀성에 대한 두려움과 생각, 감정 혹은 행동을 대안적으로 시도해 보는 것에 대한 두려움을 나타낸다. 나단 에커만(Nathan Ackerman)은 "이는 자신의 가장 취약한 부분에 담장을 두르려는 필요성을 반영하는 것으로, 이전의 정신적 상처를 다시 개봉하려는 위험으로부터 자신을 방어하려는 시도다."라고 하였다.[7)] 하지만 저항감이 성원들의 감정이나 욕구 때문에만 발생하는 것은 아니다. 때로 저항감은 집단과정에서 사회복지사가 모임에 늦거나, 감정이입이 없이 처벌적인 방법으로 성원들을 직면하거나 혹은 사회복지사의 해석이 너무 많거나 지나치게 위협적일 때 이에 대한 합리적인 반응으로 나타날 수 있다. 일부 성원들의 저항감은 다른 성원들과의 상호과정에서 발생할 수 있다. 즉, 자신들이 공격을 받았거나 비하되었을 때 혹은 성원 대 성원의 직면과 해석이 부적절하였을 때 발생할 수 있다.

다음의 사례는 성인정신과 진료소에서 사회적인 관계에 문제를 가지고 있는 남녀 성인의 집단 사례기록에서 발췌한 것이다.

10회 모임의 중간쯤에 주제가 종교로 바뀌었다. 성원들 누구도 이 문제에 대해 개인적으로 심각하게 논의하지 않으려 했으며, 이 주제는 자신들의 두려움에 대한 얘기를 회피하는 하나의 장치인 듯했다. 나는 "지난 번 모임에서 우리가 우리 자신에 대해서 이야기하다가 우리와는 별로 상관없는 주제로 전환한 것을 기억하나요? 여러분이 오늘 그와 같은 것을 반복하고 있다고 생각하지 않나요?"라고 말했다. 불편할 정도의 침묵이 있었다. 나는 "지난 두 모임에서는 이 집단이 이전과 달랐어요." 다시 불편한 침묵이 있었다. 알렌이 침묵을 깨고, "누가 우리를 붙잡는 거야?"라고 말하자 모두 웃었다.

셜리는 자신의 문제를 아이들에게 전가시키기 때문에 집단에 왔다고 하였다. 나는 "네 그리고 당신과 다른 사람들은 최근에 그 문제를 해결하려고 하지 않았어요. 그 이유가 무엇일까요?" 다시 불편한 침묵이 있었다. "여러분은 여러분을 괴롭히고 있는 진짜 심각한 문제를 얘기하려고 하지 않아요."

리온은 "정말 그 문제를 건들기조차 힘들어요. 나는 그 문제에 대해 좀 혼돈스러워요."라고 말했고, 이어 알렌은 "내가 정말 느끼고 있는 것을 얘기하기보다는 종교를 이야기하는 것이 더 쉬워요. 그래서 은폐하려는 것이지요."라고 응수했다. 리온은 농담을 하나 던졌고 분위기가 변했다. 다른 성원들도 웃었고 리온은 또 다른 농담을 하였다.

"자, 지금 어떤 일이 일어나고 있는지 봅시다. 셜리는 자신의 진짜 문제를 공유하기 어렵다고 했고, 리온은 진짜 문제가 무엇인지 잘 모르겠다고 했지요. 알렌은 자신이 정말 느끼고 있는 것을 은폐할 필요가 있다고 말했죠. 그리고 수잔, 바바라, 칼은 한마디도 안 했어요. 여러분 가운데 몇 명이 이 문제에 대해 막 이야기하려고 했을 때 리온이 농담을 하여 초점을 흐려놓았지요. 여러분을 어렵게 만드는 감정과 관계의 문제를 깊게 파고드는 것이 무서울 수도 있어요."라고 나는 말했다. 셜리는 "그 말에 동의해요."라고 말했다. 수잔은 "나도 그래요. 내가 많은 말을 하면 난 어떻게 되지요? 하지만 한번 시도해 볼래요."라고 말했다. 보통 때는 조용히 있었던 성원들도 이 문제를 계속해서 논의하였다.

이 사례에서 사회복지사는 집단을 직면하였고, 성원들에게 집단과정을 명확하게 하였으며, 집단성원들이 수용할 수 있도록 해석을 하였다. 이 집단에서처럼 이 단계에서는 직면이 자주 활용되어 불안을 일으키기도 한다. 의사소통 과정에서 전달되어야 할 것은 비난이 아니라 문제해결 과정에서 앞으로 진도를 나가는 데 있어 뭔가 이들 성원을 방해하고 있다는 직접적인 언급이다. 방어기제를 없애려는 직면은 위험하다. 사회복지사는 성원들에게 지지를 보여 주면서 생각할 시간을 제공할 필요가 있으며, 성원들이 그러한 메시지의 의미를 이해할 수 있도록 해야 한다. 때로 직면 다음에 해석이 뒤따른다. 가장 유용한 해석은 사회복지사가 개입하였을 때는 도움이 되지 않지만 성원들이 제공하는 해석은 도움이 되는 경우다.

행동의 의미를 언급하는 것에 대해 성원들은 저항할 수도 있지만 이를 수용할 수도 있다. 성원들이 저항하는 이유는 그들이 인식할 준비가 되지 않았는데도 사회복지사가 진실을 표현하였기 때문이거나, 사회복지사가 그들의 상황을 잘못 이해하여 잘못 해석한 것일 수 있기 때문이다. 어떤 사람이건 깊은 감정을 직면하는 것은 쉽지 않으며, 성원들이 그러한 관점을 스스로 수용할 수 있을 만큼 자아존중감이 발달하기 전까지는 그 해석에 대해 자신을 방어하려는 것이 지극히 당연하다. 비밀은 저항감으로 이어진다. 성원들이 집단으로부터 비밀이 있을 때는 다른 성원들이 그 성원들을 도울 수 없다. 사회복지사가 집단에게 정보를 제공하지 않을 때 성원들은 도움의 원천을 박탈당한다. 팔러새나 발고팔(Pallassana Balgopal)과 R. F. 헐(R. F. Hull)은 치료집단에서 한 사람 혹은 그 이상의 성원들과 사회복지사 간의 비밀이 노출되지 않거나 논의되지 않을 때 발생하는 저항감에 대해 설명하였다.[8] 이러한 비밀은 장애물을 만들어 낸다.

저항감을 극복하기 위한 사회복지사들의 구체적인 개입은 저항감의 이유에 따라 다르다. 하지만 저항감을 극복하기 위해서는 그것을 인정하고 집단의 관심대상으로 가져올 수 있도록 성원들을 지지할 필요가 있다. 사회복지사는 특별한 일이 집단에서 일어나고 있음을 감지하였다고 집단에게 언급할 필요가 있다. 나아가 사회복지사는 노력을 계속하는 것에 방해가 되는 기대나 실망감 혹은 불안을 의식수준으로 이끌어 내야 한다. 이후의 개입은 한 성원 혹은 여러 성원들의 반응에 따라 다르다. 사회복지사는 성원들이 불안과 좌절 혹은 궁지를 만들어 내는 두려움 등을 환기시킬 수 있도록 돕고, 위협을 감소시킬 수 있는 현실적인 방법을 확신시켜 주고 문제를 일반화하도록 한다. 또한 사회복지사는 변화를 위한 노력의 결과가 불확실한 것은 자연스럽다는 점을 인정해 주거나 신뢰가 형성되기 전까지는 불신이 있을 수밖에 없음을 인정해 줄 수 있으며, 개인이나 집단이 그 문제 상황을 탐색해 볼 수 있도록 돕고, 때로는 무관심이나 문제의 부인 혹은 특정 주제의 회피와 같은 문제를 극복할 수 있도록 돕기 위해 정체된 상태를 뒤집을 수 있는 직면을 활용한다. 사회복지사는 성원들이 인식하지 못한 사실을 제공할 수도 있으며, 성원들의 두려움의 대상이 되는 문제를 다룰 수 있게끔 그 근거를 찾아보도록 격려할 수도 있다. 이때 사회복지사는 집단과정을 분명하게 언급할 수 있다. 사회복지사가 문제가 무엇이고 그것이 어떻게 발생하게 되었는지에 대해 확실한 해석을 할 수 있다고 느끼게 되면, 사회복지사는 이러한 점을 집단과 공유하면서 성원들이 그 해석에 반응할 수 있도록 할 필요가 있다.

2. 집단의 구조와 과정에 영향주기

1) 역할과 하위집단들

이전의 집단 발달단계에서는 성원들이 집단에서 역할을 부여받거나 이를 생각하게 되며, 사회복지사와 성원들의 주요한 과업은 역기능적인 역할을 파악하고 해결하는 것이었다. 특정 성원에 대한 어느 정도의 편견이 계속되어 성원의 욕구에 따라서는 집단을 유연하게 활용하는 것을 방해하기도 한다. 제10장에서 논의한 것처럼, 일부 사회복지사들은 집단성원들의 역할을 다루는 데 있어 많은 기술들을 활용한다.

하위집단은 대체로 전체집단에 수용되어 집단 전체에 기여할 수 있다. 하지만 이것이 하위집단이 개인과 집단의 복지안녕에 불리할 것이라는 점을 의미하지는 않는다. 사실 건전치 못한 2인관계가 집단의 초기단계에서 형성되거나 계속되는데, 이는 대인관계에서의 문제점을 의미하며, 이러한 관계의 수정이 집단성원들을 위해 중요한 목표가 될 수 있다. 성원들이 많은 개인적 · 집단적 문제를 해결하려고 시도함에 따라 일시적으로 부정적인 관계가 집단 내에서 형성될 수도 있다.

2) 규범들

집단발달의 두 번째 단계에서는 집단문화가 형성되고 규범이 만들어져 대체로 성원들이 이를 인식하고 이해하며 수용하게 된다. 사회복지사는 이러한 것에 영향을 주는 데 집중한다. 그 노력이 성공하면 성원들 간의 차이점들은 잠재적으로 유용한 것으로 인식되지만 한편으로는 불편함을 만들어 내기도 한다. 즉, 개별성원들의 차이점과 재능이 파악되고 활용되며 가치 있는 것으로 여겨진다. 팔러새나 발로팔과 토마스 바실(Thomas Vassil)은 "주된 원칙 가운데 하나는 차이점들이 상호의존적인 노력을 통하여 활용될 때 집단에서의 변화가능성은 매우 향상된다는 점이다. 그리고 개인적인 차이점들이 이러한 과정에서 없어지지 않으며, 오히려 성원들의 목표가 성취될 수 있도록 확대된다."고 주장하였다.[9] 이제는 성원들이 자신을 표현하고 문제를 해결하려는 노력에 명목이 서게 된다. 성원들은 또한 갈등이 목표성취를 위하여 건설적으로 활용될 수 있음을 인식한다.[10]

집단 발달단계 가운데 이 단계에서 사회복지사는 성원들이 집단의 규범에 맞게 그리고 그 규범 밑에 깔려 있는 가치를 염두에 두고 행동할 수 있도록 계속해서 돕는다. 사회복지사는 목표성취에 긍정적인 규범을 인정하고 지지해 주며, 집단에 영향을 미치는 부정적인 변화에 대해 공개적으로 질문하며, 현존하는 규범을 점검하고 대안을 모색해 볼 수 있도록 격려하며, 집단이 행동과 감정의 통제와 자유 간에 적절한 균형을 유지할 수 있도록 돕는다. 사회복지사는 종종 집단이 성원들에게 주는 영향력을 강화시키기 위해 집단에 충성하고 집단의 기준을 따르도록 지나치게 강조하는 유혹에 빠질 수도 있다. 심각하게 고려해야 할 것은 행동기준 양식이 유연성과 시험 그리고 개별화를 인정하고 지지하는 것이다. 에드가 쉐인(Edgar Schein)은 그렇지 않으면 "집단이 환경에 접근하는 데 있어 지나치게 안정적이어서 적응하고 창조하며 성장하는 능력을 잃게 될 것이다."라고 주장하였다.

집단의 규범에서 벗어나는 행동은 집단의 안정에 위협을 준다. 다른 성원들은 이러한 일탈자를 통제하려는 방법으로 반응한다. 집단의 기대에 일치하지 못하는 일탈자는 모든 관련된 사람들을 힘들게 한다. 이러한 예는 지역센터에 있는 한 노인집단의 활동에서 찾아볼 수 있다. 이 집단의 활동은 빵 굽는 것이었다. 이 집단은 세 사람이 짝을 지어 함께 일하는 특별한 구조를 만들었으며, 각자는 전체에서 일정 부분을 책임지도록 하였고 장비와 첨가물을 공유하는 규칙을 만들었다. 집단의 중간단계에 새로운 성원인 헬렌이 집단에 들어왔다. 불행하게도 그녀는 집단 시작 전의 준비가 부족하였으며, 집단 역시 그녀가 집단에 오는 것에 대해 준비되어 있지 않았다. 헬렌은 훌륭하게 빵을 굽는 사람이었으며 열심히 일하는 사람이었지만 다른 성원들과의 상호작용은 매우 불안정하였다. 다른 성원들은 그녀의 도움을 거부했는데, 일부는 그녀의 통제적인 행동과 다른 사람들에 대한 부정적인 태도에 기인하였으며 일부는 일을 하는 집단체계의 경직성 때문이었다. 헬렌은 집단의 다른 성원들에게 점점 더 화가 나게 되었고, 다른 성원들도 그녀에게 화가 나게 되었다. 다음의 발췌문에서 이를 찾아볼 수 있다.

> 헬렌이 도로시에게 "거기서 뭐하는 거야? 그것 모두 잘못되었어. 내가 보여 줄게." 라고 말하였다. 샐리는 "도로시가 하는 것이 맞아." 라고 말했다. 헬렌이 "아니야, 그것은 섞는 것이 아니야. 문제는 그녀가 도대체 내 말을 안 듣는다는 거야." 라고 말했다. 도로시는 "네 말을 듣고 있어. 하지만 이것은 내 일이야. 네가 나에게 말할 필요는 없어." 라고 말했다. 도로시가 설탕을 어느 정도 필요로 하는지 측량하기도 전에 헬렌이 설탕을 빼앗아버렸다. 도로시는 "당신은 다른 사람이 물건 사용을 끝내기도 전에 빼앗아 가. 그만해." 라고 말하였다. 샐리가 수에게 "자, 봐. 헬렌은 자기가 다 아는 것처럼 하잖아." 라고 말했다. 분노가 치밀어 오르고 있었다. 나는 "자, 잠깐만요. 여러분들 가운데 무슨 일이 있는지 궁금해요." 라고 말했다.

다른 성원들은 일탈자를 의지할 수 없다. 이 사례에서는 새로운 성원이 일탈자였다. 따라서 다른 성원들은 새로운 성원을 처벌하는 방식으로 반응하는 경향을 보여 그녀가 집단의 기대에 맞게 행동할 수 있도록 영향을 주려고 하였다. 이것은 집단이 집단활동을 계속하려는 능력에 있어 매우 중요하다. 하지만 일탈자도 나름대로 기대가 있어서 이를 고려할 필요가 있으며, 이를 통해 집단은 집단의 과업을 성취하는 더 나은 방법을 찾을 수 있을 것이다. 사회복지사의 과업은 모든 성원들이 갈등을 일으키는 데 기여하는 부분을 사정하여 서로간에 이해할 수 있도록 돕는 것이다. 이러한 상황에서 주로 활용되는 기법으로는 집단과정을 명확히 하는 것이다.

3) 의사소통과 갈등

집단의 목적에 적절한 의사소통 유형은 이미 이전 단계에서 형성되었다. 이제 이 단계에서는 감정이나 문제, 의견에 대한 의사소통이 보다 쉬워지고 성원들 간의 의사소통도 보편적이다. 하지만 갈등은 계속해서 존재하면서 변화를 위한 역동적인 힘으로 작용한다. 권력이나 수용과 관련된 많은 개인 및 집단 내적 갈등이 이전 단계에서 해결된다. 하지만 집단이 성원들 간의 차이점을 직면하고 이러한 심각한 차이점을 견디어 나갈 힘을 제공하려는 합의가 이루어지기까지는 대인관계 및 개인 내적 갈등의 주요한 부분이 해결되지 않는다. 집단의 사회적 분위기가 상호 수용과 지지로 나타날 때 성원들은 이전 단계보다 자신과 자신의 생각을 노출시키려는 위험을 보다 감수하게 된다. 이전 단계에서는 성원들이 자신이 수용되었는지에 대해 불확실하며 자기표현의 결과에 대해서도 불확실하다. 이 단계에서 성원들은 또한 차이점의 표현이 관계의 종식을 의미하지는 않는다는 것을 인식한다. 이에 대해 조지 짐멜(George Simmel)의 표현을 빌리자면 다음과 같다.

> 차이점을 표현하는 것이 결코 갈등이 발생할 때 양보하는 것과 같은 진정한 애정의 증후는 아니다. 오히려 이 행동은 궁극적으로 무조건적인 헌신이 결여된 태도로 특징지을 수 있다. (중략) 그러한 관계의 기본과 관련되어 느낀 불안전한 느낌은 모든 갈등을 회피하도록 만든다. 한편, 우리가 감정을 무효화할 수 없고 보류할 수 없다는 것을 알게 되면 그러한 평화는 어떠한 가치를 치르더라도 필요치 않은 것이다. 우리는 어떠한 위기도 관계의 기본에 침투할 수 없다는 것을 알고 있다.[11)]

갈등의 원인은 다양하다. 갈등의 원인은 종종 성원들의 개인 내적인 충동 및 욕구와 관련이 있을 수 있으며, 성원들의 통제나 애정 혹은 소속에 대한 상이한 욕구일 수도 있다. 이러한 욕구들은 다른 성원들의 욕구와 상호작용하게 된다. 개인의 정신 내적 갈등이 종종 집단에 전치되기도 한다. 성원들은 형제자매, 부모 및 타인들과의 갈등관계를 집단 내에서 해결한다. 나아가 성원들은 자신들의 일차적인 준거집단의 가치와 규범을 집단에 가져온다. 미국문화 내의 많은 하위문화와 독특한 차이점들이 사람들에게 영향을 주어, 그들의 목표를 형성하고 타인을 인식하는 방법에 영향을 주며 집단 과정 및 내용에 대한 태도에도 영향을 준다. 이러한 차이점들을 인식하게 됨에 따라 사람들은 종종 방어적이게 되면서 자신들의 관점을 표명한다. 또한 성원들은 특정 주제에 대해 각기 상이한 지식과 경험을 갖고 있다. 외부적인 상황과 그에 대한 상이한 인식이 종종 갈등의 또 다른 원인이 될 수 있다. 예를 들어, 민족적 · 정치적 차이점들에 대한 인식이 때로는 매우 격해질 수 있으며, 인구집단이 상이함에 따라 지역사회 조직의 서비스에 대한 인식이 다를 수 있다. 갈등의 원인은 이러한 여러 요인들 가운데 하나가 아니라 이들 요인들 간의 상호작용에 의해 발생한다. 일반적으로 집단은 이러한 갈등을 해결하고 관리할 수 있는 수단을 개발하는데 이 수단은 성원들의 능력에 적절한 것들이다. 대체적으로 갈등은 합의의 수단에 의해 해결되거나, 상이한 의견을 표현할 수 있는 권리를 인정하는 방법으로 해결되거나, 특정 성원들을 제거하기보다 통합함으로써, 아니면 일부 사람들을 다른 사람들에게 종속시킴으로써 해결된다. 이 주제에 대해서는 제9장에서 보다 자세하게 다루었다.

4) 응집력

이 단계에서 응집력은 상당히 존재하게 되어 성원들이 서로간에 그리고 집단에 매력을 느끼게 된다. 하지만 응집력의 정도는 상대적이다. 이것은 성원들의 공통된 관심사와 목표, 타인과의 협력적이고 친밀한 관계를 형성할 수 있는 능력에 달려 있다. 예를 들어, 심각한 정신질환을 앓고 있는 사람이 대인관계에서 상당한 능력을 가진 사람으로서 응집력 있는 집단에 들어갈 가능성은 매우 낮다. 그렇지만 집단은 성원들에게 의미있는 집단이 된다. 집단성원들이 그들의 관계와 집단의 정체성에 대해 안정감을 갖게 되면 성원들은 보다 효과적인 방법으로 다른 집단과 관계할 수 있다. 사회복지사는 집단의 구조와 과정 영역의 발달에 지속적으로 관심을 가져서 집단이 성원들의 목표성취에 중요한 수단이 될 수 있도록 관리할 필요가 있다.

집단 발달단계 가운데 이 단계에서는 집단이 성원들에게 가장 많은 영향력을 미치게 되는데 부분적으로는 집단이 성원들에게 흥미를 돋우기 때문이다. 따라서 응집력이 충분히 있게 되어 상호원조 과정이 효과적일 수 있으며, 일부 성원들은 다른 성원들에 비해 집단에 더 매력을 느낄 수 있다. 어빙 얄롬은 연구결과를 토대로 대인관계의 학습과정에서 고도의 응집력의 중요성을 강조하였다.[12] 그는 7개의 연구를 검토한 결과, 집단응집력이 참만남 집단(encounter group)과 치료집단 모두에서 긍정적인 결과의 중요한 결정요인이라는 점을 지적하였다. 응집력이 있는 집단은 상호 신뢰와 수용을 바탕으로 하고 있다. 동시에 이러한 집단은 갈등과 적개심의 발달 및 표현도 최대한으로 허용하고 있다. 표현되지 않은 적개심과 감추어진 갈등이 존재하면 개방적이고 솔직한 의사소통이 불가능하다. 집단성원들이 서로에게 의미 있는 사람이 되면, 그들의 관계는 파괴되지 않으며 성원들은 도움을 통해 갈등을 해결할 수 있다. 고도로 응집력이 있는 집단은 그렇지 않은 집단에 비해 출석률이 좋으며 성원구성에서 탈락률도 낮다.[13)]

3. 목표성취

이 단계에서 집단 내용의 두드러진 초점은 성원들의 욕구에 집중되어 있는데, 이는 이들 욕구가 다른 성원들의 욕구 및 집단의 일반적인 목적과 연관이 있기 때문이다. 도미니크 스타인버그가 말한 것처럼, 이 단계에서는 개인성원들의 문제에 대한 논의가 상당히 강조되며 다른 성원들이 각자의 생각을 제시한다.[14)] 성원들이 염려하는 일반적인 주제가 논의되면서 종종 구체적인 문제로 진행되어 논의되거나, 역으로 구체적인 염려사항에서 일반적인 주제로 옮겨가기도 한다. 이들 주제는 성원들의 특정 목표와 주어진 시점에서의 성원들의 강점 및 한계에 따라 다르다.

성공적인 결과가 도출되는 경우는 대체로 다음과 같다.

① 행동과 상황 그리고 문제에 대한 기본적인 지식이 습득된 경우
② 타인과의 관계에서 자신에 대한 정서적 · 인지적 이해, 즉 대인관계에 대한 이해가 향상된 경우
③ 생활 전환과 위기를 포함하여 스트레스에 대처하는 능력이 발달된 경우
④ 사회적 역할의 수행능력이 발달하고 부적응적인 관계와 대화방식을 변화시키는 능력이 발달된 경우
⑤ 사회적 자원을 활용하고 환경적 장애물을 제거한 경우

1) 지식습득

이 단계에서의 주요 주제 가운데 하나는 문제 상황에 대한 일반적인 이해와 그 상황이 개별성원 및 가족들의 기능에 주는 의미에 대한 이해를 향상시킬 수 있도록 교육하는 것이다. 성원들은 종종 특정 문제에 대한 정보를 즉각적으로 필요로 한다. 예를 들어, 여자 청소년들은 성과 관련된 정확한 지식을 필요로 하는데 이는 신체 및 생리와 임신의 관계, 생리와 임신의 원인, 피임방법, 조기에 부모가 됨으로써 발생하는 심리사회적인 결과 등에 대한 잘못된 생각을 교정하기 위한 것이다. 후천성 면역결핍증을 앓고 있는 환자들과 그 가족들이 이 병과 관련된 의료적 상황과 그것이 자신들의 삶에 주는 영향에 대해 적절하고 정확한 정보를 가지고 있으면 이 질병에 보다 효과적으로 대처할 수 있다. 간호사나 의사가 의료적 정보를 제공할 수 있다. 하지만 성원들에게 단순히 정보를 제공하는 것을 넘어서 그들의 강점을 인식하고 강조해 주며, 그들이 집단에서 제공되는 지지 이외에 추가적인 지지원을 파악할 수 있도록 돕는 것이 중요하다.

사회복지사가 제공해 주는 지식에 비해 성원들이 제공해 주는 지식이 종종 더 효과적일 수 있다. 앤드류 말레코프(Andrew Malekoff)는 한 성원이 제공한 정보의 힘이 얼마나 효과적인지를 보여 주는 훌륭한 사례를 제시하였다.[15] 아동상담센터의 남자 청소년집단에서 청소년들이 성병에 관한 정보를 교환하고 있었다. 이들은 '사실과 허구의 흥미로운 배합이 있었으며 보통 십대들이 나누는 일상적인 대화' 를 하고 있었다.

> 이들 청소년들은 돌아가면서 후천성 면역결핍증 바이러스(HIV)에 대한 검사방법에 관한 정보를 교환하고 있었다. 사회복지사는 이들에게 인근 지역의 검사소와 그 절차에 대해 알려 주려고 시도하였다. 하지만 이들 성원들은 사회복지사가 얘기하려는 것을 무시한 채 서로 얘기하려고 하였다. 즉, 사회복지사와 눈을 흘낏 마주치면서 사회복지사에게 동의하는 한 청소년을 제외하고는 모두 다 그 정보에 익숙해져 있는 듯했다. 집단이 자신에게 집중하지 않는 것을 인식한 사회복지사는 자신만이 집단성원들에게 도움을 제공해 주지 않아도 된다고 생각하였다. 그래서 그는 직감적으로 "여기 있는 사람들 가운데 성병검사를 받아 본 사람이 있니?"라고 물었다. 사회복지사와 눈을 마주친 프랭크가 손을 높이 들면서 이에 관한 정보를 공유하기를 초조하게 기다렸다. 그는 마치 결승선을 향해 경주하는 것처럼 재빨리 말하기 시작하였다.

사회복지사는 순간적으로 그를 중단시키고 그가 다른 성원들에게 도움을 줄 수 있도록 하면서 처음부터 다시 시작하라고 제안하였다. 사회복지사는 다음과 같이 그에게 지도하였다. "자, 네가 그 진료소에 들어가서는 어떤 일이 일어났는지 우리를 안내해 봐라. 시간을 충분히 갖고 말이야." 그는 지시를 잘 따랐고 처음부터 마지막까지 검사과정을 자세하게 설명하는 훌륭한 일을 해냈다. 그 과정에서 어떠한 방해도 없었다. 그는 사회복지사가 해내지 못한 일을 성공적으로 해냈다. 도움을 제공하는 데 있어 사회복지사가 중심적인 역할을 하면서 성공을 이끌어 낼 필요는 없다는 생각을 하게 되었다.

다른 많은 집단에서처럼 이 집단에서의 문제는 당혹스러운 주제에 대해 정확하고 적절한 정보가 결여되어 있다는 것이다. 다른 성원들에게 배우는 것, 다른 성원들에게 정보를 주는 것이 상호원조의 과정인데, 이것은 구체적인 지식을 얻는 것 이상으로 가치 있는 것이다. 지식이 제공된 다음에는 이것이 성원들에게 주는 의미를 탐색해 보아야 하며, 이 정보를 일상생활에서 어떻게 활용하는지 탐색해 보아야 한다. 이해한다는 것은 인지적인 것 이상을 의미한다. 즉, 정서와 행동이 함께 관여되어 있다. 진보적인 교육자인 존 듀이가 말한 것처럼, "불확실한 것들 가운데 영구적인 하나의 준거틀이 있다. 그것은 곧 교육과 개인의 경험 간의 유기적인 연결이다."[16)]

2) 대인관계의 이해

자신과 타인에 대한 이해는 스트레스와 문제에 대처하는 데 있어 도움이 된다. 자기 이해를 위한 노력은 사람이 가치와 감정, 행동 유형과 이전의 경험이 어떻게 현재의 문제에 기여하게 되었는가를 이해하면, 최상의 목표를 성취하기 위해 어떤 행동과 태도가 활용될 수 있는가를 구별할 수 있다는 이론적 가정에 근거한 것이다. 즉, 내·외적 현실을 정확하게 인식할수록 효과적인 사회기능을 하기 위한 기반은 더욱 강해진다. 주요한 타인에 대해 정확하게 인식하면 그러한 사람들에 대한 태도와 행동이 바뀌어질 수 있다. 집단에서 성원들 간의 상호작용은 변화의 일차적인 도구라는 점을 명심할 필요가 있다. 상호원조는 감정과 생각 그리고 행동의 변화에 영향을 미치는 강력한 수단인 것이다. 서로 상호작용을 함에 따라 성원들은 자신과 타인의 관계에서 자신을 인식하게 된다. 성원들은 자신들이 갖고 있는 가정들을 전문가를 대상으로 시험해 보기도 하지만 더욱 중요하게는 이를 동료들에게 시험해 본다. 성원들은 인지적 이해를 발달시킬 뿐 아니라 이를 자신의 감정과 통합시키며, 이것이 자신의 행동에 주는 영향에 대해서도 배운다. 성원들은 또한 특정 행동 유형에 대해 설명할 수도 있다. 성원들은 자신들의 감정과 태도 및 행동 유형을 이해하고, 이것이 타인들에게 미치는 영향과 그 행동의 원인을 이해하며, 경우에 따라서는 과거가 현재의 기능에 주는 영향도 이해한다.

사람들이 불안할 때는 친숙한 것에 집착하는 경향이 있으며 안정된 상태를 뒤집을 수 있는 위험은 회피한다. 변화도 위협적인 것이어서 때로는 부적응적인 대처전략의 활용을 초래한다. 따라서 집단 사회복지사에게 필요한 것은 지지적인 기법을 활용하고, 성원들이 특정 상황과 그 상황에서의 자신의 역할에 대해 반영적인 논의를 할 수 있도록 돕기 위해 그 상황에 대해서 적절히 탐색해 볼 수 있도록 하는 것이다. 자기이해를 습득하는 것은 그 사람이 고통스럽고 두려운 자신의 관점을 노출시키는 것인데, 성원들은 사회복지사와 다른 성원들이 이러한 관점을 수용하지 못할 것이라고 두려워한다. 하지만 어떤 성원들은 다른 성원들에게 경청하고 이를 조용히 지식과 함께 통합하는 것만으로도 많은 것을 얻을 수 있다. 하지만 이들은 자신들의 생각과 느낌에 대한 환류를 받는 이익을 얻지는 못한다. 사회복지사는 사적인 생각이 보호되어야 한다는 건전한 욕구와 강박적인 비밀 사이를 구별해 낼 필요가 있다. 반면, 어떤 성원들은 너무 조급하게 많은 것을 이야기한다. 다양한 방식의 행동을 실험하는 것은 알지 못하는 물 속으로 들어가는 것과 같은 것이다. 이러한 새로운 영역에 모험적으로 들어가는 것은 참여자들 사이에 쌓인 신뢰관계를 필요로 한다. 연구결과에 따르면 적절한 양의 자기노출은 다양한 집단에서 성공적인 결과를 내는 것과 정적으로 상관관계가 있다.[17)]

사회복지사가 가장 흔히 다루게 되는 자신에 대한 태도는 자아정체감과 자아존중감의 상관성과 밀접하게 관련이 있다. 자아정체감은 자신에 대한 지식과 수용을 필요로 한다. 자아정체감은 생애주기 과정에서 발달하게 됨에 따라 그 사람이 누구인지, 무엇을 할 수 있는지, 어떤 사람이 될 것인지를 규정하는 폭넓고 충분한 관점을 통합한다. 때로 집단성원들은 자신들의 질병이나 장애요건, 예를 들어 정신질환, 정신지체, 암, 후천성 면역결핍증, 비행, 심지어 '나쁜 엄마' 나 '나쁜 아이' 등과 같은 꼬리표로 인해 낙인 찍히는 경험을 한다. 자신의 사회문화적 배경에 대해 사람들이 갖는 느낌은 종종 긍정적인 자아존중감의 발달을 저해한다. 자아존중감은 실제로 자아정체감의 일부일 수 있으며 그와 밀접한 관계가 있다.

심지어 어떤 사건들은 건강한 사람의 자아존중감도 위협한다. 성적표, 공무원 시험, 업무평가, 발달에 대한 아동 간의 비교 등으로 인해 실패에 대한 두려움이나 타당성에 대한 염려가 생긴다. 이러한 사건들은 사람들이 자신의 수행 정도가 자신 및 타인의 기대 측면에서 어느 선상에 있는가를 파악하도록 만든다. 성적인 측면에서 잘 기능하고 있는지 여부는 종종 성정체감과 같은 하위적인 주제와 관련하여 청소년과 성인 집단에서 자주 등장하는 주제다. 나이든 어르신에게는 명예퇴직과 친척 및 친구의 죽음으로 인한 상실감이 그들의 정체감 및 자아존중감을 위협한다. 성원들이 어느 정도 성취감을 느끼게 됨에 따라 정체감에서의 갈등이 표면으로 분명하게 나타날 수 있다. 이러한 전형적인 한 예를 비행청소년이 겪는 갈등에서 찾아볼 수 있는데, 어떤 특정 목표를 성취하기 위해 이들은 조직폭력 집단 혹은 친구집단과의 동일시를 포기해야 할 필요가 있다. 성원들이 능력과 희망을 가지고 어떤 경험을 하는지, 아니면 좌절감과 함께 부적절한 느낌을 가지고 어떤 경험을 하는지는 사회복지사의 깊은 관심사다.

대인관계의 학습에 있어 비언어적인 행동을 관찰하고 이를 명료하게 하는 것은 사회복지사의 핵심적인 기술이다. 다음은 아동상담소에 있는 부모집단의 한 예로서, 이 모임은 부모-자녀 관계에 관한 테이프를 듣는 것으로 시작하였다.

테이프가 재생되는 동안 D씨는 매우 심각하게 듣는 듯했다. 손이나 눈, 몸자세 및 움직임, 다른 사람과의 속삭임이 없는 것 등이 모두 그의 심각한 점을 반영하였다. 그가 테이프를 듣기 이전에는 이런 적이 없었기 때문에 그것이 뭔가 그에게 심각하게 영향을 미치는 듯했다. 테이프 재생이 끝났을 때 그는 잠시 뒤로 물러나 앉아 있었으며, 아동들의 문제에 대한 논의가 곧 시작되었다. 하지만 그가 논의에 참여하려고 할 때마다 누군가 먼저 시작하였다. 그는 손가락으로 톡톡치면서 다리를 꼰 채 웅크리고 앉았는데 그것이 점차 불안해짐을 나타내었다. 그가 논의에 참여하였을 때 주제는 테이프의 것과는 어느 정도 거리가 있었다.

A씨 부부는 조카가 유소년 스카우트(cub scout)에서 겪는 어려움에 대해 이야기하는 중이었다. D씨는 그들이 원한다면 자신이 유년대장이기 때문에 그 소년을 도울 수 있다고 하였다. 클럽에서 아동들의 문제점에 대해 어느 정도 논의한 다음에, 나는 D씨에게 "내가 생각하기에 당신은 유소년 스카우트를 돕는 것을 참으로 즐기시는 것 같아

요. 그리고 그것이 부모-자녀 관계를 강화시키는 것 같습니다. …… 하지만 내 생각에 당신은 뭔가 다른 얘기를 하고 싶어 한다는 느낌이 들었지만 이 논의에 끼여들 수 없었어요. 아마도 테이프의 일부 내용이 당신에게는 많은 의미를 주었던 것 같은데요."라고 말하였다. 모든 성원들이 목에 힘을 주고 있을 때 D씨는 "네, 사실 그랬어요. 그 테이프에는 나와 관련된 것이 많았어요. 나는 그 테이프에서 나 자신을 볼 수 있었어요."라고 말하였다. 그러자 갑자기 모든 성원들이 그 테이프가 자신들의 아이들과 어떤 관계가 있는지에 대해 흥분해서 이야기하였지만, 그 내용이 어떻게 자신들과 직접적으로 연관되었는지를 간과하였다는 사실을 깨닫게 되었다. D씨가 강한 정서적인 경험을 공유하자 성원들은 D씨에게 매우 지지적이었다. 이를 통해 다른 성원들이 자신들의 가족과의 관계에서 발생하는 문제점들에 대해 다시 논의할 수 있도록 만들었다.

이 발췌문에 나타난 실천기술에는 언어적 · 비언어적 행동을 민감하게 관찰하는 것이 포함되어 있으면서, D씨의 보이스카우트에서의 긍정적인 능력을 지지하는 것, 관찰과 경청을 근거로 비위협적인 해석을 활용하는 것, 불안에 대해 공감적인 반응을 보여 주는 것, 성원들의 일차적인 욕구에 대한 논의 내용에 재집중할 수 있도록 하는 것 등과 같은 기술이 포함되어 있다. 집단과정에 대한 사회복지사의 도움과 함께 한 성원이 보여 준 감정의 논의 및 표현이 다른 성원들에게도 많은 부분을 공개적으로 논의할 수 있도록 하였다. 즉, 성원들은 한 성원의 이야기를 들으면서 그 이야기가 자신들에게 주는 의미를 파악하였다. 성원들은 자신들에게 "나도 저런 상황에 처해 본 적이 있는가?" 혹은 "나라면 어떻게 느꼈을까?"와 같은 질문을 하면서 이야기를 제공하는 사람의 경험과 비슷하거나 비슷하지 않은 경험에 대해 숙고한다. 이런 방식을 통해 성원들은 자신 및 타인에 대한 이해를 심화시킨다.

개인-집단-상황에 대해 적절히 탐색하는 것은 다양한 상황과 상호작용을 하는 자신에 대한 이해를 향상시키는 데 활용될 수 있는, 반영적인 논의를 할 수 있는 핵심기반이 된다. 성원들 간에 비슷하거나 상이한 느낌이 있었는지를 알기 위해 감정을 적절하게 표현하고 공유하는 것이 핵심적이다. 다음은 주디스 리와 다니엘 파크가 보고한 위탁가정의 청소년집단의 상담기록을 제시한 것이다.[18] 이들은 위탁아동으로 있는 것에 대한 감정을 탐색하는 것에 많은 시간을 보냈으며, 사회복지사로부터 많은 지지와 공감을 필요로 하였다. 즉, 이들은 "위탁가정에 있는 것은 쓰레기의 일부가 되는 것과 같다." 혹은 "넌 단지 누군가 버린 물건에 불과해."와 같은 느낌을 공유할 때 사회복지사의 지지와 공감이 필요하였다.

> 책을 읽고 있던 카린이 고개를 들면서 탁자 위에 그녀의 손을 평평하게 놓았다. 그리고 그녀는 "집단을 위해 생각해 낸 것이 있어. 너희는 미쳐버릴 것 같은 생각이 들면 무엇을 할 거니?"라고 물었다. 그러자 침묵이 흘렀고 성원들은 서로를 쳐다보았다. 나는 카린에게 그녀 자신에 대해 얘기하고 있는 것인지를 물었다. 그녀는 그렇다고 답했고 여자 청소년들은 얼어붙은 듯했다. 잠시 생각한 후에 그녀는 심각하게 "난 더 이상 아무것도 상관하고 싶지 않아요."라고 말했다. 케냐는 그녀에게 학교에 대해 물었고, 그녀는 자신의 이야기를 털어놓았다. 나는 성원들에게 카린이 느끼는 것과 같은 방식으로 느끼는 것이 꼭 미친 것만은 아니라고 말하였다.

이 상황뿐 아니라 다른 상황에서도 성원들은 감정과 경험을 이야기하고 이해하게 됨에 따라 감정과 관계 그리고 행동에서 원하는 변화의 다음 단계로 이동할 수 있다. 사회복지사는 카린과 같은 사람이 그런 감정으로 인해 정신질환을 앓게 되는 것이 아니라는 사실을 말해 줄 필요가 있으며 상황이 나아질 수 있다는 희망을 제공할 필요가 있다.

집단과정은 관계에서의 감정과 문제를 성원들이 인정할 수 있도록 돕는 데 매우 효과적이다. 정신과의 젊은 성인을 위한 단기집단에서는 대인관계, 특히 성원들의 가족들과의 관계를 향상시키는 것을 목적으로 하고 있었다. 24세 된 조셉은 장인장모에 대한 자신의 혼돈된 감정을 부인하는 경향이 있었다. 23세의 마조리는 어머니가 자신을 통제하려는 욕구에 대해 화를 표현해 왔다. 다음과 같은 상호작용이 5회 모임에서 있었다.

마조리:	내가 엄마와 동의하지 않으면 엄마가 쓰러질까봐 두려워요. 한두 번 내 자신을 표현했을 때 엄마는 매우 상처받은 듯이 행동했어요. 그래서 난 많은 죄책감을 느끼게 되었죠.
조셉:	저당 잡힌 느낌이 드나요?
마조리:	(조셉의 통찰력을 인정하면서) 내가 주말에 집에 가면 엄마는 나를 특별 손님처럼 대하죠. 하지만 우리가 어떤 문제를 상의할 때면 우리의 가치관이 너무나 차이가 나서 난 그저 말하는 것을 삼가야 해요. 정말 차이가 나요. (그녀는 몇 마디 더 언급하였고, 몇몇 성원들은 자신들이 부모님들과 겪는 문제에 대해 지적하였다.)

사회복지사:	조셉, 당신은 신중하게 경청하는 것 같네요.
조셉:	네. ……(침묵) 난 마지(마조리의 애칭)가 말한 것에 전적으로 동의해요.
마조리:	어떻게요?
조셉:	글쎄, 그것은 마치 나와 내 인척들과의 관계 같아요. 그들은 모든 종류의 물질을 나에게 주지만, 내가 그것들을 좋아하지 않게 되면…… 와! 난 정말 미쳐버릴 것 같아요. 난 갇혀 있는 느낌이 들어요.
사회복지사:	갇혀 있다고요? 마조리가 말한 것처럼 저당 잡힌 느낌 말인가요?
조셉:	정말 그래요.
마조리:	나와 같다고요! 그렇고 말고요.
조셉:	(상황을 계속 설명하였다. 그는 종종 함께 살고 있는 인척들에게 화가 났다. 잠깐 멈춘 다음 그는 다음과 같이 말했다.) 하지만 나 자신에게도 화가 나요.
케빈:	맞아요. 마지처럼 당신도 죄책감을 느끼는 것이 분명해요. 우리가 집에 저당 잡힌 것과 같은 느낌을 갖지 않기 위해 할 수 있는 것이 아무것도 없나요?

성원들은 서로에게 공감을 표현할 수 있게 되었고 상이한 가족 상황임에도 불구하고 밑에 깔려 있는 공통된 감정을 동일시할 수 있었다. 이는 감정을 표현하고 그 감정의 본질을 인식하며 다른 사람들을 비난하는 것에서 어떤 변화를 일으키기 원하는 초보단계로 이동하는 것이다.

감정의 공유는 종종 두려움, 죄책감, 좌절감 혹은 다른 강한 감정을 완화시킨다. 성원들은 종종 자신들의 감정을 표현할 수 없었던 상황들에 대해 자주 이야기하곤 한다. 이는 성원들이 감정을 상징화할 수 있는 단어를 알고 있지 못하거나, 다른 사람에게 해를 끼치는 것을 두려워하거나, 자신의 감정에 대해 죄책감을 느끼거나 혹은 자신의 감정을 표현했을 때 돌아올 수 있는 결과들을 두려워하는 것일 수도 있다. 일부 성원들이 감정을 표현하고 논의하는 것은 다른 성원들에게 유사한 혹은 상이한 반응들을 불러일으킨다. 다음의 예는 아동상담소의 부모집단에서 일어난 상황이다. 집단의 목적은 성원들이 정서적인 문제가 있는 아동들에게 보다 잘 대처할 수 있도록 돕는 것으로, 이 아동들은 아동상담소의 어린이집에 등록되어 있다. 두 사람을 제외한 대부분의 부모들이 정서적인 문제가 있는 것은 아니었으며, 두 사람 가운데 J부인은 경계성 성격장애의 진단을 받았다. J부인은 이 집단에 5개월째 참여하고 있었다. 그녀는 독자인 조나단이 태어난 바로 직후 이혼을 하였다. 조나단은 지금 다섯 살이다. 그녀는 가장이면서 약간의 수입이 있고 혼자 벌어 자신과 아들을 위해 생활하고 있다. 이 사례는 J부인이 애정과 지지를 위해 아이에게 매우 의존해 있는 것을 보여 주지만, 사실 그녀는 자신의 아이에 대한 의존을 이전에는 이 정도로 나타낸 적이 없었다.

한 모임에서 성원들은 정서적인 문제를 가진 아동의 부모가 된다는 것이 얼마나 화가 나는 일이며 역겨운 것인지에 대해 논의하고 있는 중이었다. S부인이 "때로 나는 토미를 어디엔가 줘버릴 수 있었으면 좋겠다는 느낌이 들어요. 왜냐하면 토미는 전혀 나아지는 것이 없거든요."라고 말했다. J부인이 큰 소리로 "오, 절대 안 돼요! 난 절대 조나단을 줘버릴 수 없어요. 왜냐면 그 애는 내 인생이에요…… 그 애는 내 인생이에요. 내가 조나단을 그렇게 해 버리면 난 신경증을 앓을 거예요."라고 말했다. 침묵이 흘렀다. 성원들의 눈이 나에게 꽂혔다. 나는 "내 생각에 그것은 매우 고통스러운 느낌이에요. J부인, 그 느낌에 대해 좀 더 말해 볼 수 있어요?"라고 말했다. 그녀는 "그 느낌은 혹독하고 무섭기도 해요."라고 대답했다. B부인은 고개를 끄덕이며 성원들 모두 그러한 무서운 느낌을 갖고 있다고 하였다. P씨는 "여러분은 고통을 받고 있어요. 하지만 여러분이 신경증을 앓게 되면 여러분은 어떤 느낌이 들지 궁금해요."라고 말했다. J부인의 눈에 눈물이 흘렀으며 그녀는 "난 알아요. 조나단이 나의 모든 것이에요."라고 말했다. 그녀의 목소리는 갈라지기 시작하였고 얼굴에는 경련이 일었다. 그녀는 계속해서 "그 애가 없는 나의 모습이 두려워요. 난 혼자이게 되잖아요."라고 말했다. 한 성원이 불편한 느낌이 있는지 주제를 바꾸었다. 나는 "여러분 가운데 어떤 분들은 J부인의 이야기를 듣는 것이 힘들 수도 있어요. 그렇지 않나요? 하지만 우리가 그 주제에 대해 좀 더 얘기해 볼 수 있을까요?"라고 말했다. J부인은 조용해졌고 눈물을 멈췄다. 그녀는 "미쳐버릴 것 같다는 생각을 할 때 너무나 외롭다고 느낀 사람이 여러분 가운데는 아무도 없나요?"라고 물었다. B부인이 "난 정말 그 기분을 알 것 같아요."라고 말했다. 그 말로 인해 성원들은 아이들과 자신들의 관계에 대한 느낌과 그 느낌을 이해하고 싶은 바람을 공유하려는 새로운 수준에 도달하게 되었다.

이 사례기록을 되돌아볼 때, 사회복지사는 집단이 S부인의 고통에 집중할 수 있도록 하는 것이 중요하다. 그녀의 감정은 J부인의 극적인 이야기에 대한 반응으로 인해 상실된 듯하다.

집단성원들은 종종 자신에 관한 정보를 노출시킬 때 도움을 필요로 한다. 성원들이 자신의 염려사항을 표현하기 어려울 때, 사회복지사나 다른 성원들이 특정 감정과 문제점들을 모두가 갖고 있다는 점을 언급하게 되면 그러한 억압은 없어지게 된다. 예를 들어, 위탁아동이 되는 것에 대해 불행하게 느끼는 것은 자연스러운 일이라는 것, 청소년들은 때로 부모에게 반항하고 싶어 한다는 것, 성관계에 대해 두려운 느낌이 드는 것 등이 이에 해당된다. 사람들이 종종 창피하게 생각하는 것이나 당혹스러워 하는 것 등은 성원들에게 많은 염려를 불러일으킨다. 예를 들어, 성 태도나 성경험, 인종 차이, 학교나 직장에서의 실패, 영구적인 장애나 심지어 죽음에 대한 두려움 등이 그러하다.

요즘과 같이 다민족 사회에서는 집단이 종종 인종차별과 같은 주제를 다루기도 하는데, 이때 집단은 성원들이 자신들의 감정을 표현할 수 있을 정도로 충분히 응집력이 있어야 한다. 그런 다음에야 성원들은 다른 사람들에 대한 태도를 직면하고 이해할 수 있다. 직면에는 지지가 뒤따른다. 다음은 사회복지사가 흑인 소녀들 집단에서 자신을 활용한 예를 보여 주는 것으로, 이들 소녀들은 고등학교에서 문제가 있었으며 저소득층 가정에서 자랐다. 논의의 주요 주제는 다른 사람들에 의해 차별받는 느낌과 다른 사람들에 대한 선입견이었다. 이들 소녀들의 감수성으로 인해 집단에서는 종종 감정폭발이 있었다.

처음에 사회복지사는 소녀들 자신 및 타인들의 인종에 대한 감정표현을 지지했고, 점차 어떤 점이 현실이고 어떤 점이 감정을 타인에게 전치하거나 투사하는 것인지 명료화하는 작업을 하였다. 흑인 교사가 소녀들에게 조용히 하라고 하면 한 성원이 "아, 난 그 사람이 싫어요. 그녀는 선입견이 있어요. 그녀는 자신의 인종조차도 존중하지 않아요."라고 말하였다. 다른 성원들이 그 교사와 인종차별을 한다고 생각하는 다른 백인 학생들에 대한 감정을 표현하기 시작하였다. 상당히 왜곡된 것이 분명하였는데, 불평 가운데 하나는 학생회 임원 가운데 흑인은 한 사람도 없다고 하였다.

사회복지사는 성원들의 감정을 이해했음을 알리고 문제 상황의 현실에 대해 성원들을 직면하였는데, 이때 학생회장이 흑인 남자란 점도 지적하였다. 그러자 소녀들은 그 말에 대해 숙고하기를 중지하였다. 한 성원은 마지못해 인정하면서 "그것은 사실이에요. 하지만 나는 백인 애들이 그냥 싫어요."라고 말했다. 여기서 사회복지사는 이 문제에 대해 모든 성원들이 똑같이 느끼는 것 같다고 지적하였다. 모두가 이에 동의하였다. 사회복지사는 "예외는 없니?"라고 물었다. 두 교사에 대해서는 좋다고 하였지만 증오심의 표현은 계속되었다. 많은 감정을 표현한 두 소녀에 대해 사회복지사는 "오늘 보니 너희들은 많은 한을 품은 것 같구나."라고 언급하였다. 그러자 "네, 그래요. 우리는 그럴 권리가 있어요."라고 반응하였다. 사회복지사는 때로 증오하는 것에는 이유가 있다고 말하였다. 성원들은 사실을 가지고 점점 서로를 직면하기 시작하였다. 한 소녀는 "결국, G부인(사회복지사)도 백인이잖아."라고 말했다. 가장 요란스러웠던 한 성원이 약간 혼돈된 듯, "오, 아니야."라고 말하면서 울기 시작하였다. 그런 다음 "난 당신이 좋아요."라고 말하였다. 그때부터 소녀들은 사람들을 개별화하기 시작하였으며, 사람과 상황에 대해 보다 현실적인 평가를 하였다.

비인종차별주의적인 임상가의 특징 가운데 하나가 성원들이 타인의 의도와 행동을 왜곡할 때 이를 직면할 수 있는 능력을 갖추고 있는 것임을 사회복지사들은 기억해야 할 필요가 있다.[19)]

성원들이 서로를 직면할 때 사회복지사는 직면하는 사람의 의도가 상처를 주기 위한 것인지 도움을 주기 위한 것인지 이해할 필요가 있으며, 직면이 이를 받아들여야 하는 성원들과 다른 성원들에게 주는 영향력을 이해해야 한다. 그리고 집단이 이를 활용할 필요성과 준비가 되어 있는지를 이해해야 한다. 다음의 예는 성원들 가운데 한 사람이 직면하는 것으로 결혼문제를 가진 부부집단에서 발생한 것이다.

한 부부가 결혼생활을 위협하는 상대방의 잘못에 대해 비생산적으로 질질 끄는 비난을 계속하고 있었다. 이들에 대한 관찰을 토대로 사회복지사는 이 부부가 결혼생활이 잘 될 수 있도록 노력하겠다고 말하기는 했지만, 실제로 그렇게 될 수 있도록 노력하지는 않았다고 말하였다. 남편인 벤은 아내인 앨리스와 대화를 재개하기를 원한다고 말했다. 그러면서 그는 화가 난 표정으로 "당신도 그렇게 할 것이라고 약속할 수 있어?"라고 말했다. 앨리스는 자리에서 벌떡 일어나 신경질적으로 자신이 벤으로부터 학대의 대상이 되면서 그의 우둔함을 견뎌낼 필요가 없으므로 집단에 있어야 할 필요가 없다고 소리쳤다. 그녀는 막 나가려고 했다. 다른 성원인 톰이 재빨리 그리고 엄격한 목소리로 "떠나지 말아요, 앨리스. 당신 두 사람에게 얘기할 것이 있어요."라고 달했다. 앨리스는 앉지는 않았지만 그녀의 팔을 의자 뒤에 기댄 채 방 안에 있었다. 톰은 그들이 서로 싸우는 것을 지금 중지해야 한다고 말했다. 두 사람 모두 한 발짝씩 물러난 듯 보였다. 톰은 그들이 마치 자기가 학교에서 돌보는 두 아이들과 같이 행동한다고 하였다. 그는 학교의 두 아이들 간의 싸움에 대해 말하였는데, 두 아이 모두 일어난 일에 대해 자신의 잘못을 인정하지 않았으며 서로를 비난하였다. 그는 벤과 앨리스가 두 아이와 똑같이 하고 있다고 하였다. 한 사람은 다른 사람을 비난하면서 아무도 상대방에게 무엇이 문제인지를 말하려고 하지 않는다는 것이었다. 그는 자신이 관찰한 관계에 대해 계속해서 설명하였다. 방 안은 쥐 죽은 듯이 조용했다. 벤은 "좋아요. 한번 시도해 볼게요."라고 말하면서 앨리스에게 화가 난 표정으로 "당신도 그럴 거지, 앨리스?"라고 물었다. 그러자 제인이 "맙소사. 벤, 당신은 톰이 말한 것을 한마디도 듣지 않았네요."라고 소리쳤다. 그러자 스티브가 "벤, 당신은 도대체 뭐가 잘못되었지요?"라고 말했다. 일레인이 "똑같잖아요."라고 말했다. 벤은 한 대 얻어맞은 듯이 조용히 있었다. 나는 벤이 집단으로부터 어떤 메시지를 받았는지 궁금했다. 그는 "분명히 이해했고 노력할 거예요."라고 말했다. 이번에는 그가 앨리스도 그렇게 해야 한다고 화난 표정으로 얘기하지 않았다.

집단모임이 끝날 무렵 나는 갈등을 자유롭게 표현하는 것이 모두에게, 특히 벤과 앨리스에게 어렵다고 언급하였다. 일레인은 "그 말을 다시 한 번 해 주세요. 우리는 그것을 통해 배워요."라고 말했다. 그녀는 의자에서 일어났고 다른 사람들도 따라했다. 벤이 앨리스에게 다가가 코트 입는 것을 도왔다. 그들이 방을 나가려 하자 톰이 앨리스에게 "벤과 당신이 커피 마시러 오지 않겠어요?"라고 물었으며, 그들은 그러겠다고 답하였다.

있는 그 자리에서 상황을 사정함으로써 사회복지사는 직면하는 사람의 노력을 지지할 수도 있지만 그렇지 않을 수도 있다. 또한 사회복지사는 성원들이 그 문제를 계속해서 다루도록 격려할 수도 있으며, 성원들과 함께 그들이 배운 것을 요약할 수도 있으며, 특정 상황에 일반화할 수도 있다. 결과적으로 성원들은 점차 서로에게 공감할 수 있게 되며 자신들의 직면적인 말의 의도나 본질에서 상처를 주기보다는 도움을 줄 수 있게 된다.

성원들의 욕구에 대한 이해와 성원들이 개인적, 대인관계적 문제를 다루려는 동기 및 능력에 따라 사회복지사는 성원들이 자신들에게 도움이 되거나 해가 되는 행동 유형을 명료화하는 데 초점을 둘 수 있도록 돕는다. 성원들이 특정 상황에서 나타나는 행동을 인식하는 것에서부터 상황의 다양한 측면, 즉 상황에 대한 느낌, 행동 유형, 상황이 발생하게 된 배경, 행동의 결과 등을 충분히 탐색해 보려고 노력하는 이러한 진전은 어떻게 보면 자연스러운 것이다. 어떤 경우에는 이러한 이해 자체로도 충분하며, 또 어떤 경우에는 상황이나 행동의 의미를 명료화하려는 추가적인 작업이 요구되기도 한다.

사회복지사의 주요 노력들은 성원들의 긍정적인 동기와 능력 위에 근거한 것이면서 이를 활용하도록 지지하는 것이며, 성원들이 다른 성원들의 말과 행동에 질문을 하거나 지지를 할 수 있도록 격려하는 것이다. 예를 들어, 남자 청소년집단에서 한 성원이 피트에게 학교에 대해 직접적으로 질문하였다. 17세인 피트는 학교를 그만두었다고 답하였다. 그러자 한 성원이 학교를 그만둔 것은 바보 같은 짓이라고 하였다. 이에 다른 성원들도 동의하였다. 그러나 한 성원이 "우리 모두 피트에게 달려들기보다는 어떤 일이 있었는지 알아보는 것이 좋겠다."고 말하였다. 여기서 의도적인 침묵을 활용하여 사회복지사는 집단 전체가 한 성원에 대해 이해하려는 작업을 지지하였고, 그런 다음 그 성원이 자신의 행동에 보다 현실적으로 직면하도록 도왔다.

집단을 보호하는 범위 내에서 사회복지사는 성원들이 서로의 사적인 태도나 행동 혹은 집단에 대한 이전의 말들 간의 차이점을 인식할 수 있도록 돕는다. 사회복지사는 집단에서 높은 지위를 차지하고 있는 성원에게 자신이 이전에 집단 앞에서 표현한 것과는 상이한 감정과 행동을 얘기해 보라고 권유해 볼 수 있다. 예를 들어, 나이가 든 한 청소년이 성관계에 탐닉한 것과 안전한 성관계에 대해 이전에 했던 말이 과장된 것이었음이 드러났다. 그는 사실 여자들과의 관계를 매우 불편해 하였다. 그가 이러한 사실을 인정하자 다른 성원들은 이에 대해 매우 놀라면서 자신들의 불안과 두려움을 공개적으로 표현하였다. 이 청소년이 성적 능력을 위장하려 했던 것으로 인해 그와 다른 성원들이 남성으로서의 보다 적절한 성정체감을 성취할 수 있는 길을 열어 주었다. 따라서 각 성원이 문제를 계속해서 부인하는 것을 그냥 두기보다는 성원들이 태도와 행동의 변화를 위한 노력을 지지하는 방향으로 나아갈 수 있는 것이다. 아서 블럼(Arthur Blum)은 가능하면 집단에서 높은 지위를 차지하는 성원을 선택하는 것이 바람직하다고 하였다. 만약에 낮은 지위에 있는 성원이 문제를 표출하게 되면 그는 집단의 희생양이 될 가능성이 높다. 이러한 성원은 또한 다른 성원들의 행동에 영향을 줄 가능성이 매우 낮다.[20]

자신에 대한 비합리적인 생각은 자신에 대한 지식이 결여된 것임을 보여 주는 것이다. 낮은 자아존중감이나 긍정적인 자아정체감의 결여로 인해 많은 클라이언트들이 자신을 평가절하하고 자신을 해치는 행동 유형에 관여한다. "난 사랑받지 못해요." "난 정말 못생겼어요." "네가 진짜 내 모습을 알게 되면 내가 얼마나 썩었는지 알게 될 거야." 등과 같은 메시지는 자신에 대한 비합리적인 생각을 전달하는 것이다. 타인에 대한 믿음은 자신에 대한 믿음을 확인시켜 주거나 이와 상반되는 의견을 보이는 사람들과의 관계 및 경험을 통해 발달한다. 즉, 자신의 인식은 다른 사람들의 반응과 상호작용을 하게 되어 있다.

정신질환을 앓고 있는 입원환자들을 위한 집단에서 M씨가 집으로 돌아갈 준비가 되자 직장을 구할 수 있는 가능성에 대해 논의하기 시작하였다. 가장 최근에 집단에 들어온 M씨는 직업을 가질 수 있을지에 대한 두려움을 언급하였으며, 집단에 많이 참여하지 못하는 D씨를 제외한 모든 성원들이 웃으면서 그들 모두 그러한 두려움을 갖고 있다고 말했다. 더 많은 논의를 한 후에 나는 직업을 가질 수 있을지 확신하지 못하는 것은 정말 걱정거리라고 말했다. M씨와 R씨 모두 내 말이 맞다고 하였으며 다른 성원들도 동의하는 듯 고개를 끄덕였다. 그러면서 R씨는 자신의 가장 커다란 고민은 그것이 아니라고 하였다. 그는 가장 큰 고민이 있기는 하지만 집단성원들이 알게 하고 싶지 않다고 하였다. 그러면서 그는 내가 혹시 알고 있는지를 물었다. 나는 그의 기록을 봐서 알고 있다고 하였다. 나는 집단에게 그들이 이 집단에서 표현하고 싶은 것은 자유롭게 표현할 수 있으며, 성원들 스스로 준비될 때까지 표현하지 않아도 된다고 확인시켜 주었다. M씨는 집단은 우리 성원들의 문제를 얘기하기 위해 있는 것이라고 말했다. 그러자 R씨는 성에 관해 매우 일반적으로 얘기하기 시작하였는데 그의 얘기를 따라가기가 매우 어려웠다. 다른 성원들도 조용하게 그의 이야기를 들었다. 난 그가 보다 구체적으로 말하면 다른 성원들이 그의 문제에 도움을 줄 수 있을 것이라고 말했다. R씨는 내가 그의 '커다란 문제' 를 집단성원들에게 설명해 줄 수 있는지를 물었다. 나는 그저 질문하듯이 "당신 대신에 내가 집단에 설명해 주길 원해요?" 라고 물었다. 그는 고개를 끄덕였다. M씨는 자신이 추측하건대 그 문제가 성과 관련이 있다고 말했다. R씨는 그것과 관련이 있다고 하면서 M씨에게 고맙다고 하였다.

M씨는 "뭐, 얘기해서 논의해 보지요. 집단이 그런 것을 위한 것이니까. 바로 그러한 문제에 대해 얘기하는 것이죠." 라고 말했다. R씨는 나를 쳐다보았고 나는 그에게 그런 얘기를 하는 것이 전혀 문제가 없다는 확신을 주었다. 그러자 그는 어떤 사람과 사랑에 빠진 것이 문제라고 하였다. M씨가 여성과의 사랑에 관한 것이냐고 묻자, R씨는 그렇지 않다고 답하였다. M씨가 "아, 그러면 동성연애에 관해 말하는 것이군요." 라고 말하자, R씨는 그렇다고 답하면서 다른 사람들이 이에 대해 알기 원치 않지만 사람들이 그를 보는 것만으로도 동성연애자(gay)라고 말할 수 있을 것이라고 했다. 다른 성원들이 그에게 그렇지 않다고 말했다. R씨는 이 문제에 대해 나와 상의할 수 있다고 생각하는

데, 그것은 내가 이러한 문제에 대해 훈련을 받았고 이해할 수 있기 때문이라고 말했다. M씨도 이 제안에 동의를 하였다. 나는 이에 동의하지 않는다고 말했다. 나는 그들이 이러한 문제를 집단에서 함께 해결해 보는 것이 낫다고 생각한다고 답하였다. 나는 다른 성원들이 이러한 주제에 대해 자신만의 느낌을 가질 수 있고 아마도 우리가 이러한 문제들에 대해 함께 일해 볼 수 있을 것이라고 하였다. M씨와 O씨는 자신들도 동성연애자라고 하였다. 우리는 그 문제에 대해 다음 모임에서 다시 얘기해 볼 수 있다고 하였다.

모임을 마칠 시간이 거의 다 되었을 때 R씨는 "나에게 이 집단에서 탈퇴하여 돌아오지 말라고 하셔도 돼요."라고 나에게 말하였다. 나는 그가 동성연애자가 되는 것이 나쁜 것이라고 생각하기 때문에 내가 그를 집단에서 내쫓는 문제에 대해 두려워하고 있다고 말하였다. 그는 "어떻게 알았지요?"라고 말하면서 그것이 그가 지금 느끼고 있는 감정이라고 하였다. 그러자 우선 M씨가, 뒤이어 각각의 성원이 그가 오늘 이 자리에서 공유한 것에 대해 그를 나쁘게 생각하지 않는다는 확신을 주는 말을 하였다. 나는 우리와 공유한 것에 대해 혹시 다른 느낌이 있으면 함께 얘기해 보기를 원하는지 물었다. 그는 커다란 짐을 마음에서 덜었지만 또 다른 문제가 있다고 말하면서 다른 사람들 또한 자신의 문제를 공유한 것을 알고 있다고 하였다. 나는 그의 두려움이 더욱 나빠져서 그가 집단에 돌아오지 못할 것으로 생각하지 않기를 바란다고 말했다. 그는 강하게 "아, 아니에요. 저는 돌아올 것입니다."라고 말했다. 나는 내일 아침 병동에 있을 것이므로 누구든지 나를 보길 원하면 그렇게 하라고 말했다. 모임이 끝난 후에 R씨는 나와 악수를 하면서 자신의 문제에 대해 집단에서 얘기할 수 있도록 도와준 것에 대해 고맙다고 하였다.

이 사례에서는 최근에 새로 온 성원으로 인해, 집단이 오랜 동안 준비는 되어 있었지만 회피해 왔던 주제인 동성애에 대한 논의를 시작하였다. 현실적으로 많은 사람들이 동성애에 대한 두려움을 갖고 있다. R씨는 자기노출에 대한 사람들의 반응을 조심스러워 하면서도 두려워하였다. 그는 집단이 그의 성향(性向)에 대해 알게 되면 그를 집단에서 내쫓을 것이라는 가정을 실험하였다. 하지만 집단이 상호수용의 과정과 공감할 수 있는 능력이 있었기 때문에 R씨는 자신의 깊은 염려를 집단과 공유할 수 있었으며 금기시되어 왔던 주제에 대해 공개적으로 논의할 수 있었다.

사회복지사는 관계를 통해 클라이언트의 자아존중감과 자아정체감에 관한 신념의 타당성을 실험해 볼 수 있는 상황을 제공해 줄 수 있다. 가능하다면 사회복지사는 성원 자신에 대한 인식의 왜곡을 교정할 수 있는 외적 현실을 활용할 수 있다. 한 예를 들면, 부부를 위한 집단에서 사회복지사가 한 아내에게 "존이 방금 당신을 매우 사랑한다고 말했어요. 그가 말한 것을 들으셨어요?"라고 말하자, 존은 "정말이에요. 난 당신을 사랑해요. 그리고 함께 행복하길 바래요."라고 말했다. 그러자 다른 성원이 "내 생각에도 그 말이 정말인 것 같아요."라고 말하였다. 다른 사람들 모두 고개를 끄덕였다. 이렇게 집단은 한 사람의 사회복지사와 한 사람의 클라이언트의 관계에서 보다 폭넓은 시험무대를 제공해 준다.

제11장에서 논의하였듯이 성원들의 감정과 염려에 대해 숙고해 볼 수 있는 자극을 줄 목적으로 활동을 활용하기도 한다. 많은 아동들은 장난감 전화기, 녹음기, 역할극, 꼭두각시 인형 등을 통해 많은 감정과 생각을 쏟아놓는데, 이러한 의사소통 방법은 사회복지사와 성원들 간의 대면적인 의사소통과는 동떨어진 것이다. 집단성원들이 치료에서 성과를 보이게 되면 비언어적인 행동은 점차 감소하면서 행동과 대화 간의 오고감이 더욱 빈번해지게 된다. 성인을 대상으로 한 집단에서는 영화, 녹음, 서적, 그림 등과 같은 것이 사건에 대한 논의를 자극하기 위해 활용되며, 그런 다음 그것이 어떻게 성원들의 경험과 연관되는지를 논의하는 방향으로 전환한다.

집단 발달단계 가운데 이 단계에서는 지지, 탐색, 안내, 교육 등이 중요한 기술이기는 하지만, 앞의 예들에서 살펴본 바와 같이 명료화와 해석 또한 성원들이 타인과의 관계를 이해할 수 있도록 돕는 데 매우 중요한 핵심기술이다. 설명과 해석은 성원들의 특별한 관점에 맞게 조정될 필요가 있으며, 성원들의 준비도와 일치하게 적시에 제공되어야 한다. 이것은 모든 집단에 적용될 수 있는 일반적인 원칙이다.

집단의 주요 목적이 무엇이든 간에 자신 및 타인 그리고 사회적 상황에 대한 이해를 향상시키는 작업이 요구된다. 집단의 목적과 성원의 목표에 따라 실천기술들이 차별적으로 적용될 수 있다. 특히, 인지학습이나 행동수정 혹은 사회행동에 초점을 두는 집단에 비해 상담 및 치료 집단에서는 대체로 해석에 더 많은 초점을 둔다.

3) 스트레스의 대처

어떤 집단의 일차적인 목적은 개인이나 가족이 삶의 위기에 효과적으로 대처할 수 있도록 도움으로써 참을 수 없는 스트레스를 줄여 주는 것이다. 제랄드 캐플란(Gerald

Caplan)에 따르면 위기란 "한시적인 기간 동안 개인의 심리사회적 기능이 혼란한 상태를 가리키며, 외적인 스트레스 요인(stressors)에 노출됨으로써 발생하는 것" 이다. 그는 "기본적인 명제는 비슷한 수준의 스트레스를 받는 상황에서 많은 수준의 사회지지를 받는 개인은 적은 수준의 사회지지를 받는 사람들에 비해 신체적 · 정신적 질환에 노출될 위험이 적다."고 주장하였다.[21] 집단은 고도의 지지적인 환경을 제공하며 성원들이 지역사회에서 다른 지지체계를 파악하고 활용할 수 있도록 돕는다.

해로운 사건으로 인해 위기가 발생하는데, 위기는 ① 이혼, 퇴직, 전학, 이직 등과 같이 새로운 역할이나 지위로 전환이 이루어질 때, ② 사랑하는 사람의 죽음이나 건강상실, 강간 혹은 신체적 공격 등과 같은 외상적인 경험으로 인해 발생하는 급박한 상황적인 고통을 경험할 때, ③ 폭동, 홍수, 태풍 등과 같은 천재지변과 지역사회 해체 등을 경험할 때 발생할 수 있다. 위험한 사건들은 삶의 목표나 안전 혹은 애정적인 욕구를 위협하는 것으로 인식될 수 있다. 위기 상황에 있게 되면 사람은 적시에 집중적으로 제공되는 도움에 특히 민감하게 반응할 수 있다. 스트레스가 격해지면 문제에 대한 새로운 대처방식을 찾으려는 동기가 향상된다. 위기개입의 주요한 목표 가운데 두 가지는 불안과 고통의 증상을 줄이는 것과 스트레스가 개인이나 가족 혹은 집단에 주는 영향에 적응적으로 대처할 수 있는 능력을 동원하는 것이다.[22]

예를 들어, 가족의 죽음으로 인해 고통받는 5세에서 7세 된 남녀 아동들로 구성된 집단이 있었다. 많은 연구들에서 가족성원의 죽음은 가족구성원에게 정서적인 혼돈을 일으킨다고 한다.[23] 심지어는 어린 아동들도 사회복지사 및 성원들과 관계가 형성된 집단에서의 경험이 불안을 감소시키며, 집단경험은 이들이 질병의 특징을 이해할 수 있도록 도우며, 새로운 시험기 동안에 지지를 제공해 준다고 한다.

아동들은 집놀이를 하고 있었다. 아동들 가운데 두 명이 엄마와 아빠가 되기를 자원하였고 제니에게 아동이 되라고 하였다. 제니는 "싫어. …… 난 놀 수 없어. 난 엄마가 없어. 엄마는 하늘나라에 갔어."라고 말했다. 놀이는 중단되었다. 캐시는 "엄마가 왜 죽었어?"라고 물었다. 눈가에 눈물이 있는 제니는 천천히 "암이야. 조그만 벌레가 그녀를 물었어."라고 말했다. "얼마나 슬펐을까."라고 사이먼이 말했다. 메간은 "오, 안 돼. 옳지 않아, 그렇지? 벌레가 너를 먹어치우지 않아." 나는 아동들이 사랑하는 사람을 잃었을 때의 감정을 느끼며 조용히 듣고 있었다. 나는 "암이란 말은 우리를 무섭게 만드는 단어야. 암을 앓고 있는 사람들 가운데 많은 사람들이 다시 건강해지지만 어떤 사람들은 죽기도 한단다."라고 천천히 말했다. 나는 아동들의 비언어적인 행동을 주시하면서 그들을 관찰하였으며, 다음에 무슨 말을 할지 결정하려고 하였다. 토미가 침묵을 깨고 그의 형이 백혈병으로 죽었다고 하였다(그는 백혈병이란 단어를 힘들게 말했다.). 그렇지만 그의 형은 벌레가 없었다고 하였다. 나는 "아니야, 아무도 무는 벌레를 갖고 있지 않아."라고 말하고 제니에게 가깝게 다가갔다. "하지만 우리 몸에는 세포라는 것이 있는데 때로 통제가 되지 않아 사람들을 아프게 만들지. 그것이 아마 벌레를 생각나게 만들지. 하지만 세포는 벌레가 아니야."라고 내가 말했다. 제니는 "아, 엄마는 어쩌면 벌레가 없었을 거야."라고 말했고, 토미는 "우리 형도 없었어."라고 말했다. 베티가 "누가 널 돌봐 주니?"라고 묻자, 제니는 "어, 우리 아빠가 날 돌봐 줘."라고 답했다. 알렌은 "자, 이제 집놀이를 하자."라고 말하면서 인형 집에서 엄마를 꺼내면서 제니에게 "이제 너도 놀 수 있지. 내가 네 아빠가 돼 줄게."라고 말했다.

위기개입 집단뿐 아니라 위기는 어떤 집단에서도 발생할 수 있다. 성원들이 집단 외부에서 겪는 위기들을 집단의 내용으로 가져올 수도 있다. 집단이 가지고 있는 지지와 자극의 잠재력을 통해 집단은 문제를 해결할 수 있도록 성원을 돕는 데 매우 효과적일 수 있다. 어떤 집단의 성원들은 반복적으로 위기를 경험하기도 한다. 예를 들어, 전기료와 수도료를 내지 않아 이것이 끊겼다든지, 학교에서 정학을 받았다든지, 체포되거나 대인 폭력 그리고 질병 등으로 인해 위기가 촉발될 수도 있다. 특히, 복잡한 상황적인 문제들을 갖고 있는 저소득층의 가정이나 성격장애를 가지고 있는 사람들에게는 이러한 문제들이 흔히 있다. 위기는 또한 집단 내부체계에서도 발생할 수 있다. 예를 들어, 심각한 정서문제가 있는 집단에서 사회복지사가 결근한 경우, 집단을 다른 사회복지사에게 이전시킨 경우, 성원의 죽음이나 집단에서의 급격한 변화가 있는 경우 등을 성원들은 위기로 인식할 수도 있다. 이러한 상황들은 이전의 이별과 관련된 억압된 감정들을 불러일으켜서 그 사건 자체가 문제의 현실을 넘어서 확대될 수 있다. 집단 발달단계 가운데 이 단계에서는 수용 분위기가 팽배해 있으며, 성원들 혹은 하위집단들 간의 갈등은 집단에게는 위기를 가져올 만큼 심각한 것일 수도 있다.

아동집단의 예에서처럼 집단을 통해 치료가 가능한 위기들은 성원들이 대부분 똑같이 경험하는 사건들일 수 있다. 공통된 운명의식이 성원들 상호간의 동일시와 지지 그리고 문제에 대해 효과적으로 대처할 수 있는 수단을 찾기 위해 상호 원조할 수 있도록 하는 강한 힘이 된다. 다음은 강간피해의 생존자들 집단에서 발췌한 기록이다.

중산층 가정 출신의 25세 된 사라는 6명으로 구성된 강간피해의 생존자집단에서 가장 심각한 사람이었다. 그녀의 증상은 가장 심각한 것이었는데, 그녀는 매우 두려워하고 신경질적이며 우울해 하였다. 그녀의 말에 따르면 사교적이었던 그녀는 현재 매우 외롭고 고독한 삶을 살아가고 있었다. 그녀는 시간제로 일하고 있었다. 그녀는 이혼한 부모에게 매우 화가 나 있었는데 그들은 그녀에게 관심을 갖고 있지 않으면서 그녀를 비난하고 정서적인 지지를 제공해 주지 않았다. 폭력적인 생각이 그녀를 밤낮으로 괴롭혔다. 그녀가 어느 날 저녁 사무실에 혼자 있을 때 두 남성이 사무실에 침입하여 그녀의 얼굴과 팔을 테이프로 묶었다. 그런 다음 그들은 사무실을 샅샅이 뒤진 후 그녀를 화장실로 끌고 가 각기 강간한 후에 그곳에 가두었다. 그녀는 간신히 빠져나와 경찰에 신고하였다. 경찰은 그녀에게 친절하게 대했지만 그 용의자들을 찾아내어 체포하지는 못했다.

현재까지 모든 성원들이 이전의 세 번 모임에 모두 참석하였다. 그들은 각자가 강간상황에 대해 기술하고 이에 대해 어느 정도 이해하였으며, 감정을 환기시키고 사건에 대한 가족과 친구들의 긍정적 · 부정적 반응들을 논의하였다. 집단의 내용은 이제 집단성원들이 자신들의 감정과 다른 사람들에게 어떻게 대처할 것인가에 집중되어 있었으며 가족과 친구들로부터 이해와 수용을 찾으려고 노력하였다. 사라는 자신이 가족으로부터 고립되었다는 사실을 이야기하였다. 그녀는 자신의 이야기를 반복해서 얘기했기에 다른 성원들이 참을 수 없을 정도에 이르렀다.

그녀의 극도의 외로움을 인식한 나는 "사라, 당신의 이야기를 들으면서 내 생각에는 다른 사람들에게서 많이 들어 보지 못한 것을 당신에게서 듣는 것 같습니다. 다른 성원들은 친구들이나 가족을 찾아 자신의 비밀을 이야기할 수 있는 듯해요. 하지만 당신은 도움을 청할 사람들이 매우 적은 것 같네요. 당신이 생각할 때 당신은 두려움과 어려움으로 인해 매우 고독하다고 느끼나요?" 라고 말했다.

사라는 잠시 침묵하더니 눈가에 눈물이 흐르기 시작하면서, 자신은 고독하고 집단 외에는 도움을 요청할 사람이 없다고 답하였다. 이 시점에 이르자 다른 성원들은 사라를 향해 자신들이 그녀에 대해 염려하고 있다는 점을 확신시켜 주었다. 그러자 엘렌은 그녀가 다른 사람에게 도움을 요청하는 것을 주저하는 이유에 대해 질문하였다. 로이스는 사라가 매우 독립적인 것 같다면서 그녀는 지금 도움이 필요한 때라고 말했다. 사라는 "난 사람들에게 도움을 요청할 수 없어요. 난 그럴 수 없어요. 난 또다시 어린애가 되고 싶지 않아요. 난 항상 강하게 버텨왔고 그것이 내가 원하는 바에요."라고 말했다. 캐시는 "하지만 사라, 당신이 다른 사람들에게 도움을 요청했다고 해서 그게 당신이 약하다는 것을 의미하지는 않아요."라고 말했다. 잠시 침묵이 있을 때 나는 "아마도 당신은 집단 외부에 있는 사람들에게 당신이 얼마나 힘들고 도움이 필요한지를 알게 하는 것이 창피하다고 생각하는 것 같군요."라고 말했다.

뒤이어 로이스가 자신이 친구들과 헤어질 때까지는 한 사람도 도움을 제공하려고, 아니 감히 도움을 제공하려고 하지 않았다고 하였다. 에스더는 그녀의 아버지가 죽은 후 얼마나 고통스러웠는지에 대해 말하면서, 강간이 그 고통스러운 기억들을 생각나게 했다고 말했다. 하지만 그녀는 어머니와 계부가 자신에게 상처를 줄 때 그들에게 도전하는 방법을 배웠고, 결과적으로 그들이 그녀를 보다 존중하게 되었다고 하였다. 앨리샤는 수녀였는데, 성직에서 새로운 친구들을 만나고 그녀의 강간에 대해 이야기하며 그들을 신뢰하기 시작했다고 하였다. 사라는 "내 말을 들어 보세요. 나의 가장 친한 친구와 난 나에게 일어난 일에 대해 오랜 동안 얘기했어요. 여러분도 알듯이 내가 비밀을 쉽게 털어놓는 사람이 아니라서 내가 그녀에게 내게 일어난 일에 대해 이야기하는 데는 오랜 시간이 걸렸지요. 앤은 후에 나에게 내가 그녀에게 비밀을 털어놓고 그녀가 나를 도울 수 있어서 행복했다고 말했어요. 내 자신의 본래 모습을 잃지 않고도 다른 사람에게 의존할 수 있기 때문에 난 이제 훨씬 강한 사람이에요."라고 말했다. 다른 성원들도 친구들에게 비밀을 얘기한 경험을 함께 공유하였다. 사라는 그녀가 그렇게 할 수 없었던 이유에 대해 설명했다. 그녀는 최근 친구에게 강간에 대해 말했는데, "내가 너무나 우울하다고 그 친구를 새벽 2시에 깨울 수는 없었어요."라고 말했다. 에스더는 "내 말을 듣지 않았군요. 나나 다른 성원들에게 언제든지 전화해도 되요."라고 말했다. 그녀는 숨을 죽이고 고개를 끄덕였다. 성원들은 서로 전화번호를 교환했다. 로이스가 "우리가 왜 이 생각을 하지 못했지? 우리가 서로 전화할 수 있잖아."라고 말했다. 난 그들이 그런 생각을 해낸 것에 대해 매우 기쁘다고 말하고, 사라에게 "당신이 여기에 좋은 지지자들을 갖고 있다는 사실을 이제는 알겠지요?"라고 물었다. 그녀는 "이젠 알아요."라고 답했다.

집단은 일시적인 지지체계다. 하지만 사람들이 위기 상황에 처하면 그들을 비난하지 않을 보다 큰 외부체계의 사람들을 필요로 한다. 외부체계의 사람들은 그들의 이야기를 들어 주며 끊어진 관계를 새로 형성할 기회를 제공할 사람들이다. 한 연구에 따르면, 면담에 응한 강간피해자의 2/3가 지지와 이해를 가장 필요로 하는 것으로 손꼽았다.[24] 강간피해자는 자신의 감정과 반응뿐 아니라 다른 사람들의 반응에 대해서도 다루어야 하는데, 다른 사람들은 종종 피해자를 비난하는 경향이 있다. 따라서 강간에 대처하려는 피해자의 노력은 다른 사람들의 반응에 의해 더욱 복잡해진다. 위기 상황에 처한 사람들과 일할 경우 시간제한적인 치료에서는 문제해결 과정을 충분히 활용할 수 있어야 한다. 성공적인 개입은 다음과 같은 것들을 필요로 한다.

① 스트레스 상황의 본질과 정도, 위험한 사건이 성원 및 다른 주요한 사람들에게 줄 수 있는 영향, 사건에 대한 정서적인 반응, 성원의 적응능력과 유용 가능한 지지자원에 대한 신속한 사정
② 그 사건으로 인해 생겨난 감정의 탐색과 분노, 좌절감, 죄책감, 양심의 가책 등과 같은 감정의 수용. 이러한 감정의 탐색은 성원들이 자신들의 감정을 극복할 수 있도록 도울 뿐 아니라 종종 피해자를 비난하는 다른 사람들의 반응도 극복할 수 있도록 돕는다.
③ 촉발사건에 대한 본질과 정도에 대한 교육 및 명료화
④ 위험사건과 관련된 문제점들에 대한 대안적인 대처수단을 고려하는 것. 그리고 성원의 욕구와 상황에 최적인 대안적인 대처수단들을 선택하는 것
⑤ 정서적인 지지를 보여 줄 수 있는 적절한 자원이나 지역사회의 의료 및 사회복지 자원을 파악하고 활용하는 것

집단에서는 사회복지사뿐 아니라 성원들도 지지를 제공해 주고 민감하게 경청하며, 문제해결을 위한 대안적인 수단을 제안하며, 다른 사람들이 새로운 대처방식과 변화방식으로 위험을 감수해 본 경험을 통해 희망을 가질 수 있도록 도울 수 있다. 이러한 수단을 통해 스트레스가 감소될 수 있으며 사회적 기능이 회복될 수 있다.

4) 역할수행의 능력

이 단계에서는 성원들이 사회적 역할을 수행하는 데 있어 적응적인 행동을 배울 수

있도록 돕는 여러 가지 기회가 생긴다. 적응은 과업과 상황을 숙달하는 역동적인 과정을 의미하며, 방어기제와 적응노력을 적절히 활용하는 것을 포함한다. 사회적 능력이란 개인적으로 만족스러우면서 주요 타인, 예를 들면 배우자, 부모, 고용주, 교사, 경찰 혹은 친구들의 합리적인 기대치를 충족하는 방식으로 역할을 수행하는 능력을 의미한다. 사회적 능력을 성취하도록 노력하는 것의 밑바탕에 깔려 있는 이론적인 가정은, 사람이 기대되는 사회적 역할을 효과적으로 수행할 수 있다는 자신감을 갖고 있을 때 자아가 강화되고 개인적인 힘이 성취될 수 있다는 점이다. 돈 휴치스(Don Huchs)와 테레사 코스테스(Theresa Costes)의 연구보고에 따르면, 권한부여(empowerment)는 자신에 대해 긍정적인 인식으로 전환되는 것과 타인과 건전하고 만족스러운 관계를 갖는 것, 타인과 지역사회의 조직들과 상호작용을 하기 위해 변화하는 것 등을 포함한다. 이들은 이러한 과정을 참여적 능력(participatory competence)이라고 하였다.[25] 능력이 있기 위해 사람들은 자신 및 타인에 대한 이해와 기술, 지식 및 재주의 연계망이 필요하다. 이러한 연계망은 사람이 환경과 효과적으로 상호작용할 수 있도록 돕는다.

제2장에서 기술한 것처럼 사회복지사가 생애주기의 단계에서 나타나는 일반적인 과업에 대해 알고 있으면, 성원들의 공통된 욕구와 염려를 파악할 수 있으며 개인차와 규범으로부터의 일탈을 사정할 수 있도록 해 준다. 성원들은 어렸을 때의 발달단계에서 해결하지 못한 문제들을 집단에 가져올 수 있다. 사회복지사가 성원들의 역할수행의 적절성을 사정할 때는 생활양식에서의 차이점들, 예를 들어 시간에 대한 지남력, 아동양육 방식, 성역할에 대한 선입견, 집단 가입의 유형, 교육적 · 직업적 열망 등을 함께 고려해야 한다. 대부분의 성원들이 집단의 성원으로서 자신들의 역할에 만족감을 얻었다는 사실은, 성원들이 어려움을 겪고 있는 다른 역할의 수행을 점검할 준비성을 향상시키거나 다른 역할들보다는 특정 역할에서 보다 성공할 수 있는 요인들을 점검해 볼 준비성을 향상시킨다.

집단 내용에서 상당부분을 차지하는 것은 역할 수행능력을 향상시키기 위해 필요한 기술개발이다. 의사소통 기술의 활용, 정보획득, 행동시연, 예산준비, 친구를 사귀는 방법의 연습, 해당 연령과 성에 기대되는 학습활동 등이 그러한 예에 해당한다. 집단이 진도를 보임에 따라 집단 외부에서 역할기대를 충족하는 데 성공하거나 진전이 있다는 보고가 보다 빈번해진다. 사회복지사의 초점은 특정 역할의 내용뿐 아니라 감정적이고 인지적인 양식을 개발하거나 자신 및 환경에 대한 통제력을 습득하는 것도 포함한다. 이해하는 것만으로는 충분하지 않다. 행동이 필요하며, 그것도 성공적인 행동이 필요하다.

효과적인 의사소통은 가장 중요한 사회기술의 하나다. 집단이 형성되기 위해서는 초기모임에서 어느 정도 만족스러운 의사소통 방식이 만들어져야 하며, 성원들 간의 의사소통이 이들 단계에 일반적인 과업들을 성취하기에 적합한 것이어야 한다. 성원들은 이제 집단을 자신들과 부모, 자녀, 형제자매, 고용주, 교사, 동료 등과 문제를 해결하는 데 수단으로 활용하는 경향이 있다.

15세의 마리아는 "학교에서 쫓겨났다."고 하였다. 사회복지사는 집단이 그런 것을 얘기하기에 좋은 장소라고 하였다. 마리아는 "아, 아니에요. 난 절대 그럴 수 없어요."라고 말했다. 그런 다음 마리아에 대한 공감과 학교에 대한 부정적인 감정이 상당히 표현되었다. 사회복지사와 집단의 수용을 느꼈을 때 그녀는 집단에게 자신의 상황에 대해 이야기하였다. 다른 성원이 마리아에게 정학이 최종 결정이냐고 묻자, 마리아는 어머니가 학교를 방문할 때만 그것이 복원될 수 있을 것이라는 생각을 말하였다. 그녀의 어머니는 그녀의 남동생이 비슷한 문제를 겪었을 때 학교방문을 거절하였다. 마리아는 학교에 대한 분노를 표현하였으며, 엄마의 비협조에 대해 좌절감을 표현했다. 다른 성원이 "그러면 할 수 있는 것이 아무것도 없네."라고 말했다. 사회복지사는 상황적으로 희망이 없다고는 생각하지 않으며, 마리아가 어머니에게 얘기할 수 있는 방법을 찾아내기 위해 상황을 연출해 보도록 제안하였다. 사회복지사는 성원들이 이러한 문제에 대해 도움을 줄 준비가 되어 있고 그럴 능력이 있다는 것을 알고 있으며, 성원들이 이러한 문제를 해결하려 할 때 자신들의 부모들과 효과적으로 대화하는 방법도 배울 수 있을 것이라고 하였다.

5) 의사결정

능력의 유형 가운데 하나는 성공적인 의사결정이다. 성원들은 종종 의사를 결정하고 평가하며 수행하는 데 어려움을 경험한다. 집단사회복지실천에서 사회복지사는 성원들이 문제해결 과정을 통해 의사결정을 할 수 있는 방법을 배울 수 있도록 돕는다. 의사결정은 한 성원의 문제해결에 초점을 두거나 집단구조와 상호작용에서의 문제에 초점을 두기도 한다.

시간이 지나 집단이 발달함에 따라 집단의 목적, 구조, 규범과 과정에 관한 의사결정이 성원들의 집단 외부에서의 생활에 관한 의사결정으로 확장된다. 사회복지사는 집단이 성원들의 생활 상황에 적용할 수 있는 의사결정을 할 수 있도록 돕는다. 하지만 성원이 집단생활에 대한 의사결정 방법을 배웠다고 해서 그것을 자동적으로 다른 상황에 전환시킬 수 있을 것이라고 바라는 것은 현실적이지 않다. 성원들은 사회적 기능의 다른 영역에 적용하는 방법을 인식할 필요가 있다. 따라서 개인들과 사회환경 간의 상호작용에서 발생하는 문제에 초점을 두는 것을 그대로 유지할 필요가 있다. 집단성원들은 집단에서 할 수 있는 것과 가정과 지역사회에서 할 수 있는 것의 연관성을 경험할 필요가 있다.

기획 및 의사결정 과정에 참여하는 것은 집단성원들이 사회적 능력을 획득하는 수단이 된다. 이것이 어떤 사람에게는 얼마나 어려운 일인지에 대해 충분히 강조되지 못하였다.

거주시설에서 심각한 정서문제를 가진 12세에서 14세의 남자아이들을 대상으로 집단서비스를 제공한 지 6개월이 지나는 동안, 성원들은 놀이공원으로 놀러갈 것을 요구해 왔다. 성원들이 이에 준비되었다고 판단한 사회복지사는 그들이 이 행사를 매우 상세하게 계획하도록 도왔다. 첫 번째 단계에서 고려해야 할 것 가운데 하나는 어떤 의사결정을 할 것인가의 문제였다. 즉, 어디로 어떻게 갈 것이며, 얼마의 비용이 필요하며, 무엇을 가지고 갈 것인가 등의 문제였다. 가장 나이가 많은 빌리가 놀이공원에 관한 정보를 얻기 위해 전화를 해야 한다고 집단이 결정했을 때 집단의 긴장감은 더 이상 참을 수 없는 수준에 이르렀다. 집단의 모든 성원들이 빌리에게 어떻게 전화하고 무엇을 물어야 할지 지도해 주려고 애썼다. 하지만 누구도 그 방법에 대해서 알지 못했다. 하지만 빌리가 필요로 하는 정보 가운데 일정 정보를 얻게 되자 성원들은 커다란 성취감을 얻게 되었다.

이 예에서처럼 복잡한 과업을 성공적으로 수행하는 것은 자아존중감과 능력의 향상을 가져온다. 앤드류 말레코프는 9~10세 된 남자 아동들이 지역사회 정신건강센터의 방 하나를 페인트칠 하는 과업에 대해 기술하였다.[26] 이들 남자 아동들은 낮은 자아존중감, 열악한 판단력 및 조숙한 행동으로 인해 학교로부터 의뢰되었다.

방에 페인트칠이 필요함을 알게 되었을 때 사회복지사는 성원들이 이 작업을 할 수 있을지를 결정하였다. 그는 "이 과업을 수행해 보자는 만장일치의 의사결정이 있었다. 결과적으로 논의는 서서히 집단의 능력과 자율성을 지지하는 활동으로 전환되었다."고 말하였다. 이 작업을 하기 위해서는 여러 절차가 요구되었다. 즉, 계획, 의사결정, 물건가격 산출 및 구입, 기술개발 및 시간투자, 일정계획 등이 있다. '이 과업 자체는 대략 6시간 정도 계속되었는데 매우 신중하게 완성되었다. 과업이 진행되는 동안 함께 참여했던 사회복지사는 진행되고 있는 일을 '검사' 하기 위해 최소한으로 관여했으며 남자아동들의 노력과 기술을 칭찬해 주었다.'

이 과업은 '소속감을 향상시키고 자아의 장점을 강화시키며, 어린 청소년들의 자아존중감을 향상시키기 위해 논의와 활동이 통합된 것임을 입증해 보이고 있다. 각 성원이 새로운 상황에 숙달하게 됨에 따라 집단의 능력도 성장하며, 성원들 서로에 대한 자신감과 아동들이 성취한 것에 대한 부모들의 자신감도 향상되었다.' 말레코프는 능력을 개발하기 위한 또 다른 과업의 예를 제시하였다.

의사결정을 하는 것 자체가 반드시 도움이 되어야 할 필요는 없다. 중요한 것은 대안적인 해결책을 고려하고 각 대안이 갖는 결과를 철저히 점검하는 것이다. 대안적인 행동을 점검하고 그 검토사항을 근거로 행동하는 것은 사회적 능력을 향상시키는 경향이 있다.

보호관찰을 받고 있는 비행청소년집단에서 존은 아버지가 화가 났으며 자신에게 할 만큼 했다고 생각한다고 감정을 폭발시켰다. 톰이 그 문제에 대해 질문하였다. 존은 자신이 차를 운전하지 못하도록 금지당했지만 친구들이 끈질기게 요구하자 마지못해 이에 동조하였다. 그날 밤 그는 속도위반으로 체포되었다. 그런 다음 그는 아버지에 대해 알 수 없는 말로 계속하였다. 브라이언이 "하지만 넌 이중 삼중으로 문제가 있다. 경찰 그리고 너의 아버지."라고 말했다. 톰은 "너 정말 사고쳤네."라고 말했다. 사회복지사는 존이 두 양극, 즉 아버지와 친구들 사이에 사로잡혀 있는 것 같다고 하였다. 사회복지사는 존이 아버지의 차를 훔치기로 결정한 상황으로 되돌아가서 그 문제를 해결할 수 있는 다른 방법에 대해 생각해 보도록 하였다.

이후에 이어진 논의에서 사회복지사는 이들 청소년들이 갈등관계에 있는 욕구와 압력을 이해할 수 있도록 돕고, 상황을 심사숙고해 보며, 어떤 해결책이 만족감을 가져다 줄 수 있고 실현성이 있을지를 근거로 의사결정을 하도록 도왔다. 그런 다음 집단의 내용은 존이 지금 할 수 있는 것에 맞춰졌다. 한 성원에 초점을 둔 이러한 의사결정 과정은 다른 사람들에게도 매우 가치 있는 경험을 제공한다. 이것은 성원들이 특정 상황과 관련된 자신들에 대한 이해를 향상시킨다. 성원들이 서로에게 도움이 되는 방법을 배움에 따라 사람들은 문제 상황을 직면하고 의사결정을 할 수 있는 자신의 능력에 대해 더욱 자신감을 갖게 된다.

의사결정한 것을 수행하게 되면 이를 검토하고 평가하며 경험에 근거하여 때로는 수정할 필요가 있다. 따라서 문제파악, 의사결정, 개인 혹은 전체 단위로서의 집단의 행동이 연이어지는 반복적인 순환고리가 있게 된다. 이러한 문제해결 활동은 성원들이 자신의 동기와 상황의 요구사항을 이해한 것을 근거로 의사결정을 할 수 있는 능력을 향상시킬 수 있다.

의사결정 능력의 향상을 위해서는 논의와 더불어 다양한 활동중심의 경험들을 활용할 수 있다. 문제해결 과정의 일부로 성원들은 시연(rehearsal)을 통해 의사결정한 것을 시행해 볼 수 있다. 시연은 연령과 상관없이 특정 성원들을 대상으로 이들의 상황을 명료화하고 어려운 상황을 직면할 수 있는 방법을 계획하는 데 매우 유용하다. 학생이 교사에게 도움이 필요하다고 말하는 방법, 직장을 구하는 방법, 부모 혹은 배우자와 효과적으로 대화하는 방법, 보호관찰관 혹은 고용주와 이야기하는 방법, 싸우자고 도전을 받을 때 행동하는 방법 등은 집단에서 흔히 논의되고 시연될 수 있는 상황들이다. 집단에서 배운 그러한 노력들을 집단 외부의 상황에 적용하였을 때 어떤 일들이 벌어졌는지 후속적인 논의를 하는 것은, 평가를 할 수 있는 기회를 제공하며 필요에 따라서는 그 문제를 해결할 수 있는 노력을 더욱 자극하기도 한다.

성원들이 특정 역할을 수행할 때 발생하는 문제를 돕기 위해 문제해결 과정을 활용할 수도 있다. 사회복지사는 성원들에게 문제 상황이 되는 사건들을 보고하도록 요청하고 상황을 탐색해 보며, 그 상황을 보다 효과적으로 다룰 수 있는 대안적인 수단을 고려해 보도록 격려할 수 있다. 비슷한 상황에 처했거나 관찰해 본 경험이 있는 다른 성원들이 상황에 대한 서로의 잘못된 인식이나 행동을 교정해 줄 수 있으며 대안적인 대처방법을 제안할 수도 있다. 행동양식과 바라는 목표를 성취할 수단이 결정되면 사회복지사는 이

번 모임과 다음 모임 사이에 이를 실천해 볼 수 있는 방법을 제안할 수 있다. 이 방법을 통해 성원들은 새로운 시도가 가치가 있으며 진도가 보다 빠르다는 것을 배울 수 있게 된다. 역할극은 스트레스를 유발하는 상황을 재창조하는 데 활용될 수 있으며 이를 통해 대안적인 해결책을 시험해 볼 수 있다. 새로운 역할을 탐색하게 됨에 따라 성원들은 다양한 태도를 경험하는 이익을 얻을 수 있으며, 다른 사람들이 인식하는 것과 행동하는 것의 뒤에 깔려 있는 역동성을 보다 분명하게 인식할 수 있다. 그러한 활동은 환경 속의 상황을 다루는 데 보다 효과적일 수 있다.

환경 속에서의 활동은 성원들의 새로운 관점과 경험들을 확대시키며, 집단에게는 집단 외부의 자신들의 삶 속에서 발생하는 문제를 학습하고 해결하는 방법을 배우는 기회를 제공한다. 환경 속에서의 그러한 작업은 원조과정이 사회환경과 동떨어져 있지 않다는 점을 확신시켜 준다. 집단 내에서도 집단에서 배운 것을 집이나 직장, 놀이, 학교, 타인들과의 모임 등의 상황으로 전환해 볼 수 있도록 관심을 기울일 필요가 있다.[27)]

사회적 역할을 수행하는 능력을 가지기 위해서는 개인이 자원과 지지망을 활용할 수 있는 지식과 능력이 요구된다. 집단의 목적과 성원들의 상황에 따라서는 집단의 내용이 논의를 통해 자원을 파악하고 활용하는 정보와 기술을 포함할 수 있으며, 경험을 공유하고 자원이 될 만한 사람을 집단에 초빙하고 의뢰를 검토해 볼 수 있다. 이를 통해 집단의 성원들은 지역사회에 있는 다른 사람과 서비스에 연결될 수 있으며 자아존중감과 자신감을 향상시킬 수 있다. 성원들이 이러한 과정에 참여하는 것은 매우 광범위한 것으로 사회복지사는 이들에게 지식과 전문성을 제공해 준다.

이타성이란 변화를 위한 역동적이면서 긍정적인 힘이다. 집단의 많은 성원들은 흔히 의존-상호의존의 갈등과 주고받는 것의 동시적인 욕구에 대해 염려한다. 특히, 병원이나 거주시설에 있는 사람들은 많은 직원들에게 의존해야 할 필요가 있다. 관계에서 성숙함을 나타내는 지표는 받을 수 있을 뿐 아니라 줄 수도 있는 것이다. 집단 자체는 성원들 간의 상호의존을 촉진하지만 집단 외부의 사람들에게 도움을 제공해 줄 필요도 있는데, 그 대상은 시설이거나 더 큰 지역사회일 수 있다. 시간과 생각 혹은 물질적인 것들을 다른 사람에게 베푸는 자아 향상의 기회를 결코 과소평가해서는 안 된다.

그러한 기회는 매우 많다. 병원에 입원해 있는 아동들의 엄마들을 위한 집단이 마지막 시간에 이르렀을 때, 마지막 모임을 병원의 모든 아동들과 직원들을 위한 특별 휴일 프로그램으로 계획하고 수행하기로 하였다. 신체장애가 있는 집단의 아동들은 지역사회에서 즐길 수 있는 파티가 제공된다는 소식에 매우 흥분되었고 과자를 제공하고 손님들을 접수하는 책임을 맡기로 하였다. 정신질환을 앓고 있는 환자집단에서는 정신건강에 대한 지역사회운동 프로그램의 계획모임에 대표자를 파견하기로 하였다. 흑인 여자 청소년집단에서는 차별경험에 대한 느낌을 논의하고 후속 조치로 모든 인종의 사람들이 함께 즐길 수 있는 여가활동을 만드는 사회행동 과업을 주도하고 이에 참여하였다. 부모교육 집단은 교회와 협의하여 어린 아동들을 위한 놀이터를 만들고 이들을 지도감독할 것을 자원하였다. 학교 당국자들에게 접근하는 것을 두려워했던 저소득층의 부모들은 사친회에 적극적으로 참여하여 학교급식 프로그램을 만들어 내는 데 도움을 얻었다.[28] 이렇게 상호의존성은 집단 내는 물론 집단과 지역사회 간에도 매우 중요한 것이다.

사회복지사는 집단성원들의 경험을 점진적으로 지역사회 생활로 확대시켜 나갈 수 있다. 성원들이 특정 과제를 성취할 수 있는 능력을 보이고 보다 복잡한 활동을 할 수 있는 준비가 되어 있다고 생각될 때 사회복지사는 성원들에 대한 기대를 점차 향상시킨다. 성원들의 경험을 보다 확대하고 새로운 상황에 대한 성원들의 반응을 그들과 함께 평가해 봄으로써 성원들은 보다 다양한 경험을 적절하게 다룰 수 있는 힘을 개발할 수 있다. 그리고 곧 그들은 집단을 떠날 준비가 될 것이다.

4. 개별성원들과의 면접

개별성원들과의 면접은 사회복지사가 행하는 집단사회복지실천의 통합적인 부분이다. 사회복지사가 집단과의 상호작용에서 자신을 활용하는 것은, 한편으로는 집단사회복지실천의 핵심이라 할 수 있다. 하지만 이것을 원조의 한 수단으로만 본다면 사회복지사는 매우 제한적일 수밖에 없다. 사회복지사는 종종 어떤 성원들과는 일대일로 직접적으로 일하기도 하고, 어떤 성원들과는 그들의 부모나 배우자 혹은 성원의 삶에 중요한 타인들과 직접적으로 일하기도 한다.

집단 내에서는 사회복지사와 성원 간에 간단한 면접이 있는데 프리츠 레들(Fritz Redl)은 이를 생애공간 면접(life space interviews)이라고 하였다.[29] 이 면접들은 집단모임의 바로 전이나 후 혹은 집단모임 중간에 행해진다. 성원이 사회복지사를 찾거나 반대로 사회복지사가 성원과의 면접을 제안하는데, 일반적으로는 성원들이 자신의 특별한 염려사항을 스스로 집단에 가져올 가능성이 낮은 경우에 이러한 면접을 제안한다.

때로 한 성원과 다른 성원들 간의 갈등이 지나치게 격해져서 집단이 이를 다룰 준비가 되어 있지 않아 개별적인 면접이 필요할 수도 있다.

> 지역센터의 한 집단에서 제니스가 여가담당 직원들에 대해 불평하고 있었다. 그녀가 생각하기에 그들은 그녀를 찍었으며, 그녀를 싫어하고 그녀의 잘못이 아닌데도 그녀를 탓했다. 캐시는 어느 누구의 장점도 얘기하지 않는 제니스를 비난했으며 다른 성원들도 캐시의 말에 동의하였다. 제니스는 화가 난 듯 그녀의 의자를 벽 쪽으로 돌려 한동안 그렇게 앉아 있은 다음 방을 나가면서 문을 세게 닫았다. 다른 성원들은 매우 화가 났다. 사회복지사는 성원들과 그들의 감정에 대해 논의하였다. 사회복지사는 집단이 부지도자와 함께 계속해서 계획을 하도록 제안하면서, 자신은 제니스가 아직도 건물 안에 있으면 그녀를 만나 얘기해서 집단에 돌아오도록 하겠다고 하였다. 사회복지사는 제니스가 로비에 앉아 울고 있는 것을 발견하였다. 짧은 면접 동안에 사회복지사는 제니스가 집단에서 다른 성원들과 어울리는 데 방해가 되는 몇 가지로 인해 상심해 있다는 것을 자신이 알고 있다고 하였다. 얼마 동안의 논의 후에 제니스는 사회복지사의 제안에 따라 집단에 돌아와 일을 해결하려고 노력했고 그렇게 되었다.

중요한 기술 가운데 하나는 이러한 짧은 면접을 그 사람의 즉각적인 욕구를 충족시키는 방법으로 활용하면서 일차적인 서비스 수단인 집단 자체에서 벗어나지 않도록 하는 것이다. 따라서 개별성원과 개별적으로 만나 염려사항을 다룰 것인지, 아니면 그 사람이 그 염려사항을 집단에 가져오도록 격려할 것인지를 현명하게 결정하기 위해서는 상당한 분석적 판단이 요구된다. 고도의 기술을 가진 사회복지사는 집단의 염려가 되는 독특한 문제 상황과 연결될 수 있는 방법을 찾아내는데, 이때 전혀 그럴 것 같지 않은 상황에서 똑같은 것을 찾아내는 방법을 활용한다.

집단성원들과의 면접이나 그들을 위해 다른 사람들과 면접을 하는 것은 종종 약속을 통해 개별적인 방법으로 이루어진다. 이러한 면접들은 종종 여러 가지 목적으로 활용된다. 우선은 새로운 성원이 개방집단에 성공적으로 진입할 수 있도록 적응시키고 준비시키기 위해 활용된다. 또 다른 목적은 성원이 시기상 집단에서 논의하기에는 적합하지 않은 긴박한 문제에 효과적으로 대처할 수 있도록 돕기 위해 활용된다. 이때 집단에서 논의하기 적합하지 않은 이유는 집단에서의 상황 때문이거나, 그 성원이 자신의 생각과 느낌을 표현할 수 없기 때문이거나, 문제를 집단에게 제시할 수 없는 경우다. 개별면접은 그 사람이 문제를 집단에 가져올 수 있도록 돕거나 개인이나 가족치료가 필요함을 나타내는 것일 수도 있다. 어떤 책임이 임원이나 위원회에 위임된 집단에서의 면접은 그 사람들이 자신들의 책임을 최대한 효과적으로 수행할 수 있도록 돕기 위해 활용될 수도 있다.

1) 의뢰

집단이나 기관을 통해 집단성원들에게 서비스를 제공할 수 없을 때 사회복지사는 이들을 종종 지역사회 내의 다른 기관으로 의뢰할 수도 있으며, 때로는 다른 서비스를 이미 제공받기 때문에 성원들이 특별한 지지를 필요로 할 수도 있다. 따라서 사회복지사가 효과적으로 의뢰를 할 수 있기 위해서는 지역사회 내의 사회복지기관, 의료기관, 교육기관 등에 대해 잘 알고 있어야 하며, 이들 기관들의 기능, 후원단체, 서비스의 개념 및 관계 등에 대해서도 알고 있어야 한다. 고용안정센터나 사회모임 혹은 직업훈련 프로그램, 의료 및 건강 기관, 종교기관 등과 같은 곳에 의뢰할 때는 성원들이 자신들의 능력에 맞거나 비슷한 수준에서 기능할 수 있도록 돕는 치료의 일부가 되어야 한다. 성원들이 상황을 다룰 수 있는 자신감과 기술이 충분히 있을 때 사회복지사는 성원들이 이를 활용할 수 있도록 지지할 필요가 있다. 이는 사회복지사가 성원들이 자신들의 문제를 다룰 수 있는 능력을 강화시킴으로써 성원들의 자아기능을 지지한다는 원칙에 의한 것이다. 때로 사회복지사는 성원과 성원이 원하는 서비스 사이를 중재할 필요가 있으며, 기관의 기능과 정책 간의 차이로 인해 클라이언트가 혼돈하지 않도록 도울 필요가 있다. 이것은 성원의 목표, 문제, 능력과 특별 욕구를 새 기관의 적당한 직원에게 설명하는 것을 의미할 수도 있다. 또한 이것은 성원에게 접수절차를 이해할 수 있도록 돕고 첫 면접을 위한 구체적인 계획을 세울 수 있도록 돕기 위해 상당한 도움을 제공하는 것을 의미할 수도 있다. 성공적인 의뢰는 구체적인 욕구나 문제, 서비스를 얻고자 하는 동기와 후속 절차

등을 명확히 하는 것을 포함한다. 사회복지사가 무엇을 하든 간에 사회복지사는 고지된 동의와 성원의 참여를 전제로 해야 하는데 이것이 윤리적인 행동이다.

5. 실천지침

집단 발달단계 가운데 이 단계에서는 성원들이 사회성 기술을 향상시키고 집단의 목적과 연관되는 개인적, 대인관계적, 환경적 문제에 대처하기 위해 상호 원조하는 과정에 참여한다. 성원들이 친밀해지면서 차별화되기를 원함에 따라 성원들은 서로를 보다 수용하고 공감할 수 있게 된다. 성원들과 사회복지사의 관계는 가깝지만 전이와 동일시의 형태로 왜곡될 수도 있다. 일반적으로 지지적인 분위기 속에서 성원들은 자신들의 목표를 성취하려는 동기가 강하지만 때로 저항하기도 한다. 의사소통은 자유롭고 편안하며 성원들의 자기노출의 적절한 수단이 되기도 한다. 이 단계에서 집단은 응집력이 생겨서 효과적으로 일할 수 있는 상호원조 과정이 된다.

성원들의 목표를 성취할 수 있도록 돕기 위해 사회복지사는 집단이 개인과 집단의 목표를 추구하는 성장지향적인 체계가 될 수 있도록 집단을 돕는다. 사회복지사의 과업에는 다음과 같은 것들이 있다.

① 사회복지사는 집단과정 동안 자신의 영역에 대해 지속적으로 숙고하며, 자신의 감정, 의견, 경험이 개인과 집단을 대상으로 효과적으로 일하는 데 어떻게 도움이 되고 방해가 되는지를 이해한다.
② 사회복지사는 각 성원의 집단참여를 계속해서 사정하고, 성원들이 획득한 지위, 새로운 지식과 기술을 배우거나 문제에 대처하려는 동기와 능력을 사정하며, 집단이 욕구를 충족시켜 주는 체계로 발달하는지, 환경에서의 기회나 장애가 되는지를 계속해서 사정한다.
③ 지지적인 관계를 강화하며, 적절한 형태의 지지를 제공하며, 욕구를 파악하고 역할에 영향을 주며, 역기능적인 행동을 다루기 위해 직면을 활용한다.
④ 필요한 경우 개별성원들과 면접을 하여 그들이 집단에 보다 효과적으로 참여할 수

있도록 도우며, 시기적으로 집단의 내용에서 벗어난 문제에 대처할 수 있도록 돕거나 그들을 집단 외부의 자원에 의뢰한다.

⑤ 집단의 목적에 적합한 내용에 집중할 수 있도록 돕는다. 전형적인 집단 내용의 주제로는 (가) 행동, 문제, 환경에 대한 핵심적인 지식을 습득하는 것, (나) 대인관계의 이해를 향상시키는 것, (다) 생애전환기 및 위기를 포함한 스트레스에 대처하는 방법을 배우는 것, (라) 사회적 역할수행에 있어 능력을 개발하는 것, (마) 적절한 의료, 복지, 여가 및 교육적인 자원을 개발하고 활용하는 것, (바) 사회관계망을 확장하거나 변화시키는 것, (사) 환경적인 장애물을 줄이도록 노력하는 것 등이 있다.

사회복지사는 클라이언트를 돌보면서 수용하며 공감적인 관계에서 모든 가능한 개입방법을 활용한다. 직면, 명료화, 해석 등은 이전 단계보다 이 단계에서 많이 활용되는 기술들이다. 집단의 내용이 논의든 활동이든 간에 개입기술은 특정 결과를 성취하기 위해 선택적으로 활용된다.

제15장 발달단계 IV: 이별과 종결

종결은 사회복지에서 역동적이면서 매우 중요한 과정이다. 종결은 단순히 치료의 마지막을 상징하는 것 이상이다. 즉, 이것은 사회복지과정 전체를 통합하는 부분이다. 종결과정을 잘 이해하고 관리하게 되면 생각과 감정 그리고 행동에서의 변화를 통합하는 중요한 힘이 된다. 종결단계의 주요 사회정서적 과제는 성원들이 사회복지사와 성원들로부터 이별하는 것과 연관이 있다. 이 단계에서의 주된 과제는 성원 혹은 집단이 집단경험을 통해 얻은 것을 일상적인 관계와 성취감으로 연결될 수 있는 방법으로 종결하는 것이다. 사회복지사의 역할은 ① 종결에 대한 성원들의 준비성을 평가하며, ② 성원들의 반응을 이해하고 이에 대처할 수 있도록 도우며, ③ 긍정적인 변화를 유지할 수 있도록 하며, ④ 집단에서 얻은 것을 일상생활로 전환할 수 있도록 도우며, ⑤ 필요할 경우 새로운 서비스와 경험을 찾아 활용할 수 있도록 돕는 것이다.[1)]

사회복지 서비스는 항상 시간제한적이다. 고든 해밀톤(Gordon Hamilton)은 치료의 의도가 "가급적 빠른 시일 내에 사람들이 강화된 관계를 이루어 자연스러운 활동으로 되돌아가는 것" 이라고 하였다.[2)] 사람들이 자연적인 성장을 재기하는 것 이상으로 도움을 제공하려는 사회복지사는 성장을 위한 그 사람의 자연적인 잠재력을 방해하고 의존을 유도하는 것이다. 성원들이 집단경험의 의미를 직면할 수 있도록 하고 성취감을 얻은 상태에서 집단을 떠나면, 그들은 집단성원들과의 관계 및 지역사회의 역할에서 얻은 것들을 활용할 수 있다. 성원들은 또한 자신들의 삶에서 경험한 이별보다 더 잘 대처할 수 있다. 어빙 얄롬은 "종결은 집단의 외적 사건 그 이상이다. 이것은 모든 것들 가운데 가장 중요하면서 고통스러운 과제들을 소우주적으로 대표하는 것이다."라고 하였다.[3)]

집단경험을 마칠 때는 사회복지의 가치가 수행될 수 있도록 도울 필요가 있다. 즉, 이상적으로는 성원들이 자신들의 목표를 성취할 수 있도록 도움을 제공한 집단에 속하였고 수용되고 존중받았으며, 자신뿐 아니라 다른 성원들의 복지를 위해 집단과정에 적극적으로 참여하도록 격려를 받았다는 느낌을 갖도록 하는 것이 중요하다. 성원들은 사회복지사와 다른 성원들과 상호의존성 및 친밀한 관계를 성취하였으며, 서로를 수용하고 존중하며 상호원조 과정에 적극적으로 참여하였다. 이제 성원들의 종결 혹은 집단과의 이별은 집단에서의 마지막이 역동적인 성장을 일구어 내는 경험이 될 수 있는 방법으로 진행될 필요가 있다.

집단경험을 종결하려는 결정과 종결의 과정은 효과적인 실천에 필수적인 지식을 활용해야 한다. 지금까지 집단이 구성되어 특정 목표를 성취하려고 유지되어 왔다. 이제 생물심리사회적 기능에 대한 지식을 활용하여 성원들이 사회복지사와 다른 성원들을 떠날 수 있도록 도울 필요가 있다. 특히, 각 발달단계에서 사람들이 중요한 사회적 관계와 관련된 상실감 및 이별의 개념을 성장과 발달의 관점에 통합하는 것이 도움이 될 수 있으며, 자아가 자신을 보호하고 대처하며 경험을 숙달하는 방식을 설명할 수 있는 것이 도움이 된다. 에릭 에릭슨(Erik Erikson), 헨리 마스(Henry Maas), 콘스탄스 샤피로(Constance Shapiro)는 이러한 관점을 갖고 있다.[4)] 상실감을 경험할 때는 안정된 상태가 흔들리게 된다. 성원들은 성원 혹은 사회복지사의 상실과 종결의 위협에 대해 다양한 정서적 · 행동적 반응을 보일 수 있다. 종결에 대한 반응의 정도와 본질은 상황에 따라 다른데, 이에는 집단의 구조, 서비스 제공기간, 종결의 이유, 상실 및 이별과 관련된 이전의 경험들, 환경에서 의미 있는 관계 및 지지를 받은 정도 등이 포함된다.

1. 집단의 특징들

팔러새나 발고팔과 토마스 바실은 종결이 과업의 흐름으로부터 이별과 미래를 위한 준비로 전환되는 것을 의미한다고 주장하였다. 이전의 상실감, 의존감, 양가감정을 되돌아보면서 이들 감정들이 만족감과 제한적이지만 가치 있는 성취감과 함께 공존한다. 성원들이 집단경험의 전후를 회고함으로써 집단경험은 하나의 추억이 되며 미래를 위한 협상의 준거틀이 된다.[5)]

집단이 종결을 위한 준비로 이동하게 됨에 따라 사회정서적 과제들은 이별과 집단경험이 성원들에게 주었던 의미를 수용하는 것이 된다. 성원들은 이별에 대해 불안을 보이고 사회복지사 및 다른 성원들과의 관계를 상실하는 것에 대허 양가감정을 갖는다. 성원들은 종결을 직면하는 것에 대항하기 위해 방어기제를 동원한다. 서로를 수용하기는 했어도 성원들이 집단 외부에서 만족스런 관계를 찾아내기 때문에 대인관계의 유대감을 단절하려는 움직임이 있게 된다. 가족단위나 자연적인 또래집단같이 사회복지 서비스가 종결된 후에도 계속 만나게 되는 집단은 예외가 된다. 사회복지사가 구성한 집단에서는 일부 성원들이 친한 친구가 되어 집단이 종결된 후에도 관계를 계속한다.

성원들이 자신 및 다른 성원들을 위해 가졌던 목표는 대부분 성취되지만, 어떤 사람은 다른 사람에 비해 집단에서의 진도가 더 빠를 수 있으며, 어떤 사람들은 다른 사람에 비해 진도에 대해 더 만족할 수 있다. 성원들은 일반적으로 자신 및 집단에서 일어난 변화에 대해 얘기하기 시작한다. 이때 장래 계획이 주된 논의 주제가 되며 지역사회에서 새로운 관계 및 경험을 시도할 준비가 보다 향상된다. 사회복지사가 성원들에게 마지막 모임까지 참석하도록 특별히 권유하지 않으면 이 시기에 성원들의 출석은 매우 불규칙해진다. 일부 성원들은 집단이 정한 시점보다 일찍 종결할 준비가 되었다고 느낄 수 있다. 반면, 어떤 성원들은 불안정감으로 인해 중도에 탈락하기를 원하는데, 이는 자신보다 빠른 진도를 보인 성원들로 인해 자신이 뒤처졌다고 느끼기 때문이다. 집단의 구조는 보다 유연하게 된다. 예를 들어, 집단성원들이 회원자격에 대한 공식적인 역할을 포기하거나 집단모임의 시간, 장소 혹은 빈도를 바꾸기도 한다. 성원들의 규범은 성원들이 사는 혹은 속해 있는 지역사회가 사회적으로 바라는 것들과 거의 조화를 이룰 정도가 된다. 성원들의 규범은 미래에 대한 자신감을 어느 정도 표현하기도 한다. 의사소통은 자유롭고 편안하지만 개방적인 대화를 하는 데 장애가 발생하기도 한다. 집단통제는 줄어들며 성원들의 내적 통제가 향상된다. 성원들이 집단 외부에서 만족을 얻고 새로운 관계를 형성하게 됨에 따라 집단의 응집력은 약화된다.

2. 개별성원들의 종결

종결은 여러 가지 이유로 발생한다. 어떤 경우에는 서비스의 통합적인 부분으로 계획된 것일 수 있으며, 어떤 경우에는 계획되지 않았거나 예상치 못한 일로 종결에 이르기도 한다. 이상적인 종결은 성원들이 전문적인 서비스를 더 이상 필요치 않을 때 발생하는 것이다. 사회복지사는 집단의 성원들이 사회복지사와 집단의 도움이 없이도 자신들이 얻은 것을 계속해서 통합할 수 있을 정도로 충분한 진도를 보였음을 판단할 수 있어야 한다. 모든 사람들이 문제를 가지고 있지만, 일반적으로 사람들은 가족, 친구 그리고 지역사회의 비전문적인 자원들의 도움과 지지를 통해 자신들이 처한 문제에 대처할 수 있다. 성원들이 자신들의 잠재력을 최대한 성취할 때까지 서비스를 지속하는 것은 비현실적이다. 따라서 문제는 성원들이 집단 없이도 계속해서 나아질 수 있을 정도로 충분한 진도를 보였는가다.

1) 조기종결

종결은 한 성원 혹은 여러 명의 성원들이 계획한 자연스러운 결과가 아닌 것으로 발생할 수도 있다. 성원들의 관심사와 상황의 변화는 종종 집단에 조기종결(early termination)을 초래한다. 예를 들어, 다른 곳으로의 이사, 성원의 직장 근무 혹은 학교 시간표의 변경, 질병, 부모가 집단에서 아이를 빼내는 것, 수급권 자격이 더 이상 해당되지 않는 것 혹은 사회복지사가 전혀 통제할 수 없는 다른 상황들이 이에 해당한다. 한 성원이 조기 탈락할 때마다 집단을 떠나는 성원과 남아 있는 성원들은 이에 대해 다양한 감정을 갖는다.

다음은 한 성원이 집단을 떠나겠다고 말한 집단 사례다. 집단성원들은 심각한 관상동맥질환을 앓고 있으며 다양한 회복단계에 있었다. 집단의 목표는 질병상황에 대한 성원들의 이해를 향상시키는 것, 성원들이 느끼는 고독을 줄이는 것, 감정의 표현을 통해 불안을 감소시키는 것, 이롭지 못한 방어기제에 의존하는 것을 줄이는 것, 건강에 영향을 미치는 행동 유형에 대한 인식을 도모하는 것, 일상생활의 실제 현실을 다루는 것 등이 있다. 집단은 지난 수개월 동안 모임을 가져왔으며 성원들 가운데 한 사람인 벤을 잃게 되었다. 모두 7명의 성원들이 출석하였다.

> 벤은 모임 동안 매우 조용하였다. 논의 가운데 잠시 침묵이 있자, 그는 이것이 집단 모임의 마지막이 될 것이라고 말했다. 그는 북쪽의 새 집으로 이사할 예정이었다. 그는 집 주소와 전화번호를 적어 성원들이 이를 복사할 수 있도록 하였다. 그는 집단을 떠나게 되어 매우 슬프다고 했다. 그는 집단 없이는 이제까지 견딜 수 없었을 것이라고 생각했다. 이러한 감정은 그가 집단이 그다지 도움이 되지 않을 것이라고 생각한 처음과 비교할 때 매우 커다란 변화로, 그는 집단에서 다양한 방법을 배웠다.
>
> 집단 분위기는 매우 조용하였다. 모든 성원들이 팔짱을 끼고 앉았으며 고개를 숙였다. 나는 벤을 그리워할 것이라고 했다. 나는 그의 개방적인 면과 친절함에 고마움을 표시했다. 에드가 고개를 들더니 그도 벤을 그리워할 것이라고 했다. 그는 벤에게서 항상 편안함을 느꼈다고 했다. 제리는 그저 고개를 흔들면서 한마디도 하지 못했다. 글로리아는 보다 장난스러운 투로 "당신을 보러 갈 때 남편도 데려가야 하나요?"라고 물었고, 벤은 이에 대해 농담을 하였다. 하지만 이러한 농담 가운데는 서로를 돌보는 느낌이 있었다. 짐은 벤이 그동안 해 온 것에 대해 존경스럽다고 말하면서 잘 지내기를 희망했다. 그리고는 자신도 벤이 했던 것을 할 수 있는 용기가 있었으면 하고 바랐다. 제리는 일어나서 벤에게 다가가 "우리—당신과 나—는 집단이 시작한 이래로 여기 있어 왔는데 당신이 떠나는 것을 보니 매우 힘드네요."라고 말했다. 메리는 그가 이렇게 떠날 줄은 꿈에도 생각지 못했다고 말했고, 자넷은 슬퍼 보였지만 아무 말도 하지 않았다.
>
> 벤은 집단을 떠나는 것에 대해 조용하면서도 부드러운 목소리로 말했지만 집단은 배신감과 침울함을 느꼈다. 그는 집단을 보다 일찍 떠나려 했다고 말했지만, 집단은 그가 떠나는 것이 먼 장래에 있을 일이라고 생각하였으며, 그가 집단을 떠나는 것에 대해 누구도 준비가 되어 있지 않았다.

성원들은 한 집단성원의 떠남에 대한 자신들의 감정을 집단과정을 통해 표현할 수 있었다. 사회복지사는 상실감에 대한 자신의 감정을 공유하면서 성원들이 논의를 시작할 수 있도록 하였고 성원들의 상호작용을 비언어적인 지지를 통해 보여 주었다.

2) 참여의 문제

조기종결의 또 다른 주요 이유는 집단참여에서의 조기탈퇴 문제다. 성원들이 중퇴할 때는 중퇴할 의도를 사회복지사나 다른 성원들과 공유하지 않는 경향이 있다. 성원들은 그냥 집단모임에 오지 않는다. 집단에 소속되는 것에 대한 스트레스가 이들에게 너무 많을 수도 있다. 또한 친밀해지는 것을 두려워하거나 자신의 문제를 노출해야 하는 요구사항을 두려워할 수도 있다. 그리고 그들은 타인들과 공유할 수 없으며 적절한 지지를 받지 못하면서 다른 사람들과 맞지 않는다고 생각하거나, 집단의 목적과 절차가 자신들의 특별한 욕구와 상황에 적절하지 않다고 여긴다. 참여에 있어 이러한 문제점들은 계획과정에서의 오류나 집단경험에 대한 부적절한 준비로 인해 발생한다.[6] 조기중퇴는 또한 사회복지사나 집단에 대한 불만족일 수도 있으며, 사회복지사가 이들의 불만족을 탐색해 볼 수 있도록 돕지 않았을 수도 있다. 사회복지사나 다른 성원들이 이들의 방어기제를 위협했을 수도 있기 때문에 이들은 집단으로부터 도망침으로써 그에 대처하기도 한다. 나아가 사회복지사가 집단참여에 관한 문제의 해결책을 찾아볼 수 있도록 이들 성원을 적절히 돕지 못한 것에 기인할 수도 있다.

결석에 대한 후속 조치는 집단참여가 위축되는 이유를 파악하는 데 필수적이며, 성원의 욕구와 상황을 사정하고 필요한 경우 그 성원이 집단에 돌아올 수 있도록 돕는 데 매우 중요하다. 결국 성원들이 참석하지 않으면 도움을 받을 수 없다. 일부 고도의 능력이 있는 사회복지사들은 성원들의 중퇴율이 거의 없는데, 이는 사회복지사들이 계획과정과 집단의 예비성원들을 준비시키는 기술을 갖고 있기 때문이다. 이들 사회복지사들은 집단의 가치에 대해 자신감이 있으며 이것이 성원들에게 전수된다. 나아가 이들은 특정 시점에 적절히 지지적이거나 직면기술을 잘 선택할 수 있는 기술도 갖고 있다.

3) 계획된 종결

많은 집단에서 일반적으로 갖고 있는 계획은 성원들이 각기 다른 시점에서 종결될 수 있다는 점이다. 개방집단에서는 성원이 집단을 떠나지만 집단은 그 성원이 없이도 계속 진행된다. 심지어 폐쇄집단에서도 일부 성원들은 집단의 종결 이전에 집단을 떠나기도 한다. 한 성원의 종결은 사회복지사와 성원들에게 특별한 문제와 기회를 제공한다. 어떤 경우에는 한 성원이 종결을 할 준비가 되었다는 사실이 다른 성원들에게 변화를 위한 희망과 자극을 제공한다. 하지만 경우에 따라서는 다른 성원들의 진도를 늦추기도 하며 실패감이나 낙망하는 반응을 일으키기도 한다. 나아가 성원의 종결은 성원들 간에 경쟁심과 갈등의 감정을 불러일으키기도 한다. 남아 있는 성원들은 떠나는 사람을 대신 채울 새로운 사람이 집단에 가져올 문제에 대해 염려하기도 한다. 또한 성원들은 변화된 집단에 대해 적응해야 할 필요도 있다. 새로운 성원이 집단에 들어오면 기존의 성원들과 새 성원은 서로를 수용할 수 있을지에 대해 염려한다. 이러한 감정들을 인식하고 다루지 않으면, 기존 성원들은 집단에게 도움이 되었던 사람을 상실한 것에 대한 분노를 새로운 사람에게 투사하는 경향이 있다.

사회복지사는 개인의 종결을 준비시키기 위해 시간을 할당할 필요가 있다. 나아가 집단을 떠나는 성원에 대해 남아 있는 성원들의 반응과 성원이 떠남으로 인해 발생하는 집단 구성과 역동성의 변화를 다룰 시간도 할당할 필요가 있다. 사회복지사는 이러한 변화를 모든 사람들의 이익을 위해 활용할 수 있다. 집단성원들이 떠나는 사람에 대한 상실감을 집단에서 논의하지 않으면 집단 전체가 문제를 부인하게 된다. 따라서 사회복지사는 이 문제를 집단에 제시하고 그것이 집단성원들에게 주는 의미를 탐색할 필요가 있다. 여기서 일반화하는 언급이 주로 효과적인데, 예를 들어 어떤 사람이 떠날 때 사람들은 대체로 슬픔을 느낀다고 하면서 집단성원들에게 이 문제에 대해 논의해 보도록 요청한다. 일반적으로 성원들은 이러한 문제들이 공개적으로 논의될 때 안도감을 갖는다. 이러한 논의는 특히 종결을 하게 되는 성원에게 매우 가치가 있는데, 그는 떠나는 것이 자신 및 다른 성원들에게 주는 의미를 인식하게 된다. 일부 성원들은 오랜 동안 손상된 자아존중감을 갖고 있어 그들이 다른 성원들을 돕고 집단에 기여했다는 것을 상상하기 힘들다. 성원들이 집단을 떠날 준비가 되었으면서도 다른 사람들이 그들을 그리워할 것이라는 점을 이해하게 되면, 종결과정에서 관계가 고통스럽게 단절되는 과정이 보다 수월해질 수 있다.

3. 사회복지사의 종결

집단과의 관계를 종결해야 하는 사람이 사회복지사일 수도 있는데, 특히 단기집단보다는 수개월 동안 모임을 가져온 집단에서 그럴 수 있다. 때로는 집단이 목표성취의 초기단계에 있을 때 사회복지사가 집단을 떠나기도 한다. 집단성원들은 사회복지사를 신뢰하고 애정을 갖게 되며, 사회복지사는 대인관계적인 문제를 다루는 중심에 있을 수도 있다. 사회복지사가 집단과 종결하는 이유에는 다양한 상황적 요인들이 있다. 다른 업무로의 배치, 장기적인 질병, 직장의 변화, 실습생들이 실습을 끝낼 때와 같이 할당 업무가 예정에 맞춰 종결되는 경우 등이 있다.

집단이 준비되기도 전에 사회복지사가 집단을 떠날 때 바람직한 방법은 계획을 세워 새로운 사회복지사에게 업무 이전을 하는 것이다. 새로운 사회복지사에게 업무 이전을 성공적으로 하기 위해 필요한 시간은 집단의 특징에 따라 다르다. 다음은 14~15세 된 여자 청소년들을 위한 집단 사례기록에서 발췌한 것이다. 교장선생님은 이들 청소년들을 학교와 지역사회에서 심각한 문제를 가지고 있는 청소년들을 대상으로 특별 서비스를 제공하는 지역사회기관에 의뢰하였다. 사회복지대학원 2년차 실습생인 사회복지사는 졸업과 함께 자신의 업무를 종결할 예정이었다. 집단은 이미 세 번째 단계에 접어들었다. 그녀는 자신의 종결 수주 전에 이 문제를 집단에 공지하였다.

> 다음 모임에서 샐리는 내가 6월에 집단을 떠나겠다는 말이 정말인지 물었다. 오팔은 그녀가 나를 '정말' 필요로 하고 있다고 주장하였으며, 샐리는 "솔직히 우리 모두 그래요."라고 말했다. 나는 그들이 진심으로 내가 집단에 계속 머물러 있기를 원하는 것을 이해하지만 그렇게 할 수 없다고 말했다. 나는 실습이 끝나기 때문에 집단을 떠나는 것이고 내가 전임직장을 갖게 되었으며, 기관의 다른 사회복지사가 다음 6개월 동안 그들과 만날 것이라고 했다. 앤은 "하지만 똑같지 않아요."라고 말했고 다른 성원들은 그녀의 말에 동의하듯 고개를 끄덕였다. 나는 똑같지는 않겠지만 집단이 다른 사회복지사와 계속 할 것과 그와 함께 좋은 경험을 할 것을 확신한다고 하였다. 이에 오팔은 '사회복지과의 뚱뚱한 사회복지사'를 원치 않는다고 하였다. 나는 새 사회복지사는 기관의 직원이며 내가 새로운 사회복지사가 어떤 사람일까에 대한 성원들의 두려움을 표현할 수

있도록 도울 것이라고 하였다.

다음 모임: 젠은 우리의 이러한 논의로 인해 배고프다며 우리가 핫도그를 먹으러 포장마차에 갈 수 있을지를 물었다. 나는 다른 성원들이 그렇게 하기를 원하는지 물었고 모두가 그렇게 하기로 동의하였다. 그곳에 가면서 우리는 내가 떠나는 것에 대해 다시 얘기하였다. 나는 우리가 네 번 더 모일 것이며 마지막 모임은 6월 14일이 될 것이라고 하였다. 샐리는 그렇게 빨리 될 것이라고는 생각지 않았다고 말했다. 다른 성원들도 이 말을 반복해서 말했다. 앤은 내가 떠나지 않기를 바란다면서 울고 싶다고 하였다. 젠은 내가 떠나면 모두가 울 것 같다고 하였다. 나는 나도 집단을 떠나는 것이 힘들다고 말하였다. 그들이 새로 올 사회복지사가 누구일지에 대해 나에게 물었을 때 나는 다음 주까지는 확답을 주겠다고 하였다.

다음 모임: 포장마차로 차를 몰고가는 동안 나는 집단성원들에게 D부인이 그들의 새로운 사회복지사라고 말했다. 그리고는 한 사람에게 적응하였을 때 그 사람이 떠나는 것이 힘든 것같이 그들이 새로운 사람에게 적응하는 것도 똑같이 힘들 것이라고 하였다. 나는 내가 그들을 저버리는 것 같은 느낌이 든다고 하였다. 오팔은 "바로 그래요. 당신이 그런다니까요."라고 말했다. 모든 성원들이 나에 대한 분노를 조금씩 표현하였다. 오팔은 D부인이 백인인지 흑인인지 알고 싶다고 하였다. 나는 그녀가 백인이며 오팔이 그 질문을 하는 이유를 알고 싶다고 하였다. 오팔은 그저 알고 싶었다고 하였다. 나는 집단성원에게 어떤 인종의 사회복지사를 원하는지 물었다. 앤은 "당신은 무슨 인종이죠?"라고 물었고 나는 백인이라고 답하자, 오팔은 "그럼 우린 백인을 원해요."라고 말했다. 샐리는 새로운 사회복지사가 어떤 인종인지, 분홍인지, 보라인지, 황인종인지, 백인인지, 흑인인지 상관하지 않는다고 하면서 그들이 어울릴 수 있는 사람이면 좋다고 하였다. 나는 '잘 어울릴 수 있는' 이 무슨 뜻이냐고 물었다. 그녀는 자신들을 이해하고 친절하며 사려가 깊은 사람이라고 했다. 앤은 나아가 "우리가 얘기할 수 있으면서 우리에게 뭘 하라고 지시하지 않는 사람."이라고 하였다. 글래디스가 "그리고 우리가 문제를 해결할 수 있도록 도와 줄 수 있는 사람."이라고 말하자, 앤은 "그 생각에 모두 찬성."이라고 했다. 케이는 "하지만 너무 심각하면 싫어요. 우리는 재미있는 사람이 필요해요."라고 말했다.

나는 처음에는 힘들지 모르지만 이들 성원들이 D부인과 잘 어울릴 수 있을 것으로 확신한다고 하였다. 그리고 나는 내가 떠나기 전 D부인이 언제 집단모임에 와서 그들을 만나는 것이 좋은지에 대해 물었다. 마지막 모임이 곧 다가온다는 사실에 대해 반박을 하면서 성원들은 좀 더 논의를 한 후에 그녀가 마지막에서 두 번째 모임에 오는 것이 좋겠다고 동의하였다. 그리고 마지막 모임에서 그들이 나에게 D부인을 좋아하는지를 얘기해 주겠다고 하였다.

기관에 돌아와서 그녀들이 옥수수로 만든 과자와 다른 과자들을 먹고 있는 동안 오팔이 제니의 감염에 대해 물었다. 그리고 성원들은 그녀에 대한 염려를 표현하였다. 오팔은 배출물이 있다는 것이 무엇을 의미하는지 물었다. 나는 아주 사소한 것에서부터 상당히 심각한 것까지 다양한 것을 의미할 수 있다고 하였다. 오팔은 모두가 진료소에 가 보는 것이 좋겠다고 하였다. 그리고 우리 모두는 진료소에서의 경험에 대해 이야기하였다. 오팔과 케이는 자신들의 검사결과가 음성이었다고 하였다. 헬렌은 그녀와 메리의 결과가 지난 번까지는 양성이었다고 하면서 매우 안도하였다고 하였다. 이러한 논의는 자연스럽게 임신문제로 바뀌었다. 나는 그들의 질문에 대해 답해 줬고 그들이 이 문제에 대해 매우 염려하는 것 같다고 하였다. 그들은 그렇다고 답했다. 나는 우리가 남은 시간 동안 이 문제를 다룰 수 있으며, 그런 다음 추가로 도움이 필요할 경우 D부인이 이 에 대해 도움을 줄 수 있을 것이라고 하였다. 나는 D부인에게 성원들 각 사람에 대해 말해 줬고 집단이 그동안 해 온 것에 대해서도 말해 줬다고 했다. 그들은 내가 그렇게 해 줘서 기쁘다고 말하면서 그녀와 친해지는 데 훨씬 더 편할 수 있을 것이라고 말했다.

다음 모임: 성원들은 자신들이 좀 시끄러웠을 때 내가 그냥 놔두었듯이 D부인도 그렇게 할 것인지를 염려하였다. 나는 그녀도 성원들이 '들끓는 분노' 를 배출할 필요가 있을 때 그럴 필요가 있음을 이해할 수 있는 사람이라고 하였고 기관이 그런 것들을 못하도록 막지는 않는다고 하였다. 우리는 다시 한번 새로운 사회복지사가 오는 것에 대한 두려움을 이야기하였고, 나는 지도력의 전환이 어떻게 이루어졌는지를 정확하게 설명해 주었다. 성원들은 어떤 일이 발생할 것이며 D부인이 자신들과 만날 때 내가 참석할 것이라는 점을 알게 되자 보다 편안해졌다.

마지막에서 두 번째 모임: D부인과 나는 센터에 조금 일찍 도착하였다. 모두가 미리 와 있었으며 가장 좋은 옷들을 입고 있었다. 방 안에는 흥분의 분위기가 있었다. 나의 제안으로 성원들은 모두가 D부인에게 집단에 대해 몇 마디씩 말하였다. 나는 D부인에게 집단성원들이 새로운 사회복지사에게 원하는 것이 무엇인지를 말해 주었고 그것이 맞는지 집단에게 물었다. 그들은 동의하는 듯 고개를 끄덕였다. D부인은 그들이 그녀에게서 많은 것을 기대하지만 그들과 일하는 데 있어 최선을 다하겠다고 하였다. 대체로 긍정적인 분위기가 있었다. D부인은 집단성원들이 집단이 끝나는 12월 전까지는 그들이 언급한 몇 가지 문제점들을 해결할 수 있을 것으로 확신한다고 하였다. 내가 미리 그들에게 앞으로 6개월 동안 집단이 더 모일 것이라고 말했는데도, 성원들은 매우 저항적이면서 방어적이었고 우리가 그들을 진실로 돌보려면 우리를 그런 식으로 저버려서는 안 된다고 말했다. 샐리는 그녀의 문제가 12월까지 계속될 것이라고는 생각하지 않는다고 말했으며, "우리는 집단을 좋아해요."라고 말했다. 다른 성원들은 모임의 대부분 동안 대체로 조용하면서 뿌루퉁했지만 중얼거리는 목소리로 그녀의 말을 지지하였다.

D부인은 오후 5시 30분에 떠났다. 나는 집단모임의 나머지 시간 동안 성원들이 적대감 및 당혹감을 표현할 수 있도록 하였다. 그들은 집단을 계속할 것인지에 대해서도 논의하였다. 나는 그것은 분명히 그들의 선택사항이고 이에 대해 혼돈된 느낌을 갖고 있는 것 같다고 하였다. 오팔은 D부인이 자신에게는 너무 '심각하다' 고 말했다. 앤은 그녀가 아마도 너무 '초조해서' 그럴 것이라고 말했다. 나는 그들도 아마 초조했을 것이라고 말했다. 이 말로 인해 공감적이면서 긍정적인 반응이 나왔다. 그들은 D부인에게 좋은 인상을 심어 주기를 원했으며 그녀가 자신들을 좋아하기를 바란다고 하였다. 나는 성원들이 그녀와 잘 어울릴 수 있을 것이라고 확신하면서 그녀도 그들을 잘 돌보고 그들을 좋아할 수 있는 능력이 있다고 하였다. 나는 집단을 앞으로 6개월 더 계속할 것이라는 계획은 그들이 이제까지 보였던 진도를 바탕으로 결정한 것이며, 그 후로는 치료 없이도 서로 잘 어울릴 수 있다는 사실에 대해 그들이 자랑스럽게 생각해야 한다고 말했다. 나는 D부인이 그들이 속하고 싶은 집단을 찾을 수 있도록 돕거나 지역사회에서 추구하고자 하는 관심사를 찾을 수 있도록 도울 것이라고 하였다. 나는 계속해서 그들이 집단에서 사귄 친구관계를 굳이 포기할 필요는 없다고 하였다. 나의 이런 언급으로 인해 집단성원들은 다소 편안해진 듯했으며, 나아가 그들이 집단에 처음 왔을 때에 비해 그들이 얼마나 달라졌는지에 대해서 이야기하기 시작했다.

마지막 모임: 집단의 여자 청소년들은 나를 위해 깜짝파티를 준비하였고 그들이 한 일에 대해 자부심이 대단하였다. 그들은 내가 파티에 대해 매우 놀라고 기뻐하는 것을 매우 기뻐했다. 다음 주 모임과 D부인과의 관계에 대한 논의가 잠깐 있었다. 이 모임은 지난 주의 것에 비해 매우 긍정적이었다. 샐리는 D부인을 알고 지내는 것이 기대된다고 하였으며 다른 성원들도 이 생각에 동의하였다.

집단모임의 마지막에 이르러 나는 성원들 각자가 올해에 어떤 진도를 이루었는지 함께 공유해 보도록 요청했고 그들에 대한 나의 소견을 나누었다. 나는 우리가 많은 개인적 · 공통적 문제를 해결하려고 노력했으며, 그들이 서로 계속해서 서로 도울 수 있으며, 아직도 그들을 괴롭히고 있는 문제들에 대해 D부인으로부터 도움을 받을 수 있을 것이라고 하였다. 나는 그들에게 잘 있으라고 말하는 것이 나에게는 얼마나 어려운 일인지 알아야 한다고 했다. 그리고 그들은 나를 보다 나은 사회복지사로 만들어 주었으며, 나는 그들 한 사람 한 사람을 좋아하고 돌보았다고 하였다. 잠시 생각에 잠긴 침묵이 있었다. 샐리가 침묵을 깨고 "우리 모두 당신을 그리워할 거예요."라고 말하자 모두가 이 말을 따라 했다.

나는 폴라로이드 사진기로 각 사람의 사진을 찍었으며 그들이 원하는 집단의 사진이 어떤 것인지 각자 판단해 볼 수 있도록 사진을 돌려보도록 했다. 사진을 성원들에게 주는 것은 마지막 종결의식에 딱 맞았다. 나는 차로 집에 데려다 주면서 그들과 그들의 가족에게 잘 있으라고 인사했다.

이 사례에서 사회복지사가 성원들과 친밀한 관계를 형성하였고 성원들이 사회복지사와 서로 간에 친밀한 관계를 형성한 것을 염두에 둘 필요가 있다. 사회복지사는 자신이 떠나는 것과 새로운 사회복지사가 오는 것에 대한 여자 청소년들의 감정을 수용하고 명료화하였다. 사회복지사는 성원들에게 정확한 정보를 제공하였으며, 이들이 이룩한 진도를 검토하고 지지하였으며, 앞으로 남은 기간 동안 함께 작업할 일에 대한 우선순위를 정하는 데 있어 이들이 관여하도록 하였으며, 새로운 사회복지사와의 경험에 대비해 이들을 준비시켰다. 그리고 이러한 상황에 대해 성원들이 대처하려는 노력을 지지하였고 이들과의 관계를 종결하였다. 사회복지사는 집단이 성공하기 위해서는 청소년들의 가족이 중요함을 잊지 않았으며 그들과 종결하는 데 시간을 할애했다.

사회복지사의 상실, 특히 심각한 심리사회적 문제를 가진 사람들의 집단에서의 상실은 공감과 기술로서 다루어지지 않으면 매우 외상적인 사건이 될 수 있다. 사회복지사와의 이별을 성공적으로 다루는 것은 성원들이 자신들의 삶 속에서 경험할 수 있는 많은 이별을 성공적으로 대처하는 방법을 배우는 데 매우 이로운 결과를 가져올 수 있다. 하지만 사회복지사의 종결은 종종 집단성원들 간에 그리고 집단 전체가 서로 합의한 목표를 성취하는 데 방해가 될 수 있다. 또 사회복지사의 상실이 집단에 주는 결과에 대해 충분한 준비와 고려를 하지 못하기도 한다. 그리고 종종 사회복지 실습생이 이끈 집단에서 사회복지사의 조기상실이 너무 자주 발생하는데, 이는 실습생의 학사일정과 성원들의 욕구가 일치하지 않기 때문이다. 집단에 대한 초기의 계획이 보다 철저하다면 이러한 상황은 충분히 예상될 수 있으며, 사회복지사의 이탈로 인해 발생할 수 있는 부정적인 결과를 최소화할 수 있다.

집단을 위해 계획한 기간이 사회복지사가 계획한 시간과 맞아떨어지는 것은 사회복지사와 성원들이 자주 바뀌는 집단에서는 효과적인 대안이 될 수 있다. 이러한 집단에서는 목표가 구체적이고 명료해서 성원들이 집단에서의 진도에 대해 만족할 수 있다. 하지만 그러한 도움이 충분치 않다고 여겨지면, 성원들은 자신들의 구체적인 욕구를 충족시켜 줄 수 있도록 목표를 수정한 새로운 집단에 배치될 수 있다. 현존 집단이 새로운 성원 및 기존 성원과 새로운 사회복지사로 재조직되면서 새로운 합의를 만들 수도 있다. 계획되었으면서 시간제한적인 서비스들이 장기적인 도움과 유사하게 도움이 되었다는 연구결과를 볼 때, 몇 달에서 몇 년에 이르기까지 집단을 계속할 것인가의 문제에 반박할 수 있는 여지가 생긴다.[7] 사회복지사들은 개인과 집단의 종결에 방해가 되는 기관의 정책과 변화를 변경하도록 노력할 책임이 있다.

4. 집단의 종결

사회복지가 의도적인 특징을 갖고 있다는 사실은 때로 집단을 계속하는 것이 바람직한 것인지를 사정할 필요가 있음을 암시한다. 종결에 대한 기준 가운데 하나는 목표성취를 위한 진도가 충분한지 여부와 더 이상의 도움이 필요치 않아 집단이 종결되어야 한다는 점이다. 구체적인 목표성취와 더불어, 성원들이 집단 없이도 순기능을 할 수 있으며 자신들의 욕구를 충족시키기 위해 지역사회의 적절한 자원을 활용할 것이라는 기대가 있어야 한다. 사회복지사는 집단과 일을 시작할 때부터 종결에 대해 예상하고 있어야 하며, 성원들에게 집단의 예상기간에 대해서도 분명하게 말함으로써 목표와 이를 성취할 수 있는 수단이 개인과 집단 모두를 위한 계획과 상관이 있도록 해야 한다. 때로 서비스의 본질 자체가 대략적인 모임 횟수를 결정하므로 초반부터 이에 대해 계획하고 이해할 수 있게 된다. 이러한 유형의 종결은 가족생활 교육집단이나 과제중심 방법, 위기개입,

입원기간이 충분히 예측 가능한 환자들을 위한 서비스 등에서 전형적으로 찾아볼 수 있다.

집단성원들이 진도가 거의 없고 상황을 변화시킬 가능성이 매우 적어 보일 경우에는 서비스 자체가 종결될 필요가 있다. 하지만 집단성원들에게 보다 적합한 서비스를 찾아보려는 모든 노력이 선행되어야 한다. 때로는 집단이 사멸될 수도 있다. 집단이 성원의 상실이나 성원들 간의 해결될 수 없는 문제로 인해 혹은 집단의 구조와 과정으로 인해 해체될 수도 있다. 이런 경우에 사회복지의 목표는 성취되지 못한 것이다. 이러한 문제들을 해결하기 위해 사회복지사가 성원들을 돕는 것이 너무 늦었을 때는 집단을 종결하는 방법밖에 없다. 나즈닌 마야다스(Nazneen Mayadas)와 폴 글래서(Paul Glasser)는 성원들 간에 고도의 상호의존성과 사회정서적인 애정이 없으면 과제중심과 치료 집단 모두 살아 남을 수 없다고 지적하였다.[8] 과제 및 관계에 대한 매력이 집단에 대한 성원들의 만족을 초래하는 것이다.

1) 집단의 기간

어떤 집단은 특정 기간 동안에만 진행되어 성원들은 처음 면접부터 이 사실을 알 수 있다. 이상적으로는 서비스의 기간을 계획하는 것이 집단서비스를 제공하는 기관의 목적과 관련이 있다. 집단의 기간에 대해 알고 있는 것은 성원들의 구체적인 목표와 집단의 내용 및 초점 부분을 결정하는 중요한 요인이다.

이미 기간이 결정된 일부 집단은 시간제한적이며 대체로 1～16회의 모임으로 구성되어 있다. 이들 집단은 대체로 오리엔테이션이나 새로운 경험을 위한 준비모임, 위기에 대한 대처와 전환기 동안의 지지 혹은 아주 구체적인 상황적 문제를 해결할 때 활용된다. 집단의 기간이 제한되었다고 해서 오랜 동안 만나는 집단에 비해 그 집단이 성원들에게 의미가 적다는 것을 뜻하지는 않는다. 문제를 구체적으로 공유한 정도 혹은 위기상황은 실제로 성원들 간에 그리고 사회복지사와 보다 집중적인 관계를 형성하는 데 영향을 미치며 보다 깊은 성취감을 갖도록 할 수 있다. 단기집단도 집단 발달단계 모두를 거쳐가지만 보다 집중적인 형태로 거쳐간다. 집단기간에 대해 알고 있는 것은 의미 있는 경험을 종결할 때 발생하는 외상을 어느 정도 완화시킬 수 있다. 하지만 그러한 집단의 성원들도 집단 종결의 현실에 대해 양가감정적인 반응을 보이며, 그 반응은 집단서비스를 지속하는 성원들의 반응과 비슷하다.

2) 집단에 종결 공지하기

종결 날짜를 미리 정하지 않은 집단에서는 집단의 종결을 결정짓는 것을 늦추는 경향이 있다. 사회복지사는 집단이 종결되어야 할 단서를 찾아야 한다. 일차적인 단서는 대체로 성원들에게서 찾을 수 있다. 즉, 집단의 내용은 성원들이 새로운 것을 성공적으로 시도해 본 것에 대한 보고나 집단 외부에서 행동 유형을 수정한 것에 대한 보고가 포함되는 경향이 있다. 사회복지사는 집단에서 이러한 것들이 발생하는 것에 주의를 기울여야 한다. 성원들의 진도에 대한 사회복지사의 평가와 성원들의 평가가 일치하면, 사회복지사는 이러한 단서에 따라 조만간에 집단의 종결이 있을 가능성에 대해 언급한다. 이때 성원들의 반응은 종결의 문제를 보다 자세하게 탐색할 것인지 종결을 기다릴 것인지를 나타낸다. 하지만 사회복지사는 집단이 종결에 관한 결정을 먼저 얘기할 때까지 기다려서는 안 된다. 종결의 문제가 집단에서 나오지 않으면 사회복지사는 종결이 임박함을 집단에 소개할 필요가 있으며, 집단성원들이 이에 대해 준비할 수 있도록 전환해야 한다.

중중장애를 가진 여성 환자들을 대상으로 기간이 정해지지 않은 단기집단이 있었다. 이 집단은 환자들이 재활병원에서의 퇴원을 수용하고 이에 따른 계획을 세울 수 있도록 돕기 위한 것이었다. 지난 두 달 동안 집단은 많은 진도를 보였고 응집력이 강하게 되었다. 처음 두세 번의 모임은 집단의 목적을 명료화하고 서로간의 기대를 논의하며 퇴원당하는 것에 대한 적개심을 환기시키는 데 할애했다. 그런 다음 집단은 앞으로의 삶에 대해 활용 가능한 대안이 무엇인지를 고려하였고 몇 가지 현실적인 결정과 계획을 세웠다. 집단성원들은 서로를 상당히 도울 수 있었으며 자기중심적인 태도에서 서로에 대한 상호염려의 형태로 바뀌었다.

사회복지사는 집단을 시작하면서 집단이 곧 종결될 것이며 도든 성원들이 자신들이 선택하는 요양원으로 옮기게 될 것이라고 언급하였다. 사회복지사는 각 성원이 많은 진도를 보였으며 서로를 도울 수 있게 되었다고 하였다. 그리고 성원들이 각자의 진도에 대해 논의해 볼 수 있을지를 물었다. 이들 여성들은 한 사람씩 집단에서 성취한 것에 대한 자신들의 느낌을 보고하였다. 각 성원 모두에게 집단은 매우 의미 있는 경험이었음이 명백했다. 사회복지사는 집단모임의 평가에서 각 사람을 지지하고 격려하였다. 그런 다음 성원들이 병원을 퇴원할 날짜에 초점이 맞춰졌다.

G부인: 그들이 언제 나가라고 하든지 난 상관 안 해요. 내가 나가야 한다면 난 그냥 떠날 거예요. 난 다른 사람의 방식에 의해 결정되는 것을 원치 않아요. 의사들이 나에게 할 것을 다 했고 그들이 날 위해 더 이상 할 것이 없다면 그리고 그들이 내가 여기에 있기를 원치 않는다면 난 그냥 가버릴 거예요. 하지만 그들이 나에게 전기휠체어를 약속했으니까 그것을 받는 순간 나는 나갈 거예요.

사회복지사 : 당신이 생각하기에 그들은 당신이 여기 있기를 원치 않는 것 같아요?

G부인: 뭐, 반드시 그런 것은 아니지만—우릴 여기서 내보내잖아요.

사회복지사: 내보냄을 당한다는 G부인의 느낌에 대해 누가 얘기해 보겠어요? (무반응) 여러분 가운데 이와 비슷한 느낌을 가진 사람이 있나요?

C부인: 내가 원하는 것은 내 여동생이 와서 내 일을 정리할 수 있도록 시간을 좀 달라는 것뿐이에요. 하지만 난 아직도 신발을 제대로 신을 수가 없어요. 아마도 아직 부어서 그런가 봐요.

A부인: (뭔가 말하려다 T부인이 말하는 바람에 못하였다.)

T부인: 난 가고 싶지 않아요.—난 여기 있고 싶어요.—하지만 그들은 날 그냥 놔두지 않아요.

사회복지사: 당신이 오랜 동안 살았던 곳을 떠나는 것이 쉽지 않아요, 그렇죠?

T부인: (동경하는 듯 부드럽게 말하면서) 네.

C부인: 쉽지 않아요. 난 매우 슬퍼요. 하지만 난 준비됐어요.

사회복지사: A부인, 조금 전에 뭔가 말하려고 했는데 기회가 없었네요.

A부인: 퇴원하는 것에 대한 내 생각을 말하자면, 우리는 이런 훌륭한 모임을 가진 이후 우리가 표현하고자 했던 많은 것들과 생각을 얘기할 수 있었어요. 당신은 우릴 위해 아주 훌륭한 일을 해 줬어요. G부인이 말한 것처럼 그들이 우리가 여기에 있길 원하지 않는다는 것을 믿을 수 없네요. 그것은 단지 매일같이 새로운 환자들이 들어오고 있는 것과 같지요. 여긴 재활병원이에요. 그들이 우리에게 할 수 있는 것을 모두 다 한 다음에 우리가 집에 가길 원치 않는다면 우리가 갈 수 있는 더 나은 곳을 찾아 보려고 노력하는 중이에요.

G부인: 내 말은 그들이 우리가 여기에 있지 않기를 원한다는 말이 아니에요. 오히려 그들은 우리가 떠나길 기다리는 거예요. 그리고 그들은 우릴 위해 할 수 있는 것은 모두 다 했어요. 그들이 우리에게 뭔가 더 해 줄 수 있다면 우리가 여기 있기를 원할 거라고 생각해요. 우리는 그냥 좀 더 편안한 곳에 가야 할 뿐이에요. 그리고 의사는 우리를 돌봐 줄 수 있는 곳에 우리가 가길 원해요.

C부인: 우리는 여기서 치료를 잘 받았어요. 그리고 (사회복지사를 쳐다보며) 당신은 우리에게 많은 도움을 줬어요.
사회복지사: 집단이 여러분 대부분에게 많은 의미를 제공해 준 것 같네요.

그런 다음 사회복지사는 집단이, 특히 그들이 병원을 떠날 때까지 어떻게 그들을 도왔는지 논의해 보도록 하였다. 논의의 초점은 요양원의 선택과 자신들이 현재 스스로 할 수 있는 것들에 맞춰졌다.

마지막 두 번의 모임에서 사회복지사와 다른 성원들 그리고 병원을 떠나는 것에 대한 논의가 더 있었으며, 떠밀려나는 것에 대한 어느 정도의 분노도 논의하였다. 하지만 전반적인 느낌은 병원을 퇴원할 수 있을 정도로 많은 진전을 보였으며, 요양원에서 새로운 삶을 준비하고자 하는 자부심이 대부분이었다.

종결에 대한 필요성은 종결 날짜 훨씬 이전에 논의되어 집단성원들에게 긍정적인 경험이 될 수 있을 정도로 충분한 시간을 할애해야 한다. 하지만 종결을 너무 일찍 논의하게 되면 불안감과 적개심이 일어나 목표성취를 위해 집단을 충분히 활용하려는 동기를 감소시킨다. 종결에 대한 최초의 공지와 집단의 마지막 모임 간의 시간적인 폭은 많은 요인에 따라 다르다. 이에는 집단의 목적, 성원들이 함께 한 소요시간, 성원들의 문제들과 진도, 종결에 대한 그들의 예상 반응, 환경적 상황이 그들에게 주는 압박 등이 포함된다. 종결의 임시 날짜가 설정되면, 집단의 과업은 그 날짜를 기준으로 진행되지만 상황이 허락한다면 날짜를 바꿀 수 있는 유연성도 있을 수 있다.

5. 종결에 대한 성원들의 반응들

집단의 경험이 너무나 좋고 성원들에게 만족을 주는 것이어서 성원들이 많은 긍정적인 이익을 얻었으면, 그들은 지역사회에서 그 이익을 계속 유지할 수 있음에도 불구하고 집단을 계속하기를 원한다. 성원들이 나아진 것을 인정하는 것과 사회복지의 도움으로부터 이탈하는 것 사이의 갈등, 사회복지사의 특별한 관심과 집단의 지지를 잃게 되는 것에 대한 두려움은 성원들에게 종결에 대한 다양한 반응을 불러일으킨다.[9] 성원들 간에 친밀성과 상호의존성이 많으면서 성원들이 자신들의 느낌과 문제를 공개한 집단에서는 성원들이 종결에 대한 양가감정을 해결하는 데 있어 도움이 필요하다. 성원들의 양가감정은 의존적인 욕구가 재현되는 것을 통해 표현될 수 있지만, 사회복지사를 논의나 활동에서 제외시킨 가운데 이루어질 수도 있다. 그리고 집단이 아직도 필요하다는 퇴행적인 행동을 보이거나 집단경험의 가치를 평가절하하거나 도주(flight), 즉 집단의 마지막 모임 이전에 집단을 떠나는 등으로 표현될 수 있다.

주요 주제는 이별과 상실감이다.[10] 이 주제는 성원들 간의 감정 측면과 이별과 상실감에 대한 이전의 갈등을 해결할 기회라는 측면에서 다루어진다. 폴 바이워터스(Paul Bywaters)는 "종결은 이별을 선택하고 직면하고 수용할 수 있는 기회며, 상실감에서 살아 남을 수 있는 기회며, 새로운 강점과 숙련됨을 경험할 기회다."라고 기술하였다.[11]

사회복지사 혹은 집단의 한 성원이 다른 성원에 의해 사랑받고 가치를 인정받는 한, 그 사람은 심오한 상실감을 경험할 것이며 결과적으로 상실감을 애도할 필요가 있다. 존 볼비는 "분리불안이란 말로 표현할 수 없는 애착행동의 동맥"이라고 기술하였다.[12] 바룩 레빈은 이별을 다룰 수 있는 학습된 능력과 집단경험들은 미래의 삶에서 겪을 수 있는 상실감을 효과적으로 대처할 수 있도록 할 것이라고 주장하였다.[13]

다음의 예에서 볼 수 있듯이, 집단성원들이 친밀감을 성취하였을 때 종결은 특히 어려울 수 있다. 이 집단은 성인 정신병동에서의 치료집단의 예로, 성원들은 지난 6개월 동안 매주 모임을 가져왔으며 대인관계에서의 부적응적인 행동을 해결하려고 노력하였다. 모임의 중간쯤에 이르렀을 때 성 관련 논의에서 종결에 관한 논의로 초점이 전환되었다.

셜리는 집단이 정말로 자신의 상황을 이해하였다고 생각한다고 하였다. 마리아는 이제야 비로소 성원들이 자신을 이해한 것 같다고 언급하면서 집단이 종결될 것이라고 말했다. 그녀는 나아가 집단이 종결되면 자신은 보다 강한 것(정신과 약)으로 되돌아가야 한다고 말했다. 우리가 무엇을 할 것인가?

사회복지사: 집단을 종결하면 어떻게 할 것인가요? (반응은 혼란스러웠다.)
샘: 나도 그것에 대해 묻고 싶었어요.
쉴라: 우리가 쓰레기와 같이 버려지나요?

사회복지사: 쓰레기와 같이 버려진다고요? 당신은 종결에 대해 그런 느낌이 드나보군요?

쉴라: 네, 그렇게 느껴요. 어디를 바라봐야 하죠? 나는 일주일 내내 이것만 바라고 있었는데요. 집단은 나의 전부였어요. 그리고 다음 달을 생각하면, 무슨 일이 생길지 몰라요. 무슨 일이 생기죠?

마리아: 나도 그것에 대해 묻고 싶었어요.

사회복지사: 종결에 대한 생각을 지금 이야기해 보는 것은 어떨까요? 어떤 느낌이 들죠?

쉴라: 한동안 그것에 대해 생각해 보았어요. 당신이 다음 달이 마지막이라고 했는데 그것이 날 괴롭히죠. (어느 정도의 논의 후에)

마리아: 내 생각에 우린 친해지고 있어요. 그리고 모두가 계속하길 원해요. 그런데 갑자기 우리가 모일 필요가 없어지는 것이죠.

셜리: 우리가 다른 집단을 찾아낸다고 해도 똑같지는 않을 거예요. (집단의 각 성원이 집단이 종결되는 것에 대한 서운함을 표현하였고, 마리아는 "우리가 막 친해지고 있었다고요!" 라는 말을 반복했다.)

사회복지사: 마리아가 말하는 것이 정말 실제 일어나고 있는 것 같군요. 어찌되었든 우리가 싸우면서 앞으로 가다가 뒤로 갔음에도 불구하고 우리 사이에 친한 느낌이 있어요.

마리아: 그래요, 우리가 서로 알아요.

사회복지사: 그리고 여기에서 뭔가 이루었다는 느낌이 있지요.

테리: 맞아요, 맞아.

쉴라: 그래요, 분명히 맞아요. 그리고 정말 기분이 좋아요.

사회복지사: 친한 것이 문제의 핵심이 아닌가요? 모두가 사람들과 친할 필요가 있지만, 여러분들은 항상 이 문제와 싸웠어요. 그리고 갑자기 여러분이 여기서 공유하였던 것이 날아가버린다는 생각을 할 때 정말 기분 나쁘지요.

쉴라: 맞아요. 분명 그래요! 나는 이제 뭘 하지 하는 생각을 해 오고 있었어요.

샘: 나도 그런 느낌이 전에 들었는데, 그때는 아동기관의 사회복지사가 기관을 떠났을 때였죠.

사회복지사: 그 사람이 떠났을 때의 느낌이 어떠했죠?

샘: 잃어버린 느낌이죠. …… 아니면 …… 아마 난 그렇게 느꼈어요.

셜리: 나도 그 기분 기억나요. 하지만 말로 표현할 수 없네요.

샘: 느낌을 잃어버린 것이죠.

쉴라: 그리고 두렵기도 하고요.

셜리: 아 그리고 외롭기도 해요.

쉴라: 그 모든 것들—잃었다는 것, 두려운 것, 외로운 것.

테리: 그게 전부에요. 그 모든 것들.

테리는 자신이 잃어버리고 외로웠던 경험을 공유했으며, 뒤이어 다른 여러 성원들의 이야기가 이어졌다. 집단모임의 남은 시간 동안 이러한 논의가 계속되었다. 나 또한 종결에 관한 상실감을 함께 나누었다. 시간이 다 되었을 때 성원들이 모임을 종결하기를 주저하는 것이 보였다. 나는 앞으로도 두 번의 모임이 더 있으며, 그동안에 가장 많은 것을 얻을 수 있도록 해 보자고 하였다.

이 사례에서 사회복지사는 성원들이 양가감정을 환기시킬 수 있도록 격려하고 그 감정을 명료화하며 그것과 친밀성 및 성원들의 삶의 다른 상실감과 연결시킬 필요성을 인식하였다. 여기서 활용한 기술들은 일차적으로는 지지, 탐색 그리고 명료화 기술이었다.

집단의 대부분의 성원들과 사회복지사는 종결에 대해 양가감정을 갖는다. 앞에 제시된 성인 여성들의 집단에서 사회복지사는 사람들이 대체로 집단을 종결하는 것에 혼재된 감정을 가진다고 하면서, 성원들에게 종결에 관한 느낌을 함께 나누고 싶은지 물어보았다. B부인이 먼저 자신은 아직 집단에 올 필요가 있으며 집단을 떠날 준비가 되지 않았다고 말하였다. 사회복지사는 그녀가 강제로 밀려나는 느낌이 있는지 물었고, B부인은 "그것이 바로 내가 느끼는 거예요."라고 답하면서 느낌을 보다 상세하게 설명하였다. T부인과 G부인도 그와 비슷한 느낌이 들었다고 하였다. J부인은 집단을 그리워할 것이라고 하면서 자신이 혼자 이를 다룰 수 있으면 좋겠다고 하였다. T부인은 자신이 너무 빨리 밀려나는 느낌이 든다고 하면서 잠시 침묵을 지킨 다음, "하지만 많은 것을 얻기도 했어요."라고 말했다.

종결에 관한 양가감정을 표현하는 것은 성원들이 자신들의 경험을 인식하지 못하는 감정으로 더욱 혼돈되는 것보다 더 현실적으로 그 경험을 평가해 볼 수 있게 한다. 양가감정을 해결하게 되면 성원들의 자아능력은 다른 목적으로 배출된다. 의심과 주저, 긍정적인 감정과 부정적인 감정 사이의 해결되지 못한 갈등이 이 발달단계의 주요 특징이다. 성원들은 자신들이 이룬 진도를 인식하고 새로운 관계 및 활동으로 옮겨가기를 원하지만, 한편으로는 사회복지사가 제공한 만족감과 집단에의 소속감을 계속해서 갖기를 원한다. 성원들은 이러한 양가감정에 대처하기 위해 다양한 방어기제를 동원한다. 의존적인 욕구의 강점과 집단에서의 관계의 본질 그리고 성원들이 이룩한 진도는 특정 성원이 양가감정에 대해 어떻게 반응할 것인가에 영향을 준다. 집단이 반드시 종결될 것이라는 사실을 직면하게 되면서 생겨나는 다양한 반응들은 집단이 처음에 형성될 때 보여 줬던 다양한 조치들의 유산물들이다. 즉, 함께 모이는 것에 대해 느꼈던 불안과 비슷한 느낌을 이제껏 형성되어 왔던 유대감을 끊고 헤어지는 것과 관련해서 다시 한번 느끼게 되는 것이다. 일부 성원들은 자신의 감정을 모를 수도 있으며 이러한 감정들로 인해 혼돈스러워 할 수도 있다. 제임스 갈랜드, 허버트 존스, 랄프 콜로드니는 성원들이 많이 활용하는 조치들에는 종결을 회피하거나 방해하는 방법과 직면하고 성취하는 방법이 있다고 지적하였다.[14)]

1) 슬픔

성원이 어떤 경험을 완결하게 되고 이러한 경험이 그 사람에게 많은 의미를 부여했을 때 다른 사람들로부터 헤어지는 것에 대해 슬픔을 느끼는 것은 당연한 것이다. 하지만 이러한 슬픔은 이전의 경험에서 있었던 상실감을 재현시키기 때문에 더욱 악화될 수도 있다. 종결에 내재되어 있는 상실감의 현실을 직면하게 되면 성원들은 슬픔을 표현하게 되고 그 상황에 대해 숙고하게 된다. 이러한 숙고와 이별의 수용은 치료적 이익의 주요 원천인 것이다.

2) 불안

대체로 불안이 사회복지사를 상실하는 것과 연관이 있기는 하지만, 사울 쉐이들링거(Saul Scheidlinger)와 마조리 홀든(Marjorie Holden)은 주요 분리불안이 사회복지사의 상실보다는 집단 전체를 잃는 것의 위협과 관련되어 표현된다고 주장하였다.[15)] 정신병원의 퇴원전 집단모임(prerelease group)에서 한 성원은 이를 "당신(사회복지사)에게 잘 있으라고 인사하러 왔어요. 이렇게 하는 것과 오랜 동안 병원에 있다가 병원을 떠나는 것이 힘든 일이에요. 하지만 우리 집단을 떠나는 것이 가장 힘듭니다."라고 표현했다. 그러면서 사회복지사의 언급에 이어서 "그래요, 나도 알아요. 하지만 다른 사람들에게 이와 같은 것을 직면하고 집단 밖의 삶을 지속한다는 것을 아는 것이 더 쉬운 일이에요."라고 그 환자는 말했다. 가족서비스를 제공하는 기관의 성인집단에서 한 성원은 불안감을 "이 집단은 내가 가져보지 못했던 가족과 같아요."라고 말하면서 집단과의 이별을 가족 상황과 연결지었다. 해체되는 집단은 종종 의미 있는 준거집단이 되며 성원들의 사회적 만족감을 가져다 주는 도구가 된다. 이러한 사실이 종결에 대한 불안과 저항감을 유발시킨다.

3) 부인

성원들은 종결에 대해 여러 가지 방법으로 저항한다. 집단이 종결된다는 사실을 부인하는 것은 가장 흔한 방법 가운데 하나다. 부인은 곧 다가오는 이별과 상실감 그리고 이와 관련된 불안을 접할 때 활용하는 방어기제다. 성원들은 종결사실을 수용하기를 거부하면서 그것이 발생하지 않을 것처럼 행동하고 집단의 기간 및 종결에 대해 사회복지사가 설명한 것을 잊는다. 때로 이러한 부인은 보다 미묘하다. 부인의 몇 가지 증거로는 종결을 언급했을 때 장기적으로 비정상적인 침묵이 있다든지, 논의 가운데 여기저기서 상실감과 관련된 논의가 산발적으로 있다든지, 사회복지사가 성원들과 함께 이별의 의미를 탐색하려고 할 때 주제를 바꾼다든지 하는 것들이 있다. 일반적으로 부인전략의 변형으로는 그 사람의 기능과 맞지 않는 과장된 의존감이 있을 수 있다. 어떤 사람은 상당히 금욕적으로 행동하고 상실감을 직면하게 될 때 매우 강한 것처럼 보일 필요도 느낀다. 부인은 또한 이전보다 겉으로 더욱 강한 응집력을 보이는 것으로 나타날 수도 있는데, 집단이 사회복지사 혹은 기관의 위협에 저항하여 유대감을 더욱 강화시키는 것이다.

4) 분노

분노의 반응은 종종 부인과 중복된다. 클라이언트들은 저버림, 거부 혹은 처벌이라고 생각하는 것에 대해 분노로 반응할 수도 있다. 이를 가리켜 셸든 쉬프(Sheldon Schiff)는 사회복지사가 떠나는 것에 대한 '말로 표현되지 않은 비난' 이라고 하였다.[16] 분노는 "그래서 당신은 우리를 차버리는군요." "내 생각에 당신은 우리를 결코 돌보지 않았어요." "상관 안 해요." "어쨌든 집단은 별로 도움이 되지 않았어요." 혹은 간단하게는 "그래서 어쨌다는 거예요?" 등과 같은 말로 표현되기도 한다. 다음의 예는 어린 아동집단에서 발췌한 것으로 이들의 감정의 깊이를 보여 준다.

모임의 마지막에 이르렀을 때 사회복지사는 말할 것이 있다고 하면서, 성원들이 이를 생각해 보고 다음 주에 보다 충분히 얘기할 것이라고 하였다. 제인이 "뭐예요?" 라고 말하자 조니도 "그래요, 뭐지요?" 라고 물었다. 사회복지사는 "방학이 시작되면 집단이 끝나는 것에 대해 얘기해 봐야 한다고 생각해요." 라고 말했다. 제인이 고통스러운 목소리로 "하, 하, 하지만 왜요?" 라고 물었다. 아동 모두 매우 조용히 있었다. 사회복지사는 이들이 얼마나 좋아졌는지에 대해 얘기해 왔다고 말하였고, 이들이 집단 없이도 서로 잘 어울릴 수 있을 것이라고 하였다. 존이 "아, 안 돼요." 라고 소리쳤다. 제인도 "안 돼요." 라고 말했고 잠시 침묵이 있은 다음 "그러니까 …… 당신은 좌우지간 우리에게 도움이 안 돼요." 라고 말했다. 그러자 제인이 "난 당신이 정말로 우리를 돌보았다고 생각해요." 라고 말하면서 울기 시작했다.

분노의 표현은 사회복지사나 다른 성원들 혹은 집단 외부의 사람들에게 간접적인 방법이나 전치된 방법으로 시작된다. 성원들은 자신들을 실망시킨 사람들에 대한 분노를 말로 표현할 수도 있는데, 그 대상으로는 부모나 교사, 고용주, 친구 혹은 애인 등이 있다. 분노의 표현은 정화의 기능을 하며 사회복지사는 항상 이를 수용할 필요가 있다. 사회복지사가 성원들의 이러한 감정을 상징적인 표현으로 인식하고 수용하게 되면, 그 다음에 는 성원들의 적개심이 집단의 종결과 연결된 것이라는 언급이나 질문을 할 수 있다.

5) 퇴행

명백한 퇴행은 종결에 대해 나타나는 흔한 반응 중 하나다. 즉, 성원들은 이전의 행동양식으로 되돌아간다. 이러한 행동들은 종종 성원들 간의 갈등이 재현되거나 이전에 분명히 숙달되었던 과업과 상황에 대처할 수 없는 형태로 나타난다. 성원들은 또한 사회복지사의 지도력과 일상적인 일에도 점점 지나치게 의존하기도 한다. 성원들은 이전의 희생양을 만드는 행동 유형을 반복하거나 취약해지거나 충동적인 행동을 반복할 수도 있다. 때로 성원들은 이전의 발달단계에서 남아 있는 행동들을 극적으로 다시 보이는 행동을 하여 모든 것을 새로 시작하려는 욕구를 보이기도 한다. 집단이 종결의 사실을 직면하게 될 때 집단은 다음과 같은 행동을 보인다. 즉, "당신은 우리가 보다 잘 할 수 있다고 생각하지만 그 생각은 틀렸어요. 우린 실제로 그렇지 못해요. 우리는 아직도 당신과 집단이 필요해요." 라고 말한다. 나아가 이전에 다루었던 문제를 다시 집단에 가져오는 것이 잦아진다.

가족서비스 기관의 부부집단은 개방집단이었는데 월트와 제인이 지난 몇 주 동안 매우 잘 지내고 있다고 말했다. 최근에 있었던 갈등을 어떻게 잘 다루었는지 기술할 때, 이들은 자신들의 갈등을 다루는 대처방법을 개발하였으며 서로간에 친밀한 관계를 즐기는 것이 분명했다. 다른 성원들과 사회복지사는 월트와 제인이 집단을 떠나는 것을 예상하여 이에 대한 감정과 반응을 표현하였다. 이들은 앞으로 두 번의 모임에 더 오겠다고 하면서 자신들이 집단이 없이도 서로 잘 지낼 준비가 되었는지 확인해 보고자 했다. 이들이 다음 모임에 다시 왔을 때 상황은 매우 나빴다. 이들은 처음 그 자리에 있었던 것이다. 이들은 결국 어떠한 긍정적인 변화도 없었다. 몇 명의 성원들은 제인과 월트가 집단을 떠날 준비가 되어 있지 않은 것이 분명하다고 했다. 사회복지사는 집단성원들과 함께 이들의 주요 문제들이 무엇이었으며, 유사한 문제들을 이들이 이전에 어떻게 다루었는지를 모색해 보았다. 월트와 제인은 사회복지사의 약간의 도움만으로도 문제에 잘 대처할 수 있었다. 그러자 사회복지사는 지난 주의 논의의 초점은 이들이 집단을 떠나는 것에 집중되었지만, 이들이 집단과 집단이 이들에게 주는 의미에 대해서는 혼돈된 감정을 갖고 있으면서 이를 다루지 못했다고 하였다. 월트와 제인은 이 문제를 논의하기 위해 두 번의 모임에 더 오기로 하였다. 그때는 이들이 진정 집단을 떠날 준비가 되었다.

여기서 사회복지사가 이러한 행동들을 실제적인 퇴행으로 해석하거나 성원들이 처음으로 되돌아갔다고 동의할 필요가 없다는 점이 중요하다. 오히려 사회복지사는 이러한 행동들을 성원들의 집단 종결에 대한 양가감정의 대처방법의 하나로 이해하는 것이 필요하다. 어떤 경우에 성원들의 부정적인 행동은 성원들이 집단을 떠날 준비가 되기 전에 사회복지사가 이들을 쫓아낼 것이라는 불안을 표현하는 것이기도 하다. 때로 성을 불끈 내는 것은 자신들에게 중요했던 관계와 경험을 종결하는 것에 대한 어려움을 표하는 것이기도 하다. 이런 성원들에게는 준비가 되기 전까지는 이들이 집단을 떠나지 않게 될 것이라는 사회복지사의 확답이 필요하다.

6) 도주

도주는 종결에 대한 또 다른 형태의 행동이다. 어떤 성원들은 집단에 남아 있게 되는 것이 너무 두려워서 급하게 관계를 깨뜨리려고 하는데, "당신이 나를 떠나기 전에 내가 당신을 떠날 거야."라는 말처럼 행동한다. 권위적인 위치에 있는 부모나 다른 사람들을 많이 신뢰해 보지 못했던 성원들은 특히 사회복지 관계의 친밀함에 대해 매우 두려워한다. 삶의 경험에서 많은 상처를 받았기 때문에 이들 성원들은 자신들이 다시 한번 상처를 받을 것이라는 희미한 조짐이 있거나 자신이 실제로 이별을 다룰 수 없다는 두려움이 있게 되면 집단으로부터 쉽게 철회하려고 노력한다. 온화한 집단의 분위기에서 도주하려는 충동이 지나치게 많을 수 있다. 이러한 문제가 있을 때 사회복지사의 주요 활동은 이들 성원이 집단의 마지막 공식 모임까지 남아 있을 수 있도록 하거나, 이들 성원이 종결에 대해 준비가 될 때까지 집단에 남아 있을 수 있도록 하는 것이다.

7) 거절

사회복지사에게 거절당한 느낌은 종결에 대한 또 다른 전형적인 반응이다. 거절당한 느낌은 종종 분노를 수반한다. 쉬프는 이에 대해 "치료자는 대단한 거짓말쟁이였다. 어떤 좋은 부모가 자식들을 내쫓아버리겠는가?"라고 적절하게 표현하였다.[17] 혹은 집단의 성원들이 "당신이 우리를 임대주택에 다시 데려다 주고 우리를 알았던 것을 모두 잊어버리면 어때요?"라고 말하기도 한다. 일부 성원들은 사회복지사가 자신들을 결코 돌보지 않았다는 것을 입증이나 하려는 듯이 집단경험의 긍정적인 의미를 부인하기도 한다. 또한 일부 성원들은 종결을 자신들의 수용할 수 없는 행동에 대한 처벌로 간주하기도 한다. 이러한 목적 때문에 성원들은 다양한 거절이나 거절을 유발하는 행동을 사회복지사에게 보인다. 성원들은 결석을 하거나 집단을 떠나거나, 사회복지사에게 거절당한 느낌이나 사회복지사를 거절하는 말을 하기도 한다.

8) 종결의 수용

집단종결에 대한 모든 반응들이 이를 수용할 수 있는 능력이 부족한 것과 연관되는 것은 아니다. 종결에 대한 다른 반응들 가운데는 사회복지사 및 다른 성원들과 이별하는 것을 수용하고 이를 건설적으로 활용하도록 하는 것과 관련이 있다.

많은 연구들이 종결을 다룰 때 수반되는 고통스러운 감정과 문제점을 집중적으로 강조하고 있다. 이는 아마도 자신에게 도움이 되었던 경험을 떠나는 것에서 오는 상실감과 자신 및 자신의 기술을 많이 제공하였던 집단을 떠나는 것에서의 상실감이 항상 있기 때문일 것이다. 윌리엄 슈와츠는 집단에서 "종결에 대한 저항감은 그러한 어려움으로 만들어진 사회적 구조를 다시 해체하는 것과 성취하기 어려웠던 친밀감을 해체하는 것과 관련이 있다."고 주장하였다.[18] 한편, 양가감정에는 긍정적인 면도 있으며, 어떤 상황에서는 그러한 면이 더 우세하게 나타날 수도 있다.[19]

종결에 대해 행복한 기대가 있을 수도 있는데, 예를 들어 졸업이나 부모의 집을 떠나는 것과 같은 삶의 특정 경험들에서 찾아볼 수 있다. 일부 성원들은 종결에 대해 매우 긍정적인 반응을 보일 수 있어서, "난 정말 준비가 되었어요." "집단이 이렇게 굉장한 줄은 정말 생각지 못했어요. 여러분 모두를 그리워할 거예요. 하지만 나 혼자 시도해 볼 준비가 되었어요." 등과 같은 말을 하기도 한다. 또한 집단의 남은 모임기간 동안 해결하지 못한 과업들을 끝내려는 강한 동기가 있을 수도 있다. 삶의 도전에 보다 효과적으로 대처할 수 있다는 자신감을 느끼고 그렇게 할 능력이 있다는 점을 확신하는 것은 매우 고무적이고 만족감과 희망을 동반한다. 이러한 감정과 반응들은 주로 목표를 성취한 것의 결과물들로, 종결에 대한 긍정적 · 부정적 감정들을 수용하며 새로운 경험과 관계를 향해 건설적으로 나갈 수 있도록 한다. 긍정적인 변화가 상호원조의 과정, 즉 이타성의 역동적인 힘에서 나왔다는 사실을 깨달음으로써 성원들은 자신 및 타인을 도왔다는 점에 자부심을 가진다.

상당시간 동안 고정적인 출석률을 유지하였던 집단에서는 다양한 반응들이 복합적으로 발생하는 경향이 있는데 이러한 반응들은 시간과 경향에 따라 다소 변화가 있다. 어떤 반응들은 일시적으로 혹은 집합적으로 나타나는 경향이 있으며, 심지어 한 번의 모임에서 나타나기도 한다. 이러한 반응들은 어느 정도 합리적인 방향으로 진전하는 것으로 여겨진다. 예를 들어, 증상의 부인이나 재현에서 이들을 검토하고 평가하는 방향으로 진전되는 것이다. 그럼에도 불구하고 이러한 현상들이 항상 순서대로 일어나는 것은 아니다. 성원들이 자신들의 경험을 반영하는 방법으로 평가하여, 이전에 일어난 수용할 수 없었던 행동에 대한 책임을 서로 비난하는 것으로 증폭시키는 것은 흔한 일이다.

6. 반응의 차이들

앞서 종결에 대한 감정과 반응들이 사람마다 다르며, 성원들 간의 관계 정도나 이별에 대한 성원의 이전 경험에 따라 다르다고 지적하였다. 캐럴 저메인과 알렉스 기터만은 "관계 및 관계의 종결과 관련된 감정의 심각성은 성원들 간의 상호 배려 및 존중 그리고 호혜성의 기간 및 질적인 면에 따라 다르다."고 지적하였다.[20] 종결의 과정은 특히 요양원의 노인 환자들 집단이나 치료거주시설의 청소년집단, 지역사회기관에서 접근하기 어려운 청소년집단 등에서 특히 강렬하고 오래 끄는 경향이 있다.[21]

다른 요인들도 종결과정에 영향을 미친다. 그 가운데 하나는 집단의 목적이다. 치료목적의 서비스는 보다 집중적이면서 관계에서의 문제에 보다 초점을 두는 경향이 있다. 반면, 교육집단이나 이와 유사한 집단은 대체로 심각한 문제를 갖고 있지는 않지만 사회적 능력을 향상시키는 것을 목표로 하고 있다. 후자의 경우 성원들은 강한 감정이 없으면서 보다 적은 부정적인 반응을 가지고 종결을 예상하고 해결하는 경향이 있다. 과제중심의 집단에서 집단 외부에서 성취할 수 있도록 특별히 규정된 과제를 위해 성원들이 일하게 된다는 사실은 곧 집단경험에서 사회정서적 역동성이 보다 적게 강조된다는 것을 의미한다.[22] 하지만 이것이 곧 그러한 노력을 종결하는 관계의 상실감이 없다는 것을 의미하지는 않는다. 그리고 만족이나 불만의 감정이 발생하지 않는다는 것을 의미하지도 않으며, 사회복지사 혹은 더 많은 것을 성취하지 못한 집단에 대한 분노가 있을 가능성이 없다는 것을 의미하지도 않는다.

집단사회복지실천 모델의 일부는 집단의 초점이 겉으로 드러난 분명한 행동을 변화시키거나 특정 기술 혹은 지식의 습득에 한정되는 경우가 있다. 그러한 집단에서는 애착의 정도가 대체로 중간수준에 있다.[23] 그런 집단의 실천방법은 심리사회적이기보다는 행동적 혹은 인지중심적이게 되며, 심리사회적인 방법은 인지행동적인 문제와 함께 사회정서적인 문제들을 고려한다. 예를 들어, 나즈닌 마야다스와 폴 글래서는 어떤 모델들은 만족스러운 학습과 다른 도전적인 것을 시행해 보고 사정하는 준거틀에 초점을 두기보다는 지나치게 '감정적인 향수병'에 초점을 둔다고 주장하였다.[24] 집단성원들이 친밀한 관계를 형성하지 않고 대인관계 및 집단관계의 문제를 해결하지 않은 경우에는 종결에 대한 격한 반응이 적다.

사회화 집단과 심리사회적 치료집단에서 종결에 대한 정서적 반응이 발생한다는 점에 많은 연구들이 동조하고 있다. 이러한 결과는 실천 관련 사례진행일지나 녹음의 분석에서 나온 것이다. 벤자민 루이스는 14개의 치료집단과 10개의 사회화 집단들을 대상으로 연구를 실시하였는데, 이들 집단은 대부분의 청소년집단들과 몇 개의 아동 및 성인 집단으로 구성되었다. 집단들은 매주 한 번씩 평균 1년 동안 모임을 가졌으며 석사 이상의 학위를 가진 사회복지사들이 지도해 왔다. 이 연구의 목적은 갈랜드와 그의 동료들이 제시한 종결단계의 특징들을 시험해 보기 위한 것이었다. 이 연구에서는 모든 집단이 모든 반응들을 보이는 것은 아니었지만, 집단에서의 정서적 반응들을 몇 개의 주요 유형으로 구분할 수 있음을 확인하였다.[25] 다른 연구를 실시한 메리 랙키(Mary Lackey)는 종결에 대한 복합적인 정서적 반응이 존재함을 확인하였으며,[26] 시드니 크레이머(Sidney Kramer)는 상실감이 대부분을 차지했다고 주장하였다.[27] 앤 포춘(Anne Fortune)이 종결에 관해 실시한 연구에서는 대부분의 클라이언트들이 어느 정도 부정적인 반응을 보이기는 해도 긍정적인 반응이 더 많았다고 주장하였다.[28]

서비스 기간은 종결과정의 내용에 어느 정도 영향을 미친다. 일반적으로 3개월까지의 단기서비스는 장기치료가 제공되는 클라이언트들의 문제들보다 덜 만성적인 문제를 가진 사람들에게 제공된다. 하지만 몇몇 단기집단도 성원들에게는 많은 의미를 부여하여 사회복지사와 개인, 사회복지사와 집단 간에 친밀한 관계를 형성한다. 예를 들어, 조셉 카로셀라(Joseph Carosella)는 후천성 면역결핍증을 갖고 있지는 않지만 이에 걸릴 것을 염려하는 '걱정 많은' 동성연애 남성들의 집단의 예를 제시하였다.[29] 원래 계획은 4주 동안 모임을 갖는 것이었다. 집단의 목표는 ① 후천성 면역결핍증에 대한 불안감을 감소시킬 수 있도록 도우며, ② 이 병과 감염경로, 치료 및 안전한 성관계에 대해 성원들을 교육하며, ③ 건강한 건강관리법을 논의하며, ④ 사회적으로 어울릴 수 있는 안전한 장소들을 탐색해 보는 것이었다. 이 집단에서는 죽음, 자살, 질병, 동성애 공포, 죄책감, 분노, 외로움 등과 같은 주제를 다루었다. 지난 모임에서는 집단경험에 관한 감정을 탐색해 보고 이 경험을 평가해 보았다. 한 성원은 집단경험을 "후천성 면역결핍증은 나에게 항상 악몽이었어요. 내가 그것을 생각하지 않으려 해도 그것이 나를 미치도록 만들었어요. 하지만 여기서는 집단의 도움을 통해 그에 대해 보다 밝고 편안한 마음으로 바라볼 수 있었어요. 이제는 더 이상 두렵지 않아요. 난 이제 후천성 면역결핍증에 반응하기보다는 이에 대해 행동할 수 있다고 느껴요."라고 요약하였다. 집단성원들 모두 이에 동의하였다.

위기개입의 개념적 정의에 따라 단기서비스를 제공하는 위기개입에서는 위기의 해결 혹은 최소한 이전 기능상태로의 회복이 종결의 자연적인 시기로 서비스의 초기부터 그렇게 정해진다. 위기개입의 종결단계에 대한 연구는 거의 관심을 받지 못했다. 리디아 라포포트(Lydia Rapoport)는 "단기치료에서는 종결을 명백하게 다룰 필요가 있다."고 강조한다.[30] 단기치료에서는 첫 면접에서 치료기간에 대해 논의되기 때문에 종결과정은 처음부터 예상된 것이다. 구체적으로 규정되고 여러 개로 세분화(partialized)된 목표와 위기 상황은 시간제한적인 현상이라는 가정 때문에 단 몇 주간의 서비스로 최소한의 목표를 성취한다. 하지만 급박한 위기 상황에 있는 클라이언트가 항상 단기서비스의 의미를 파악하고 있는 것은 아니라는 점을 기억할 필요가 있다. 사람들은 자신들의 참을 수 없는 불안, 혼돈, 불확실 등을 극복할 수 있도록 돕는 사회복지사와 집단성원들에 대해 여러 감정을 갖는다. 다음은 지역사회 정신건강기관의 위기개입 집단의 사례기록에서 발췌한 것이다. 6명의 집단성원들의 나이는 19세에서 23세로 모두 중산층의 백인 여성들이다. 이 집단은 개방집단으로 성원들은 6~7회 정도의 모임에 참석한다.

20세인 사라는 원치 않는 임신으로 진료소를 찾아왔으며, 낙태를 계획하고 실행함으로써 즉각적인 위기를 해결하고자 하였다. 하지만 이것은 또 다른 위기를 가져왔다. 나아가 그녀는 아이의 아버지와의 피학대적 관계를 끊으면서 상실감을 갖게 되었다. 치료기간 동안 그녀는 현재의 위기, 즉 자신의 애인과의 절교 및 부모의 거절로 인해 지난 6개월 동안 자해적이고 혼돈의 기간으로 이끈 역동성을 어느 정도 이해하게 되었다. 그녀는 이제 부모와 새롭고 보다 건전한 관계를 형성하였다.

집단치료와 함께 개별치료를 활용하였는데 이는 사라가 다른 자원들과 연결될 필요가 있었기 때문이었다. 사라는 나(사회복지사)에게 매우 의존적이었는데 이것은 우리가 다른 집단성원들에 비해 보다 강한 관계를 형성하였기 때문이다. 지난 한 주 동안 그녀는 나에게 두 번 전화를 하여 그녀와 면접을 해 주지 않으면 '마약을 사용' 하겠다고 주장하였다. 나는 그녀를 만나서 면접을 그녀에게 집단과 나와의 이별이 곧 다가옴을 알리는 경종으로 활용하였으며, 상실감을 다루는 새로운 방법의 중요성을 논의하는 데 활용하였다. 하지만 그녀의 부인은 계속되었다. 그녀는 집단모임에 참석하기를 원치 않거나 집단에 헌신하기를 원치 않았다. 나는 그녀가 집단에서 우리와 함께 얻은 것을 유지하기를 원하고 새로운 치료적 관계에 들어가기 위해 보다 자유로우려면 진정으로 집단에게 잘 있으라고 말하는 것이 매우 중요하다는 점을 이해할 수 있도록 도왔다. 그녀는 결국 이를 받아들였고 집단모임에 오기로 동의하였지만 자신의 양가감정은 아직 수용하지 않았다.

집단모임 전에 나를 개인적으로 만나기를 바라면서 사라는 조금 일찍 도착하였다. 그녀가 온 사실을 비서가 나에게 알려 주지 않았기 때문에 나는 그녀를 모임 전에 잠깐 동안 만났다. 나의 공동치료자가 모임에서 다른 문제들을 논의한 후 나는 사라가 집단에게 고별인사를 하기를 원한다고 말했다. 모임 초반에 그녀는 조용하면서도 집단에 소극적으로 참석하였다. 나의 언급에 대한 반응으로 그녀는 약간 놀란 듯했으며 얼굴이 약간 일그러진 표정으로 나를 잠시 쳐다보았다. 그런 다음 그녀는 손으로 얼굴을 가린 채 울기 시작했다. 성원들 가운데 한 사람이 그녀에게 휴지를 건넸다. 이는 한 성원이 어려울 때 지지를 보여 주는 하나의 상징이었다. 사라는 휴지를 받았으며 잠시 동안 이를 가지고 장난을 치면서 아래를 내려다 본 다음 나를 쳐다보았다. 그녀는 끊어지는 목소리로 내가 얼마나 많이 그녀를 도와주었으며, 그녀를 그만큼 돌보아 준 사람을 다시는 못 만날 것 같다는 이야기를 하였다. 그런 다음 그녀는 다른 성원들을 보면서 "그리고 당신들도 나를 도왔어요."라고 말했다. 나는 의자의 앞으로 기대면서 그녀가 우리와 함께 하는 동안에 많은 것을 얻었지만 그녀도 스스로 성장하기 위해 많은 것을 했다는 말을 부드럽게 하였다. 나는 집단과 내가 그녀가 스스로 도울 수 있도록 도운 것이라고 말했다. 그런 다음 나는 "당신과 함께 성장해 온 사람과 헤어진다는 것은 정말 어려워요. 그렇지요?"라고 말했다. 그녀는 "정말 그래요."라고 말하면서 더욱 울었다.

집단성원들은 매우 조용하였으며 우리의 대화를 주의 깊게 듣고 있었다. 나는 그들이 사라에게 하고 싶은 말이 있는지를 물었다. 각 성원은 돌아가면서 그녀와 가까워졌으며 그녀를 그리워할 것이라고 말했다. 그레타는 집단이 성원들의 감정을 느낄 수 있도록 도왔으며 그것이 정말 도움이 된 것 같다고 하였다. 사라는 그녀가 이 말을 할 수 있도록 도왔다. 주변에서 모두가 고개를 끄덕였다. 사라는 성원들이 마음속에 느낀 것을 이야기하는 것이 어렵지만 이제 모든 것이 끝났으며 더 이상 무섭지 않다고 하였다. 그런 다음 그녀는 "G부인은 나에게 매우 많은 도움을 주었어요. 하지만 집단의 당신들도 얼마나 나에게 도움을 주었는지 잘 모를 거예요."라고 말했다. 방 안에는 온화한 분위기가 있었다. 나는 우리의 예정된 시간이 훨씬 지났지만 우리 모두에게 중요한 시간이었다고 하였다. 모두가 말로 혹은 고갯짓으로 동의하였다. 나는 우리가 아직 사라에게, 또 사라가 우리에게 작별인사를 할 수 있는 시간이 있다고 말하였다. 집단모임이 끝나자 나는 나의 손을 사라의 어깨 위에 얹고 서로에게 작별인사를 하였다.

위기개입의 강력한 역동성 가운데 하나는 사회복지사와 집단과 같이 사람들이 곁에 있어서 자신의 대처능력이 적절치 못할 때 도움을 청할 수 있다는 점이다. 따라서 사회복지사와 성원 및 성원들 간의 관계는 매우 의미 있는 것이다. 사라의 사례에서처럼 많은 위기는 어떤 형태든 상실감을 포함하고 있기 때문에, 성원들은 사회복지사와 집단의 상실감을 다룰 수 있는 보다 나은 방법을 배우는 것이 중요하다. 따라서 종결의 어려움을 이겨낸다는 것은 장래의 상실감을 직면하고 대처할 수 있는 능력을 향상시키는 데 기여한다.

회원구성이 자주 바뀌는 개방집단에서는 관계의 정도와 강력한 응집력이 잘 형성되지 않는다는 암시가 있을 수 있다. 이 말이 사실이라면 개방집단에서의 종결은 폐쇄집단에 비해 덜 강한 감정을 유발한다고 생각할 수 있다. 그렇지만 위기개입집단은 분명 이러한 일반화에서 예외다. 중요한 점은 사회복지사가 종결이 집단성원 및 집단에게 주는 의미를 정확하게 판단할 수 있는 민감성과 지식을 갖고 있으면서 이를 종결과정에서 활용하는 것이다. 이때 서비스는 개방집단이든 폐쇄집단이든, 단기든 장기든 상관없다.

7. 사회복지사의 개입

사회복지사의 자기인식과 감정의 반응을 통제할 수 있는 능력은 매우 중요하다. 사회복지사도 집단성원들과의 종결에 대한 감정으로부터 자유로울 수 없다. 사회복지사가 집단의 진도와 그들이 집단의 진도에 기여한 바에 대해 기뻐하는 것은 자연스러운 것이다. 또한 사회복지사가 상실감을 느끼는 것도 자연스러운 것이다. 사회복지사가 이러한 감정들을 성원들과 함께 공유하는 것은 매우 중요하다. 하지만 표현하려는 감정은 진실된 것이어야 하지 겉치레로 하는 것이어서는 안 된다. 다음은 한 사례를 예로 제시한 것이다.

종결 예정일 4주 전에 사회복지사는 학교의 학기가 끝나기까지는 앞으로 두 번의 모임이 더 있으며, 그런 다음 집단이 종결될 것이라는 점을 고등학교 여학생들에게 상기시켰다. 성원들은 시간이 그렇게 빨리 갈 줄은 몰랐다며 집단이 계속되기를 원한다고 주장하였다. 모임이 끝난 후에 여학생들은 남아 있기를 원했다. 그들은 복도의 한 끝에서 모임을 가졌다. 후에 그들은 사회복지사의 사무실로 찾아와 자신들과 이별하는 사회복지사에 대한 감정을 담은 편지를 건넸다. 사회복지사는 그 편지를 읽고 매우 감동되었다는 말을 하였으며, 그녀도 집단성원들과 헤어지는 것이 매우 힘들다고 하였다. 한 소녀는 "그 말 정말이죠?" 라고 물었다. 사회복지사는 그 말이 정말이라는 확신을 주었으며, 성원들 한 사람 한 사람을 그리워하고 집단과 일한 것을 그리워할 것이라고 말했다. 베티는 "정말 그러신 것 같아요. 난 알 수 있어요." 라고 소리쳤다. 클라리스는 "봐, 그녀도 우릴 좋아하고 우리도 그녀를 좋아하잖아. 그녀가 우리를 위해 해 준 일을 잊지 못할 거야." 라고 말했다. 그러자 여학생들 모두 자발적으로 박수를 쳤다. 사회복지사는 그들이 아직 두 번의 모임이 더 남아 있으며 그들이 남은 기간에 무엇을 할 것인지 우선순위를 정하도록 하였다.

성원들이 표현한 감정에 대해 사회복지사도 강한 감정의 반응을 갖는 것은 자연스러운 것이다. 이러한 감정들 가운데 성원들이 적대감이나 거부감을 표하면 사회복지사는 그것을 과정의 일부로 수용하기보다는 사적인 것으로 생각할 수도 있다. 이때 사회복지사는 화를 내기도 하며, 성원들이 정말 초기수준으로 되돌아가 진도가 없었다는 점에 동의함으로써 명백하게 퇴행적인 행동을 보이며 자신을 실패자로 간주하기도 한다. 그리고 앞으로 다가오는 마지막 날을 집단에게 상기시키는 것을 잊음으로써 집단종결에 대해 저항감을 보이거나, 집단이 영원히 계속될 것처럼 앞으로의 활동이나 논의를 계속하는 반응을 보이기도 한다. 특히, 한 성원이 화를 내거나 수용할 수 없는 행동을 재현하는 집단과정에 있다 보면, 사회복지사는 이러한 행동이 종결단계의 일상적인 행동이라는 점을 쉽게 잊고 이러한 혼돈이나 적개심을 일으킨 것에 대해 자신을 비난한다.

집단이 특히 사회복지사에게 매우 어려웠다면 집단이 종결된다는 점에 대해 많은 안도감이 있을 수 있다. 한 학생은 "하나님 감사합니다. 이제 끝났네요. 마지막 날을 볼 수 있을 것이라고는 결코 생각지 못했어요." 라고 말했다. 하지만 한편으로 그 학생은 집단경험을 통해 얼마나 많은 것을 얻었으며 각 성원들이 어느 정도의 진도가 있었다는 점을 현실적으로 관찰할 수 있었음을 깨달았다고 하였다. 어떤 사회복지사들은 클라이언트에게서 완벽함을 기대하여 클라이언트의 진도에 대해 불만을 느낄 수도 있다. 또한 일부 사회복지사들은 클라이언트가 자신들 없이는 생활할 수 없다고 느낄 수도 있으며, 일부 성원들에게 지나치게 애착되어 성원들이 사회복지사 없이 새로운 경험을 하는 것을 지지하지 않을 수도 있다. 종결은 또한 사회복지사의 업무수행의 질적인 면에 대한 감정을 불러일으키기도 한다. 예를 들어, 특정 시간을 갖지 못한 것에 대한 죄책감이나 더 많은 성원들에게 도움이 될 수 있는 기술에 대한 것들이 있다. 나아가 사회복지사는 성원들이 집단경험을 통해 얻은 것의 본질이나 영구성에 대해 의심을 갖기도 하여 그들이 집단에 계속 남아 있기를 바라기도 한다. 자신의 감정이 상처를 입히기보다는 도움이 되도록 활용하기 위해, 사회복지사는 집단성원들이 사회복지사와의 관계가 종결된 후에도 계속해서 성장할 수 있는 능력이 있다는 믿음을 그들에게 보여 주고 이를 재확신시켜 줄 필요가 있다.

종결과제에 대한 문제를 성원들과 다루기에 앞서 사회복지사는 종결과정을 언제 시작할지에 대해 결정해야 한다. 분명하면서 상호 협의된 목표들은 이러한 결정을 하는 근거가 된다. 사회복지사는 종결과정을 시작하는 데 있어 어떤 기준을 활용할 것인지를 분명히 할 필요가 있다. 예를 들어, 집단의 기간에 대해 사전에 시간을 정하는 방법, 목표의 성취, 예기치 못한 상황으로 인해 강제로 종결되는 것 등이 포함될 수 있다. 일단 다가오는 집단의 종결에 대해 고지하면 사회복지사는 종결과 관련된 스트레스 상황에 성원들이 잘 대처할 수 있도록 돕는 데 노력을 집중할 필요가 있다.

종결이 성장을 촉진하는 긍정적인 경험이었다면 사회복지사는 집단서비스의 마지막 단계에서 성취해야 할 여러 가지 도구적인 목표를 가진다. ① 성원들이 제 시간에 종결에 대해 준비할 수 있도록 돕는다. ② 종결에 대한 성원들의 감정을 탐색하고 명료화하며, 사회복지사와 다른 성원들을 떠나는 것(단, 자연적인 집단에서는 제외됨)에 대한 양가감정을 해결한다. ③ 성원들이 이루어 낸 진도를 검토하고 평가하고 지지하며, 실질적으로 얻은 것을 인정하고 아직 남아 있는 욕구를 파악하며, 집단의 효과성을 평가할 수 있도록 돕는다. ④ 집단성원들의 진도와 관련된 해결되지 못한 문제나 과제를 해결할 수 있는 우선순위를 정할 수 있도록 돕고, 성원들이 취득한 것들을 안정시키고 일반화시킬 수 있도록 돕는다. ⑤ 필요한 경우 사후모임이나 의뢰 등과 같은 새로운 경험으로의 전환이 이루어질 수 있도록 돕는다.[31] 사회복지사는 성원들이 이러한 성공적인 종결을 경험할 수 있도록 돕기 위한 과업을 수행할 때 모든 유형의 기술들을 활용할 수 있다.

사회복지사가 집단에게 곧 다가오는 집단의 종결을 상기시켜 주었으면, 사회복지사의 노력은 이러한 스트레스 상황에 성원들이 잘 대처할 수 있도록 하는 것에 집중된다. 사회복지사는 복잡한 감정에 직면한다. 즉, 개별성원의 독립된 반응들을 다루지만 이것들이 다른 성원들의 반응들과 유사할 수도 있고 전혀 상이할 수도 있다. 하지만 상호영향으로 인해 집단의 감정이나 분위기가 조성되어 어떤 방향에 관심을 가져야 할지 알 수 있게 된다. 사회복지사는 지지기법들을 활용하여 성원들이 종결에 대한 양가감정을 환기시킬 수 있도록 촉진하고, 이러한 감정들을 수용하는 메시지를 보이며, 그 감정들을 가능한 한 최대한 일반화시키고 공감을 갖고 대화를 한다. 때로 사회복지사들은 성원들 스스로 자신들의 감정을 파악하고 이해할 수 있도록 도울 필요가 있다. 그리고 현재의 반응이 다른 문제 상황을 다룰 때의 행동양식과 얼마나 비슷한지를 해석해 줄 수도 있다. 나아가 사회복지사들은 도주하고자 하는 성원들을 찾아가 부드럽게 직면할 수도 있으며, 이들이 집단으로부터 도망가기보다는 집단 안에서 자신들의 감정을 해결해 볼 수 있도록 요청할 수도 있다. 집단 전체가 집단서비스를 계속할 것이 아닌 이상, 사회복지사는 성원들의 이러한 감정이 사회복지사 및 집단에 대한 상실감과 관련된 것임을 알게 된다.

8. 이득의 평가

마지막 모임에서 일반적으로 집중하는 것 가운데 하나는 성원들과 함께 집단의 목적과 개별성원들의 목표 그리고 목표를 성취한 정도에 대한 집단성원들의 인식을 검토하는 것이다. 사회복지사는 성원들이 보인 진도의 차이점을 수용한다. 사회복지사들은 이러한 진도의 차이점을 성원들이 수용할 수 있도록 도울 필요가 있으며, 기대한 만큼 진도를 보이지 않았을 때 실망감을 보이는 특정 성원에게 특별한 도움을 제공할 수도 있다. 사회복지사는 자신들이 관찰한 성원들의 진도와 성원들이 집단 없이도 성장할 수 있는 능력이 있다는 자신감을 성원들과 함께 공유할 책임이 있다. 집단 전체가 집단경험을 함께 평가함에 따라, 사회복지사는 성원들에게 가장 유용하고 만족스러웠던 일들 뿐 아니라 다른 방법으로 했으면 하는 일들도 함께 평가하는 것을 수용할 수 있어야 한다. 그럼으로써 사회복지사는 집단의 어떤 부분이 성원들에게 만족을 주고 이득을 주었는지 파악할 수 있으며, 어떤 역동적인 변화 기제가 성원들에게 가장 중요하였으며 집단에 대해 좋아하고 싫어했던 것이 무엇인지를 파악할 수 있다.

1) 진도 인정하기

성원들은 종결에 대한 자신들의 감정을 표현하고 이를 이해할 수 있는 충분한 시간을 필요로 한다. 하지만 사회복지사의 중요한 과업 가운데 하나는 성원들이 질질 끄는 감정으로부터 자신들의 목표 중 최소한 일부라도 성취할 수 있게 한 집단경험을 종결해야 할 시점이 다가오고 있음을 인식하도록 돕는 것이다. 즉, 성원들은 집단을 그리워하면서도 동시에 지역사회에서 새로운 만족을 찾을 수 있는 준비가 되었음을 인식하는 것이다. 종결에 대한 감정들로 인해 성원들은 자신들이 이룩한 긍정적인 면을 인식하지 못할 수도 있다. 예를 들어, 마지막 모임에서 한 성원은 "난 중단하지 않겠어요. 그냥 가버리도록 내버려 두기 어려워요. 종결한다는 것이 어려워요. 난 그냥 여기 있을래요. 여기에 있을래요, 여기에. 우리가 함께 한 각각의 모임은 매우 생산적이었어요. 내 생각은 상황이 점점 나아지고 있다는 것이지요. 난 종결에 대해 걱정하고 있어요."라고 말했다. 그는 감정의 표현에서 평가로 진일보하고 있는 것이었다.

2) 우선순위 설정 및 이득의 안정화

성원들에게 자신들의 진도와 집단의 효과성에 대해 평가해 보도록 한 다음에 사회복지사는 남은 모임들에 활용할 것을 예상하고 계획해야 한다. 중요한 도전 가운데 하나는 성원들이 이별과 관련된 문제들을 다루면서도 한편으로는 계속해서 목표성취를 위해 노력할 수 있도록 돕는 것이다. 그렇지 않으면 집단은 조기에 그 효과성을 잃게 되고 마지막 모임은 생산적이지 못할 수도 있다. 성원들은 일차적인 평가과정에 관여하게 됨에 따라 아직 충족되지 못한 욕구를 파악하는 경향이 있다. 사회복지사는 이러한 검토를 통해 성원들이 앞으로 남은 기간 동안에 해결하고자 하는 과업의 우선순위를 정할 수 있도록 돕는다. 시간이 얼마 남지 않았다는 점을 인식함으로써 성원들이 남은 시간을 보다 효과적으로 활용할 수 있는 동기가 향상될 수 있다. 하지만 사회복지사는 마지막에 모든 것이 성취될 수도 있다는 인식의 위험성에 대해서도 숙지하고 있어야 한다. 설정된 우선순위는 성원들의 능력과 준비도 그리고 남은 시간 측면에서 현실적이어야 한다.

주된 우선순위 과제들은 이전에 배웠던 기술들을 실험해 볼 수 있는 논의나 활동과 관련된 것으로서, 우선은 집단 내에서 다른 상황을 대상으로 시험해 보고 난 다음에 지역사회의 상황에서 시험해 본다. 이러한 방법을 통해 성원들의 기술은 안정되고 새로운 상황에 적용될 수 있다. 이러한 활동들은 집단발달의 이전 단계의 기술들에서 자연스럽게 진일보한 것들이다. 예를 들어, 이들 활동들은 지역사회와 관련된 것들로서 학교나 고용안정센터의 방문 혹은 복잡한 상황에 참여함으로써 성원들에게 적절한 상황에서 적응행동의 능력을 시험해 볼 수 있도록 하는 것이다. 때로 성원들은 이전보다 현재의 문제 상황을 보다 잘 다룰 수 있다는 자신들의 판단력을 확신하기도 한다. 즉, 성원들은 능력을 개발한 것이다.

사회복지사들은 성원들이 집단으로부터 이별하는 것을 지지하고, 집단 외부에서 새로운 관계를 형성하는 것을 지지하며, 그들이 지역사회에서 일상적인 위치를 파악할 수 있도록 돕는다. 사회복지사들의 이러한 개입들은 성원들이 집단 내에서 배운 기술들을 다른 경험으로도 전환할 수 있도록 세밀하게 돕는 데 초점을 맞추며, 그럼으로써 성원들이 앞으로의 만족스러운 수행에 희망을 가질 수 있도록 돕는다. 나아가 사회복지사는 성원들이 집단과는 동떨어진 자신들만의 정체성을 형성할 수 있도록 돕는데, 이는 정체감과 이별과 관련된 이전의 문제해결을 자연스럽게 확대하는 것이다. 성원들은 이제 집단 없이도 잘 어울릴 수 있음을 깨닫고, 집단에서 얻을 것들을 보다 잘 통합할 수 있으며, 자신들의 미래에 대해 결정할 수 있음을 깨달을 필요가 있다. 사회복지사는 성원들이 다른 것들에 관심을 갖는 것을 인정하면서 집단모임보다 다른 것에 우선적인 관심을 두는 것에 대해 기뻐할 필요가 있다. 해밀톤은 “성원들이 자신들의 관심사와 관계를 지역사회로 확장하게 됨에 따라, 자신들에게 도움이 되었던 관계를 종결하는 고통스러운 면은 자신들의 강점이 점차 강해지는 것을 느끼게 되면서 감소하게 된다.”고 주장하였다.[32)]

사회복지사들은 성원들이 지역사회의 기관이나 다른 곳에 있는 의료, 복지, 여가 및 교육 자원들을 고려해 보고 이를 활용할 수 있도록 촉진한다. 필요할 경우 사회복지사는 성원들이 추가적인 서비스를 찾는 방법에 대해 정보를 제공하고 이에 대해 논의함으로써 성원들에게 도움을 제공할 수 있다. 또한 성원들은 자신들의 삶을 보다 풍부하게 하기 위해 지역사회의 자원을 알고 있는 것 자체로도 도움을 받을 수 있다. 이러한 자원에는 다른 유형의 사회지지, 비공식적 교육집단, 취미나 직업기술 등을 개발할 수 있는 기회 등이 포함된다. 일부 성원들은 집단에서 적절하게 다루어지지 못했던 심리사회적 문제에 대한 도움을 받기 위해 다른 곳으로 의뢰될 필요가 있을 수 있다. 사회복지사는 나아가 개별성원이나 가족 혹은 집단과 가질 수 있는 지속적인 관계의 본질에 대해서도 언급하고 이를 분명히 할 필요가 있다. 가능하다면 성원들이 문제에 직면하였을 때 사회복지사가 성원들에게 도움을 제공할 수 있는 계획도 마련할 수 있으며, 성원들이 잘 지내고 있는지를 평가할 목적으로 사후면접을 하거나 집단성원들과의 재상봉의 기회를 가질 수도 있다. 성원들이 반드시 추가적인 도움을 필요로 할 때는 가능한 한 성원들 스스로 이를 찾아보도록 내버려 두지 않게 하는 것이 사회복지사의 윤리적 책임이다.

시간제한적인 집단에서는 추가적인 기간을 정하여 집단을 계속할 것인지, 아니면 집단성원들의 새로운 혹은 지속적인 욕구를 충족시켜 주기 위해 집단을 재구성할 것인지를 결정해야 한다. 대부분의 성원들이 집단을 떠날 준비가 되어 있다 해도 남은 성원들은 집단을 계속해야 한다. 그러한 경우 이에 대한 새로운 임시 합의가 이루어져야 하며, 찾고자 하는 목표가 뚜렷하고 새로 구성될 집단의 기간이 분명해야 한다.

집단의 종결에 대해 감정의 표현을 촉진하고 양가감정을 해결하는 것, 해결되지 못한 문제에 대해 계속 노력하는 것, 변화를 안정화시키는 것, 진도와 과정을 평가하는 것, 새로운 경험으로 전환하는 것 등과 같은 과업들은 좀처럼 순서대로 행해지는 것이 아니라 집단의 마지막 모임들에 서로 얽혀 있게 된다. 지속적인 결혼생활을 위협할 정도로 심각한 부부갈등을 겪고 있는 부부들을 위한 집단의 한 예를 살펴보고자 한다. 이 집단은 4개월 동안 모이기로 한 시간제한적인 집단이었다. 마지막 바로 전 모임에서 성원들은 서로간에 그리고 다른 가족들과 대화하는 방법에서 얻은 것들과 결혼관계 및 가족관계에 영향을 주는 중요한 결정을 하는 방법에 관해 얻은 것들을 안정화하려고 노력하였다. 그들은 마지막 모임에 앞서 보다 많은 것을 얻기 위해 무엇을 할 것인가를 고려하고 있었다. 사회복지사는 그들에게 집단의 마지막 모임에 대해 상기시켜 주었으며, 그들은 이를 부인하거나 집단을 포기할 준비가 되어 있지 않음을 보였고 약간의 슬픔을 표현하였다. 그리고 필요할 경우 기관의 위기개입 서비스가 있음을 알려 주었고, 나아가 성원들 자녀들의 직업검사, 가정교사 및 가족계획과 여가활동의 욕구를 충족시켜 줄 수 있는 지역사회의 자원에 대해서도 정보를 제공하였다.

이전에 성원들은 종결에 관해 많은 감정들을 표현하였다. 이제 성원들은 지금까지의 진도에 관해 평가하고 있는 중이었다. 성원들은 얻을 것을 깨닫는 것과 함께 해결되지 못한 문제점들도 파악하였다. 캐서린이 최근 남편과 싸운 것에 대해 이야기하면서 "이 치료에서의 커다란 문제점은 치료가 길지 못하다는 것이에요. 도대체 이 모임을 계속하는 것이 뭐가 잘못되었냐는 거예요. 우린 지금 바로 문제 한가운데 서 있는데 모든 것이 곧 끝나버리네요."라고 소리치듯 말했다. 나는 캐서린은 집단이 종결하는 것에 대해 준비가 되지 않았으며 집단종결에 대해 그녀가 매우 화가 나 있는 것이 분명하다고 말하면서 다른 사람들은 어떻게 느끼는지 말해 보도록 하였다. 모든 사람들이 각기 다른 방식으로 집단성원들을 돕는 것에 대해 내가 더 이상 상관하지 않는다고 말했다. 나는 그들이 나를 필요로 하는 시기임에도 불구하고 내가 그들을 저버린다는 느낌을 갖고 있다고 말했다. 이에 "정말 그래요." "당신이 지금 그렇게 하고 있어요."라고 말하는 것이 보편적인 반응이었다. 나는 나도 집단이 좀 더 만났으면 하고 바라지만 그렇게 할 수 없다고 말했다. 나는 우리가 열다섯 번의 모임을 갖기로 합의했고 다음 주가 마지막이라는 점을 상기시켜 주었다. 한동안 침묵이 있었다. 나는 전에 그들이 현재 어떻게 나아졌는지에 대해 이야기한 것을 간략하게 검토해 주었으며, 그들이 집단 밖에서 자신들의 문제를 해결하려고 계속해서 노력할 수 있다는 자신감을 심어 주었다. 그리고 집단에서 배운 것은 성원들 간의 대화 및 가족과의 대화에서도 수행될 수 있는 것이라고 말하였다.

에스더가 분위기를 바꾸면서 자신은 아직도 해결해야 할 것이 많지만 이 집단은 이전 치료에 비해 자신과 남편에게 많은 도움을 주었다고 말하였다. 캐서린이 이에 대해 질문하자 그녀는 "아마 여섯 명이 당신에게 동시에 대드는 것 같지요. 그것은 정말 인상적이었어요. 그것은 고통스러운 과정이었으며 난 다시 그런 것을 거치고 싶지 않아요. 하지만 난 그것을 버텨 냈는데 그건 다 당신들이 나를 좋아하고 돌봐 주었기 때문이에요."라고 말했다. 그녀의 남편도 동의하면서 자신들의 결혼문제와 동일하지는 않지만 결혼문제를 가지고 있는 사람들과 함께 얘기해 볼 수 있어서 좋았다고 하였다. 그런 다음 집단이 그들을 어떻게 도왔는지에 대해 좀 더 많은 논의가 있었다. 또한 잘 되지 않은 것에 대해서도 논의가 있었으며, 이 모임과 마지막 모임에서 감정의 표현, 문제해결, 검토 및 평가가 고루 다루어졌다. 모임의 마지막에 이르러 집단의 종결에 대한 긍정적인 감정이 압도하였는데, 이는 성원들이 문제를 직면하는 방법, 어려움을 인지하고 이에 대한 감정을 대화하는 방법, 많은 갈등을 유발하지 않으면서 의사결정을 할 수 있는 방법 등에 대해 자신들이 얼마나 배웠는지를 파악할 수 있었기 때문이었다.

집단성원들이 함께 일하면서 특히 만족스러운 경험을 하게 되었을 때 성원들 간의 관계가 목표성취보다 더 만족스러운 것이었다면 작업을 마치는 것에 대해 저항할 수도 있다. 그리고 성원들은 작업을 마치는 것을 지체시킬 수도 있는데 이는 관계를 지속시키기를 원하기 때문이다. 일부 집단들은 집단의 본래 목적이 성취된 다음에는 친구관계로서 계속하기를 원한다. 그러한 결정은 종종 현실적이지 못하고 종결을 직면하는 것을 저항하는 것이며, 지역사회로 나가 새로운 경험을 하는 것을 저항하는 것이기도 하다. 사회복지사는 성원들의 이러한 욕구에 동의하기보다는 집단이 문제를 직면하고 해결할 수 있도록 도울 필요가 있다.

집단을 재구성한다는 것은 일반적으로 집단의 목적이 변하여 사회적, 자조적, 지지적 집단이 되어 사회복지사의 도움이 없이도 계속된다는 것을 의미한다. 윌마 그린필드(Wilma Greenfield)와 부엘라 로스만(Beulah Rothman)은 이를 가리켜 종결을 넘어선 변형단계(transformation stage)라고 하였다.[33] 비록 성원들이 남아 있다 해도 그들은 이러한 변화를 직면하고 사회복지사와 후원기관으로부터의 이별을 다루어야 한다. 많은 자조집단 및 지지집단은 치료집단이나 심리교육 집단에 참가한 적이 있는 일부 성원들이 시작한 것으로, 특정 욕구를 함께 공유하고자 하는 사람들과 관계를 유지하기를 원한다. 이러한 집단에서 사회복지사의 역할은 성원들이 그 집단에 대해 계획을 세울 수 있도록 돕는 것이다. 어떤 경우에는 그 집단의 자문가 혹은 조언가로 계속해서 활동할 수도 있다.

많은 경우 사회복지사가 성원들에게 종결을 통보하고 그들이 종결을 맞을 수 있도록 준비시키며 사후조치를 취하는 것만으로는 충분하지 않다. 아동을 대상으로 일을 할 때 부모들이 집단에서의 자녀들의 진도에 대해 함께 검토하고 평가할 수 있도록 참여할 필요가 있으며, 기관에서 제공되는 다른 사후 서비스나 다른 곳으로의 의뢰에 대한 결정에 부모가 참여할 필요가 있다. 다른 기관에서 서비스를 제공하는 경우에는 상황에 따라 성원들을 책임지고 있는 직원들도 집단서비스의 종결에 대해 통보받을 수 있도록 하거나 그 결정과정에 참여할 수 있도록 한다. 여러 가지 서비스 가운데 하나로 집단서비스가 성원에게 제공된 경우에는 기관이나 지역사회의 다른 직원들이 그 성원의 사후 조치에 관여할 필요가 있다. 집단은 그 자체가 독립된 섬이 아니다. 성원들은 집단서비스의 종결로 인해 영향을 받을 수 있는 다른 사회체계의 일부다.

3) 종결

실제 종결은 집단의 마지막 모임에서 일어난다. 종종 마지막 의식은 성원들이 그동안의 경험을 내면화할 수 있는 것을 상징화한다. 정신질환을 앓고 있는 환자들을 위한 집단에서는 각자 서로 잘 어울릴 수 있을 것이라는 희망의 메시지가 교환되었으며, 한 성원은 집단을 대신하여 집단경험이 자신들에게 준 의미와 사회복지사가 제공한 도움에 대한 감사의 말을 하였다. 한 부모집단은 공들여 만든 간식과 감사카드를 사회복지사에게 가져와 집단의 종결을 상징화하였다. 이런 경우 사회복지사는 제공한 도움에 대한 성원들의 감사의 표시를 고맙게 받는다.

사후 조치 및 활동에 대한 기관의 정책은 매우 다양하다. 실제 마지막으로 종결하는 단계에서 사회복지사는 기관의 정책이 허락하는 한, 성원들이 도움을 필요로 할 때 언제든지 연락할 수 있음을 알려 줄 필요가 있다. 또한 성원들이 떠나기는 하지만 사회복지사들이 성원들에게 지속적으로 관심을 갖고 있음을 알려 줄 필요가 있다. 성원들에 대한 사회복지사의 관심이 마지막 날에 중지되는 것이 아님을 성원들은 알 필요가 있다. 집단경험을 통해 얻은 새로운 강점과 앞으로의 전망이 각 성원이 일상생활에서 겪을 문제에 대처할 때 근간을 제공할 것이라는 희망을 주지시킬 필요가 있다.

9. 실천지침

집단 발달단계의 마지막 단계에서 성원들의 사회정서적 과제는 사회복지사와 다른 성원들로부터 헤어지는 것과 집단으로부터 도움을 받는 것과 관련된 상실감이다. 이러한 상실감에 대처하기 위해 성원들은 집단경험의 종결과 관련된 다양한 감정들을 표현한다. 그들은 종결의 현실을 직면하는 것에 반항하여 방어기제를 동원하기도 한다. 하지만 성원들이 집단 외부에서의 관계로부터 만족을 얻게 됨에 따라 집단과의 유대감을 점차 끊게 된다. 종결에 대한 정서적 반응들은 개인의 욕구, 이제까지 성취한 진도 그리고 집단의 목적과 유형에 따라 다양하다. 하지만 정서적 반응들은 교육이나 과제 중심의 집단보다는 치료 및 지지 집단에서 더욱 강렬하다. 그리고 집단은 종결에 대한 반응 이상을 다루게 된다. 집단은 성원들의 심리사회적 기능에서의 문제와 과제를 해결하기 위해 노력한다.

성공적으로 종결하는 것은 복잡한 과정으로 인간 행동과 집단 및 환경에 대한 지식을 필요로 함과 동시에, 성원들의 삶에서 많은 종결을 어떻게 성공적으로 대처할 수 있도록 도울 것인가에 대한 지식도 필요로 한다. 성공적인 사회복지사는 다음과 같이 일한다.

① 이별과 관련된 자신의 감정을 인식하고 대처하도록 노력하며, 성원들이 보이는 다양한 감정을 이해하고 수용한다.
② 성원들이 상실감과 실패 혹은 성공과 관련된 다양한 감정들을 경험할 때 수용과 공감 그리고 진실성을 모범적으로 계속해서 보여 준다.
③ 각 성원이 집단의 종결에 대해 준비된 정도를 평가하며, 진도의 본질과 정도에서의 차이점을 인식하며, 집단에서 배운 것을 다른 상황으로 전환하는 데 영향을 줄 수 있는 외적 상황에서의 차이점도 인식한다.
④ 집단의 종결에 대해 성원들을 준비시키고, 집단이 계속되는 경우 개인의 종결을 적시에 준비시킨다. 핵심적인 과업을 성취하기 위해 충분한 시간을 안배한다.
⑤ 종결에 대한 다양한 정서적 반응을 탐색하고 지지하며 명료화한다. 그리고 집단이 이별 및 목표성취와 관련된 양가감정을 해결할 수 있도록 돕는다.
⑥ 집단성원들이 성취한 진도를 점검하고 평가하고 지지하며, 나아가 이들이 얻은 것을 인정하고 아직 존재하고 있는 욕구를 파악한다. 그리고 해결되지 않은 과업이나 활동 혹은 문제에 대한 작업의 우선순위를 설정한다.
⑦ 성원들이 얻은 것을 안정화시키고 집단에서 배운 것을 주변 환경으로 일반화시킨다. 성원들이 새로운 관계를 형성하려는 노력을 지지하며 파괴적인 관계를 끊으려

는 노력을 지지해 준다.

⑧ 성원들의 삶을 풍부하게 해 줄 기관이나 지역사회의 자원과 서비스를 성원들이 활용할 수 있도록 돕는다.

⑨ 성원의 종결이나 집단의 종결에 대해서 가족과 같은 중요한 타인들과 대화를 한다. 그리고 필요하다면 이들이 성원들을 위해 추가적으로 제공될 수 있는 서비스에 대한 의사결정 과정에 참여할 수 있도록 한다.

개별성원들과 집단을 대상으로 한 사회복지사의 모든 활동에서 성원들은 상호원조 과정의 참여자들이다. 이 과정은 성원들이 서로를 도와 성공적인 종결로 이어질 수 있도록 한다.

종결은 역동적이고 생기 있는 과정으로 단순한 종착점을 의미하지는 않는다. 적절하게 이해되고 관리되면 이 과정은 감정, 생각, 행동에서의 변화를 통합하는 중요한 힘이 된다. 마지막 단계에서 사회복지사는 인간 행동에 대한 지식과 치료기술을 활용하여 집단이 성원들에게 도움이 될 수 있는 방식으로 종결될 수 있도록 돕는다. 이것이 성공적으로 되면 사회복지사는 장래에 성원들이 겪게 될 이별과 상실감에 관련된 또 다른 경험을 준비시키게 되는 것이다. 사회복지사가 자신의 서비스가 성공적이었다고 느낄 때 그 자신도 성장하게 된다. 즉, 사회복지사도 성원들만큼이나 도움을 얻은 것이다. 다시 말하면, 성원들은 사회복지사가 더 나은 사회복지사가 될 수 있도록 가르친 것이다. 특정 집단에게 서비스를 제공하면서 배운 것을 통해 사회복지사는 다른 집단에게 더 나은 서비스를 제공해 주는 것이 가능하다. 어떻게 그렇지 않을 수 있겠는가? 우리는 서로 영향을 주고받으면서 역동적으로 상호작용을 하는 체계의 일부분인 것이다. 우리 혼자서 설 수 있는 일이 아니다.

제16장 평 가

평가는 지속적인 과정으로 성원들의 집단 활용에 대한 평가와 서비스의 질을 평가하는 것을 포함한다. 기본적인 윤리원칙에 따르면 사회복지사는 자신들의 행동과 그 방법에 책임을 져야 한다. 사람들은 사회복지사가 클라이언트에게 합리적인 수준의 도움을 제공할 것을 기대한다. 또한 사람들은 전문가인 사회복지사가 자신의 실천을 평가하며 실천 모델과 개입에 대한 자신의 선택에 대해 책임을 질 것을 기대한다. 나아가 사회복지사는 성원들과 합의한 목표에 관련하여 그 결과를 공유할 책임을 진다.

평가는 서비스 계획과 사회복지사와 성원 그리고 집단 간에 설정한 계약에 근거한다. 로젤 컬랜드와 앤드류 말레코프는 "집단성원들 간에, 사회복지사와 성원들 간에 충족하고자 하는 욕구에 대한 합의가 없으면 그리고 집단의 목적과 개인의 목표가 분명하지 않으면 집단의 효과성은 측정되지 못하거나 평가될 수 없다."고 주장하였다.[1] 평가의 과정은 비밀보장의 원칙, 고지된 동의 그리고 개별성원과 집단에 대해 사회복지사가 갖고 있는 정보를 그가 책임 있게 활용할 윤리적 원칙을 따른다. 실천에 적용되는 이론적 접근방법은 집단성원들의 욕구와 문화, 능력과 문제에 적절한 것이어야 한다.

개입결과에 대한 연구조사도 매우 중요하지만 평가 또한 실천의 중요한 부분으로 간주되어야 한다. 사회복지사는 연구조사와 경험분석을 통해 축적된 지식을 최대한 활용해야 할 책임이 있다. 집단을 대상으로 성공하였던 실천 사례에 대해 많은 지식이 축적되어 있으며, 이러한 사례들은 사회복지사들에게 실천지침을 제공하고 있다. 그 예를 들어 보면 다음과 같다.

① 분명한 목적 및 기대와 성공적인 결과 간의 상관관계
② 사회복지사와 각 성원 간의 관계 및 성원들 간의 관계의 중요성. 이 관계는 수용 혹은 비소유적인 온화함, 공감, 진실성 및 돌봄이 주요 특징이다.
③ 성공적으로 집단을 구성하기 위해 필수적인 계획모델의 개발
④ 집단과정 내에서의 치료적인 혹은 유용한 역동성
⑤ 개입 기법과 기술의 파악 및 활용, 그 기술들의 상대적인 효과성
⑥ 집단에서 성원들이 계속하려는 긍정적인 동기와 희망의 중요성
⑦ 문화, 인종, 연령, 사회적 계층, 성 및 건강의 차이가 집단참여에 주는 영향력
⑧ 개인과 집단의 종결에 대한 성원들의 정서적 반응들
⑨ 상호 합의한 목표를 성취하려는 집단의 결과물. 이는 개인, 가족 및 집단 방법에 대한 비교연구를 포함한다.

정말 필요한 것은 사회복지사가 이제까지 수행된 연구결과물들을 철저하게 검토하여 그 결과물들을 효과적인 실천에 적합하도록 구성하는 것이다.

1. 사례기록물의 활용

특정 집단과의 실천을 평가할 때 사회복지사는 자료수집의 적절한 수단을 확보하여, 집단의 운영과 성원들의 집단 활용 및 이익이나 손실에 대한 사회복지사의 기여도를 파악한다.

1) 과정기록

과정기록(process records)은 개별성원, 집단 그리고 사회복지사의 평가에 매우 중요하게 활용된다.[2] 이 과정기록은 집단모임의 처음부터 끝까지 일어난 일에 대해 사회

복지사가 기억하는 것을 기술한 것이다. 이 과정기록의 목표는 성원들의 언어적 · 비언어적 정보, 성원들 간의 관계 및 상호작용 그리고 사회복지사의 개입 및 사회복지사가 한 일에 대한 성원들의 반응에 대한 정보를 확보하는 것이다. 각 성원의 집단참여도를 평가하기 위해서는 각 성원에 대해 간결한 정보를 추가하는 것이 도움이 된다. 이는 또한 사회복지사가 보다 조용한 성원들의 행동에 대해 주의를 기울이고 특별한 욕구를 가진 성원들에게 관심을 가질 수 있도록 해 준다.

사회복지사는 과정기록을 작성함으로써 집단모임의 내용이 주는 의미를 숙고함에 따라 자신의 관찰 및 분석 기술을 향상시켜 자신의 실천방법에 대해 배울 수 있다. 나아가 이를 통해 자신의 능력을 향상시키고 다음 모임을 계획하는 데 활용할 수 있다. 과정기록은 일반적으로 다음과 같은 내용을 포함한다.

① 날짜, 장소, 모임시간
② 출석 및 결석 성원의 이름
③ 지난 모임 이후 성원 혹은 성원 대신에 접촉한 사람들
④ 과정기록
⑤ 각 성원의 참여에 대한 기록 및 그것이 상호 협의한 목표와의 관계에 대한 의미
⑥ 모임의 분석으로 사회복지사의 개입에 대한 분석

과정기록은 개인, 집단, 사회복지사의 평가에 있어 매우 중요하게 활용된다. 내용분석을 통해 과정기록은 특별한 목적을 위해 집단 과정 및 개입에 대한 이해를 향상시킬 수 있다. 과정기록은 또한 교수-학습에서 중요한 가치를 지니고 있다. 하지만 이것은 시간이 많이 소요되기 때문에 다양한 형태의 요약문이나 측정방법이 유용하게 활용될 수도 있다.

2) 개별요약서

궁극적으로 실천의 효과성을 시험하는 이유는 성원들과 함께 설정한 목표를 성취하는 데 있어 어느 정도 긍정적인 변화가 있었는가다. 이렇게 성원들의 진도를 평가하기

위해서는 적절한 기록물이 필수적이다. 사회복지사들은 자신들의 업무에 책임을 진다. 또한 공적 책무성에 대한 요구가 점차 늘어나고 있다. 공적 · 사적 보험회사들은 자신들의 규정에 따를 것을 요구하고 있다. 따라서 이러한 요구를 충족시켜 주기 위해서는 적절한 기록체계가 필수적이다.

평가는 지속적인 과정으로 집단의 목적과 관련해 적절한 판단을 할 수 있는 능력을 포함한다. 성원의 진도나 퇴행은 그 사람의 성격과 배경, 문제 및 강점에 따라 만들어지는 것이지 고정되거나 일관된 형식으로 진행되는 것이 아니다. 어떤 경우에는 집단서비스가 종결된 후에도 가족이나 집단과 상당한 작업을 해야 할 경우가 발생하므로, 집단의 구조와 상호작용 과정에서의 변화 그리고 집단을 구성하고 있는 개별성원의 변화도 염려하게 된다.

집단경험의 과정 동안 성원들의 태도와 관계 및 행동을 주기적으로 추적하는 일련의 계획을 설정하면, 사회복지사는 성원들의 진도에 대한 평가를 보다 세밀하고 쉽게 할 수 있다. 아마도 첫 모임 후에 최소한 요약기록을 남겨 놓아야 하며, 집단발달의 두 번째 단계의 마지막과 종결이 고려되기 이전의 요약기록도 남겨 놓아야 한다.

첫 요약기록은 다음과 같은 것들을 포함할 수 있다.

① 집단에 대한 간략한 계획을 기술하되 집단의 목적과 목표에 특히 주의한다.
② 성원들의 연령, 성별, 인종, 민족성, 직업, 교육 정도, 가족구성 등과 같은 기본 정보
③ 성원의 욕구, 문제, 강점 등과 같은 심리사회적 기능의 사정, 정신 및 신체건강(그리고 필요하다면 정신건강이나 신체적 질병에 대한 진단명), 집단이 개인의 기능에 주는 영향, 환경적인 기회와 장애물 등에 대한 사정
④ 성원들의 집단참여에 대한 설명 및 평가

변화가 발생함에 따라 이러한 기록은 매주 혹은 주기적으로 요약될 수 있다. 각 성원이 보이는 진도는 집단의 변화 흐름과 환경적 영향이 이에 주는 영향과 관련하여 평가한다.

개별 기록 및 집단과정 기록물은 특정 대상층의 특정 목표를 성취하는 데 적절한 특

정 실천모델을 파악하는 데도 매우 유용하다. 예를 들어, 카렌 서브라마니안(Karen Subramanian), 실비아 헤르난데즈(Sylvia Hernandez), 앤지 마티네즈(Angie Martinez)는 저소득층으로 단일 언어를 구사하는 라틴 계통의 어머니들을 대상으로 한 심리사회교육 집단을 개발하여 이를 연구논문으로 제시하였는데, 이들 여성들은 후천성 면역결핍증 바이러스(HIV)에 감염되었다. 이 연구논문은 집단계획 과정과 잠재적인 성원들에 대한 사정 그리고 후천성 면역결핍증에 대한 지식과 함께 이들 여성들의 민족성 및 사회경제적 지위에 대한 특별한 배려, 이 질병이 개인과 가족 기능에 주는 영향 등을 명료하게 기술하고 있다. 나아가 이 연구논문은 집단방법론의 선정기준을 설정하는 데 있어, 후천성 면역결핍증 바이러스 보유자들을 대상으로 집단의 효과성에 대한 실증연구와 이들의 인종을 근거로 하였다. 이 집단의 목적과 목표는 명료하게 기술되었으며, 집단발달의 단계에 따라 각 모임들의 내용도 명료하게 기술되었다.

집단성원들의 집단 활용에 대한 지식과 함께 저자들은 이 집단경험을 통해 얻은 교훈을 다음과 같이 요약하였다.

① 악화되는 의료적 상황과 아동을 돌봐야 하는 책임감을 가진 이들 저소득층의 어머니들이 단기 심리사회적 집단에 참여한다.
② 이들의 성공적인 출석과 참여는 집단모델이 이들의 언어를 얼마나 잘 통합시키면서, 어머니들의 건강과 질병에 대한 문화적 신념과 라틴계 문화 속에서 여성들의 역할에 대한 신념과 일치되게 치료의 근거를 제시하느냐에 달려 있다.
③ 집단지도자들은 존경과 위엄과 같은 문화적 가치관을 지키는 편안하고 협조적인 분위기를 장려해야 한다.
④ 아동보육과 교통수단의 문제가 적절하게 다루어져야 한다.
⑤ 집단모임 사이사이에 이들과 접촉하여 이들의 출석을 장려하고 이들의 건강이 악화되기 전에 위기 상황을 포착하는 것이 필요하다.
⑥ 이들 여성들은 대부분 건강과 영양, 아동보육 및 성적인 문제에 대해 매우 낮은 수준의 정보를 가지고 있다.
⑦ 이들 여성들의 배우자들도 어느 정도 참여해야 하는데, 이는 이들이 배우자의 협조 없이는 대안적인 성관계 방법을 고려하거나 요청할 수 없고 매우 주저하기 때

문이다. 특히, 이들이 경제적으로 배우자에게 의존하는 경우 더욱 그럴 수 있다(이 부분은 집단의 첫 번째 모임에는 포함되지 않았다.).[3)]

저자들은 집단에 대한 공식적인 평가에 활용될 수 있는 결과측정 방법에 대해서도 제안하였다. 실천모델에 대한 상세한 기술과 평가는 다른 사회복지사들이 이 모델을 적용해 볼 수 있도록 하면서, 동시에 특정 클라이언트의 욕구를 수용하는 데도 활용될 수 있도록 하였다. 이러한 연구는 공식적인 평가 연구의 전초적인 단계가 될 수 있다.

평가는 복잡한 과정이다. 로버트 친(Robert Chin)은 "목표성취나 결과에 대한 평가 연구는 연구자가 어떤 것이 목표성취나 그것의 방해를 '유발' 하는가의 부분을 정확하게 지적해 놓지 않으면 매우 제한된 것이다." 라고 주장하였다.[4)] 따라서 진도와 과정 모두 연구되어야 하며, 나아가 클라이언트의 외적 관계 및 상황의 변화도 함께 연구되어야 한다. 사회복지사는 성원들뿐 아니라 이들과 관련된 중요한 사람들도 협약 내용을 검토하는 상호과정에 참여하게 하여 성원들이 목표를 성취하였는지, 하였다면 어느 정도로 성취하였는지에 대한 성원들의 관점도 함께 검토해 볼 수 있도록 한다.

집단을 대상으로 일을 하는 사회복지사가 그러한 기록들을 잘 유지하고 있으면, 결과물에 대한 비공식적 평가와 질적인 서비스를 제공하기 위한 감사에 필요한 필수 정보를 가질 수 있다. 기록물에 있는 정보는 가급적 사실적이면서 관련성이 있어야 한다. 사실 사회복지사는 성원들 및 타인들이 이들 기록물에 접근할 수 있는 적법한 권리를 가지고 있음을 염두에 두어야 한다. 이러한 사람들에는 자문가들이나 학제간 팀의 구성원들, 가족성원들, 보험회사들, 변호사들 및 법원들이 포함된다.

2. 측정도구의 활용

사회복지사는 도구를 활용하여 집단성원들의 결과에 대한 평가를 향상시킬 수 있다. 이들 도구는 제공되는 서비스를 방해하지 않는다. 표준화된 척도와 달리 개별화된 사정도구는 특히 집단사회복지에 적합한데, 이는 특정 성원의 문제와 목표를 정확하게 기술할 수 있기 때문이다. 이들 도구들은 쉽고 빠르게 구성되어 활용될 수 있다. 에릭 코쉐

(Erich Coche)는 집단을 대상으로 활용할 수 있는 핵심적인 결과측정 도구를 제시하였다.[5] 이 도구는 다양한 집단과 성원들을 대상으로 적용할 수 있는 측정도구들로 구성되어 있다. 몇몇 도구들은 집단의 운영이나 사회복지사의 개입에 대한 변화 없이도 지속적인 실천을 하는 데 유용하다. 이러한 결과측정 도구 가운데 적절한 것들을 살펴보면 다음과 같다.

(1) 목표성취척도

이 척도는 성원들이 가장 성취하고자 하는 세 가지 목표의 목록을 만드는 것이다.[6] 집단이 종결된 다음 성원들은 목표가 성취된 정도를 7점 척도로 평가하는데, 가장 나쁜 것에서부터 완벽한 목표성취로 분포되어 있다. 이러한 척도는 상호 협의한 목표와 관련해 성원들이 이룬 변화들을 정확하게 측정해 내는 경향이 있다.

(2) 클라이언트 만족도

이 척도는 면접이나 설문지 형태로 되어 있으며 집단 실천 및 결과에 대한 성원들의 의견을 수집하도록 고안되었다.

(3) 전반적인 기능 사정척도(Global Assessment Scale; GAS)

이 척도는 100점 척도로 각각 10점마다 성격 유형을 기술하고 있는데, 각 점수는 기능의 적절성이나 손상을 기술하고 있다. 사회복지사는 치료의 시작단계에서 점수를 부여하고 종결에서 다시 한번 점수를 부여한다. 이 척도를 작성하는 데는 1분밖에 걸리지 않는다.[7]

결과를 측정하는 것과 함께 집단과정을 측정하는 것도 유용한데 한 가지 예를 들면 다음과 같다.

(4) 집단분위기 척도(Group Climate Questionnaire)

이것은 집단과정의 주요 영역을 7점 척도로 측정한다.[8] 집단모임에서 각 성원들은 자신이 인식한 대인관계 행동을 12개의 항목에 기록한다. 이 결과는 집단환경이 성원들의 행동에 어떻게 영향을 주는가를 평가하는 것으로, 이를 통해 사회복지사는 성원들이 인식한 집단 상호작용의 경향을 파악할 수 있다.

결과 및 과정 평가를 위해 다른 여러 가지 측정도구들이 개발되어 있다. 특히, 관련이 있다고 생각되는 것 가운데는 월터 허드슨(Walter Hudson)이 제시한 친구관계 및 자아존중감에서의 문제의 심각성을 측정하는 척도가 있다.[9] 찰스 가빈(Charles Garvin)은 개인 및 집단 상황, 환경의 변화를 평가하는 데 활용할 수 있는 척도에 대해 기술하였다.[10] 아이린 와스코(Irene Waskow)와 모리스 팔로프(Morris Parloff), 로날드 토즐랜드(Ronald Toseland)와 로버트 리바스(Robert Rivas) 또한 몇 가지 유용한 척도를 제시하였다.[11] 이들 척도들은 사전에 결정된 목표와 명료하게 연관된 것이면서, 성원들의 감정을 손상시키지 않고 집단의 지속적인 과정을 방해하지 않으며, 참여자들의 충분한 이해와 고지된 동의를 바탕으로 활용될 수 있다.

3. 공식적인 평가 연구

이 책에서의 초점은 실천과정의 일부인 평가에 맞춰져 있기 때문에 결과를 측정하는 공식적인 연구와는 대조적이다. 이들 공식적인 연구는 대체로 실험설계가 일반적이다. 하지만 사회복지사들도 종종 실천의 효과성에 대한 연구에 참여하거나 클라이언트를 평가하는 연구자들에게 자문을 제공하기도 한다. 이러한 역할을 할 때 사회복지사들은 연구조사 절차가 성원들에게 무해한 것임을 확인할 책임이 있으며, 나아가 연구조사가 비밀보장 및 고지된 동의하에 진행됨을 확인할 책임이 있다. 결과측정에 활용되는 기준은 집단의 목적과 특정 성원의 목표 그리고 집단의 계획과 분명히 연관된 것이어야 한다. 사회복지사들도 이러한 연구조사를 통해 얻은 지식으로부터 많은 혜택을 누릴 수 있다.

1) 효과성 연구

연구결과를 살펴보면 집단은 그 목적을 성취하는 데 효과적인 경향이 있지만 이에 대한 자세한 연구가 진행될 필요가 있다. 로날드 토즐랜드와 맥스 시포린이 주요 연구결과를 검토한 연구에 따르면,[12] 연구들 가운데 2/3가 개별 및 집단 치료를 비교하였고 저자들이 설정한 전통적인 통제집단과 실험설계에 활용한 기준을 충족시켰으며, 표준화된 측정도구를 활용하였고 사회복지사와 클라이언트 간의 대면접촉 기준을 충족시켰다. 서비스의 결과는 개인 및 집단 치료 모두 긍정적이었지만 집단치료에 관한 8개의 연구에서는 개별치료보다 집단치료가 더 효과적이라는 유의미한 결과가 발견되었다. 그리고 집단에서는 중도탈락률이 더 낮았다. 하지만 집단치료에 가장 적합한 클라이언트의 유형이나 문제에 대해서는 뚜렷한 유형이 나타나지 않았다. 다른 요인들, 즉 연구에 활용된 이론적 접근방법이나 사회복지사의 능력 혹은 집단구조와 과정의 특징들은 이러한 결과에 영향을 미쳤을 것으로 파악되었다.

결과 산출물에 대한 다른 연구결과들도 토즐랜드와 시포린의 연구결과를 확인시켜 주었다. 메리 러셀(Mary Russell)은 평가 연구를 검토하였는데, 다양한 이론적 접근법을 뛰어난 치료법과 함께 활용하였다.[13] 이 연구에서는 긍정적인 결과를 발견할 수 있었는데, 특히 사회지지 혹은 상호원조의 기능이 있는 집단과 특정 문제나 (기술 혹은 지식의) 결핍을 다룬 구조화된 집단에서 그러한 결과가 발견되었다. 또 다른 연구에서 로버트 디스(Robert Dies)는 "결과물들은 분명 집단치료의 효율성을 입증하였다."라고 결론지었다.[14]

혼돈스러운 클라이언트 대상의 임상사회복지실천에 대한 최근 연구에서, 준 홉스(June Hopps), 일레인 핀더휴즈(Elaine Pinderhughes), 리차드 샨카(Richard Shankar)는 기관이 비록 일대일 접근방법을 선호하기는 해도, 집단사회복지실천은 특히 청소년과 젊은 성인층과 같은 혼돈스러운 클라이언트의 규범과 행동을 변화시키는 데 있어 강한 잠재력을 제공한다고 주장하였다. 이어서 집단이 활용되었을 때 "전반적인 기능에서 성과가 있었는데, 특히 자아존중감, 자기 숙달 및 능력 그리고 향상된 분화(enhanced differentiation)에서 진전이 있었다."라고 주장하였다.[15] 집단은 성원들이 급박한 문제들, 예를 들면 마약이나 지역사회에서의 폭력 등과 같은 문제에 대해 행동을 취할 수 있도록 하는 데 초점이 맞춰져 있었다. 이들 저자들은 집단 상호작용의 가치를 다룬 다른 연구결과물도 제시하였다.

하지만 모든 사람들이 집단경험을 통해 도움을 받는 것은 아니다. 미다 갈린스키(Maeda Galinsky)와 제니스 쇼플러(Janice Schopler)가 그들의 연구에서 발견한 것처럼 집단에서는 피해자가 발생할 수도 있다.[16] 사회복지사들은 인간이 할 수 있는 한 최대한도로 그러한 피해자를 예방할 책임이 있다.

4. 사회복지사의 평가

집단성원들에 대한 결과 산출물은 부분적으로는 기술적으로 적절한 서비스를 제공하는 사회복지사의 능력과 연관이 있다. 집단 발달 및 과정에 대한 사회복지사의 사정은 집단에서의 성원들의 경험에 대한 이해와 그 경험이 가지는 성원들의 목표성취를 위한 진도나 진도가 없는 것에 대한 영향력을 이해하는 데 기여하게 된다. 다음은 집단과 집단에 대한 자신의 참여를 사회복지사 스스로 평가하기 위한 지침을 제공한 것이다.

1) 계획단계

① 집단을 개입방법의 하나로 제시한 성원들의 욕구는 무엇인가?
② 성원들이 목표를 성취할 수 있도록 돕기 위해 무엇을 하기를 원하는가? 집단의 목적과 성원들의 목표는 일치하는가? 상황에 따라 필요하다면 그리고 필요할 때마다 목표가 수정되는가?
③ 집단의 구성이 목표성취에 있어 어느 정도 순기능적인가, 아니면 역기능적인가?
④ 집단의 구조는 성원들의 욕구에 어느 정도 적합한가?

2) 초기단계

① 당신은 집단이 최대한 도움을 제공할 수 있도록 하기 위한 환경을 어느 정도 조성하였는가?
② 당신은 어느 정도 그리고 어떻게 성원들을 집단에 적응(혹은 오리엔테이션)시켰는가?
③ 집단성원들은 자신들에게 기대되는 것을 어느 정도 잘 이해하고 있는가?
④ 어떠한 규범이 집단에서 형성되었으며, 그 규범 형성을 위해 당신은 무엇을 하였는가? 당신에게서 어떤 권위(허용적인 권위, 자유방임적인 권위, 민주적이면서 촉진적인 권위, 지시적이면서 권위적인 권위, 유연한 권위 등)가 필요하였는가? 당신은 그 권위가 집단의 전 과정에서 어떻게 변화하도록 하였는가?

⑤ 집단 초기모임들의 내용은 성원들의 욕구에 적절하였는가?

3) 개인과 집단에 대한 지속적인 사정

① 당신은 각 성원의 욕구와 문제 그리고 강점에 대한 지속적인 이해를 어느 정도 입증하였는가?

② 한 체계로서 집단의 기능에서 발생하는 문제점들을 당신은 어떻게 인식하고 있는가?

③ 당신은 환경이 개별성원의 진도와 집단의 진도에 주는 영향을 어느 정도 고려하고 있는가?

④ 당신은 개별성원들 및 집단에 영향을 주는 문화적 가치와 규범을 어느 정도 적절하게 활용하고 있는가?

4) 관계의 활용

① 각 성원과 당신 간의 관계의 특징 및 질은 어떤가? 공감과 수용, 진실성의 질적인 면과 윤리적 원칙에 충실하는 정도 등을 고려하며, 당신 그리고 집단성원들 간에 표현된 긍정적 · 부정적 감정들을 수용하고 반응할 수 있는 능력과 분명하게 나타나는 전이 및 역전이 반응을 고려해 보라.

② 당신은 집단 발달단계의 각 단계에서 성원들 간의 대인관계를 어느 정도 촉진시킬 수 있었는가?

③ 당신은 어떤 형태의 정서적 지지를 제공하였는가? 그리고 집단성원들이 서로 지지할 수 있도록 하기 위해 어느 정도 성원들을 도울 수 있었는가?

5) 개입의 유형 활용

① 당신은 각 성원 및 집단의 욕구와 준비성을 염두에 두면서 개입의 주요 기술들을 어느 정도 적절하게 선택하고 활용하였는가? 지지, 구조화, 조언 및 안내, 탐색, 교육, 명료화, 직면 및 해석 등을 고려해 보라.

② 필요한 경우 당신은 각 성원이 이러한 기술들을 활용할 수 있도록 하기 위해 어떻게 성원들을 도왔는가?

6) 집단의 구조와 상호작용 과정의 효과적인 활용

① 당신은 집단성원들이 집단의 의사결정 및 활동에 참여할 수 있도록 돕는 데 있어 어느 정도 성공하였는가?
② 당신은 집단성원들이 집단의 역동적인 힘과 관련하여 참여에 대한 규범을 어느 정도 활용할 수 있도록 도왔는가?
③ 당신은 집단성원 및 집단의 능력 내에서 그들이 선택을 할 때 권한을 최대한 활용할 수 있는 기회를 어느 정도 잘 포착하고 있었는가?
④ 당신은 성원들이 공통점을 찾고, 필요한 때 그 공통점을 각 성원과 다른 성원들의 욕구 및 기여도에 연결시킬 수 있도록 하기 위해 어느 정도 도움을 제공했는가?
⑤ 당신은 성원들이 성원들 간의 차이점들에 대해 서로 수용하고 존중할 수 있도록 돕기 위해 어느 정도 도움이 되었으며 어떻게 도움을 제공했는가?
⑥ 당신은 한 성원이나 하위집단에게 제안하거나 정보를 제공하거나 설명하거나 해석을 할 때 다른 성원들이 이를 집단의 내용과 연결시킬 수 있도록 도왔는가?
⑦ 당신은 집단의 기능에서 발생하는 문제점들, 즉 대화의 어려움, 저항감, 성원의 역기능적인 역할, 회원 수의 불안정, 역기능적인 문제해결 과정 등을 다루는 데 있어 어느 정도 성공적이었는가?
⑧ 당신은 성원들의 욕구에 적절하게 어느 정도 지속성을 향상할 수 있었는가?
⑨ 당신은 성원들이 목표를 성취하기 위해 적절한 활동중심의 경험, 논의 그리고 문제해결을 선택하고 활용하는 데 있어 어느 정도 도움을 제공했는가?
⑩ 집단의 내용, 즉 활동과 논의는 목표성취와 어느 정도 관련이 있는가?

7) 서비스의 평가와 종결

① 중도탈락자는 몇 명 있었는가? 어떤 이유에서 중도탈락이 발생했는가?
② 당신은 성원들이 집단경험과 진도를 평가하는 데 있어 어느 정도 도움을 제공할

수 있었는가?

③ 당신은 각 성원의 진도에 대해 어느 정도 인식하고 있었으며, 집단발달의 주요 단계를 거치는 동안 집단 전체의 진도에 대해 어느 정도 인식하고 있었는가?

④ 당신은 종결에 있어 각 개인 및 집단 전체를 어느 정도 적절하게 준비시켰는가?

⑤ 집단대상의 실천이 자신의 능력을 향상시킨다는 점을 감안할 때 완벽성, 지식, 기술 가운데 어떤 것이 역할수행과 관련이 있는가? 고든 헌(Gordon Hearn)의 말을 빌리자면 다음과 같다.

> 전문적으로 완벽하게 행동한다는 것은 가치틀 내에서 일관되게 행동하는 것이다. 이 틀은 사회복지 전문직의 구성원들 사이에서 일반적으로 공유되어 있어야 한다. 지식으로 행동한다는 것은 행동의 기준과 그 행동이 가져올 결과를 인식한 상태에서 행동하는 것이다. 기술로서 행동한다는 것은 통제력을 발휘하여 우리의 행동들이 우리의 의도에 보다 근접할 수 있도록 하는 것이다.[17)]

기술분석을 위한 지침을 활용함으로써 사회복지사들은 자신들의 실천을 사정해 볼 수 있으며, 나아가 지도감독(supervision), 자문, 연구를 활용하여 자신들의 능력을 향상시킬 수 있다.

벤 오커트(Ben Orcutt)는 능력은 “헌신과 호기심 그리고 지식에 대한 갈증으로부터 나오는 것으로, 알고자 하는 것에 대한 창의적이고 상상력이 풍부한 탐색이다.”라고 제시하였다.[18)] 사회복지사는 축적된 이론적 지식기반과 이미 시험된 개입방법 영역 내에서 실천할 윤리적 책임이 있다. 한 사람이 성공하였고 왜 그렇게 되었는지를 아는 것은 유쾌한 일이다. 그러한 성취감이 자신이 선택한 전문직에 크게 기여할 수 있도록 유도한다.

미 주

제1장 사회복지실천에서의 집단

1. Tocqueville, *Democracy in America,* p. 107.
2. Wilson, "From Practice to Theory," pp. 1–15.
3. Commager, "Preface" to Addams, *Twenty Years at Hull House.*
4. Konopka, "The Generic and Specific in Group Work Practice," p. 14.
5. Richmond, "Some Next Steps in Social Treatment," p. 250.
6. Richmond, "What Is Social Case Work?" pp. 222–223.
7. Sheffield, *Creative Discussion.*
8. Coyle, "Group Work in Psychiatric Setting," p. 18.
9. Follett, *The New State,* p. 23.
10. Dewey, *Democracy and Education;* Dewey, *How We Think.*
11. Newstetter, Feldstein, and Newcomb, *Group Adjustment.*
12. Coyle, *Group Work with American Youth,* p. 253.
13. Hartford, "The Contributions of Grace Coyle," pp. 91–110.
14. Hearn (ed.), *The General Systems Approach.* For a more recent application of social systems concepts, see Greene, "General Systems Theory."
15. Boyd, "Group Work Experiments in State Institutions."
16. Konopka, *Social Group Work,* pp. 7–9.
17. For major contributions of these writers, see the biolography.
18. For proceedings of these conferences, see Trecker, *Group Work in the Psychiatric Setting;* NASW, *Use of Groups in the Psychiatric Setting.*
19. Frey, *Use of Groups in the Health Field.*
20. Northen, "Social Work Practice with Groups in Health Care."
21. Williamson, *The Social Worker in Group Work.*

22. Newstetter, "What is Social Group Work?" pp. 296–297.
23. Kaiser, *Objectives of Group Work.*
24. Bartlett, "Toward Clarification and Improvement of Practice: The Working Definition," pp. 3–9. See also Barlett, *The Common Base of Social Work Practice.*
25. Hartford, "Working Papers."
26. Murphy, *The Social Group Work Method in Social Work Education.*
27. Garvin, "Group Theory and Research."
28. Papell and Rothman, "Social Group Work Models."
29. Roberts and Northen, *Theories of Social Work with Groups.*
30. Wilson, *Group Work and Case Work,* p. 3. See also American Association of Group Workers, *Group Work–Case Work Cooperation.*
31. Committee on Practice, *The Psychiatric Social Worker as Leader of a Group.*
32. Pinamonti, "Caseworkers' Use of Groups."
33. Reynolds, *Learning and Teaching,* p. 5; Hathway, "Twenty-Five Years of Professional Education"; Johnson, "Development of Basic Methods."
34. Johnson, "Development of Basic Methods," p. 111.
35. For a description of this development, see Northen, "Social Work Practice at USC: Its Roots and Branches," pp. 243–270.
36. See bibliography for first editions of books by Hearn, 1958, 1968; Whittaker, 1974; Siporin, 1975; Germain and Gitterman, 1980; Shulman, 1979; Northen, 1982; Falck, 1988; Middleman and Goldberg Wood, 1990. Since then, new editions of several of these books have been published.
37. Smalley, *Theory for Social Work Practice,* pp. 294–295.
38, Goldberg, "Beliefs and Attitudes About the Group Therapies," "Group Work and Group Treatment."
39. Falck, "The Management of Membership."
40. Konopka, *Social Group Work,* p. 27.
41. Woods and Hollis, *Casework,* p. 6.
42. Perlman, "Social Work Method: A Review," p. 169.
43. Montagu, *The Cultured Man,* p. 13.
44. Silberman, "A New Strain for Social Work," p. 9.
45. Konopak, "All Lives Are Connected to Other Lives."
46. For further information, see Devore and Schlesinger, *Ethnic–Sensitive Social Work Practice;* Solomon, *Black Empowerment.*
47. Pray, *Social Work in a Revolutionary Age,* p. 278.
48. See Northen, "Ethical Dilemmas in Social Work with Groups"; also see Houston-Vega and Neuhring, with Daquio, *Prudent Practice.*
49. Maas, *People and Contexts,* p. 3.
50. Cook, "Population," p. 42.
51. Dies, *Man's Nature and Nature's Man,* p. 23.
52. Northen and Northen, *Ingenious Kingdom,* p. 17.
53. *The Creative Use of the Social Process* is the subtitle of Wilson and Ryland, *Social Group Work Practice.*
54. Turner, *Social Work Treatment,* p. 84.

55. Coyle, "Some Basic Assumptions," p. 89.
56. Simon, *The Empowerment Tradition in American Social Work.*
57. Solomon, *Black Empowerment,* p. 6.
58. Lee, *The Empowerment Approach.*
59. Pernell, "Empowerment in Social Group Work."
60. Kaiser, "Characteristics of Social Group Work," p. 157.
61. Eubank, *The Concepts of Sociology,* p. 163.
62. Homans, *The Human Group,* p. 3.
63. Davidson. "The Case for Uncommon Sense," pp. 7-8.
64. See Schopler, Abell, and Galinsky, "Technology-Based Groups," pp. 193-208.
65. Schutz, *Interpersonal Underworld,* p. 1.
66. Corsini and Rosenberg, "Mechanisms of Group Psychotherapy," pp. 406-411.
67. Yalom, *The Theory and Practice of Group Psychotherapy.*
68. Yalom, *Inpatient Group Psychotherapy.* p. 45.
69. Yalom, *The Theory and Practice of Group Psychotherapy* (2d ed.).
70. Marks, "Group Psychotherapy for Emotionally Disturbed Children," pp. 70-77.
71. National Association of Social Workers, *Use of Groups in the Psychiatric Setting.*
72. Primary references for this list are as follows: Bloch, Crouch, and Reibstein. "Therapeutic Factors in Group Psychotherapy," pp. 519-526; Corsini and Rosenberg. "Mechanisms of Group Psychotherapy"; Couch, *Joint and Family Interviews;* Goldstein, *Social Learning and Change;* Hill, "Further Considerations of Therapeutic, Mechanisms"; NASW, *Use of Groups in the Psychiatric Setting;* Northen, "Selection of Groups," pp. 19-34; Northen, *Clinical Social Work,* pp. 198-200; Rohrbaugh and Bertels, "Participants' Perceptions of Curative Factors," pp. 430-456; Shulman, *The Skills of Helping Individuals, Families, and Groups;* Yalom, *The Theory and Practice of Group Psychotherapy;* and Yalom, *Inpatient Group Psychotherapy.*
73. Goldstein, *Social Learning and Change,* p. 102.
74. Hartford, "Working Papers," p. 70.
75. Abels and Abels, "Social Group Work's Contextual Purposes," p. 154.
76. Goldstein, *Social Learning and Change,* p. 185.
77. Caple, "Preventive Social Work Practice."
78. Gitterman and Shulman, *Mutual Aid Groups;* Hartford, "Group Methods and Generic Pracitce," pp. 145-74; Golan, *Passing Through Transitions;* Golan, *The Perilous Bridge;* Henry, *Group Skills in Social Work;* Northen, *Clinical Social Work.*
79. McBroom, "Socialization Through Small Groups," pp. 268-303.
80. Germain and Gitterman, *The Life Model of Social Work Practice.*
81. Solomon, *Black Empowerment,* pp. 322-323.
82. Parad, Selby, and Quinlan, "Crisis Intervention with Families and Groups," pp. 304-330.

제2장 집단사회복지실천을 위한 지식기반

1. Somers, "The Small Group in Learning and Teaching," p. 160.
2. Goldstein, *Ego Psychotherapy and Social Work Practice;* Hartmannn, *Ego Psychotherapy and the Problem of Adaptation;* Greene and Ephross, *Human Behavior Theory;* Greene,

"Eriksonian Theory."

3. Goldstein, "Cognitive Approaches to Direct Practice," pp. 534–555.
4. Vaillant, *The Wisdom of the Ego,* p. 248.
5. Erikson, *Childhood and Society and Identity, Youth, and Crisis.*
6. Erikson, "Identity and the Life Cycle," p. 162.
7. American Psychiatric Association, *Task Force on DSM IV, Diagnostic and Statistical Manual.*
8. Solomon, *Black Empowerment,* p. 45.
9. Garvin and Reed, "Gender Issues in Social Group Work."
10. Guitiérrez and Lewis, *Empowering Women of Color,* p. 5.
11. For reviews of literature, see Hartford, *Groups in Social Work;* Garvin, "Group Theory and Research," pp. 682–696.
12. Lewin, *Field Theory in Social Science,* pp. 239–240.
13. Moreno, *Who Shall Survive?* Jennings, *Leadership and Isolation.*
14. Bales, *Interaction Process Analysis.*
15. Homans, *The Human Group.*
16. Douglas, *Group Processes in Social Work.*
17. Shaw, *Group Dynamics,* pp. 135–138.
18. Balgopal and Vassil, *Groups in Social Work,* pp. 27–28.
19. For a fuller discussion, see Hartford, *Groups in Social Work,* pp. 139–158.
20, Berelson and Steiner, *Human Behavior,* p. 352; Shaw, *Group Dynamics,* pp. 326–336.
21. For references on affective ties and interpersonal relation, see Coyle, *Group Work with American Youth,* pp. 91–132; Durkin, *The Group in Depth;* Hartford, *Groups in Social Work;* Jennings, *Leadership and Isolation;* Scheidlinger, *Psychoanalysis and Group Behavior,* pp. 131–145.
22. Philips, *Essentials of Social Group Work Skill,* p. 93.
23. Falck, "Aspects of Membership"; Kohut, *The Restoration of the Self;* Mahler, Pine, and Bergman, *The Psychological Birth of the Human Infant.*
24. Major references on status and role are Coyle, *Group Work with American Youth,* pp. 91–132; Hartford, *Groups in Social Work,* pp. 208–218; Merton, *Social Theory and Social Structure,* pp. 281–386; Shaw, *Group Dynamics,* pp. 241–247; Stein and Cloward, *Social Perspectives on Behavior,* pp. 171–262.
25. Bronfenbrenner, *The Ecology of Human Development,* p. 85.
26. Stein and Cloward, *Social Perspectives on Behavior,* p. 174.
27. Merton, *Social Theory and Social Structure,* p. 369.
28. For an excellent book on the development of norms, see Edgar H. Schein, *Organizational Culture and Leadership.*
29. Thibaut and Kelly, *Social Psychology of Groups,* p. 130.
30. Cooley, *Social Process,* p. 39.
31. Buckley, "Society as a Complex Adaptive System." p. 500.
32. For further explanation of constructive conflict, see Bernstein, "Conflict and Group Work," pp. 72–106; Coser, *Functions of Social Conflict;* Deutsch, *The Resolution of Conflict;* van de Vliert, "Conflict and Prevention and Escalation," pp. 521–551.
33. Sanford, *Self and Society,* p. 33.

34. For other definitions of group cohesion, see Cartwright and Zander, *Group Dynamics,* p. 72; Douglas, *Group Processes in Social Work,* p. 58; Hartford, *Groups in Social Work,* pp 245–260; Henry, *Group Skills in Social Work,* p. 15; Levy, "Group Cohesion," pp. 28–36; Stokes, "Toward an Understanding of Cohesion."
35. Garvin, Reid, and Epstein, "A Task-Centered Approach," pp. 264; Levy, "Group Cohesion," pp. 80–97; Lieberman, Yalom, and Miles, *Encounter Groups,* pp. 302–313; Shaw, *Group Dynamics,* pp. 200–230; Stokes, "Toward an Understanding of Cohesion"; Yalom, *The Theory and Practice of Group Psychotherapy* (3d ed.), pp. 52–56.
36. For a summary of the social work literature citing evidence of group cohesion. see Levy, "Group Cohesion," pp. 37–50.
37. Evans and Servis, "Group Cohesion," pp. 359–370; Levy, "Group Cohesion," pp. 98–104.
38. Homans, *The Human Group,* p. 453.
39. Tuckman, "Developmental Sequence," pp. 284–299.
40. Bales, *Interaction Process Analysis.*
41. Wilson and Ryland, *Social Group Work Practice,* p. 71.
42. Garland, Jones, and Kolodny, "A Model for Stages of Development," pp. 17–71,
43. Cohen and Smith, *The Critical Incident in Growth Groups,* pp. 209–210.
44. Lacoursiere, *The Life Cycle of Groups.*
45. Schiller, "Stages of Development in Women' s Groups," pp. 117–138.
46. Ibid., p. 122, 137.
47. Zamudio, "Stages of Group Development".
48. MacKenzie and Livesley, "A Developmental Model," pp. 101–116.
49. Berman-Rossi and Kelly, "Advancing Stages of Group Development Theory"; Levine, *Group Psychotherapy,* p. 68; Glassman and Kates, "Authority Themes," pp. 33–52; Berman-Rossi, "Empowering Groups Through Stages," pp. 239–256; O' Connor, Small Groups."
50. Galinsky and Schopler, "Developmental Patterns," pp. 99–120.
51. Ephross and Vassil, *Groups That Work,* pp. 65–73.
52. Mondros and Berman-Rossi, "The Relevance of Stages of Group Development Theory," pp. 43–58.
53. Kemp, Whittaker, and Tracy, *Person-Environment Practice,* p. 85.
54. Bronfenbrenner, *The Ecology of Human Development,* pp. 21–22.
55. Coyle, *Social Process in Organized Groups,* p. 27.
56. Shimer, *This Sculptured Earth,* p. 1.
57. See, for example, Davis and Proctor, *Race, Gender, and Class;* Delgado, *Social Services in Latino Communities;* Gutiérrez and Lewis, *Empowering Women of Color;* Jung, *Chinese Americans in Family Therapy;* Lum, *Social Work Practice and People of Color;* Pinderhughes, *Understanding Race, Ethnicity, and Power;* Solomon, *Black Empowerment;* Takaki, *Strangers from a Different Shore.*
58. Sotomayor, "Language, Culture, and Ethnicity."
59. Longres, *Human Behavior in the Social Environment,* pp. 149–152.
60. Major classifications of social class are by Hollingshead and Redlich; Warner; Devore and Schlesinger.
61. Pinderhughes, "Power, Powerlessness, and Practice,"

62. Kemp, Whittaker, and Tracy, *Person–Environment Practice,* p. 68.
63. Glasser and Garvin, "An Organizational Model," p. 111.
64. Pierce, Sarason and Sarason, "Integrating Social Support Perspectives," p. 173.
65. Northen, *Clinical Social Work,* p. 298.
66. Tracy, "Identifying Social Support Resources," p. 354.
67. Caplan, *Support Systems and Community Mental Health.*
68. Tracy, "Identifying Social Support Resources,"
69. Pierce, Sarason, and Sarason, "Integrating Social Support Perspectives."

제3장 관계: 사회복지실천의 핵심

1. Richmond, *Social Diagnosis,* p. 4.
2. Perlman, *Relationship,* pp. 2–3.
3. Fischer, *To Dwell Among Friends,* p. 28.
4. Bowlby, "Separation Anxiety."
5. Gilligan, "Adolescent Development Reconsidered," p. 8.
6. Konopka, *Social Group Work,* p. 37.
7. Lewis and Rosenblum, *Friendship and Peer Relations,* p. 7. See also Grunebaum and Solomon, "Toward a Peer Group Theory," and "On the Development and Significance of Peers and Play."
8. Whittaker, "A Developmental–Educational Approach," p. 180.
9. Lynch, *The Broken Heart,* p. 16.
10. Gilligan, "Adolescent Development Reconsidered," pp. 7–11.
11. Ibid., p. 5.
12. Konopak, *The Adolescent Girl in Conflict;* Whittaker, "Causes of Childhood Disorders," pp. 91–96.
13. Mor–Barak, *Social Networks and Health.*
14. Schutz, *Interpersonal Underworld.*
15. Bronfenbrenner, *The Ecology of Human Development.*
16. Weiss, "The Provisions of Social Relationships."
17. For a discussion of transference in groups, see Durkin, *The Group in Depth,* pp. 139–170 and pp. 183–197; Levine, *Group Psychotherapy,* pp. 160–164; Scheidlinger, *Psychoanalysis and Group Behavior,* pp. 80–85; Yalom, *The Theory and Practice of Group Psychotherapy,* pp. 199–212.
18. Anna Freud, *The Ego and the Mechanisms of Defense,* pp. 117–131.
19. Overton and Tinker, *Casework Notebook,* p. 162.
20. Hartford, *Groups in Social Work,* pp. 202–208.
21. Ibid., pp. 195–197.
22. Ibid., pp. 196.
23. Philips, *Essentials of Social Group Work Skill,* p. 93.
24. Coyle, "Some Basic Assumptions," p. 100.
25. Kutchins, "The Fiduciary Relationship," pp. 106–113.
26. Rogers, "The Necessary and Sufficient Conditions," pp. 95–103.
27. Levine, *Group Psychotherapy,* p. 282.

28. Woods and Hollis, *Casework,* p. 25.
29. Katz, *Empathy: Its Nature and Uses,* p. 1.
30. Rogers, "The Necessary and Sufficient Conditions."
31. Berger, *Clinical Empathy,* p. 5.
32. Woods and Hollis, *Casework,* p. 26.
33. Keefe, *Empathy,* and "Empathy Skill and Critical Consciousness."
34. Scheidlinger, "The Concept of Empathy."
35. Raines, "Empathy in Clinical Social Work," pp. 57–72.
36. Schiller and Zimmer, "Sharing the Secrets," pp. 215–238.
37. Cousinsm, *Head First,* p. 34.
38. Dies, "Clinical Implications, of Research on Leadership," pp. 32–34.
39. Ripple, Alexander, and Polemis, *Motivation, Capacity, and Opportunity,* pp. 66–67; Sainsbury, *Social Work with Families;* Beck and Jones, *Progress in Family Problems,* p. 8; Mullen, "Casework Communication."
40. Schwartz, "Behavior and Psychodynamics," p. 374.
41. Russell, *Clinical Social Work,* p. 53.
42. Coady, "The Worker–Client Relationship Revisited," pp. 291–300.
43. Young and Poulin, "The Helping Relationship Inventory."
44. Lieberman, Yalom, and Miles, *Encounter Groups;* Larsen and Hepworth, "Skill Development."
45. Perlman, *Relationship,* p. 163.
46. Garvin, *Contemporary Group Work* (3d ed.).
47. Lieberman, "Culturally Sensitive Intervention," p. 106. See also Maki, "Countertransference with Adolescent Clients"; Durst, "Understanding the Client Social Worker Relationship," pp. 29–42.
48. Pinderhughes, *Understanding Race, Ethnicity, and Power,* pp. 147–148.
49. Konopka, *Social Group Work,* p. 94.
50. Pigors, *Leadership or Domination,* p. 401.
51. Flanzer, "Conintergration."
52. Dana, "The Collaborative Process," p. 193.

제4장 집단에서의 개입

1. Group for the Advancement of Psychiatry, *The Process of Child Therapy,* pp. 2–3.
2. Anderson, *Social Work with Groups,* p. 81.
3. Fatout, "A Comparative Analysis of Practice Concepts"; Furness, "Some Factors of Similarity and Difference"; Peirce, "A Study of the Methodological Components"; Videka-Sherman, "Meta-Analysis of Research."
4. Balgopal and Vassil, *Groups in Social Work;* Carlton, *Clinical Social Work;* Ephross and Vassil, *Group in Social Work;* Carlton, *Clinical Social Work;* Ephross and Vassil, *Groups That Work;* Gittreman, *Handbook of Social Work Practice and Vulnerable Populations.*
5. Betcher, *Group Participation;* Middleman and Goldberg Wood, *Skills for Direct Practice;* Shulman, *The Skills of Helping.*
6. Horowitz, "Worker Interventions."

7. Gordon, "Toward a Social Work Frame of Reference."
8. Kemp, Whittaker, and Tracy, *Person-Environment Practice;* Garvin, *Contemporary Group Work,* pp. 109-111.
9. For further information, see Hall, *The Hidden Dimension;* Hartford, *Groups in Social Work,* pp. 173-184; Seabury, "Arrangement of Physical Space," pp. 48-49.
10. Fatout, "Using Limits and Structures."
11. Middleman and Goldberg Wood, *Skills for Direct Practice,* pp. 104-108.
12. Duck, "Communication of Social Support," p. 175.
13. Pierce, Sarason, and Sarason, "Integrating Social Support Perspectives," p. 173.
14. Tracy, "Identifying Social Support Resources of At-Risk Families, p. 354.
15. Northen, "Social Relationships and Support," pp. 4-5.
16. Ibid., pp. 5-7.
17. Bertcher, *Group Participation,* pp. 31-41; Middleman and Goldberg Wood, *Skills for Direct Practice,* pp. 53-58.
18. Hopps, Pinderhughes, and Shankar, *The Power to Care.*
19. Gitterman, "The President' s Pen," pp. 1-3.
20. Ephross and Vassil, *Groups That Work;* Toseland and Rivas, *Introduction to Group Work Practice.*
21. Yalom, *The Theory and Practice of Group Psychotherapy* (2d ed.), pp. 19-44.
22. From Christ and Flomenhaft (eds.), *Psychological Family Interventions.*
23. Solomon, *Black Empowerment,* pp. 301-308.
24. Schwartz, "The Social Worker in the Group," pp. 146-171.
25. Kane, "Editorial," p. 2.
26. Reid and Epstein, *Task-Centered Practice,* p. 172.
27. Lieberman, Yalom, and Miles, *Encounter Groups,* pp. 371-373.
28. Sainsbury, *Social Work with Families.*
29. Davis, "Advice-Giving in Parent Counseling," pp. 343-347.
30. Overton and Tinker, *Casework Notebook,* p. 68.
31. Solomon, *Black Empowerment,* p. 313.
32. Brown, "Feedback in Family Interviewing," pp. 52-59.
33. Heine, "A Comparison of Patients' Reports."
34. Middlemen and Wood, *Skills for Direct Practice,* pp. 82-83; Toseland and Rivas, *Introduction to Group Work Practice,* p. 101.
35. Hutten, "Short Term Contracts IV," p. 617.
36. Yalom, *The Theory and Practice of Group Psychotherapy.*
37. Fatout, "Physically Abused Children," pp. 83-97.
38. Konopka, "Significant of Social Group Work" p. 128.
39. Coyle, "Social Group Work," p. 29.
40. Brown, "The Technique of Ascription," p. 73.
41. Lee and Park, "A Group Approach to the Depressed Adolescent Girl," pp. 516-527.
42. Konopka, *Social Group Work,* p. 104.
43. Brown, "Feedback in Family Interviewing," pp. 52-59.
44. Dies, "Clinical Implications of Research on Leadership," p. 50.
45. Lieberman, Yalom, and Miles, *Encounter Groups.*

제5장 계획

1. Kurland, "Planning," p. 173.
2. Siporin, *Introduction to Social Work Practice,* p. 39.
3. See, for example, Bartlett, "Toward Clarification and Improvement," pp. 5-8; Boehm, "The Nature of Social Work," pp. 10-18; Coyle, *Social Process in Organized Groups,* p. 28.
4. For example, Hartford wrote about private and public pregroup phases that occurred prior to the actual conduct of a group, *Groups in Social Work,* pp. 67-74; Northen discussed the planning and intake processes, including such elements as group purposes, structure, and diagnosis, *Social Work with Groups* (1st ed.), pp. 86-115; Levine, *Fundamentals of Group Treatment,* pp. 4-40; and Sarri and Galinsky, "A Conceptual Framework for Group Development," also identified a phase of origin in which the social worker's actions included determination of group purpose and composition, establishment of a contract, and determination of structural elements such as time, place, and frequency of group meetings.
5. See, for example, Brown, *Groups for Growth and Change,* pp. 143-160; Ephross and Vassil, *Groups That Work,* pp. 56-74; Garvin, *Comtemporary Group Work,* pp. 50-75; Gitterman, "Developing A New Group Service," pp. 59-80; Henry, *Group Skills in Social Work,* pp. 43-69; Shulman, *The Skills of Helping,* pp. 319-342; and Toseland and Rivas, *Introduction to Group Work Practice,* pp. 145-172.
6. In separate studies, Briar and Lieberman found that persons are more apt to continue service when they and their workers share similar expectations of such service. Briar, "Family Services," pp. 25-26; Liebeman, "Clients' Expectations, Preferences, and Experiences," p. 174.
7. Garvin, "Complementarity of Role Expectations in Groups," p. 191.
8. Main, "Selected Aspects of the Beginning Phase," p. 114.
9. Kurland and Salmon, *Teaching a Methods Course in Social Work with Groups,* pp. 32-33.
10. Kurland, "A Model of Planning for Social Work with Groups."
11. Falck, *Social Work: The Membership Perspective.*
12. A great deal has been written about cultural and racial beliefs and their relation to group work. See, for example, Bentelspacher, De Silva, Chuang, and La Rowe, "A Process Evaluation of the Cultural Compatibility"; Bilides, "Race, Color, Ethnicity, and Class"; Chau, "Needs Assessment for Group Work with People of Color"; Delgado and Humm-Delgado, "Hispanics and Group Work"; Liu, "Towards Mutual Aid in a Chinese Society"; Waites, "The Tradition of Group Work and Natural Helping Networks"; Sistler and Washington, "Serenity for African American Caregivers."
13. For good articles on this subject, see Miller and Solomon, "The Development of Group Services for the Elderly," pp. 74-106; and Cohen, "Who Wants to Chair the Meeting?" pp. 71-87.
14. For further information, see Lonergan, *Group Intervention;* Klein, "Some Problems of Patient Referral," pp. 229-239.
15. See Gitterman, "Developing a New Group Service," pp. 59-77. See also Germain and Gitterman, *The Life Model of Social Work Practice,* pp. 297-342; Brager and Holloway,

Changing Human Service Organizations.
16. This material is adapted from Northen, *Clinical Social Work,* pp. 67–74.
17. Germain and Gitterman, *The Life Model of Social Work Practice,* pp. 77–136; Golan, *Passing Through Transitions;* Golan, *The Perilous Bridge.*
18. Parad, Selby, and Quinlan, "Crisis Intervention," pp. 304–330.
19. For good discussions, see Rothman, "Analyzing Issues in Race," pp. 24–37; Solomon, *Black Empowerment;* Chau, "A Model of Practice" ; Brown and Mistry, "Group Work with Mixed Membership Groups" ; Glasgow and Gouse Sheese, "Theme of Rejection and Abandonment" ; Van Den Bergh, "Managing Biculturalism at the Workplace."
20. Derlega, *Communication, Intimacy, and Close Relationships.*
21. Orcutt, "Family Treatment of Poverty Level Families," p. 92.
22. For elaboration of these ideas, see Hartford, *Groups in Social Work,* pp. 139–58; Lowy, "Goal Formulation in Social Work Groups," pp. 116–144; Schopler and Galinsky, "Goals in Social Work Practice," pp. 140–158; Brager, "Goal Formation," pp. 2–36; and Steinberg, *The Mutual-Aid Approach to Working with Groups,* pp. 52–60.
23. For a good discussion of support groups, see Schopler and Galinsky, "Expanding Our View," pp. 3–10.
24. Cohen and Mullender, "The Personal in the Political."
25. For a good example, see Malekoff, "Pink Soap and Stall Doors," pp. 219–220.
26. Little has been written about when group membership is preferred and when it might be contraindicated. One article that does address this subject is Northen, "Selection of Groups as the Preferred Modality of Practice," pp. 19–33. See also Galinsky and Schopler, "Negative Experiences in Support Groups," pp. 77–95.
27. Redl, "The Art of Group Composition," pp. 76–96.
28. See Bertcher and Maple, "Elements and Issues in Group Composition," pp. 180–202.
29. See Schwartz, "Between Client and System," pp. 171–197; Tropp, "A Developmental Theory," pp. 198–237.
30. Redl, "The Art of Group Composition."
31. Levine reports evidence from research to support this position in *Group Psychotherapy,* p. 13.
32. Schiller, "Stages of Development in Women' s Groups," pp. 117–138.
33. Daley and Koppenaal, "The Treatment of Women," pp. 343–357.
34. Garvin and Reed, "Gender Issues in Social Group Work," pp. 3–19.
35. Yalom, *Theory and Practice of Group Psychotherapy,* p. 237.
36. Kadushin, *The Social Work Interview,* pp. 254–260.
37. Solomon, *Black Empowerment,* pp. 299–313.
38. One entire issue of the journal *Social Work with Groups* (vol 3, no. 4), addresses the issues of co-leadership. Each author presents may references on the subject. For an excellent analysis of positive and negative aspects of co-leadership, see Galinsky and Schopler, "Structuring Co-Leadership," pp. 51–63.
39. See Nosko and Wallace, "Female/Male Co-Leadership in Groups," pp. 3–16; Reed, "Women Leaders in Small Groups," pp. 35–42.
40. MacLennan, "Co-Therapy," pp. 154–166. Summarizing five studies on co-leadership in therapy groups, Dies' s conclusions were similar. He found that "co-leadership may

complicate the group therapeutic process and actually precipitate problems that are not evident in groups with one leader." See Dies, "Clinical Implications of Research on Leadership," p. 59.

41. A study of fifty therapists in conjoint family therapy found somewhat similar feelings among experienced therapists. They gradually reached a point of disminishing returns in satisfaction with co-therapy and came to prefer work as the sole therapist because they considered this to be a more effective way to serve clients. See Rice, Fey, and Kepecs, "Therapist Experience and Style," pp. 1-12.
42. Hartford, *Groups in Social Work,* p. 162. For other research on size of groups, see Hare, Borgatta, and Bales, *Small Groups,* pp. 495-510; Thomas and Fink, "Effects of Group Size," 525-35; Berelson and Steiner, *Human Behavior,* pp. 358-359.
43. Yalom, *The Theory and Practice of Group Psychotherapy* (3d ed.), p. 283.
44. Large groups may benefit from tighter organization. See Goldberg and Simpson, "Challenging Stereotypes," pp. 79-94.
45. Bales et al., "Structure and Dynamics of Small Group," p. 394.
46. A number of articles have been published about single-session groups, many in medical setting. See Bloom and Lynch, "Group Work in a Hospital Waiting Room," pp. 48-63; Block, "On the Potentiality and Limits of Time," pp. 516-26; Weisberg, "Single Session Group Practice in a Hospital," pp. 99-112; Rotholz, "The Single Session Group," pp. 143-146. Waldron, Whittington, and Jensen looked at the use of single-session groups with children of military families in which parents are being deployed. See Waldron, Whittington, and Jensen, "Children' s Single Session Briefings," pp. 101-109.
47. Yalom, *Inpatient Group Psychotherapy,* pp. 74-82.
48. See Hartford, *Groups in Social Work,* pp. 167-181; Seabury, "Arrangement of Physical Space," pp. 43-49; Siporin, *Introduction to Social Work Practice,* pp. 177-178.
49. Taken from Kurland, *Group Formation,* pp. 14-17.
50. Dewey, *Experience and Education,* pp. 57-58.

제6장 사전접촉: 집단성원의 선택과 준비

1. For an example of such an insufficient approach to recruitment and outreach. see Kurland and Salmon, "Self-Determination: Its Use and Misues," pp. 113-115.
2. Both Cloward and Gouldner see informal entry procedures and lack of bureaucratic procedures and what is perceived as red tape as facilitating the acceptance of social work services by low-income persons. See Cloward, "Agency Structure as a Variable," pp. 30-44; Gouldner, "Red tape as a Social Problem," pp. 410-18.
3. Siporin, *Introduction to Social Work Practice,* p. 224.
4. For fuller information on assessment, see Northen, "Assessment in Direct Practice," pp. 171-183.
5. Richmond, "Some Next Steps in Social Treatment," p. 487.
6. Frances, Clarkin, and Perry, *Differential Therapeutics in Psychiatry.*
7. Schwartz, "Between Client and System," pp. 171-197.
8. For excellent material on how this concept applies to residential settings, see Maier, "Social Group Work Method," pp. 26-44.

9. A growing body of group work literature addresses issues of race and ethnicity. See, for example, Chau, "Needs Assessment," pp. 53–66; Davis, Ethnicity in *Social Group Work Practice;* Davis, "Group Work Practice with Ethnic Minorities of Color"; Chau, *Ethnicity and Biculturalism.*
10. A similarly expanding body of group work literature addresses issues of gender and sexual orientation. See, for example, Ball and Lipton, "Group Work with Gay Men," pp. 259–277; Englehardt, "Group Work with Lesbians," pp. 278–294; Garvin and Reed, "Sources and Visions for Feminist Group Work"; Gottlieb, Burden, McCormick, and Nicarthy, "The Distinctive Attributes of Feminist Groups"; Lewis, "Regaining Promise," pp. 271–284; Travers, "Redefining Adult Identity," pp. 103–118.
11. Compton and Galaway (eds.), *Social Work Processes;* Goldstein, *Social Work Practice;* Pincus and Minahan, *Social Work Practice;* Siporin, *Introduction to Social Work Practice;* Toseland and Rivas, *Introduction to Group Work Practice.*
12. Toseland and Rivas, Introduction to Group Work Practice; Wilson and Ryland, *Social Group Work Practice.*
13. Somers, "Problem-Solving in Small Groups," pp. 331–367; Perlman, "The Problem-Solving Model in Social Casework," pp. 129–181.
14. Lewis, *The Intellectual Base of Social Work Practice.*
15. Solomon, *Black Empowerment,* p. 306.
16. Lewis, *The Intellectual Base of Social Work Practice.*
17. Siporin, *Introduction to Social Work Practice,* pp. 239–241.
18. Meadow, "The Effects of a Client-Focused Pregroup Preparation Interview," pp. 52–134; Meadow, "The Preparatory Interview," pp. 35–45.
19. Yalom, *The Theory and Practice of Group Psychotherapy* (3d ed.), pp. 295–296.
20. Piper and Pennault, "Pretherapy Preparation for Group Members," pp. 17–34.
21. Levine, *Group Psychotherapy,* pp. 45–48.
22. Boatman, "Caseworkers' Judgements of Client's Hope"; Fanshel, "A Study of Caseworkers' Perceptions," pp. 543–551; Ripple, "Factors Associated with Continuance," pp. 87–94; Yalom, *The Theory and Practice of Group Psychotherapy* (2d ed.), pp. 6–7; Zalba, "Discontinuance During Social Service Intake."
23. Hannah, "Preparing Members for the Expectations of Social Work with Groups."
24. Dewey, *Democracy and Education,* p. 104.

제7장 목적

1. Steinberg, *The Mutual-Aid Approach to Working with Groups,* p. 56.
2. Siporin, *Introduction to Social Work Practice,* p. 258.
3. Schmidt, "The Use of Purpose in Casework Practice," p. 80.
4. Ibid, pp. 77–84.
5. Raschella, "An Evaluation of the Effect of Goal Congruence."
6. Garvin, "Complementarity of Role Expectations in Groups," pp. 127–145.
7. In her research, Hartford found that workers frequently failed to make group purposes explicit and that this contributed to the failure of group formation. See Hartford, "The Social Worker and Group Formation."

8. See Kurland and Salmon, "Self-Determination: Its Use and Miuse," pp. 105-121.
9. This material was taken from a 1997 paper, "The Evolution of Group Purpose," by Elena Epstein for a course on group work at the Hunter College School of Social Work. It was originally included in Kurland and Salmon, "Purpose," pp. 5-17.

제8장 문제해결 과정

1. For an historical discussion of how problem-solving evolved in social work, see Somers, "Problem-Solving in Small Group," pp. 331-368.
2. Dewey, *How We Think.*
3. The importance of a clearly defined and mutually understood problem is emphasized by Toseland and Rivas, *An Introduction to Group Work Practice,* pp. 320-321.
4. Perlman, *Social Casework,* p. 91.
5. Compton and Galaway, *Social Work Processes,* p. 50.
6. Mutual aid has long been recognized as central to social group work. An important influence in its use in social work is the 1908 work of the social scientist Kropotkin, *Mutual Aid: A Factor of Evolution,* in which he recognized that *mutual support* is far more effective than *mutual contest* in the progressive development of humankind.
7. Steinberg, *The Mutual-Aid Approach to Working with Groups,* p. xv.
8. Hartford, "Groups in Human Services," p. 23.
9. Middleman, "Returning Group Process to Group Work," pp. 16, 22.
10. This material is taken from Kurland and Salmon, "Group Work vs. Casework in a Group," pp. 3-14.
11. An emphasis on the strengths of group members and the expectation of mutual aid has always been basic to social work with groups. More recently, a strengths perspective has been emphasized in work with individuals and families. See Maluccio, *Learning From Clients;* and Weick, Rapp, Sullivan, and Kisthardt, "A Strengths Perspective for Social Work Practice," pp. 332-327.
12. Breton, "Learning from Social Group Work Traditions," pp. 3-25.
13. Brown, *Groups for Growth and Change,* p. 86.

제9장 갈등

1. For further discussion of conflict, see Bernstein, "Conflict and Group Work," pp. 72-106; Coser, *Functions of Social Conflict;* Deutsch, *Resolution of Conflict;* van de Vilert, "Conflict in Prevention and Escalation," pp. 521-551.
2. Steinberg, "Some Findings from a Study," pp. 23-39.
3. Baxter, "Conflict and Management," p. 38.
4. Wilson and Ryland, *Social Group Work Practice,* p. 53.
5. Deutsch, *Resolution of Conflict,* p. 352.
6. Herrick, "Perception of Crisis, pp. 15-30.
7. Follett, *Dynamic Administration,* p. 35.
8. Overton and Tinker, *Casework Notebook,* p. 68.
9. Solomon, *Black Empowerment,* pp. 299-313.

10. For discussion of self-determination, see Kurland and Salmon, "Self-Determination: Its Use and Misuse," pp. 105-21; Bernstein, "Self-Determination: King or Citizen," pp. 3-8; Freedberg, "Self-Determination: Historical Perspectives," pp. 33-38; Perlman, "Self-Determination: Reality or Illusion? pp. 65-89, Rothman, "Client Slef-Determination: Untangling the Knot," pp. 598-612.
11. The issue of mandated reporting, especially when it concerns the use of excessive corporal punishment, is a murky area. Uncertainty about when to report causes considerable anxiety. It is generally acknowledge that a worker must use reasonable professional judgement in determining when to make a report. For further discussion, see Levine and Doueck, *The Impact of Mandated Reporting on the Therapeutic Process,* pp. 46-49; Myers, *Legal Issues in Child Abuse and Neglect,* pp. 102-103.
12. Malekoff, Group Work with Adolescents, pp. 190-191.
13. Brown and Mistry, "Group Work with 'Mixed Membership' Groups," p. 8.
14. Ibid., pp. 5-21.
15. Pinderhughes, *Understanding Race, Ethnicity, and Power.*

제10장 집단성원들의 역할

1. Shaw, *Group Dynamics,* pp. 246-247.
2. Bales and Slater, "Functional Roles of Group Members," pp. 259-306; Benne and Sheats, "Functional Roles of Group Members," pp. 41-49; Coyle, *Group Work with American Youth,* pp. 91-132.
3. Radin and Feld, "Social Psychology for Group Work Practice, pp. 50-69.
4. Hartford, *Groups in Social Work,* p. 218.
5. Ibid.
6. Shulman has written extensively on the role scapegoat. See Shulman, "Scapegoats, Group Workers, and Pre-emptive Intervention," pp. 37-43; Shulman, *The Skills of Helping Individuals, Families, Groups, and Communities,* pp. 476-495. See also Colman, *Up from Scapegoating;* Douglas, *Scapegoats: Transferring Blame;* Anstey, "Scapegoating in Groups," pp. 51-63; Garland and Kolodny, "Characteristics and Resolution of Scapegoating," pp. 55-74.
7. Shulman, in particular, cautions workers about being overprotective of the scapegoat. See Shulman, "Scapegoats, Group Workers, and Pre-emptive Intervention," pp. 37-43.

제11장 활동의 활용

1. A comprhensive description of the place of activity in group work has been developed by Middleman in *The Non-Verbal Method,* pp. 25-63.
2. Coyle, "Social Group Work in Recreation," pp. 202-203.
3. Coyle, *Group Work with American Youth,* pp. 169-216.
4. Murphy, *The Social Group Work Method in Social Work Education,* p. 39.
5. For references on the benefits of activity see Balgopal and Vassil, *Groups in Social Work,* pp. 143-148; Heap, *Process and Action in Work with Groups;* Henry, *Group Skills in Social Work;* Middleman, *The Non-Verbal Method;* Whittaker, "Program Activities," pp.

217–250; Wilson and Ryland, *Social Group Work Practice,* chapter 5 and part 2; Shulman, "Program in Group Work," pp. 221–240.

6. For references on role playing, see Etcheverry, Siporin, and Toseland, "Uses and Abuses of Role Playing" ; Klein, *Role Playing in Leadership Training;* Middleman, *The Non-Verbal Method,* p. 102.
7. For examples, see Sheridan, "Talk Time for Hospitalized Children." pp. 40–45.
8. Waldron, Whittington, and Jensen, "Children' s Single Session Briefings," pp. 101–109.
9. Decker, "Puppets Help Children."
10. Malekoff explores the use of activity with adolescents in his book, *Group Work with Adolescents,* pp. 146–165.
11. Schnekenburger, "Waking the Heart Up," pp. 19–40; Potocky, "An Art Therapy Group," pp. 73–82; Lynn and Nisivoccia, "Activity–Oriented Group Work with the Mentally Ⅲ," pp. 95–106; Pollio, "Hoops Group," pp. 107–122; Waite, "Drama Therapy in Small Groups," pp. 95–108.
12. This example is adapted from Fatout, "Group Work with Severley Abused and Neglected Latency Age Children: Special Needs and Problems," Unpublished paper, November 1986.
13. Heap, *Process and Action in Work with Groups,* p. 93.
14. Collins, "How Do You Spell Hippopotamus?" pp. 61–75.
15. This example is adapted from Wright, "The Use of Purpose in On–Going Activity Groups."
16. Rae–Grant, Gladwin, and Bower, "Mental Health, Social Competence, and the War on Poverty."
17. Schnekenburger, "Waking The Heart Up," pp. 28–29.
18. Heap, *Process and Action in Work with Groups,* p. 93.
19. Maier, *Group Work as Part of Residential Treatment,* p. 28.
20. Goldstein, *Social Work Practice,* p. 101.
21. Wright, "The Use of Purpose in On–Going Activity Groups."
22. Pinderhughes, "Empowerment for Our Clients," pp. 331–338; Solomon, *Black Empowerment.*
23. Lubell, "Living with a Lifeline," pp. 283–296.
24. Berman–Rossi, "The Fight Against Homelessness," pp. 385–412.
25. Lipton and Malter, "The Social Worker as Mediator on a Hospital Ward."
26. Lee, "No Place to Go," pp. 245–262.
27. Germain and Gitterman, *Life Model of Social Work Practice,* p. 316.
28. Garvin, *Contemporary Group Work* (2nd ed.), pp. 176–187.
29. Pernell, "Empowerment in Social Group Work," pp. 107–118; Solomon, *Black Empowerment.*
30. Bittner, "Therapeutic Mother–Child Groups," pp. 154–161.
31. Delgado, "Activities and Hispanic Groups," pp. 85–96.
32. Edwards, Edwards, Davies, and Eddy, "Enhancing Self–Concept and Identification," pp. 309–318.
33. Marsiglia, Cross, and Mitchell–Enos, "Culturally Grounded Group Work," pp. 89–102.
34. For discussion of activity in different stages of group development, see Henry, *Group*

Skills in Social Work; Middleman, *The Non-Verbal Method,* pp. 113-129; Ross and Bernstein, "A Framework for the Therapeutic Use of Group Activities," pp. 627-640.

35. Wright, "The Use of Purpose in On-Going Activity Groups," pp. 33-57.
36. Ibid.
37. Ibid.
38. See, for example, Fluegelman, *The New Games Books;* Fluegelman (ed.), *More New Games;* Orlick, *The Cooperative Sports and Games Book;* Orlick, *The Second Cooperative Games Book;* Rohnke, *Silver Bullets;* Spolin, *Theater Games for the Classroom;* Middleman, *The Non-Verbal Method,* pp. 174-258; Wilson and Ryland, *Social Group Work Practice,* pp. 197-346; Brandler and Roman, *Group Work,* pp. 295-324.
39. For helpful material on the use of activity, see Vinter, "Program Activities," pp. 233-243; and Brandler and Roman, *Group Work,* pp. 135-178.

제12장 발달단계 I: 포함-적응

1. Coyle, *Group Work with American Youth,* p. 45.
2. Schwartz, "Between Client and System," pp. 186-188.
3. Williams, "Limitations, Phantasies, and Security Operations," pp. 15-62.
4. Goffman, *Behavior in Public Places,* p. 16.
5. Garland, Jones, and Kolodny, "A Model for Stages of Development."
6. Brandler and Roman, *Group Work,* p. 18.
7. Solomon, *Black Empowerment,* p. 308.
8. Cooper, "A Look at the Effect of Racism," p. 76; For other important references, see Chau, *Ethnicity and Biculturalism;* Davis, "Group Work Practice with Ethnic Minorities," pp. 324-45; Delgado and Humm-Delgado, "Hispanics and Group Work," pp. 85-96; Fong and Mokuau, "Not Simply Asian Americans"; Gutiérrez and Lewis, *Empowering Women of Color;* Jung, *Chinese American Family Therapy;* Ho, "Social Group Work with Asian Pacific Americans," pp. 49-61; Lum, *Social Work Practice with People of Color.*
9. Velasquez, Vigil, and Benavides, "A Framework for Establishing Social Work Relationships," pp. 197-203.
10. Aguilar, "Initial Contacts with Mexican-American Families," pp. 66-77.
11. Hammond, "Cross-Cultural Rehabilitation," pp. 34-36.
12. Nakama, "Japanese Americans' Expectations of Counseling."
13. Kadushin, "The Racial Factor in the Interview," pp. 88-98.
14. Solomon, *Black Empowerment,* p. 324-325.
15. Maas, "Group Influences on Client-Worker Interaction," pp. 70-79; Aronson and Overall, "Treatment Expectations of Patients," pp. 35-41.
16. Parloff, Waskow, and Wolfe, "Research on Therapist Variables" p. 262.
17. Ibid. p. 273.
18. Garvin and Reed, "Gender Issues in Social Group Work," pp. 3-14.
19. Osborn, "Some Factors of Resistance," pp. 1-14.
20. Bounous, "Study of Client and Worker Preceptions," pp. 94-95; Siporin, *Introduction to Social Work Practice,* p. 208.
21. Yalom, *Theory and Practice of Group Psychotherapy,* pp. 115-134.

22. Brown, "Social Workers' Verbal Acts."
23. Garvin, "Complementarity of Role Expectations in Groups," pp. 127–129.
24. Briar, "Family Services," pp. 14–15, 21–27.
25. Schein, *Organizational Culture and Leadership,* pp. 224–226.
26. Lee and Park, "A Group Approach to Depressed Adolescent Girls," pp. 516–527.
27. Kurland and Salmon, "Not Just One of the Gang."
28. Rosen and Lieberman, "Experimental Evaluation of Interview Performance," pp. 395–412.
29. Gentry, "Initial Group Meetings."
30. Glassman and Kates, *Group Work,* p. 30.
31. For a fuller discussion, see Brandler and Roman, "Uncovering Latent Content in Groups"; and Brandler and Roman, *Group Work,* pp. 165–167.
32. Shyne, "What Research Tells Us," pp. 223–231; Stark, "Barriers to Client-Worker Communcation," pp. 177–183.
33. Polansky and Kounin, "Clients' Reactions to Initial Interviews," pp. 237–264.
34. Worby, "Adolescents' Expectations," pp. 19–59.
35. Slocum, "A Survey of Expectations," p. 40.
36. Mayer and Rosenblatt, "The Client' s Social Context," pp. 511–518.
37. Maluccio and Marlow, "The Case for the Contract," pp. 28–36.
38. Tsang and Bogo, "Engaging with Clients Cross-Culturally," pp. 73–91.
39. Garvin, "Complementarity in Role Expectations," p. 128.

제13장 발달단계 II: 불확실성-탐색

1. Garland, Jones, and Kolodny, "A Model for Stages of Development," pp. 41–45.
2. Schiller, "Stages of Development in Women' s Groups," pp. 117–138.
3. Solomon, *Black Empowerment,* pp. 28–29; see also Konopka, "Formation of Values," pp. 86–96.
4. Berman-Rossi, "Tasks and Skills of the Social Worker," pp. 69–81.
5. Sullivan, "Who Owns the Group?" pp. 15–32.
6. Berman-Rossi, "The Tasks and Skills," pp. 69–81.
7. For a fuller discussion, see Kurland and Salmon, "Not Just One of the Gang."
8. Thompson and Kahn, *The Group Process,* p. 63.
9. Levine, *Group Psychotherapy,* p. 75.
10. From Lee and Park, "A Group Approach to the Depressed Adolescent Girl," pp. 516–527; see also Levine and Schild, "Group Treatment of Depression," pp. 49–52.
11. Zamudio, "Stages of Group Development."
12. Bilides, "Reaching Inner-Cirt Children," pp. 129–144.
13. Clemenger, "Congruence Between Members and Workers."
14. Main, "Selected Aspects of the Beginning Phase."
15. Pradise, "The Factor of Timing," pp. 524–530.
16. Lasater and Montalvo, "Understanding Mexican-American Culture," pp. 23–25.
17. Velasquez, Vigil, and Benavides, "A Framework for Establishing Social Work Relationships," p. 239.
18. Rice, "Premature Termination of Group Therapy," pp. 5–23.

19. Hartford, "The Social Group Worker and Group Formation."
20. Lonergan, *Group Intervention,* p. 7.
21. Hartford, "The Social Group Worker and Group Formation."
22. Lonergan and Manuele, "A Group for Relatives," pp. 357–359.
23. Maier, "Play Is More than a Four-Letter Word," pp. 65–74.
24. Garvin, "Complementarity of Goal Expectations," p. 145.
25. Brown, "Social Workers' Verbal Acts."
26. Yalom, Houts, Newell, and Rand, "Preparation of Patients for Group Therapy," p. 426.
27. Cartwright and Zander, *Group Dynamics* (3d ed.), p. 426.
28. Gitterman, "Building Mutual Support," pp. 5–21; Steinberg, *The Mutual-Aid Approach*.

제14장 발단단계 III: 상호관계와 목표성취

1. Garland, Jones, and Kolodny, "A Model for Stages of Development."
2. Derlega, "Self Disclosure in Intimate Relationships," pp. 1–9.
3. Horowitz, "Cognitive Structure of Interpersonal Problems," pp. 5–15.
4. Schein, *Organizational Culture and Leadership.*
5. Powdermaker and Frank, *Group Psychotherapy,* p. 433.
6. Perley, Winget, and Placci, "Hope and Discomfort as Factors," pp. 557–563.
7. Ackeman, *Treating the Troubled Family,* p. 88.
8. Balgopal and Hull, "Keeping Secrets," pp. 334–336.
9. Balgopal and Vassil, *Groups in Social Work,* p. 129.
10. Schein, *Organizational Culture and Leadership,* p. 206.
11. Simmel, *Conflict,* p. 46.
12. Yalom, *The Theory and Practice of Group Psychotherapy* (3d ed.), pp. 52–55.
13. Ibid., p. 67.
14. Steinberg, *The Mutual-Aid Approach,* pp. 111–132.
15. Malekoff, *Group Work with Adolescents,* pp. 127–129.
16. Dewey, *Experience and Education,* p. 12.
17. Yalom, *The Theory and Practice of Group Psychotherapy,* pp. 361–362.
18. Lee and Park, "A Group Approach to the Depressed Adolescent Girl," p. 522.
19. Solomon, *Black Empowerment,* pp. 311–313.
20. Blum, "The Aha Response as a Therapeutic Goal," pp. 47–56.
21. Caplan, "Recent Developments in Crisis Intervention," p. 7.
22. For references on crisis intervention groups, see Aguilera, *Crisis Intervention,* pp. 29–59; Bell, "Traumatic Event Debriefing," pp. 36–43; Parad, Selby, and Quinlan, "Crisis Intervention," pp. 304–330; Allgeyer, "Resolving Individual Crises"; Allgeyer, "The Crisis Group": Berger, "Crisis Intervention: A Drop-in Group"; Buckley, "The Use of the Small Group."
23. Ell and Northen, *Families in Health Care,* pp. 175–177.
24. Williams and Holmes, *The Second Assault,* pp. 87–89.
25. Fuchs and Costes, "Building on Strengths," pp. 200–201.
26. Malekoff, *Group Work with Adolescents,* pp. 149–151.
27. Vinter and Galinsky, "Extragroup Relations."

28. DerValle and Alexander, "Project Enable," pp. 633–638.
29. Redl, "Strategy and Techniques for the Life Space Interview," pp. 1–18.

제15장 발달단계 IV: 이별과 종결

1. Garvin, *Contemporary Group Work,* chapter 10; Hess and Hess, "Termination in Context," pp. 489–497.
2. Hamilton, *Theory and Practice of Social Case Work,* p. 236.
3. Yalom, *The Theory and Practice of Group Psychotherapy* (3d ed.), p. 373.
4. Erikson, *Identity, Youth, and Crisis,* pp. 99–141; *Mass, People and Contexts;* Shapiro, "Termination," pp. 13–19.
5. Balgopal and Vassil, *Groups in Social Work,* p. 212.
6. Yalom, *The Theory and Practice of Group Psychotherapy* (3d ed.), pp. 230–244; Kurland, "Planning," pp. 173–178.
7. See Beck and Jones, *Progress in Family Problems;* Kerns, "Planned Short-Term Treatment," pp. 340–346; Epstein, "Brief Group Therapy," pp. 33–48; Reid and Shyne, *Brief and Extended Casework.*
8. Mayadas and Glasser, "Termination," p. 253.
9. See Fox, Nelson, and Bolman, "The Termination Process," pp. 53–63; Garland, Jones, and Kolodny, "A Model for Stages of Development," pp. 17–71; Germain and Gitterman, *Life Model,* pp. 28–78; Hartford, *Groups in Social Work,* pp. 87–93; Hellenbrand, "Termination in Direct Practice," pp. 765–769; Henry, *Group Skills in Social Work,* pp. 87–93; Lackey, "Termination"; Northen, *Clinical Social Work,* pp. 320–28; Shulman, *Skills of Helping,* pp. 278–291.
10. Garland, Jones, and Kolodny, "A Model," pp. 57–58; Northen, *Clinical Social Work,* p. 321.
11. Bywaters, "Ending Casework Relationships," p. 337.
12. Bowlby, "Separation Anxiety," p. 102.
13. For a more thorough discussion of separation crises, see Levine, *Group Psychotherapy,* pp. 224–240.
14. Garland, Jones, and Kolodny, "A Model," pp. 57–58.
15. Scheidlinger and Holden, "Group Therapy of Women," pp. 174–189.
16. Schiff, "Termination of Therapy," p. 80.
17. Ibid.
18. Schwartz, "Between Client and System," p. 192.
19. In a content analysis of four adult groups, Lackey found many expression of positive feelings about termination. See Lackey, "Termination." See also Hess and Hess, "Termination in Context."
20. Germain and Gittermna, *Life Model,* p. 258.
21. Bolen, "Easting the Pain of Termination," pp. 519–27; Casey and Cantor, "Group Work with Hard-to-Reach Adolescents," pp. 9–22; Eklof, "The Termination Phase," pp. 55–71.
22. For a task-centered approach to work with groups, see Garvin, Reid, and Epstein, "A Task-Centered Approach," pp. 238–267.
23. Hess and Hess, "Termination in Context," pp. 491–492.

24. Mayadas and Glasser, "Termination," p. 252.
25. Lewis, "Examination of the Final Phase," pp. 507–514.
26. Lackey, "Termination."
27. Kramer, "The Termination Process," pp. 526–531.
28. Fortune, "Grief Only?" pp. 159–171.
29. From Carosella, "AIDS Anxiety–Techniques and Skills."
30. Rapoport, "Crisis Intervention," p. 236.
31. For similar formulations of tasks, see Garvin, *Contemporary Group Work,* pp. 208–209; Toseland and Rivas, *Introduction to Group Work Practice,* pp. 333–41; Malekoff, *Group Work with Adolescents,* pp. 168–169.
32. Hamilton, *Theory and Practice,* p. 81.
33. Greenfield and Rothman, "Termination or Transformation," pp. 51–66.

제16장 평가

1. Kurland and Malekoff, "From the Editors," pp. 1–3.
2. Wilson and Ryland, *Social Group Work Practice,* pp. 76–80. See also Ames, "Social Work Recording." For a good review of the use of records, see Graybeak and Ruff, "Process Recording."
3. Subramanian, Hernandez, and Martinez, "Psychoeducational Group Work for Low Income Latina Mothers," pp. 53–64.
4. Chin, "Evaluating Group Movement," p. 42.
5. Coché, "Change Measures," pp. 79–99.
6. Kiresuk and Sherman, "Goal Attainment Scaling," pp. 443–453.
7. Luborsky, "Clinicians' Judgments of Mental Health," pp. 407–417.
8. MacKenzie, "Measurement of Group Climate," pp. 287–296.
9. Hudson, *The Clinical Measurement Package,* p. 16; see also Lezvitt and Reid, "Rapid Assessment Instruments."
10. Garvin, *Contemporary Group Work,* pp. 162–188.
11. Waskow and Parloff, *Psychotherapy Change Measure;* Toseland and Rivas, *An Introduction to Group Work Practice,* pp. 162–188.
12. Toseland and Siporin, "When to Recommend Group Treatment," pp. 171–206.
13. Russell, *Clinical Social Work,* pp. 111–121.
14. Dies, "Bridging the Gap Between Research and Practice," p. 5.
15. Hopps, Pinderhughes, and Shankar, *The Power to Care,* p. 165.
16. Galinsky and Schopler, "Warning: Groups May Be Dangerous," pp. 89–94; Schopler and Galinsky, "When Groups Go Wrong," pp. 424–429.
17. Hearn, *Theory Building in Social Work,* p. 25.
18. Orcutt, *Science and Inquiry,* pp. 56–57.

참고문헌

Abels, Sonia Leib and Paul Abels (1979). "Social Group Work's Contextual Purpose." In Sonia Leib Abels and Paul Abels, (eds.), *Proceedings, 1979 Symposium on Social Work with Groups,* pp. 146–160. Louisville, KY: Committee for the Advancement of Social Work with Groups.

Ackerman, Nathan (1966). *Treating the Troubled Family*. New York: Basic.

Addams, Jane (1910). *Twenty Years at Hull House*. New York: MacMillan.

Aguilar, Ignacio (1972). "Initial Contacts with Mexican American Families." *Social Work 17,* no. 3. May: 66–70.

Aguilera, Donna (1990). *Crisis Intervention: Theory and Methodology*. 6th ed. St. Louis: Mosby.

Allgeyer, Jean M. (1976). "Resolving Individual Crises Through Group Methods." In Howard J. Parad, H. L. P. Resnik and Libbie G. Parad (eds.), *Emergency and Disaster Management,* pp. 159–167. Bowie, Md: Charles.

Allgeyer, Jean M. (1970). "The Crisis Group: Its Unique Usefulness to the Disadvantaged." *International Journal of Group Psychotherapy 20,* no. 3. April: 235–240.

American Association of Group Workers (1946). *Group Work–Casework Cooperation*. New York: Association.

American Psychiatric Association (1991). *Diagnostic and Statistical Manual of Mental Disorders IV*. Washington, D. C.: Association.

American Psychiatric Association (1991). *Task Force on DSM IV*. Washington, D. C.: Association.

Ames, Natalie (1999). "Social Work Recording: A New Look at an Old Issue." *Journal of Social Work Education 35,* no. 2. Spring/Summer: 227–237.

Anderson, Joseph (1997). *Social Work with Groups: A Process Model.* New York: Longman.

Anstey, Mark (1982). "Scapegoating in Groups: Some Theoretical Perspectives and a Case Record of Intervention." *Social Work with Groups 5,* no. 3. Fall: 51-63.

Aronson, H. and B. Overall (1966). "Treatment Expectations of Patients in Two Social Classes." *Social Work 11,* no. 1. January: 35-41.

Bales, Robert F. (1950). *Interaction Process Analysis: A Method for the Study of Small Groups.* Cambridge, Mass: Addison-Wesley.

Bales, Robert F. and Philip E. Slater (1955). "Functional Roles of Group Members." In Talcott Parsons and Robert F. Bales (eds.), *Family: Socialization and Interaction Process.* Glencoe, Ⅲ.: Free.

Bales, Robert F. et al. (1957). "Structure and Dynamics of Small Groups: A Review of Four Variables." In Joseph Gittler (ed.), *Review of Sociology: Analysis of a Decade.* New York: Wiley.

Balgopal, Pallassana R. and R. F. Hull (1973). "Keeping Secrets: Group Resistance for Patients and Therapists." *Psychotherapy: Theory, Research, and Practice 10,* no. 4. Winter: 334-336.

Balgopal, Pallassana R. and Thomas V. Vassil (1983). *Groups in Social Work: An Ecological Perspective.* New York: Macmillan.

Ball, Steven and Benjamin Lipton (1997). "Group Work with Gay Men." In Geoffrey L. Grief and Paul H. Ephross (eds.), *Group Work with Populations at Risk.* New York: Oxford University Press.

Bartlett, Harriet M. (1970). *The Common Base of Social Work Practice.* New York: National Association of Social Workers.

Bartlett, Harriet M. (1958). "Toward Clarification and Improvement of Social Work Practice: The Working Definition." *Social Work 3,* no. 2. April: 3-9.

Baxter, Leslie A. (1982). "Conflict Management: An Episodic Approach." *Small Group Behavior 13,* no. 1. February: 23-42.

Beck, Dorothy Fahs and Mary An Jones (1973). *Progress in Family Problems.* New York: Family Service Association of America.

Bell, Janet L. (1995). "Traumatic Event Debriefing: Service Delivery Designs and the Role of Social Work." *Social Work 40,* no. 1. January: 36-43.

Bentelspacher, Carl E. and Evelyn De Silva (1996). Terrence Leng Chuang, and Karl D. La Rowe. "A Process Evaluation of the Cultural Compatibility of Psychoeducational Family Group Treatment with Ethnic Asian Clients." *Social Work with Groups 19,* nos. 3/4: 41-55.

Benne, Kenneth D. and Paul Sheats (1948). "Functional Roles of Group Members." *Journal of Social Issues 4,* no. 2. Spring: 41-49.

Berelson, Bernard and Gary A. Stiner (1964). *Human Behavior: An Inventory of Scientific Findings.* New York: Harcourt, Brace and World.

Berger, David M. (1987). *Clinical Empathy.* Northvale, NJ.: Aronson.

Berger, Jeanne M. (1984). "Crisis Intervention: A Drop-in Group For Cancer Patients and

Their Families." *Social Work in Health Care 10*, no. 2. Winter: 81–92.

Berman-Rossi, Toby (1992). "Empowering Groups Through Stages of Group Development." *Social Work with Groups 15*, nos. 2/3: 239–256.

Berman-Rossi, Toby (1994). "The Fight Against Homelessness and Despair: Institutionalized Aged." In Alex Gitterman and Lawrence Shulman (eds.), *Mutual Aid Groups and the Life Cycle*, pp. 385–412. 2d ed. New York: Columbia University Press.

Berman-Rossi, Toby (1993). "The Tasks and Skills of the Social Worker Across Stages of Group Development." *Social Work with Groups 16*, nos. 1/2: 69–81.

Berman-Rossi, Toby and Timothy B. Kelly (1998). "Advancing Stages of Group Development Theory." Paper presented at the 44th Annual Symposium, Association for the Advancement of Social Work with Groups.

Bernstein, Saul (1965). "Conflict and Group Work." In Saul Bernstein (ed.), *Explorations in Group Work*, pp. 72–106. Boston: Boston University School of Social Work.

Bernstein, Saul (1962). "Self-Determination: King or Citizen in the Realm of Values." *Social Work 5*, no. 1: 3–8.

Brenstein, Saul (ed.) (1973). *Explorations in Group Work*. Boston: Boston University School of Social Work, 1965; rpr. Milford House.

Brenstein, Saul (ed.) (1973). *Further Explorations in Group Work*. Boston: Milford House.

Bertcher, Harvey J. (1979). *Group Participation: Techniques for Leaders and Members*. Beverly Hills: Sage.

Bertcher, Harvey J. and Frank Maple (1985). "Elements and Issues in Group Composition." In Martin Sundel, Paul Glasser, Rosemary Sarri, and Robert Vinter (eds.), *Individual Change Through Small Groups*, pp. 180–202. 2d ed. New York: Free.

Bilides, David G. (1990). "Race, Color, Ethnicity and Class: Issues in Biculturalism in School-Based Adolescent Counseling Groups." *Social Work with Groups 13*, no. 4: 43–58.

Bilides, David G. (1992). "Reaching Inner-City Children: A Group Work Program Model for Public Middle Schools." *Social Work with Groups 15*, nos. 2/3: 129–144.

Bittner, Ruth (1984). "Therapeutic Mother-Child Groups: A Developmental Approach." *Social Casework 65*, no. 3. March: 154–161.

Bloch, Sidney, Erik Crouch, and Janet Reibstein (1981). "Therapeutic Factors in Group Psychotherapy." *Archives of General Psychiatry 38*, no. 5. May: 516–526.

Block, Lisa Rae (1985). "On the Potentiality and Limits of Time: The Single Session Group and the Cancer Patient." *Social Work with Groups 8*, no. 2. Summer: 81–110.

Bloom, Naomi D. and Joseph G. Lynch (1979). "Group Work in a Hospital Waiting Room." *Health and Social Work 4*, no. 3. August: 48–63.

Blum, Arthur (1965). "The 'Aha' Response as a Therapeutic Goal." In Henry W. Maier (ed.), *Group Work as Part of Residential Treatment*, pp. 47–56. New York: National Association of Social Workers.

Boatman, Frances Louise (1975). "Caseworkers' Judgments of Clients' Hope: Some Correlates Among Client-Situation Characteristics and Among Workers' Communication Patterns." D. S. W. dissertation, Columbia University.

Boehm, Werner W. (1958). "The Nature of Social Work." *Social Work 3*, no. 2. April: 10–18.

Bolen, Jane K (1972). "Easing the Pain of Termination for Adolescents." *Social Casework 53*, no. 9. November: 519–527.

Bounous, Ronald G (1965). "A Study of Client and Worker Perceptions in the Initial Phase of Casework Marital Counseling." Ph. D. dissertation, University of Minnesota.

Bowlby, John (1960). "Separation Anxiety." *International Journal of Psychoanalysis 4*, no. 2 (March–June): 89–113.

Boyd, Neva (1935). "Group Work Experiments in State Institutions in Illinois." *Proceedings, National Conference of Social Work*, p. 344. Chicago: University of Chicago Press.

Brager, George (1960). "Goal Formation: An Organizational Perspective." In National Association of Social Workers, *Social Work with Groups,* pp. 22–36. New York: Association.

Brager, George and Stephen Holloway (1978). *Changing Human Service Organizations*. New York: Free.

Brandler, Sondra and Camille P. Roman (1999). *Group Work: Skills and Strategies for Effective Intervention*. 2d ed. Binghamton, N.Y.: Haworth.

Brandler, Sondra and Camille P. Roman. (1995). "Uncovering Latent Content in Groups." In Roselle Kurland and Robert Salmon (eds.), *Group Work Practice in a Troubled Society: Problems and Opportunities,* pp. 19–32. Binghamton, N.Y.: Haworth.

Brenton, Margot (1990). "Learning from Social Group Work Traditions." *Social Work with Groups 13*, no. 3: 21–45.

Breton, Margot and Anna Nosko (1997). "Group Work with Women Who Have Experienced Abuse." In Geoffrey L. Grief and Paul H. Ephross (eds.), *Group Work with Populations at Risk,* pp. 134–146. New York: Oxford University Press.

Briar, Scott (1966). "Family Services." In Henry S. Maas, (ed.), *Five Fields of Social Service: Reviews of Research,* pp. 9–50. New York: National Association of Social Workers.

Bronfenbrenner, Urie (1979). *The Ecology of Human Development: Experiments by Nature and Design*. Cambridge: Harvard University Press.

Brown, Allan and Tara Mistry (1994). "Group Work with 'Mixed Membership' Groups: Issues of Race and Gender." *Social Work with Groups 17*, no. 3: 5–21.

Brown, June H. Wilbur Finch, Helen Northen, Samuel Taylor, and Marie Weil. (1982), *Child/Family/Neighborhood: A Master Plan for Social Service Delivery*. New York: Child Welfare League of America.

Brown, Leonard N. (1991). *Groups for Growth and Change*. New York: Longman.

Brown, Leonard N. (1971). "Social Workers' Verbal Acts and the Developmental of Mutual Expectations with Beginning Client Groups." D. S. W. dissertation, Columbia University.

Brown, Robert A. (1973). "Feedback in Family Interviewing." *Social Work 18*, no. 5. September: 52–59.

Brown, Robert A. (1971). "The Technique of Ascription." D. S. W. dissertation, University of Southern California.

Buckle, Lola Elizabeth. "The Use of the Small Group at a Time of Crisis: Transition of Girls from Elementary to Junior High School." D.S.W. dissertation, University of Southern California, 1970.

Buckley, Walter (1968). "Society as a Complex Adaptive System." In Walter Buckley (ed.), *Modern Systems Research for the Behavioral Scientist*. Chicago: Aldine.

Burleson, B. R., T. L. Albrecht, and I. G. Sarason (1994). *Communication of Social Support*. Newbury Park, Calif: Sage.

Bywaters, Paul (1975). "Ending Casework Relationships (1)". *Social Work Today 6*, no. 10. August: 301–304.

Bywaters, Paul (1975). "Ending Casework Relationships (2)." *Social Work Today 6*, no. 11. September: 336–338.

Caplan, Gerald. (1984) "Recent Development in Crisis Intervention and the Promotion of Support Services." *Journal of Primary Prevention 10*, no. 1(Fall): 3–26.

Caplan, Gerald (1974). *Support Systems and Community Mental Health*. New York: Behavioral.

Caple, Frances (1982). "Preventive Social Work Practice: A Generic Model for Direct Service on Behalf of Children." Ph. D. dissertation, University of Southern California.

Carlton, Thomas Owen (1984). *Clinical Social Work in Health Settings: A Guide to Professional Practice with Exemplars*. New York: Springer.

Carosella, Joseph R. (1986). "AIDS Anxiety: Techniques and Skills: The Worried-Well Group." Paper presented at the Annual Symposium, Association for the Advancement of Social Work with Groups.

Cartwright, Dorwin and Alvin Zander (eds.) (1960). *Group Dynamics: Research and Theory* 3d ed. Evanston, Ⅲ.: Row Peterson.

Casey, Richard D. and Leon Cantor (1983). "Group Work with Hard-to-Reach Adolescents: The Use of Member-Initiated Program Selection." *Social Work with Groups 6*, no. 1. Winter: 9–22.

Chau, Kenneth L. (1992). "A Model of Practice with Special Reference to Ethnic Minority Populations." In Marie Weil, Kenneth L. Chau, and Dannia Sourtherland (eds.), *Theory and Practice in Social Group Work: Creative Connections*. Binghamton, N. Y.: Haworth.

Chau, Kenneth L. (1992). "Needs Assessment for Group Work with People of Color: A Conceptual Formulation." *Social Work with Groups 15*, nos. 2/3: 53–66.

Chau, Kenneth L. (ed.) (1991). *Ethnicity and Biculturalism: Emerging Perspectives of Social Work*. Binghamton, N.Y.: Haworth.

Chin, Robert (1960). "Evaluating Group Movement' and Individual Change." In National Association of Social Workers (ed.), *Use of Groups in the Psychiatric Setting*, pp. 34–45. New York: Association.

Christ, Adolph E. and Kalman Flomenhaft (eds.) (1982). *Psychosocial Family Interventions in Chronic Pediatric Illness*. New York: Plenum.

Clemenger, Florence (1965). "Congruence Between Members and Workers on Selected

Behaviors of the Role of the Social Group Worker." D.S.W. dissertation, University of Southern California.

Cloward, Richard (1956). "Agency Structure as a Variable in Service to Groups." In National Conference on Social Welfare, *Group Work and Community Organization*. New York: Columbia University Press.

Coady, Nick (1993). "The Worker–Client Relationship Revisited." *Families in Society 74*: 291–300.

Coché, Erich (1983). "Change Measures and Clinical Practice in Group Psychotherapy." In Robert R. Dies and K. Roy MacKenzie. (eds.), *Advances in Group Psychotherapy,* pp. 79–100. New York: International Universities Press.

Cohen, Arthur M. and R. Douglas Smith (1976). *The Critical Incident in Growth Groups: A Manual for Group Workers*. La Jolla: University Associates.

Cohen, Marcia B. (1994). "Who Wants to Chair to Meeting? Group Development and Leadership Patterns in a Community Action Group of Homeless People." *Social Work with Groups 17*, nos. 1/2: 71–87.

Cohen, Marcia B. and Audrey Mullender (1999). "The Personal in the Political: Exploring the Group Work Continuum from Individual to Social Change Goals." *Social Work with Groups 22*, no. 1: 13–31.

Collins, Lainey (1998). "How Do You Spell Hippopotamus? The Use of Group Work in After–School Tutoring Programs." *Social Work with Groups 21*, nos. 1/2: 61–75.

Colman, Arthur D. (1995). *Up From Scapegoating: Awakening Consciousness in Groups*. Wilmette, Ⅲ.: Chiron.

Commager, Henry S. (1961). "Preface." In Jane Adddams, *Twenty Years at Hull House*. New York: Singet/New American Library.

Committe on Practice, Psychiatric Social Work Section, National Association of Social Workers (1956). *The Psychiatric Social Worker as Leader of a Group.* New York: Association.

Compton, Beulah R. and Burt Galaway (1999). *Social Work Processes*. 6th ed. Pacific Grove, Calif: Brooks/Cole.

Cook, Robert C. (1973). "Population: Some Pitfalls of Progress." In Sylvan Kaplan and Everlyn Kivy–Rosenberg, (eds.), *Ecology and the Quality of Life*. Springfield, Ⅲ.: Thomas.

Cooley, Charles (1918). *Social Process*. New York: Scribner's.

Cooper, Shirley A. (1973). "A Look at the Effect of Racism on Clinical Work." *Social Casework 54*, no. 2. February: 76–84

Corsini, Raymond J. and Bina Rosenberg (1955). "Mechanisms of Group Psychotherapy: Process and Dynamics." *Journal of Abnormal and Social Psychology 51*, no. 4: 406–411.

Coser, Lewis A. (1956). *The Functions of Social Conflict*. Glencoe, Ⅲ.: Free.

Couch, Elsbeth Herzstein (1969). *Joint and Family Interviews in the Treatment of Marital Problems*. New York: Family Service Association of America.

Cousins, Norman (1989). *Head First: The Biology of Hope*. New York: Dutton, .

Coyle, Grace L. (1960). "Group Work in Psychiatric Settings: Its Roots and Branches." In National Association of Social Workers, *Use of Groups in the Psychiatric Setting,* pp.

12-22. New York: Association.

Coyle, Grace L. (1948). *Group Work with American Youth*. New York: Harper.

Coyle, Grace L. (1952). "Social Group Work: An Aspect of Social Work Practice." *Journal of Social Issues 8*, no. 1: 21-35.

Coyle, Grace L. (1946). "Social Group Work in Recreation." In *Proceedings of the National Conference of Social Work*, pp. 195-208. New York: Columbia University Press.

Coyle, Grace L. (1930). *Social Process in Organized Groups*. New York: Smith.

Coyle, Grace L. (1959). "Some Basic Assumptions About Social Group Work." In Marjorie Murphy (ed.), *The Social Group Work Method in Social Work Education*, pp. 88-105. New York: Council on Social Work Education.

Coyle, Grace L. (1937). *Studies in Group Behavior*. New York: Harper.

Daley, Barbara Sabin and Geraldine Suzanne Koppenaal (1981). "The Treatment of Women in Short-Term Women's Groups." In Simon H. Budman, *Forms of Brief Therapy*, pp. 343-357. New York: Guilford.

Dana, Bess (1983). "The Collaborative Process." In Rosalind S. Miller and Helen Rehr (eds.), *Social Work Issues in Health Care*, pp. 181-220. Englewood Cliffs, N.J.: Prentice-Hall.

Davidson, Mark (1983). "The Case for Uncommon Sense." *Transcript*. June: 7-8. Los Angeles: University of Southern California.

Davis, Inger P (1975). "Advice-Giving in Parent Counseling." *Social Casework* 56, no. 6. June: 343-347.

Davis, Larry E. (1985). "Group Work Practice with Ethnic Minorities of Color." In Martin Sundel, Paul Rosemary Sarri, and Robert Vinter (eds.), *Individual Change Through Small Groups*, pp. 324-344. New York: Free.

Davis, Larry E. (ed.) (1984). *Ethnicity in Social Group Work Practice* (special issue), *Social Work with Groups 7*, no. 3.

Davis, Larry E. and Enola Proctor (1989). *Race, Gender, and Class: Guidelines for Practice with Individuals, Families, and Groups*. Englewood Cliffs, N.J.: Prentice Hall.

Decker, Kathlee (April 1985). "Puppets Help Children Shed Horrors of Abuse." *Los Angeles Times*.

Delgado, Melvin (1983). "Activities and Hispanic Groups: Issues and Suggestions." *Social Work with Groups 6*, no. 1. Spring: 85-96.

Delgado, Melvin (1998). *Social Services in Latino Communities: Research and Strategies*. Binghamton, N.Y.: Haworth.

Delgado, Melvin and Denise Humm-Delgado (1984). "Hispanics and Group Work: A Review of the Literature." *Social Work with Groups 7*, no. 3. Fall: 85-96.

Del Valle, Alline and Felton Alexander (1967), "Project Enable: Effects of the Project on Family Service Agencies and Urban Leagues." *Social Casework, 48*, no. 1. December: 633-638.

Derlega, Valerian J. (1984). "Self-Disclosure in Intimate Relationships." In Valerian J. Derlega (ed.), *Communication, Intimacy, and Close Relationships*, pp. 1-9. Orlando, Fla.: Academic.

Derlega, Valerian J. (ed.), (1984). *Communication, Intimacy, and Close Relationships*. Orlando, Fla.: Academic.

Deutsch, Morton (1973). *The Resolution of Conflict*. New Haven: Yale University Press.

Devore, Wynetta and Elfrieda G. Schlesinger (1981). *Ethnic-Sensitive Social Work Practice*. St. Louis: Mosby.

Dewey, John (1966). *Democracy and Education*. New York: Ethical Culture Society, 1938; rpr. Free.

Dewey, John (1938). *Experience and Education*. New York: Macmillan.

Dewey, John (1910). *How We Think*. Boston: Heath.

Dies, Lee P. (1955). *Man's Nature and Nature's Man: The Ecology of Human Communication*. Ann Arbor: University of Michigan Press.

Dies, Robert R. (1983). "Bridging the Gap Between Research and Practice in Group Psychotherapy." In Robert R. Dies and K. Roy MacKenzie (eds.), *Advances in Group Psychotherapy*, pp. 1–26. New York: International Universities Press.

Dies, Robert R. (1983). "Clinical Implications of Research on Leadership in Short-Term Group Psychotherapy." In Robert R. Dies and K. Roy MacKenzie (eds.), *Advances in Group Psychotherapy*, pp. 27–78. New York: International Universities Press.

Douglas, Tom (1979). *Group Processes in Social Work: A Theoretical Synthesis*. New York: Wiley.

Douglas, Tom (1995). *Scapegoats, Transferring Blame*. London: Routledge.

Duck, Steve (1994). "Communication of Social Support." In B. R. Burleson, T. L. Albrecht, and I. G. Sarason (eds.), *Communication of Social Support*, p. 175. Newbury Park, Calif.: Sage.

Durkin, Helen (1964). *The Group in Depth*. New York: International Universities Press.

Durst Douglas (1994). "Understanding the Client-Social Worker Relationship in a Multicultural Setting: Implications for Practice." *Journal of Multicultural Social Work 3*, no. 4: 29–42.

Edwards, E. Daniel, Margie E. Edwards, Geri M. Davies, and Francine Eddy (1978). "Enhancing Self-Concept and Identification with Indianness of American Indian Girls." *Social Work with Groups 1*, no. 3. Fall: 309–318.

Eklof, Mona (1984). "The Termination Phase in Group Therapy: Implications for Geriatric Groups." *Small Group Behavior 15*, no. 4. November: 565–571.

Ell, Kathleen and Helen Northen (1990). *Families and Health Care: Psychosocial Practice*. New York: de Gruyter.

Englehardt, Bonnie (1997). "Group Work with Lesbians." In Geoffrey L. Grief and Paul Ephross (eds.), *Group Work with Populations at Risk*, pp. 278–294. New York: Oxford University Press.

Ephross, Paul H. and Thomas Vassil (1988). *Groups That Work: Structure and Process*. New York: Columbia University Press.

Epstein, Norman (1970). "Brief Group Therapy in a Child Guidance Clinic." *Social Work 15*, no. 3. July: 33–48.

Erikson, Erik H. (1963). *Childhood and Society*. (2d ed). New York: Norton.

Erikson, Erik H. (1959). "Identity and the Life Cycle." In *Psychological Issues*, pp. 18–164. New York: International Universities Press.

Erikson, Erik H. (1968). *Identity, Youth, and Crisis*. New York: Norton.

Etcheverry, Roger, Max Siporin, and Ronald W. Toseland (1986). "The Uses and Abuse of Role Playing." In Paul H. Glasser and Nazneen S. Mayadas (eds.), *Group Workers at Work: Theory and Practice in the Eighties*. Totowa, N. J.: Rowman and Littlefield.

Eubank, Earle E. (1932). *The Concepts of Sociology*. Boston: Heath.

Evans, Nancy and Paul A. Servis (1980). "Group Cohesion: A Review and Revaluation." *Small Group Behavior 11*, no. 4. November: 359–370.

Falck, Hans S. (1980). "Aspects of Membership: On The Integration of Psychoanalytic Object-Relations Theory and Small Group Service." *Social Thought*. Winter: 17–26.

Falck, Hans S (1988). *Social Work: The Membership Perspectives*. New York: Springer.

Falck, Hans S. (1989). "The Management of Membership: Social Group Work Contributions." *Social Work with Groups 12*, no. 3: 19–32.

Fanshel, David (1958). "A Study of Caseworkers' Perceptions of Their Clients." *Social Casework 39*, no. 10. December: 543–551.

Fatout, Marian F. (1996). *Children in Groups*. Westport, Conn: Auburn House.

Fatout, Marian F. (1975). "A Comparative Analysis of Practice Concepts Described in Selected Social Work Literature." D.S.W. dissertation, University of Southern California.

Fatout, Marian F. (1993). "Physically Abused Children: Activity as a Therapeutic Medium." *Social Work with Groups 16*, no. 3: 83–97.

Fatout, Marian F. (1995). "Using Limits and Structures for Empowerment of Children in Groups? *Social Work with Groups 17*, no. 4: 55–69.

Fischer, Claude S. (1982). *To Dwell Among Friends: Personal Networks in Town and City*. Chicago: University of Chicago Press.

Flanzer, Jerry (1973). "Conintegration: The Concurrent Integration of Treatment Modalities in Social Work Practice." D.S.W. dissertation, University of Southern California.

Fluegelman, Andrew (ed.) (1976). *The New Games Book*. New York: Doubleday-Dolphin.

Fluegelman, Andrew (ed.) (1981). *More New Games*. New York: Doubleday-Dolphin.

Follett, Mary Parker (1942). *Dynamic Administration*. New York: Harper.

Follett, Mary Parker (1926). *The New State*. New York: Longmans Green.

Fong, Rowena and Noreen Mokuau (1994). "Not Simply Asian Americans: Periodical Literature Review on Asians and Pacific Islanders." *Social Work 39*, no. 3. May: 298–305.

Fortune, Anne E. (1987). "Grief Only? Client and Social Worker Reactions to Termination." *Clinical Social Work Journal 15*, no. 2. Summer: 159–171.

Fox, Evelyn, Marion Nelson, and William Bolman (1969). "The Termination Process: A Neglected Dimension in Social Work." *Social Work 14*, no. 4. October: 53–63.

Frances, Allen, John F. Clarkin, and Samuel Perry (1984). *Differential Therapeutic in Psychiatry: The Art and Science of Treatment Selection*. New York: Brunner/Mazel.

Freedberg, Sharon (1989). "Self-Determination: Historical Perspectives and Effect on Current

Practice." *Social Work 34*, no. 1: 33–38.

Freud, Anna (1946). *The Ego and the Mechanisms of Defense.* New York: International Universities Press.

Frey, Louise A. (1962). "Support and the Group: Generic Treatment Form." *Social Work 7*, no. 3. October: 35–42.

Frey, Louise A. (ed.) (1966). *Use of Groups in the Health Field.* New York: National Association of Social Workers.

Friedlander, Walter A. (ed.) (1958). *Concepts and Methods of Social Work.* Englewood Cliffs, N. J.: Prentice–Hall.

Fuchs, Don and Theresa Costes (1992). "Building on Strengths of Family and Network Ties for the Prevention of Child Maltreatment: A Group Work Approach." In David Fike and Barbara Rittner (eds.), *Working from Strengths: The Essence of Group Work,* pp. 200–219. Miami: Center for Group Work Studies.

Furness, Anne–Marie (1971). "Some Facets of Similarity and Difference Between the Social Work Methods of Casework and Group Work." D.S.W. dissertation, University of Southern California.

Galinsky, Maeda J. and Janice H. Schopler (1989). "Developmental Patterns in Open–Ended Groups." *Social Work with Groups 12*, no. 2: 99–120.

Galinsky, Maeda J. and Janice H. Schopler (1994). "Negative Experiences in Support Groups." *Social Work in Health Care 20*, no. 1: 77–95.

Galinsky, Maeda J. and Janice H. Schopler (1980). "Structuring Co–Leadership." *Social Work with Groups 3*, no. 4: 51–63.

Galinsky, Maeda J. and Janice H. Schopler (1977). "Warning Groups May Be Dangerous." *Social Work 22*, no. 2. March: 89–94.

Garland, James A. and Louise A. Frey (1973). "Application of Stages of Group Development to Groups in Psychiatric Settings." In Saul Bernstein (ed.), *Further Explorations in Group Work,* pp. 1–33. Boston: Milford House.

Garland, James A. Hubert E. Jones, and Ralph L. Kolodny (1973). "A Model for Stages of Development in Social Work Groups." In Saul Bernstein (ed.), *Exploration in Group Work,* pp. 17–71. Boston: Boston University School of Social Work, 1965; Milford House.

Garland, James A. and Ralph Kolodny (1973). "Characteristics and Resolution of Scapegoating." In Saul Bernstein (ed.), *Further Explorations in Group Work,* pp. 55–74. Boston: Milford House.

Garvin, Charles D. (1969). "Complementarity of Role Expectations in Groups: The Member–Worker Contact." In National Conference on Social Welfare, *Social Work Practice,* pp. 127–145. New York: Columbia University Press.

Garvin, Charles D. (1987). *Comtemporary Group Work.* 2d ed. Englewood Cliffs, N.J.: Prentice–Hall.

Garvin, Charles D. (1997). *Comtemporary Group Work.* 3d ed. Boston: Allyn and Bacon.

Garvin, Charles D. (1987). "Group Theory and Research." *Encyclopedia of Social Work I* .

Washington, D.C.: National Association of Social Workers.

Garvin Charles D. and Beth Glover Reed (Fall/Winter 1983). "Gender Issues in Social Group Work: An Overview." *Social Work with Groups 6*, no. 3: 3-19.

Garvin Charles D. and Beth Glover Reed (1995). "Sources and Visions for Feminist Group Work: Reflective Processes, Social Justice, Diversity, and Correction." In Nan Den Bergh (ed.), *Feminist Visions for Social Work*. Silver Springs, Md: National Association of Social Workers.

Garvin Charles D. William J. Reid, and Laura Epstein (1976). "A Task-Centered Approach." In Robert W. Roberts and Helen Northen (eds.), *Theories of Social Work with Groups*, pp. 238-267. New York: Columbia University Press.

Gentry, Martha (1974). "Initial Group Meetings: Member Expectations and Information Distribution Process." Ph.D. dissertation, Washington University.

Germain, Carel and Alex Gitterman (1980). *The Life Model of Social Work Practice*. New York: Columbia University Press.

Getzel, George (1991). "AIDS". In Alex Gitterman (ed.), *Handbook of Social Work Practice with Vulnerable Populations*, pp. 35-64. New York: Columbia University Press.

Getzel, George. (1997). "Group Work Services to People with AIDS During a Changing Pandemic." In Geoffrey L. Grief and Paul H. Ephross (eds.). *Group Work with Populations at Risk*, pp. 42-56. New York: Oxford University Press.

Gibbs, Jewelle Taylor (1985). "Treatment Relationships with Black Clients: Interpersonal vs. Instrumental Strategies." In Carel B. Germain (ed.), *Advances in Clinical Social Work Practice*, pp. 184-195. Washington, D.C.: National Association of Social Workers.

Gilligan, Carol (1987). "Adolescent Development Reconsidered." St. Paul, Minn: Center for Youth Development and Research and School of Social Work, University of Minnesota.

Gitterman, Alex (1989). "Building Mutual Support in Groups." *Social Work with Groups 12*, no. 2: 5-21.

Gitterman, Alex (1994). "Developing a New Group Service: Strategies and Skills." In Alex Gitterman and Lawrence Shulman (eds.), *Mutual Aid Groups, Vulnerable Populations, and the Life Cycle*, pp. 59-80. New York: Columbia University Press.

Gitterman and Lawrence Shulman (1991). "Introduction: Social Work Practice with Vulnerable Populations." In Alex Gitterman (ed.), *Handbook of Social Work Practice with Vulnerable Populations*, pp. 1-34. New York: Columbia University Press.

Gitterman and Lawrence Shulman (August 1998). "The President's Pen." *Social Work with Groups Newsletter*.

Gitterman, Alex and Lawrence Shulman (eds.) (1994). *Mutual Aid Groups, Vulnerable Populations and the Life Cycle*. 2d ed. New York: Columbia Unviersity Press.

Glasser, Paul and Charles Garvin (1976). "An Organizational Model." In Robert W. Roberts and Helen Northen (eds.), *Theories of Social Work with Groups*, pp. 331-367. New York: Columbia University Press.

Glasgow, Godfrey F. and Janice Gouse-Sheese (1995). "Themes of Rejection and

Abandonment in Group Work with Caribbean Adolescents." *Social Work with Groups 17*, no. 4: 3–24.

Glassman, Urania and Len Kates (1983). "Authority Themes and Worker–Group Transactions: Additional Dimensions to the Stages of Group Development." *Social Work with Groups 6*, no. 2. Summer: 33–52.

Glassman, Urania and Len Kates (1990). *Group Work: A Humanistic Approach*. Newsbury Park, Calif: Sage.

Goffman, Erving (1963). *Behavior in Public Places*. New York: Free.

Golan, Naomi (1981). *Passing Through Transitions: A Guide for Practitioners*. New York: Free.

Golan, Naomi (1986). *The Perilous Bridge: Helping Clients Through Mid-Life Transitions*. New York: Free.

Goldberg, Elisa Valladares and Thomas Simpson (1995). "Challenging Stereotypes in Treatment of the Homeless Alcoholic and Addict: Creating Freedom Through Structure in Large Groups." *Social Work with Groups 18*, nos. 2/3: 79–94.

Goldberg, Ted (October 1992). "Beliefs and Attitudes About the Group Therapies by Group Workers." Paper presented at the 14th Symposium, Association for the Advancement of Social Work with Groups.

Goldberg, Ted (October 1991). "Group Work and Group Treatment: A Preliminary. Analysis." Paper Presented at the 13th Symposium, Association for the Advancement of Social Work with Groups.

Goldstein, Eda G. (1984). *Ego Psychology and Social Work Practice*. New York.

Goldstein, Howard (1982). "Cognitive Approaches to Direct Practice." *Social Service Review 56*, no. 4. December: 539–555.

Goldstein, Howard (1981). *Social Learning and Change*. Columbia, S.C.: University of South Carolina Press.

Goldstein, Howard (1973). *Social Work Practice: A Unitary Approach*. Columbia, S.C.: University of South Carolina Press.

Gordon, William E. (1965). "Toward a Social Work Frame of Reference." *Journal of Education for Social Work 1*, no. 2. Fall: 19–26.

Gottlieb, Nanomi, Dianne Burden, Ruth McCormick, and Ginny Micarthy (1983). "The Distinctive Attributes of Feminist Groups." *Social Work with Groups 6*, nos 3/4: 81–93.

Gouldner, Alvin W. (1952). "Red Tape as a Social Problem." In Robert K. Merton. Alisa P. Gray, Barbara Hockey, and Hanan C. Selvin (eds.), *Reader in Bureaucracy,* pp 410–18. Glencoe, Ⅲ.: Free.

Graybeak, Clay and Elizabeth Ruff (1995). "Process Recording: It's More Than You Think." *Journal of Social Work Education 3*, no. 2. Spring/Summer: 169–181.

Greene, Roberta R. (1991). "Eriksonian Theory: A Developmental Approach to Ego Mastery." In Roberta R. Greene and Paul H. Ephross (eds.), *Human Behavior Theory and Social Work Practice,* pp. 79–104. New York: de Gruyter.

Greene, Roberta R. (1991). "General Systems Theory." In Roberta R. Greene and Paul H.

Ephross (eds.), *Human Behavior Theory and Social Work Practice,* pp. 227–260. New York: de Gruyter.

Greenfield, Wilma L. and Beulah Rothman (1987). "Termination or Transformation? Evolving Beyond Termination in Groups." In Joseph Lassner, Kathleen Powell, and Elaine Finnega (eds.), *Social Group Work: Competence and Values in Practice,* pp. 51–66. New York: Haworth Press.

Grief, Geoffrey and Paul H. Ephross (eds.), (1997). *Group Work with Populations at Risk.* New York: Oxford University Press.

Group for the Advancement of Psychiatry (1982). *The Process of Child Therapy.* New York: Brunner/Mazel.

Grunebaum, Henry and Leonard Solomon (1980). "Toward a Peer Group Theory of Group Psychotherapy, I." *International Journal of Group Psychotherapy 30,* no. 1. January: 23–50.

Grunebaum, Henry and Leonard Solomon (1982). "On the Development and Significance of Peers and Play." *International Journal of Group Psychotherapy, 32,* no. 3. July: 283–308.

Gutierrez, Lorraine M. and Edith A. Lewis (1999). *Empowering Women of Color.* New York: Columbia University Press.

Hall, Edward T. (1966). *The Hidden Dimension.* Garden City, New York: Doubleday.

Hamilton, Gordon (1951). *Theory and Practice of Social Case Work.* 2d ed. New York: Columbia University Press.

Hammond, D. Corydon (1977). "Cross-Cultural Rehabilitation." *Journal of Rehabilitation 37,* no. 5. September–October: 34–36.

Hannah, Patricia (2000). "Preparing Members for the Expectations of Social Work with Groups: An Approach to the Preparatory Interview." *Social Work with Groups 22,* no. 4.

Hare, A. Paul, Edgar F. Borgatta, and Robert F. Bales (eds.) (1955). *Small Groups: Studies in Social Interaction.* New York: Knopf.

Harrison, Diane F., Bruce A. Thyer, and John S. Wodarski (eds.) (1996). *Cultural Diversity and Social Work Practice.* 2nd ed. Springfield, Ⅲ.: Thomas.

Hartford, Margaret E. (1976). "Group Methods and Generic Practice." In Robert W. Roberts and Helen Northen (eds.), *Theories of Social Work with Groups,* pp. 45–74. New York: Columbia University Press.

Hartford, Margaret E. (1978). "Groups in Human Services: Some Facts and Fancies." *Social Work with Groups 1,* no. 1: 7–13.

Hartford, Margaret E. (1971). *Groups in Social Work.* New York: Columbia University Press.

Hartford, Margaret E. (1981). "The Contributions of Grace Coyle and the Faculty of Sociology of the School of Applied Social Science of Western Reserve University to Group Practice Theory." In Sonia Leib Abels and Paul Abels (eds.), *Social Work with Groups,* Proceedings 1979 Symposium, pp. 91–110. Louisville, Ky: Committee for the Advancement of Social Work with Groups.

Hartford, Margaret E. (1962). "The Social Group Worker and Group Formation." Ph. D. dissertation, University of Chicago.

Hartford, Margaret (ed.) (1964). "Working Papers Toward a Frame of Reference for Social Group Work." New York: National Association of Social Workers.

Hartmann, Heinz (1958). *Ego Psychology and the Problem of Adaptation*. New York: International Universities Press.

Hathway, Marion E. (1946). "Twenty-Five Years of Professional Education for Social Work and a Look Ahead." *Compass 27*, no. 5. June: 13-18.

Heap, Ken (1979). *Process and Action in Work with Groups: The Preconditions for Treatment and Growth*. New York: Pergamon.

Hearn, Gordon (1958). *Theory Building in Social Work*. Toronto: University of Toronto Press.

Hearn, Gordon (ed.) (1968). *The General Systems Approach: Contributions Toward a Holistic Conception of Social Work*. New York: Council on Social Work Education.

Heine, R. W. (1950). "A Comparison of Patients' Reports on Psychotherapeutic Experience with Psychoanalytic, Nondirective, and Alderian Terapists." Ph. D. dissertation, University of Chicago.

Hellenbrand, Shirley C. (1987). "Termination in Direct Practice." In National Association of Social Workers, *Encyclopedia of Social Work*, pp. 765-769. 18th ed. Silver Spring, Md: NASW.

Henry, Sue (1992). *Group Skills in Social Work: A Four-Dimensional Approach* 2d ed. Piedmont, Calif.: Brooks/Cole.

Hepworth, Dean H. and Jo Ann Larsen (1982). *Direct Social Work Practice: Theory and Skills*. Homewood, Ⅲ.: Dorsey.

Herrick, James C. (1966). "The Perception of Crisis in a Modified Therapeutic Community." D. S. W. dissertation, University of Southern California.

Hess, Howard and Peg McCartt Hess (1999). "Termination in Context." In Beulah R. Compton and Burt Galaway (eds.), *Social Work Processes*, 6th ed. Pacific Grove, Calif.: Brooks/Cole.

Hill, William F. (1975). "Further Considerations of Therapeutic Mechanisms in Group Therapy." *Small Group Behavior 6*, no. 4. November: 421-429.

Ho, Man Keung (1984). "Social Group Work with Asian/Pacific Americans." *Social Work with Groups* 7: 49-61.

Holingshead, August B. and Frederick C. Redlich (1958). *Social Class and Mental Illness: A Community Study*. New York: Wiley.

Homans, George (1950). *The Human Group*. New York: Harcourt-Brace.

Hopps, June Gary and Elaine Pinderhughes (1999). *Group Work with Overwhelmed Clients*. New York: Free.

Hopps, June Gary and Elaine Pinderhughes, and Richard Shankar (1995). *The Power to Care*. New York: Free.

Horowitz, Gideon (1968). "Worker Interventions in Response to Deviant Behavior in Groups.:" Ph. D. dissertation, University of Chicago.

Horowitz, L. M. (1979). "Cognitive Structure of Interpersonal Problems Treated in Psychotherapy," *Journal of Consulting and Clinical Psychology 47*, no. 5: 5–15.

Houston-Vega, Mary Kay and Elaine Neuhring with Elisabeth R. Daquio (1997). *Prudent Practice: A Guide for Managing Malpractice Risk*. Washington, D. C.: NASW.

Hudson, Walter (1982). *The Clinical Measurement Package*. Homewood, Ill.: Dorsey.

Hutten, Joan M. (1976). "Short-Term Contracts IV, Techniques: How and Why To Use Them." *Social Work Today 6*, no. 20. August: 614–618.

Hutten, Joan M. (1977). *Short-Term Contracts in Social Work*. London: Routledge and Kegan Paul.

Jenkins, Shirley (1981). *The Ethnic Dilemma in Social Service*. New York: Free.

Jennings, Helen Hall (1950). *Leadership and Isolation: A Study of Personality in Interpersonal Relations*. New York: Longmans Green.

Johnson, Arlien (1955). "Development of Basic Methods of Social Work Practice and Education." *Social Work Journal 36*, no. 3. July: 109–113.

Jung, Marshall (1998). *Chinese Americans in Family Therapy*. San Francisco: Jossey-Bass.

Kadushin, Alfred (1972). "The Racial Factor in the Interview." *Social Work 17*, no. 3. May: 88–98.

Kadushin, Alfred (1972). *The Social Work Interview*, New York: Columbia University Press.

Kaiser, Clara (1957). "Characteristics of Social Group Work." In National Conference of Social Work, *The Social Welfare Forum*. New York: Columbia University Press.

Kaiser, Clara (1936). "Objectives of Group Work; A Commission Report," National Association for the Study of Group Work.

Kaiser, Clara (1930). *The Group Records of Four Clubs at the University Settlement Center*. Cleveland: School of Applied Social Sciences, Western Reserve University.

Kane, Rosalie (1981). "Editorial: Thoughts on Parent Education." *Health and Social Work 6*, no. 1. February: 1–4.

Katz, Robert L. (1963). *Empathy: Its Nature and Uses*. New York: Free.

Keefe, Thomas (1976). "Empathy: The Critical Skill." *Social Work 21*, no. 1. January: 10–15.

Keefe, Thomas (1980). "Empathy: Skill and Social Consciousness." *Social Casework 61*. September: 387–393.

Kemp, Susan P., James K. Whittaker, and Elizabeth M. Tracy (1997). *Person-Environment Practice: The Social Ecology of Interpersonal Helping*. New York: de Gruyter.

Kerns, Elizabeth (1970). "Planned Short-term Treatment: A New Service to Adolescents." *Social Casework 51*, no. 6. June: 340–346.

Kiresuk, Thomas J. and Robert E. Sherman (1968). "Goal Attainment Scaling: A General Method for Evaluating Comprehensive Community Mental Programs." *Community Mental Health Journal 4*: 443–453.

Klein, Alan F. (1956). "Role Playing in Leadership Training and Group Problem Solving." New York: Association.

Klein, Robert H. (1983). "Some Problems of Patient Referral for Outpatient Group Psychotherapy." *American Journal of Group Psychotherapy 33*, no. 2. April: 29–39.

Kohut, Heinze (1977). *The Restoration of the Self.* New York: International Universities Press.

Konopka, Gisela (1966). *The Adolescent Girl in Conflict.* Englewood Cliffs, N.J.: Prentice-Hall.

Konopka, Gisela (1992). "All Livers are Connected to Other Lives: The Meaning of Social Group Work." In Marie Weil, Kenneth L. Chau, and Dannia Southerland (eds.), *Theory and Practice in Social Group Work: Creative Connections.* Binghamton, N.Y.: Haworth.

Konopka, Gisela (1973). "Formation of Values in the Developing Person." *American Journal of Orthopsychiatry 43*, no. 1. January: 86-96.

Konopka, Gisela (1956). "The Generic and Specific in Group Work Practice in the Psychiatric Setting." *Social Work 1*, no. 1. January: 72-80.

Konopka, Gisela (1954). *Group Work in the Institution: A Modern Challenge.* New York: Whiteside, Morrow.

Konopka, Gisela (1978). "The Significance of Social Work Based on Ethical Values." *Social Work with Groups 1*, no. 2. Summer: 123-131.

Konopka, Gisela (1983[1963]). *Social Group Work: A Helping Process.* 3d ed. Englewood Cliffs, N.J.: Prentice-Hall.

Konopka, Gisela (1949). *Therapeutic Group Work with Children.* Minneapolis: University of Minnesota Press.

Kramer, Sidney A. (1986). "The Termination Process in Open-Ended Psychotherapy: Guidelines for Clinical Practice." *Psychotherapy 23*: 526-531.

Kropotkin, Petr (1989[1903]). *Mutual Aid: A Factor of Evolution.* Montreal: Black Rose.

Kurland, Roselle (1982). *Group Formation: A Guide to the Development of Successful Groups.* Albany, N.Y.: Continuing Education Program, School of Social Welfare, State University of New York at Albany and United Neighborhood Centers of America.

Kurland, Roselle (1978). "Planning: The Neglected Component of Group Development." *Social Work with Groups 1*, no. 2. Summer: 173-178.

Kurland, Roselle and Andrew Malkoff (1995). "From the Editors." *Social Work with Groups 18*, nos. 2/3: 1-3.

Kurland, Roselle and Robert Salmon (1992). "Group Work vs. Casework in a Group: Principles and Implications for Teaching and Practice." *Social Work with Groups 15*, no. 4:3-10.

Kurland, Roselle and Robert Salmon (1993). "Not Just One of the Gang. Group Workers and Their Role as an Authority." *Social Work with Groups 16*, nos. 1/2: 153-167.

Kurland, Roselle and Robert Salmon (1998). "Purpose: A Misunderstood and Misused Keystone of Group Work Practice." *Social Work with Groups 21*, no. 3: 5-17.

Kurland, Roselle and Robert Salmon (1992). "Self-Determination: Its Use and Misues in Group Work Practice and Social Work Education." In David F. Fike and Barbara Rittner (eds.), *Working from Strengths: The Essence of Group Work*, pp. 105-121. Miami: Center for Group Work Studies, Barry University.

Kurland, Roselle (1998). *Teaching a Methods Course in Social Work with Groups.* Alexandria, Va: Council on Social Work Education.

Kutchins, Herb (1996). "The Fiduciary Relationship: The Legal Basis for Social Workers' Responsibilities to Clients." *Social Work 36*, no. 2. March: 106-113.

Lackey, Mary Beit-Hallahmi (1981). "Termination The Critical Stage of Social Work." D.S.W. dissertation, University of Southern California.

Lacoursiere, Roy B. (1980). *The Life Cycle of Groups: Group Development Stage Theory*. New York: Human Services.

Larsen, Jo Ann and Dean H. Hepworth (1978). "Skill Development through Competency Based Education." *Journal of Education for Social Work 14*: 73-81.

Lasater, Tonia Tash and Frank F. Montalvo (1982). "Understanding Mexican-American Culture: A Training Program." *Children Today 11*, no. 3. May-June: 23-25.

Lassner, Joseph, Kathleen Powell, and Elaine Finnegan (eds.) (1987). *Social Group Work: Competence and Values in Practice*. New York: Haworth.

Leavitt, John L. and William J. Reid (1981). "Rapid Assessment Instruments in Social Work Practice." *Social Work Research and Abstracts 17*, no. 1. Spring:13-20.

Lee, Judith A. B. (1994). *The Empowerment Approach to Social Work Practice,* New York: Columbia University Press.

Lee, Judith A. B. (1986). "No Place to Go: Homeless Women." In Alex Gitterman and Lawrence Shulman (eds.), *Mutual Aid Groups and the Life Cycle,* pp. 245-262. Itasca, Ⅲ.: Peacock.

Lee, Judith A. B. and Danielle N. Park (1978). "A Group Approach to the Depressed Adolescent Girl in Foster Care." *American Journal of Orthopsychiatry 48*, no. 3. July: 516-527.

Levine, Baruch (1967). *Fundamentals of Group Treatment*. Chicago: Whitehall.

Levine, Baruch (1979). *Group Psychotherapy. Practice and Development*. Englewood Cliffs, N.J.: Prentice-Hall.

Levine, Baruch and Judith Schild (1969). "Group Treatment of Depression." *Social Work 14*, no. 4. October: 46-52.

Levine, Murray and Howard J. Doueck (1995). *The Impact of Mandated Reporting on the Therapeutic Process*. Thousand Oaks, Calif.: Sage.

Levy, Alan J. (1994). "A Community-Based Approach to Clinical Services for Children of Substance Abusers." *Child and Adolescent Social Work Journal 11*, no. 3. June: 221-233.

Levy, Avraham (1984). "Group Cohesion." Ph. D. dissertation, University of Sourthen California.

Lewin, Kurt (1951). *Field Theory in Social Service*. New York: Harper and Row.

Lewis, Benjamin F. (1978). "An Examination of the Final Phase of a Group Development Theory." *Small Group Behavior 9*, no. 4. December: 507-517.

Lewis, Elizabeth (1992). "Regaining Promise: Feminist Perspectives for Social Work Practice." *Social Work with Groups 15*, nos. 2/3: 271-284.

Lewis, Harold (1982). *The Intellectual Base of Social Work Practice: Tools for Thought in a Helping Profession*. New York: Haworth.

Lewis, M. and L. A. (1975). Rosenblum. *Friendship and Peer Relations*. New York: Wiley.

Lieberman, Alicia F. (1990). "Culturally Sensitive Intervention with Children and Families." *Child and Adolescent Social Work*: 101–119.

Lieberman, Florence (1968). "Clients' Expectations, Preferences and Experiences of Intial Interviews in Voluntary Social Agencies," D.S.W. dissertation, Columbia University.

Lieberman, Morton A., Irvin D. Yalom, and Matthew B. Miles (1973). *Encounter Groups: First Facts*. New York: Basic.

Lipton, Harold and Sydney Malter (1971). "The Social Worker as Mediator on a Hospital Ward." In William Schwartz and Serapio R. Zalba (eds.), *The Practice of Group Work*. pp. 97–121. New York: Columbia University.

Liu, Fanny W.C.L. (1995). "Towards Mutual Aid in a Chinese Society." In Roselle Kurland and Robert Salmon (eds.), *Group Work Practice in a Troubled Society: Problems and Opportunities*, pp. 89–100. Binghamton, N.Y.: Haworth.

Lonergan, Elaine Cooper (1982). *Group Intervention: How to Begin and Maintain Groups n Medical and Psychiatric Settings*. Northvale, N.J.: Jason Aronson.

Lonergan, Elaine Cooper and Gaetana M. Manuele (1983). "A Group for Relatives and Friends of Patients Hospitalized in an Acute Care Service." In Max Rosenbaum (ed.), *Handbook of Short-Term Therapy Groups*. pp. 357–379. New York: McGraw-Hill.

Longres, John F. (1990). *Human Behavior in the Social Environment*. Itasca, Ⅲ.: Peacock.

Lowy, Louis (1973). "Goal Formulation in Social Work Groups." In Saul Bernstein (ed.), *Further Explorations in Group Work*, pp. 116–144. Boston: Milford House.

Lubell, Derryl (1986). "Living with a Lifeline: Peritoneal Dialysis Patients." In Alex Gitterman and Lawrence Shulman (eds.), *Mutual Aid Groups and the Life Cycle*, pp. 283–297. New York: Peacock.

Luborsky, L. (1962). "Clinicians' Judgments of Mental Health." *Archives of General Psychiatry* 7: 407–417.

Lum, Doman (1996). *Social Work Practice and People of Color: A Process-Stage Approach*. 3d ed. Pacific Grove, Calif: Brooks/Cole.

Lynch, James J. (1977). *The Broken Heart: The Medical Consequences of Loneliness*. New York: Basic.

Lynn, Maxine and Danielle Nisivoccia (1995). "Activity-Oriented Group Work with the Mentally Ⅲ: Enhancing Socialization." *Social Work with Groups 18*, nos. 2/3: 95–106.

Mass, Henry S. (1964). "Group Influences on Client-Worker Interaction." *Social Work 9*, no. 2. April: 70–79.

Mass, Henry S. (1984). *People and Contexts. Social Development from Birth to Old Age*. Englewood Cliffs, N.J.: Prentice-Hall.

McBroom, Elizabeth (1976). "Socialization Through Small Groups." In Robert W. Roberts and Helen Northen (eds.), *Theories of Social Work with Groups*, pp. 268–303. New York: Columbia University Press.

MacKenzia, K. Roy (1981). "Measurement of Group Climate." *International Journal of Group Psychotherapy 31*: 287–295.

MacKenzia, K. Roy (1996). "Time Limited Group Psychotherapy." *International Journal of Group Psychotherapy 46*, no. 1: 41–60.

MacKenzie, K. Roy and W. John Liversley (1983). "A Development Model for Brief Group Therapy." In Robert R. Dies and K. Roy MacKenzie (eds.), *Advances in Group Psychotherapy*, pp. 101–116. New York: International Unviersities Press.

MacLenne, Beryce W. (1965). "Co-Therapy." *International Journal of Group Psychotherapy 13*, no. 2. April: 154–166.

Mahler, Margaret S., Fred Pine, and Ani Bergman (1975). *The Psychological Birth of the Human Infant*. New York: Basic.

Maier, Henry, W. (1986). "Play Is More Than a Four-Letter World: Play and Playfulness in the Interaction of People." In Paul Glasser and Nazneen Mayada (eds.), *Group Workers at Work: Theory and Practice in the 80s*, pp. 65–74. Totowa, N.J.: Rowman and Littlefield.

Maier, Henry, W. (1965). "The Social Group Work Method and Residential Treatment." In Henry W. Maier (ed.), *Group Work as Part of Residential Treatment*, pp. 236–244. New York: National Association of Social Workers.

Maier, Henry W., (ed.) (1965). *Group Work as Part of Residential Treatment*. New York: National Association of Social Workers.

Main, Marjorie White (1964). "Selected Aspects of the Beginning Phase of Social Group Work." Ph.D. dissertation. University of Chicago.

Maki, Mitchell T. (1990). "Counter-Transference with Adolescent Clients of the Same Ethnicity." *Child and Adolescent Social Work Journal 7*, no. 2. April: 135–146.

Malekoff, Andrew (1997). *Group Work with Adolescents: Principles and Practice*. New York: Guilford.

Malekoff, Andrew (May-June, 1999). "Pink Soap and Stall Doors." *Families in Society*: 219–220.

Maluccio, Anthony N. (1979). *Learning from Clients: Interpersonal Helping as Viewed by Clients and Their Workers*. New York: Free.

Maluccio, Anthony N. and Wilma Marlow (1974). "The Case for the Contract." *Social Work 19*, no. 1. January: 28–36.

Marks, Malcolm (1956). "Group Psychotherapy for Emotionally Disturbed Children." In National Conference of Social Work, *Group Work and Community Organization*, pp. 70–77. New York: Columbia University Press.

Marsiglia, Flavio, Suzanne Cross, and Violet Mitchell-Enos. (1998), "Culturally Grounded Group Work with Adolescent American Indian Students." *Social Work with Groups 21*, nos. 1/2: 89–102.

Mayada, Nazneen and Paul Glassern (1981). "Termination: A Neglected Aspect of Social Group Work." *Social Work with Groups*, no. 4. Spring/Summer: 193–204.

Mayer, John E. and Aaron Rosenblatt (1964). "The Client's Social Context: Its Effect on Continuance in Treatment." *Social Casework 45*, no. 4. November: 511–518.

Meadow, Diane A. (1981). "The Preparatory Interview: A Client-Focused Approach with Children of Holocaust Survivors." *Social Work with Groups 4*, nos. 3/4. Fall/Winter:

135-145.

Meadow, Diane A. (1992). "The Effects of a Client-Focused Pregroup Preparation Interview on the Formation of Group Cohesion and Members' Interactional Behavior." Ph.D. dissertation, University of Southern California.

Merton, Robert K. (1949). *Social Theory and Social Structure*. Glencoe, Ⅲ.: Free.

Middleman, Ruth R. (1968). *The Non-Verbal Method in Working with Groups*. New York: Association Press.

Merton, Robert K. (1978). "Returning Group Process to Group Work." *Social Work with Groups,* no. 1. Winter: 15-26.

Merton, Robert K. (1980). "The Use of Program: Review and Update." *Social Work with Groups 3,* no. 3: 5-23.

Middleman, Ruth R. and Gale Goldberg Wood (1990). *Skills for Direct Practice in Social Work*. New York: Columbia University Press.

Miller, Irving and Renee Solomon (1980). "The Development of Group Services for the Elderly, "*Journal of Gerontological Social Work 2,* no. 3. Spring: 241-258.

Mondros, Jacqueline and Toby Berman-Rossi (1991). "The Relevance of Stages of Group Development Theory to Community Organization Practice." *Social Work with Groups 14,* no. 3/4: 203-222.

Mondros, Jacqueline, Richard Woodrow, and Lois Weinstein (1992). "The Use of Groups to Manage Conflict." *Social Work with Groups 15,* no. 4: 43-58.

Montagu, Ashley (1958). *The Cultured Man*. Cleveland: World.

Mor-Barak, Michal (1991). *Social Networks and Health of the Frail Elderly*. New York: Garland.

Moreno, Jacob L. (1934). *Who Shall Survive? A New Approach to the Problem of Human Interaction*. Washington, D.C.: Nervous and Mental Disease.

Mullen, Edward J. (1968). "Casework Communication." *Social Casework 49,* no. 6. November: 546-551.

Murphy, Majorie (ed.) (1959). *The Social Group Work Method in Social Work Education: A Project Report of the Curriculum Study*. Vol. 11. New York: Council on Social Work Education.

Myers, John E. B. (1992). *Legal Issues in Child Abuse and Neglect*. Newbury Park, Calif: Sage.

Nakama, George (1980). "Japanese-Americans' Expectations of Counseling An Exploratory Survey." D.S.W. dissertation, University of Southern California.

National Association of Social Workers (1993). *Code of Ethics*. Washington, D.C.: Association.

National Association of Social Workers (1959). *The Psychiatric Social Worker as Leader of a Group*. New York: Association.

National Association of Social Workers (1960). *Use of Groups in the Psychiatric Setting*. New York: Association.

Newstetter, Wilber I. (1935). "What Is Social Group Work?" *Proceedings, National Conference of Social Work,* pp. 291-299. University of Chicago Press.

Newstetter, Wilber I., Mark J. Feldstein, and Theodore M. Newcomb (1938). *Group*

Adjustment-A Study in Experimental Sociology. Cleveland: Western Reserve University.

Northen, Helen (1987). "Assessment in Direct Practice." In National Association of Social Workers, *Encyclopedia of Social Work*, pp. 171-183. 18th ed. Silver Spring Md.

Northen, Helen (1995). *Clinical Work Knowledge and Skills*. 2d ed. New York: Columbia University Press,

Northen, Helen (1998). "Ethical Dilemmas in Social Work with Groups." *Social Work with Groups 21*, nos. 1/2: 5-18.

Northen, Helen (1976). "Psychosocial Practice in Small Groups." In Robert W. Roberts and Helen Northen (eds.), *Theories of Social Work with Groups*, pp. 116-152. New York: Columbia University Press.

Northen, Helen (1987). "Selection of Groups as the Preferred Modality of Practice." In Joseph Lasner, Kathleen Powell, and Elaine Finnegan (eds.), *Social Group Work: Competence and Values in Practice*, pp. 19-34. New York: Haworth.

Northen, Helen (1995). "Social Relationships and Support: Multidisciplinary Studies." Los Angeles: Emeriti Center, University of Southern California.

Northen, Helen (1996). "Social Work Practice at USC: Its Roots and Branches." In Frances L. Feldman (ed.), *The Evolution of Professional Social Work Education, Scholarship, and Community Service at the University of Southern California*, Los Angeles: School of Social Work, University of Southern California.

Northen, Helen (1989). "Social Work Practice with Groups in Health Care." *Social Work with Groups 12*, no. 4: 7-26.

Northen, Helen (1983). "Social Work with Groups in Health Settings: Promises and Problems," In Gary Rosenberg and Helen Reghr (eds.), *Advancing Social Work Practice in the Health Care Field*, pp. 107-121. New York: Haworth.

Northen, Henry and Robecca Northen (1970). *Ingenious Kingdom: The Remarkable World of Plants*. Englewood Cliffs, N.J.: Prentice-Hall.

Nasko, Anna and Robert Wallace (1997). "Female/Male Co-Leadership in Groups." *Social Work with Groups 20*, no. 2: 3-16.

O'Connor, Gerald G. (1980). "Small Groups: A General System Model." *Small Group Behavior 11*, no. 2. May: 145-174.

Orcutt, Ben A. (1976). "Family Treatment of Poverty Level Families," *Social Casework 58*, no. 2. February: 92-100.

Orcutt, Ben A. (1990). *Science and Inquiry in Social Work Practice*. New York: Columbia University Press.

Orlick, Terry (1978). *The Cooperative Sports and Games Book: Challenge Without Competition*. New York: Pantheon.

Orlick, Terry (1982). *The Second Cooperative Sports and Games Book*. New York: Random House.

Osborn, Hazel (1952). "Some Factors of Resistance Which Affect Group Participation." In Dorothea Sullivan (ed.), *Readings in Group Work*. New York: Association.

Overton, Alice and Katherine Tinker (1957). *Casework Notebook*. St. Paul, Minn.: Greater St.

Paul Community Chests and Councils.

Papell, Catherine P. and Beulah Rothman (1966). "Social Group Work Models: Possession and Heritage." *Journal of Education for Social Work 2*, no. 2. Fall: 66–77.

Parad, Howard J., Lola G. Selby, and James Quinlan (1976). "Crisis Intervention with Families and Groups." In Robert W. Roberts and Helen Northen (eds.), Theories of *Social Work with Groups,* pp. 304–30. New York: Columbia University Press.

Paradise, Robert (1968). "The Factor of Timing in the Addition of New Members to Established Groups." *Child Welfare 47*, no. 9. November: 524–530.

Parloff, Morris B., Irene E. Waskow, and Barry E. Wolfe (1978). "Research on Therapist Variables in Relation to Process and Outcome." In Sol Garfield and Allen Bergin (eds.), *Handbook of Psychotherapy and Behavior Change*, pp. 233–282. New York: Wiley.

Parnes, Marvin (ed.) (1986). *Innovation in Social Work: Feedback from Practice to Theory*. New York: Haworth.

Peirce, Francis J. (1966). "A Study of the Methodological Components of Social Work with Groups." D.S.W. dissertation, University of Southern California.

Perley, Janice, Carolyn Winget, and Carlos Placci (1971). "Hope and Discomfort as Factors Influencing Treatment Continuance." *Comprehensive Psychiatry 12*, no. 6. November: 557–563.

Perlman, Helen Harris (1970). "The Problem-Solving Model in Social Casework." In Robert W. Roberts and Robert H. Nee (eds.), *Theories of Social Casework,* pp. 129–80. Chicago: University of Chicago Press.

Perlman, Helen Harris (1979). *Relationship, the Heart of Helping People*. Chicago: University of Chicago Press.

Perlman, Helen Harris (1975). "Self-Determination: Reality or Illusion?" In F. F. McDermott (ed.), *Self-Determination in Social Work*, pp. 65–89. London: Routledge and Paul Kegan.

Perlman, Helen Harris (1957). *Social Casework: A Problem-Solving Process*. Chicago: University of Chicago Press.

Perlman, Helen Harris (1965). "Social Work Method: A Review." *Social Work 10*, no. 4: 166–178.

Pernell, Ruby B. (1986). "Empowerment in Social Group Work." In Marvin Parnes (ed.), *Innovations in Social Group Work: Feedback from Practice to Theory,* pp. 107–118. New York: Haworth.

Philips, Helen U. (1957). *Essentials of Social Group Work Skill*. New York: Association.

Pierce, Gregory A., Barbara R. Sarason, and Irvin G. Sarason (1990). "Integrating Social Support Perspectives: Working Models, Personal Relationships, and Situational Factors." In Steve Duck and R. C. Silver (eds.), *Personal Relationships and Social Support*. Newbury Park, Calif.:Sage.

Pigors, Paul (1935). *Leadership or Domination*. New York: Houghton-Mifflin.

Pinamonti, Guido (1961). "Caseworkers' Use of Groups in Direct Practice." D.S.W. dissertation, University of Southern California.

Pincus, Allen and Anne Minahan (1973). *Social Work Practice: Model and Method*. Itasca, Ⅲ.: Peacock.

Pinderhughes, Elaine (1983). "Empowerment for Our Clients and for Ourselves." *Social Casework 64*, no. 6. June: 331-336.

Pinderhughes, Elaine B. (1985). "Power, Powerlessness, and Practice." In Sylvia Sims Gray, Ann Hartman, and Ellen Saalberg, (eds.), *Empowering the Black Family*. Ann Arbor: National Child Welfare Training Center, University of Michigan, School of Social Work.

Pinderhughes, Elaine B. (1989). *Understanding Race, Ethnicity, and Power: The Key to Efficacy in Clinical Practice*, New York: Free.

Piper, W. E. and E. L. Pennault (1989). "Pretherapy Preparation for Group Members." *International Journal of Group Psychotherapy 39*, no. 1: 17-34.

Polansky, Norman A. and Jacob Kounin (1956). "Clients' Reactions to Initial Interviews: A Field Study." *Human Relations 9*: 237-264.

Pollio, David E (1995). "Hoops Group: Group Work with Young 'Street' Men." *Social Work with Groups 17*, nos. 2/3: 107-122.

Potocky, Mirriam (1993). "An Art Therapy Group for Clients with Chronic Schizophrenia." *Social Work with Groups 16*, no. 3: 73-82.

Powdermaker, Florence B. and Jerome D. Frank (1953). Group Psychotherapy: *Studies in Methodology of Research and Therapy*. Cambridge: Harvard University Press.

Pray, Kenneth L. M. (1949). *Social Work in a Revolutionary Age*. Philadelphia: University of Pennsylvania Press.

Radin, Norma and Sheila Feld (1985). "Social Psychology for Group Work Practice" In Martin Sundel, Paul Glasser, Rosemary Sarri, and Robert Vinter (eds.), *Individual Change Through Small Groups*, pp. 50-69. 2d ed. New York: Free.

Rae-Grant, Quentin A. F., Thomas Gladwin, and Eli M. Bower (1966), "Mental Health, Social Competence, and the War on Poverty." *American Journal of Orthopsychiatry 36*, no. 4. July: 652-664.

Raines, James C. (1990). "Empathy in Clinical Social Work." *Clinical Social Work Journal 18*, no. 1. Spring: 57-72.

Rapoport, Lydia (1970). "Crisis Intervention as a Mode of Brief Treatment." In Robert W. Roberts and Robert H. Nee (eds.), *Teories of Social Casework*, pp. 267-311. Chicago: University of Chicago Press.

Raschella, Gerald (1975). "An Evaluation of the Effect of Goal Conguruence Between Client and Therapist on Premature Client Dropout from Therapy. Ph. D. dissertation, University of Pittsburgh.

Redl, Fritz (1953). "The Art of Group Composition." In Suzanne Schulze (ed.), *Creative Group Living in a Children's Institution*, pp. 76-98. New York: Association.

Redl, Fritz (1944). "Diagnostic Group Work." American Journal of Orthopsychiatry *14*, no. 1. January: 53.

Redl, Fritz (1959). "Strategy and Technique of the Life Space Interview." *American Journal of Orthopsychiatry 29*, no. 1. January: 1-18.

Redl, Fritz and David Wineman (1951). *Children Who Hate*. Clencoe, Ⅲ.: Free.

Redl, Fritz and David Wineman (1952). *Controls from Within: Techniques for the Treatment of the Aggressive Child*. Glencoe, Ⅲ.: Free.

Reed, Beth Glover (1983). "Women Leaders in Small Groups: Social-Psychological, Psychodynamic, and International Perspectives." *Social Work with Groups 6*, nos. 3/4. Fall/Winter: 35-42.

Reid, William J. and Laura Epstein (eds.) (1977). *Task-Centered Practice*. New York: Columbia University Press.

Reid, William J. and Barbara L. Shapiro (1969). "Client Reactions to Advice." *Social Service Review 43*, no. 2. June: 165-173.

Reid, William J. and Ann W. Shyne (1969). *Brief and Extended Casework*. New York: Columbia University Press.

Reynolds, Bertha C. (1942). *Learning and Teaching in the Practice of Social Work*. New York: Farrar and Rinehart.

Rice, Cecil A. (1996). "Premature Termination of Group Therapy: A Clinical Perspective." *International Journal of Group Psychotherapy 46*, no. 1. June: 5-23.

Rice, David G., William F. Fey, and Joseph G. Kepecs (1971). "Therapist Experience and Style as Factors in Co-Therapy." *Family Process 11*, no. 1. March: 1-12.

Richmond, Mary (1917). *Social Diagnosis*. New York: Russell Sage.

Richmond, Mary (1930). "Some Next Steps in Social Treatment." *The Long View*. New York: Russell Sage.

Richmond, Mary (1922). *What Is Social Casework?* New York: Russell Sage.

Ripple, Lilian (1957). "Factors Associated with Continuance in Casework Service." *Social Work 2*, no. 1. January: 87-94.

Ripple, Lilian, Ernestina Alexander, and Bernice W. Polemis (1964). *Motivation, Capacity, and Opportunity: Studies in Casework Theory and Practice*. Chicago: School of Social Service Administration, University of Chicago.

Roberts, Robert W. and Robert H. Nee (eds.) (1970). *Theories of Social Casework*. Chicago: University of Chicago Press.

Roberts, Robert W. and Helen Northen (eds.) (1976). *Theories of Social Work with Groups*. New York: Columbia University Press.

Rogers, Carl R. (1957). "The Necessary and Sufficient Conditions of Therapeutic Personality Change." *Journal of Consulting Psychology 21*: 95-103.

Rohnke, Karl (1984). *Silver Bullets: A Guide to Initiative Problem, Adventure Games, Stunts, and Trust Activities*. Hamilton, Mass.: Project Adventure.

Rohrbaugh, Michael and Bryan D. Bartels (1975). "Participants' Perceptions of Curative Factors in Therapy and Growth Groups." *Small Group Behavior 6*, no. 4. November: 430-456.

Rosen, Aaron and Din and Lieberman (1972). "The Experimental Evaluation of Interview Performance of Social Workers." *Social Service Review 46*, no. 3. September: 395-412.

Ross, Andrew L. and Norman D. Bernstein (1976). "A Framework for the Therapeutic Use of

Group Activities." *Child Welfare 55*, no. 9. November: 627–640.

Rotholz, Tryna (1985). "The Single Session Group: An Innovative Approach to the Waiting Room." *Social Work with Groups 8*, no. 2. Summer: 143–146.

Rothman, Jack (1977). "Analyzing Issues in Race and Ethnic Relations." In Jack Rothman (ed.), *Issues in Race and Ethnic Relations*, pp. 24–37. Itasca, Ⅲ.: Peacock.

Rothman, Jack (1989). "Client Self-Determination; Untangling the Knot." *Social Service Review 63*, no. 4. December: 598–612.

Russell, Mary Nomme (1990). *Clinical Social Work: Research and Practice*. Newbury Park, Calif.: Sage.

Sainsbury, Eric (1975). *Social Work with Families*. London: Routledge and Kegan Paul.

Sanford, Nevitt (1966). *Self and Society: Social Change and Individual Development*. New York: Atherton.

Sarri, Rosemary C. and Maeda J. Galinsky (1974). "A Conceptual Framework for Group Development." In Martin Sundel, Paul Glasser, Rosemary Sarri, and Robert Vinter (eds.), *Individual Change Through Small Groups*, pp. 71–88. New York: Free.

Scheidlinger, Saul (1952). *Psychoanalysis and Group Behavior*. New York: Norton.

Scheidlinger, Saul (1966). "The Concept of Empathy in Group Psychotherapy." *International Journal of Group Psychotherapy 16*, no. 4. October: 413–424.

Scheidlinger, Saul and Marjorie A. Holden (1966). "Group Therapy of Women with Severe Character Disorders: The Middle and Final Phases." *International Journal of Group Psychotherapy 16*, no. 2. April: 174–188.

Schein, Edgar H. (1985). *Organizational Culture and Leadership*. San Francisco; Jossey-Bass.

Schiff, Sheldon K. (1962). "Termination of Therapy: Problems in a Community Psychiatric Outpatient Clinic." *Archives of General Psychiatry 6*, no. 1. January: 77–82.

Schiller, Linda Yael (1995). "Stages of Development in Women's Groups: A Relational Model." In Roselle Kurland and Robert Salmon (eds.), *Group Work Practice in a Troubled Society: Problem and Opportunities*, pp. 117–138. Binghamton, N.Y.: Haworth.

Schiller, Linda Yael and Bonnie Zimmer (1994). "Sharing the Sectets: Women's Groups for Sexual Abuse Survivors." In Alex Gitterman and Lawrence Shulman (eds.), *Mutual Aid Groups: Vulnerable Populations and the Life Cycle*, pp. 215–238. 2d ed. New York: Columbia University Press.

Schmidt, Julianna (1969). "The Use of Purpose in Casework Practice." *Social Work 4*, no. 1. January: 77–84.

Schnekenburger, Erica (1995). "Waking the Heart Up: A Writing Groups' Story." *Social Work with Groups 18*, no. 4: 19–40.

Schopler, Janice H. and Maeda J. Galinsky (1995). "Expanding Our View of Support Groups as Open Systems." In Maeda Galinsky and Janice H. Schopler (eds.), *Support Groups: Current Perspectives on Theory and Practice*, pp. 3–10. New York: Haworth.

Schopler, Janice H. and Maeda J. Galinsky (1981). "When Groups Go Wrong." *Social Work 26*, no. 5. September: 424–429.

Schopler, Janice H., Melissa D. Abell, and Maeda J. Galinsky (1998). "Technology-Based

Groups: A Review and Conceptual Framework for Practice." *Social Work 43*, no. 3. May; 193–208.

Schopler, Janice H., Maeda J. Galinsky and Mark D. Alicke (1985). "Goals in Social Group Work Practice: Formulation, Implementation, and Evaluation." In Martin Sundel, Paul Glasser, Rosemary Sarri, and Robert Vinter (eds.), *Individual Change Through Small Groups*, pp. 340–58. 2d ed. New York: Free.

Schutz, William C. (1966). *Interpersonal Underworld*. Palo Alto: Science and Behavior.

Schwartz, Arthur (1977). "Behaviorism and Psychodynamics." *Child Welfare 56*, no. 6. June; 368–379.

Schwartz, William (1976). "Between Client and System: The Mediating Function." In Robert W. Roberts and Helen Northen (eds.), *Theories of Social Work with Groups*, pp. 171–197. New York; Columbia University Press.

Schwartz, William (1961). "The Social Worker in the Group." In *The Social Welfare Forum*, pp. 146–171. New York; Columbia University Press.

Schwartz, William and Serapio R. Zalba (eds.) (1971). *The Practice of Group Work*. New York: Columbia University Press.

Seabury, Brett A. (1971). "Arrangement of Physical Space in Social Work Settings." *Social Work 16*, no. 4. October: 43–49.

Shapiro, Constance Hoenk (1980). "Termination: A Neglected Concept in the Social Work Curriculum." *Journal of Education for Social Work 16*, no. 2. Summer: 13–19.

Shaw, Marvin E. (1981). *Group Dynamics: The Psychology of Small Group Behavior*. 3d ed. New York: McGraw-Hill.

Sheffiled Alfred (1926). *Creative Discussion*. New York: Association.

Sheridan, Mary E. (1975). "Talk Time for Hospitalized Children." *Social Work 20*, no. 1. January: 40–45.

Shimer, John A. (1959). *This Sculptured Earth: The Landscape of America*. New York: Columbia University Press.

Shulman, Lawrence (1971). " 'Program' in Group Work: Another Look." In William Schwartz and Serapio Zalba (eds.), *The Practice of Group Work*, pp. 221–40. New York: Columbia University Press.

Shulman, Lawrence (1967). "Scapegoats, Group Workers, and Pre-emptive Intervention." *Social Work 12*, no. 2: 37–43.

Shulman, Lawrence (1992). *The Skills of Helping Individuals, Families, and Groups*. 3d ed. Itasca, Ⅲ.: Peacock.

Shulman, Lawrence (1999). *The Skills of Helping Individuals, Families, Groups, and Commsnities*. 4th ed. Itasca, Ⅲ.: Peacock.

Shyne, Ann W. (1957). "What Research Tells Us About Short-Term Cases in Family Agencies." *Social Casework 38*, no. 5. May: 223–231.

Silberman, Samuel (October 1982). "A New Strain for Social Work." Paper presented at the Annual Meeting of the Group for the Advancement of Doctoral Education.

Simmel, Georg (1955). *Conflict*. Trans. Kurt H. Wolfe. Glencoe, Ⅲ.: Free.

Simon, Barbara Levy (1994). *The Empowerment Tradition in American Social Work: A History*. New York: Columbia University Press.

Siporin, Max (1975). *Introduction to Social Work Practice*. New York: Macmillan.

Sistler, Audrey and Kimberly S. Washington (1999). "Serenity for African American Caregivers." *Social Work with Groups 22*, no. 1: 49–62.

Slocum, Yolanda (1987). "A Survey of Expectations About Group Therapy Among Clinical and Non-Clinical Populations." *International Journal of Group Psychotherapy 37*, no. 1. January: 39–54.

Smalley, Ruth (1967). *Theory for Social Work Practice*. New York: Columbia University Press.

Solomon, Barbara Bryant (1976). *Black Empowerment: Social Work in Oppressed Communities*. New York: Columbia University Press.

Somers, Mary Louise (1976). "Problem-Solving in Small Groups." In Robert W. Roberts and Helen Northen (eds.), *Theories of Social Work with Groups*, pp. 331-367. New York: Columbia University Press.

Somers, Mary Louise. "Problem-Solving in Small Groups." In Robert W. Roberts and Helen Norther (eds.), *Theories of Social Work with Groups*, pp. 331-367. New York: Columbia University Press. 1976.

Somers, Mary Louise (1963). "The Small Group in Learning and Teaching." In Bureau of Family Services, Welfare Administration, *Learning and Teaching in Public Welfare*, Washington, D.C.: U.S. Department of Education and Welfare.

Sotomayor, Marta (1977). "Language, Culture, and Ethnicity in the Developing Self-Concept." *Social Casework 58*, no. 4. April: 195–203.

Spolin, Viola (1986). *Theater Games for the Classroom: A Teacher's Handbook*. Evanston, Ⅲ.: Northwestern University Press.

Stark, Frances B (1959). "Barriers to Client-Worker Communication at Intake." *Social Casework 40*, no. 4. April: 177–183.

Stein, Herman D. and Richard A. Cloward (eds.) (1958). *Social Perspectives on Behavior: A Reader in Social Science for Social Work and Related Professions*. Glencoe, Ⅲ.: Free.

Steinberg, Dominque Moyse (1997). *The Mutual-Aid Approach to Working with Groups*. Northvale, N.J.: Jason Aronson.

Steinberg, Dominque Moyse (1993). "Some Finding from a Study on the Impact of Group Work Education on Social Work practitioners' Work with Groups." *Social Work with Groups 16*, no. 3: 23–39.

Stokes, Joseph Powell (1983). "Toward an Understanding of Cohesion in Personal Change Groups." *International Journal of Group Psychotherapy 33*, no. 4. October: 449–467.

Subramanian, Karen, Sylvia Hernandez, and Angie Martinez (1995). "Psychoeducational Group Work for Low-Income Latina Mothers with HIV Infection." *Social Work with Groups 18*, nos. 2/3: 53–64.

Sullivan, Nancy (1995). "Who Owns the Group? The Role of Worker Control in the Development of a Group: A Qualitative Research Study of Practice." *Social Work with Groups 18*, nos. 2/3: 15–32.

Sundel, Martin, Paul Glasser, Rosemary Sarri, and Robert Vinter (eds.) (1985). *Individual Change Through Small Groups*. 2d ed. New York: Free.

Takaki, Robert R. (1989). *Strangers from a Different Shore: A History of Asian Americans*. Boston: Little, Brown.

Thibaut, John W. and Harold H. Kelley (1959). *The Social Psychology of Groups*. New York: Wiley.

Thomas, Edwin and Clinton Fink (1955). "Effects of Group Size." In A. Paul Hare, Edgar F. Borgatta, and Robert F. Bales (eds.), *Small Groups: Studies and Social Interaction*.: New York: Knopf.

Thompson, Sheila and J. H. Kahn (1970). *The Group Process as a Helping Technique*. Oxford: Pergamon.

Tocqueville, Alexis de (1838). *Democracy in America*. vol. 2. New York: Dearborn.

Toseland, Ronald W. and Robert F. Rivas (1998). *An Introduction to Group Work Practice*. 3d ed. Boston: Allyn and Bacon.

Toseland, Ronald W. and Max Siporin (1986). "When to Recommend Group Treatment: A Review of the Clinical and Research Literature." *International Journal of Group Psychotherapy 36*, no. 2. April: 171–206.

Tracy, Elizabeth M. (1990). "Identifying Social Support Resources of At-Risk Families." *Social Work 35*, no. 3: 252–258.

Tracvers, Anna (1996). "Redefining Adult Identity: A Coming Out Group for Lesbians." In Benj. L. Stempler and Marilyn Glass (eds.), *Social Group Work: Today and Tomorrow*, pp. 103–118. Binghamton, N.Y.: Haworth.

Trecker, Harleigh B. (1973). *Social Group Work-Principles and Practices*. Rev. ed. New York: Whiteside.

Trecker, Harleigh B. (ed.) (1956). *Group Work in the Psychiatric Setting*. New York: Whiteside and Morrow.

Tropp, Emanuel (1976). "A Developmental Theory." In Robert W. Roberts and Helen Northen (eds.), *Theories of Social Work with Groups*, pp. 198–237. New York: Columbia University Press.

Tsang, A. Ka Tat and Marylyn Bogo (1997)." Engaging with Clients Cross-culturally: Towards Developing Research Based Practice." *Journal of Multicultural Social Work 6*, nos. 3/4: 73–91.

Tsui, Philip and Gail L. Schultz (1988). "Ethnic Factors in Group Process: Cultural Dynamics in Multi-Ethnic Therapy Groups." *American Journal of Orthopsychiatry 58*, no. 1. January: 136–142.

Tuckman, Bruce W. (1965). "Developmental Sequence in Small Groups." *Psychological Bulletin 63*, no. 6. June: 384–399.

Tuckman, Bruce W. and M. A. C. Jensen (1977). "Stages of Small Group Development Revisited." *Group and Organizational Studies 2*, no. 1. January: 419–427.

Turner, Francis J. (ed.) (1979). *Social Work Treatment: Interlocking Theoretical Approaches*. 2d ed. New York: Free.

Vaillant, George E. (1993). *The Wisdom of the Ego.* Cambridge: Harvard University Press.

Van Den Bergh, Nan (1990). "Managing Biculturalism at the Workplace: A Group Approach." *Social Work with Groups 13*, no. 4: 71-84.

van de Vliert (1984). "Conflict in Prevention and Escalation." In Pieter J. Drenth (ed.), *Handbook of Work and Organizational Psychology,* pp. 521-555. New York: Wiley.

Velasquez, Joan, Marilyn Vigil, and Eustalio Benavides (1999). "A Framework for Establishing Social Work Relationships Across Racial Ethnic Lines." In Beulah Roberts Compton and Burt Galaway (eds.), *Social Work Processes,* pp. 197-203. 6th ed. Homewood, Ⅲ.: Dorsey.

Videka-Sherman, Lynn (1988). "Meta Analysis of Research on Social Work Practice in Mental Health." *Social Work 33*, no. 4. July/August: 325-338.

Vinter, Robert D. (1985). "Program Activities: An Analysis of Their Effects on Participant Behavior." In Martin Sundel, Paul Glasser, Rosemary Sarri, and Robert Vinter (eds.), *Individual Change Through Small Groups,* pp. 226-236. 2d ed. New York: Free.

Vinter, Robert D. and Maeda J. Galinsky (1985). "Extra-Group Relations and Approaches." In Martin Sundel, Paul Glasser, Rosemary Sarri, and Robert Vinter (eds.). *Individual Change Through Small Groups,* pp. 266-276. 2d ed. New York: Free.

Waite, Lesley Meirovitz (1993). "Drama Therapy in Small Groups with the Developmentally Disabled." *Social Work with Groups 16*, no. 4: 95-108.

Waites, Cheryl (1992). "The Tradition of Group Work and Natural Helping Networks in the African American Community." In David F. Fike and Barbara Rittner (eds.), *Working From Strengths: The Essence of Group Work,* pp. 220-35. Miami Shores: Center for Group Work Studies.

Waldron, Jane A., Ronaele Whttington, and Steve Jensen (1985). "Children's Single Session Briefings: Group Work with Military Families Experiencing Parents' Deployment." *Social Work with Groups 9*, no. 2. Summer: 101-109.

Warner, W. Lloyd (1952). *Life in America: Dream and Reality.* New York: Harper.

Waskow, Irene E. and Morris B. Parloff (eds.) (1975). *Psychotherapy Change Measures.* Washington, D.C.: National Institute of Mental Health, U.S. Government Printing Office.

Weick, Ann, Charles Rapp, W. Patrick Sullivan, and Walter Kishardt (1989). "A Strengths Perspective for Social Work Practice." *Social Work 34*, no. 4. July: 350-354.

Weisberg, Alma. "Single Session Group Practice in a Hospital." Joseph Lassner, Kathleen Powell, and Elaine Finnegan (eds.), *Social Group Work: Competence and Values in Practice,* pp. 99-112. Binghamton, N.Y.: Haworth.

Weiss, Robert S. (1974). "The Provisions of Social Relationships." In Z. Rubin (ed.), *Doing Unto Others.* Englewood Cliffs, N.J.: Prentice-Hall.

Whittaker, James K. (1977). "A Developmental-Educational Approach to Child Treatment." In Francine Sobey (ed.), *Changing Roles in Social Work Practice.* pp. 176-96. Philadelphia: Temple University Press.

Whittaker, James K. (1976). "Causes of Childhood Disorders: New Findings." *Social Work 21*, no. 2. March: 91–96.

Whittaker, James K. (1985). "Program Activities: Their Selection and Use in a Therapeutic Milieu." In Martin Sundel, Paul Glasser, Rosemary Sarri, and Robert Vinter (eds.). *Individual Change Through Small Groups*, pp. 217–250. 2d ed. New York: Free.

Whittaker, James K. (1974). *Social Treatment: An Approach to Interpersonal Helping*. Chicago: Aldine.

Williams, Joyce E. and Karen A. Holmes (1981). *The Second Assault: Rape and Public Attitudes*. Westport, Conn: Greenwood.

Williams, Meyer (1966), "Limitations, Phantasies, and Security Operations of Beginning Group Therapists." *International Journal of Group Psychotherapy 16*, no. 2. April: 15–62.

Williamson, Margaretta (1929). *The Social Worker in Group Work*. New York: Harper.

Wilson, Gertruder (1976). "From Practice to Theory: A Personalized History." In Robert W. Roberts and Helen Northen (eds.), *Theories of Social Work with Groups*, pp. 1–44. New York: Columbia University Press.

Wilson, Gertruder (1941). *Group Work and Case Work: Their Relationship and Practice*. New York: Family Welfare Association of America.

Wilson, Gertrude and Gladys Ryland (1949). *Social Group Work Practice*. Boston: Houghton–Mifflin.

Woods, Mary E. and Florence Hollis (1990). *Casework: A Psychosocial Therapy*. 4th ed. New York: McGraw Hill.

Worby, Marsha (1955). "The Adolescents' Expectations of How a Potentially Helpful Person Will Act." *Smith College Studies in Social Work 26*: 29–59.

Wright, Whitney (1999). "The Use of Purpose in On–Going Activity Groups: A Framework, for Maximizing the Therapeutic Impact." *Social Work with Groups 22*, nos. 2/3: 33–57.

Yalom, Irvin D. (1983). *Inpatient Group Psychotherapy*. New York: Basic Books.

Yalom, Irvin D. (1966). "A Study of Group Therapy Drop–Outs." *Archives of General Psychiatry 14*: 393–414.

Yalom, Irvin D. (1970). *The Theory and Practice of Group Psychotherapy*. New York: Basic.

Yalom, Irvin D. (1975). *The Theory and Practice of Group Psychotherapy*. 2d ed. New York: Basic.

Yalom, Irvin D. (1985). *The Theory and Practice of Group Psychotherapy*. 3rd ed. New York: Basic.

Yalom, Irvin D., P. S. Houts, G. Newell, and K. H. Rand (1967). "Preparation of Patients for Group Therapy." *Archives of General Psychiatry 17*, no. 4: 416–427.

Young, Thomas M. and John E. Poulin (1998). "The Helping Relationship Inventory: A Clinical Appraisal." *Families in Society 79*, no. 2. March/April: 123–138.

Zalba, Serapio R (1971). "Discontinuance During Social Service Intake." Ph. D. dissertation, Western Reserve University.

Zamudio, Sylvia (October 1998). "Stages of Group Development in Children's Bereavement Groups." Paper presented at the 20th Annual Symposium, Association for the Advancement of Social Work with Groups.

찾아보기

인 명

내 용

▶ 저자 소개

헬렌 노던(Helen Northen)

현재 University of Southern California 사회복지대학원의 명예교수로 있다. 저서로는 *Clinical Social Work with Knowledge and Skills*를 비롯하여 이 책의 1판과 2판이 있다. 공저자인 로젤 컬랜드의 스승이기도 하다.

로젤 컬랜드(Roselle Kurland)

Hunter College School of Social Work, The City University of New York에서 교수로 재직하면서 Group Work 과목을 가르쳤으며, 2005년 6월에 갑자기 작고하였다. 저서로는 *Stories Celebrating Group Work, Teaching a Methods Course in Social Work with Groups*가 있다.

▶ 역자 소개

노충래

연세대학교 사회사업학과를 졸업하고 미국 뉴욕 시립대학교 헌터 칼리지 사회사업대학원(Hunter College School of Social Work, The City University of New York)에서 사회복지학 석사(MSW)를, 컬럼비아대학교 사회사업대학원(Columbia University School of Social Work)에서 사회복지학 박사(Ph.D.) 학위를 받았다. 1989년부터 1990년까지 아동학대예방기관인 Queensboro Society for the Prevention of Cruelty to Children에서 case manager로 일했으며, 1990년부터 2000년까지는 뉴욕의 Queens Child Guidance Center에서 social worker로 일했다. 현재는 이화여자대학교 사회복지학과 교수로 재직 중이다. 저서 『사회복지실천기술의 이해』(공저), 『청소년복지학』(공저)과 논문 "중학생의 주의력결핍 과잉행동과 자아개념이 외현화 문제행동에 미치는 영향에 관한 연구"(『정신보건과 사회사업』, 제18호, 2004) 등 다수가 있다.

집단사회복지실천 Social Work with Groups -3rd edition-
-집단상담가를 위한 이론과 실천지침서-

2006년 1월 31일 1판 1쇄 발행
2026년 4월 20일 1판 4쇄 발행

지은이 • Helen Northen · Roselle Kurland
옮긴이 • 노 충 래
펴낸이 • 김 진 환
펴낸곳 • (주) 학지사
121-837 서울시 마포구 서교동 352-29 마인드월드빌딩 5층
대표전화 • 02) 330-5114 팩스 • 02) 324-2345
등록번호 • 제313-2006-000265호

홈페이지 • http://www.hakjisa.co.kr
인스타그램 • https://www.instagram.com/hakjisabook

ISBN 978-89-5891-241-5 93330

정가 20,000원

역자와의 협약으로 인지는 생략합니다.
파본은 구입처에서 교환하여 드립니다.